백점

BOOK 1 개념북

국어 6·2

구성과 특징

BOOK 1 개념북 '개념 + 어휘·문법 + 독해'로 국어 학습을 완벽하게!

1 교과서 개념 학습

단원 학습 목표 익히기

쉽고 빠르게 교과서 핵심 개념을 익히고 개념 확인 문제로 바로 확인할 수 있습니다. QR을 통한 개념 강의로 개념을 탄탄히 하세요.

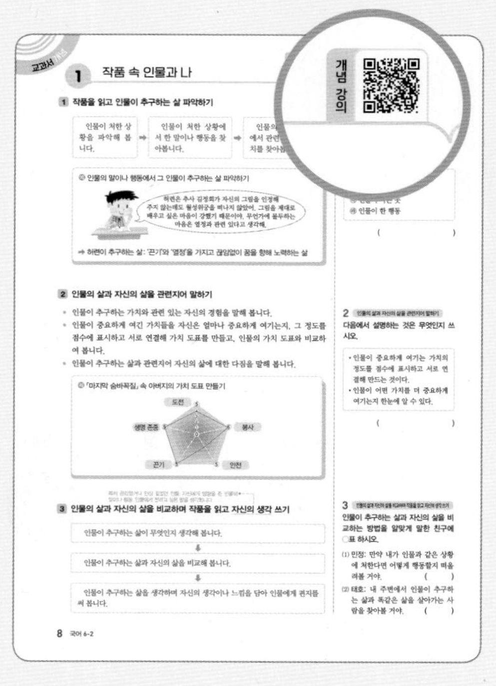

2 교과서 어휘·문법 학습

국어 지식 넓히기

어휘와 문법은 국어의 중요 영역입니다. 핵심 개념 어휘와 작품 속 어휘, 초등 필수 문법으로 국어의 기초를 다집니다. QR을 통한 어휘·문법 강의로 내용을 쉽게 이해할 수 있습니다.

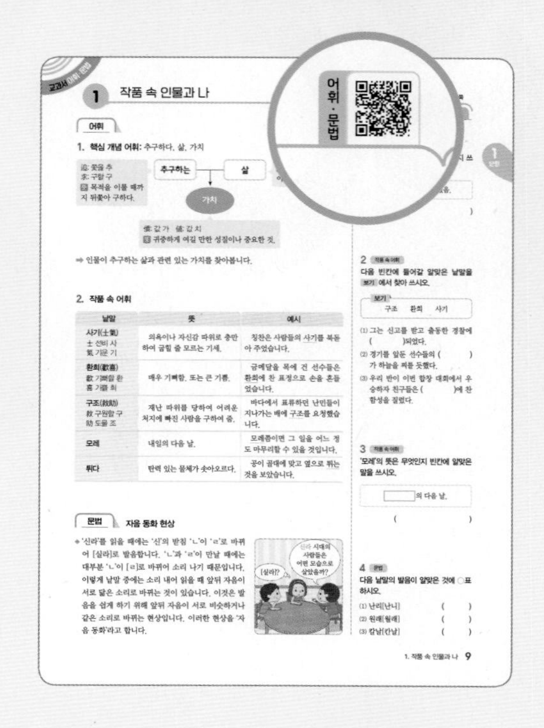

백점 국어는 교과서에 있는 **개념, 어휘, 문법, 읽기, 쓰기, 듣기 • 말하기** 등 다양한 학습 요소를 정리하여 개념 학습, 어휘 • 문법 학습, 독해 학습을 쉽고 알차게 할 수 있도록 구성하였습니다.

3 교과서 독해 학습

교과서 지문 완벽 소화하기

교과서 지문과 관련한 다양한 유형의 문제를 풀고, 표 형태로 지문의 내용을 정리하면서 학습 목표 이해는 물론 지문 독해 실력도 향상시킬 수 있습니다.

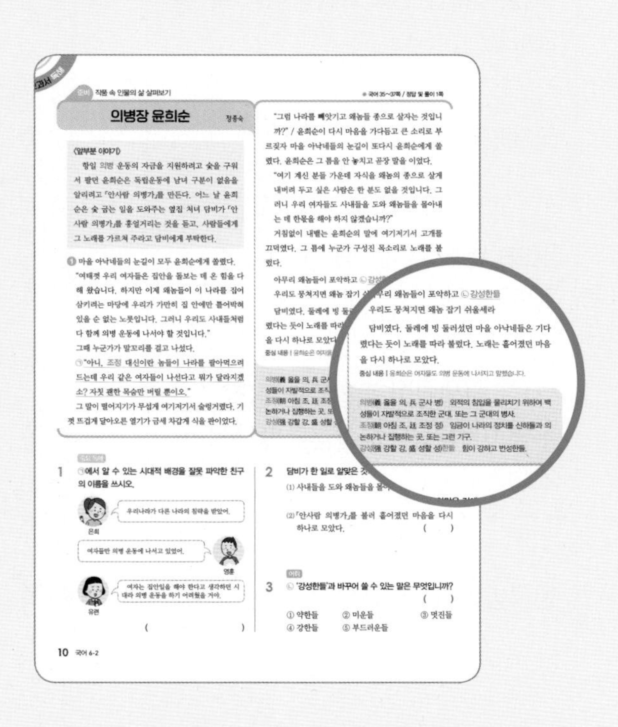
의병장 윤희순

BOOK 2 평가북

4 학교 평가 대비

단원 평가와 수행 평가

단원에서 꼭 나오는 중요한 문제만 엄선한 단원 평가로 수시 단원 평가에 대비하고, 학교에서 제시하는 실제 수행 평가와 유사한 형태의 문제로 수행 평가에 대비합니다.

⊕ 단원 평가

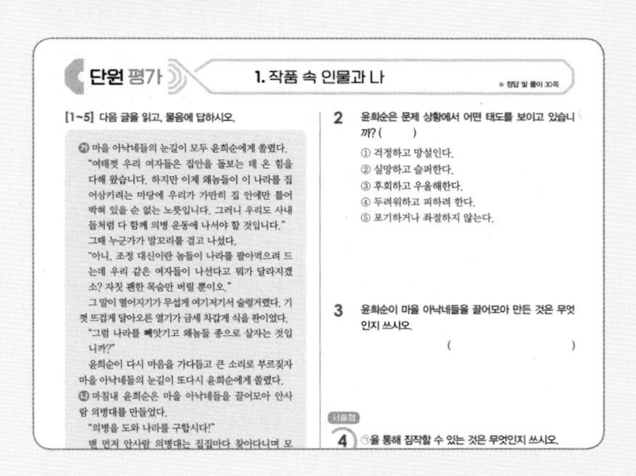
단원 평가 1. 작품 속 인물과 나

⊕ 수행 평가

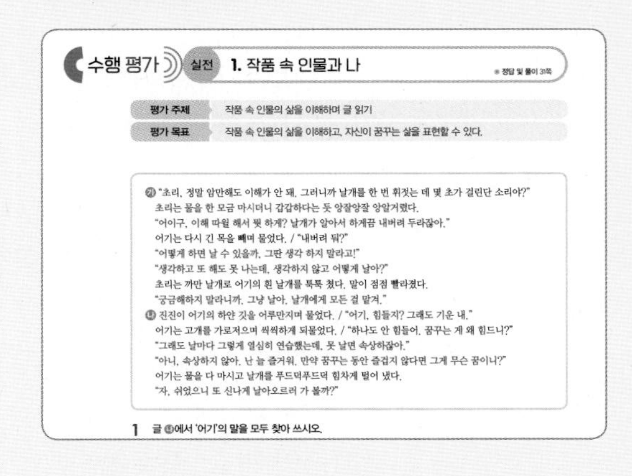
수행 평가 실전 1. 작품 속 인물과 나

교과서에 실린 작품 소개

단원	제재 이름	지은이	나온 곳	백점 쪽수
1단원	「의병장 윤희순」	정종숙	『의병장 윤희순』, ㈜한솔수북, 2010.	10~11쪽
	「구멍 난 벼루」	배유안	『구멍 난 벼루』, 토토북, 2016.	12~15쪽
	「마지막 숨바꼭질」	백승자	『열두 사람의 아주 특별한 동화』, 파랑새, 2016.	16~18쪽
	「이모의 꿈꾸는 집」	정옥	『이모의 꿈꾸는 집』, 문학과지성사, 2010.	19~20쪽
	「떨어져도 튀는 공처럼」	정현종	『노래의 자연』, 시인생각, 2013.	21쪽
2단원	「도산 안창호 선생의 연설」 (원제목: 「대혁명당을 조직하고 임시 정부를 유지하자는 연설」)	안창호	도산안창호온라인기념관 누리집 (http://www.ahnchangho.or.kr)	36쪽
3단원	「'그냥'이 아니라 '왜'」	이어령	『생각 깨우기』, 푸른숲주니어, 2012.	48~49쪽
	만화 (「가난한 것은 내 잘못이 아니에요!」)	한수정, 송하완	『지구촌 아름다운 거래 탐구 생활』, 파란자전거, 2016.	11쪽 (평가북)
	동영상 (「초콜릿 감옥」)		「배움 너머」, 한국교육방송공사, 2012.	50쪽
	그림 (공정 무역 인증 표시)		국제공정무역기구, 2018.	51쪽
	기사 (「나무가 미세 먼지 흡수 … 도심 숲은 공기 청정기」)		「KBS 뉴스 7」, 한국방송공사, 2017. 5 29.	52쪽
	자료 (일반 무역 유통 단계와 공정 무역 유통 단계)	전국사회 교사모임	『사회 선생님이 들려주는 공정 무역 이야기』, (주)살림출판사, 20217.	57쪽
4단원	매체 자료 ㉮ (공익 광고 「중독」)	홍수경, 박대훈, 양선일	한국방송광고진흥공사, 2014.	65쪽

단원	제재 이름	지은이	나온 곳	백점 쪽수
4단원	매체 자료 나 (「휴대 전화 관련 교통사고 발생」)		국민안전처, 2016.	65쪽
	자료 (주요 농작물 주산지 이동 변화)		통계청, 2018.	70쪽
	동영상 (「온라인 언어폭력: 능력자」)		한국방송광고진흥공사, 2017.	71쪽
연극 단원	「배낭을 멘 노인」	박현경 · 김운기 원작, 김주연 각색	교육연극교사모임, 2018.	78쪽
	「샬럿의 거미줄」	조셉 로비넷 글, 김정호 옮김	『완희와 털복숭이 괴물』, 도서출판 연극, 놀이 그리고 교육, 2011.	79~82쪽
5단원	「내가 원하는 우리나라」	김구	『쉽게 읽는 백범 일지』, 돌베개, 2005.	94~95쪽
	「기와 조각과 똥 덩어리」	박지원 원작, 강민경 글	『장복이, 창대와 함께하는 열하일기』, 한국고전번역원, 2013.	98~100쪽
6단원	뉴스 「파리 기후 협약 체결, 기온 상승 폭 2도 제한」		「MBC 뉴스투데이」, (주)문화방송, 2015. 12. 13.	112쪽
	뉴스 「스마트 기부 확산」 (원제목: 「디지털 자선냄비 등장 … 스마트 기부 확산」		「KBS 뉴스 9」, 한국방송공사, 2015. 12. 25.	115쪽
8단원	「나의 여행」		「지식 채널 e」, 한국교육방송공사, 2012.	142쪽
	「대상주 홍라」	이현	『나는 비단길로 간다』, ㈜도서출판 푸른숲, 2012.	144~145쪽

차례

작품 속 인물과 나

학습을 완료하면 V표를 하면서 학습 진도를 체크해요.

	학습 내용	백점 쪽수	확인
개념	작품에 등장하는 인물의 삶을 이해하고, 인물의 삶과 자신의 삶을 관련짓기	8쪽	☐
어휘 + 문법	핵심 개념 어휘: 추구하다, 삶, 가치 작품 속 어휘: 사기, 환희, 구조, 모레, 튀다 문법: 자음 동화 현상	9쪽	☐
독해	작품 속 인물의 삶 살펴보기: 「의병장 윤희순」	10~11쪽	☐
	작품을 읽고 인물이 추구하는 삶 파악하기: 「구멍 난 벼루」	12~15쪽	☐
	인물의 삶과 자신의 삶을 관련지어 말하기: 「마지막 숨바꼭질」	16~18쪽	☐
	인물의 삶과 자신의 삶을 비교하며 작품을 읽고 자신의 생각 쓰기: 「이모의 꿈꾸는 집」	19~20쪽	☐
	자신이 꿈꾸는 삶을 작품으로 표현하기: 「떨어져도 튀는 공처럼」	21쪽	☐
평가	단원 평가 1, 2회	22~26쪽	☐
	수행 평가	27쪽	☐

1 작품 속 인물과 나

정답 및 풀이 1쪽

1 작품을 읽고 인물이 추구하는 삶 파악하기

인물이 처한 상황을 파악해 봅니다. ➡ 인물이 처한 상황에서 한 말이나 행동을 찾아봅니다. ➡ 인물의 말이나 행동에서 관련 있는 삶의 가치를 찾아봅니다.

예 인물의 말이나 행동에서 그 인물이 추구하는 삶 파악하기

허련은 추사 김정희가 자신의 그림을 인정해 주지 않는데도 월성위궁을 떠나지 않았어. 그림을 제대로 배우고 싶은 마음이 강했기 때문이야. 무언가에 몰두하는 마음은 열정과 관련 있다고 생각해.

➡ 허련이 추구하는 삶: '끈기'와 '열정'을 가지고 끊임없이 꿈을 향해 노력하는 삶

2 인물의 삶과 자신의 삶을 관련지어 말하기

- 인물이 추구하는 가치와 관련 있는 자신의 경험을 말해 봅니다.
- 인물이 중요하게 여긴 가치들을 자신은 얼마나 중요하게 여기는지, 그 정도를 점수에 표시하고 서로 연결해 가치 도표를 만들고, 인물의 가치 도표와 비교하여 봅니다.
- 인물이 추구하는 삶과 관련지어 자신의 삶에 대한 다짐을 말해 봅니다.

예 「마지막 숨바꼭질」 속 아버지의 가치 도표 만들기

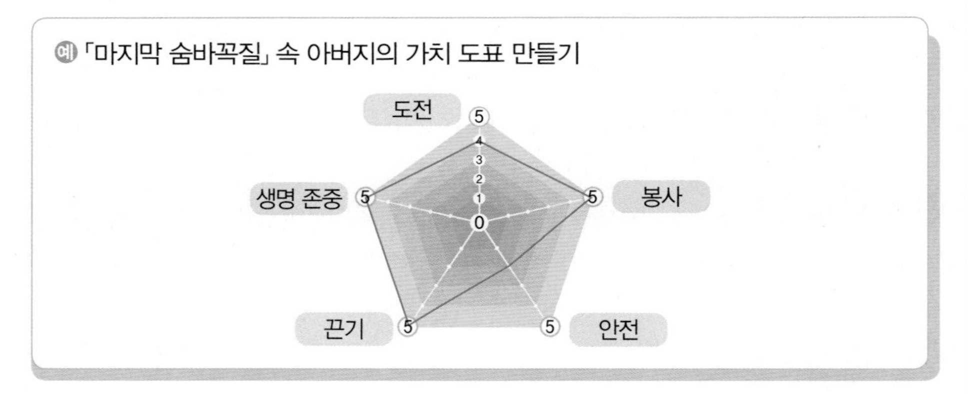

특히 공감했거나 인상 깊었던 인물, 자신에게 영향을 준 인물의 말이나 행동, 인물에게 전하고 싶은 말을 생각합니다.

3 인물의 삶과 자신의 삶을 비교하며 작품을 읽고 자신의 생각 쓰기

인물이 추구하는 삶이 무엇인지 생각해 봅니다.

⬇

인물이 추구하는 삶과 자신의 삶을 비교해 봅니다.

⬇

인물이 추구하는 삶을 생각하며 자신의 생각이나 느낌을 담아 인물에게 편지를 써 봅니다.

개념 확인 문제

1 작품을 읽고 인물이 추구하는 삶 파악하기

인물이 추구하는 삶과 관련 있는 가치는 무엇을 통해 찾을 수 있는지 알맞은 것의 기호를 모두 쓰시오.

㉮ 인물이 한 말
㉯ 인물의 생김새
㉰ 인물이 사는 곳
㉱ 인물이 한 행동

( )

2 인물의 삶과 자신의 삶을 관련지어 말하기

다음에서 설명하는 것은 무엇인지 쓰시오.

- 인물이 중요하게 여기는 가치의 정도를 점수에 표시하고 서로 연결해 만드는 것이다.
- 인물이 어떤 가치를 더 중요하게 여기는지 한눈에 알 수 있다.

( )

3 인물의 삶과 자신의 삶을 비교하며 작품을 읽고 자신의 생각 쓰기

인물이 추구하는 삶과 자신의 삶을 비교하는 방법을 알맞게 말한 친구에 ○표 하시오.

(1) 민정: 만약 내가 인물과 같은 상황에 처한다면 어떻게 행동할지 떠올려볼 거야. ( )

(2) 태호: 내 주변에서 인물이 추구하는 삶과 똑같은 삶을 살아가는 사람을 찾아볼 거야. ( )

1 작품 속 인물과 나

● 정답 및 풀이 1쪽

어휘

1. 핵심 개념 어휘: 추구하다, 삶, 가치

追: 쫓을 추
求: 구할 구
뜻 목적을 이룰 때까지 뒤쫓아 구하다.

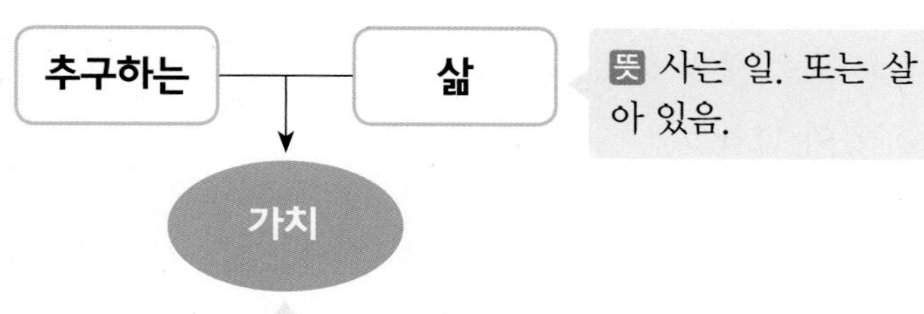

뜻 사는 일. 또는 살아 있음.

價: 값 가 値: 값 치
뜻 귀중하게 여길 만한 성질이나 중요한 것.

➡ 인물이 추구하는 삶과 관련 있는 가치를 찾아봅니다.

2. 작품 속 어휘

낱말	뜻	예시
사기(士氣) 士 선비 사 氣 기운 기	의욕이나 자신감 따위로 충만하여 굽힐 줄 모르는 기세.	칭찬은 사람들의 사기를 북돋아 주었습니다.
환희(歡喜) 歡 기뻐할 환 喜 기쁠 희	매우 기뻐함. 또는 큰 기쁨.	금메달을 목에 건 선수들은 환희에 찬 표정으로 손을 흔들었습니다.
구조(救助) 救 구원할 구 助 도울 조	재난 따위를 당하여 어려운 처지에 빠진 사람을 구하여 줌.	바다에서 표류하던 난민들이 지나가는 배에 구조를 요청했습니다.
모레	내일의 다음 날.	모레쯤이면 그 일을 어느 정도 마무리할 수 있을 것입니다.
튀다	탄력 있는 물체가 솟아오르다.	공이 골대에 맞고 옆으로 튀는 것을 보았습니다.

문법 자음 동화 현상

◆ '신라'를 읽을 때에는 '신'의 받침 'ㄴ'이 'ㄹ'로 바뀌어 [실라]로 발음합니다. 'ㄴ'과 'ㄹ'이 만날 때에는 대부분 'ㄴ'이 [ㄹ]로 바뀌어 소리 나기 때문입니다. 이렇게 낱말 중에는 소리 내어 읽을 때 앞뒤 자음이 서로 닮은 소리로 바뀌는 것이 있습니다. 이것은 발음을 쉽게 하기 위해 앞뒤 자음이 서로 비슷하거나 같은 소리로 바뀌는 현상입니다. 이러한 현상을 '자음 동화'라고 합니다.

어휘·문법 확인 문제

1 핵심 개념 어휘

다음 뜻에 알맞은 낱말은 무엇인지 쓰시오.

사는 일. 또는 살아 있음.

( )

2 작품 속 어휘

다음 빈칸에 들어갈 알맞은 낱말을 보기 에서 찾아 쓰시오.

보기
구조 환희 사기

(1) 그는 신고를 받고 출동한 경찰에 ( )되었다.
(2) 경기를 앞둔 선수들의 ( )가 하늘을 찌를 듯했다.
(3) 우리 반이 이번 합창 대회에서 우승하자 친구들은 ( )에 찬 함성을 질렀다.

3 작품 속 어휘

'모레'의 뜻은 무엇인지 빈칸에 알맞은 말을 쓰시오.

□의 다음 날.

( )

4 문법

다음 낱말의 발음이 알맞은 것에 ○표 하시오.

(1) 난리[난니] ( )
(2) 원래[월래] ( )
(3) 칼날[칸날] ( )

의병장 윤희순

정종숙

〈앞부분 이야기〉

항일 의병 운동의 자금을 지원하려고 숯을 구워서 팔던 윤희순은 독립운동에 남녀 구분이 없음을 알리려고 「안사람 의병가」를 만든다. 어느 날 윤희순은 숯 굽는 일을 도와주는 옆집 처녀 담비가 「안사람 의병가」를 흥얼거리는 것을 듣고, 사람들에게 그 노래를 가르쳐 주라고 담비에게 부탁한다.

1 마을 아낙네들의 눈길이 모두 윤희순에게 쏠렸다.

"여태껏 우리 여자들은 집안을 돌보는 데 온 힘을 다해 왔습니다. 하지만 이제 왜놈들이 이 나라를 집어삼키려는 마당에 우리가 가만히 집 안에만 틀어박혀 있을 순 없는 노릇입니다. 그러니 우리도 사내들처럼 다 함께 의병 운동에 나서야 할 것입니다."

그때 누군가가 말꼬리를 걸고 나섰다.

㉠"아니, 조정 대신이란 놈들이 나라를 팔아먹으려 드는데 우리 같은 여자들이 나선다고 뭐가 달라지겠소? 자칫 괜한 목숨만 버릴 뿐이오."

그 말이 떨어지기가 무섭게 여기저기서 술렁거렸다. 기껏 뜨겁게 달아오른 열기가 금세 차갑게 식을 판이었다.

"그럼 나라를 빼앗기고 왜놈들 종으로 살자는 것입니까?" / 윤희순이 다시 마음을 가다듬고 큰 소리로 부르짖자 마을 아낙네들의 눈길이 또다시 윤희순에게 쏠렸다. 윤희순은 그 틈을 안 놓치고 곧장 말을 이었다.

"여기 계신 분들 가운데 자식을 왜놈의 종으로 살게 내버려 두고 싶은 사람은 한 분도 없을 것입니다. 그러니 우리 여자들도 사내들을 도와 왜놈들을 몰아내는 데 한몫을 해야 하지 않겠습니까?"

거침없이 내뱉는 윤희순의 말에 여기저기서 고개를 끄덕였다. 그 틈에 누군가 구성진 목소리로 노래를 불렀다.

아무리 왜놈들이 포악하고 ㉡강성한들
우리도 뭉쳐지면 왜놈 잡기 쉬울세라

담비였다. 둘레에 빙 둘러섰던 마을 아낙네들은 기다렸다는 듯이 노래를 따라 불렀다. 노래는 흩어졌던 마음을 다시 하나로 모았다.

중심 내용 | 윤희순은 여자들도 의병 운동에 나서자고 말했습니다.

의병(義 옳을 의, 兵 군사 병) 외적의 침입을 물리치기 위하여 백성들이 자발적으로 조직한 군대. 또는 그 군대의 병사.
조정(朝 아침 조, 廷 조정 정) 임금이 나라의 정치를 신하들과 의논하거나 집행하는 곳. 또는 그런 기구.
강성(强 강할 강, 盛 성할 성)한들 힘이 강하고 번성한들.

중요 독해

1 ㉠에서 알 수 있는 시대적 배경을 잘못 파악한 친구의 이름을 쓰시오.

은희: 우리나라가 다른 나라의 침략을 받았어.

영훈: 여자들만 의병 운동에 나서고 있었어.

유련: 여자는 집안일을 해야 한다고 생각하던 시대라 의병 운동을 하기 어려웠을 거야.

( )

2 담비가 한 일로 알맞은 것에 ○표 하시오.

(1) 사내들을 도와 왜놈들을 몰아내자고 주장했다. ( )

(2) 「안사람 의병가」를 불러 흩어졌던 마음을 다시 하나로 모았다. ( )

어휘

3 ㉡ '강성한들'과 바꾸어 쓸 수 있는 말은 무엇입니까? ( )

① 약한들 ② 미운들 ③ 멋진들
④ 강한들 ⑤ 부드러운들

의병장 윤희순

❷ 마침내 윤희순은 마을 아낙네들을 끌어모아 안사람 의병대를 만들었다.

"의병을 도와 나라를 구합시다!"

맨 먼저 안사람 의병대는 집집마다 찾아다니며 모금을 했다. (안사람 의병대가 한 일)

"왜놈들이 우리나라를 집어삼키려 합니다. 의병을 도와주십시오."

안사람 의병대의 눈물 어린 하소연은 많은 사람의 마음을 움직였다. 어떤 사람은 무기를 만들 수 있는 놋쇠와 구리를 내놓았고, 어떤 사람은 가진 돈을 몽땅 내놓기도 했다.

"우린 고구마밖에 없는데 괜찮다면 이거라도 내놓겠네."

㉠살림살이가 어려운 사람들도 의병을 돕겠다고 발벗고 나섰다. 안사람 의병대가 밤낮없이 애쓴 덕분에 춘천 의병 부대는 날로 힘이 세졌다. 덩달아 의병들의 사기도 부쩍 드높아졌다.

중심 내용 | 마침내 윤희순은 안사람 의병대를 만들었고, 안사람 의병대가 애쓴 덕분에 의병들의 사기도 드높아졌습니다.

- **글의 종류** 전기문
- **글의 특징** 여성들의 독립운동 참여를 촉구하는 「안사람 의병가」를 지어 널리 알린 의병장 윤희순의 삶의 태도를 알 수 있는 글입니다.
- **작품 정리** 빈칸에 알맞은 말을 넣어 윤희순의 삶의 태도를 알 수 있는 말과 행동 정리하기

말	"그럼 ❶(　　　　)을/를 빼앗기고 왜놈들 종으로 살자는 것입니까?"
행동	일제가 침략했다고 해서 포기하거나 좌절하지 않고 침략 세력을 물리치려고 ❷(　　　　) 운동을 했음.

모금(募 모을 모, 金 쇠 금) 기부금이나 성금 따위를 모음.
하소연 억울한 일이나 잘못된 일, 딱한 사정 따위를 말함.
놋쇠 구리에 아연을 10~45% 넣어 만든 합금. 가공하기 쉽고 녹슬지 않아 공업 재료로 널리 쓴다.
사기(士 선비 사, 氣 기운 기) 의욕이나 자신감 따위로 충만하여 굽힐 줄 모르는 기세.

4 윤희순이 마을 아낙네들을 끌어모아서 만든 것은 무엇인지 쓰시오.

(　　　　　　　　　　)

5 문제 4번에서 답한 윤희순이 만든 것이 한 일로 알맞은 것은 무엇입니까? (　　　)

① 집집마다 찾아다니며 모금을 했다.
② 남자들이 만든 의병에 맞서 싸웠다.
③ 마을 아낙네들에게 글자를 가르쳤다.
④ 집집마다 찾아다니며 무기를 만들어 주었다.
⑤ 나라를 팔아먹은 조정 대신들을 잡아들였다.

6 ㉠에서 알 수 있는 시대적 배경으로 알맞은 것을 두 가지 고르시오. (　　　)

① 가난한 사람들만 의병을 도왔다.
② 일제가 의병대의 재산을 모두 빼앗았다.
③ 혼자만 살겠다고 재산을 숨기는 사람이 많았다.
④ 일제의 침략으로 사람들의 경제 상황이 어려웠다.
⑤ 어려운 상황 속에서도 우리나라 사람들의 위기 극복 의지가 대단했다.

서술형

7 윤희순이 삶에서 추구한 가치와 관련 있는 낱말 중 하나를 보기 에서 고르고, 그렇게 생각한 까닭을 쓰시오.

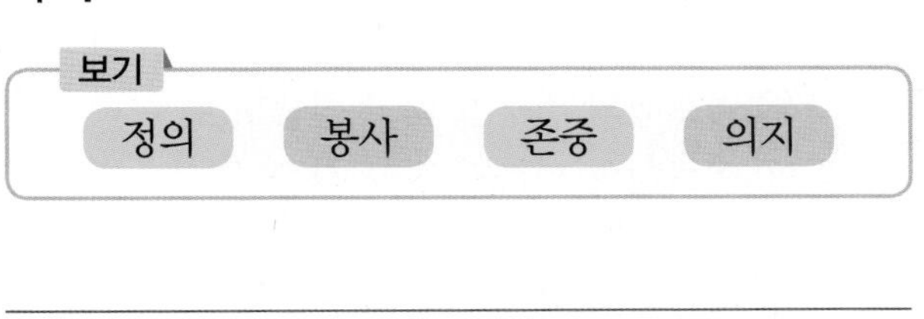

기본 작품을 읽고 인물이 추구하는 삶 파악하기

국어 40~42쪽 / 정답 및 풀이 1쪽

구멍 난 벼루

배유안

〈앞부분 이야기〉

허련은 추사 선생(추사 김정희)에게 그림을 배우려고 한양으로 찾아간다. 그러나 한양의 월성위궁(추사 선생의 집)에서 만난 추사 선생은 허련의 그림을 보고 견문이 부족하다고 혹평한다. 허련은 당황스럽고 부끄러웠지만, 계속 사랑채에 머물며 청나라에서 온 서책들을 보고 견문을 넓힌다.

1 이른 아침의 서재가 차향으로 은은해졌다. 추사 선생은 무심한 척 허련이 우려 놓은 차를 마셨다.

㉠"어르신 옆에서 붓의 세상을 열어 보고 싶습니다."

"붓의 세상?" / 허련은 벌떡 일어나 큰절을 올렸다. 추사 선생은 미간에 주름을 세우고 허련을 바라보았다.

"저는 해남(허련이 살던 곳)을 떠나올 때 이미 스승을 찾았습니다. 초의 선사의 편지 내용이 어떤 것이었든 이제 상관이 없습니다. 어르신께서 제 그림의 부족함을 일깨워 주셨으니 그것을 채우는 것도 어르신께로부터 배우고 싶습니다."

추사 선생은 못마땅한 표정으로 허련을 쏘아보았다. 애당초 흔쾌한 대답을 기대하지 않은 터였다. 허련은 개의치 않고 고개를 깊이 숙였다. 추사 선생이 심드렁하게 말했다. / "그러시게. ㉡자네는 자네의 스승을 찾게. 나는 내 제자를 찾을 터이니."

대단히 ㉢아리송한 말이었다. 짧게 흘린 웃음소리도 아리송하긴 마찬가지였다. 제자를 찾겠다는 말이 제자가 될 만한지 두고 보겠다는 뜻인지, 자네는 내가 찾는 제자가 아니라는 뜻인지. 허련은 무슨 뜻인지 묻지 못했다. 답이 두려웠다. / "한 잔 더 주게."

추사 선생이 차를 청했다. 순간, 허련은 앞쪽이 답일 가능성이 더 크다고 생각하며 얼른 찻잔을 채웠다. 그렇게 생각하기로 마음먹었다. 추사 선생의 말이 '그만 떠나게'만 아니면 된 거 아닌가?

허련도 차 한 잔을 따라 마셨다. 향긋한 차가 매끄럽게 목구멍을 타고 흘러내렸다.

'꼭 어르신의 제자가 될 것입니다.'

중심 내용 | 추사 김정희는 제자가 되려고 찾아온 허련을 제자로 받아 주지 않았습니다.

무심한 아무런 생각이나 감정 따위가 없는.
개의치 어떤 일 따위를 마음에 두고 생각하거나 신경을 쓰지.
아리송한 그런 것 같기도 하고 그렇지 않은 것 같기도 하여 분간하기 어려운.

8 추사 김정희가 허련의 그림을 보고 평가한 내용을 알맞게 말한 친구의 이름을 쓰시오.

시원: 뛰어난 작품이라고 칭찬했어.
예린: 견문이 부족하다고 몹시 모질게 평했어.

( )

9 ㉠에 담긴 뜻으로 알맞은 것은 무엇입니까? ( )

① 어르신의 친구가 되고 싶습니다.
② 어르신의 제자가 되고 싶습니다.
③ 어르신의 그림을 가지고 싶습니다.
④ 어르신께 붓을 선물해 드리고 싶습니다.
⑤ 어르신보다 그림을 더 잘 그리고 싶습니다.

10 ㉡의 말에 담겨 있는 뜻을 두 가지 고르시오. ( )

① 자신은 이미 많은 제자가 있다는 뜻
② 스승을 찾는 것은 중요하지 않다는 뜻
③ 이미 허련을 제자로 생각하고 있다는 뜻
④ 자신은 스승이 되기에 부족함이 많다는 뜻
⑤ 좋은 스승을 만나는 것보다 스스로 연습하는 것이 더 중요하다는 뜻

어휘

11 ㉢'아리송한'과 반대되는 뜻의 낱말을 찾아 모두 ○표 하시오.

흐린 분명한 희미한 확실한 알쏭달쏭한

구멍 난 벼루

❷ 허련은 월성위궁(추사 김정희의 집)을 떠날 생각은 완전히 접고 아예 추사 선생의 자잘한 시중을 맡아 했다. 새벽에 일어나 마당을 쓸고, 서재를 활짝 열어 신선한 공기를 넣었다. 그러면 허련의 새 하루도 시작되었다. 사랑채를 청소하고 추사 선생의 붓을 씻어 말리고 먹을 갈았다. 얼마 안 가서 하인이 아예 허련에게 일을 미루어 버렸다. 추사 선생도 언제부턴가 허련이 월성위궁에 머무는 걸 당연하게 여겼다. / 추사 선생의 독서량과 연습량은 실로 엄청났다. 부지런하고 열성적인 것으로는 누구에게 뒤져 본 적이 없던 허련이지만 잠깐의 시간도 허투루 쓰지 않는 추사 선생의 근면함에는 혀를 내둘렀다. 추사 선생은 획 하나, 글자 하나를 수십 번, 수백 번 연습하는 연습벌레였다. 누구나 알아주는 대가가 되고서도 끊임없이 뭇 명필들의 서체를 감상하고 연구하며 자기만의 서체를 만들어 나갔다. 스승의 문 안에는 배울 게 많았다. 허련은 우러르는 마음이 절로 생겼다.

중심 내용 | 허련은 월성위궁에 머물며 추사 김정희의 시중을 맡아 했습니다.

❸ 여러 날 공들여 바위틈에 자란 나무를 그렸는데 꽤 마음에 들었다. 마당에서 종이를 들고 그림을 말리고 있는데 뒤에서 추사 선생의 목소리가 들렸다.

"그 나무는 자네의 나무인가?" / "예?"

"자네의 정신이 거기 있는가?" / "……."

"나무와 바위 말고 뭐가 있는가?"

'뭐가 있나'라니? 허련이 미처 질문의 뜻을 생각하기도 전에 추사 선생은 돌아서 가 버렸다.

허련은 하릴없이 그림을 내려다보았다. 공들인 붓질이었다. 그러나 기법만 있고 이야기가 없었다. 추사 선생의 그림처럼 그리는 사람의 이상이나 소망 같은 것이 없었다. 허련은 맥이 빠졌다. 나무나 바위가 아무리 진짜 같아도, 붓질이 아무리 펄펄 살아 있어도 눈에 보이는 것만으로는 안 되는 거였다. 정신이라는 것은 붓끝의 교묘함에서 나오는 게 아니었다. 그건 그리는 사람의 마음속에 있는 것이 손을 타고 붓을 지나서 나오는 것이라고 말할 수밖에 없었다. 며칠 동안 허련은 절망감으로 괴로웠다.

중심 내용 | 허련은 추사 김정희의 질문을 듣고, 자신의 그림에는 기법만 있고 이야기가 없음을 깨달았습니다.

허투루 아무렇게나 되는대로.
하릴없이 달리 어떻게 할 도리가 없이.
기법(技 재주 기, 法 법도 법) 기교를 나타내는 방법.
맥(脈 맥 맥) 기운이나 힘.
교묘(巧 교묘할 교, 妙 묘할 묘)함 솜씨나 재주 따위가 재치 있게 약삭빠르고 묘함.

12 **추사 김정희가 제자로 받아 주지 않은 상황에서 허련이 한 행동을 떠올려 ㉮와 ㉯에 알맞은 말을 쓰시오.**

[㉮]을/를 떠나지 않고 [㉯]의 시중을 들었다.

(1) ㉮: (　　　　　　　　)

(2) ㉯: (　　　　　　　　)

중요 독해

13 **문제 12번을 통해 알 수 있는 허련의 성격으로 알맞은 것은 무엇입니까? (　　　)**

① 거만하다.
② 끈기가 있다.
③ 쉽게 포기한다.
④ 자신감이 없다.
⑤ 허풍이 심하다.

14 **추사 김정희의 질문을 듣고 난 뒤, 허련의 마음은 어떠했습니까? (　　　)**

① 기쁘고 행복했다.
② 절망감으로 괴로웠다.
③ 뿌듯하고 자랑스러웠다.
④ 추사 김정희가 고마웠다.
⑤ 추사 김정희가 원망스러웠다.

서술형

15 **다음 허련이 한 말은 어떤 뜻일지 짐작하여 쓰시오.**

허련: 내 그림에는 기법만 있고 정신이 없구나.

구멍 난 벼루

④ '내 내면을 깊고 그윽한 무엇으로 채우지 않고서는 제대로 된 그림을 그릴 수 없겠구나.'

허련은 그림보다 책을 더 많이 읽었다. 그리는 시간보다 생각하는 시간이 더 많아졌다.

'나는 나무에 어떤 의식을 넣어 내 나무로 그릴 것인가? 어떻게 내 바위를 그릴 것인가?'

'이 모란은 내 모란인가, 아닌가?'

'나는 어떤 마음으로 새가 되어 날고 있는가?'

허련은 자신에게 더 많은 것을 물었다. 사물을 보고 앉아서 깊이 생각하다 보면 사물과 마음이 통하는 듯했다. 그림은 사물과 자신과의 소통이 우선되어야 하는 것이었다. / 월성위궁에서 종이를 먹으로 채우면서 계절이 휙휙 지나갔다. 먹을 가는 시간은 마음을 닦는 시간이기도 했다. 먹물이 까맣게 벼루를 채우는 동안 마음은 차분히 가라앉고 내면 깊은 곳에서 그림에 대한 열정만 오롯이 솟아올랐다.

학문은 날로 깊어졌고 그림 보는 안목도 높아졌다.

중심 내용 | 허련이 내면을 채우려고 노력한 결과 학문은 날로 깊어졌고 그림 보는 안목도 높아졌습니다.

⑤ 어느 날, 추사 선생이 물었다.

"자네는 종요라는 사람을 아는가?"

"예, 해서체의 대가로 알고 있습니다."

"그는 잠을 잘 때도 이불에다 손가락으로 글씨를 써 대서 이불이 너덜너덜해졌다고 하더군."

"예. 그만큼 연습을 해야 대가가 되는군요."

"뭐든 미친 듯이 하지 않고서는 큰 성취를 얻을 수 없네." / 허련은 깊이 알아듣고 고개를 숙였다.

㉠"붓을 천 개쯤은 뭉뚝하게 만들어 봐야 그림이 뭔가를 알게 될 걸세."

추사 선생이 흘리듯 말하고는 돌아서 갔다. 허련은 몽당붓을 들고 물끄러미 보았다. 이제 겨우 한 걸음을 더 뗀 것 같았다. / '천 개 넘어 붓이 닳으면…….'

허련은 쓰고 또 썼다. 그리고 또 그렸다.

중심 내용 | 허련은 추사 선생이 종요라는 해서체의 대가에 대해 한 말을 듣고 열심히 연습했습니다.

오롯이 모자람이 없이 온전하게.
안목(眼 눈 안, 目 눈 목) 사물을 보고 분별하는 견식.
대가(大 큰 대, 家 집 가) 전문 분야에서 뛰어나 권위를 인정받는 사람.

16 허련이 자신의 내면을 깊고 그윽한 무엇으로 채우기 위해 한 일을 모두 고르시오. (   )

① 나무와 모란을 심고 가꾸었다.
② 그림보다 책을 더 많이 읽었다.
③ 자신에게 더 많은 것을 물었다.
④ 책 읽는 시간을 줄여 그림을 그렸다.
⑤ 그리는 시간보다 생각하는 시간을 더 많이 가졌다.

17 허련이 깨달은 것을 정리할 때, 빈칸에 알맞은 말에 ○표 하시오.

그림은 [   ]이 우선되어야 하는 것이다.

(1) 붓끝의 교묘함 (   )
(2) 사물과 자신과의 소통 (   )

18 다음은 누구에 대한 설명인지 쓰시오.

• 해서체의 대가이다.
• 잠을 잘 때도 이불에다 손가락으로 글씨를 썼다.

(   )

19 ㉠이 뜻하는 것을 알맞게 말한 친구는 누구입니까? (   )

① 예나: 끊임없이 연습하라는 뜻이야.
② 우진: 붓에 힘을 주어 그림을 그리라는 뜻이야.
③ 성준: 붓을 쥐는 방법부터 바꿔야 한다는 뜻이야.
④ 가윤: 그림을 그리기 전에 붓부터 다듬으라는 뜻이야.
⑤ 서율: 그림을 그리려면 천 개의 붓이 필요하다는 뜻이야.

1 단원

구멍 난 벼루

❻ 허련은 화첩에서 배운 필법을 바탕으로 연구와 실험을 해 가며 나름의 붓질법을 만들어 나갔다. 수십 개의 붓이 뭉뚝해졌다. 점차 허련만의 그림이 나왔다.

날로 부드러워지는 봄 산을 그리느라 열중해 있는데 문득 뒤에서 인기척이 들렸다. 고개를 드니 추사 선생이었다. 허련이 일어나려 하자 추사 선생이 말렸다.

"그냥 계속하게."

허련은 진하게 간 먹을 마른 붓에 듬뿍 찍어 종이에 닿을 듯 말 듯 가볍게 긋다가 슬쩍 눌러 긋다가 하며 산의 능선을 표현했다. 바위는 짙고 마른 먹으로 그려 거칠고 투박한 느낌을 물씬 냈다. 나무껍질 또한 물기 없는 붓으로 건조하게 찍어 까끌까끌한 질감을 살렸다.

"으음." / 추사 선생이 신음을 내뱉었다. 허련이 돌아보니 ㉠추사 선생이 체면도 잊고 옆에 쪼그리고 앉아 그림을 뚫어지게 보고 있었다.

중심 내용 | 허련은 나름의 붓질법을 만들어 나갔고, 그러한 허련의 그림을 보고 추사 선생이 감탄했습니다.

❼ "이게 바로 초묵법이구나." / "초묵법요?"

"마르고 건조한데 윤기가 있어 보이는 붓질. ㉡오랫동안 풀지 못한 것을 오늘 자네한테 배우는구나."

추사 선생의 얼굴에 환희가 차올랐다.

중심 내용 | 허련이 그린 그림을 보고 추사 김정희는 '초묵법'을 배웠다며 기뻐했습니다.

- **글의 종류** 이야기
- **글의 특징** 추사 김정희와 제자 허련에 대한 이야기입니다.
- **작품 정리** 빈칸에 알맞은 말을 넣어 허련이 처한 상황과 그 상황에서 허련이 한 말이나 행동 정리하기

상황	말이나 행동
추사 김정희가 제자로 받아 주지 않은 상황	• 월성위궁을 떠나지 않고 추사 ❶(　　　)의 시중을 듦. • 포기하지 않고 꼭 추사 김정희의 ❷(　　　)이/가 될 것을 다짐함.
자신의 그림에 정신이 들어 있지 않다는 말을 들은 상황	• 내면을 깊고 그윽한 무엇으로 채우려고 그림보다 ❸(　　　)을/를 더 많이 읽고 그리는 시간보다 생각하는 시간이 많아짐. • ❹(　　　) 수십 자루가 몽당붓이 되도록 끊임없이 연습함.

인(人 사람 인)기척 사람이 있음을 알 수 있게 하는 소리나 기색.
투박한 생김새가 볼품없이 둔하고 튼튼하기만 한.

중요 독해

20 추사 김정희가 ㉠과 같이 행동한 까닭은 무엇입니까? (　　　)

① 허련의 그림을 보고 감탄해서
② 허련의 그림이 자신의 그림과 똑같아서
③ 허련의 그림에서 잘못된 점을 찾기 위해서
④ 허련의 실력이 늘지 않는 것이 안타까워서
⑤ 허련이 자신의 기법을 따라한 것이 흐뭇해서

21 ㉡을 통해 알 수 있는 추사 김정희가 추구하는 삶의 가치에 대해 알맞게 말한 친구의 이름을 쓰시오.

서진: 허련이 초묵법을 자신보다 먼저 완성할 수 있도록 기다려 주는 '배려심'이 있어.
연아: 이미 뛰어난 그림 실력이 있음에도 제자인 허련에게서도 배우는 '겸손함'이 있어.

(　　　　　　　)

22 이 글 전체에서 알 수 있는 허련이 추구하는 삶으로 알맞은 것의 기호를 쓰시오.

㉮ 자신보다 남을 먼저 배려하는 삶
㉯ 자신의 생각만 옳다고 여기는 고집스러운 삶
㉰ 끈기와 열정을 가지고 끊임없이 꿈을 향해 노력하는 삶

(　　　　　　　)

어휘

23 다음 빈칸에 들어갈 알맞은 낱말을 글 ❼에서 찾아 쓰시오.

우리나라 선수가 골을 넣자 사람들은 [　　　]의 함성을 질렀다.

(　　　　　　　)

기본 인물의 삶과 자신의 삶을 관련지어 말하기

국어 53~55쪽 / 정답 및 풀이 1쪽

마지막 숨바꼭질

백승자

1 어제는 재래시장의 낡은 건물에서 불이 났대. 신고를 받은 소방관들이 출동했을 때, 시장 골목은 이미 구경하는 사람들로 메워져 있었단다.
(어머니가 경민이에게 들려준 이야기)

문틈으로 나오는 검은 연기와 **매캐한** 냄새, 사람들의 비명…….

소방관 세 명이 들기에도 벅찰 정도로 소방 호스는 쉴 새 없이 강한 물줄기를 뿜어내고, 네 아버지를 비롯한 두 팀의 구조대가 그 속을 파고들었단다.
(네 아버지: 경민이의)

'무엇보다 먼저 사람의 목숨을 구한다!'

소방관들은 눈길이 마주칠 때마다 ㉠말 없는 약속을 확인하고 힘을 내곤 한다지. 그래서 한순간에 온몸을 집어삼킬 듯한 불길을 이리저리 피해 가며 연기에 질식한 사람을 업고 나올 때는 죽음조차 두렵지 않을 만큼 다급하단다. / 어제도 네 아버지는 건물에 갇혀 울부짖는 두 사람을 업어 내왔단다. 온몸이 땀으로 범벅이 된 몸으로 또 한 번 들어가려는 순간, 시뻘건 불길이 혀를 날름거리며 건물의 입구를 막아 버린 거야.

"위험해, 더는 도저히 안 되겠어!"
(더 이상의 구조를 중단함.)

소방관들은 구조를 중단하고 온몸이 오그라드는 듯한 열기 속에서 빠져나오기 시작했대.

"먼저 나가. 내가 한 번만 더……."

그때 말릴 새도 없이 깨진 창문 사이로 뛰어 들어간 한 사람의 구조 대원이 있었단다.

너도 한번 생각해 보렴. 소방관에게도 지켜야 할 소중한 목숨이 있고, 우리처럼 애타게 기도하며 기다리는 가족이 있을 거 아니겠니?

아, 어쩌면 그렇게 짧고도 기막힌 순간이 또 있을까?

네 아버지가 빠져나오고 뒤를 돌아보았을 때, 불길에 무너지는 커다란 기둥이 그 구조 대원의 몸을 휩싸 안고 바닥으로 꺼져 버렸단다.

자기 목숨보다 남의 목숨을 먼저 생각한 용감한 소방관 아저씨의 최후……. / 그 이야기를 하시면서 아버지는 정말 뜨거운 눈물을 쏟으셨단다.

"만약에 빠져나오는 차례가 나와 바뀌었더라면 그가 살고 나는 지금 이 자리에 없는 거야……."

그 말 끝에 나도 얼마나 울었는지 몰라. 마치 네 아버지가 다시 태어난 것처럼 반갑고 고맙더라니까!

중심 내용 | 경민이는 어머니께 어젯밤 일어난 화재로 아버지께서 목숨을 잃을 뻔하셨다는 이야기를 들었습니다.

매캐한 연기나 곰팡이 따위의 냄새가 약간 맵고 싸한.

24 이 글에서 아버지의 직업은 무엇입니까? (　　　)

① 경찰관　② 소방관
③ 선생님　④ 건물 관리자
⑤ 재래시장 상인

25 ㉠의 뜻에 대해 알맞게 말한 친구의 이름을 쓰시오.

> 지우: 말이 필요 없을 만큼 당연한 약속이라는 뜻이야.
> 현승: 다급한 상황이라 아무런 말이 들리지 않았다는 뜻이야.

(　　　　　　)

26 각 상황에서 아버지가 한 행동을 찾아 선으로 이으시오.

(1) 화재 현장에 출동한 상황 •　　• ㉮ 뜨거운 눈물을 쏟음.

(2) 동료를 잃은 일에 대해 이야기하는 상황 •　　• ㉯ 불이 난 건물에 갇힌 사람들을 업고 나옴.

어휘

27 다음 뜻을 가진 낱말을 이 글에서 찾아 쓰시오.

> 재난을 당하여 어려운 처지에 빠진 사람을 구해 줌.

(　　　　　　)

마지막 숨바꼭질

❷ 세 식구가 단출하게 둘러앉아서 케이크에 촛불을 켰다. 큰 초 네 개와 작은 초 두 개에서 무지갯빛 환한 불이 살아났다. 고개를 갸웃하신 건 역시 아버지였다.

"어? 이게 누구 나이만큼 촛불을 켠 거냐?"

경민이는 대답 대신 예쁘게 포장해 온 선물을 아버지께 내밀었다.

"아버지, 생신을 축하합니다. 그리고 위험 속에서 살아나 주셔서 고맙고, 또 사랑합니다!"

어쩐지 쑥스러워서 마지막에 혀를 날름 내밀기는 했지만, 늘 개구쟁이 노릇만 하던 경민이로서는 제법 의젓한 인사말이었다. 눈이 휘둥그레진 아버지께 어머니가 다가앉으며 말했다.

"경민이에게 당신이 어제 화재 현장에서 고생하신 얘기를 들려주었어요. 그랬더니 글쎄, 우리 아버지가 다시 태어나신 거나 마찬가지라고 저렇게 야단이랍니다."

경민이는 아버지의 잔과 자기의 콜라 잔을 부딪치며 힘차게 "브라보!"를 외쳤다.

"㉠우리 아들, 고맙고 기특하구나. 이 아빠가 막 눈물이 날 것 같아."

중심 내용 | 경민이는 위험 속에서 살아나 주신 아버지께 고맙다고 말씀드렸고, 아버지는 경민이가 기특했습니다.

❸ 그 자리에서 아버지는 경민이에게 자기가 처음으로 소방관이 되고자 결심한 어린 시절의 사건 하나를 들려주었다.

아, 그러니까 이 아빠가 꼭 너만 한 나이 때의 일이구나.

그해 여름, 아마 장마가 막 시작될 무렵이었을 거야.

그날은 부모님이 먼 친척 집에 가셔서 두 살 아래의 동생과 나 둘이서만 하룻밤을 지내야 했단다.

어머니가 해 놓으신 저녁밥을 일찌감치 먹고 난 우리는 뭔가 재미있는 일을 찾기 시작했지.

숨바꼭질, 예나 지금이나 그보다 더 재미있는 놀이가 있을까?

단출하게　식구나 구성원이 많지 않아서 홀가분하게.
날름　혀, 손 따위를 날쌔게 내밀었다 들이는 모양.
의젓한　말이나 행동 따위가 점잖고 무게가 있는.
야단　매우 떠들썩하게 일을 벌이거나 부산하게 법석거림.
무렵　대략 어떤 시기와 일치하는 즈음.

28 경민이가 준비한 케이크의 촛불을 처음 보았을 때, 아버지의 반응은 어떠했습니까? (　　　)

① 슬퍼했다.　② 화를 냈다.
③ 속상해했다.　④ 의아해했다.
⑤ 자랑스러워했다.

29 경민이가 케이크와 선물을 준비한 까닭으로 알맞은 것에 ○표 하시오.

(1) 아버지의 생신을 챙겨 드리지 못해 죄송한 마음이 들어서 (　　)
(2) 아버지가 케이크를 드시고 화재 현장에서의 힘든 일을 잊으셨으면 해서 (　　)
(3) 아버지가 위험 속에서 살아나신 것이 다시 태어나신 것과 마찬가지라고 생각해서 (　　)

중요 독해

30 아버지가 한 말인 ㉠과 관련 있는 가치를 두 가지 찾아 ○표 하시오.

생명 존중　사랑　봉사
도전　성실　감사

서술형

31 글 ❸에서 아버지는 경민이에게 무엇에 관한 이야기를 들려주었는지 쓰시오.

____

____

마지막 숨바꼭질

그날따라 정전이 되어 우린 마루에 촛불 하나를 켠 상태였어. 우리는 서로서로 술래를 해 가며 이불장이고 장이고 다 헤집고 숨어들었지. 내가 술래가 되어 마루의 기둥에서 오십까지 세기로 했을 때, 갑자기 동생을 놀리고 싶은 생각이 드는 게 아니겠니? / 그래서 동생을 찾아다니지 않고 오히려 술래인 내가 마당의 장독 뒤에 숨어 버렸지. / 이미 날은 어둡고 으스스한 기분을 꾹꾹 참으며, 시간이 얼마나 지났을까……!

문득 번갯불처럼 환한 기운에 나는 소스라쳐 뛰어나왔지. 아, 그 순간의 놀라움이란!

우리 집 안방이 온통 [㉠]이/가 되어 버린 거야.

중심 내용 | 아버지는 소방관이 되기로 결심한 어린 시절의 이야기를 들려주셨습니다.

4 불타 버린 옷장 안에서 발견된 동생을 끌어안고 몇 번이나 혼절하시는 어머니, 핏발 선 눈빛으로 하늘만 보시는 아버지……. / 동생은 위험하게도 촛불을 들고 안방 옷장 안으로 숨었던 거야. 씩씩한 사람으로 자라서 어려운 사람을 다 구하겠다던 녀석이 그렇게 어리석은 짓을 할 줄이야! / 그렇게 동생이 하늘나라로 간 뒤부터 내 가슴속에는 확실한 꿈 하나가 자리 잡았단다.

반드시 내 동생 경수를 삼켜 버린 불길과 싸워 이기겠다는 결심이었지. 나중에서야 불길은 싸울 대상이 아니라 잘 다스려야 이긴다는 걸 알게 되었지만 말이다.

불이라는 말만 들어도 가슴이 미어진다는 부모님의 반대를 무릅쓰고 나는 기어이 소방관의 꿈을 이루어 냈단다.

중심 내용 | 아버지는 동생을 삼켜 버린 불길과 싸워 이기겠다는 결심으로 소방관이 되셨습니다.

- **글의 종류** 이야기
- **글의 특징** 경민이가 소방관인 아버지가 겪은 일에 대해 듣고 아버지를 이해하게 되는 이야기입니다.
- **작품 정리** 빈칸에 알맞은 말을 넣어 아버지가 추구하는 삶 정리하기
  - 생명을 존중하고, 다른 사람을 위해 자신을 ❶(   ) 하고 봉사하는 삶을 추구함.
  - ❷(   )에 대한 두려움과 부모님의 반대를 이겨 내려고 끈기 있게 노력하고 도전하는 삶을 추구함.

정전(停 머무를 정, 電 번개 전) 오던 전기가 끊어짐.
미어진다는 가슴이 찢어질 듯이 심한 고통이나 슬픔을 느낀다는.

어휘

32 다음 뜻을 가진, ㉠에 들어갈 알맞은 낱말은 무엇입니까? (   )

> 넓은 지역이 온통 불길에 휩싸여 있는 것을 비유적으로 이르는 말.

① 불나방 ② 불바다 ③ 불놀이
④ 불구경 ⑤ 불기둥

33 아버지가 소방관이라는 꿈을 가지게 된 까닭은 무엇입니까? (   )

① 불이 무서워서
② 어려운 사람을 구하고 싶어서
③ 동생의 꿈이 소방관이었기 때문에
④ 동생과 소방관이 되기로 약속해서
⑤ 동생을 삼켜 버린 불길과 싸워 이기기 위해서

34 ㉮와 ㉯ 중 아버지가 중요하게 여기는 가치의 정도를 알맞게 그린 가치 도표의 기호를 쓰시오.

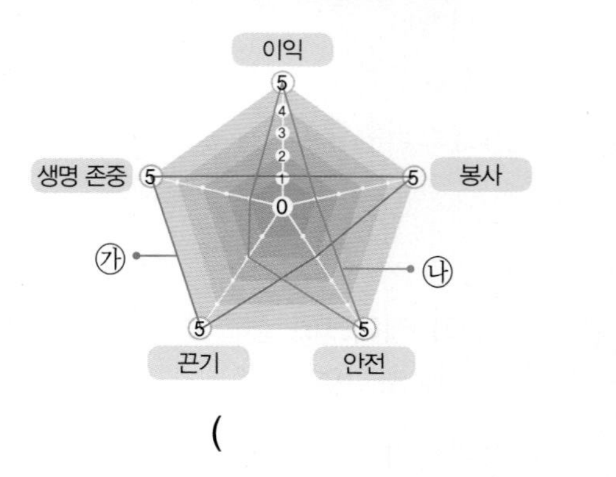

(   )

서술형

35 문제 34번의 가치 도표를 보며 아버지가 추구하는 가치와 관련 있는 자신의 경험을 쓰시오.

이모의 꿈꾸는 집

정옥

❶ "다 마른 것 같아."

진진은 바구니를 챙겨서 상수리 옆으로 다가갔다. 상수리는 건반들을 하나씩 걷어 담았다. 순식간에 뽀얗게, 까맣게 반들반들 윤이 나는 건반들이 바구니에 한가득 담겼다. 상수리는 바구니를 들여다보며 옅은 웃음을 지었다.

"예전엔 내 피아노와 함께 꿈꾸는 게 참 즐거웠는데, 어느 순간부터는 그게 너무 힘든 일이 되어 버렸어. 아마 꿈을 꾸는 것보다 꿈을 이루고 싶은 마음이 더 커서 그랬나 봐. 꿈을 이루어야만 행복해지는 줄 알았는데, 꿈은 이루기 위해 있는 게 아니구나. 왜 그걸 미처 몰랐을까?"

중심 내용 | 다 마른 건반들을 바구니에 담던 상수리는 꿈은 이루기 위해 있는 게 아니라는 것을 깨달았습니다.

❷ 깨끗하게 씻은 건반들을 다시 갖춘 피아노는 기분이 좋아 보였다.

상수리는 피아노 건반을 살포시 어루만졌다.

"㉠『피아노야, 넌 내가 훌륭한 피아니스트가 되길 바란 게 아니었지? 넌 아마 내가 행복한 피아니스트가 되길 꿈꾸었을 거야. 근데 나는 그것도 모르고 너와 함께하는 시간이 지긋지긋해지도록 연습만 하는 게 최선인 줄 알았으니……. 그동안 네가 얼마나 힘들었을까? 미안해. 정말 미안해.』"

상수리는 피아노 의자를 당겨 앉았다. 그리고 건반 위에 두 손을 가만히 얹고, 지그시 누르며 작은 소리로 속삭였다.

"손가락들아, 너희들도 정말 오랜만이지? 이렇게 즐거운 기분으로 피아노랑 노는 게. 너희들이 나보다 내 피아노의 기분을 먼저 알아차렸구나. 고마워."

상수리의 손가락을 따라 아주 가녀린 소리가 흘러나왔다. 지금껏 들어 본 그 어떤 피아노 소리보다 맑고 투명했다.

중심 내용 | 상수리는 자신이 행복한 피아니스트가 되길 꿈꾸었을 자신의 피아노에게 미안하다고 말하며 다시 피아노를 연주했습니다.

윤(潤 윤택할 윤) 반질반질하고 매끄러운 기운.

36 상수리가 바구니에 담은 것은 무엇인지 쓰시오.

( )

37 상수리가 피아노와 함께 꿈꾸는 것이 힘들어진 까닭은 무엇입니까? ( )

① 사고로 손가락을 다쳤기 때문에
② 같은 곡만 계속 연주해야 했기 때문에
③ 피아노를 너무 오랫동안 쳐야 했기 때문에
④ 피아노를 치는 일은 자신이 아닌 부모님의 꿈이었기 때문에
⑤ 꿈을 꾸는 것보다 꿈을 이루고 싶은 마음이 더 커서 힘들게 연습했기 때문에

38 상수리가 ㉠『 』과 같이 말한 까닭으로 알맞은 것의 기호를 쓰시오.

㉮ 자신의 꿈이 무엇인지 알아야 열심히 노력할 수 있다는 것을 깨달아서
㉯ 어떤 꿈을 꾸는지보다 어떻게 꿈을 이루는지가 중요하다는 것을 깨달아서
㉰ 꿈을 이루는 데 급급한 나머지, 꿈을 꾸는 즐거움을 잊어버렸다는 것을 깨달아서

( )

중요 독해

39 상수리가 그동안 추구했던 삶에 대해 알맞게 말한 친구를 찾아 ○표 하시오.

(1) 재욱: 그동안 상수리는 성실하게 노력하는 삶을 추구해 왔어. ( )

(2) 서윤: 그동안 상수리는 자유롭게 꿈꾸는 삶을 추구했던 것 같아. ( )

● 국어 72쪽 / 정답 및 풀이 1쪽

이모의 꿈꾸는 집

❸ "퐁, 넌 나중에 뭐가 되고 싶니?"

"되고 싶은 거 없는데."

"되고 싶은 게 없어? 그럼 꿈이 없단 말이야?"

"꿈이야 있지. 근데 꿈이란 게 꼭 뭐가 되어야 하는 거야? 뭐가 안 되면 어때? 그냥 하면 되지. 내 꿈은 춤추는 거지. 신나게 춤추는 것. 그게 내 꿈이야."

퐁은 진진의 물음에 꼬박꼬박 대답하면서도 허리를 흔들며 춤을 췄다. 퐁의 몸짓을 따라 물결이 찰랑찰랑 일었다(겉으로 부풀거나 위로 솟아올랐다.). 진진은 그런 퐁을 잠시 지켜보다 다시 물었다.

"넌 이미 충분히 즐겁게 춤추고 있잖아?"

"오늘보다 내일은 더 즐겁게, 내일보다 [㉠]는 더, 더 즐겁게. [㉠]보다 글피는 더, 더, 더 즐겁게, 글피보다 그글피(글피의 그다음 날.)는 더, 더, 더, 더 즐겁게. 내 꿈은 절대로 끝나지 않지."

퐁은 진진을 올려다보며 오페라의 한 소절처럼 대답을 했다. 진진은 고개를 끄덕였다.

진진은 덩치가 마시다 남기고 간 물을 꼴깍꼴깍 마시고는, 동백나무 그늘로 갔다. 무릎을 끌어안고 앉으니 마루 뒷벽 가운데 높다랗게 걸려 있는 글씨가 눈에 들어왔다. / 꿈꾸는 집.

진진은 주머니에서 상수리의 편지를 꺼내어 다시 읽었다. / '내 꿈은 뭐지?'

중심 내용 | 진진은 퐁과 대화하며 퐁이 행복한 꿈을 꾸며 살고 있음을 알게 되었고, 자신의 꿈이 무엇인지 고민하게 되었습니다.

- **글의 종류** 이야기
- **글의 특징** 이모의 '꿈꾸는 집'에 초대된 진진이 친구들을 만나며 꿈에 대해 깨닫는 이야기입니다.
- **작품 정리** 빈칸에 알맞은 말을 넣어 인물이 추구하는 삶 정리하기

인물	추구하는 삶
❶(　　　　)	성실하게 노력하는 삶을 추구함.
❷(　　　　)	자신이 하고 싶은 일을 행복하게 열정적으로 하는 삶을 추구함.

글피 모레의 다음 날.
소절(小 작을 소, 節 마디 절) 말, 글, 노래 따위의 한 도막.

어휘

40 '내일의 다음 날.'이라는 뜻으로, ㉠에 공통으로 들어갈 알맞은 말에 ○표 하시오.

어제	모레	그제	그저께

41 퐁의 꿈은 무엇입니까? (　　　)

① 신나게 노래하는 것
② 훌륭한 인물이 되는 것
③ 날마다 신나게 춤추는 것
④ 오페라의 한 소절을 부르는 것
⑤ 시간이 갈수록 춤을 더 잘 추는 것

42 퐁이 추구하는 삶과 비슷한 삶을 추구하는 친구의 이름을 쓰시오.

(　　　　　　　　)

서술형

43 상수리와 퐁이 추구하는 삶과 자신의 삶을 비교해 쓰시오.

● 국어 78~79쪽 / 정답 및 풀이 1쪽

떨어져도 튀는 공처럼 정현종

❶ 그래 살아 봐야지
너도 나도 공이 되어
떨어져도 튀는 공이 되어

❷ 살아 봐야지
쓰러지는 법이 없는 둥근
공처럼, 탄력의 나라의
왕자처럼

❸ 가볍게 떠올라야지
곧 움직일 준비 되어 있는 꼴
둥근 공이 되어

❹ 숧지 최선의 꼴
지금의 네 모습처럼 (네: 공 또는 듣는 이)
떨어져도 튀어 오르는 공
쓰러지는 법이 없는 공이 되어.

- **글의 종류** 시
- **글의 특징** 떨어져도 튀어 오르는 공처럼 도전하는 삶에 대한 의지가 드러나는 시입니다.
- **작품 정리** 「떨어져도 튀는 공처럼」의 말하는 이가 추구하는 삶의 모습 파악하기

추구하는 삶의 모습을 떨어져도 튀는 ❶(   )에 빗대어 표현함.

▼

공처럼 쓰러지는 법이 없이 계속해서 ❷(   )하고 노력하는 삶을 추구함.

튀는 탄력 있는 물체가 솟아오르는.
탄력(彈 탄알 탄, 力 힘 력) 용수철처럼 튀거나 팽팽하게 버티는 힘. ㉥ 고무줄의 탄력을 이용해 활을 만들었습니다.
꼴 사물의 생김새나 됨됨이.
최선(最 가장 최, 善 착할 선) 온 정성과 힘.

44 이 시에서 반복되는 말을 모두 골라 기호를 쓰시오.

㉮ 그래	㉯ 숧지
㉰ ~야지	㉱ 공이 되어
㉲ 움직일 준비	㉳ 네 모습처럼

(   )

45 이 시에 나타난 공의 특성으로 알맞은 것을 모두 고르시오. (   )

① 떨어져도 튄다.
② 무겁게 가라앉는다.
③ 쓰러지는 법이 없다.
④ 곧 움직일 준비가 되어 있다.
⑤ 한 자리에서 움직이지 않는다.

중요 독해

46 말하는 이가 공처럼 살아 봐야겠다고 생각한 까닭으로 알맞은 것에 ○표 하시오.

(1) 다른 사람을 위해 자신을 희생하며 살고 싶어서 (   )
(2) 큰 욕심을 부리지 않고 지금 가진 것에 만족하며 살고 싶어서 (   )
(3) 힘들어도 포기하거나 좌절하지 않고 다시 일어서서 도전하며 살고 싶어서 (   )

47 이 시에서 느껴지는 분위기는 어떠합니까? (   )

① 고요하다.
② 위태롭다.
③ 쓸쓸하다.
④ 긍정적이다.
⑤ 절망적이다.

1. 작품 속 인물과 나

정답 및 풀이 3쪽

[1~3] 다음 글을 읽고, 물음에 답하시오.

가 허련은 벌떡 일어나 큰절을 올렸다. 추사 선생은 미간에 주름을 세우고 허련을 바라보았다.

"저는 해남을 떠나올 때 이미 스승을 찾았습니다. 초의 선사의 편지 내용이 어떤 것이었든 이제 상관이 없습니다. 어르신께서 제 그림의 부족함을 일깨워 주셨으니 그것을 채우는 것도 어르신께로부터 배우고 싶습니다."

추사 선생은 못마땅한 표정으로 허련을 쏘아보았다. 애당초 흔쾌한 대답을 기대하지 않은 터였다. 허련은 개의치 않고 고개를 깊이 숙였다. 추사 선생이 심드렁하게 말했다.

"그러시게. 자네는 자네의 스승을 찾게. 나는 내 제자를 찾을 터이니."

나 허련은 월성위궁을 떠날 생각은 완전히 접고 아예 추사 선생의 자잘한 시중을 맡아 했다. 새벽에 일어나 마당을 쓸고, 서재를 활짝 열어 신선한 공기를 넣었다. 그러면 허련의 새 하루도 시작되었다. 사랑채를 청소하고 추사 선생의 붓을 씻어 말리고 먹을 갈았다. 얼마 안 가서 하인이 아예 허련에게 일을 미루어 버렸다. 추사 선생도 언제부턴가 허련이 월성위궁에 머무는 걸 당연하게 여겼다.

1 허련은 누구의 제자가 되고자 했는지 쓰시오.

( )

2 허련이 월성위궁에 머물며 한 일을 모두 고르시오. ( )

① 사랑채를 청소했다.
② 추사 선생의 식사를 만들었다.
③ 하인들에게 자신의 일을 미루었다.
④ 새벽에 일어나 마당을 쓸고 서재를 열었다.
⑤ 추사 선생의 붓을 씻어 말리고 먹을 갈았다.

3 허련이 추구하는 삶과 관련 있는 가치를 생각할 때, 빈칸에 알맞은 말은 무엇입니까? ( )

허련은 추사 선생이 자신의 그림을 인정해 주지 않는데도 월성위궁을 떠나지 않았어. 그림을 제대로 배우고 싶은 마음이 강했기 때문이야. 무언가에 몰두하는 마음은 '[ ]'와/과 관련이 있다고 생각해.

① 감사 ② 열정 ③ 배려
④ 봉사 ⑤ 희생

[4~6] 다음 글을 읽고, 물음에 답하시오.

"피아노야, 넌 내가 훌륭한 피아니스트가 되길 바란 게 아니었지? 넌 아마 내가 행복한 피아니스트가 되길 꿈꾸었을 거야. 근데 나는 그것도 모르고 너와 함께하는 시간이 지긋지긋해지도록 연습만 하는 게 최선인 줄 알았으니……. 그동안 네가 얼마나 힘들었을까? 미안해. 정말 미안해."

상수리는 피아노 의자를 당겨 앉았다. 그리고 건반 위에 두 손을 가만히 얹고, 지그시 누르며 작은 소리로 속삭였다.

"손가락들아, 너희들도 정말 오랜만이지? 이렇게 즐거운 기분으로 피아노랑 노는 게. 너희들이 나보다 내 피아노의 기분을 먼저 알아차렸구나. 고마워."

상수리의 손가락을 따라 아주 가녀린 소리가 흘러나왔다. 지금껏 들어 본 그 어떤 피아노 소리보다 맑고 투명했다.

상수리는 바람이 연주한 곡들을 다시 연주했다. 상수리는 행복해 보였다. 오랜만에 친구의 행복한 웃음을 보는 피아노도 즐거워 보였다.

4 상수리가 그동안 최선이라고 생각했던 것은 무엇입니까? ( )

① 좋아하는 노래를 연주하는 것
② 열심히 피아노 연습을 하는 것
③ 자유롭게 피아노를 연주하는 것
④ 피아노 연습보다는 공부에 집중하는 것
⑤ 피아노가 아닌 새로운 악기를 배우는 것

5 상수리의 피아노가 바란 것을 짐작하여 ( ) 안의 알맞은 말에 ○표 하시오.

> 난 상수리가 (훌륭한, 행복한) 피아니스트가 되었으면 좋겠어.

6 바람이 연주한 곡들을 다시 연주할 때 상수리의 마음은 어떠했겠습니까? ( )

① 슬프다. ② 외롭다.
③ 행복하다. ④ 답답하다.
⑤ 불안하다.

[7~8] 다음 시를 읽고, 물음에 답하시오.

> 그래 살아 봐야지
> 너도 나도 공이 되어
> 떨어져도 튀는 공이 되어
>
> 살아 봐야지
> 쓰러지는 법이 없는 둥근
> 공처럼, 탄력의 나라의
> 왕자처럼
>
> 가볍게 떠올라야지
> 곧 움직일 준비 되어 있는 꼴
> 둥근 공이 되어
>
> 옳지 최선의 꼴
> 지금의 네 모습처럼
> 떨어져도 튀어 오르는 공
> 쓰러지는 법이 없는 공이 되어.

7 이 시에서 말하는 이는 무엇처럼 살아 봐야겠다고 했는지 쓰시오.

( )

8 이 시의 말하는 이가 추구하는 삶의 모습으로 알맞은 것은 무엇입니까? ( )

① 다른 사람을 위해 봉사하는 삶
② 다른 사람을 속이지 않는 정직한 삶
③ 자신의 장점을 감출 줄 아는 겸손한 삶
④ 하고 싶은 일을 하면서 마음껏 꿈을 펼치는 삶
⑤ 쓰러지는 법이 없이 계속해서 도전하고 노력하는 삶

문법

9 다음과 같이 발음되는 경우로 알맞지 않은 것은 무엇입니까? ( )

> '약물'을 [양물]로 발음하는 것과 같이, 발음을 쉽게 하기 위해 앞뒤 자음이 서로 비슷하거나 같은 소리로 바뀌는 현상

① 식물[싱물] ② 협력[혐녁]
③ 입는[임는] ④ 확인[화긴]
⑤ 칼날[칼랄]

문법

10 다음 낱말의 알맞은 발음을 찾아 선으로 이으시오.

1. 작품 속 인물과 나

정답 및 풀이 3쪽

[1~2] 다음 글을 읽고, 물음에 답하시오.

㉮ 그날부터 담비는 윤희순이 시키는 대로 동에 번쩍 서에 번쩍 쏘다니며 마을 아낙네들을 만났다. ㉠빨래터든 물레방앗간이든 아낙네들이 모이는 곳이라면 어디든 달려가서 노래를 가르쳤다.

"노래란 것이 참 신기해." / "그러게 말이야."

"나도 노래를 부르다 보면 뭔가 해야겠다는 생각이 들어."

담비가 마을 아낙네들한테 「안사람 의병가」를 가르친 보람은 생각보다 크게 나타났다. 노래 하나가 사람들의 마음을 한 덩어리로 모았을 뿐만 아니라 전에 없던 용기마저 불끈 솟아나게 했던 것이다.

㉯ 그때 ㉡누군가가 말꼬리를 걸고 나섰다.

"아니, 조정 대신이란 놈들이 나라를 팔아먹으려 드는데 우리 같은 여자들이 나선다고 뭐가 달라지겠소? ㉢자칫 괜한 목숨만 버릴 뿐이오."

그 말이 떨어지기가 무섭게 여기저기서 술렁거렸다. 기껏 뜨겁게 달아오른 열기가 금세 차갑게 식을 판이었다.

㉣"그럼 나라를 빼앗기고 왜놈들 종으로 살자는 것입니까?"

윤희순이 다시 마음을 가다듬고 큰 소리로 부르짖자 ㉤마을 아낙네들의 눈길이 또다시 윤희순에게 쏠렸다.

1 「안사람 의병가」는 사람들에게 어떤 영향을 주었는지 두 가지 고르시오. (　　　　)

① 사람들의 마음을 한 덩어리로 모았다.
② 사람들의 마음에 슬픔이 자라게 했다.
③ 전에 없던 용기가 불끈 솟아나게 했다.
④ 여자는 힘이 없다는 인식을 심어 주었다.
⑤ 외국과 교류해야 한다는 점을 깨닫게 했다.

2 ㉠~㉤ 중 윤희순의 삶의 태도를 알 수 있는 부분은 무엇입니까? (　　　)

① ㉠　② ㉡　③ ㉢　④ ㉣　⑤ ㉤

[3~5] 다음 글을 읽고, 물음에 답하시오.

㉮ 마당에서 종이를 들고 그림을 말리고 있는데 뒤에서 추사 선생의 목소리가 들렸다.

"그 나무는 자네의 나무인가?"

"예?"

"자네의 정신이 거기 있는가?"

"……."

"나무와 바위 말고 뭐가 있는가?"

'뭐가 있나'라니? 허련이 미처 질문의 뜻을 생각하기도 전에 추사 선생은 돌아서 가 버렸다.

허련은 하릴없이 그림을 내려다보았다. 공들인 붓질이었다. 그러나 기법만 있고 이야기가 없었다. 추사 선생의 그림처럼 그리는 사람의 이상이나 소망 같은 것이 없었다. 허련은 맥이 빠졌다.

㉯ 며칠 동안 허련은 절망감으로 괴로웠다.

'내 내면을 깊고 그윽한 무엇으로 채우지 않고서는 제대로 된 그림을 그릴 수 없겠구나.'

허련은 그림보다 책을 더 많이 읽었다. 그리는 시간보다 생각하는 시간이 더 많아졌다.

'나는 나무에 어떤 의식을 넣어 내 나무로 그릴 것인가? 어떻게 내 바위를 그릴 것인가?'

㉰ 허련은 화첩에서 배운 필법을 바탕으로 연구와 실험을 해 가며 나름의 붓질법을 만들어 나갔다. 수십 개의 붓이 뭉툭해졌다. 점차 허련만의 그림이 나왔다.

서술형

3 글 ㉮에서 추사 선생이 허련에게 질문한 까닭은 무엇일지 짐작하여 쓰시오.

____

____

4 허련이 자신의 그림에 채우고자 한 것과 거리가 먼 것은 무엇입니까? (　　　)

① 이상　② 소망　③ 의식
④ 정신　⑤ 기법

5 허련의 말이나 행동을 통해 알 수 있는 허련이 추구하는 삶으로 알맞은 것에 ○표 하시오.

(1) 뛰어난 재능을 바탕으로 하여 자신 있게 목표를 이루어 나가는 삶 (　　)

(2) 성실과 정직을 바탕으로 하여 자신을 속이지 않고 최선을 다하는 삶 (　　)

[6~10] 다음 글을 읽고, 물음에 답하시오.

㉮ 숨바꼭질, 예나 지금이나 그보다 더 재미있는 놀이가 있을까?

그날따라 정전이 되어 우린 마루에 촛불 하나를 켠 상태였어. 우리는 서로서로 술래를 해 가며 이불장이고 장이고 다 헤집고 숨어들었지. 내가 술래가 되어 마루의 기둥에서 오십까지 세기로 했을 때, 갑자기 동생을 놀리고 싶은 생각이 드는 게 아니겠니?

그래서 동생을 찾아다니지 않고 오히려 술래인 내가 마당의 장독 뒤에 숨어 버렸지.

이미 날은 어둡고 으스스한 기분을 꾹꾹 참으며, 시간이 얼마나 지났을까……!

문득 번갯불처럼 환한 기운에 나는 소스라쳐 뛰어나왔지. 아, 그 순간의 놀라움이란!

㉠우리 집 안방이 온통 불바다가 되어 버린 거야.

㉯ "아이고, 내 강아지야! 어떻게 이런 일이 다 있단 말이냐……!"

불타 버린 옷장 안에서 발견된 동생을 끌어안고 몇 번이나 혼절하시는 어머니, 핏발 선 눈빛으로 하늘만 보시는 아버지…….

동생은 위험하게도 촛불을 들고 안방 옷장 안으로 숨었던 거야. 씩씩한 사람으로 자라서 어려운 사람을 다 구하겠다던 녀석이 그렇게 어리석은 짓을 할 줄이야!

그렇게 동생이 하늘나라로 간 뒤부터 내 가슴속에는 확실한 꿈 하나가 자리 잡았단다.

반드시 내 동생 경수를 삼켜 버린 불길과 싸워 이기겠다는 결심이었지. 나중에서야 불길은 싸울 대상이 아니라 잘 다스려야 이긴다는 걸 알게 되었지만 말이다.

불이라는 말만 들어도 가슴이 미어진다는 부모님의 반대를 무릅쓰고 나는 기어이 소방관의 꿈을 이루어 냈단다. 그리고 늘 기도하는 마음으로 맡은 일을 하지.

6 글 ㉮에서 '나'와 동생은 어떤 놀이를 하고 있었습니까? (　　)

① 제기차기 ② 공기놀이 ③ 숨바꼭질
④ 딱지치기 ⑤ 고무줄놀이

7 ㉠에서 알 수 있는, '나'의 집에 일어난 일을 짐작하여 빈칸에 알맞은 말을 쓰시오.

• '나'의 집에 (　　　　　　)이/가 났다.

8 동생이 하늘나라로 간 뒤에 '나'는 어떤 결심을 했습니까? (　　)

① 언제나 불조심을 하겠다.
② 불길 근처에는 가지도 않겠다.
③ 불을 이용해서 할 수 있는 일을 찾겠다.
④ 동생을 삼켜 버린 불길과 싸워 이기겠다.
⑤ 불이 난 것을 보면 반드시 신고를 하겠다.

9 이야기 구조에 따라 이 글의 내용을 간추릴 때, 순서에 알맞게 기호를 쓰시오.

> ㉮ '나'는 소방관이 되었다.
> ㉯ 불이 나서 동생을 잃었다.
> ㉰ 정전이 되어 마루에 촛불 하나를 켜 둔 채로 동생과 함께 놀았다.

(　　) → (　　) → (　　)

서술형

10 다음은 '내'가 추구하는 삶을 정리한 것입니다. 이를 바탕으로 자신의 삶에 대한 다짐을 떠올려 쓰시오.

> '나'는 불에 대한 두려움과 부모님의 반대를 이겨 내려고 끈기 있게 노력하고 도전하는 삶을 추구한다.

[11~15] 다음 글을 읽고, 물음에 답하시오.

㉮ 뒤뜰에서 초리가 날아왔다.
"퐁, 나 물 좀 줘."
곧이어 어기가 뒤따라 뛰어왔다.
"초리, 정말 암만해도 이해가 안 돼. 그러니까 날개를 한 번 휘젓는 데 몇 초가 걸린단 소리야?"
초리는 물을 한 모금 마시더니 갑갑하다는 듯 앙잘앙잘 앙알거렸다. / "어이구, 이해 따윌 해서 뭣 하게? 날개가 알아서 하게끔 내버려 두라잖아."
어기는 다시 긴 목을 빼며 물었다. / "내버려 둬?"
"어떻게 하면 날 수 있을까, 그딴 생각 하지 말라고!"
"생각하고 또 해도 못 나는데, 생각하지 않고 어떻게 날아?"
초리는 까만 날개로 어기의 흰 날개를 툭툭 쳤다. 말이 점점 빨라졌다.
"궁금해하지 말라니까. 그냥 날아. 날개에게 모든 걸 맡겨." / "그러니까 그게 무슨 뜻인지……."
"아, 몰라, 몰라. 네 멋대로 해."
㉯ 진진이 어기의 하얀 깃을 어루만지며 물었다.
"어기, 힘들지? 그래도 기운 내."
어기는 고개를 가로저으며 씩씩하게 되물었다.
"하나도 안 힘들어. 꿈꾸는 게 왜 힘드니?"
"그래도 날마다 그렇게 열심히 연습했는데, 못 날면 속상하잖아."
"아니, 속상하지 않아. 난 늘 즐거워. 만약 꿈꾸는 동안 즐겁지 않다면 그게 무슨 꿈이니?"
어기는 물을 다 마시고 날개를 푸드덕푸드덕 힘차게 털어 냈다.
"자, 쉬었으니 또 신나게 날아오르러 가 볼까?"

11 초리와 어기에 대한 알맞은 설명을 찾아 선으로 이으시오.

(1) 초리 •　　• ㉮ 날마다 날려고 노력한다.

(2) 어기 •　　• ㉯ 친구에게 나는 법을 가르쳐 주는 잔소리쟁이이다.

12 초리는 어떻게 하면 날 수 있다고 했는지 두 가지 고르시오. (　　　　)

① 1초에 한 번 날개를 휘저어라.
② 날 수 있는 방법을 생각하고 또 해라.
③ 날개가 알아서 하게끔 내버려 두어라.
④ 자신과 똑같은 속도로 날개를 계속 휘저어라.
⑤ 어떻게 하면 날 수 있을지 궁금해하지 말고 날개에게 모든 걸 맡겨라.

13 어기의 꿈은 무엇인지 쓰시오.

(　　　　　　　　　　　　　　　　)

서술형

14 어기가 처한 상황에서 다음과 같이 말한 까닭은 무엇이겠는지 쓰시오.

- "아니, 속상하지 않아. 난 늘 즐거워. 만약 꿈꾸는 동안 즐겁지 않다면 그게 무슨 꿈이니?"
- "자, 쉬었으니 또 신나게 날아오르러 가 볼까?"

15 가은이는 어떤 방법으로 인물이 추구하는 삶과 자신의 삶을 비교했는지 알맞은 것에 ○표 하시오.

가은

(1) 인물이 추구하는 삶과 자신의 삶에서 비슷한 점 생각하기 (　　)

(2) 자신이 인물과 같은 상황에 처한다면 어떻게 행동할지 떠올리기 (　　)

수행 평가

1. 작품 속 인물과 나

정답 및 풀이 4쪽

1 단원

평가 주제	자신이 꿈꾸는 삶을 작품으로 표현하기
평가 목표	자신이 꿈꾸는 삶을 작품으로 표현할 수 있다.

떨어져도 튀는 공처럼

그래 살아 봐야지
너도 나도 공이 되어
떨어져도 튀는 공이 되어

살아 봐야지
쓰러지는 법이 없는 둥근
공처럼, 탄력의 나라의
왕자처럼

가볍게 떠올라야지
곧 움직일 준비 되어 있는 꼴
둥근 공이 되어

옳지 최선의 꼴
지금의 네 모습처럼
떨어져도 튀어 오르는 공
쓰러지는 법이 없는 공이 되어.

1 이 시에서 말하는 이는 무엇처럼 살아 봐야겠다고 했는지 쓰시오.

2 말하는 이가 문제 1번의 답과 같이 생각한 까닭은 무엇인지 쓰시오.

3 자신이 꿈꾸는 삶의 모습이 드러나도록 이 시의 일부분을 바꾸어 쓰시오.

그래 살아 봐야지
너도 나도 공이 되어
떨어져도 튀는 공이 되어

살아 봐야지
쓰러지는 법이 없는 둥근
공처럼, 탄력의 나라의
왕자처럼

➡

그래 살아 봐야지
너도 나도 ____________이/가 되어
____________________이/가 되어

살아 봐야지
____
____________________처럼

쉬어 가기

미로를 따라 길을 찾아보세요.

정답 및 풀이 4쪽

2 관용 표현을 활용해요

학습을 완료하면 V표를 하면서 학습 진도를 체크해요.

	학습 내용	백점 쪽수	확인
개념	관용 표현을 적절하게 활용해 자신의 생각을 효과적으로 말하기	30쪽	□
어휘 + 문법	핵심 개념 어휘: 관용 표현, 속담, 관용어 작품 속 어휘: 단김에, 의논, 펼치다, 단결하다, 달성하다 문법: 신체와 관련된 관용 표현	31쪽	□
독해	관용 표현을 활용하면 좋은 점 알기: 「관용 표현을 활용한 대화」	32쪽	□
	여러 가지 관용 표현의 뜻 알기: 「남매의 대화 / 지현이와 안나의 대화」, 「꿈을 펼치는 길」	33~35쪽	□
	이야기를 듣고 말하는 사람의 의도 파악하기: 「도산 안창호 선생의 연설」	36쪽	□
	생각이 효과적으로 드러나는 표현을 활용해 말하기: 「관용 표현을 활용해 자신의 생각 말하기」	37쪽	□
평가	단원 평가 1, 2회	38~42쪽	□
	수행 평가	43쪽	□

2 관용 표현을 활용해요

개념 강의 

◉ 정답 및 풀이 5쪽

1 관용 표현을 활용하면 좋은 점

관용 표현	둘 이상의 낱말이 합쳐져 그 낱말의 원래 뜻과는 다른 새로운 뜻으로 굳어져 쓰이는 표현입니다.

- 전하고 싶은 말을 쉽게 표현할 수 있습니다.
- 재미있는 표현이어서 듣는 사람의 관심을 불러일으킬 수 있습니다.
- 하려는 말을 상대가 쉽게 알아들을 수 있습니다.

2 이야기를 듣고 말하는 사람의 의도 파악하기

(말하는 사람의 의도: 듣는 사람이 자신의 이야기를 귀 기울여 듣고, 이야기에 흥미를 느끼게 하려는 의도로 관용 표현을 활용할 수 있습니다.)

글 앞뒤에 있는 내용을 살펴봅니다. ➡ 표현에 쓰인 낱말이 평소에 어떤 뜻으로 쓰이는지 생각해 봅니다. ➡ 그러한 표현을 쓴 의도를 생각해 봅니다.

예 「도산 안창호 선생의 연설」에 활용된 '깃발 아래'의 뜻 추론하기

글 앞뒤에 있는 내용 살펴보기		낱말이 평소에 어떤 뜻으로 쓰이는지 생각하기
앞뒤에 "독립운동의 깃발 아래 우리의 뜻을 모아야 하겠습니다."라고 말하고, 더 앞부분에 '단결하자', '하루에도 열두 번 노력하자'는 주장이 있어.	+	'깃발'은 주로 집단이나 여러 사람의 맨 앞에서 드는 물건이고, 깃발에는 사람들이 속해 있는 단체 이름이나 자신들이 하고 싶은 주장을 적기도 하지.

➡ '깃발 아래'라는 표현을 쓴 의도: 하나의 목표를 품자는 뜻일 것입니다.

3 생각이 효과적으로 드러나는 표현을 활용해 말하기

말하는 상황과 말할 내용에 어울리는 관용 표현을 떠올려 봅니다.

➡ 관용 표현을 활용해 하고 싶은 말을 정리합니다.

➡ 정리한 내용을 바탕으로 하여 자신의 생각을 말해 봅니다.

예 상황에 어울리는 관용 표현을 활용해 하고 싶은 말 정리하기

상황	어울리는 관용 표현	하고 싶은 말
사회 수업 시간에 힘들게 준비한 모둠 과제를 발표하는 상황	공든 탑이 무너지랴	"공든 탑이 무너지랴."라는 말이 있습니다. 모둠 과제를 열심히 준비했으니 반드시 좋은 결과가 있을 것입니다.

개념 확인 문제

1 관용 표현을 활용하면 좋은 점

관용 표현을 활용하면 좋은 점을 떠올려 (　　) 안의 알맞은 말에 ○표 하시오.

(1) 전하고 싶은 말을 (쉽게, 어렵게) 표현할 수 있다.

(2) 재미있는 표현이어서 듣는 사람의 (관심, 양심)을 불러일으킬 수 있다.

2 이야기를 듣고 말하는 사람의 의도 파악하기

이야기에 활용된 표현의 뜻을 추론하는 방법을 알맞게 말한 친구의 이름을 쓰시오.

이솔: 이야기 안에서 그 표현이 몇 번이나 쓰였는지 세어 봐야 해.

윤서: 표현에 쓰인 낱말이 평소에 어떤 뜻으로 쓰이는지 생각해 봐야 해.

(　　　　　　)

3 생각이 효과적으로 드러나는 표현을 활용해 말하기

다음 빈칸에 들어갈 알맞은 말을 찾아 ○표 하시오.

관용 표현을 활용해 자신의 생각을 말할 때에는 [　　　]에 어울리는 관용 표현을 떠올려야 한다.

(1) 말하는 상황 (　　)

(2) 말하는 시간 (　　)

2 관용 표현을 활용해요

정답 및 풀이 5쪽

어휘

1. 핵심 개념 어휘: 관용 표현, 속담, 관용어

관용 표현
慣 버릇 관 用 쓸 용 表 겉 표 現 나타날 현
뜻 둘 이상의 낱말이 합쳐져 그 낱말의 원래 뜻과는 다른 새로운 뜻으로 굳어져 쓰이는 표현

속담
俗 풍속 속 談 말씀 담
뜻 옛날부터 사람들 사이에서 이야기되는, 교훈이나 풍자가 담긴 짧은 말.

관용어
慣 버릇 관 用 쓸 용 語 말씀 어
뜻 두 낱말이 합쳐져 새로운 뜻이 된 것.

2. 작품 속 어휘

낱말	뜻	예시
단김에	좋은 기회가 지나기 전에.	시간 끌지 말고 단김에 결정하는 것이 좋겠습니다.
의논(議論) 議 의논할 의 論 논의할 논	어떤 일에 대하여 서로 의견을 주고받음.	그는 한마디 의논도 없이 제멋대로 결정했습니다.
펼치다	꿈, 계획 따위를 이루기 위해 행동하다.	자유롭게 당신의 꿈을 펼치세요.
단결(團結)하다 團 둥글 단 結 맺을 결	많은 사람이 마음과 힘을 한데 뭉치다.	온 국민이 단결하여 어려움을 극복합시다.
달성(達成)하다 達 통할 달 成 이룰 성	목적한 것을 이루다.	그는 체중을 감량하겠다는 목표를 달성했습니다.

문법 신체와 관련된 관용 표현

◆ 관용어와 속담처럼 둘 이상의 낱말이 합쳐져 그 낱말의 원래 뜻과는 다른 새로운 뜻으로 굳어져 쓰이는 관용 표현 중에는 우리 몸과 관련된 것이 많이 있습니다.

구분	표현	뜻
관용어	가슴을 태우다	몹시 애태우다.
관용어	입을 막다	시끄러운 소리나 자기에게 불리한 말을 하지 못하게 하다.
속담	손가락에 장을 지지겠다	자기가 주장하는 것이 틀림없다고 장담하는 말.
속담	도둑이 제 발 저리다	지은 죄가 있으면 자연히 마음이 조마조마하여짐을 비유적으로 이르는 말.

어휘·문법 확인 문제

1 핵심 개념 어휘
다음 뜻에 알맞은 낱말을 쓰시오.

옛날부터 사람들 사이에서 이야기되는, 교훈이나 풍자가 담긴 짧은 말.

( )

2 작품 속 어휘
( ) 안의 낱말 중 알맞은 것에 ○표 하시오.

(1) 쇠뿔도 (이참에 / 단김에) 빼라고 했어.
(2) 그 일은 부모님과 (의논 / 의도) 하는 것이 좋겠어.

3 작품 속 어휘
다음 낱말의 뜻을 찾아 기호를 쓰시오.

㉮ 목적한 것을 이루다.
㉯ 많은 사람이 마음과 힘을 한데 뭉치다.
㉰ 꿈, 계획 따위를 이루기 위해 행동하다.

(1) 펼치다 ( )
(2) 단결하다 ( )
(3) 달성하다 ( )

4 문법
다음 빈칸에 들어갈 알맞은 말에 ○표 하시오.

[ ]을 태우다: '몹시 애태우다.'라는 뜻의 관용 표현

(1) 입 ( )
(2) 가슴 ( )

관용 표현을 활용한 대화

가 남자아이: 정민아, 내일이 벌써 개학이야. 정말 시간이 빠르지 않니?

정민: 내일이 개학이라고? ㉠눈이 번쩍 뜨인다! 해야 할 일이 아직도 많은데 큰일이네.

나 남자아이: 소진아, 제주도에 다녀왔다며? 재미있었어?

소진: 제주도에 다녀온 것 말이야? 아까 민진이에게만 말했는데 넌 어떻게 알았어? 정말 ㉡발 없는 말이 천 리 가는구나.

다

- **특징** 대화에 나타난 관용 표현을 살펴보면서 관용 표현을 활용하면 좋은 점을 알 수 있습니다.
- **활동 정리** 빈칸에 알맞은 말을 넣어 관용 표현의 뜻 정리하기

❶(　　　　)이/가 번쩍 뜨인다
정신이 갑자기 든다.
발 없는 ❷(　　　　)이/가 천 리 가는구나
말은 천 리 밖까지도 순식간에 퍼진다.
❸(　　　　)발이 맞다
함께 일을 하는 데에 마음이나 의견, 행동 방식 따위가 서로 맞다.

개학(開 열 개, 學 배울 학) 학교에서 방학, 휴교 따위로 한동안 쉬었다가 다시 수업을 시작함.

1 ㉠과 ㉡처럼 둘 이상의 낱말이 합쳐져 그 낱말의 원래 뜻과는 다른 새로운 뜻으로 굳어져 쓰이는 표현을 무엇이라고 합니까? (　　　)

① 높임 표현　② 관용 표현
③ 상징적 표현　④ 감각적 표현
⑤ 비유하는 표현

2 ㉡ 대신에 쓸 수 있는 표현으로 알맞은 것의 기호를 쓰시오.

㉮ 말이 씨가 된다
㉯ 말 한마디에 천 냥 빚도 갚는다
㉰ 가는 말이 고와야 오는 말이 곱다
㉱ 낮말은 새가 듣고 밤말은 쥐가 듣는다

(　　　　　　　　)

3 은수와 영철 중에서 더 간단한 표현으로 말한 친구의 이름을 쓰시오.

(　　　　　　　　)

4 대화할 때 관용 표현을 활용하면 좋은 점을 두 가지 고르시오. (　　　)

① 하려는 말을 상대가 쉽게 알아들을 수 있다.
② 자신의 생각을 길고 자세하게 전할 수 있다.
③ 사물의 모양과 소리를 생생하게 표현할 수 있다.
④ 아무도 떠올린 적 없는 새로운 생각을 드러낼 수 있다.
⑤ 재미있는 표현이어서 듣는 사람의 관심을 불러일으킬 수 있다.

남매의 대화 / 지현이와 안나의 대화

㉮ 남매의 대화

동생: 오빠, 나도 이제 휴대 전화를 사 달라고 할 거야. 쇠뿔도 단김에 빼라고 당장 구경해 보자.
(동생이 구경하려는 것)

오빠: 안 돼. 아직 부모님과 의논도 안 했잖아. 다음에 보자.

동생: 에이, 당장 어떤 걸로 할지 결정하고 싶었는데, 오빠 때문에 ㉠ 김이 식어 버렸잖아.

㉯ 지현이와 안나의 대화

지현: 안나야! / 안나: 아이고, 깜짝이야! ㉡ 간 떨어질 뻔했잖니.

지현: 미안해. 문구점에 같이 가자! 내일 미술 시간에 필요한 준비물을 사야 하지? 일단 어떤 준비물이 있는지 확인해 보자. 난 색 도화지 두 장, 색종이 한 묶음, 딱풀을 사야겠다.
(지현이가 안나와 문구점에 같이 가려는 까닭)

안나: 난 좀 넉넉하게 사야겠어. 색 도화지 열 장, 색종이 여덟 묶음, 딱풀이랑 물 풀이랑…….

지현: 너 정말 [㉢].

- **특징** 여러 가지 대화 상황에서 관용 표현이 어떻게 활용되고 있는지 살펴보고, 각 관용 표현에 담긴 뜻을 파악해 볼 수 있습니다.
- **활동 정리** 빈칸에 알맞은 말을 넣어 관용 표현의 뜻 정리하기

쇠뿔도 ❶(　　　)에 빼라
어떤 일이든지 하려고 생각했으면 한창 열이 올랐을 때 망설이지 말고 곧 행동으로 옮겨야 한다는 뜻
❷(　　　)이/가 식다
재미나 의욕이 없어진다는 뜻
❸(　　　) 떨어지다
매우 놀랐다는 뜻

의논(議 의논할 의, 論 논의할 논) 어떤 일에 대하여 서로 의견을 주고받음.
넉넉하게 크기나 수량 따위가 기준에 차고도 남음이 있게.

5 **대화 ㉮와 ㉯에 나타난 상황을 찾아 알맞게 선으로 이으시오.**

(1) 대화 ㉮ •　　• ㉮ 문구점에서 준비물을 사는 상황

(2) 대화 ㉯ •　　• ㉯ 휴대 전화를 구경해 보자고 하는 상황

서술형

6 **㉠을 통해 알 수 있는 동생의 마음을 짐작하여 쓰시오.**

____

____

어휘

7 **㉡과 바꾸어 쓸 수 있는 말은 무엇입니까? (　　　)**

① 참 신기해.　② 매우 놀랐어.
③ 정말 미안해.　④ 정말 반갑구나.
⑤ 굉장히 궁금했어.

중요 독해

8 **㉢에서 지현이가 어떤 관용 표현을 활용해 말했을지 알맞게 짐작한 친구의 이름을 쓰시오.**

예지: 지현이는 안나에게 아는 사람이 많다는 뜻으로 "발이 넓구나."라고 말했을 거야.

준석: 지현이는 안나에게 양을 많이 준비한다는 뜻으로 "손이 크구나."라고 말했을 거야.

수아: 지현이는 안나에게 일이 손에 익숙해졌다는 뜻으로 "손에 익었구나."라고 말했을 거야.

(　　　　　　)

국어 92쪽 / 정답 및 풀이 5쪽

꿈을 펼치는 길

❶ 안녕하십니까? 저는 내일초등학교 2000년도 졸업생 김영선입니다. 저는 지금 3년째 경찰로 일하고 있습니다. 초등학교 6학년 때부터 경찰이 되고 싶다는 꿈을 꾸었고 결국 그 꿈을 이루었습니다. 오늘 저는 여러분께 꿈을 펼치는 몇 가지 방법을 말씀드리려고 이 자리에 섰습니다.

저는 얼마 전부터 오늘을(졸업생 만남의 날) 손꼽아 기다렸습니다. 아마 여러분은 학교를 졸업하면 ㉠천하를 얻은 듯 신나서 바로 멋진 어른이 될 수 있으리라 생각할 것입니다. 하지만 자신의 꿈을 향해 달려가는 일은 결코 쉬운 일도, 마음대로 되는 일도 아니었습니다. 저는 여러분께 꿈을 펼치는 세 가지 방법을 말씀드리려고 합니다.

중심 내용 | 저는 여러분께 꿈을 펼치는 세 가지 방법을 말씀드리려고 합니다.

❷ 첫째, 자신의 진짜 꿈을 찾으려고 노력합시다.(꿈을 펼치는 방법 ①) 한때 의사를 주인공으로 한 드라마가 큰 인기를 얻자, 분위기에 휩쓸려 자신의 진로를 의사로 결정하는 사람이 많았습니다. 하지만 시간이 지나자 대부분은 자신이 정말 하고 싶은 일은 따로 있다는 사실을 깨닫고 후회했습니다. 저는 초등학생 때 꿈이 계속 바뀌었는데, 6학년 때 안전교육을 해 주신 경찰을 직접 만나 여러 가지 이야기를 들으면서 경찰이 되고 싶다는 꿈을 키우기 시작했습니다. 경찰이라는 직업을 자세히 알아보고 제 능력과 흥미를 살펴보면서 제 진짜 꿈이 경찰이라는 확신이 들었습니다. 쉽게 미래를 결정하는 것보다 자신의 진짜 꿈을 찾는 노력을 꾸준히 하는 것이 중요합니다.

둘째, 자기 자신에게 자신감을 가집시다.(꿈을 펼치는 방법 ②) 앞날에 대해 고민이 많고 꿈을 어떻게 이룰 것인지 걱정하고 계신가요? 만약 그렇다면 여러분은 꿈을 펼칠 준비가 된 것입니다. 꿈을 키워 나가는 일은 ㉡눈 깜짝할 사이에 이루어지지 않습니다. 저는 5학년 때까지 매우 허약한 체질이었지만, 경찰이 되려고 몇 년 동안 식습관을 바꾸고 체력을 길렀습니다. 당장은 실패하더라도 쉽게 포기하지 말고 꾸준히 노력해야 자신의 꿈을 찾을 수 있습니다. 그 과정에서 좌절하거나 힘들어하지 말고, 열심히 노력하는 자기 자신을 충분히 칭찬해 줍시다.

천하(天 하늘 천, 下 아래 하) 하늘 아래 온 세상.
진로(進 나아갈 진, 路 길 로) 앞으로 나아갈 길.
확신(確 굳을 확, 信 믿을 신) 굳게 믿음. 또는 그런 마음.
허약(虛 빌 허, 弱 약할 약)한 힘이나 기운이 없고 약한.

9 말하는 이가 6학년 때부터 키우기 시작한 꿈은 무엇인지 쓰시오.

( )

10 이 글에서 말하는 이의 말하는 목적은 무엇입니까? ( )

① 경찰이 하는 일을 알려 주려고
② 의사가 되는 방법을 알려 주려고
③ 체력을 기르는 방법을 설명하려고
④ 내일초등학교의 과거 모습을 설명하려고
⑤ 꿈을 펼치는 세 가지 방법을 알려 주려고

어휘

11 ㉠의 뜻으로 알맞은 것의 기호를 쓰시오.

㉮ 간절한 마음으로 바람.
㉯ 매우 기쁘고 만족스러움.
㉰ 잘난 체하고 뽐내는 기세가 있음.

( )

서술형

12 ㉡의 뜻을 짐작하고, 그렇게 짐작한 까닭도 쓰시오.

(1) ㉡의 뜻: ______________________

(2) 그렇게 짐작한 까닭: ______________________

꿈을 펼치는 길

셋째, 구체적인 목표를 세웁시다.(꿈을 펼치는 방법 ③) 여러분이 꿈을 결정한 뒤 구체적인 목표가 없다면 꿈을 이루려는 노력에 ㉠금이 가기 쉽습니다. 저는 경찰이 되려고 '하루 30분 운동, 한 분야 공부'(꿈을 펼치기 위해 세운 구체적인 목표)처럼 쉬운 목표부터 시작해 운동하고 공부하는 시간과 양을 조금씩 늘려 나갔습니다. 초등학생 때 할 일, 중학생 때 할 일, 그리고 고등학생 때 할 일을 나누어 정하거나, 단계적으로 실천할 행동 목표를 정한다면 언젠가는 꿈꾸던 인생의 ㉡막을 열 수 있을 것입니다.

중심 내용 | 꿈을 펼치려면 자신의 진짜 꿈을 찾으려고 노력하고, 자신감을 가지며, 구체적인 목표를 세웁시다.

❸ 여러분, "[　　㉢　　]"라는 말이 있습니다. 지금부터 제 조언을 벗 삼아 꿈을 찾아 떠나는 노력을 시작하시기 바랍니다. 자신만의 멋진 꿈을 향해 달려가는 후배들을 저도 응원하겠습니다.

중심 내용 | 지금부터 제 조언을 벗 삼아 꿈을 찾아 떠나는 노력을 시작하시기 바랍니다.

- **글의 특징** '졸업생 만남의 날'을 맞아 졸업한 선배가 꿈을 펼치는 세 가지 방법에 대해 들려주는 내용으로, 여러 가지 관용 표현이 활용되었습니다.
- **글의 구조** 빈칸에 알맞은 말을 넣어 꿈을 펼치는 방법 정리하기

첫째	자신의 진짜 ❶(　　　　)을/를 찾으려고 노력합시다.
둘째	자기 자신에게 ❷(　　　　)을/를 가집시다.
셋째	구체적인 ❸(　　　　)을/를 세웁시다.

구체적(具 갖출 구, 體 몸 체, 的 과녁 적)**인** 실제적이고 세밀한 부분까지 담고 있는.
㉮ 그 일에 대해 구체적인 부분까지 이야기했습니다.
막 연극의 단락을 세는 단위. 한 막은 무대의 막이 올랐다가 다시 내릴 때까지로 하위 단위인 장으로 구성된다.
㉮ 이 연극은 2막 3장의 구성입니다.
조언(助 도울 조, 言 말씀 언) 말로 거들거나 깨우쳐 주어서 도움. 또는 그 말.

13 말하는 이가 자신의 꿈을 이루기 위해 정했던 목표는 무엇입니까? (　　　)

① 일주일에 한 번 휴식
② 한 달에 한 분야 견학
③ 하루 한 번 공부, 30분 산책
④ 하루 30분 운동, 한 분야 공부
⑤ 하루 30분 독서, 글 한 편 짓기

중요 독해

14 ㉠과 ㉡의 뜻을 찾아 선으로 이으시오.

(1) ㉠ 금이 가다 •　　　• ㉮ 서로의 사이가 벌어지거나 틀어지다.

(2) ㉡ 막을 열다 •　　　• ㉯ 무대의 공연이나 어떤 행사를 시작하다.

15 다음 뜻을 가진 ㉢에 들어갈 알맞은 관용 표현에 ○표 하시오.

> 어떤 일이든지 하려고 생각했으면 한창 열이 올랐을 때 망설이지 말고 행동으로 옮겨야 한다.

(1) 귀가 얇다 (　　)
(2) 입을 모으다 (　　)
(3) 쇠뿔도 단김에 빼라 (　　)

16 진우가 관용 표현을 활용해 자신의 꿈을 말하려고 합니다. 빈칸에 알맞은 관용 표현은 무엇입니까? (　　　)

① 손이 작다　② 귀가 얇다
③ 간이 크다　④ 발이 넓다
⑤ 머리가 무겁다

도산 안창호 선생의 연설

내용 듣기

❶ 오늘날 우리가 임시 정부(대한민국 임시 정부)를 위한 독립운동 단체를 조직하려면 준비할 것이 셀 수 없이 많습니다. 특히 사람이 많이 모이도록 힘써야 할 것이외다. 그러나 어려운 점이 있습니다. 누구나 자기가 한 가지 생각을 하면 다른 이의 생각을 무엇이든지 반대한다는 것입니다. 예를 들어 말하면 전쟁을 원하는 자가 대화를 원하는 자를 반대해 말하기를 "대화가 무엇이냐, 지금이 어느 때라고! 우리는 폭탄을 들고 나가야 한다."라고 떠듭니다. 또 대화를 원하는 자는 말하기를 "공연히 젊은 놈들이 애간장이 타서 당장 폭탄을 들고 나가면 우리 독립이 되는가?"라고 합니다. 우리가 서로 자기 생각만 옳은 줄 알고 그것만 해야 한다고 하는 것은 한 가지만 알고 두 가지는 모르는 까닭이외다.

중심 내용 | 독립운동을 하려고 모인 사람들의 의견이 달라서 서로 다른 사람의 생각을 반대합니다.

❷

그러므로 …… ㉠

오늘 이 자리에 모인 여러분(독립운동을 하려고 모인 여러분), 우리는 이제부터 누구의 장단점을 말하지 말고 단결해 나갑시다. 모두 함께 독립운동을 할 배포를 기릅시다. 독립을 달성하려고 ㉡하루에도 열두 번 노력합시다. 독립운동가가 될 만한 여러분, 독립운동 단체를 조직할 준비를 할 날이 오늘이외다. 그런즉 나와 여러분은 독립운동 단체가 실현되도록 각각의 의견을 버리고 모두의 한 목표를 이루려고 민족적 정신으로 어금니를 악물고 나갑시다. 그래서 독립운동의 ㉢깃발 아래 우리의 뜻을 모아야 하겠습니다.

중심 내용 | 독립운동 단체가 실현되도록 노력해 독립운동의 깃발 아래 뜻을 모읍시다.

• **글의 특징** 도산 안창호 선생이 임시 정부를 유지하는 방법을 주장한 연설문입니다.

• **글의 구조** 연설에 활용된 관용 표현과 그 뜻 알아보기

관용 표현	관용 표현의 뜻
❶( )이/가 타다	몹시 초조하고 안타까워서 속을 많이 태우다.
하루에도 ❷( ) 번	매우 자주.
❸( )을/를 악물다	고통이나 분노 따위를 참으려고 이를 악물어 굳은 의지를 나타내다.

공연(空 빌 공, 然 그럴 연)히 아무 까닭이나 실속이 없게.

서술형

17 안창호 선생의 연설을 들으러 모인 사람들 사이에는 어떤 문제가 있는지 쓰시오.

____

____

18 ㉠의 생략된 부분에 들어가야 할 내용으로 알맞은 것의 기호를 찾아 쓰시오.

> ㉮ 자신의 의견만을 주장하는 마음을 바꾸어야 한다.
> ㉯ 대화보다는 전쟁으로 우리나라의 독립을 이루어야 한다.

(   )

어휘

19 ㉡의 뜻은 무엇인지 쓰시오.

(   )

중요 독해

20 예나가 이 연설에 활용된 ㉢'깃발 아래'의 뜻을 추론한 방법으로 알맞은 것에 ○표 하시오.

(1) 글 앞뒤에 있는 내용을 살펴본다. (   )

(2) 표현에 쓰인 낱말이 평소에 어떤 뜻으로 쓰이는지 생각해 본다. (   )

국어 102쪽 / 정답 및 풀이 5쪽

관용 표현을 활용해 자신의 생각 말하기

- **특징** 관용 표현을 활용할 때 얻을 수 있는 효과를 생각해 보고, 관용 표현을 활용해 자신의 생각을 말할 수 있습니다.
- **활동 정리** 빈칸에 알맞은 말을 넣어 친구들의 말 정리하기

말하는 내용	❶(　　　) 말을 사용하자는 것
관용 표현을 활용한 방법	• 고운: 말을 ❷(　　　) 할 때 활용함. • 혜선: 말을 끝낼 때 활용함.

고운 모양, 생김새, 행동거지 따위가 산뜻하고 아름다운.

21 친구들은 무엇에 대해 말하고 있습니까? (　　　)

① 발표를 잘하자는 것
② 고운 말을 사용하자는 것
③ 친구와 싸우지 말자는 것
④ 교실 정리를 잘하자는 것
⑤ 친구에게 편지를 쓰자는 것

22 ㉠에 들어갈 말로 알맞은 것에 ○표 하시오.

⑴ 말만 잘하면 어려운 일도 해결할 수 있다 (　　　)

⑵ 아무도 안 듣는 데서라도 말조심해야 한다 (　　　)

⑶ 내가 남에게 말이나 행동을 좋게 해야 남도 나에게 좋게 한다 (　　　)

23 혜선이처럼 말을 끝낼 때 관용 표현을 활용하면 어떤 효과를 얻을 수 있는지 알맞은 것의 기호를 쓰시오.

> ㉮ 다른 사람의 생각을 알 수 있다.
> ㉯ 어려운 낱말의 뜻을 알 수 있다.
> ㉰ 생각을 효과적으로 전달할 수 있다.

(　　　　　　　　　　)

24 다음 상황에 어울리는 관용 표현은 무엇입니까? (　　　)

> 학급 회의에서 학예회 발표 종목을 함께 정하는 상황

① 발이 길다　② 손이 크다
③ 머리를 맞대다　④ 목에 힘을 주다
⑤ 가슴에 멍이 들다

2. 관용 표현을 활용해요

정답 및 풀이 6쪽

1 다음에서 설명하는 것은 무엇인지 네 글자로 쓰시오.

- 둘 이상의 낱말이 합쳐져 그 낱말의 원래 뜻과는 다른 새로운 뜻으로 굳어져 쓰이는 표현을 말한다.
- 관용어와 속담 따위가 있다.

(　　　　　　　)

2 다음 대화에서 정민이는 ㉠을 어떤 뜻으로 활용했는지 알맞은 것에 ○표 하시오.

남자아이: 정민아, 내일이 벌써 개학이야. 정말 시간이 빠르지 않니?
정민: 내일이 개학이라고? ㉠눈이 번쩍 뜨인다! 해야 할 일이 아직도 많은데 큰일이네.

(1) 정신이 갑자기 든다. (　　)
(2) 두드러지게 드러난다. (　　)
(3) 잊히지 않고 자꾸 눈에 떠오른다. (　　)

3 다음 대화에서 ㉠의 뜻으로 알맞은 것의 기호를 쓰시오.

동생: 오빠, 나도 이제 휴대 전화를 사 달라고 할 거야. ㉠쇠뿔도 단김에 빼라고 당장 구경해 보자.
오빠: 안 돼. 아직 부모님과 의논도 안 했잖아. 다음에 보자.

㉮ 원인이 없으면 결과가 있을 수 없다.
㉯ 잘 아는 일이라도 세심하게 주의를 하라.
㉰ 어떤 일이든지 하려고 생각했으면 망설이지 말고 곧 행동으로 옮겨야 한다.

(　　　　　　　)

[4~5] 다음 글을 읽고, 물음에 답하시오.

가 자신의 꿈을 향해 달려가는 일은 결코 쉬운 일도, 마음대로 되는 일도 아니었습니다. 저는 여러분께 꿈을 펼치는 세 가지 방법을 말씀드리려고 합니다.
첫째, 자신의 진짜 꿈을 찾으려고 노력합시다. 한때 의사를 주인공으로 한 드라마가 큰 인기를 얻자, 분위기에 휩쓸려 자신의 진로를 의사로 결정하는 사람이 많았습니다. 하지만 시간이 지나자 대부분은 자신이 정말 하고 싶은 일은 따로 있다는 사실을 깨닫고 후회했습니다.
나 둘째, 자기 자신에게 자신감을 가집시다. 앞날에 대해 고민이 많고 꿈을 어떻게 이룰 것인지 걱정하고 계신가요? 만약 그렇다면 여러분은 꿈을 펼칠 준비가 된 것입니다. 꿈을 키워 나가는 일은 ㉠눈 깜짝할 사이에 이루어지지 않습니다.
다 셋째, 구체적인 목표를 세웁시다. 여러분이 꿈을 결정한 뒤 구체적인 목표가 없다면 꿈을 이루려는 노력에 ㉡금이 가기 쉽습니다.

4 이 글에 나타난 꿈을 펼치는 방법은 무엇인지 모두 고르시오. (　　　　　)

① 구체적인 목표를 세운다.
② 자기 자신에게 자신감을 가진다.
③ 분위기에 휩쓸려 꿈을 결정한다.
④ 자신의 진짜 꿈을 찾으려고 노력한다.
⑤ 목표를 세우는 대신 고민을 많이 한다.

5 ㉠과 ㉡ 중에서 다음 뜻을 가진 관용 표현은 무엇인지 기호를 쓰시오.

서로의 사이가 벌어지거나 틀어지다.

(　　　　　　　)

[6~7] 다음 글을 읽고, 물음에 답하시오.

오늘날 우리가 임시 정부를 위한 독립운동 단체를 조직하려면 준비할 것이 셀 수 없이 많습니다. 특히 사람이 많이 모이도록 힘써야 할 것이외다. 그러나 어려운 점이 있습니다. 누구나 자기가 한 가지 생각을 하면 다른 이의 생각을 무엇이든지 반대한다는 것입니다. 예를 들어 말하면 전쟁을 원하는 자가 대화를 원하는 자를 반대해 말하기를 "대화가 무엇이냐, 지금이 어느 때라고! 우리는 폭탄을 들고 나가야 한다."라고 떠듭니다. 또 대화를 원하는 자는 말하기를 "공연히 젊은 놈들이 ㉠애간장이 타서 당장 폭탄을 들고 나가면 우리 독립이 되는가?"라고 합니다. 우리가 서로 자기 생각만 옳은 줄 알고 그것만 해야 한다고 하는 것은 ㉡한 가지만 알고 두 가지는 모르는 까닭이외다.

6 이 글은 도산 안창호 선생의 연설문입니다. 이 연설문에 대한 설명으로 알맞은 것의 기호를 모두 쓰시오.

㉮ 독립을 위해 전쟁이 필요하다고 말하고 있다.
㉯ 독립운동을 하려고 모인 사람들에게 말하고 있다.
㉰ 사람들 사이에 서로 의견이 다르다는 문제를 말하고 있다.
㉱ 사람들의 의견을 하나로 모으는 것이 어렵다는 것을 말하고 있다.

( )

7 ㉠과 ㉡의 뜻으로 알맞은 것을 찾아 선으로 이으시오.

(1) ㉠ • • ㉮ 서로 의견을 합해야 좋다는 것을 모른다.

(2) ㉡ • • ㉯ 몹시 초조하고 안타까워서 속을 많이 태우다.

8 말을 시작할 때 관용 표현을 활용하면 얻을 수 있는 효과로 알맞은 것은 무엇입니까? ( )

① 자신의 지식을 뽐낼 수 있다.
② 듣는 사람의 관심을 끌 수 있다.
③ 상황과 관련 없는 말을 해도 괜찮다.
④ 큰 목소리로 대화를 시작할 수 있다.
⑤ 문제 상황을 해결할 방안을 찾을 수 있다.

2 단원

문법

9 다음 빈칸에 들어갈 알맞은 말은 무엇입니까?

( )

관용 표현	☐을/를 맞대다
뜻	어떤 일을 의논하거나 결정하기 위하여 서로 마주 대하다.

① 손 ② 발 ③ 눈
④ 머리 ⑤ 가슴

문법

10 다음 상황에 알맞은 관용 표현에 ○표 하시오.

친구에게 자신의 주장에 확신을 가지고 아주 자신 있게 말할 때

(1) 도둑이 제 발 저리다 ( )
(2) 손가락에 장을 지지겠다 ( )

2. 관용 표현을 활용해요

1 다음 대화에서 빈칸에 들어갈 알맞은 말은 무엇인지 쓰시오.

> 남자아이: 정민아, 내일이 벌써 개학이야. 정말 시간이 빠르지 않니?
> 정민: 내일이 개학이라고? [　　　]이/가 번쩍 뜨인다! 해야 할 일이 아직도 많은데 큰일이네.

(　　　　　　　　)

2 다음 대화에서 소진이가 ㉠과 같이 말한 까닭은 무엇입니까? (　　　)

> 남자아이: 소진아, 제주도에 다녀왔다며? 재미있었어?
> 소진: 제주도에 다녀온 것 말이야? 아까 민진이에게만 말했는데 넌 어떻게 알았어? 정말 ㉠발 없는 말이 천 리 가는구나.

① 민진이와 함께 제주도에 가고 싶어서
② 제주도에 다녀온 사람이 너무 많아서
③ 자신이 멀리 다녀왔음을 강조하고 싶어서
④ 말이 달리는 속도가 얼마나 빠른지 알려 주고 싶어서
⑤ 자신이 민진이에게만 말한 내용이 순식간에 널리 퍼져서

3 다음 뜻을 가진 관용 표현으로 알맞은 것에 ○표 하시오.

> 아는 사람이 많아서 활동하는 범위가 넓다.

(1) 손이 크다 (　　)
(2) 발이 넓다 (　　)

서술형

4 ㉠과 ㉡ 중에서 듣는 사람의 관심을 끌 수 있는 표현을 골라 기호를 쓰고, 그렇게 생각한 까닭도 쓰시오.

(1) 관심을 끌 수 있는 표현: (　　　　　　　　)

(2) 그렇게 생각한 까닭: ______________________

____

[5~6] 다음 대화를 읽고, 물음에 답하시오.

> 동생: 오빠, 나도 이제 휴대 전화를 사 달라고 할 거야. 쇠뿔도 단김에 빼라고 당장 구경해 보자.
> 오빠: 안 돼. 아직 부모님과 의논도 안 했잖아. 다음에 보자.
> 동생: 에이, 당장 어떤 걸로 할지 결정하고 싶었는데, 오빠 때문에 김이 식어 버렸잖아.

5 오빠가 휴대 전화를 구경하자는 동생의 말에 반대한 까닭은 무엇입니까? (　　　)

① 휴대 전화 판매점이 너무 멀기 때문에
② 동생은 이미 휴대 전화가 있기 때문에
③ 자신도 아직 휴대 전화가 없기 때문에
④ 아직 부모님과 의논을 하지 않았기 때문에
⑤ 부모님께서 이미 휴대 전화를 사셨기 때문에

6 동생이 다음과 같은 상황에서 어떤 관용 표현을 사용했는지 각각 찾아 쓰시오.

휴대 전화를 당장 구경하려 했을 때
(1)

오빠가 다음에 보자고 했을 때
(2)

[7~8] 다음 대화를 읽고, 물음에 답하시오.

지현: 안나야!
안나: 아이고, 깜짝이야! ㉠간 떨어질 뻔했잖니.
지현: 미안해. 문구점에 같이 가자! 내일 미술 시간에 필요한 준비물을 사야 하지? 일단 어떤 준비물이 있는지 확인해 보자. 난 색 도화지 두 장, 색종이 한 묶음, 딱풀을 사야겠다.
안나: 난 좀 넉넉하게 사야겠어. 색 도화지 열 장, 색종이 여덟 묶음, 딱풀이랑 물 풀이랑…….
지현: 너 정말 [㉡].

서술형

7 ㉠은 무슨 뜻일지 쓰시오.

8 ㉡에 들어갈 관용 표현으로 알맞은 것은 무엇입니까? (　　)

① 눈이 높구나
② 입이 짧구나
③ 손이 크구나
④ 꼬리가 길구나
⑤ 귀가 아프구나

[9~10] 다음 글을 읽고, 물음에 답하시오.

㉮ 저는 얼마 전부터 오늘을 손꼽아 기다렸습니다. 아마 여러분은 학교를 졸업하면 천하를 얻은 듯 신나서 바로 멋진 어른이 될 수 있으리라 생각할 것입니다. 하지만 자신의 꿈을 향해 달려가는 일은 결코 쉬운 일도, 마음대로 되는 일도 아니었습니다. 저는 여러분께 꿈을 펼치는 세 가지 방법을 말씀드리려고 합니다.

㉯ 셋째, [㉠] 여러분이 꿈을 결정한 뒤 구체적인 목표가 없다면 꿈을 이루려는 노력에 금이 가기 쉽습니다. 저는 경찰이 되려고 '하루 30분 운동, 한 분야 공부'처럼 쉬운 목표부터 시작해 운동하고 공부하는 시간과 양을 조금씩 늘려 나갔습니다. 초등학생 때 할 일, 중학생 때 할 일, 그리고 고등학생 때 할 일을 나누어 정하거나, 단계적으로 실천할 행동 목표를 정한다면 언젠가는 꿈꾸던 인생의 막을 열 수 있을 것입니다.

9 ㉠에 들어갈 꿈을 펼치는 방법으로 알맞은 것은 무엇입니까? (　　)

① 구체적인 목표를 세웁시다.
② 다른 사람의 꿈을 따릅시다.
③ 자기 자신에게 자신감을 가집시다.
④ 여러 가지 직업의 사람들을 만납시다.
⑤ 자신의 진짜 꿈을 찾으려고 노력합시다.

10 이 글의 말하는 이가 활용한 여러 가지 관용 표현의 뜻을 찾아 선으로 이으시오.

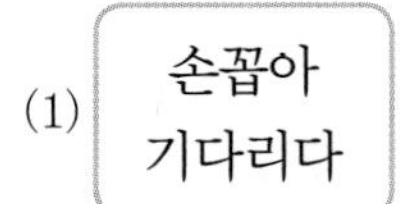

(1)	손꼽아 기다리다	㉮	매우 기쁘고 만족스러움.
(2)	천하를 얻은 듯	㉯	무대 공연이나 어떤 행사를 시작하다.
(3)	막을 열다	㉰	기대에 차 있는 마음으로 날짜를 꼽으며 기다리다.

정답 및 풀이 6쪽

[11~14] 다음 글을 읽고, 물음에 답하시오.

가 오늘날 우리가 임시 정부를 위한 독립운동 단체를 조직하려면 준비할 것이 셀 수 없이 많습니다. 특히 사람이 많이 모이도록 힘써야 할 것이외다. 그러나 어려운 점이 있습니다. 누구나 자기가 한 가지 생각을 하면 다른 이의 생각을 무엇이든지 반대한다는 것입니다. 예를 들어 말하면 전쟁을 원하는 자가 대화를 원하는 자를 반대해 말하기를 "대화가 무엇이냐, 지금이 어느 때라고! 우리는 폭탄을 들고 나가야 한다."라고 떠듭니다. 또 대화를 원하는 자는 말하기를 "공연히 젊은 놈들이 애간장이 타서 당장 폭탄을 들고 나가면 우리 독립이 되는가?"라고 합니다. 우리가 서로 자기 생각만 옳은 줄 알고 그것만 해야 한다고 하는 것은 ㉠한 가지만 알고 두 가지는 모르는 까닭이외다.

나 오늘 이 자리에 모인 여러분, 우리는 이제부터 누구의 장단점을 말하지 말고 단결해 나갑시다. 모두 함께 독립운동을 할 배포를 기릅시다. 독립을 달성하려고 하루에도 열두 번 노력합시다. 독립운동가가 될 만한 여러분, 독립운동 단체를 조직할 준비를 할 날이 오늘이외다. 그런즉 나와 여러분은 독립운동 단체가 실현되도록 각각의 의견을 버리고 모두의 한 목표를 이루려고 민족적 정신으로 어금니를 악물고 나갑시다. 그래서 독립운동의 깃발 아래 우리의 뜻을 모아야 하겠습니다.

11 다음은 안창호 선생의 연설인 이 글을 읽고 글 가의 내용을 정리한 것입니다. 빈칸에 알맞은 말을 쓰시오.

• 독립운동을 하려고 모인 사람들의 의견이 달라서 서로 다른 사람의 생각을 (　　　　　　)한다.

12 다음은 어떤 사람들의 주장에 해당하는지 알맞은 것에 ○표 하시오.

> 당장 폭탄을 들고 나간다고 해도 우리나라가 독립이 되지는 않는다.

(1) 전쟁을 원하는 사람들 (　　)

(2) 대화를 원하는 사람들 (　　)

13 ㉠의 뜻을 알맞게 추론한 친구의 이름을 모두 쓰시오.

> 준호: 서로의 의견을 합해야 좋다는 것을 모른다는 뜻이야.
> 예솔: 다른 사람의 의견에도 좋은 점이 있다는 것을 모른다는 뜻이야.
> 정후: 자신의 의견을 끝까지 고집하는 것이 옳다는 것을 모른다는 뜻이야.

(　　　　　　　　　　)

서술형

14 안창호 선생이 이와 같은 연설을 한 의도는 무엇이겠는지 쓰시오.

15 다음 주어진 상황에 어울리는 관용 표현을 보기 에서 골라 각각 기호를 쓰시오.

보기

㉮ 눈을 붙이다
㉯ 발 벗고 나서다
㉰ 공든 탑이 무너지랴

상황	기호
전교 학생회 회장단 선거에서 후보자로 연설하는 상황	(1)
사회 수업 시간에 힘들게 준비한 모둠 과제를 발표하는 상황	(2)

2. 관용 표현을 활용해요

● 정답 및 풀이 7쪽

평가 주제	말하는 사람의 의도 파악하기
평가 목표	말하는 사람의 의도를 파악하여 생략된 내용 추론하기

오늘날 우리가 임시 정부를 위한 독립운동 단체를 조직하려면 준비할 것이 셀 수 없이 많습니다. 특히 사람이 많이 모이도록 힘써야 할 것이외다. 그러나 어려운 점이 있습니다. 누구나 자기가 한 가지 생각을 하면 다른 이의 생각을 무엇이든지 반대한다는 것입니다. 예를 들어 말하면 전쟁을 원하는 자가 대화를 원하는 자를 반대해 말하기를 "대화가 무엇이냐, 지금이 어느 때라고! 우리는 폭탄을 들고 나가야 한다."라고 떠듭니다. 또 대화를 원하는 자는 말하기를 "공연히 젊은 놈들이 애간장이 타서 당장 폭탄을 들고 나가면 우리 독립이 되는가?"라고 합니다. 우리가 서로 자기 생각만 옳은 줄 알고 그것만 해야 한다고 하는 것은 한 가지만 알고 두 가지는 모르는 까닭이외다.

그러므로 ……

오늘 이 자리에 모인 여러분, 우리는 이제부터 누구의 장단점을 말하지 말고 단결해 나갑시다. 모두 함께 독립운동을 할 배포를 기릅시다. 독립을 달성하려고 하루에도 열두 번 노력합시다. 독립운동가가 될 만한 여러분, 독립운동 단체를 조직할 준비를 할 날이 오늘이외다. 그런즉 나와 여러분은 독립운동 단체가 실현되도록 각각의 의견을 버리고 모두의 한 목표를 이루려고 민족적 정신으로 어금니를 악물고 나갑시다. 그래서 독립운동의 깃발 아래 우리의 뜻을 모아야 하겠습니다.

1 이 연설에서 활용한 관용 표현과 그 뜻을 쓰시오.

관용 표현	관용 표현의 뜻
(1)	몹시 초조하고 안타까워서 속을 많이 태우다.
하루에도 열두 번	(2)

2 파란색으로 쓰인 부분이 어떤 상황을 설명하는지 쓰시오.

3 이 연설 내용을 정리할 때 생략된 부분에 어떤 내용이 들어가야 할지 생각해 쓰시오.

독립운동을 하려고 모인 사람들의 의견이 서로 달라서 다른 사람의 생각을 반대한다. ➡ ( ) ➡ 열심히 노력해 독립운동의 깃발 아래 뜻을 모으자.

쉬어 가기

숨은 그림을 찾아보세요.

정답 및 풀이 7쪽

3 타당한 근거로 글을 써요

학습을 완료하면 V표를 하면서 학습진도를 체크해요.

	학습 내용	백점 쪽수	확인
개념	타당한 근거와 알맞은 자료를 활용해 논설문 쓰기	46쪽	□
어휘 + 문법	핵심 개념 어휘: 논설문, 주장, 근거 작품 속 어휘: 난처하다, 공정, 수출하다, 배출하다, 불매 문법: 낱말 바르게 표기하기	47쪽	□
독해	글을 읽고 주장 찾기: 「'그냥'이 아니라 '왜'」	48~49쪽	□
	주장에 대한 근거가 적절한지 판단하며 글 읽기: 「공정 무역 제품을 사용합시다」	50~51쪽	□
	논설문을 쓸 때 알맞은 자료를 활용하는 방법 알기: 「논설문을 쓰기 위해 수집한 자료」	52쪽	□
	상황에 알맞은 자료를 활용해 논설문 쓰기: 「제발 저희 가게를 도와주세요」	53쪽	□
평가	단원 평가 1, 2회	54~58쪽	□
	수행 평가	59쪽	□

3 타당한 근거로 글을 써요

개념 강의 

● 정답 및 풀이 8쪽

1 주장에 대한 근거가 적절한지 판단하며 글 읽기

- 근거가 주장과 관련 있는지 판단해 봅니다.
- 근거가 주장을 뒷받침하는지 판단해 봅니다.
- 근거를 뒷받침하는 자료가 적절한지 판단해 봅니다.
  - 자료가 근거의 내용과 관련 있어야 함. 믿을 수 있는 자료, 최신 자료, 출처가 분명한 자료이어야 함.

2 논설문을 쓸 때 알맞은 자료를 활용하는 방법

❶ 논설문을 쓰기 위한 주장과 근거를 마련합니다.

❷ 주장과 근거를 뒷받침할 수 있는 자료 수집 계획을 세웁니다.

❸ 자료 수집 계획에 따라 수집한 자료를 자료 수집 카드로 정리합니다.

❹ 수집한 자료가 내용을 뒷받침하고 믿을 만한지 평가합니다.

예 '숲을 보호하자.'라는 주장으로 논설문을 쓸 때 수집할 자료 내용

근거	수집할 자료 내용
숲은 미세 먼지를 잡아 주어 공기를 깨끗하게 해 준다.	숲이 미세 먼지를 잡아 주는 증거
숲은 홍수와 산사태를 막아 준다.	숲이 홍수와 산사태를 막아 주는 사진이나 그림

3 상황에 알맞은 자료를 활용해 논설문 쓰기

자신의 주장과 근거를 생각하여 논설문을 쓸 준비를 합니다.

➡ 준비한 내용을 고려해 자료 수집 계획을 세우고, 다양한 방법으로 자료를 수집해 봅니다.

➡ 수집한 자료를 바탕으로 하여 논설문을 써 봅니다.

➡ 자신이 쓴 글을 스스로 평가하고 고쳐 씁니다.

예 논설문의 제목, 서론, 본론을 쓸 때 고려할 점

제목	주장이 드러나도록 제목을 붙임. 읽는 사람의 흥미를 불러일으키면 좋음.
서론	문제 상황이나 주장의 동기, 자신의 주장을 씀. 흥미를 끄는 질문으로 시작해도 좋음.
본론	주장을 뒷받침하는 근거 두세 가지를 제시함. 구체적이고 사실적인 자료를 활용함.
결론	본론을 요약하고 주장을 다시 한번 강조함. 주장을 실천했을 때 나타날 긍정적 모습을 써도 좋음.

개념 확인 문제

1 주장에 대한 근거가 적절한지 판단하며 글 읽기

주장에 대한 근거가 적절한지 판단할 때 생각할 점에 모두 ○표 하시오.

(1) 근거가 주장과 관련 있는가? (　　)

(2) 근거와 주장의 수가 여러 개인가? (　　)

(3) 근거를 뒷받침하는 자료가 적절한가? (　　)

2 논설문을 쓸 때 알맞은 자료를 활용하는 방법

알맞은 자료를 활용하여 논설문을 쓸 때 해야 할 일 중 가장 먼저 할 일을 찾아 기호를 쓰시오.

㉮ 주장과 근거 마련하기
㉯ 수집한 자료 평가하기
㉰ 자료 수집 계획 세우기
㉱ 자료 수집 카드 정리하기

(　　　　　)

3 상황에 알맞은 자료를 활용해 논설문 쓰기

상황에 알맞은 자료를 활용해 논설문을 쓰는 차례에 맞게 기호를 쓰시오.

㉮ 자료 수집 계획을 세우고, 자료 수집하기
㉯ 수집한 자료를 바탕으로 하여 논설문 쓰기
㉰ 자신이 쓴 글을 스스로 평가하고 고쳐 쓰기
㉱ 주장과 근거를 생각하여 논설문을 쓸 준비 하기

(　　) → (　　) → (　　) → (　　)

3 타당한 근거로 글을 써요

어휘·문법

● 정답 및 풀이 8쪽

어휘

1. 핵심 개념 어휘: 논설문, 주장, 근거

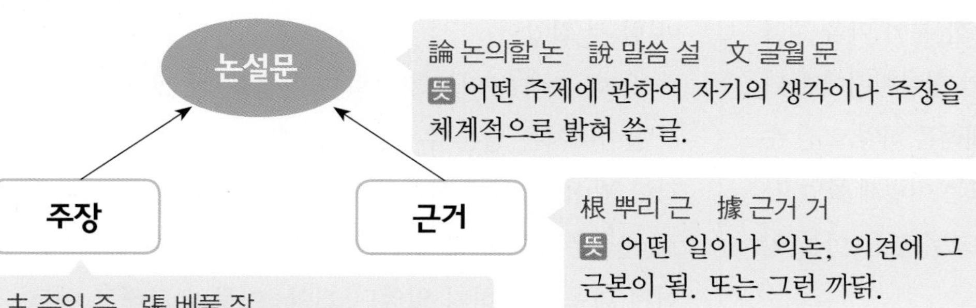

論 논의할 논 說 말씀 설 文 글월 문
뜻 어떤 주제에 관하여 자기의 생각이나 주장을 체계적으로 밝혀 쓴 글.

根 뿌리 근 據 근거 거
뜻 어떤 일이나 의논, 의견에 그 근본이 됨. 또는 그런 까닭.

主 주인 주 張 베풀 장
뜻 자기의 의견이나 주의를 굳게 내세움. 또는 그런 의견이나 주의.

➡ 주장을 뒷받침하는 타당한 근거로 논설문을 씁니다.

2. 작품 속 어휘

낱말	뜻	예시
난처(難處)하다 難 어려울 난 處 곳 처	이럴 수도 없고 저럴 수도 없어 처신하기 곤란하다.	그는 말하기가 난처하다는 표정을 지었습니다.
공정(公正) 公 공평할 공 正 바를 정	공평하고 올바름.	법관은 법과 양심에 따라 최대한 공정하게 판단해야 합니다.
수출(輸出)하다 輸 나를 수 出 날 출	국내의 상품이나 기술을 외국으로 팔아 내보내다.	우리나라는 외국으로 사과와 배를 수출하였습니다.
배출(排出)하다 排 물리칠 배 出 날 출	안에서 밖으로 밀어 내보내다.	오염된 물을 함부로 하천에 배출하면 안 됩니다.
불매(不買) 不 아닐 불 買 살 매	상품 따위를 사지 아니함.	시민들 사이에서 사치품을 불매하자는 움직임이 일어났습니다.

문법 낱말 바르게 표기하기

◆ '김치찌개'를 '김치찌게'로 잘못 쓰는 것처럼 주의하지 않으면 잘못 쓰기 쉬운 낱말이 있습니다. 어떻게 써야 할지 헷갈리는 경우에는 국어사전을 찾아보거나 인터넷 사전에서 검색해 보면 낱말의 올바른 표기를 확인할 수 있습니다.

주꾸미	쭈꾸미	배게	베개
(○)	(　)	(　)	(○)

육계장	육개장	두더지	두더쥐
(　)	(○)	(○)	(　)

어휘·문법 확인 문제

1 핵심 개념 어휘
다음 뜻에 알맞은 낱말을 쓰시오.

어떤 주제에 관하여 자기의 생각이나 주장을 체계적으로 밝혀 쓴 글.

(　　　　　　)

2 작품 속 어휘
다음 빈칸에 들어갈 알맞은 낱말을 보기 에서 찾아 쓰시오.

보기
난처　수출　배출

(1) 쓰레기는 분리해서 (　　　)해야 합니다.
(2) 우리 회사는 외국에 김을 (　　　) 하고 있습니다.
(3) 그날 일에 대해 묻자 그는 (　　　) 한 표정을 지었습니다.

3 작품 속 어휘
다음 뜻에 알맞은 낱말을 쓰시오.

상품 따위를 사지 아니함.

(　　　　　　)

4 문법
다음 (　) 안의 낱말 중 알맞은 것에 ○표 하시오.

(1) 나는 (떡복기, 떡볶이)를 먹었다.
(2) 할아버지의 (베개, 배개)는 딱딱했다.
(3) 흙 속에서 (두더지, 두더쥐)가 나왔다.

3 단원

준비 글을 읽고 주장 찾기

국어 114~115쪽 / 정답 및 풀이 8쪽

'그냥'이 아니라 '왜'

이어령

1 할아버지를 생각하면 긴 수염이 떠오르기도 하지? 정말 그렇게 수염을 길게 기른 할아버지 한 분이 마을 길을 걸어가고 있었단다. 그때 한 어린아이가 할아버지에게 다가왔어. 아이는 할아버지 가슴팍까지 내려온 하얗고 긴 수염을 신기한 눈으로 바라보았대. 그러고는 이렇게 물었지.

"할아버지! 할아버지는 주무실 때 그 수염을 이불 안에 넣나요, 아니면 꺼내 놓나요?"

할아버지는 "예끼! 이 버릇없는 놈." 하고 소리치려다가 문득 자기도 궁금해졌단다. 왜냐하면 수염을 기른 채 몇십 년 동안이나 살아왔지만, 그때까지 한 번도 그런 궁금증을 지녀 본 적이 없었거든. / '허허, 그러고 보니 내가 정말 수염을 꺼내 놓고 잤나, 넣고 잤나?'

아무리 생각해 봐도 알쏭달쏭하기만 했지. 결국 할아버지는 ㉠난처한 얼굴을 하고는 아이에게 이렇게 말할 수밖에 없었단다.

"글쎄다. 허, 참. 이 녀석, 별걸 다 묻는구나. 정 궁금하다면 말이다, 오늘 밤에 한번 자 보고 내일 아침에 가르쳐 주마."

할아버지는 집에 돌아오기 무섭게(집에 돌아오자마자.) 이부자리를 펴고 누웠지. 우선 이불 속에 수염을 넣고 말이야. 그런데 너무 갑갑하고 **거북해서** 아무래도 수염을 밖에 내놓고 자야 할 것 같았어.

'옳지! 수염을 이불 밖으로 꺼내 놓고 잔 게 분명해!'

할아버지는 얼른 수염을 이불 밖으로 꺼내 놓고 눈을 감아 봤어. 그런데 불편한 건 마찬가지였어. 이불 밖으로 내놓은 수염 때문에 왠지 허전하고 썰렁한 느낌이 들어서 마음이 편하지 않았던 거야. 아무리 자려고 해도 잠을 이룰 수가 없었지.

수염을 이불로 덮으니 갑갑하고, 이불 밖으로 꺼내 놓으면 허전하고……. 할아버지는 밤새도록 수염을 넣었다 꺼냈다 하느라고 한숨도 잘 수가 없었단다. 물론 할아버지는 다음 날 아침에 가르쳐 주겠노라고 했던 아이와의 약속도 지키지 못했지.

중심 내용 | 할아버지는 밤새도록 수염을 넣었다 꺼냈다 하느라고 한숨도 잘 수가 없었고, 다음 날 아침에 가르쳐 주겠다고 했던 아이와의 약속도 지키지 못했습니다.

거북해서 몸이 찌뿌드드하고 괴로워 움직임이 자연스럽지 못하거나 자유롭지 못해서.

1 아이가 할아버지에게 궁금해한 것은 무엇입니까? (　　)

① 왜 수염을 기르시는지
② 수염은 아침마다 빗는지
③ 주무실 때 이불을 덮는지
④ 세수하실 때 수염도 함께 닦는지
⑤ 주무실 때 수염을 이불 안에 넣는지, 아니면 꺼내 놓는지

서술형

2 할아버지가 아이의 질문에 바로 대답하지 못한 까닭은 무엇인지 쓰시오.

____

____

어휘

3 ㉠'난처한'의 뜻으로 알맞은 것에 ○표 하시오.

(1) 이럴 수도 없고 저럴 수도 없어 처신하기 곤란한. (　　)

(2) 화가 나거나 걱정이 되는 따위로 인하여 마음이 불편하고 우울한. (　　)

4 할아버지가 밤새 한숨도 잘 수 없었던 까닭은 무엇입니까? (　　)

① 이불이 너무 갑갑해서
② 아이의 질문에 화가 나서
③ 아이의 질문에 빨리 대답하고 싶어서
④ 수염을 이불 안에 넣었다 꺼냈다 하느라고
⑤ 수염을 더 멋지게 기르는 방법을 고민하느라고

'그냥'이 아니라 '왜'

❷ 재미있는 이야기라고 웃어넘길 일이 아니야. 가만히 생각해 보렴, 혹시 너에게도 그런 수염이 있는지 말이야. 아이들한테 무슨 수염이 있냐고? 아니야, 그렇지 않아. 너도 누가 질문을 할 때 가끔 '그냥'이라고 대답한 적이 있을 거야. 바로 그 '그냥'이라는 말이 너의 수염이란다. 아직도 잘 모르겠다고? / 우리는 아무 생각 없이 '그냥' 지내는 날이 얼마나 많은지 몰라. 그냥 먹고, 그냥 자고, 그냥 노는 날 말이야. 어떤 때에는 봄이 와서 꽃이 피어도, 아침이 되어 찬란한 태양이 떠올라도 아무 느낌 없이 그냥 흘깃 보고 지나쳐 버리기도 하지. 새들이 어떻게 짝을 지어 날아가고, 구름이 어떻게 모였다가 흩어지는지 몇 번이나 눈여겨보았니? 자신에게 또는 남들에게 궁금한 일을 몇 번이나 질문해 보았니? 남들이 하니까 그냥 따라 하고, 어른들이 시키니까 그냥 했던 일은 없었니? / 자기 안에 물음표가 없어서 아무것도 묻지 못하는 사람은 건전지를 넣고 단추를 누르면 그냥 북을 쳐 대는 곰 인형과 별로 다를 것이 없어. 아무 생각 없이 모든 순간을 습관적으로 기계적으로 살아가는 사람은 이야기 속 할아버지와 똑같아. 자기 것이지만 자기 것이 아닌 수염을 달고 있으니까 말이야.

'그냥 수염'(아무 생각 없이 모든 순간을 습관적으로 기계적으로 살아가는 사람)을 달고 있는 사람은 어느 날 누가 "왜?" 또는 "어떻게?" 하고 물으면 아무 대답도 하지 못해. 아무리 자기가 한 일을 뒤돌아보고 생각해 내려고 애써도 지나온 날들은 이미 멀리 사라져 버려서 흔적조차 찾을 길이 없기 때문이지. 어느 날엔가 너한테도 누군가가 물어 올지 몰라. 그때를 위해서라도 '그냥'이라는 대답이 아닌 무언가를 준비해야겠지?

중심 내용 | 어떤 행동이나 일을 할 때 습관적으로 하는 것이 아니라 '왜' 또는 '어떻게'를 생각해 봐야 합니다.

3 단원

- **글의 종류** 주장하는 글
- **글의 특징** 긴 수염 할아버지 이야기를 자료로 활용하여 어떤 행동이나 일을 할 때 습관적으로 그냥 하는 것이 아니라 '왜' 또는 '어떻게'를 생각해야 한다고 주장하는 글입니다.
- **글의 구조** 빈칸에 알맞은 말을 넣어 글쓴이의 주장 정리하기

글쓴이의 주장	습관적으로 ❶(　　　　) 살지 말고 자기 안에 ❷(　　　　)을/를 가지고 살자.

찬란(燦 빛날 찬, 爛 불에 데일 란)한 빛이 번쩍거리거나 수많은 불빛이 빛나는 상태인. 또는 그 빛이 매우 밝고 강렬한.

5 **이 글에서 우리에게 있는 '수염'은 무엇이라고 했는지 빈칸에 알맞은 말을 쓰시오.**

- 누가 질문을 할 때 깊은 생각 없이 '(　　　　)'(이)라고 대답하는 것이다.

6 **'그냥 수염'을 달지 않으려면 어떻게 해야 하는지 알맞은 것을 두 가지 고르시오. (　　　　)**

① 일을 습관적으로 한다.
② 남들이 하는 대로 따라 한다.
③ 일을 할 때 '어떻게'를 생각한다.
④ 아무 생각 없이 기계적으로 산다.
⑤ 어떤 행동을 할 때 '왜'를 생각한다.

중요 독해

7 **글쓴이의 주장을 알맞게 짐작한 친구의 이름을 모두 쓰시오.**

(　　　　　　　　)

8 **이 글처럼 주장을 뒷받침하기 위해 이야기를 활용하면 좋은 점은 무엇인지 알맞은 것에 ○표 하시오.**

(1) 주장을 더 길게 쓸 수 있다. (　　)
(2) 읽는 사람의 흥미를 불러일으킬 수 있다. (　　)

공정 무역 제품을 사용합시다

❶ 공정 무역이란 생산자의 노동에 정당한 대가를 지불해 생산자가 경제적 자립과 발전을 하도록 돕는 무역입니다. ○○광역시는 공정 무역 상품을 사용하고 공정 무역을 확산시키려는 활동을 지원해 실질적인 변화를 만들어 내는 도시가 되었습니다. 우리도 공정 무역 제품을 사용해 이러한 변화에 동참해야 합니다.

중심 내용 | 우리나라에도 공정 무역 도시가 생기는 변화에 동참해 우리도 공정 무역 제품을 사용해야 합니다.

❷ 공정 무역 제품을 사용해야 하는 까닭은 다음과 같습니다. 첫째, 생산자에게 돌아갈 정당한 이익을 지켜 줍니다. 흔히 볼 수 있는 과일 가운데 하나인 바나나의 경우, 우리가 3천 원짜리 바나나 한 송이를 산다면 약 45원만이 생산자인 농민에게 이익으로 돌아갑니다. 그 까닭은 바나나 생산국에서 우리 손에 오기까지 바나나 농장 주인, 수출하는 회사, 수입하는 회사, 슈퍼마켓 등이 총수익의 98.5퍼센트를 가져가기 때문입니다. 공정 무역에서는 생산자 조합과 공정 무역 회사를 만들어 이러한 중간 유통 단계를 줄이고 실제로 바나나를 재배하는 생산자의 이익을 보장해 주었습니다.

중심 내용 | 공정 무역 제품을 사용하면 생산자에게 돌아갈 정당한 이익을 지켜 줍니다.

❸ 둘째, 아이들을 위험에서 보호할 수 있습니다. 일부 다국적 기업들은 물건의 생산 비용을 낮추려고 임금이 상대적으로 낮은 어린이를 고용하기도 합니다. (삯을 주고 사람을 부리기도.) 예를 들어 우리가 좋아하는 초콜릿은 열대 과일인 카카오를 주재료로 해서 만듭니다. 카카오는 열대 지방에서만 자라는 식물로 아래의 ㉡「초콜릿 감옥」 동영상 자료에서처럼 그 지방 어린이들이 학교도 가지 못하고 카카오를 재배하고 수확하는 경우가 많습니다. 하지만 공정 무역은 "안전하고 노동력 착취 없는 노동 환경이 유지되어야 한다."라는 조건을 지켜야 하기 때문에 아이들의 노동력 착취를 막을 수 있습니다.

초콜릿 감옥

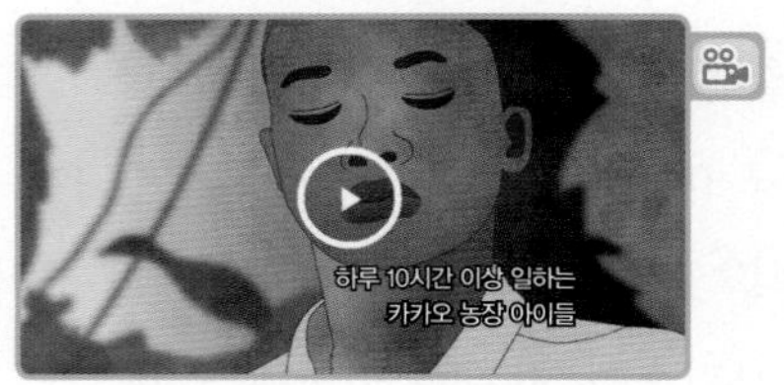

■출처: 한국교육방송공사, 2012.

중심 내용 | 공정 무역 제품을 사용하면 아이들을 위험에서 보호할 수 있습니다.

착취(搾 짤 착, 取 취할 취) 생산 수단을 소유한 사람이 근로자에게 노동한 만큼의 임금을 지급하지 않고 나머지 이익을 가로채는 일.

서술형

9 이 글에서 주장하는 내용은 무엇인지 쓰시오.

---

10 문제 9번에서 답한 주장의 근거로 알맞은 것의 기호를 모두 쓰시오.

> ㉮ 아이들을 위험에서 보호할 수 있다.
> ㉯ 생산자가 제품을 더 빨리 생산할 수 있다.
> ㉰ 생산자에게 돌아갈 정당한 이익을 지켜 준다.
> ㉱ 수출이나 수입을 하는 회사의 이익을 보장해 준다.

( )

11 글 ❷에 나타난 근거를 뒷받침하기 위해 ㉠에서 활용할 자료로 알맞은 것에 ○표 하시오.

(1) 우리나라의 수출과 수입 금액을 비교한 도표 ( )

(2) 일반 무역 유통 단계와 공정 무역 유통 단계를 비교한 그림 ( )

12 ㉡과 같은 자료가 근거를 잘 뒷받침하는지 판단하는 방법을 두 가지 고르시오. ( )

① 출처를 찾기 어려운 자료여야 한다.
② 믿을 수 있는 자료를 활용해야 한다.
③ 자료가 근거의 내용과 관련 있어야 한다.
④ 오래전에 만들어진 자료를 사용해야 한다.
⑤ 다른 사람이 사용하지 않은 자료여야 한다.

공정 무역 제품을 사용합시다

❹ 셋째, 자연을 보호하고 생산자의 건강을 지키는 방법이 됩니다. 공정 무역에서는 지구 환경을 보호하는 친환경 농사법을 권장합니다. 일반적으로 카카오나 바나나, 목화 같은 것은 재배할 때 많은 양을 싸고 빠르게 수확하려고 농약과 화학 비료를 사용합니다. 생산지에서는 농약 회사에서 권장하는 장갑과 마스크를 살 여유가 없기 때문에 해마다 가난한 나라의 농민 2만 명 이상이 작물 재배용 농약에 노출되어 여러 가지 질병을 앓고 있습니다. 『인간의 얼굴을 한 시장 경제, 공정 무역』이라는 책에 따르면 바나나를 재배하는 대부분의 대농장은 원가를 절감하느라 위험한 농약을 대량으로 살포합니다. 대농장 가까이에 사는 노동자들의 음식과 식수는 이 독극물로 오염됩니다. 한 코스타리카 농장을 대상으로 한 연구에서 남성 노동자 가운데 20퍼센트가 그런 화학 물질을 다룬 뒤 불임이 되었다고 합니다. 또 바나나를 채취해서 나르는 여성 노동자들은 백혈병에 걸릴 확률이 평균 발병률보다 두 배나 높게 나타난다고 합니다. 하지만 공정 무역은 농민들이 농약과 화학 비료를 적게 쓰고 유기농으로 농사를 짓게 하여 이러한 문제를 해결하려고 노력하고 있습니다.

불임: 임신하지 못하는 일.

중심 내용 | 공정 무역 제품을 사용하는 것은 자연을 보호하고 생산자의 건강을 지키는 방법이 됩니다.

❺ 넷째, 공정 무역 인증 표시는 국제기구가 생산지에서 공정 무역의 주요 원칙이 잘 지켜졌는지를 점검한 물건들에 붙일 수 있습니다. 국제공정무역기구의 조사원들은 농장과 관련 기관들을 찾아가서, 그들이 공정 무역의 규칙에 맞게 생산 활동을 하는지 평가합니다. 소비자들은 이 인증 표시를 보고 윤리적인 소비를 할 수 있습니다. 하지만 요즘은 공정 무역의 조건을 지키지 않고 공정 무역을 흉내 낸 인증 표시를 만들어 소비자들에게 혼란을 주는 기업들도 있습니다.

공정 무역 인증 표시

■ 출처: 국제공정무역기구, 2018.

중심 내용 | 공정 무역 인증 표시는 국제기구가 생산지에서 공정 무역의 주요 원칙이 잘 지켜졌는지를 점검한 물건들에 붙일 수 있습니다.

- **글의 종류** 주장하는 글
- **글의 특징** 여러 가지 자료를 활용한 근거를 들어 공정 무역 제품을 사용하자고 주장하는 글입니다.
- **글의 구조** 빈칸에 알맞은 말을 넣어 근거를 뒷받침하는 자료 정리하기

자료	내용	종류
1	일반 무역 유통 단계와 공정 무역 유통 단계 비교	그림
2	카카오 농장에서 일하는 아이들의 실태를 담은 「초콜릿 감옥」	❶(　　　)
3	『인간의 얼굴을 한 시장 경제, ❷(　　　) 무역』	책
4	공정 무역 ❸(　　　) 표시	그림

어휘

13 다음 뜻을 가진 낱말을 글에서 찾아 세 글자로 쓰시오.

> 화학 비료나 농약을 쓰지 아니하고 유기물을 이용하는 농업 방식.

(　　　　　　　　)

14 글 ❹에서 근거를 뒷받침하려고 활용한 자료의 종류는 무엇입니까? (　　　)

① 책　② 사진　③ 그림
④ 도표　⑤ 동영상

서술형

15 이 글에 제시된 근거 중 타당하지 않은 것의 기호를 쓰고, 그렇게 생각한 까닭을 쓰시오.

> ㉮ 자연을 보호하고 생산자의 건강을 지키는 방법이 된다.
> ㉯ 공정 무역 인증 표시는 국제기구가 생산지에서 공정 무역의 주요 원칙이 잘 지켜졌는지를 점검한 물건들에 붙일 수 있다.

기본 논설문을 쓸 때 알맞은 자료를 활용하는 방법 알기

국어 129쪽 / 정답 및 풀이 8쪽

논설문을 쓰기 위해 수집한 자료

○○ 신문

20○○년 ○○월 ○○일

이산화 탄소 먹는 하마는 상수리나무

국립산림과학원의 연구 결과 우리나라의 가정이나 기업에서 1인당 평생 ㉠배출하는 이산화 탄소는 약 12.7톤이다. 개인이 배출한 이산화 탄소를 흡수하려면 평생 나무를 심어야 할지도 모른다. 이산화 탄소를 특히 잘 흡수하는 것은 상수리나무이다.

많은 양의 이산화 탄소를 흡수하고 지구 온난화 예방에도 큰 역할을 하는 나무 심기에 관심을 가지자. (◇◇◇ 기자)

• **특징** '숲을 보호하자.'라는 주장을 담은 논설문을 쓸 때에 근거를 뒷받침하기 위해 수집한 기사문입니다.

• **활동 정리** 빈칸에 알맞은 말을 넣어 자료 내용 정리하기

종류	❶( )
출처	『○○신문』, 20○○. ○○. ○○.
알려 주는 것	나무를 심으면 나무가 ❷( )을/를 흡수해 지구 온난화 예방에 도움이 됨.

흡수(吸 마실 흡, 收 거둘 수)하려면 (밖에 있는 것을) 안으로 빨아들이려면.

16 이 자료의 종류는 무엇입니까? ( )

① 설명문
② 편지글
③ 기사문
④ 독서 감상문
⑤ 텔레비전 뉴스

17 이 자료에서 알려 주는 내용으로 알맞은 것의 기호를 쓰시오.

㉮ 상수리나무가 이산화 탄소를 가장 많이 배출한다.
㉯ 국립산림과학원에서 한 해에 심는 소나무의 양이 매우 많다.
㉰ 나무를 심으면 나무가 이산화 탄소를 흡수해 지구 온난화 예방에 도움이 된다.

( )

어휘

18 ㉠'배출하는'과 반대되는 뜻의 낱말은 무엇입니까? ( )

① 심는
② 가지는
③ 예방하는
④ 흡수하는
⑤ 연구하는

중요 독해

19 다음과 같은 주장과 근거를 담은 논설문을 쓰려고 합니다. 이 자료는 다음 근거 중 어느 것을 뒷받침하는 자료로 활용할 수 있을지 기호를 쓰시오.

주장	숲을 보호하자.
근거	㉮ 숲은 지구 온난화를 막아 준다. ㉯ 숲은 홍수와 산사태를 막아 준다. ㉰ 숲은 소중한 자원을 제공해 준다.

근거 ( )

제발 저희 가게를 도와주세요

❶ 손님이 몰려들기 시작하는 토요일 점심시간에 한 손님께서 짜장면을 주문해서 드시고 계셨습니다. 그러다 곧 주문을 담당한 직원을 화난 표정으로 부르시더군요.

"여기 짜장면 맛이 왜 이래? 빨리 사장 나오라고 해!"

어머니께서 나오셔서 맛을 확인하고도 이상한 점을 발견하지 못해 갸우뚱하셨지만 손님께 짜장면을 새로 가져다드렸습니다. 하지만 손님께서는 새로 가져다드린 짜장면도 이상하다며 배상을 하라고 계속 소란을 피우셨습니다. 결국 저희는 음식값을 받지도 않고 연신 죄송하다고 사과하며 손님을 보내 드렸습니다.

배상: 남의 권리를 침해한 사람이 그 손해를 물어 주는 일.

중심 내용 | 토요일 점심시간에 한 손님께서 짜장면 맛이 이상하다며 배상을 하라고 소란을 피우셔서 저희는 사과하며 손님을 보내 드렸습니다.

❷ 며칠 뒤, 친구에게 연락이 왔습니다. 걱정스러운 목소리로 "성민아, 인터넷 누리 소통망에 너희 가게 이야기가 있는데, 너도 한번 보는 게 좋을 것 같아."라며 인터넷 글을 보내 주더군요. 그 글에는 며칠 전 있었던 일이 사실과는 다르게 적혀 있었습니다. / △△식당에서 짜장면을 먹었는데 맛이 이상한 짜장면을 그냥 먹으라고 하고 사과는커녕 자신을 밀치며 불친절하게 말했다는 겁니다. 사람들은 댓글에 모두 저희 가게를 욕하며 불매 운동을 벌이고 있었습니다. 게다가 저를 아는 누군가가 제 이름과 다니는 학교까지 인터넷에 올리는 바람에 학교에도 소문이 났습니다. 그리고 그 사건 뒤 저희 가게에는 정말 손님이 뚝 끊겨 저희 가족은 힘든 나날을 보내고 있습니다.

중심 내용 | 인터넷 누리 소통망에 며칠 전 있었던 일이 사실과는 다르게 적혀 있는 것을 알게 되었고, 그뒤 저희 가족은 힘든 나날을 보내고 있습니다.

- **글의 특징** 성민이가 누리 소통망에 쓴 글로, 누리 소통망에서 퍼진 글로 인해 힘든 나날을 보내고 있는 가족의 어려움이 나타나 있습니다.
- **활동 정리** 빈칸에 알맞은 말을 넣어 누리 소통망의 장점과 단점 정리하기

장점	• 많은 사람에게 정보를 쉽게 전달할 수 있음. • 다른 사람이 쓴 정보를 쉽게 접할 수 있음. • 다른 ❶(　　　　)을/를 쉽게 제시할 수 있음.
단점	• 잘못된 정보가 쉽게 퍼질 수 있음. • ❷(　　　　) 정보가 유출되기 쉬움.

3 단원

20 다음 대화방에서 '내'가 누구의 말을 믿을지 고민했다면 그 까닭에 ○표 하시오.

(1) 자신이 실제로 가게를 이용한 소감과 오빠의 의견이 달라서 (　　)

(2) 실제로 가게를 이용한 사람의 의견과 누리 소통망에 있는 글의 의견이 달라서 (　　)

21 글 ❷에서 손님이 쓴 글 때문에 성민이네 가게에는 어떤 일이 생겼는지 두 가지 고르시오. (　　　　)

① 가게에 손님이 뚝 끊겼다.
② 성민이의 개인 정보가 유출되었다.
③ 글을 썼던 손님이 찾아와 사과했다.
④ 손님이 몰려들어 어머니가 바빠졌다.
⑤ 성민이의 학교에 사람들이 찾아왔다.

서술형

22 이 글과 문제 20번을 보고, 누리 소통망 이용과 관련한 논설문을 쓰려고 합니다. 자신의 주장을 정해 쓰시오.

1회

3. 타당한 근거로 글을 써요

정답 및 풀이 9쪽

[1~3] 다음 글을 읽고, 물음에 답하시오.

> 가 "할아버지! 할아버지는 주무실 때 그 수염을 이불 안에 넣나요, 아니면 꺼내 놓나요?"
> 할아버지는 "예끼! 이 버릇없는 놈." 하고 소리치려다가 문득 자기도 궁금해졌단다. 왜냐하면 수염을 기른 채 몇십 년 동안이나 살아왔지만, 그때까지 한 번도 그런 궁금증을 지녀 본 적이 없었거든.
> '허허, 그러고 보니 내가 정말 수염을 꺼내 놓고 잤나, 넣고 잤나?'
> 아무리 생각해 봐도 알쏭달쏭하기만 했지.
> 나 자기 안에 물음표가 없어서 아무것도 묻지 못하는 사람은 건전지를 넣고 단추를 누르면 그냥 북을 쳐 대는 곰 인형과 별로 다를 것이 없어. 아무 생각 없이 모든 순간을 습관적으로 기계적으로 살아가는 사람은 이야기 속 할아버지와 똑같아. 자기 것이지만 자기 것이 아닌 수염을 달고 있으니까 말이야.
> '그냥 수염'을 달고 있는 사람은 어느 날 누가 "왜?" 또는 "어떻게?" 하고 물으면 아무 대답도 하지 못해. 아무리 자기가 한 일을 뒤돌아보고 생각해 내려고 애써도 지나온 날들은 이미 멀리 사라져 버려서 흔적조차 찾을 길이 없기 때문이지. 어느 날엔가 너한테도 누군가가 물어 올지 몰라. 그때를 위해서라도 '그냥'이라는 대답이 아닌 무언가를 준비해야겠지?

1 글쓴이가 자신의 주장을 뒷받침하기 위해 활용한 것은 무엇입니까? (　　　)

① 도표　② 이야기　③ 동영상
④ 신문 기사　⑤ 전문가의 의견

2 글 가의 할아버지는 어떤 사람입니까? (　　　)

① 부정적으로 생각하는 사람
② 깊이 생각하고 대답하는 사람
③ 항상 자기가 한 일을 뒤돌아보는 사람
④ '왜' 또는 '어떻게'를 생각하며 사는 사람
⑤ 아무 생각 없이 기계적으로 살아가는 사람

3 이 글에서 주장하는 내용은 무엇입니까? (　　　)

① 습관적으로 살자.
② 긍정적으로 생각하자.
③ 웃어른께 예의를 지키자.
④ 가끔은 '그냥'이라고 생각하자.
⑤ 자기 안에 물음표를 가지고 살자.

[4~6] 다음 글을 읽고, 물음에 답하시오.

> 가 ㉠<u>공정 무역이란 생산자의 노동에 정당한 대가를 지불해 생산자가 경제적 자립과 발전을 하도록 돕는 무역입니다.</u> ○○광역시는 공정 무역 상품을 사용하고 공정 무역을 확산시키려는 활동을 지원해 실질적인 변화를 만들어 내는 도시가 되었습니다. ㉡<u>우리도 공정 무역 제품을 사용해 이러한 변화에 동참해야 합니다.</u>
> 나 공정 무역 제품을 사용해야 하는 까닭은 다음과 같습니다. 첫째, 생산자에게 돌아갈 정당한 이익을 지켜 줍니다. 흔히 볼 수 있는 과일 가운데 하나인 바나나의 경우, 우리가 3천 원짜리 바나나 한 송이를 산다면 약 45원만이 생산자인 농민에게 이익으로 돌아갑니다. 그 까닭은 바나나 생산국에서 우리 손에 오기까지 바나나 농장 주인, 수출하는 회사, 수입하는 회사, 슈퍼마켓 등이 총수익의 98.5퍼센트를 가져가기 때문입니다. ㉢<u>공정 무역에서는 생산자 조합과 공정 무역 회사를 만들어 이러한 중간 유통 단계를 줄이고 실제로 바나나를 재배하는 생산자의 이익을 보장해 주었습니다.</u>
> 다 넷째, 공정 무역 인증 표시는 국제기구가 생산지에서 공정 무역의 주요 원칙이 잘 지켜졌는지를 점검한 물건들에 붙일 수 있습니다. ㉣<u>국제공정무역기구의 조사원들은 농장과 관련 기관들을 찾아가서, 그들이 공정 무역의 규칙에 맞게 생산 활동을 하는지 평가합니다.</u> 소비자들은 이 인증 표시를 보고 윤리적인 소비를 할 수 있습니다. 하지만 ㉤<u>요즘은 공정 무역의 조건을 지키지 않고 공정 무역을 흉내 낸 인증 표시를 만들어 소비자들에게 혼란을 주는 기업들도 있습니다.</u>

4 글 ㉮~㉰ 중 논설문의 서론에 해당하는 문단의 기호를 쓰시오.

(　　　　　　)

5 ㉠~㉤ 중에서 글쓴이의 주장이 드러난 부분은 무엇입니까? (　　　)

① ㉠　② ㉡　③ ㉢
④ ㉣　⑤ ㉤

6 이 글에 나타난 근거 중에서 주장을 뒷받침하는 것의 기호를 쓰시오.

> ㉮ 생산자에게 돌아갈 정당한 이익을 지켜 줍니다.
> ㉯ 공정 무역 인증 표시는 국제기구가 생산지에서 공정 무역의 원칙이 잘 지켜졌는지를 점검한 물건들에 붙일 수 있습니다.

(　　　　　　)

[7~8] 다음 글을 읽고, 물음에 답하시오.

며칠 뒤, 친구에게 연락이 왔습니다. 걱정스러운 목소리로 "성민아, 인터넷 누리 소통망에 너희 가게 이야기가 있는데, 너도 한번 보는 게 좋을 것 같아."라며 인터넷 글을 보내 주더군요. 그 글에는 며칠 전 있었던 일이 사실과는 다르게 적혀 있었습니다.

△△식당에서 짜장면을 먹었는데 맛이 이상한 짜장면을 그냥 먹으라고 하고 사과는커녕 자신을 밀치며 불친절하게 말했다는 겁니다. 사람들은 댓글에 모두 저희 가게를 욕하며 불매 운동을 벌이고 있었습니다. 게다가 저를 아는 누군가가 제 이름과 다니는 학교까지 인터넷에 올리는 바람에 학교에도 소문이 났습니다. 그리고 그 사건 뒤 저희 가게에는 정말 손님이 뚝 끊겨 저희 가족은 힘든 나날을 보내고 있습니다.

인터넷에 떠도는 소문이 아닌 제 말을 믿어 주시고, 이 글을 널리 퍼뜨려 주세요.

7 손님이 누리 소통망에 쓴 글 때문에 일어난 일이 아닌 것은 무엇입니까? (　　　)

① 성민이네 가게에 손님이 끊겼다.
② 성민이의 개인 정보가 유출되었다.
③ 사람들이 △△식당 불매 운동을 벌였다.
④ 성민이네 가게에 많은 사람들이 찾아왔다.
⑤ 성민이네 가족이 힘든 나날을 보내고 있다.

8 이 글을 읽고 다음과 같은 주장을 담아 논설문을 쓰려고 합니다. 근거를 뒷받침할 자료로 알맞은 것에 모두 ○표 하시오.

주장	누리 소통망을 올바르게 사용하자.

(1) 누리 소통망으로 잘못된 정보가 퍼졌다는 내용의 동영상 (　　)
(2) 누리 소통망을 이용하여 친구가 된 사람들을 면담한 자료 (　　)
(3) 누리 소통망으로 개인 정보가 유출되었다는 내용의 인터넷 기사 (　　)

문법

9 다음 중 바르게 쓴 낱말은 무엇입니까? (　　　)

① 굳이　② 삼춘
③ 오랫만　④ 깨끗히
⑤ 가득이

문법

10 다음 밑줄 친 낱말을 바르게 고쳐 쓰시오.

> 발표할 때 웬지 실수할 것 같아 자신이 없어.

(　　　　　　)

3 단원

2회

3. 타당한 근거로 글을 써요

정답 및 풀이 9쪽

[1~5] 다음 글을 읽고, 물음에 답하시오.

가 그때 한 어린아이가 할아버지에게 다가왔어. 아이는 할아버지 가슴팍까지 내려온 하얗고 긴 수염을 신기한 눈으로 바라보았대. 그러고는 이렇게 물었지.

"할아버지! 할아버지는 주무실 때 그 수염을 이불 안에 넣나요, 아니면 꺼내 놓나요?"

나 아무리 생각해 봐도 알쏭달쏭하기만 했지. 결국 할아버지는 난처한 얼굴을 하고는 아이에게 이렇게 말할 수밖에 없었단다.

"글쎄다. 허, 참. 이 녀석, 별걸 다 묻는구나. 정 궁금하다면 말이다, 오늘 밤에 한번 자 보고 내일 아침에 가르쳐 주마."

다 수염을 이불로 덮으니 갑갑하고, 이불 밖으로 꺼내 놓으면 허전하고……. 할아버지는 밤새도록 수염을 넣었다 꺼냈다 하느라고 한숨도 잘 수가 없었단다. 물론 할아버지는 다음 날 아침에 가르쳐 주겠노라고 했던 아이와의 약속도 지키지 못했지.

라 재미있는 이야기라고 웃어넘길 일이 아니야. 가만히 생각해 보렴, 혹시 너에게도 그런 수염이 있는지 말이야. 아이들한테 무슨 수염이 있냐고? 아니야, 그렇지 않아. 너도 누가 질문을 할 때 가끔 '그냥'이라고 대답한 적이 있을 거야. 바로 그 '그냥'이라는 말이 너의 수염이란다.

마 '그냥 수염'을 달고 있는 사람은 어느 날 누가 "왜?" 또는 "어떻게?" 하고 물으면 아무 대답도 하지 못해. 아무리 자기가 한 일을 뒤돌아보고 생각해 내려고 애써도 지나온 날들은 이미 멀리 사라져 버려서 흔적조차 찾을 길이 없기 때문이지. 어느 날엔가 너한테도 누군가가 물어 올지 몰라. 그때를 위해서라도 '그냥'이라는 대답이 아닌 무언가를 준비해야겠지?

1 **아이가 할아버지에게 무엇을 물었는지 떠올려 빈칸에 들어갈 알맞은 말을 쓰시오.**

> 할아버지가 주무실 때 [　　　]을/를 이불 안에 넣는지, 꺼내 놓는지 물었다.

(　　　　　　　　)

서술형

2 **할아버지가 아이의 질문에 바로 대답하지 못하고 내일 아침에 가르쳐 주겠다고 한 까닭은 무엇인지 쓰시오.**

____

____

3 **'그냥 수염'을 달지 않으려면 어떻게 해야 할지 알맞게 말한 친구의 이름을 쓰시오.**

> 민정: 어떤 행동이나 일을 할 때 습관적으로 그냥 할 수 있도록 연습해야겠어.
> 태호: 자신의 생각을 가지기보다는 어른들이 시키는 대로 행동하는 것이 좋아.
> 동준: 남들이 하니까 그냥 따라 하는 것이 아니라 '왜' 또는 '어떻게'를 생각해야 해.

(　　　　　　　　)

4 **글쓴이의 주장은 무엇입니까? (　　　)**

① 여러 가지 습관을 가지자.
② 웃어른과 대화를 많이 하자.
③ '왜' 또는 '어떻게'를 생각하자.
④ 다른 사람에게 '왜'라고 묻지 말자.
⑤ 어떤 질문에도 '그냥'이라고 대답하자.

5 **자신의 주장을 뒷받침하기 위해 긴 수염 할아버지 이야기 같은 일화를 자료로 활용하면 좋은 점은 무엇입니까? (　　　)**

① 문제 해결 방법을 떠올릴 수 있다.
② 글쓴이가 어떤 사람인지 알 수 있다.
③ 글쓴이가 겪은 일을 자세히 알 수 있다.
④ 읽는 사람의 흥미를 불러일으킬 수 있다.
⑤ 글을 노래하듯이 리듬감 있게 읽을 수 있다.

[6~9] 다음 글을 읽고, 물음에 답하시오.

가 '공정 무역 도시', '공정 무역 커피' 이런 말을 들어 본 적이 있나요? 2017년에 ○○광역시가 국내 최초로 '공정 무역 도시'로 공식 인정을 받았다는 신문 기사를 접할 수 있었습니다. 공정 무역이란 생산자의 노동에 정당한 대가를 지불해 생산자가 경제적 자립과 발전을 하도록 돕는 무역입니다. ○○광역시는 공정 무역 상품을 사용하고 공정 무역을 확산시키려는 활동을 지원해 실질적인 변화를 만들어 내는 도시가 되었습니다. 우리도 공정 무역 제품을 사용해 이러한 변화에 동참해야 합니다.

나 공정 무역 제품을 사용해야 하는 까닭은 다음과 같습니다. 첫째, 생산자에게 돌아갈 정당한 이익을 지켜 줍니다. 흔히 볼 수 있는 과일 가운데 하나인 바나나의 경우, 우리가 3천 원짜리 바나나 한 송이를 산다면 약 45원만이 생산자인 농민에게 이익으로 돌아갑니다. 그 까닭은 바나나 생산국에서 우리 손에 오기까지 바나나 농장 주인, 수출하는 회사, 수입하는 회사, 슈퍼마켓 등이 총수익의 98.5퍼센트를 가져가기 때문입니다. 공정 무역에서는 생산자 조합과 공정 무역 회사를 만들어 이러한 중간 유통 단계를 줄이고 실제로 바나나를 재배하는 생산자의 이익을 보장해 주었습니다.

다 초콜릿이 우리 손에 들어오기까지의 과정은 제품에 따라 매우 다를 수 있습니다. 그것을 만들려고 노력한 사람들이 학교도 못 다니고 음식도 제대로 먹지 못한, 여러분보다 어린 동생들이라면 그 초콜릿을 정말 맛있게 먹을 수 있을까요? 가난한 나라에 일시적인 원조를 제공하는 데 그치지 않고 자립하도록 도와주는 방법이자 우리 환경을 보호할 수 있는 공정 무역 제품, 이제는 우리가 관심을 기울이고 사용할 때입니다.

6 **글 가~다를 논설문의 짜임에 따라 나누었습니다. 빈칸에 들어갈 논설문의 짜임을 쓰시오.**

글 가	글 나	글 다
서론	(1)	(2)

7 **국내 최초로 '공정 무역 도시'가 생긴 때는 언제인지 쓰시오.**

( )

8 **글쓴이는 공정 무역 제품을 사용해야 하는 까닭이 무엇이라고 하였습니까? ( )**

① 일반 제품보다 값이 싸기 때문에
② 공정 무역 제품의 품질이 좋기 때문에
③ 생산자와 소비자가 직접 만날 수 있기 때문에
④ 생산자에게 돌아갈 정당한 이익을 지켜 주기 때문에
⑤ 생산자에게 돌아갈 이익을 소비자에게 돌려주기 때문에

서술형

9 **다음은 글 나에서 활용한 자료입니다. 이 자료가 근거를 잘 뒷받침하는지 판단하여 그 까닭과 함께 쓰시오.**

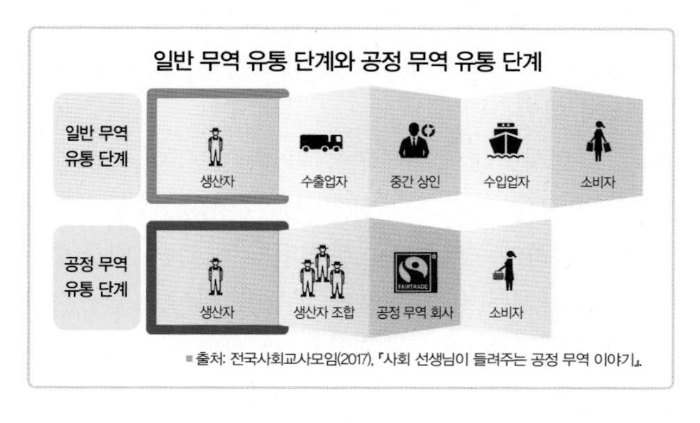

■ 출처: 전국사회교사모임(2017), 「사회 선생님이 들려주는 공정 무역 이야기」

10 **다음 근거에 알맞은 주장을 찾아 ○표 하시오.**

근거	• 숲은 지구 온난화를 막아 준다. • 숲은 홍수와 산사태를 막아 준다. • 숲은 소중한 자원을 제공해 준다. • 숲은 미세 먼지를 잡아 주어 공기를 깨끗하게 해 준다.

(1) 숲을 보호하자. ( )
(2) 숲으로 여행을 가자. ( )
(3) 숲을 도시로 개발하자. ( )

[11~14] 다음 글을 읽고, 물음에 답하시오.

가 얼마 전, 누리 소통망에 퍼진「△△식당 불매 운동」이라는 글을 보신 적이 있나요? 그 가게는 바로 저희 어머니께서 운영하시는 식당입니다. 하지만 누리 소통망에 실린 이야기는 사실과 다릅니다.

나 손님이 몰려들기 시작하는 토요일 점심시간에 한 손님께서 짜장면을 주문해서 드시고 계셨습니다. 그러다 곧 주문을 담당한 직원을 화난 표정으로 부르시더군요.

"여기 짜장면 맛이 왜 이래? 빨리 사장 나오라고 해!"

어머니께서 나오셔서 맛을 확인하고도 이상한 점을 발견하지 못해 갸우뚱하셨지만 손님께 짜장면을 새로 가져다드렸습니다. 하지만 손님께서는 새로 가져다드린 짜장면도 이상하다며 배상을 하라고 계속 소란을 피우셨습니다. 결국 저희는 음식값을 받지도 않고 연신 죄송하다고 사과하며 손님을 보내 드렸습니다.

다 그 글에는 며칠 전 있었던 일이 사실과는 다르게 적혀 있었습니다.

△△식당에서 짜장면을 먹었는데 맛이 이상한 짜장면을 그냥 먹으라고 하고 사과는커녕 자신을 밀치며 불친절하게 말했다는 겁니다. 사람들은 댓글에 모두 저희 가게를 욕하며 불매 운동을 벌이고 있었습니다. 게다가 저를 아는 누군가가 제 이름과 다니는 학교까지 인터넷에 올리는 바람에 학교에도 소문이 났습니다. 그리고 그 사건 뒤 저희 가게에는 정말 손님이 뚝 끊겨 저희 가족은 힘든 나날을 보내고 있습니다.

11 얼마 전, 누리 소통망에 퍼진 글의 제목은 무엇인지 쓰시오.

( )

서술형

12 글쓴이의 가족이 힘든 나날을 보내고 있는 까닭은 무엇인지 쓰시오.

______

______

13 이 글을 읽고 알 수 있는 누리 소통망의 장점과 단점을 보기 에서 골라 각각 기호를 쓰시오.

보기
㉮ 개인 정보가 유출되기 쉽다.
㉯ 잘못된 정보가 쉽게 퍼질 수 있다.
㉰ 다른 사람이 쓴 정보를 쉽게 접할 수 있다.
㉱ 많은 사람에게 정보를 쉽게 전달할 수 있다.

(1) 장점: ( )

(2) 단점: ( )

14 이 글을 읽고 다음과 같은 주장을 담은 논설문을 쓰려고 합니다. 수집할 자료를 알맞게 떠올리지 못한 친구의 이름을 쓰시오.

주장	누리 소통망을 올바르게 사용하자.

은희: 누리 소통망으로 잘못된 정보가 퍼진 사례가 담긴 동영상을 찾아볼 거야.

영훈: 인터넷 기사 중에서 누리 소통망으로 개인 정보가 유출된 사례를 찾아보겠어.

유진: 누리 소통망과 학급 누리집을 비교한 표가 있는지 찾아보면 좋을 것 같아.

( )

15 논설문의 각 부분을 쓰는 방법으로 알맞은 것에 모두 ○표 하시오.

(1) 서론에서는 문제 상황이나 주장의 동기, 자신의 주장을 쓴다. ( )

(2) 본론에서는 서론에서 제시한 주장과 다른 주장 두세 가지를 제시한다. ( )

(3) 결론에서는 본론을 요약하고 주장을 다시 한번 강조한다. ( )

3. 타당한 근거로 글을 써요

정답 및 풀이 10쪽

평가 주제	주장에 대한 근거가 적절한지 판단하며 글 읽기
평가 목표	주장에 대한 근거가 적절한지 판단하며 글을 읽을 수 있다.

가 공정 무역이란 생산자의 노동에 정당한 대가를 지불해 생산자가 경제적 자립과 발전을 하도록 돕는 무역입니다. ○○광역시는 공정 무역 상품을 사용하고 공정 무역을 확산시키려는 활동을 지원해 실질적인 변화를 만들어 내는 도시가 되었습니다. 우리도 공정 무역 제품을 사용해 이러한 변화에 동참해야 합니다.

나 공정 무역 제품을 사용해야 하는 까닭은 다음과 같습니다. 첫째, 생산자에게 돌아갈 정당한 이익을 지켜 줍니다. 흔히 볼 수 있는 과일 가운데 하나인 바나나의 경우, 우리가 3천 원짜리 바나나 한 송이를 산다면 약 45원만이 생산자인 농민에게 이익으로 돌아갑니다. 그 까닭은 바나나 생산국에서 우리 손에 오기까지 바나나 농장 주인, 수출하는 회사, 수입하는 회사, 슈퍼마켓 등이 총수익의 98.5퍼센트를 가져가기 때문입니다. 공정 무역에서는 생산자 조합과 공정 무역 회사를 만들어 이러한 중간 유통 단계를 줄이고 실제로 바나나를 재배하는 생산자의 이익을 보장해 주었습니다.

다 넷째, 공정 무역 인증 표시는 국제기구가 생산지에서 공정 무역의 주요 원칙이 잘 지켜졌는지를 점검한 물건들에 붙일 수 있습니다. 국제공정무역기구의 조사원들은 농장과 관련 기관들을 찾아가서, 그들이 공정 무역의 규칙에 맞게 생산 활동을 하는지 평가합니다. 소비자들은 이 인증 표시를 보고 윤리적인 소비를 할 수 있습니다.

1 글쓴이의 주장과 근거 두 가지를 정리하여 쓰시오.

주장	(1)
근거 1	(2)
근거 2	(3)

2 이와 같은 글을 읽고 근거의 타당성을 판단할 때 고려할 점은 무엇인지 쓰시오.

3 문제 1번에서 답한 근거 1, 2가 주장을 잘 뒷받침하는지 판단하여 조건 에 맞게 쓰시오.

조건
근거의 타당성과 그렇게 생각한 까닭을 구체적으로 밝혀 쓴다.

다른 그림을 찾아보세요.

정답 및 풀이 10쪽

다른 곳이 15군데 있어요.

4 효과적으로 발표해요

학습을 완료하면 V표를 하면서 학습 진도를 체크해요.

	학습 내용	백점 쪽수	확인
개념	다양한 매체 자료를 활용해 내용을 효과적으로 전하기	62쪽	☐
어휘 + 문법	핵심 개념 어휘: 매체, 주제 작품 속 어휘: 발표, 영상, 제작, 촬영, 편집 문법: 품위 있는 말을 사용하여 대화하기	63쪽	☐
독해	여러 가지 매체 자료 살펴보기: 「여러 가지 매체 자료 살펴보기」	64쪽	☐
	주제에 맞는 매체 자료 찾기 : 「'휴대 전화 사용 습관'에 대한 발표 자료」	65쪽	☐
	발표 상황에 맞는 영상 자료를 만드는 방법을 알고 효과적인 발표 자료 만들기: 「발표 상황에 맞는 영상 자료 만들어 발표하기」	66쪽	
	영상 발표회 하기: 「영상 발표회 하기」	67쪽	☐
평가	단원 평가 1, 2회	68~72쪽	☐
	수행 평가	73쪽	☐

4 효과적으로 발표해요

정답 및 풀이 11쪽

1 주제에 맞는 매체 자료 찾기

- 매체 자료의 종류를 살펴봅니다.
- 매체 자료가 전하는 내용을 살펴봅니다.
- 매체 자료의 표현 효과를 살펴봅니다.

예 휴대 전화 사용 습관을 소재로 발표하고 싶은 주제와 활용할 매체 자료 정하기

발표하고 싶은 주제	활용할 매체 자료	매체 자료를 정한 까닭
스마트폰 과몰입을 예방하자.	도표	도표로 정리하면 한눈에 실태를 파악할 수 있기 때문임.
스몸비족이 되지 않게 주의하자.	사진	스몸비족과 관련 있는 외국의 교통 표지판 사진을 제시하면 세계적인 운동임을 알릴 수 있기 때문임.

• '스마트폰 좀비'의 합성어로, 스마트폰 화면을 들여다보느라 길거리에서 고개를 숙이고 걷는 사람을 넋이 빠진 시체의 걸음걸이에 빗대어 일컫는 말.

2 발표 상황에 맞는 영상 자료를 만드는 방법

발표 상황 파악하기	발표 목적, 듣는 사람, 발표 상황에서 고려할 점을 생각해 봅니다.
주제 정하기	• 발표를 듣는 사람들이 흥미를 느낄 만한 주제를 정합니다. • 친구들과 토의해서 다양한 의견을 나눕니다. • 발표 상황과 관련한 자료를 더 찾아봅니다.
내용 정하기	• 주제를 효과적으로 전할 수 있는 내용을 정합니다. • 주제와 관련해 중요한 내용을 선별합니다.
장면 정하기	• 주제와 내용이 체계적으로 전달되고 이해하기 쉽도록 장면 내용과 차례를 정합니다. • 분량이 발표 시간에 알맞도록 정합니다. • 촬영이나 편집이 가능한 장면을 정합니다.
촬영 계획 세우기	역할, 촬영 일시와 장소를 정합니다.
촬영하기	계획에 따라 전하려는 내용이 잘 드러나게 촬영하고, 보완할 점을 점검합니다.
편집하기	• 알맞은 영상 편집 프로그램을 정합니다. • 촬영한 영상에서 발표에 사용할 장면을 고릅니다. • 발표 효과를 높이는 다른 매체 자료를 활용합니다. (• 표, 도표, 신문 기사 등) • 장면을 차례에 맞게 편집합니다. • 제목, 자막, 배경 음악을 넣습니다. • 자막은 필요한 내용만 간단하게 넣습니다. • 인용한 내용은 출처를 넣습니다.
발표하기	• 발표하기 전이나 발표한 뒤에 말할 소개하거나 부탁하는 내용을 다양한 방법으로 준비할 수 있습니다. • 발표를 하거나 들을 때 집중하고 듣는 사람이나 발표하는 사람을 존중합니다.

개념 확인 문제

1 주제에 맞는 매체 자료 찾기

주제에 맞는 매체 자료를 찾을 때 살펴볼 내용이 아닌 것의 기호를 쓰시오.

㉮ 매체 자료의 종류
㉯ 매체 자료를 찾은 시간
㉰ 매체 자료의 표현 효과
㉱ 매체 자료가 전하는 내용

( )

2 발표 상황에 맞는 영상 자료를 만드는 방법

발표 상황에 맞는 영상 자료를 만드는 과정 중에서 다음 일을 해야 하는 단계에 ○표 하시오.

• 역할 정하기
• 촬영 일시와 장소 정하기

(1) 주제 정하기 ( )
(2) 내용 정하기 ( )
(3) 장면 정하기 ( )
(4) 촬영 계획 세우기 ( )

3 발표 상황에 맞는 영상 자료를 만드는 방법

영상 자료를 만들 때, 편집하기 단계에서 해야 할 일을 알맞게 말하지 못한 친구의 이름을 쓰시오.

다온: 장면을 차례에 맞게 편집해야 해.
성민: 제목, 자막, 배경 음악을 넣어야 해.
보라: 발표하기 전에 말할 소개하는 내용을 준비해야 해.

( )

4 효과적으로 발표해요

어휘·문법

● 정답 및 풀이 11쪽

어휘

1. 핵심 개념 어휘: 매체, 주제

매체 → 주제

媒 중매 매 體 몸 체
뜻 어떤 작용을 한쪽에서 다른 쪽으로 전달하는 물체. 또는 그런 수단.

主 주인 주 題 제목 제
뜻 예술 작품에서 작가가 나타내고자 하는 중심이 되는 생각.

➡ 주제를 잘 전달할 수 있는 매체 자료를 활용합니다.

2. 작품 속 어휘

낱말	뜻	예시
발표(發表) 發 필 발 表 겉 표	어떤 사실이나 결과, 작품 따위를 세상에 널리 드러내어 알림.	예솔이는 영상 자료를 활용하여 효과적으로 발표를 했습니다.
영상(映像) 映 비출 영 像 모양 상	영화나 텔레비전의 화면에 나타나는 모습.	발표할 때에 영상을 활용하면 체조 동작을 더 자세하게 알릴 수 있습니다.
제작(製作) 製 지을 제 作 지을 작	재료를 가지고 기능과 내용을 가진 새로운 물건이나 예술 작품을 만듦.	그 작품은 제작 과정에만 1년이 걸렸습니다.
촬영(撮影) 撮 취할 촬 影 그림자 영	사람, 사물, 풍경 따위를 사진이나 영화로 찍음.	친구들과 함께 사진 촬영을 했습니다.
편집(編輯) 編 엮을 편 輯 모을 집	영화 필름이나 녹음테이프, 문서 따위를 하나의 작품으로 완성하는 일.	영화가 만들어지려면 여러 단계의 편집 과정을 거쳐야 합니다.

문법 품위 있는 말을 사용하여 대화하기

◆ '생일 선물'의 줄임 말인 '생선'처럼 자기네 구성원끼리만 알아듣게 사용하는 말을 '은어'라고 합니다. '킹왕짱'처럼 품위 없는 말이나 예절에 어긋나게 대상을 낮추는 말은 '비속어'라고 합니다. 은어나 비속어를 사용하면 그 뜻을 모르는 사람들과 의사소통이 잘 이루어지지 않습니다. 또한 듣는 사람의 기분을 상하게 할 수도 있습니다. 자신과 남을 존중하면서 바르게 의사소통하려면 품위 있는 말을 사용해야 합니다.

어휘·문법 확인 문제

1 핵심 개념 어휘

다음은 '매체'와 '주제'의 뜻입니다. 빈칸에 알맞은 말을 쓰시오.

(1) 매체: 어떤 작용을 한쪽에서 다른 쪽으로 (　　　　)하는 물체. 또는 그런 수단.

(2) 주제: 예술 작품에서 작가가 나타내고자 하는 (　　　　)이/가 되는 생각.

2 작품 속 어휘

다음 (　　) 안의 낱말 중 알맞은 것에 ○표 하시오.

(1) 드라마를 (작문, 제작)하기 위해 배우들을 섭외하였다.

(2) 우리 모둠은 영상 매체를 활용하여 (발표, 발달)하기로 했다.

3 작품 속 어휘

다음 낱말의 뜻을 찾아 기호를 쓰시오.

㉮ 사람, 사물, 풍경 따위를 사진이나 영화로 찍음.
㉯ 영화 필름이나 녹음테이프, 문서 따위를 하나의 작품으로 완성하는 일.

(1) 편집: (　　　　)

(2) 촬영: (　　　　)

4 문법

다음에서 설명하는 말은 무엇인지 쓰시오.

어른들은 모르고 아이들만 아는 말과 같이 자기네 구성원끼리만 알아듣게 사용하는 말.

(　　　　)

여러 가지 매체 자료 살펴보기

가

나

- **특징** 여러 가지 매체 자료가 활용되는 상황과 매체 자료를 활용했을 때의 효과에 대하여 생각해 볼 수 있습니다.
- **활동 정리** 빈칸에 알맞은 말을 넣어 대화 가과 나에서 활용한 자료 정리하기

대화	활용한 자료
가	❶(　　　　)
나	❷(　　　　)

발표(發 필 발, 表 겉 표) 어떤 사실이나 결과, 작품 따위를 세상에 널리 드러내어 알림.
기념(記 기록할 기, 念 생각 념) 어떤 뜻깊은 일이나 훌륭한 인물 등을 오래도록 잊지 아니하고 마음에 간직함.
동작(動 움직일 동, 作 지을 작) 몸이나 손발 따위를 움직임. 또는 그런 모양.

1 세미는 친구에게 학습 발표회에서 무엇을 하자고 말하고 있는지 쓰시오.

(　　　　　　　　　　)

2 대화 가와 나에서 서로 다른 점을 알맞게 설명한 친구의 이름을 모두 쓰시오.

(　　　　　　　　　　)

서술형

3 여러 가지 매체 자료를 활용한 자신의 경험을 떠올려 빈칸에 들어갈 말을 쓰시오.

____

____

4 매체 자료를 알맞게 활용한 것에 ○표 하시오.

(1) 폴란드의 민속춤을 소개할 때 영상을 보여 주었다. (　　)

(2) 베트남의 전통 의상을 소개할 때 지도를 사용하였다. (　　)

● 국어 150쪽 / 정답 및 풀이 11쪽

'휴대 전화 사용 습관'에 대한 발표 자료

가

나

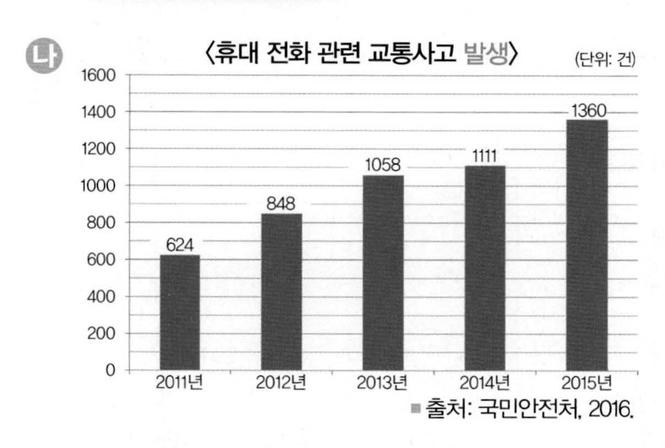

■ 출처: 국민안전처, 2016.

- **특징** 공익 광고, 도표 자료를 살펴보고 각 매체 자료가 주제를 잘 전달하는지 생각해 볼 수 있습니다.
- **활동 정리** 빈칸에 알맞은 말을 넣어 자료 가와 나의 종류 정리하기

자료	자료의 종류
가	공익 광고 ❶( )
나	❷( )

잡고 손으로 움키고 놓지 않고.
잡혀 붙들리어. 남의 잡는 행동을 당해서 행하여지는 동작임.
발생(發 필 발, 生 날 생) 어떤 일이나 사물이 생겨남.

5 '휴대 전화 사용 습관'에 대해 발표하려고 활용한 매체 자료 가의 내용으로 알맞은 것을 두 가지 고르시오. ( )

① 휴대 전화가 바닥에 버려져 있다.
② 사람이 휴대 전화를 붙잡고 있다.
③ 사람이 휴대 전화로 통화하고 있다.
④ 휴대 전화가 사람을 꽉 붙잡고 있다.
⑤ 사람이 휴대 전화를 내동댕이치고 있다.

6 매체 자료 나를 통해 알 수 있는 점으로 알맞은 것의 기호를 쓰시오.

㉮ 휴대 전화의 가격이 점점 오르고 있다.
㉯ 휴대 전화 관련 교통사고가 점점 늘어나고 있다.
㉰ 휴대 전화를 이용하는 사람들이 점점 늘어나고 있다.

( )

중요 독해

7 매체 자료 가와 나에서 전하려는 주제를 찾아 선으로 이으시오.

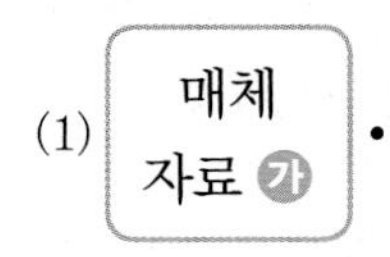

(1) 매체 자료 가 • • ㉮ 하루 종일 휴대 전화에 중독된 사람이 많다.

(2) 매체 자료 나 • • ㉯ 걸을 때나 운전할 때 휴대 전화를 사용하면 위험하다.

어휘

8 다음 보기 와 낱말의 관계가 같은 것에 ○표 하시오.

보기
잡다 – 잡히다

(1) 좋다 – 싫다 ( )
(2) 업다 – 업히다 ( )

기본 발표 상황에 맞는 영상 자료를 만드는 방법을 알고 효과적인 발표 자료 만들기

● 국어 155쪽 / 정답 및 풀이 11쪽

발표 상황에 맞는 영상 자료 만들어 발표하기

- **특징** 친구들과 함께 발표 상황에 맞게 효과적인 영상 자료를 제작하고 발표하는 과정을 알 수 있습니다.
- **활동 정리** 빈칸에 알맞은 말을 넣어 영상 자료를 제작하고 발표하는 과정 정리하기

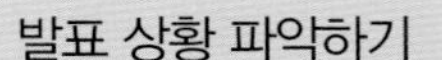

발표 상황 파악하기
➡ ❶(　　　　) 정하기
➡ 내용 및 장면 정하기
➡ 촬영 계획 세우기
➡ ❷(　　　　)하기
➡ 편집하기
➡ 발표하기

공모(公 공평할 공, 募 모을 모) 일반에게 널리 공개하여 모집함.

9 **그림 속 친구들이 발표 상황에서 고려할 점이 아닌 것은 무엇입니까? (　　　)**

① 내용이 새로우면 좋다.
② 주제가 흥미로워야 한다.
③ 건강에 도움을 줄 수 있어야 한다.
④ 1~6학년까지 모두 이해하기 쉬워야 한다.
⑤ 건강과 관련 없어도 재미있는 자료를 준비한다.

10 **그림 속 친구들이 만들 영상의 주제로 가장 알맞은 것은 무엇입니까? (　　　)**

① 가족 여행
② 맨발 걷기
③ 우리들의 꿈
④ 고마운 사람
⑤ 우리 반 장기자랑

11 **영상 자료를 제작하고 발표하는 과정에서 발표 장면을 정하는 방법에 ○표 하시오.**

(1) 촬영이나 편집이 가능하지 않은 장면을 정한다. (　　　)

(2) 주제를 이해하기 쉽도록 장면 내용과 차례를 정한다. (　　　)

중요 독해

12 **다음은 영상 자료를 제작하고 발표하는 과정 중에서 어느 단계에 해당하는지 알맞은 것에 ○표 하시오.**

촬영하기　　편집하기　　주제 정하기

국어 164쪽 / 정답 및 풀이 11쪽

영상 발표회 하기

• **특징** 영상 자료를 영상 발표회에서 발표할 때에 주의할 점을 알 수 있습니다.

• **활동 정리** 빈칸에 알맞은 말을 넣어 영상 발표회 내용 정리하기

제목	「사람을 행복하게 하는 ❶(　　　)」
내용	• 방송에서 유명 요리사가 요리하는 장면 • 요리사와 직접 ❷(　　　) 한 내용 • 요리 분야를 조사한 내용

면담(面 낯 면, 談 말씀 담) 서로 만나서 이야기함.
분야(分 나눌 분, 野 들 야) 여러 갈래로 나누어진 범위나 부분. 예 경제 분야의 전문가

4 단원

13 여자아이의 모둠이 제작한 영상에 담긴 내용을 모두 고르시오. (　　　　　)

① 요리사와 직접 면담한 내용
② 다양한 요리 분야를 조사한 내용
③ 모둠 친구들이 직접 요리하는 장면
④ 모둠 친구들이 좋아하는 요리의 종류
⑤ 방송에서 유명 요리사가 요리하는 장면

14 이 그림의 여자아이처럼 인물을 소개하는 영상을 보여 주기 전에 소개할 내용을 알맞게 말한 친구에 모두 ○표 하시오.

(1) 은서: 한두 문장으로 간단히 인물을 소개해야겠어. (　　)
(2) 윤아: 소개할 인물과 관련해 다섯 고개 문제를 내서 듣는 사람의 관심을 불러일으킬 거야. (　　)
(3) 예건: 소개할 인물이 누군지 알지 못하도록 관련 없는 다른 인물에 대해 물어볼 거야. (　　)

어휘

15 다음 뜻을 가진 낱말을 여자아이의 말에서 찾아 쓰시오.

> 작품이나 강연, 보고 따위에서, 그것을 대표하거나 내용을 보이기 위하여 붙이는 이름.

(　　　　　　　　)

16 영상 발표회에서 영상을 보여 준 뒤에 할 수 있는 활동이 아닌 것의 기호를 쓰시오.

> ㉮ 영상에 대한 질문 받기
> ㉯ 영상을 촬영하면서 겪은 일 이야기하기
> ㉰ 촬영한 영상에서 발표에 사용할 장면 고르기
> ㉱ 영상에서 인상 깊은 장면이 무엇인지 질문하기

(　　　　　　　　)

서술형

17 다른 모둠의 발표를 들을 때 주의할 점을 쓰시오.

4. 효과적으로 발표해요

정답 및 풀이 12쪽

[1~3] 다음 자료를 보고, 물음에 답하시오.

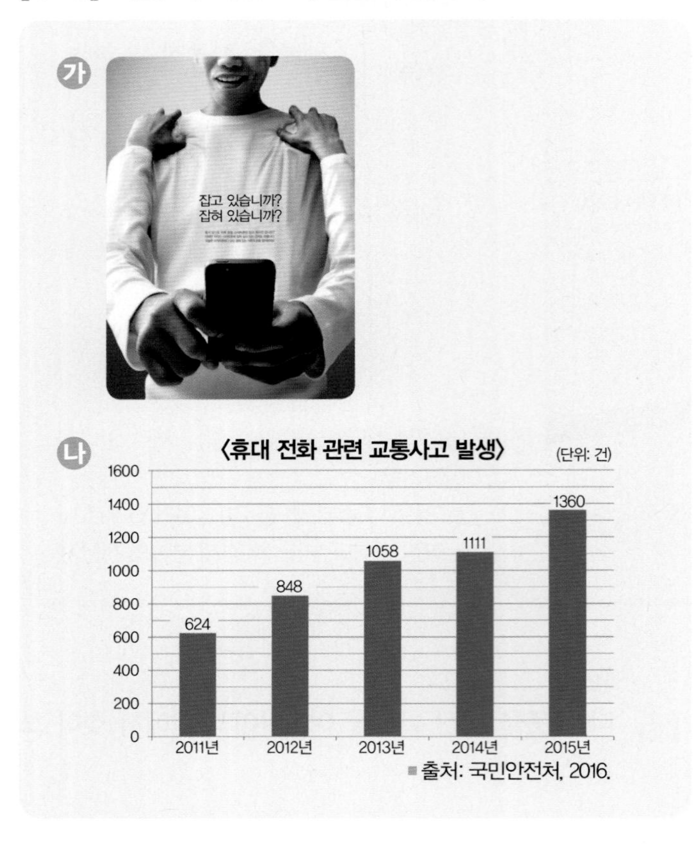

■ 출처: 국민안전처, 2016.

1 매체 자료 ㉮의 종류는 무엇입니까? (　　　　)

① 도표　② 지도　③ 영상　④ 음악 소리　⑤ 공익 광고 사진

2 매체 자료 ㉮와 ㉯에서 전하려는 주제를 보기 에서 찾아 기호를 쓰시오.

> **보기**
> ㉮ 읽는 사람을 배려하면서 온라인 댓글을 쓰도록 하자.
> ㉯ 하루 종일 휴대 전화를 잡고 있는 등 휴대 전화에 중독된 사람이 많다.
> ㉰ 교통사고의 위험이 있으니 걸을 때나 운전할 때 휴대 전화 사용을 조심하자.

(1) 매체 자료 ㉮: (　　　　　　　　　　)

(2) 매체 자료 ㉯: (　　　　　　　　　　)

3 매체 자료 ㉯에서 주제를 표현한 방법으로 빈칸에 들어갈 알맞은 말은 무엇입니까? (　　　　)

> [　　　　](으)로 나타내니 연도별 휴대 전화 관련 교통사고 발생량이 크게 늘어난 것을 알 수 있다.

① 지도　② 영상　③ 도표　④ 사진　⑤ 소리

[4~5] 다음 그림을 보고, 물음에 답하시오.

4 그림 ㉮에서 알 수 있는, 친구들이 정한 영상의 주제는 무엇인지 쓰시오.

(　　　　　　　　　　　　　　)

5 **그림 ㉯에서 영상 자료를 제작하기 위해 친구들이 정하고 있는 일을 찾아 ○표 하시오.**

(1) 영상 자료를 촬영할 일시와 장소를 정하고 있다. ( )

(2) 촬영할 영상에서 발표에 사용할 장면을 고르고 있다. ( )

(3) 주제를 효과적으로 전할 수 있는 발표 내용을 정하고 있다. ( )

6 **발표 자료를 만들기 위해 촬영한 영상을 편집하는 방법으로 알맞지 않은 것은 무엇입니까? ( )**

① 제목, 자막, 배경 음악을 넣는다.
② 알맞은 영상 편집 프로그램을 정한다.
③ 표와 도표, 신문 기사 등을 활용하지 않는다.
④ 자료를 인용할 때에는 반드시 출처를 밝힌다.
⑤ 촬영한 영상에서 필요한 장면만 골라서 편집한다.

[7~8] 다음 그림을 보고, 물음에 답하시오.

7 **여자아이가 영상을 보여 주기 전에 소개한 내용을 두 가지 고르시오. ( )**

① 영상 길이 ② 영상 제목
③ 영상에 담긴 내용 ④ 영상에 담긴 음악
⑤ 영상을 촬영한 장소

8 **여자아이의 발표를 들을 때 주의할 점으로 알맞지 않은 것은 무엇입니까? ( )**

① 발표 내용을 집중하여 듣는다.
② 전하려는 주제를 파악하며 듣는다.
③ 잘된 점이나 보완할 점을 생각하며 듣는다.
④ 촬영이나 편집에서 효과적인 부분을 찾으며 듣는다.
⑤ 궁금한 점이 있으면 발표하는 도중에 바로 질문한다.

문법

9 **다음 빈칸에 들어갈 알맞은 말을 쓰시오.**

> 품위 없는 말이나 예절에 어긋나게 대상을 낮추는 말을 ☐(이)라고 한다.

( )

문법

10 **밑줄 그은 은어나 비속어를 바르게 고친 것으로 알맞지 않은 것에 ×표 하시오.**

(1) 헐, 실내화를 집에 두고 왔어. → 어머나 ( )

(2) 왜 나를 보고 실실 쪼개고 있는 거야? → 웃고 ( )

(3) 우리 형은 축구를 레알 잘해. → 짱 ( )

2회

4. 효과적으로 발표해요

정답 및 풀이 12쪽

[1~2] 다음 자료를 보고, 물음에 답하시오.

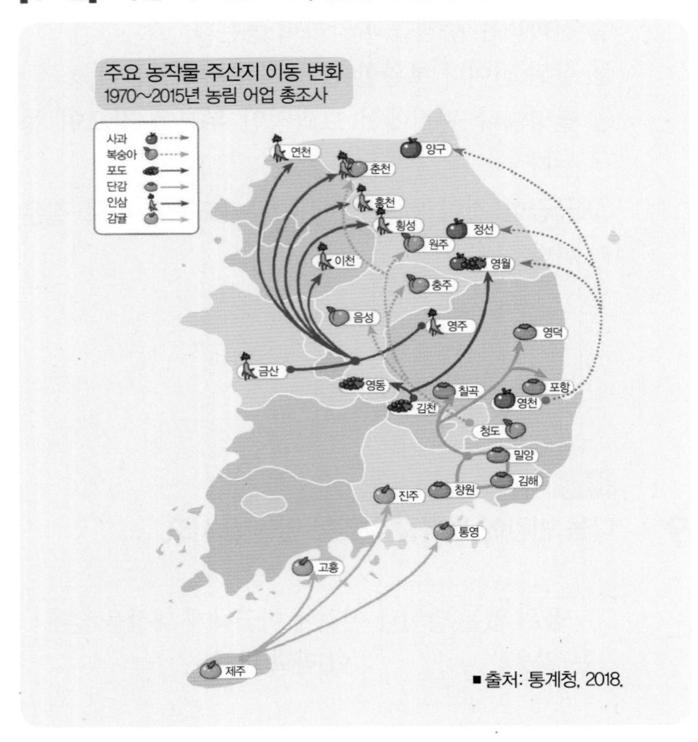

■출처: 통계청, 2018.

1 이 매체 자료로 보아 영천에서 양구, 정선, 영월로 주산지가 이동한 과일은 무엇입니까? (　　　)

① 단감　② 포도　③ 감귤
④ 사과　⑤ 복숭아

2 한결이는 이 매체 자료를 활용하여 다음과 같이 발표했습니다. 한결이가 이 매체 자료를 고른 까닭으로 알맞은 것에 ○표 하시오.

(1) 듣는 사람들이 주요 농산물이 주로 생산되는 지역이 바뀌고 있다는 것을 쉽게 이해할 수 있기 때문이다. (　　)

(2) 듣는 사람들이 우리나라에서 생산되는 주요 농산물의 양이 많아지고 있다는 것을 한눈에 볼 수 있기 때문이다. (　　)

[3~5] 다음 그림을 보고, 물음에 답하시오.

3 진아와 별이가 소개하려는 내용은 각각 무엇인지 쓰시오.

친구	소개하려는 내용
진아	(1)
별이	(2)

4 진아와 별이가 매체 자료를 활용해 얻을 수 있는 효과를 알맞게 설명한 것의 기호를 찾아 쓰시오.

㉮ 별이처럼 사진을 활용하면 전통 의상의 모양을 자유롭게 상상할 수 있다.
㉯ 진아처럼 영상을 활용하면 민속춤의 움직임이나 특징을 더 자세하게 파악할 수 있다.

(　　　　　　　　)

서술형

5 자신이라면 어느 나라의 문화를, 어떤 매체 자료를 활용하여 소개할지 쓰시오.

[6~7] 다음 자료를 보고, 물음에 답하시오.

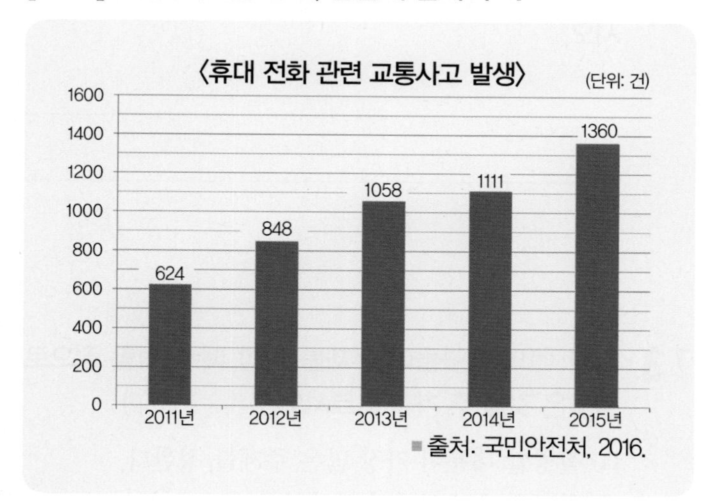

출처: 국민안전처, 2016.

6 이 매체 자료의 내용으로 알맞은 것의 기호를 모두 찾아 쓰시오.

> ㉮ 휴대 전화 관련 교통사고가 점점 늘어나고 있다.
> ㉯ 휴대 전화 사용이 가능한 교통수단의 종류가 늘어나고 있다.
> ㉰ 휴대 전화 사용으로 생긴 교통사고가 2013년 이후 매년 1000건이 넘는다.

( )

7 이 매체 자료에서 전하려는 주제는 무엇입니까? ( )

① 교통안전 수칙을 이해해야 한다.
② 휴대 전화로 할 수 있는 일이 많다.
③ 휴대 전화 사용 시간을 늘려야 한다.
④ 휴대 전화를 만드는 기술이 점점 발전하고 있다.
⑤ 걷거나 운전할 때 휴대 전화를 사용하면 위험하다.

서술형

8 다음 주제로 발표할 때에 활용할 매체 자료와 그 매체 자료를 고른 까닭을 쓰시오.

> 좋은 댓글을 달자.

(1) 활용할 매체 자료: ( )

(2) 그 매체 자료를 고른 까닭: ______________________

____

[9~10] 다음 영상 자료를 보고, 물음에 답하시오.

당신은 능력자입니다. 손가락만 까딱하면 누군가를 울릴 수도, 아프게 할 수도, 포기하게 할 수도 있습니다.

하지만 당신은 누군가를 기쁘게 할 수도, 행복하게 할 수도 있으며,

다시 뛰게 할 수도 있습니다. 손가락만 까딱하면.

온라인 댓글, 당신은 어떻게 쓰시겠습니까?

9 이 영상 자료에서 다음 표현은 무엇을 나타내기 위한 것인지 알맞게 설명한 것에 ○표 하시오.

> 손가락에 검정 망토, 푸른 망토를 두름.

(1) 어떤 댓글을 쓰는지에 따라 손가락의 능력이 달라진다는 것이다. ( )

(2) 언제 댓글을 쓰는지에 따라 손가락의 모양이 달라진다는 것이다. ( )

10 이 영상 자료를 발표 자료로 활용한다면 발표 주제로 알맞은 것은 무엇이겠습니까? ( )

① 달리기 운동을 합시다.
② 온라인 댓글을 열심히 씁시다.
③ 자신의 능력을 최대한 발휘합시다.
④ 온라인 댓글을 긍정적으로 씁시다.
⑤ 온라인 댓글을 자세히 읽어 봅시다.

4 단원

11 다음은 영상 자료를 제작하고 발표하는 과정입니다. 빈칸에 들어갈 과정을 보기 에서 골라 각각 쓰시오.

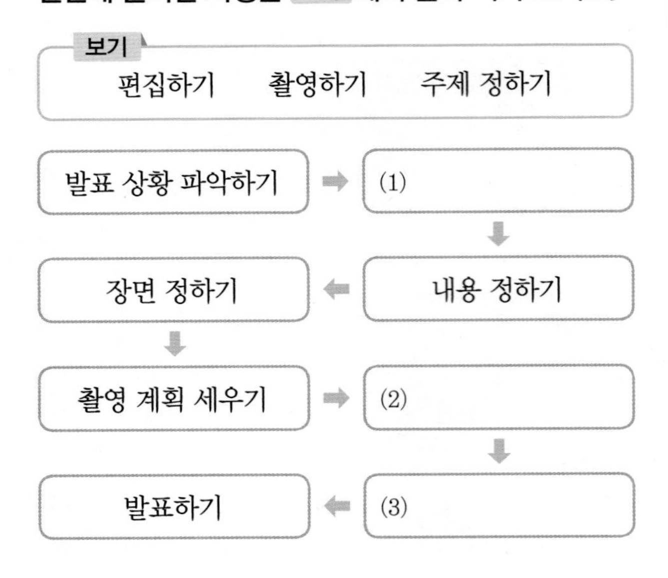

[12~14] 다음 그림을 보고, 물음에 답하시오.

서술형

12 그림 ㉮에서 친구들의 발표 목적은 무엇이겠는지 쓰시오.

____

____

13 그림 ㉯의 친구들이 주제를 정할 때 고려할 점으로 알맞은 것을 두 가지 고르시오. (　　　　)

① 촬영할 내용이 가장 많은 주제를 정한다.
② 친구들과 토의해서 다양한 의견을 나눈다.
③ 발표 상황과 관련 없는 자료를 더 찾아본다.
④ 듣는 사람들이 흥미를 느낄 만한 주제를 정한다.
⑤ 아무도 영상으로 만든 적이 없는 주제를 찾아본다.

14 그림 속 친구들이 촬영 계획을 세울 때 해야 할 일이 아닌 것에 ×표 하시오.

(1) 역할 정하기 (　　)
(2) 촬영 일시 정하기 (　　)
(3) 촬영 장소 정하기 (　　)
(4) 장면을 차례에 맞게 편집하기 (　　)

15 영상 발표회에서 인물을 소개하는 영상을 보여 주기 전에 할 수 있는 활동과 영상을 보여 준 뒤에 할 수 있는 활동을 보기 에서 모두 골라 각각 기호를 쓰시오.

> 보기
> ㉮ 한두 문장으로 간단히 인물 소개하기
> ㉯ 영상을 촬영하면서 겪은 일 이야기하기
> ㉰ 영상에서 가장 인상 깊은 장면 질문하기
> ㉱ 인물에 대한 다섯 고개 문제를 내서 듣는 사람의 관심 불러일으키기

(1) 영상을 보여 주기 전: (　　　　　　　　)
(2) 영상을 보여 준 뒤: (　　　　　　　　)

4. 효과적으로 발표해요

● 정답 및 풀이 13쪽

평가 주제	효과적인 발표 자료 만들기
평가 목표	발표 상황을 파악하여 효과적인 발표 자료를 만들 수 있다.

1 5분 영상 발표회의 주제는 무엇인지 쓰시오.

( )

2 모둠 친구들과 영상 발표회에 참여한다면, 발표하고 싶은 인물과 주제를 생각하여 쓰시오.

정한 인물	(1)	그 까닭	(2)
전하고 싶은 주제	(3)		

3 문제 2에서 답한 주제로 영상을 제작하려고 할 때 발표할 내용을 조건 에 맞게 쓰시오.

조건
1. 영상의 주제를 나타내기에 효과적이고 중요한 내용을 쓴다.
2. 발표할 내용을 3가지 이상 쓴다.

미로를 따라 길을 찾아보세요.

정답 및 풀이 13쪽

연극 단원 함께 연극을 즐겨요

▶ 학습을 완료하면 V표를 하면서 학습 진도를 체크해요.

	학습 내용	백점 쪽수	확인
개념	극본을 읽고 연극 하기	76쪽	□
어휘 + 문법	핵심 개념 어휘: 극본, 연극 작품 속 어휘: 등장, 퇴장, 어안이 벙벙하다, 콧대가 높다 문법: 사이시옷	77쪽	□
독해	연극의 특성을 생각하며 감상하기: 「배낭을 멘 노인」	78쪽	□
	극본을 읽고 감상하기: 「샬럿의 거미줄」	79~82쪽	
	인물이 처한 상황에 알맞게 표현하고 무대 준비하기: 「인물이 처한 상황에 알맞게 표현하기+무대 준비하기」	83쪽	□
평가	단원 평가 1, 2회	84~88쪽	□
	수행 평가	89쪽	□

연극 단원

함께 연극을 즐겨요

개념 강의 

정답 및 풀이 14쪽

1 연극의 특성

연극		있을 법한 이야기를 여러 사람 앞에서 말과 행동으로 직접 보여 주는 공연 예술입니다.
구성 요소	해설	시간과 장소가 나타나며, 연극으로 공연할 때에는 이 시간과 장소의 분위기를 무대 배경과 조명, 음악으로 표현합니다.
	대사	연극에서 배우가 말로 표현하며, 대사를 보면 사건이 어떻게 흘러가는지 알 수 있습니다.
	지문	인물의 목소리나 행동 따위가 나타나며, 배우는 지문의 내용을 목소리와 표정, 행동으로 표현합니다.

2 인물이 처한 상황에 알맞게 표현하는 방법

알맞은 목소리로 표현하는 방법	알맞은 표정과 몸짓으로 표현하는 방법
• 인물이 처한 상황에서 어떤 마음일지 생각해 봅니다. • 인물의 대사를 어떻게 표현하면 좋을지 생각해 봅니다. • 공연에서 알맞은 목소리를 낼 수 있도록 연습합니다. (정확한 입 모양으로 말하고, 목소리를 우렁차게 냅니다.)	• 인물이 처한 상황에서 어떤 마음일지 생각해 봅니다. • 지문을 어떤 표정과 몸짓으로 표현하면 좋을지 생각해 봅니다. • 공연에서 알맞은 표정을 짓고 몸짓을 할 수 있도록 연습합니다. (몸짓을 자연스럽게 표현하고, 표정을 크게 짓습니다.)

예 「샬럿의 거미줄」에서 인물이 처한 상황에 알맞게 표현하기

러비가 거미줄에 새겨진 글자를 보고 놀라서 그 사실을 주커만 씨에게 알리려고 할 때 ➡ 놀란 표정을 지으며 입을 크게 벌리고 허겁지겁 달려갑니다.

3 극본을 연극으로 공연하는 차례

배역 정하기: 연극에 참여하는 구성원 수를 고려해서 배역을 정합니다.

➡ 극본 읽기: 극본을 여러 번 반복해 읽으면서 표정이나 몸짓, 대사를 실감 나게 연습합니다.

➡ 무대, 의상, 소품 따위를 준비하기: 연극 공연에 필요한 것을 미리 준비합니다. 음악이나 효과음, 분장, 조명도 미리 준비해야 합니다.

➡ 연습하기: 공연 전에 대사와 몸짓 따위를 연습하고 점검합니다.

➡ 무대에서 공연하기: 인물의 성격을 살려 실감 나게 연극 공연을 합니다.

개념 확인 문제

1 연극의 특성

연극의 특성은 무엇인지 빈칸에 들어갈 알맞은 말을 쓰시오.

(1) 극본의 대사는 배우가 (　　　)(으)로 표현한다.

(2) 극본의 지문에 있는 내용은 배우가 (　　　)(이)나 표정, 행동으로 표현한다.

(3) 극본의 해설에 나타난 시간과 장소의 분위기는 (　　　) 배경과 조명, 음악으로 표현한다.

2 인물이 처한 상황에 알맞게 표현하는 방법

인물이 처한 상황에 알맞게 표현하는 방법을 바르게 말하지 못한 친구의 이름을 쓰시오.

영주: 인물이 처한 상황에서 어떤 마음일지 생각해 봐야 해.
호영: 정확한 입 모양으로 말하고, 목소리를 우렁차게 내야 해.
지민: 표정은 관객에게 잘 보이지 않으니까 신경 쓰지 않아도 돼.

(　　　　　)

3 극본을 연극으로 공연하는 차례

다음 보기 는 극본을 연극으로 공연할 때 어느 단계에서 하는 일입니까? (　　)

보기
연극 공연에 필요한 것을 미리 준비한다. 음악이나 효과음, 분장, 조명도 미리 준비한다.

① 연습하기
② 극본 읽기
③ 배역 정하기
④ 무대에서 공연하기
⑤ 무대, 의상, 소품 따위를 준비하기

연극 단원 함께 연극을 즐겨요

정답 및 풀이 14쪽

어휘

1. 핵심 개념 어휘: 극본, 연극

극본 — 인물 — 무대 → 연극

劇 연극 극 本 근본 본
뜻 연극이나 영화를 만들기 위해 쓴 글.

演 펼 연 劇 연극 극
뜻 배우가 무대 위에서 극본에 따라 말과 행동으로 이야기를 나타내는 예술.

➡ 극본을 연극으로 공연할 때에는 배역을 맡은 인물을 알맞게 표현하고, 공연할 무대를 준비해야 합니다.

2. 작품 속 어휘

낱말	뜻	예시
등장(登場) 登 오를 등 場 마당 장	연극, 영화, 소설 따위에 어떤 인물이 나타남.	나는 주인공이 등장하는 장면이 가장 기억에 남는다.
퇴장(退場) 退 물러날 퇴 場 마당 장	연극 무대에서 등장인물이 무대 밖으로 나감.	공연이 끝나자 배우들이 퇴장했다.
어안이 벙벙하다	뜻밖에 놀랍거나 기막힌 일을 당하여 어리둥절하다.	맑은 하늘에서 갑자기 비가 내려 어안이 벙벙하였다.
콧대가 높다	잘난 체하고 뽐내는 태도가 있다.	콧대가 높은 언니는 항상 자기밖에 모른다.

문법 사이시옷

◆ 두 낱말이 합쳐진 낱말에서 앞에 오는 낱말이 모음으로 끝났을 때 그 사이에 들어가는 'ㅅ'을 '사이시옷'이라고 합니다. 사이시옷은 다음과 같은 때에 씁니다.

☝ 두 개의 낱말이 합쳐진 낱말이며, 순우리말이 포함되어 있어야 합니다.

예 나무+잎 → 나뭇잎 초+불 → 촛불 귀+병 → 귓병

예외) '곳간, 셋방, 숫자, 찻간, 툇간, 횟수'는 '한자어+한자어'의 구성이지만, 예외적으로 사이시옷을 씁니다.

✌ 앞에 오는 낱말이 모음으로 끝나야 합니다.

🤟 ㄴ(또는 ㄴㄴ) 소리가 덧나거나, 뒤에 오는 단어의 첫소리가 된소리로 바뀌어야 합니다.

예 이+몸 → 잇몸[인몸] 배+사공 → 뱃사공[배싸공/뱉싸공]

어휘·문법 확인 문제

1 핵심 개념 어휘

다음은 '극본'과 '연극'의 뜻입니다. 빈칸에 알맞은 말을 쓰시오.

(1) 극본: (   )(이)나 영화를 만들기 위해 쓴 글.

(2) 연극: 배우가 (   ) 위에서 극본에 따라 말과 행동으로 이야기를 나타내는 예술.

2 작품 속 어휘

다음 빈칸에 들어갈 알맞은 낱말을 보기 에서 찾아 쓰시오.

보기
등장 퇴장

(1) 막이 오르자 우스꽝스러운 복장을 한 인물이 (   )했다.

(2) 대사를 잊어버린 인물이 급하게 무대 밖으로 (   )했다.

3 작품 속 어휘

다음 뜻에 알맞은 말을 쓰시오.

뜻밖에 놀랍거나 기막힌 일을 당하여 어리둥절하다.

(   )

4 문법

다음 중 사이시옷을 쓰는 경우가 아닌 것의 기호를 쓰시오.

㉮ 초+불 ㉯ 깨+잎
㉰ 콩+엿 ㉱ 빨래+줄

(   )

배낭을 멘 노인

❶

- 때: 어느 가을날
- 곳: 어느 한적한 마을
- 나오는 사람: 노인, 식당 주인, 마을 사람 1, 마을 사람 2, 마을 사람 3

1장

낡고 커다란 배낭을 멘 노인이 마을 거리를 무겁게 걸어간다. 해진 옷에, 지나치게 커다란 배낭을 메고, 마을의 여기저기를 기웃거리는 노인을 보고 마을 사람들이 수군거린다. ㉠

해진: 닳아서 떨어진.

마을 사람 1: 못 보던 노인인데…….

마을 사람 2: 잘 걷지도 못하네…….

마을 사람 3: 무얼 넣고 다니는 거지? 배낭이 사람 몸보다 더 커.

햇살이 비치는 곳에서 노인은 배낭을 멘 채 앉아 잠시 숨을 돌린다. / 힘겹게 일어나 근처 식당으로 들어간다.

중심 내용 | 커다란 배낭을 멘 노인이 마을에 나타나자, 마을 사람들이 수군거립니다.

❷

2장

노인이 식당 구석진 자리에 앉는다. 배낭을 벗지 않은 채 엉거주춤 위태롭게 앉는다. 식당 안 손님들이 노인을 힐끔힐끔 쳐다본다. 식당 주인이 빵과 물을 노인의 식탁으로 가져간다. 노인이 천천히 물을 마시고 빵을 베어 문다.

식당 주인: (배낭을 벗겨 주려고 배낭을 들면서) 무거운데, 이거는 벗어 놓고 드세요.

노인: ㉡(놀란 듯이 황급히 배낭끈을 잡아 쥐면서) 놔둬요. (배낭을 메고 천천히 일어난 뒤, 동전을 식탁 위에 올려놓으면서) 빵값은 여기 있소.

노인이 식당 문을 나가자, 식당 안 손님들이 이 광경을 ㉢어안이 벙벙한 표정으로 쳐다본다.

중심 내용 | 식당 주인이 노인의 배낭을 벗겨 주려고 하자, 노인이 놀라 식당을 나갑니다.

- **글의 종류** 극본
- **글의 특징** 만화 영화 작품을 극본으로 각색한 것으로, 고향으로 돌아온 한 노인에 대한 이야기입니다.
- **작품 정리** 빈칸에 알맞은 말을 넣어 글의 내용 정리하기

사건	❶(　　　　)을/를 멘 노인이 마을에 나타남. 식당에 들어간 노인은 배낭을 벗지 않은 채 빵을 먹다가 식당을 나감.
인물의 기분	식당 주인이 배낭을 벗겨 주려고 하자 노인이 ❷(　　　　).

황급히 몹시 어수선하고 급박하게.

1 사람들이 노인을 보고 수군거린 까닭에 ○표 하시오.

(1) 마을로 다시 돌아온 노인이 반가워서 (　　)

(2) 노인이 지나치게 커다란 배낭을 메고 마을을 기웃거려서 (　　)

2 ㉠에 대한 설명으로 알맞은 것을 모두 고르시오. (　　　　)

① 시간과 장소가 나타난다.
② 인물의 마음이 나타난다.
③ 무대의 시작과 바뀜을 설명한다.
④ 인물의 성격을 자세하게 설명한다.
⑤ 무대 배경과 조명, 음악으로 분위기를 표현한다.

서술형

3 연극을 할 때, ㉡을 표현하는 방법을 쓰시오.

(1) 표정과 목소리: ______________________

(2) 행동: ______________________

어휘

4 ㉢과 바꾸어 쓸 수 있는 말은 무엇입니까? (　　)

① 흐뭇한　② 무서운
③ 무관심한　④ 어리둥절한
⑤ 눈앞이 캄캄한

국어 182~183쪽 / 정답 및 풀이 14쪽

샬럿의 거미줄

조셉 로비넷

[**앞부분 이야기** 어느 날, 나이 많은 양이 윌버에게 끔찍한 소식을 전한다. 윌버가 살이 찌고 몸이 더 커지면 잡아먹힐 것이라는 소식이었다. 윌버는 겁에 질려 울음을 터뜨린다. 윌버의 가장 가까운 친구인 거미 샬럿은 윌버에게 자신이 도와주겠다고 말한다. 샬럿은 밤을 새워 거미줄에 '굉장한 돼지'라는 글자를 새긴다.]

❶
- 때: 어느 해 늦여름
- 곳: 어느 시골 마을 주커만 농장의 헛간
- 나오는 인물: 샬럿, 윌버, 펀 애러블, 에이버리 애러블, 존 애러블, 마사 애러블, 호머 주커만, 에디스 주커만, 러비, 거위, 수거위, 새끼 양, 양, 템플턴

1장

헛간 안에서 윌버가 잠을 자고 있다. 윌버가 몸을 뒤척인다. 악몽을 꾸고 있다.

윌버: 아니, 아니, 제발, 안 돼. 그만! (잠에서 깬다.) 어휴, 큰일 날 뻔했어. 진짜 기분 나쁜 꿈이야. 사람들이 총을 들고 날 잡으러 오다니!

러비가 여물통을 들고 온다. 윌버, 뒤로 살짝 물러난다.

러비: 여기 있다, 꿀꿀아. 아침이다. 먹다 남은 도넛이랑 빵이야. (여물통을 내려놓는다.) 정말 맛…… 맛……. (거미줄에 새겨진 글자를 보고) 저게 뭐야? 뭐가 있는데……. (무대 밖으로 소리치며) 주커만 씨! 주커만 씨! 빨리 와 보세요! (허겁지겁 퇴장한다.)

중심 내용 | 윌버는 사람들이 자신을 잡으러 오는 악몽을 꾸고, 러비는 거미줄에 새겨진 글자를 본다.

❷ 윌버: 당장 여길 빠져나가야 돼. (여물통을 바라보고) 아니지, 우선 먹고 기운부터 차리자. (죽을 꿀꺽꿀꺽 마신다.) 준비 완료! (눈에 힘을 주고 크게 뜨면서) 돌진! (무대 밖으로 뛰어나간다.)

㉠『무대 밖에서 쾅당 부딪치는 소리가 들리자, 샬럿이 하품을 하며 등장한다.

샬럿: 무슨 소리지? 윌버, 어디 있니?

윌버: (무대 밖에서) 나는 자유다!

호머 주커만: (무대 밖에서) 아, 돼지우리에 대체 뭐가 있다고 여기까지 오라…….』

중심 내용 | 윌버는 사람들이 자신을 잡아먹으러 올 것이라고 생각해 돼지우리를 탈출했습니다.

악몽(惡 악할 악, 夢 꿈 몽) 불길하고 무서운 꿈.
돌진 빠르고 세차게 곧장 앞으로 나아가는 것.

연극 단원

중요 독해

5 앞부분 이야기를 통해 알 수 있는, 샬럿이 윌버를 도와주기 위해 한 일은 무엇입니까? (　　　)

① 윌버에게 음식을 갖다주었다.
② 다른 동물들에게 도움을 요청했다.
③ 거미줄에 '굉장한 돼지'라는 글자를 새겼다.
④ 러비가 헛간을 탈출할 수 있도록 도와주었다.
⑤ 윌버가 헛간의 동물들과 잘 지낼 수 있도록 친구를 만들어 주었다.

6 윌버가 꾼 꿈의 내용에 ○표 하시오.

(1) 윌버가 살이 오르고 커졌다. (　　　)
(2) 러비가 윌버에게 아침을 주러 왔다. (　　　)
(3) 사람들이 총을 들고 윌버를 잡으러 왔다. (　　　)

7 ㉠에 나타난 인물들의 알맞은 표정과 몸짓을 보기 에서 찾아 기호를 쓰시오.

보기
㉮ 입을 벌려 하품을 하다가 놀란 표정을 짓는다.
㉯ 얼굴에 땀을 닦으며 짜증스러운 표정을 짓는다.
㉰ 두 팔을 활짝 펼치고 뛰어가는 몸짓을 하며 기쁜 표정을 짓는다.

(1) 샬럿: (　　　)　(2) 윌버: (　　　)
(3) 호머 주커만: (　　　)

서술형

8 자신이 '윌버'였다면 어떻게 행동했을지 쓰시오.

샬럿의 거미줄

③ 윌버가 달리면서 무대에 **등장**하고, 에디스 주커만, 호머 주커만, 러비가 그 뒤를 쫓는다. 동물들은 윌버를 응원한다.

동물들: 잘한다, 잘해! 윌버, 잡히면 안 돼! 도망쳐, 도망쳐, 도망쳐! (윌버가 잡히지 않으려고 무대를 한 바퀴 돌아 무대 밖으로 뛰어나간다. 에디스 주커만, 호머 주커만, 러비는 윌버를 쫓으며 뒤따라 **퇴장**한다. 무대 밖에서 계속 쫓아다니는 소리가 들려온다.)

샬럿: 이제 그만들 해요! 부추기지 마시라고요. 윌버는 바깥세상에서는 살 수 없어요. 그러니까 여기로 다시 돌아올 때 붙잡아 주세요. (쫓아다니는 소리가 점점 가까이 들린다.) 준비! 저기 와요. / 윌버가 뛰어 들어온다.

윌버: 이번엔 해내고 말 테야! 숲 쪽으로 나 있는 구멍도 봤어. (동물들이 뛰는 윌버를 잡는다.) ㉠뭐 하는 거야? 친구들까지 날 **배신하다니!** (사람들이 달려오는 소리가 무대 밖에서 들린다. 윌버가 동물들에게 붙잡혀 버둥거린다.) 이대로 포기할 순 없어! 나는 끝까지 싸울 거야! 순순히 햄이 되진 않을 거라고!

중심 내용 | 윌버는 헛간을 탈출했지만, 샬럿의 말을 들은 동물들에게 금방 다시 잡힙니다.

④ 러비: 저길 좀 보세요. 아까 보여 드리려고 했던 게 바로 ㉡저거예요. (거미줄을 가리킨다. 사람들은 모두 한동안 말없이 바라본다. 윌버와 동물들도 함께 본다.)

호머 주커만: (떨리는 목소리로) 이럴 수가! 이 농장에 기적이 일어났군. / 러비: 기적.

에디스 주커만: 믿을 수 없어! '굉장한 돼지'. ㉢(윌버는 자신감 넘치게 어깨를 펴고 고개를 든다.)

호머 주커만: 보통 돼지가 아닌 게 틀림없어.

에디스 주커만: 보통 거미가 아닌 거겠지요.

호머 주커만: 아니지, 특별한 건 바로 이 돼지야.

중심 내용 | 호머 주커만은 거미줄에 새겨진 글자를 보고 윌버를 특별한 돼지라고 생각하게 되었습니다.

등장(登 오를 등, 場 마당 장) 연극, 영화, 소설 따위에 어떤 인물이 나타남.
퇴장(退 물러날 퇴, 場 마당 장) 연극 무대에서 등장인물이 무대 밖으로 나감.
배신하다니 믿음이나 의리를 저버리다니.

중요 독해

9 윌버와 호머 주커만은 서로를 어떻게 생각하는지 다음 빈칸에 알맞은 말을 쓰시오.

> 윌버는 호머 주커만이 자신을 잡아먹을지도 모르는 사람이라고 생각하고, 호머 주커만은 (1) (　　　　　　　)을/를 본 뒤 윌버를 (2) (　　　　　　　)(이)라고 생각한다.

어휘

10 다음 보기 와 낱말의 관계가 다른 것은 무엇입니까? (　　)

> 보기
> 등장 – 퇴장

① 안 – 밖　② 질문 – 대답
③ 반드시 – 꼭　④ 전진 – 후진
⑤ 더럽다 – 깨끗하다

서술형

11 ㉠의 말을 하는 윌버의 마음이 어떠할지 쓰시오.

12 ㉡이 가리키는 것은 무엇입니까? (　　)

① 윌버　② 샬럿
③ 꿀꿀이죽　④ 잡지 쪼가리
⑤ 거미줄에 새겨진 글자

13 극본에서 ㉢의 역할에 ○표 하시오.

(1) 시간과 장소가 나타난다. (　　)
(2) 인물이 하는 말을 알려 준다. (　　)
(3) 인물의 목소리나 행동 따위를 나타낸다. (　　)

샬럿의 거미줄

❺ 윌버: (차분한 목소리로) 아, 샬럿. 고마워, 고마워, 정말 고마워.

샬럿: 일이 잘된 것 같아. 지금으로서는 말이야. 그렇지만 윌버를 살리려면 거미줄에 글자를 더 새겨야 해. 어떤 글자를 새길지 고민인데, 누구 좋은 생각 없어?

새끼 양: '최고의 돼지'는 어때?

샬럿: 별로야. 음식 이름 같아.

거위: 멋진, 멋진, 멋진 돼지 어때?

샬럿: 하나로 줄여서 '멋진 돼지'라고 하면 되겠다. 주커만 씨가 감동받겠지. '멋진'이라는 말 쓸 줄 아는 친구?

수거위: 내 생각에 '미음' 하고 '어', 그리고 '시옷', '시옷', '시옷'. 그다음에 '쌍지읒', '쌍지읒', '쌍지읒' 하고 '이' 쓴 다음에 '니은', '니은', '니은'.

샬럿: 내가 무슨 재봉틀 돌리는 줄 알아?

수거위: 미안, 미안, 미안.

샬럿: 최선을 다해서 써 볼게.

양: (무대 밖을 보면서) 저기 들쥐 온다. 도움이 될지도 몰라.

중심 내용 | 동물들은 윌버를 살리기 위해 거미줄에 새길 글자를 고민했습니다.

❻ 템플턴: 무슨 일인데 그래? (팔짱을 끼며) 내가 나 좋은 일만 하는 건 다들 알고 있겠지?

양: 거미줄에 있는 글자 봤니?

템플턴: 아침에 나갈 때 봤지. 별거 아니던데, 뭘.

양: 주커만 씨한테는 별일이야. 지금 샬럿한테 새로운 글자가 필요하대. 쓰레기장에 갈 때 글자 좀 가지고 와. 보고 쓰게. 윌버를 살릴 수 있을지도 몰라.

템플턴: 흥, 내가 왜?

양: 윌버가 죽고 겨울이 되어 보라지. 누가 여물을 들고 여기까지 오나.

템플턴: (잠시 뜸을 들이며 고민하다가) 글자 조각 찾아오면 되잖아.

샬럿: 다들 고마워. 회의는 여기서 끝내자. (샬럿과 윌버를 뺀 나머지 동물들은 서로 인사하며 퇴장한다.) 오늘 밤 거미줄을 다시 찢어서 '멋진 돼지'라는 글자를 쓸 거야.

중심 내용 | 샬럿은 '멋진 돼지'라는 글자를 쓰기로 했고, 템플턴은 글자 조각을 찾아오기로 했습니다.

감동 (感 느낄 감, 動 움직일 동) 크게 느끼어 마음이 움직임.
별일 드물고 이상한 일.
여물 말과 소를 먹이기 위하여 말려서 썬 짚이나 마른풀.

14 샬럿은 윌버를 살리기 위해 무엇을 해야 한다고 했습니까? ( )

① 재봉틀을 돌려야 한다.
② 음식을 가져와야 한다.
③ 호머에게 도움을 청해야 한다.
④ 윌버를 큰 돼지로 만들어야 한다.
⑤ 거미줄에 글자를 더 새겨야 한다.

15 샬럿과 윌버의 관계에 대한 알맞은 설명을 찾아 각각 기호를 쓰시오.

㉮ 고마운 친구	㉯ 도와주고 싶은 친구

(1) 샬럿이 생각하는 윌버: ( )
(2) 윌버가 생각하는 샬럿: ( )

16 이 글을 통해 짐작할 수 있는 템플턴의 성격으로 알맞은 것은 무엇입니까? ( )

① 이기적이다. ② 질투가 심하다.
③ 장난을 좋아한다. ④ 쉽게 싫증을 낸다.
⑤ 다른 친구를 잘 돕는다.

17 템플턴이 윌버를 도와주기로 한 까닭은 무엇입니까? ( )

① 샬럿이 불쌍해서
② 윌버를 친구라고 생각해서
③ 거미줄에 쓰인 글이 인상 깊어서
④ 새로운 아이디어가 마음에 들어서
⑤ 윌버가 죽고 나면 겨울에 여물을 먹을 수 없어서

샬럿의 거미줄

7 펀 애러블: 호머 아저씨, 이제 월버를 살려 두실 거예요?

호머 주커만: 아니, 누가 월버를 어떻게 한대?

펀 애러블: 돼지들은 그렇게 되잖아요. 날씨가 추워지면요. 그러니까…… ㉠뻔한 순서…….

마사 애러블: 뻔한 순서? 도대체 그런 말을 어디에서 들었니?

펀 애러블: 늙은 양 아주머니가…… 아니, 그러니까…… 어디에선가 들은 말이에요.

호머 주커만: 월버한텐 아무 일 없을 거야. 이렇게 유명세를 타고 있으니 말이야. 자, 가세, 러비. 할 일이 많아.

중심 내용 | 펀 애러블은 호머 주커만이 월버를 잡아먹지 않을 것이라는 말을 듣고 안심합니다.

8 새끼 양: 월버, 모두 너에게 관심을 가지니까 콧대가 높아졌구나?

월버: 그런 거 아냐. 유명해진다고 변하진 않을 거야.

양: 아직 안심하긴 일러. 네 목숨이 완전히 보장된 건 아냐.

월버: 알아. 그렇지만 너희 같은 친구들이 있어서 뭐든 다 헤쳐 나갈 수 있을 것 같아. 우정이야말로 세상에서 가장 소중한 거니까.

중심 내용 | 월버는 자신을 도와준 친구들을 통해 우정의 소중함을 깨닫습니다.

- **글의 종류** 극본
- **글의 특징** 샬럿이 거미줄에 글자를 써서, 잡아먹힐 위기에 처한 월버를 구하는 내용의 글입니다.
- **작품 정리** 빈칸에 알맞은 말을 넣어 글의 내용 정리하기

펀은 아버지가 죽이려던 새끼 돼지를 구해 '월버'라는 이름을 붙여 주고, 주커만 삼촌의 농장에 보냄.

▼

❶(　　　)은/는 잡아먹힐까 봐 걱정하는 월버를 돕기 위해 거미줄에 '굉장한 돼지'라는 글자를 새김.

▼

월버는 ❷(　　　)을/를 탈출했다가 금방 다시 잡혀왔고, 동물들은 월버를 살리기 위해 고민함.

▼

샬럿은 월버를 위해 '멋진 돼지'라는 글자를 새기고, 그 글자 덕분에 월버가 유명해짐.

유명세 세상에 이름이 널리 알려져 있는 탓으로 당하는 불편이나 곤욕을 속되게 이르는 말.

보장(保 보전할 보, 障 가로막을 장) 어떤 일이 어려움 없이 이루어지도록 조건을 마련하여 보증하거나 보호함.

18 ㉠에 담긴 뜻으로 알맞은 것에 ○표 하시오.

(1) 돼지들이 몰래 도망가는 것 (　　)

(2) 돼지들이 유명세를 타는 것 (　　)

(3) 날씨가 추워지면 돼지들을 잡아먹는 것 (　　)

19 월버에 대한 호머 주커만의 생각으로 알맞은 것은 무엇입니까? (　　)

① 월버에게 관심이 없다.
② 월버보다 자신이 유명해지고 싶어 한다.
③ 유명해진 월버에게 아무 일 없을 것이다.
④ 월버보다 다른 동물들을 더 소중히 여긴다.
⑤ 유명세를 타고 있는 월버를 못마땅하게 여긴다.

20 월버가 깨달은 것으로 빈칸에 알맞은 말을 쓰시오.

[　　　]이/가 세상에서 가장 소중하다.

(　　　　　　　)

어휘

21 다음의 뜻을 지닌 관용구를 이 글에서 찾아 쓰시오.

잘난 체하고 뽐내는 태도가 있다.

(　　　　　　　)

서술형

22 앞으로 월버에게 일어날 일을 상상하여 쓰시오.

● 국어 199쪽 / 정답 및 풀이 14쪽

인물이 처한 상황에 알맞게 표현하기+무대 준비하기

- **특징** 연극 공연에서 알맞게 표현하는 방법을 알 수 있고, 공연할 무대를 준비할 때 생각해야 할 점을 알 수 있습니다.
- **활동 정리** 빈칸에 알맞은 말을 넣어 연극 공연에서의 표현 방법과 준비 내용 정리하기

인물이 처한 상황에 알맞게 표현하기	인물의 ❶(　　　) 을/를 생각하며 알맞은 목소리, 표정, 몸짓으로 표현하기
❷(　　　) 준비하기	무대, 의상, 소품 준비하기

우렁차게 소리의 울림이 매우 크고 힘차게.

23 다음 중 연기 연습을 잘못한 친구의 이름을 쓰시오.

> 화진: 대사를 보면서 연기하면 자연스럽지 않아서 되도록 외우려고 했어.
> 석민: 표정이나 몸짓은 상대 배역을 맡은 친구에게만 잘 보이게 연습했어.
> 수영: 무대에 등장하고 무대에서 퇴장할 때 어떻게 해야 하는지도 미리 연습했어.

(　　　　　　　　　　)

서술형

24 공연에서 다음의 대사를 알맞은 목소리로 표현하려면 어떻게 해야 할지 쓰시오.

> 월버: 이번엔 해내고 말 테야! 숲 쪽으로 나 있는 구멍도 봤어. (동물들이 뛰는 월버를 잡는다.) 뭐 하는 거야? 친구들까지 날 배신하다니!

____

____

중요 독해

25 다음 극본에서 파란색으로 쓰인 부분을 알맞게 표현하는 방법에 모두 ○표 하시오.

> 러비가 여물통을 들고 온다. 월버, 뒤로 살짝 물러난다.
> 러비: 여기 있다, 꿀꿀아. 아침이다. 먹다 남은 도넛이랑 빵이야. (여물통을 내려놓는다.) 정말 맛…… 맛……. (거미줄에 새겨진 글자를 보고) 저게 뭐야? 뭐가 있는데……. (무대 밖으로 소리치며) 주커만 씨! 주커만 씨! 빨리 와 보세요! (허겁지겁 퇴장한다.)

(1) 러비가 퇴장하는 부분은 급한 일이 있는 것처럼 허둥지둥 달려간다. (　　)

(2) 러비가 거미줄을 보는 부분은 눈을 최대한 크게 뜨고 놀란 표정이 잘 보이도록 한다. (　　)

(3) 무대 밖으로 소리치는 부분은 두 손을 입으로 모으고 작은 목소리로 말하며 몸짓을 작게 한다. (　　)

[1~3] 다음 글을 읽고, 물음에 답하시오.

㉮
- 때: 어느 가을날
- 곳: 어느 한적한 마을
- 나오는 사람: 노인, 식당 주인, 마을 사람 1, 마을 사람 2, 마을 사람 3

1장

낡고 커다란 배낭을 멘 노인이 마을 거리를 무겁게 걸어간다. 해진 옷에, 지나치게 커다란 배낭을 메고, 마을의 여기저기를 기웃거리는 노인을 보고 마을 사람들이 수군거린다.

㉯ 마을 사람 1: 못 보던 노인인데…….
마을 사람 2: 잘 걷지도 못하네…….
마을 사람 3: 무얼 넣고 다니는 거지?
㉰ 식당 주인: (㉠배낭을 벗겨 주려고 배낭을 들면서) 무거운데, 이거는 벗어 놓고 드세요.
노인: (놀란 듯이 황급히 배낭끈을 잡아 쥐면서) 놔둬요. (배낭을 메고 천천히 일어난 뒤, 동전을 식탁 위에 올려놓으면서) 빵값은 여기 있소.

1 글 ㉮~㉰ 중 극본의 해설에 해당하는 것의 기호를 쓰시오.

( )

2 노인에 대한 사람들의 생각은 어떠합니까? ( )

① 고맙다. ② 부럽다. ③ 반갑다.
④ 궁금하다. ⑤ 섭섭하다.

3 ㉠에 대한 설명으로 알맞은 것은 무엇입니까? ( )

① 무대 배경과 음악을 나타낸다.
② 연극에서 배우가 말로 표현한다.
③ 시간과 장소의 분위기를 설명한다.
④ 사건이 어떻게 흘러가는지 나타낸다.
⑤ 인물의 목소리나 행동 따위를 설명한다.

[4~5] 다음 글을 읽고, 물음에 답하시오.

㉮ 러비: 주커만 씨, 주커만 씨, 저길 좀 보세요. 아까 보여 드리려고 했던 게 바로 저거예요. (거미줄을 가리킨다. 사람들은 모두 한동안 말없이 바라본다. 윌버와 동물들도 함께 본다.)
호머 주커만: (떨리는 목소리로) 이럴 수가! 이 농장에 ㉠기적이 일어났군.
러비: 기적.
에디스 주커만: 믿을 수 없어! '굉장한 돼지!', (윌버는 자신감 넘치게 어깨를 펴고 고개를 든다.)
㉯ 윌버: (차분한 목소리로) 아, 샬럿. 고마워, 고마워, 정말 고마워.
샬럿: ㉡일이 잘된 것 같아. 지금으로서는 말이야. 그렇지만 윌버를 살리려면 거미줄에 글자를 더 새겨야 해. 어떤 글자를 새길지 고민인데, 누구 좋은 생각 없어?
새끼 양: '최고의 돼지'는 어때?
샬럿: 별로야. 음식 이름 같아.
거위: 멋진, 멋진, 멋진 돼지 어때?

4 ㉠이 의미하는 것은 무엇입니까? ( )

① 거미가 '멋진 돼지'라는 글자를 새기는 것
② 윌버가 '최고의 돼지'라는 글자를 쓰는 것
③ 동물들이 윌버를 살리기 위해 노력하는 것
④ 거미줄에 '굉장한 돼지'라는 글자가 새겨진 것
⑤ 동물들이 윌버에게 '굉장한 돼지'라고 말하는 것

5 ㉡을 연극 공연에서 어떻게 표현하면 좋을지 알맞게 말한 친구의 이름을 쓰시오.

은지: 놀란 표정으로 가슴을 치면서 큰 목소리로 말하면 좋을 것 같아.
수현: 고개를 흔들며 찡그린 표정과 화난 목소리로 말하면 좋을 것 같아.
나연: 손으로 턱을 괴면서 곰곰이 생각하는 표정으로 침착하게 말하면 좋을 것 같아.

( )

[6~8] 다음 글을 읽고, 물음에 답하시오.

가 샬럿: 다들 고마워. 회의는 여기서 끝내자. (샬럿과 윌버를 뺀 나머지 동물들은 서로 인사하며 퇴장한다.) 오늘 밤 거미줄을 다시 짜어서 '멋진 돼지'라는 글자를 쓸 거야. 이제 밖에 나가서 햇볕 아래에 누워 있어, 윌버. 난 좀 쉬어야겠어. 어젯밤 한숨도 못 잤거든.

윌버: (나가면서) 고마워, 샬럿. 넌 이 꿀꿀이의 가장 친한 친구야. (퇴장한다.)

샬럿: (혼자 미소 지으면서) 굉장한 돼지, 굉장한 돼지. (무대 어두워진다.)

나 러비: 쳐다보기가 무섭네. 설마 또 그런 일이 생기려고. (거미줄을 본다.) ㉠믿을 수가 없어. '멋진 돼지', 나타났다! 또 나타났어! '멋진 돼지', 또 기적이 일어났어! 주커만 씨! 어서 와 보세요! 또 기적이 일어났어요! (퇴장한다.)

윌버: (거미줄을 보면서) 아름다워.

펀 애러블 등장한다.

펀 애러블: 좋은 아침이야, 윌버. (윌버가 거미줄 쪽으로 손짓한다.) '멋진 돼지'. 와, 샬럿! 또 해냈구나! (윌버가 둘째 손가락을 입술에 가져다 대면서 펀에게 조용히 하라는 눈짓을 보낸다.) 아, 자는구나. 밤을 꼬박 세웠겠어. (윌버, 고개를 끄덕인다.)

6 **이 글에서 일어난 일은 무엇인지 빈칸에 알맞은 말을 쓰시오.**

> 샬럿이 거미줄에 '[ ]'(이)라는 글자를 새겼고, 이를 본 러비가 깜짝 놀랐다.

( )

7 **㉠은 어떤 표정과 목소리로 표현하면 좋겠습니까?** ( )

① 찡그린 표정과 힘없는 목소리
② 깜짝 놀란 표정과 들뜬 목소리
③ 화가 난 표정과 짜증 난 목소리
④ 무서워하는 표정과 떨리는 목소리
⑤ 슬퍼하는 표정과 속상해하는 목소리

8 **이 극본을 연극으로 공연하는 과정을 순서대로 나열하시오.**

> ㉮ 인물의 성격을 살려 실감 나게 연극 공연을 한다.
> ㉯ 공연 전에 대사와 몸짓 따위를 연습하고 점검한다.
> ㉰ 연극에 참여하는 구성원 수를 고려해서 배역을 정한다.
> ㉱ 극본을 반복해 읽으면서 표정이나 몸짓, 대사를 실감 나게 연습한다.
> ㉲ 음악이나 효과음, 분장, 조명 등 연극 공연에 필요한 것을 미리 준비한다.

( ) → ( ) → ㉲ → ( ) → ( )

문법

9 **다음 빈칸에 들어갈 알맞은 말을 쓰시오.**

> 두 낱말이 합쳐진 낱말에서 앞에 오는 낱말이 모음으로 끝났을 때 그 사이에 'ㅅ'이 들어가는 경우가 있는데 이 'ㅅ'을 [ ](이)라고 한다.

( )

문법

10 **다음 밑줄 그은 낱말의 표기가 알맞지 않은 것은 무엇입니까?** ( )

① 입으로 촛불을 불어서 껐다.
② 빗물이 방 안으로 들어왔다.
③ 시원한 냇물에 발을 담갔다.
④ 바닷가에서 모래성을 만들었다.
⑤ 책을 펼쳐서 머릿말을 먼저 읽었다.

연극 단원

정답 및 풀이 16쪽

[1~4] 다음 글을 읽고, 물음에 답하시오.

- 때: 어느 가을날 • 곳: 어느 한적한 마을
- 나오는 사람: 노인, 식당 주인, 마을 사람 1, 마을 사람 2, 마을 사람 3

1장

낡고 커다란 배낭을 멘 노인이 마을 거리를 무겁게 걸어간다. 해진 옷에, 지나치게 커다란 배낭을 메고, 마을의 여기저기를 기웃거리는 노인을 보고 마을 사람들이 수군거린다.

마을 사람 1: ㉠못 보던 노인인데…….
마을 사람 2: 잘 걷지도 못하네…….
마을 사람 3: 무얼 넣고 다니는 거지? 배낭이 사람 몸보다 더 커.

햇살이 비치는 곳에서 노인은 배낭을 멘 채 앉아 잠시 숨을 돌린다. / 힘겹게 일어나 근처 식당으로 들어간다.

2장

노인이 식당 구석진 자리에 앉는다. 배낭을 벗지 않은 채 엉거주춤 위태롭게 앉는다. 식당 안 손님들이 노인을 힐끔힐끔 쳐다본다. 식당 주인이 빵과 물을 노인의 식탁으로 가져간다. 노인이 천천히 물을 마시고 빵을 베어 문다.

식당 주인: (배낭을 벗겨 주려고 배낭을 들면서) 무거운데, 이거는 벗어 놓고 드세요.
노인: (놀란 듯이 황급히 배낭끈을 잡아 쥐면서) 놔둬요. (배낭을 메고 천천히 일어난 뒤, 동전을 식탁 위에 올려놓으면서) 빵값은 여기 있소.

노인이 식당 문을 나가자, 식당 안 손님들이 이 광경을 어안이 벙벙한 표정으로 쳐다본다.

1 이 극본의 내용으로 알맞지 않은 것은 무엇입니까? (　　)

① 노인은 배낭을 절대 벗지 않았다.
② 노인은 낡고 커다란 배낭을 메고 있었다.
③ 어느 가을날 일어난 일에 대한 이야기이다.
④ 사람들은 마을로 돌아온 노인을 반겨 주었다.
⑤ 식당 주인은 노인에게 배낭을 벗어 놓으라고 했다.

2 노인이 빵값을 내고 식당을 나갔을 때, 식당 주인의 마음으로 알맞은 것은 무엇입니까? (　　)

① 두렵다.
② 긴장된다.
③ 황당하다.
④ 행복하다.
⑤ 만족스럽다.

3 이 극본을 연극으로 공연할 때, 무대로 꾸밀 장소를 두 가지 고르시오. (　　)

① 숲속
② 바닷가
③ 학교 안
④ 식당 안
⑤ 마을 거리

서술형

4 ㉠에 대한 설명을 두 가지 쓰시오.

(1) 극본의 대사입니다.

(2) ____________________

(3) ____________________

5 연극의 특성으로 알맞지 않은 것에 ×표 하시오.

(1) 극본의 대사는 배우가 말로 표현한다. (　　)
(2) 극본에 나오는 모든 인물을 한 명의 배우가 맡아 연기한다. (　　)
(3) 극본의 지문에 있는 내용은 배우가 목소리와 표정으로 표현한다. (　　)
(4) 극본의 해설에 나타난 시간과 장소의 분위기는 무대 배경과 조명으로 표현한다. (　　)

[6~10] 다음 글을 읽고, 물음에 답하시오.

(가) 러비: 여기 있다, 꿀꿀아. 아침이다. 먹다 남은 도넛이랑 빵이야. (여물통을 내려놓는다.) 정말 맛…… 맛……. ㉠(거미줄에 새겨진 글자를 보고) 저게 뭐야? 뭐가 있는데……. (무대 밖으로 소리치며) 주커만 씨! 주커만 씨! 빨리 와 보세요! (허겁지겁 퇴장한다.)

윌버: (거미줄 쪽은 보지 않고서) 대체 뭘 봤다는 거야? (곰곰이 생각하다가 갑자기 벌떡 일어나며) 그래! 날 본 거야! 내가 살이 찌고 커져서 이제는 햄으로 만들려는 게 틀림없어! (안절부절못하며 우리를 서성인다.) 이제 어떡하지? (잠시 멈춰서 고개를 갸우뚱하며 생각을 떠올리려고 한다.) 당장 여길 빠져나가야 돼. (여물통을 바라보고) 아니지, 우선 먹고 기운부터 차리자. (죽을 꿀꺽꿀꺽 마신다.) 준비 완료! (눈에 힘을 주고 크게 뜨면서) 돌진! (무대 밖으로 뛰어나간다.)

(나) 동물들: 잘한다, 잘해! 윌버, 잡히면 안 돼! 도망쳐, 도망쳐, 도망쳐! (윌버가 잡히지 않으려고 무대를 한 바퀴 돌아 무대 밖으로 뛰어나간다. 에디스 주커만, 호머 주커만, 러비는 윌버를 쫓으며 뒤따라 퇴장한다. 무대 밖에서 계속 쫓아다니는 소리가 들려온다.)

샬럿: 이제 그만들 해요! 부추기지 마시라고요. 윌버는 바깥세상에서는 살 수 없어요. 그러니까 여기로 다시 돌아올 때 붙잡아 주세요. (쫓아다니는 소리가 점점 가까이 들린다.) 준비! 저기 와요.

윌버가 뛰어 들어온다.

윌버: 이번엔 해내고 말 테야! 숲 쪽으로 나 있는 구멍도 봤어. (동물들이 뛰는 윌버를 잡는다.) 뭐 하는 거야? 친구들까지 날 배신하다니! (사람들이 달려오는 소리가 무대 밖에서 들린다. 윌버가 동물들에게 붙잡혀 버둥거린다.) 이대로 포기할 순 없어! 나는 끝까지 싸울 거야! 순순히 햄이 되진 않을 거라고!

6 러비가 돼지우리에서 본 것은 무엇입니까? (   )

① 샬럿
② 동물들
③ 마른 빵
④ 주커만 씨
⑤ 거미줄에 새겨진 글자

서술형

7 ㉠을 연극으로 공연할 때, 러비가 처한 상황에 알맞은 표정과 몸짓을 쓰시오.

표정	(1)
몸짓	(2)

8 윌버가 돼지우리에서 도망치려고 한 까닭은 무엇입니까? (   )

① 러비가 아침을 주지 않아서
② 거미줄의 글자를 보고 매우 놀라서
③ 러비가 거미줄의 글자를 봤다고 생각해서
④ 러비가 울타리를 고쳐 놓지 않은 것이 불만이어서
⑤ 러비가 자신을 햄으로 만들려고 한다고 생각해서

9 샬럿이 도망가는 윌버를 붙잡아야 한다고 말한 까닭은 무엇입니까? (   )

① 윌버가 울타리를 망가뜨렸기 때문에
② 윌버와 함께 도망가고 싶었기 때문에
③ 주커만 씨를 도와주고 싶었기 때문에
④ 윌버가 바깥세상에서 살 수 없기 때문에
⑤ 윌버가 잘못된 길로 도망가고 있었기 때문에

10 글 (나)에 나타난 인물들의 마음을 알맞게 짐작하지 못한 친구의 이름을 쓰시오.

진영: 샬럿은 윌버를 걱정하는 마음이었을 거야.
찬수: 윌버는 동물들에게 고마운 마음을 느꼈을 거야.
소은: 동물들은 처음에 윌버가 잡히지 않기를 바라는 마음이었어.

(   )

연극 단원

정답 및 풀이 16쪽

[11~14] 다음 글을 읽고, 물음에 답하시오.

(가) 러비: 주커만 씨, 주커만 씨, 저길 좀 보세요. 아까 보여 드리려고 했던 게 바로 저거예요. (거미줄을 가리킨다. 사람들은 모두 한동안 말없이 바라본다. 윌버와 동물들도 함께 본다.)
호머 주커만: (떨리는 목소리로) 이럴 수가! 이 농장에 기적이 일어났군. / 러비: 기적.
에디스 주커만: 믿을 수 없어! '굉장한 돼지'. (윌버는 자신감 넘치게 어깨를 펴고 고개를 든다.)
호머 주커만: 보통 돼지가 아닌 게 틀림없어.
(나) 샬럿: 일이 잘된 것 같아. 지금으로서는 말이야. 그렇지만 윌버를 살리려면 거미줄에 글자를 더 새겨야 해. 어떤 글자를 새길지 고민인데, 누구 좋은 생각 없어?
새끼 양 : '최고의 돼지'는 어때?
샬럿: 별로야. 음식 이름 같아.
거위: 멋진, 멋진, 멋진 돼지 어때?
샬럿: 하나로 줄여서 '멋진 돼지'라고 하면 되겠다. 주커만 씨가 감동받겠지. '멋진'이라는 말 쓸 줄 아는 친구?
(다) 양: 거미줄에 있는 글자 봤니?
템플턴: 아침에 나갈 때 봤지. 별거 아니던데, 뭘.
양: 주커만 씨한테는 별일이야. 지금 샬럿한테 새로운 글자가 필요하대. 쓰레기장에 갈 때 글자 좀 가지고 와. 보고 쓰게. 윌버를 살릴 수 있을지도 몰라.
템플턴: 흥, 내가 왜?
양: 윌버가 죽고 겨울이 되어 보라지. 누가 여물을 들고 여기까지 오나.
템플턴: (잠시 뜸을 들이며 고민하다가) 글자 조각 찾아 오면 되잖아.
샬럿: 다들 고마워. 회의는 여기서 끝내자. (샬럿과 윌버를 뺀 나머지 동물들은 서로 인사하며 퇴장한다.) 오늘 밤 거미줄을 다시 짜어서 '멋진 돼지'라는 글자를 쓸 거야. 이제 밖에 나가서 햇볕 아래에 누워 있어, 윌버. 난 좀 쉬어야겠어. 어젯밤 한숨도 못 잤거든.
윌버: (나가면서) 고마워, 샬럿. 넌 이 꿀꿀이의 가장 친한 친구야. (퇴장한다.)

11 글 (가)에서 호머 주커만의 마음으로 알맞은 것은 무엇입니까? (　　　)

① 놀랍다.　② 슬프다.　③ 미안하다.
④ 후회된다.　⑤ 화가 난다.

12 템플턴이 해 주기로 한 일은 무엇입니까? (　　　)

① 여물을 주기로 했다.
② 햇볕 아래에 누워 있기로 했다.
③ 글자 조각을 찾아 주기로 했다.
④ 최고의 디저트를 가져다주기로 했다.
⑤ 거미줄에 '멋진'이라는 글자를 새기기로 했다.

서술형

13 샬럿과 윌버는 서로를 어떻게 생각하는지 쓰시오.

____

____

14 이 극본을 연극으로 공연할 때 정할 배역으로 알맞지 <u>않은</u> 것을 보기 에서 찾아 쓰시오.

보기
양　거위　윌버　러비　샬럿
템플턴　새끼 양　호머 주커만　최고의 돼지

(　　　　　　　　　)

15 극본을 연극으로 공연할 때 제작진이 할 일로 알맞은 것을 찾아 선으로 이으시오.

(1) 연출 •　　• ㉮ 인물이 입을 옷들을 미리 준비한다.

(2) 의상 •　　• ㉯ 소품을 미리 준비하고, 공연할 때 필요한 장면에서 쓸 수 있도록 한다.

(3) 소품 •　　• ㉰ 소리를 정해진 부분에서 틀 수 있도록 미리 준비해서 연습한다.

(4) 음악, 효과음 •　　• ㉱ 연기하는 친구들의 목소리가 들리지 않거나 몸짓이 보이지 않는 부분이 있는지 확인한다.

연극 단원. 함께 연극을 즐겨요

정답 및 풀이 16쪽

평가 주제	인물이 처한 상황에 알맞게 표현하기
평가 목표	인물이 처한 상황에 알맞은 목소리와 표정, 몸짓을 표현할 수 있다.

윌버가 달리면서 무대에 등장하고, 에디스 주커만, 호머 주커만, 러비가 그 뒤를 쫓는다. 동물들은 윌버를 응원한다.

동물들: 잘한다, 잘해! 윌버, 잡히면 안 돼! 도망쳐, 도망쳐, 도망쳐! (윌버가 잡히지 않으려고 무대를 한 바퀴 돌아 무대 밖으로 뛰어나간다. 에디스 주커만, 호머 주커만, 러비는 윌버를 쫓으며 뒤따라 퇴장한다. 무대 밖에서 계속 쫓아다니는 소리가 들려온다.)

샬럿: 이제 그만들 해요! 부추기지 마시라고요. 윌버는 바깥세상에서는 살 수 없어요. 그러니까 여기로 다시 돌아올 때 붙잡아 주세요. (쫓아다니는 소리가 점점 가까이 들린다.) 준비! 저기 와요.

윌버가 뛰어 들어온다.

윌버: 이번엔 해내고 말 테야! 숲 쪽으로 나 있는 구멍도 봤어. (동물들이 뛰는 윌버를 잡는다.) 뭐 하는 거야? 친구들까지 날 배신하다니! (사람들이 달려오는 소리가 무대 밖에서 들린다. 윌버가 동물들에게 붙잡혀 버둥거린다.) 이대로 포기할 순 없어! 나는 끝까지 싸울 거야! 순순히 햄이 되진 않을 거라고!

연극 단원

1 샬럿이 동물들에게 부탁한 일은 무엇인지 쓰시오.

2 이 극본에 나타난 윌버의 마음은 어떠한지 쓰시오.

3 이 극본을 연극으로 공연할 때, 밑줄 그은 윌버의 말을 어떻게 표현하면 좋을지 조건 에 맞게 쓰시오.

조건
1. 윌버의 상황과 마음을 생각하며 쓴다.
2. 어떤 목소리와 표정, 몸짓으로 표현하면 좋을지 쓴다.

쉬어 가기

숨은 그림을 찾아보세요.

정답 및 풀이 17쪽

5 글에 담긴 생각과 비교해요

학습을 완료하면 V표를 하면서 학습 진도를 체크해요.

	학습 내용	백점 쪽수	확인
개념	글에 담긴 글쓴이의 생각을 자신의 생각과 비교하며 읽기	92쪽	□
어휘 + 문법	핵심 개념 어휘: 의도, 목적 작품 속 어휘: 문화, 인류, 도입, 부과 문법: 쪼갤 수 없는 말과 쪼갤 수 있는 말	93쪽	□
독해	글쓴이의 생각을 파악하며 글을 읽어야 하는 까닭 알기: 「내가 원하는 우리나라」	94~95쪽	□
	글을 읽고 글쓴이의 생각 파악하기: 「로봇세를 도입해야 한다」, 「로봇세를 도입을 늦추어야 한다」	96~97쪽	□
	글쓴이의 생각과 자신의 생각을 비교하며 글 읽기: 「기와 조각과 똥 덩어리」	98~100쪽	□
	자신의 생각과 상대의 생각을 비교하며 토론하기: 「착한 사마리아인의 법」	101쪽	□
평가	단원 평가 1, 2회	102~106쪽	□
	수행 평가	107쪽	□

5 글에 담긴 생각과 비교해요

정답 및 풀이 17쪽

1 글쓴이의 생각을 파악하며 글을 읽어야 하는 까닭

- 글 내용을 좀 더 깊이 있게 이해할 수 있습니다.
- 글쓴이가 글을 쓴 의도와 목적을 알 수 있습니다.

2 글을 읽고 글쓴이의 생각을 파악하는 방법

- 제목을 그렇게 정한 까닭을 살펴봅니다.
- 글쓴이의 생각이 담긴 낱말이나 문장 같은 표현을 찾습니다.
- 글 내용을 파악합니다.
- 글쓴이가 예상하는 독자를 생각합니다.
- 글에 포함된 사진이나 그림을 살펴봅니다.
- 글쓴이가 글을 쓴 의도와 목적을 살펴봅니다.

예 「로봇세를 도입해야 한다」에 나타난 글쓴이의 생각 파악하기

제목을 그렇게 정한 까닭	로봇세를 걷는 것이 필요하다고 생각하기 때문임.
글쓴이의 생각이 담긴 낱말이나 문장	'도입', '인간과 로봇이 함께 살아가는 방법', '소득을 재분배' 등
글 내용 파악	로봇세를 도입하면 로봇 때문에 일자리를 잃은 사람들의 재교육 비용을 마련하고 소득을 재분배함으로써 국민의 복지 향상에 도움을 줄 수 있음.
글쓴이가 예상하는 독자	학생이나 로봇에 관심 있는 사람들, 기업인 등
글을 쓴 의도와 목적	로봇세 도입에 부정적인 사람들에게 다른 관점으로도 생각할 수 있게 하기 위함.

3 자신의 생각과 상대의 생각을 비교하며 토론하기

토론 주제에 대한 자신의 생각을 정합니다. ➡ 토론 역할을 정합니다.

➡ 우리 편 주장의 적절한 근거를 마련합니다. ➡ 상대편 주장의 근거와 우리 편 주장에 대한 반론을 예상해 봅니다.

➡ 근거를 설명할 수 있는 자료를 찾습니다. ➡ 자신의 생각을 효과적으로 나타낼 수 있는 낱말이나 문장을 정합니다.

• 경험이나 책, 신문 기사, 통계 자료, 전문가 의견 등

➡ 토론 규칙과 절차를 지키며 역할에 따라 토론합니다.

예 '착한 사마리아인의 법'에 대한 자신의 생각 정하기

법으로 정해야 해. 당연히 지켜야 할 도덕적 의무이니 따르지 않는다면 법으로 처벌하는 게 옳아.

개념 확인 문제

1 글쓴이의 생각을 파악하며 글을 읽어야 하는 까닭

글쓴이의 생각을 파악하며 글을 읽어야 하는 까닭으로 알맞지 않은 것에 ×표 하시오.

(1) 글을 빨리 읽을 수 있다. (　　)
(2) 글 내용을 좀 더 깊이 있게 이해할 수 있다. (　　)
(3) 글쓴이가 글을 쓴 의도와 목적을 알 수 있다. (　　)

2 글을 읽고 글쓴이의 생각을 파악하는 방법

글쓴이의 생각을 파악하는 방법에 대해 알맞게 말하지 못한 친구의 이름을 쓰시오.

정우: 제목과 글에 사용된 표현을 살펴봐야 해.
하영: 글쓴이의 생활 습관이 어떠한지 파악해야 해.
수진: 글쓴이가 예상하는 독자가 누구일지 생각해 봐야 해.
영민: 글쓴이가 글을 쓴 의도와 목적이 무엇일지 생각해 봐야 해.

(　　　　)

3 자신의 생각과 상대의 생각을 비교하며 토론하기

토론할 때, 우리 편 주장의 근거가 적절한지 판단하기 위해 생각할 점으로 알맞지 않은 것의 기호를 쓰시오.

㉮ 근거가 사실인가?
㉯ 근거가 주장을 뒷받침하는가?
㉰ 근거가 상대편이 알기 어려운 내용인가?

(　　　　)

5 글에 담긴 생각과 비교해요

어휘·문법

정답 및 풀이 17쪽

어휘

1. 핵심 개념 어휘: 의도, 목적

의도 ← 글쓴이의 생각 → 목적

意 뜻 의 圖 그림 도
뜻 무엇을 하고자 하는 생각이나 계획. 또는 무엇을 하려고 꾀함.

目 눈 목 的 과녁 적
뜻 실현하려고 하는 일이나 나아가는 방향.

➡ 글쓴이의 생각을 파악해야 글쓴이가 글을 쓴 의도와 목적을 알 수 있습니다.

2. 작품 속 어휘

낱말	뜻	예시
문화(文化) 文 글월 문 化 될 화	한 사회의 예술·문학·도덕·종교 등의 정신적 활동의 바탕.	우리 조상들은 일본의 고대 문화 발달에 큰 영향을 끼쳤습니다.
인류(人類) 人 사람 인 類 무리 류	세계의 모든 사람.	인류는 농사를 짓게 되면서 한곳에 머물러 살기 시작하였습니다.
도입(導入) 導 이끌 도 入 들 입	기술, 방법, 물자 따위를 끌어 들임.	새로운 이론의 도입으로 학문이 발전했습니다.
부과(賦課) 賦 구실 부 課 시험할 과	세금이나 부담금 따위를 매기어 부담하게 함.	수입차에는 높은 세금이 부과됩니다.

문법 쪼갤 수 없는 말과 쪼갤 수 있는 말

단일어(쪼갤 수 없는 말)				합성어(쪼갤 수 있는 말)			
하늘	꽃	감자	나무	김밥	산나물	지우개	맨주먹

◆ 말을 구성하는 요소에는 '어근'과 '접사'가 있습니다. '어근'이란 낱말의 실질적인 의미를 나타내는 부분이고, '접사'란 혼자서는 쓰이지 않고 항상 다른 어근이나 낱말에 붙어서 뜻을 더하는 부분입니다.
'단일어'는 '하늘', '나무'와 같이 하나의 어근으로 이루어져 쪼갤 수 없는 낱말입니다. '복합어'는 쪼갤 수 있는 낱말로 '합성어'와 '파생어'로 나눌 수 있습니다. 합성어는 '김+밥'과 같이 둘 이상의 어근으로 이루어진 낱말입니다. 반면 파생어는 '맨-+주먹'과 같이 어근과 접사로 이루어진 낱말입니다.

어휘·문법 확인 문제

1 핵심 개념 어휘
다음 뜻에 알맞은 낱말을 쓰시오.

무엇을 하고자 하는 생각이나 계획. 또는 무엇을 하려고 꾀함.

(　　　　　)

2 작품 속 어휘
다음 빈칸에 들어갈 알맞은 낱말을 보기 에서 찾아 쓰시오.

보기: 도입　문화　인류

(1) 환경 오염은 (　　　)의 생존을 위협하고 있다.
(2) 첨단 장비의 (　　　)(으)로 기술이 발전하였다.
(3) 찬란한 신라의 (　　　)을/를 보기 위해 경주에 갔다.

3 작품 속 어휘
'부과'의 뜻은 무엇인지 빈칸에 알맞은 낱말을 쓰시오.

[　　　](이)나 부담금 따위를 매기어 부담하게 함.

(　　　　　)

4 문법
다음 중 단일어가 아닌 것을 찾아 기호를 쓰시오.

㉮ 꽃　㉯ 나무
㉰ 김밥　㉱ 감자

(　　　　　)

5 단원

준비 글쓴이의 생각을 파악하며 글을 읽어야 하는 까닭 알기

● 국어 215~216쪽 / 정답 및 풀이 17쪽

내가 원하는 우리나라

김구

❶ 나는 우리나라가 세계에서 가장 아름다운 나라가 되기를 원한다. 가장 부강한 나라가 되기를 원하는 것은 아니다. 내가 남의 침략에 가슴이 아팠으니, 내 나라가 남을 침략하는 것을 원치 아니한다. 우리의 부는 우리 생활을 ㉠풍족히 할 만하고, 우리의 힘은 남의 침략을 막을 만하면 족하다. 오직 한없이 가지고 싶은 것은 높은 문화의 힘이다. 문화의 힘은 우리 자신을 행복하게 하고, 나아가서 남에게도 행복을 주기 때문이다. 지금 인류에게 부족한 것은 무력도 아니요, 경제력도 아니다. 자연 과학의 힘은 아무리 많아도 좋으나, 인류 전체로 보면 현재의 자연 과학만 가지고도 편안히 살아가기에 넉넉하다.

인류가 현재에 불행한 근본 이유는 인의가 부족하고, 자비가 부족하고, 사랑이 부족한 때문이다. 이 마음만 발달이 되면, 현재의 물질력으로 인류 20억이 다 편안히 살아갈 수 있을 것이다. 인류에게 이 정신을 배양하는 것은 오직 문화이다. 나는 우리나라가 남의 것을 모방하는 나라가 되지 말고, 이러한 높고 새로운 문화의 근원이 되고, 목표가 되고, 모범이 되기를 원한다. 그래서 진정한 세계의 평화가 우리나라에서, 우리나라로 말미암아 세계에 실현되기를 원한다.

중심 내용 | 나는 우리나라가 문화 국가가 되기를 소망합니다.

❷ 이 일을 하기 위하여 우리가 할 일은 사상의 자유를 확보하는 정치 양식의 건립과 국민 교육의 완비이다. 내가 위에서 자유의 나라를 강조하고, 교육의 중요성을 말한 것도 이 때문이다. 최고의 문화를 건설하는 사명을 달성할 민족은 한마디로 말하면 국민 모두를 성인으로 만드는 데 있다. 대한 사람이라면 간 데마다 신용을 받고 대접을 받아야 한다.

우리의 적이 우리를 누르고 있을 때에는 미워하고 분해하는 살벌 투쟁의 정신을 길렀지만, 적은 이미 물러갔으니 우리는 증오의 투쟁을 버리고 화합의 건설을 일삼을 때다. 집안이 불화하면 망하듯, 나라 안이 갈려서 싸우면 망한다. 동포 간의 증오와 투쟁은 망할 징조이다. 우리의 용모에서는 화기가 빛나야 한다. 우리 국토 안에는 언제나 봄바람이 가득해야 한다. 이것은 우리 국민 각자가 한번 마음을 고쳐먹음으로써 가능하게 되고, 그러한 정신을 교육함으로 영원히 이어질 것이다.

부강(富 부유할 부, 強 강할 강)한 부유하고 강한.
근본(根 뿌리 근, 本 근본 본) 사물의 본질이나 본바탕.

1 글쓴이는 우리나라가 어떤 힘을 가지기를 바라고 있습니까? (　　　)

① 경제의 힘　② 문화의 힘
③ 군사의 힘　④ 국토의 힘
⑤ 자연 과학의 힘

2 글쓴이는 인류가 현재 불행한 이유가 무엇이라고 했습니까? (　　　)

① 인의와 자비, 사랑이 부족하기 때문에
② 문화가 높은 수준으로 발달했기 때문에
③ 교육의 중요성을 지나치게 강조하기 때문에
④ 개인의 자유를 무조건적으로 허용하기 때문에
⑤ 모든 나라 사람들이 남을 모방하려 하기 때문에

3 글쓴이는 문화를 높이려면 어떤 일을 해야 한다고 했는지 두 가지 고르시오. (　　　)

① 국민 교육을 완비하는 것
② 국민 모두를 아이로 만드는 것
③ 살벌 투쟁의 정신을 기르는 것
④ 자연 과학을 더욱 발달시키는 것
⑤ 사상의 자유를 확보하는 정치 양식을 건립하는 것

어휘

4 ㉠'풍족히'와 반대되는 뜻을 가진 낱말은 무엇입니까? (　　　)

① 넉넉히　② 편안히　③ 한없이
④ 가득하게　⑤ 부족하게

내가 원하는 우리나라

최고의 문화로 인류의 모범이 되는 것을 사명으로 삼는 우리 민족의 개개인은 이기적 개인주의자가 되어서는 안 된다. 우리는 개인의 자유를 극도로 주장하되, 그것은 저 짐승들과 같이 저마다 제 배를 채우기에 쓰는 자유가 아니요, 제 가족을, 제 이웃을, 제 국민을 잘 살게 하는 데 쓰이는 자유이다. 공원의 꽃을 꺾는 자유가 아니라 공원에 꽃을 심는 자유이다. 우리는 남의 것을 빼앗거나 남의 덕을 보려는 사람이 아니라 가족에게, 이웃에게, 동포에게 주는 것을 즐거움으로 삼는 사람이다. 이것이 우리말에 이른바 선비요 점잖은 사람이다.

그러므로 우리는 게으르지 아니하고 부지런하다. 사랑하는 처자를 가진 가장은 부지런할 수밖에 없다. 한없이 주기 위함이다. 힘든 일은 내가 앞서 하니 사랑하는 동포를 아낌이요, 즐거운 것은 남에게 권하니 사랑하는 자를 위하기 때문이다. 이것이 우리 조상들이 좋아하던 인자하고 어진 덕이다.

중심 내용 | 문화 국가 건설을 위해 우리는 부지런하고, 인자하고 어진 덕을 지녀야 합니다.

③ 옛날 한나라 지역의 기자가 우리나라를 사모하여 왔고, 공자께서도 우리 민족이 사는 데 오고 싶다고 하셨으며 우리 민족을 인을 좋아하는 민족이라 하였다. 옛날에도 그러하였거니와, 앞으로 세계 인류가 모두, 우리 민족의 문화를 이렇게 사모하도록 하지 아니하려는가. 나는 우리의 힘으로, 특히 교육의 힘으로 반드시 이 일이 이루어질 것이라고 믿는다. 우리나라의 젊은 남녀가 다 이 마음을 가진다면 아니 이루어지고 어찌하랴!

중심 내용 | 내가 바라는 나라는 우리의 힘으로, 특히 교육의 힘으로 이루어질 것이라고 믿습니다.

- **글의 종류** 수필
- **글의 특징** 백범 김구 선생이 원하는 우리나라의 모습이 구체적으로 드러나 있는 글입니다.
- **글의 구조** 빈칸에 알맞은 말을 넣어 백범 김구 선생이 원하는 우리나라 정리하기

백범 김구 선생이 원하는 우리나라
❶(   )에서 가장 ❷(   ) 나라

극도(極 지극할 극, 度 법도 도) 더할 수 없는 정도.
처자(妻 아내 처, 子 아들 자) 아내와 자식을 아울러 이르는 말.
어진 마음이 너그럽고 착하며 슬기롭고 덕이 높은.

5 글쓴이가 말한 선비나 점잖은 사람의 모습으로 알맞은 것의 기호를 쓰시오.

㉮ 남의 덕을 보려는 사람
㉯ 남을 것을 빼앗는 사람
㉰ 제 배를 채우기에 급한 사람
㉱ 남에게 주는 것을 즐거움으로 삼는 사람

(   )

서술형

6 글쓴이가 「내가 원하는 우리나라」라고 글 제목을 정한 까닭은 무엇이겠는지 쓰시오.

____

____

중요 독해

7 이 글에 나타난 글쓴이의 생각으로 알맞은 것은 무엇입니까? (   )

① 이기적 개인주의자가 되어야 한다.
② 풍족하고 부유한 나라가 되어야 한다.
③ 다른 나라의 문화를 받아들이고 배워야 한다.
④ 무력으로 세계에서 가장 강한 나라가 되어야 한다.
⑤ 높은 문화의 힘을 가진 나라가 되기 위해 교육을 통해 인자하고 어진 덕을 쌓아야 한다.

8 글쓴이의 생각을 파악하며 글을 읽어야 하는 까닭으로 알맞은 것에 모두 ○표 하시오.

(1) 글을 쓴 의도와 목적을 알 수 있다. (   )
(2) 글 내용을 깊이 있게 이해할 수 있다. (   )
(3) 글쓴이처럼 글을 잘 쓰는 방법을 알 수 있다. (   )

5 단원

기본 글을 읽고 글쓴이의 생각 파악하기

국어 220쪽 / 정답 및 풀이 17쪽

로봇세를 도입해야 한다

❶ ㉠인공 지능 기술이 발전하면서 로봇이 사람을 대신해 일하는 영역이 늘어나고, 그 규모도 커지고 있다. 이에 따라 외국에서는 로봇을 소유한 기업이나 로봇에게 세금을 부과하자는 주장이 나오고 있다. 우리도 로봇세를 ㉡도입하여 ㉢인간과 로봇이 함께 살아가는 방법을 찾아야 한다.

중심 내용 | 우리도 로봇세를 도입하여 인간과 로봇이 함께 살아가는 방법을 찾아야 합니다.

❷ 세계 경제 포럼은 로봇이나 인공 지능이 이끄는 4차 산업 혁명으로 수많은 사람이 일자리를 잃을 것이라고 전망했다. 로봇 때문에 일자리를 잃고 소득을 얻지 못하는 사람들은 새로운 일자리를 찾기 위해 재교육을 받아야 한다. 로봇세를 도입하면 그 세금으로 일자리를 잃은 사람들에게 진로 상담이나 적성 검사, 기술 교육 등을 할 수 있다. 또 로봇세를 활용하면 일자리를 잃은 사람들이 재교육을 받고 새로운 일자리를 찾는 데 도움을 줄 수 있다.

중심 내용 | 로봇세를 활용하면 일자리를 잃은 사람들이 재교육을 받고 새로운 일자리를 찾는 데 도움을 줄 수 있습니다.

❸ 미래 사회에는 소수의 사람이 로봇으로 소득을 독점할 수 있다. 로봇을 소유하고 이용하는 사람이나 로봇에게 세금을 부과하면 소득의 독점을 막을 수 있다. 그런데 로봇에게 세금을 부과하려면 ㉣법적 근거를 마련해야 한다. 법적인 의미에서 자연인과 법인에게만 세금을 부과할 수 있다. 현행법으로는 기계인 로봇에게 세금을 부과할 수 없다. 그래서 2017년에 유럽 의회는 장기적으로 로봇에게 '특수한 권리와 의무를 가진 전자 인간'으로 법적 지위를 부여하는 입법을 집행 위원회가 추진하도록 결의했다. 이는 로봇을 소유하고 이용하는 사람뿐만 아니라 로봇에게도 세금을 부과할 수 있는 근거가 된다. 또 로봇세를 활용하면 ㉤소득을 재분배함으로써 국민의 복지 향상에 도움을 줄 수 있다.

중심 내용 | 로봇에게 세금을 부과할 법적 근거를 마련하고 로봇세를 활용하여 소득을 재분배할 수 있습니다.

- **글의 종류** 주장하는 글
- **글의 특징** 로봇세를 도입하자는 주장과 주장을 뒷받침하는 근거가 잘 나타나 있는 글입니다.
- **글의 구조** 빈칸에 알맞은 말을 넣어 글쓴이의 생각 정리하기 예

글쓴이의 생각

로봇세를 걷으면 일자리를 잃은 사람들이 재교육을 받고 새로운 ❶(   )을/를 찾는 데 도움을 줄 수 있고, ❷(   )을/를 재분배함으로써 국민의 복지 향상에 도움을 줄 수 있다.

독점(獨 홀로 독, 占 차지할 점) 어떤 물건·권리·이익을 혼자서 모두 가짐.

9 글쓴이가 이 글의 제목을 「로봇세를 도입해야 한다」라고 정한 까닭을 알맞게 말한 친구의 이름을 쓰시오.

석빈: 로봇세를 걷는 것이 필요하다고 생각하기 때문이야.
수은: 로봇의 발전이 가져올 부작용에 대해 경고하기 위해서야.

(   )

중요 독해

10 ㉠~㉤ 중 글쓴이가 자신의 생각을 드러내려고 사용한 표현이 아닌 것의 기호를 쓰시오.

(   )

11 글쓴이가 로봇에게 세금을 부과하자고 한 까닭으로 알맞은 것을 찾아 ○표 하시오.

(1) 로봇 산업에 더 많은 비용을 투자하기 위해서 (   )

(2) 로봇 때문에 일자리를 잃은 사람들의 재교육 비용을 마련하고 소득을 재분배하기 위해서 (   )

어휘

12 다음 뜻을 가진 낱말을 이 글에서 찾아 쓰시오.

적은 수를 뜻하는 말로 '다수'의 반대말.

(   )

로봇세 도입을 늦추어야 한다

❶ 로봇세 도입은 로봇 산업의 발전과 국가의 미래 경쟁력에 부정적인 영향을 끼칠 수 있다.

로봇 산업이 본격적으로 발전하면 로봇은 인간을 대신하여 일을 하게 된다. 이럴 경우에 인간은 위험하거나 단순한 일, 반복적인 일에서 해방될 수 있다. 그런데 인간을 대신하여 일을 할 로봇에게 성급하게 세금을 부과한다면 로봇 산업 발전을 더디게 할 것이다. 특히 로봇 개발자는 개발 비용에 세금까지 더하여 마음의 부담을 느낄 수 있다. 로봇 개발자가 느끼는 마음의 부담은 로봇을 개발하는 과정에서 혁신적인 생각을 발전시키거나 과감한 투자를 하는 데에 걸림돌이 될 수 있다. 로봇세는 이제 발전하려는 로봇 산업에 방해가 된다.

중심 내용 | 로봇세는 이제 발전하려는 로봇 산업에 방해가 됩니다.

❷ 로봇세를 부과하는 근거가 명확하지 않기 때문에 세계의 모든 국가가 동시에 로봇세를 도입하기 어렵다. 서둘러 로봇세를 도입한 국가가 다른 국가에 비해 미래 경쟁력에서 뒤처질 수 있다. 지금도 로봇 기술은 외국의 대기업들이 독차지하고 있다. 그래서 우리의 기술 없이 로봇을 만들면 막대한 특허 사용료를 외국에 지급해야 한다. 그렇게 될 경우 로봇세를 도입한 국가는 다른 국가에 비해 기술 개발이 늦어질 수 있다. 국가의 미래 경쟁력을 기르려면 로봇 기술의 개발이 먼저 이루어져야 한다.

중심 내용 | 국가의 미래 경쟁력을 기르려면 로봇 기술의 개발이 먼저 이루어져야 합니다.

❸ 지금은 로봇 산업 발전에 투자해야 할 때이다. 특히 로봇 개발에 필요한 원천 기술에 더 집중해야 한다. 그래야 우리나라의 재산을 지키고 국내 로봇 산업을 이끌 수 있는 힘을 기를 수 있다. 따라서 우리나라의 미래 경쟁력인 로봇 산업을 키울 수 있도록 로봇세 도입을 늦추어야 한다.

중심 내용 | 우리나라의 미래 경쟁력인 로봇 산업을 키울 수 있도록 로봇세 도입을 늦추어야 합니다.

- **글의 종류** 주장하는 글
- **글의 특징** 로봇세 도입에 반대한다는 주장과 주장을 뒷받침하는 근거가 잘 나타나 있는 글입니다.
- **글의 구조** 빈칸에 알맞은 말을 넣어 글쓴이의 생각 정리하기

글쓴이의 생각

로봇세 도입은 로봇 산업 발전에 ❶(　　　　)이/가 될 수 있으며 지금은 ❷(　　　　) 기술 개발에 더욱 집중할 때이므로 로봇세 도입을 늦추어야 한다.

특허(特 특별할 특, 許 허락할 허) 어떤 사람이나 기관의 발명품에 대해 그것을 남이 그대로 흉내 내지 못하게 하고 그것을 이용할 권리를 국가가 그 사람이나 기관에 주는 것.

5 단원

서술형

13 글쓴이가 이 글의 제목을 「로봇세 도입을 늦추어야 한다」로 정한 까닭은 무엇일지 쓰시오.

____

____

14 이 글에서 글쓴이의 생각이 드러난 낱말이나 문장으로 알맞은 것을 모두 고르시오. (　　　　)

① 부담　② 재산
③ 걸림돌　④ 로봇 개발자
⑤ 막대한 특허 사용료를 외국에 지급

15 글쓴이는 이 글을 누가 읽을 것이라고 예상했을지 알맞은 것의 기호를 쓰시오.

㉮ 특허권 등록 대상이 궁금한 사람들
㉯ 학생이나 로봇에 관심이 있는 사람들, 기업인

(　　　　)

16 글쓴이의 생각으로 알맞은 것을 찾아 ○표 하시오.

(1) 로봇에게 일자리를 빼앗기지 않도록 직업 교육을 강화해야 한다. (　　)

(2) 로봇세 도입은 로봇 산업 발전에 걸림돌이 될 수 있으므로 로봇세 도입을 늦추어야 한다. (　　)

기본 글쓴이의 생각과 자신의 생각을 비교하며 글 읽기

● 국어 227~228쪽 / 정답 및 풀이 18쪽

기와 조각과 똥 덩어리

원작: 박지원
글: 강민경

❶ "창대야, 장복아! 우리나라 선비들이 연경에서 돌아온 사람을 만나면 반드시 물어보는 말이 있다. 그게 무엇인지 아느냐?"

나리의 질문에 창대가 미처 생각할 겨를도 없이, 장복이가 대답을 툭 뱉었다.

"뭘 먹고 왔냐는 거 아니겠습니까요? 이 나라 사람들은 책상다리 빼놓고 다 먹는다 하지 않습니까요."

장복이의 대답에 나리가 껄껄 웃으며 고개를 저었다.

"이번 여행에서 제일가는 경치가 뭐였는지 하나만 짚으라는 거다."

중심 내용 | 우리나라 선비들은 연경을 여행한 사람들에게 제일가는 경치가 무엇이었는지 반드시 물어보았습니다.

❷ "일류 선비는 뭐라고 말하는 줄 아느냐? 얼굴에 웃음기를 거두고 진지하고 근엄하게 말하곤 하지. ㉠'중국엔 도무지 볼 것이라곤 없습니다.' 사람들이 놀라 물으면, 일류 선비는 이렇게 대답할 것이다. '황제는 물론 장상과 대신 등 모든 관원과 백성이 머리를 깎았으니 오랑캐요, 오랑캐의 나라에서 볼 게 뭐가 있겠습니까?'"

나리의 말에 장복이가 무릎을 치며 깔깔 웃었다.

"진짜 일류 선비가 맞는뎁쇼. 어쩜 그리 내 속을 시원하게 알아준단 말입니까? 암, 맞지요. 중국은 오랑캐의 나라인데, 볼거리가 뭐가 있겠습니까?"

나리는 장복이의 말에 대꾸 없이 말을 이었다.

"이류 선비들은 또 이렇게 말할 것이다. '성곽은 만리장성을 본받았고, 궁실은 아방궁을 흉내 냈을 뿐입니다. 선비와 백성은 위나라, 진나라 때처럼 겉만 화려한 기풍을 좇고, 풍속은 온갖 사치에 빠져 있습니다. 10만 대군을 얻어 산해관(중국의 군사 요충지)으로 쳐들어가, 만주족 오랑캐들을 소탕한 뒤라야 비로소 경치를 이야기할 수 있을 겁니다.'"

장복이는 아까보다 더 좋아하며 배를 잡고 낄낄거렸다.

"저는 이류 선비가 더 좋습니다요. 과연 맞는 말이지요. 10만 대군으로 오랑캐를 쳐부수면 얼마나 속이 시원하겠습니까?"

장복이뿐 아니라 조선의 백성이라면 지금의 중국인 청나라를 다 오랑캐의 나라로 여겼다.(조선 사람들의 중국(청나라)에 대한 인식) 청나라나 왜적이 조선에 쳐들어왔을 때, 명나라가 도와준 고마움을 오랫동안 잊지 않은 까닭도 있었다.

중심 내용 | 나리는 연경에서 돌아온 선비들의 대답을 들려주었습니다.

풍속(風 바람 풍, 俗 풍속 속) 한 사회에 오래 전부터 지켜 내려오는 관습.

17 이 글에 나오는 인물을 모두 고르시오. (   )

① 나리 ② 왜적 ③ 창대
④ 오랑캐 ⑤ 장복이

18 조선의 선비들이 연경에서 돌아온 사람들에게 반드시 물어보는 것은 무엇입니까? (   )

① 여행에서 먹은 것
② 연경 사람들의 풍속
③ 연경 사람들의 생김새
④ 연경 사람들이 입는 옷
⑤ 제일가는 경치가 무엇이었냐는 것

19 일류 선비들이 ㉠처럼 말하는 까닭은 무엇입니까? (   )

① 중국은 오랑캐의 나라이기 때문에
② 중국은 워낙 작은 나라이기 때문에
③ 중국은 조선과 다를 것이 없기 때문에
④ 중국은 오랜 전쟁으로 황폐해졌기 때문에
⑤ 중국은 이제 막 발전하기 시작한 나라이기 때문에

어휘

20 다음 뜻을 가진 낱말을 이 글에서 찾아 쓰시오.

산이나 들, 강, 바다 따위의 자연이나 지역의 모습.

(   )

기와 조각과 똥 덩어리

❸ "나는 시골의 삼류 선비지만, 중국의 제일가는 경치는 저 기와 조각과 똥 덩어리라고 말하고 싶구나."

나리의 말에 장복이가 이번엔 아예 배를 잡고 대굴대굴 굴렀다. / "이히히, 기와 조각요? 똥, 똥 덩어리랍쇼? 개똥요? 소똥요? 우헤헤, 그럼 똥을 조선까지 고이고이 가져갈깝쇼?"

창대는 장복이처럼 웃지는 않았지만, 나리의 말을 이해할 수 없기는 마찬가지였다.

중심 내용 | 나리는 중국의 제일가는 경치가 기와 조각과 똥 덩어리라고 말했습니다.

❹ "대개 백성을 위해 일하는 자는 백성과 나라에 도움이 될 일이라면 그 법이 비록 오랑캐에서 나온 것이라 해도, 마땅히 이를 배우고 본받아야 할 것이니라. 그래야 오랑캐를 물리칠 수 있는 법이다. 저들의 것을 다 익히고, 저들보다 낫게 되어야 비로소 '중국에는 볼만한 것이 없다'고 말할 수 있는 거다." / "그게 기와 조각이랑 똥 덩어리랑 무슨 상관이란 말씀입니까?" 장복이가 얼굴에 웃음기를 거두지 않고 물었다.

"깨진 기와 조각은 천하에 쓸모없는 물건이다. 그러나 백성들의 집에 담을 쌓을 때 깨진 기와 조각을 둘씩 짝을 지어 물결무늬를 만들기도 하고, 혹은 네 조각을 모아 쇠사슬 모양이나 엽전 모양을 만들지 않느냐? 깨진 기와 조각도 알뜰하게 사용했기에 천하의 고운 빛깔을 다 낼 수 있었던 것이다."

그러고 보니, 창대도 중국에서 뜰 앞에 벽돌을 깔 형편이 안 되는 가난한 집들도 여러 빛깔의 유리 기와 조각과 둥근 조약돌을 주워다가 꽃, 나무, 새, 동물 모양 등을 아로새겨 깔아 놓은 것을 본 적이 있었다. 이는 예쁘기도 했지만, 비 올 때 흙이 진창이 되는 것을 막아 주기도 했다.

"똥오줌을 생각해 보아라. 세상에 둘도 없이 더러운 것들이다. 하지만 거름으로 쓸 때는 한 덩어리라도 흘릴까 하여 조심하고, 말똥을 모으려 삼태기를 들고 말 꽁무니를 따라다니기도 하지 않느냐. 똥을 모아 그냥 두는 법도 없다. 네모반듯하게 쌓거나 팔각, 육각 등의 누각으로 쌓아 올려 똥거름 또한 모양을 만들어 두지 않았느냐. 그러니 나는 저 깨진 기와 조각과 똥 덩어리야말로 가장 볼만한 것이라 꼽을 것이다."

중심 내용 | 나리는 깨진 기와 조각이 알뜰하게 사용되고, 똥오줌이 쓸모 있게 쓰이는 것이 중국에서 가장 볼 만한 것이라고 하였습니다.

삼태기 흙이나 쓰레기, 거름 따위를 담아 나르는 데 쓰는 기구.

5 단원

21 나리가 생각하는 중국의 제일가는 경치는 무엇인지 두 가지 쓰시오.

( )

22 나리는 깨진 기와 조각이 언제 쓸모 있게 사용된다고 하였습니까? ( )

① 요리할 때
② 엽전이 없을 때
③ 집에 담을 쌓을 때
④ 땅을 평평하게 다질 때
⑤ 구멍 난 기와를 고칠 때

서술형

23 글쓴이가 이 글의 제목을 「기와 조각과 똥 덩어리」로 정한 까닭은 무엇이겠는지 쓰시오.

중요 독해

24 이 글에 나타난 글쓴이의 생각으로 알맞은 것의 기호를 쓰시오.

㉮ 중국은 화려한 기풍을 좇고, 풍속은 사치에 빠져 있어서 경치라고 할 것이 없다.
㉯ 백성과 나라에 도움이 될 일이라면 오랑캐의 것이라고 해도 배우고 본받아야 한다.

( )

● 국어 230~231쪽 / 정답 및 풀이 18쪽

기와 조각과 똥 덩어리

⑤ "나리! 저 같은 천민도 저런 똥오줌이나 깨진 기와 조각처럼 쓸모가 있을깝쇼?"

창대보다 먼저 입을 연 건 장복이였다. 자신의 생각과 비슷한 장복이의 말에 창대는 깜짝 놀라 장복이를 건너다보았다. 낄낄거리며 웃던 장복이의 얼굴에 어느새 장난기와 웃음기가 싹 걷혀 있었다. 나리에게 묻는 장복이의 말투도 사뭇 가라앉아 있었다. 나리는 대답 대신 장복이를 잠시 말없이 내려다보았다. 눈빛이 따뜻한 것 같기도 하고, 흔들리는 것 같기도 했다. 창대는 나리의 대답이 너무나 궁금했다. 혹여 똥오줌보다 못할까, 깨진 기와 조각보다 쓸모가 없을까 가슴이 조마조마했다. 창대가 느끼기엔 한 식경 같은 시간이 지나갔다.

"똥과 기와 조각은 사람의 손길에 따라 [㉠]가 정해지기도 하고, 버려지기도 하는 거다. 사람으로 태어나서 어찌 다른 사람의 손길만 기다리겠느냐? 스스로 [㉠]를 찾는다면 어찌 똥오줌이나 깨진 기와 조각의 [㉠]에 비하겠으며, 그렇지 못하다면 그야말로 길거리에 굴러다니는 개똥보다 못할 것이니라."

"에이, 그게 뭡니까요? 맞으면 맞는다, 아니면 아니다 명확히 대답을 해 주셔야지요."

장복이의 응석에 나리는 다시 한번 꼬집어 말하였다.

㉡"스스로의 가치는 스스로가 매기는 거야. 다른 사람에게 맡길 것이 아닌 거야."

중심 내용 | 장복이가 자신과 같은 천민도 쓸모가 있는지 묻자, 나리는 스스로의 가치는 스스로가 매기는 것이라 하였습니다.

- **글의 종류** 이야기
- **글의 특징** 박지원의 『열하일기』를 바탕으로 하여 쓴 이야기로, 박지원의 생각이 잘 나타나 있습니다.
- **작품 정리** 빈칸에 알맞은 말을 넣어 글쓴이의 생각이 담긴 표현 정리하기

표현	깨진 ❶(　　　) 조각도 알뜰하게 사용했기에 천하의 고운 빛깔을 다 낼 수 있었던 것이다.
	❷(　　　)(으)로 태어나서 어찌 다른 사람의 손길만 기다리겠느냐?
	스스로의 가치는 ❸(　　　)이/가 매기는 거야.

쓸모 쓸 만한 가치.
식경(食 먹을 식, 頃 잠깐 경) 밥을 먹을 동안이라는 뜻으로, 잠깐 동안을 이르는 말.
응석 어른에게 어리광을 부리거나 귀여워해 주는 것을 믿고 버릇없이 구는 일.

25 창대와 장복이가 궁금해한 것에 ○표 하시오.

(1) 자신들과 같은 천민도 쓸모가 있을까? (　　)

(2) 쓸모 있는 사람이 되기 위해 어떤 노력을 해야 할까? (　　)

어휘

26 ㉠에 공통으로 들어갈 다음 뜻을 가진 낱말은 무엇입니까? (　　)

쓰임의 정도나 쓰이는 바.

① 모양새　② 차림새　③ 생김새
④ 짜임새　⑤ 쓰임새

서술형

27 나리가 말한 ㉡의 의미는 무엇일지 쓰시오.

중요 독해

28 글쓴이가 이 글을 쓴 의도와 목적으로 알맞은 것의 기호를 쓰시오.

㉮ 중국 사람들에게 조선 사람들의 근면하고 성실한 생활 태도를 본받자는 생각을 전하려고
㉯ 조선 시대 사람들에게 신분 제도, 사물의 가치 등에 대해 다른 관점으로도 생각할 수 있게 하려고

(　　　　)

● 국어 234쪽 / 정답 및 풀이 18쪽

착한 사마리아인의 법

❶ 1928년 미국의 한 부둣가에서 한 남자가 산책을 하던 중 실수로 바다에 빠지게 되었습니다.

❷ 남자는 살려 달라고 구조 요청을 했고, 친구들이 황급히 달려왔지만 이미 남자는 주검으로 변해 있었습니다.

❸ 그런데 사고 지점 불과 몇 미터 거리에서 일광욕을 즐기고 있던 한 젊은이가 있었습니다.

❹ 그 젊은이는 남자의 다급한 구조 요청에도 아랑곳하지 않고 일광욕을 즐겼습니다.

❺ 익사자 가족은 그때 그 젊은이가 도와줬다면 익사자는 죽지 않았을 것이라며 소송을 냈습니다.

❻ 하지만 현재 법률에는 구조 의무가 명시되어 있지 않다는 이유로 소송이 기각되었습니다.

❼ 만약 1928년 '착한 사마리아인의 법'이 있었다면 어떻게 되었을까요?

❽ '착한 사마리아인의 법'이란 위험에 처한 사람을 돕지 않으면 처벌할 수 있는 법 제도입니다.

• **특징** 착한 사마리아인의 법을 제정하는 문제에 대해 자신의 주장과 근거를 정하고, 찬반 토론을 할 수 있습니다.

• **활동 정리** 빈칸에 알맞은 말을 넣어 착한 사마리아인의 법을 제정하는 문제의 찬반 근거 정리하기

의견	근거
찬성	• 법은 도덕을 실현하고 강화시키는 역할을 해야 한다. • 당연히 지켜야 할 도덕적 의무이므로 따르지 않는다면 ❶(　　　)(으)로 처벌하는 것이 옳다.
반대	• '법은 도덕의 최소한'이라는 원칙을 지켜야 한다. • ❷(　　　)을/를 법으로 규제하는 것은 강압이다.

명시(明 밝을 명, 示 보일 시) (글로) 분명하고 똑똑하게 보임.
기각(棄 버릴 기, 却 물리칠 각) 높은 기관이나 사람에게 올린 요청이나 안건을 받아들이지 않고 거절하는 것.

29 익사자 가족이 낸 소송이 기각된 까닭은 무엇입니까? (　　　)

① 사건을 목격한 사람이 없어서
② 익사자의 잘못이 인정되지 않아서
③ 소송할 수 있는 기간이 이미 지나서
④ 젊은이의 책임을 물을 증거가 사라져서
⑤ 현재 법률에는 구조 의무가 명시되어 있지 않아서

30 '착한 사마리아인의 법' 내용은 무엇입니까? (　　　)

① 사마리아인들의 업적을 기리는 법이다.
② 나쁜 사마리아인을 교화시키는 법이다.
③ 사마리아인을 의무적으로 돕게 하는 법이다.
④ 착한 사마리아인에게 보상을 해 주는 법이다.
⑤ 위험에 처한 사람을 돕지 않으면 처벌할 수 있는 법이다.

31 '착한 사마리아인의 법을 제정해야 한다'는 주장의 근거를 설명하기 위해 활용할 자료로 알맞지 않은 것은 무엇입니까? (　　　)

① 책　② 신문 기사
③ 통계 자료　④ 전문가 의견
⑤ 상상한 내용

32 '착한 사마리아인의 법을 제정해야 한다'를 주제로 토론한 뒤 생각의 변화나 느낀 점을 알맞게 말한 친구의 이름을 쓰시오.

단우: 나와 다른 생각을 알게 되니 내용을 더 깊이 이해하게 되었어.
서윤: 나와 의견이 다른 사람의 입장을 무조건 수용해야 된다는 것을 배웠어.

(　　　　　　　)

5. 글에 담긴 생각과 비교해요

정답 및 풀이 19쪽

[1~2] 다음 글을 읽고, 물음에 답하시오.

㉮ 나는 우리나라가 세계에서 가장 아름다운 나라가 되기를 원한다. 가장 부강한 나라가 되기를 원하는 것은 아니다. 내가 남의 침략에 가슴이 아팠으니, 내 나라가 남을 침략하는 것을 원치 아니한다. 우리의 부는 우리 생활을 풍족히 할 만하고, 우리의 힘은 남의 침략을 막을 만하면 족하다. 오직 한없이 가지고 싶은 것은 높은 문화의 힘이다. 문화의 힘은 우리 자신을 행복하게 하고, 나아가서 남에게도 행복을 주기 때문이다. 지금 인류에게 부족한 것은 무력도 아니요, 경제력도 아니다. 자연 과학의 힘은 아무리 많아도 좋으나, 인류 전체로 보면 현재의 자연 과학만 가지고도 편안히 살아가기에 넉넉하다.

㉯ 옛날에도 그러하였거니와, 앞으로 세계 인류가 모두, 우리 민족의 문화를 이렇게 사모하도록 하지 아니하려는가. 나는 우리의 힘으로, 특히 교육의 힘으로 반드시 이 일이 이루어질 것이라고 믿는다. 우리나라의 젊은 남녀가 다 이 마음을 가진다면 아니 이루어지고 어찌하랴!

1 **글쓴이가 한없이 가지고 싶다고 한 것은 무엇입니까? (　　　)**

① 무력　② 지식　③ 경제력　④ 높은 문화의 힘　⑤ 자연 과학의 힘

2 **이 글에 담긴 글쓴이의 생각으로 알맞은 것의 기호를 쓰시오.**

㉮ 교육을 통해 문화의 힘을 길러야 한다.
㉯ 우리나라가 남을 침략할 정도로 강한 나라가 되어야 한다.
㉰ 세계 인류가 사모할 정도로 우리나라가 부유한 나라가 되어야 한다.

(　　　　　　　　　　)

[3~5] 다음 글을 읽고, 물음에 답하시오.

인공 지능 기술이 발전하면서 로봇이 사람을 대신해 일하는 영역이 늘어나고, 그 규모도 커지고 있다. 이에 따라 외국에서는 ㉠로봇을 소유한 기업이나 로봇에게 세금을 부과하자는 주장이 나오고 있다. 우리도 로봇세를 도입하여 ㉡인간과 로봇이 함께 살아가는 방법을 찾아야 한다.

㉢세계 경제 포럼은 로봇이나 인공 지능이 이끄는 4차 산업 혁명으로 수많은 사람이 ㉣일자리를 잃을 것이라고 ㉤전망했다. 로봇 때문에 일자리를 잃고 소득을 얻지 못하는 사람들은 새로운 일자리를 찾기 위해 재교육을 받아야 한다. 로봇세를 도입하면 그 세금으로 일자리를 잃은 사람들에게 진로 상담이나 적성 검사, 기술 교육 등을 할 수 있다. 또 로봇세를 활용하면 일자리를 잃은 사람들이 재교육을 받고 새로운 일자리를 찾는 데 도움을 줄 수 있다.

3 **㉠~㉤ 중에서 글쓴이의 생각이 드러난 표현은 무엇입니까? (　　　)**

① ㉠　② ㉡　③ ㉢　④ ㉣　⑤ ㉤

4 **정아가 글쓴이의 생각을 파악한 방법은 무엇입니까? (　　　)**

정아: 글쓴이는 자신의 글을 우리 같은 학생이나 로봇에 관심 있는 사람들, 기업인 따위가 읽을 것이라고 생각했을 것 같아.

① 글 내용을 파악하기
② 사진이나 그림 살피기
③ 문단의 중심 내용 찾아보기
④ 글쓴이가 예상하는 독자 생각하기
⑤ 글쓴이가 글을 쓴 의도와 목적 살피기

5 이 글의 제목으로 알맞은 것은 무엇입니까? (　　　)

① 로봇세를 도입해야 한다
② 일자리를 늘려야 하는 까닭
③ 로봇세 도입을 늦추어야 한다
④ 인공 지능 기술을 발전시켜야 한다
⑤ 로봇세 도입이 끼치는 부정적인 영향

[6~8] 다음 글을 읽고, 물음에 답하시오.

(가) "똥오줌을 생각해 보아라. ㉠세상에 둘도 없이 더러운 것들이다. 하지만 거름으로 쓸 때는 한 덩어리라도 흘릴까 하여 조심하고, 말똥을 모으려 삼태기를 들고 말 꽁무니를 따라다니기도 하지 않느냐. 똥을 모아 그냥 두는 법도 없다. 네모반듯하게 쌓거나 팔각, 육각 등의 누각으로 쌓아 올려 똥거름 또한 모양을 만들어 두지 않았느냐. 그러니 나는 저 깨진 기와 조각과 똥 덩어리야말로 가장 볼만한 것이라 꼽을 것이다. 높디높은 성곽이나 궁실, 웅장한 사찰과 광활한 벌판보다 이것들이 더 아름답다 하지 않겠느냐."

말을 마친 나리는 흐뭇한 표정으로 주위를 둘러보았다.

(나) "나리! 저 같은 천민도 저런 똥오줌이나 깨진 기와 조각처럼 쓸모가 있을깝쇼?"

창대보다 먼저 입을 연 건 장복이였다. 자신의 생각과 비슷한 장복이의 말에 창대는 깜짝 놀라 장복이를 건너다보았다.

(다) "㉡스스로의 가치는 스스로가 매기는 거야. 다른 사람에게 맡길 것이 아닌 거야."

그 이후로 장복이가 아무리 아양을 떨고 투정을 부려도 ㉢나리는 입을 열지 않았다. 창대는 나리의 말을 씹고 또 곱씹어 보았다. 스스로의 쓰임새를 스스로가 찾지 않으면 똥오줌, 깨진 기와 조각보다 못하다는 말은 창대의 가슴을 아프게 했다.

6 나리는 똥오줌이 쓸모 있게 사용되는 때는 언제라고 하였는지 쓰시오.

• (　　　　　　　　　　　　)(으)로 쓸 때

7 ㉠~㉢ 중에서 글쓴이의 생각이 드러난 표현의 기호를 쓰시오.

(　　　　　　　　　　)

8 글쓴이가 이 글을 쓴 의도와 목적으로 알맞은 것에 ○표 하시오.

(1) 깨진 기와 조각과 똥오줌의 쓰임새가 궁금해서 (　　)
(2) 사물의 가치에 대한 생각은 누구나 같다는 것을 알게 하려고 (　　)
(3) 조선 시대 사람들에게 신분 제도에 대해 다른 관점으로도 생각할 수 있게 하려고 (　　)

문법

9 다음 중 복합어는 무엇입니까? (　　　)

① 호박　② 얼굴
③ 구름　④ 맨발
⑤ 고구마

문법

10 다음 중 파생어는 무엇입니까? (　　　)

① 논밭　② 봄비
③ 손등　④ 국물
⑤ 풋고추

5. 글에 담긴 생각과 비교해요

정답 및 풀이 19쪽

[1~4] 다음 글을 읽고, 물음에 답하시오.

가 나는 우리나라가 세계에서 가장 아름다운 나라가 되기를 원한다. 가장 부강한 나라가 되기를 원하는 것은 아니다. 내가 남의 침략에 가슴이 아팠으니, 내 나라가 남을 침략하는 것을 원치 아니한다. 우리의 부는 우리 생활을 풍족히 할 만하고, 우리의 힘은 남의 침략을 막을 만하면 족하다. 오직 한없이 가지고 싶은 것은 높은 문화의 힘이다. 문화의 힘은 우리 자신을 행복하게 하고, 나아가서 남에게도 행복을 주기 때문이다.

나 이 일을 하기 위하여 우리가 할 일은 사상의 자유를 확보하는 정치 양식의 건립과 국민 교육의 완비이다. 내가 위에서 자유의 나라를 강조하고, 교육의 중요성을 말한 것도 이 때문이다. 최고의 문화를 건설하는 사명을 달성할 민족은 한마디로 말하면 국민 모두를 성인으로 만드는 데 있다. 대한 사람이라면 간 데마다 신용을 받고 대접을 받아야 한다.

다 우리는 남의 것을 빼앗거나 남의 덕을 보려는 사람이 아니라 가족에게, 이웃에게, 동포에게 주는 것을 즐거움으로 삼는 사람이다. 이것이 우리말에 이른바 선비요 점잖은 사람이다. / 그러므로 우리는 게으르지 아니하고 부지런하다. 사랑하는 처자를 가진 가장은 부지런할 수밖에 없다. 한없이 주기 위함이다. 힘든 일은 내가 앞서 하니 사랑하는 동포를 아낌이요, 즐거운 것은 남에게 권하니 사랑하는 자를 위하기 때문이다. 이것이 우리 조상들이 좋아하던 인자하고 어진 덕이다.

이러함으로써 우리나라 산에는 삼림이 무성하고, 들에는 오곡백과가 풍성하며, 촌락과 도시는 깨끗하고 풍성하고 화평할 것이다.

라 나는 우리의 힘으로, 특히 교육의 힘으로 반드시 이 일이 이루어질 것이라고 믿는다. 우리나라의 젊은 남녀가 다 이 마음을 가진다면 아니 이루어지고 어찌하랴!

1 글쓴이가 아름다운 나라를 만들기 위해 가지고 싶다고 한 것은 무엇입니까? (　　　)

① 뛰어난 인재　② 막강한 경제력
③ 높은 문화의 힘　④ 유명한 관광 명소
⑤ 아름다운 자연 경관

2 문제 1번의 답을 갖기 위해 우리가 해야 할 일을 두 가지 고르시오. (　　　)

① 문화 공간 조성
② 국민 교육의 완비
③ 문화재 발굴 및 보존
④ 사회 간접 자본 확충
⑤ 사상의 자유를 확보하는 정치 양식의 건립

3 글쓴이가 우리나라의 젊은 남녀가 가지기를 바라는 마음은 무엇입니까? (　　　)

① 이기적 개인주의
② 인자하고 어진 덕
③ 자연을 아끼는 마음
④ 남의 덕을 보려는 마음
⑤ 새로운 나라를 세우려는 의지

서술형

4 이 글의 제목을 정하고, 그렇게 정한 까닭을 함께 쓰시오.

(1) 제목: ______________________

(2) 그렇게 정한 까닭: ______________________

____

5 글쓴이의 생각을 파악하며 글을 읽어야 하는 까닭으로 알맞은 것을 두 가지 고르시오. (　　　)

① 글쓴이의 미래를 예상할 수 있다.
② 글쓴이의 성격이 어떠한지 알 수 있다.
③ 글을 읽는 사람들의 생각을 알 수 있다.
④ 글 내용을 좀 더 깊이 있게 이해할 수 있다.
⑤ 글쓴이가 글을 쓴 의도와 목적을 알 수 있다.

[6~7] 다음 글을 읽고, 물음에 답하시오.

(가) 세계 경제 포럼은 로봇이나 인공 지능이 이끄는 4차 산업 혁명으로 수많은 사람이 일자리를 잃을 것이라고 전망했다. 로봇 때문에 일자리를 잃고 소득을 얻지 못하는 사람들은 새로운 일자리를 찾기 위해 재교육을 받아야 한다. 로봇세를 도입하면 그 세금으로 일자리를 잃은 사람들에게 진로 상담이나 적성 검사, 기술 교육 등을 할 수 있다. 또 로봇세를 활용하면 일자리를 잃은 사람들이 재교육을 받고 새로운 일자리를 찾는 데 도움을 줄 수 있다.

(나) 현행법으로는 기계인 로봇에게 세금을 부과할 수 없다. 그래서 2017년에 유럽 의회는 장기적으로 로봇에게 '특수한 권리와 의무를 가진 전자 인간'으로 법적 지위를 부여하는 입법을 집행 위원회가 추진하도록 결의했다. 이는 로봇을 소유하고 이용하는 사람뿐만 아니라 로봇에게도 세금을 부과할 수 있는 근거가 된다. 또 로봇세를 활용하면 소득을 재분배함으로써 국민의 복지 향상에 도움을 줄 수 있다.

6 세계 경제 포럼이 전망한 내용은 무엇입니까? ( )

① 인간과 비슷하게 생활하는 로봇이 개발될 것이다.
② 로봇 기술을 독점하기 위한 전쟁이 일어날 것이다.
③ 로봇의 발전은 국가의 경제 발전을 가져올 것이다.
④ 로봇 기술의 발전으로 인간의 수명이 크게 늘어날 것이다.
⑤ 로봇이나 인공 지능이 이끄는 4차 산업 혁명으로 수많은 사람이 일자리를 잃을 것이다.

서술형

7 로봇세를 도입했을 때의 좋은 점을 두 가지 쓰시오.

(1) ____________________

(2) ____________________

[8~10] 다음 글을 읽고, 물음에 답하시오.

(가) 로봇을 소유한 기업이나 로봇에게 세금을 부과하자는 주장이 나오고 있다. 로봇이 인간의 일거리를 대신 할 수 있기 때문에 인간에게 필요한 비용을 로봇세로 보충하려는 것이다.

(나) 인간을 대신하여 일을 할 로봇에게 성급하게 세금을 부과한다면 로봇 산업 발전을 더디게 할 것이다. 특히 로봇 개발자는 개발 비용에 세금까지 더하여 마음의 부담을 느낄 수 있다.

(다) 지금은 로봇 산업 발전에 투자해야 할 때이다. 특히 로봇 개발에 필요한 원천 기술에 더 집중해야 한다. 그래야 우리나라의 재산을 지키고 국내 로봇 산업을 이끌 수 있는 힘을 기를 수 있다. 따라서 우리나라의 미래 경쟁력인 로봇 산업을 키울 수 있도록 로봇세 도입을 늦추어야 한다.

8 이 글의 내용으로 알맞지 <u>않은</u> 것은 무엇입니까? ( )

① 우리나라에서는 로봇을 만들 수 없다.
② 로봇이 인간의 일거리를 대신 맡아 할 수 있다.
③ 로봇세는 로봇 산업 발전을 더디게 할 수 있다.
④ 로봇 개발에 필요한 원천 기술에 더 집중해야 한다.
⑤ 로봇 개발자는 개발 비용에 세금까지 더하여 마음의 부담을 느낄 수 있다.

9 글쓴이가 이 글을 쓴 의도와 목적은 무엇이겠습니까? ( )

① 로봇을 광고하려고
② 로봇의 위험성을 강조하려고
③ 로봇을 만드는 과정을 알려 주려고
④ 실업률이 높아지는 원인을 알려 주려고
⑤ 로봇세 도입이 필요하다고 생각하는 사람들에게 다른 관점으로도 생각할 수 있게 하려고

10 이 글의 제목으로 알맞은 것에 ○표 하시오.

(1) 인간을 위협하는 로봇 ( )
(2) 로봇세 도입을 늦추어야 한다 ( )
(3) 로봇세 도입, 사회적 합의가 필요하다 ( )

5 단원

[11~15] 다음 글을 읽고, 물음에 답하시오.

가 장복이뿐 아니라 조선의 백성이라면 지금의 중국인 청나라를 다 오랑캐의 나라로 여겼다. 청나라나 왜적이 조선에 쳐들어왔을 때, 명나라가 도와준 고마움을 오랫동안 잊지 않은 까닭도 있었다.

나 ㉠"나리는 어떻게 생각하시는지요? 역시 오랑캐의 나라라 볼 게 없다고 여기시는지요?"
창대의 질문에 나리는 기다렸다는 듯이 대답했다.
"나는 시골의 삼류 선비지만, 중국의 제일가는 경치는 저 기와 조각과 똥 덩어리라고 말하고 싶구나."

다 "대개 백성을 위해 일하는 자는 백성과 나라에 도움이 될 일이라면 그 법이 비록 오랑캐에서 나온 것이라 해도, 마땅히 이를 배우고 본받아야 할 것이니라. 그래야 오랑캐를 물리칠 수 있는 법이다. 저들의 것을 다 익히고, 저들보다 낫게 되어야 비로소 '중국에는 볼만한 것이 없다'고 말할 수 있는 거다."
㉡"그게 기와 조각이랑 똥 덩어리랑 무슨 상관이란 말씀입니까?"

라 "㉢깨진 기와 조각은 천하에 쓸모없는 물건이다. 그러나 백성들의 집에 담을 쌓을 때 깨진 기와 조각을 둘씩 짝을 지어 물결무늬를 만들기도 하고, 혹은 네 조각을 모아 쇠사슬 모양이나 엽전 모양을 만들지 않느냐? ㉣깨진 기와 조각도 알뜰하게 사용했기에 천하의 고운 빛깔을 다 낼 수 있었던 것이다."

마 "㉤똥오줌을 생각해 보아라. 세상에 둘도 없이 더러운 것들이다. 하지만 거름으로 쓸 때는 한 덩어리라도 흘릴까 하여 조심하고, 말똥을 모으려 삼태기를 들고 말 꽁무니를 따라다니기도 하지 않느냐. 똥을 모아 그냥 두는 법도 없다. 네모반듯하게 쌓거나 팔각, 육각 등의 누각으로 쌓아 올려 똥거름 또한 모양을 만들어 두지 않았느냐."

11 이 글에서 알 수 있는 시대적 상황으로 알맞은 것은 무엇입니까? (   )

① 천민은 외국으로 여행을 갈 수 없었다.
② 양반과 천민은 서로 대화할 수 없었다.
③ 조선과 청나라는 서로를 매우 존중했다.
④ 청나라 사람들은 조선의 풍속을 배우고 본받았다.
⑤ 조선의 백성은 지금의 중국인 청나라를 오랑캐의 나라라고 여겼다.

12 다음과 같이 말하는 사람에게 이 글 속 나리가 대답할 내용으로 알맞은 것을 보기 에서 찾아 기호를 쓰시오.

> "중국엔 도무지 볼 것이라곤 없습니다. 황제는 물론 장상과 대신 등 모든 관원과 백성이 머리를 깎았으니 오랑캐요, 오랑캐의 나라에서 볼 게 뭐가 있겠습니까?"

보기

㉮ "오랑캐의 것이라고 해도 백성과 나라에 도움이 될 만한 것이라면 본받고 배워야 합니다."
㉯ "맞습니다. 10만 대군을 얻어 중국으로 쳐들어가 오랑캐들을 소탕한 뒤라야 비로소 경치를 이야기할 수 있을 것입니다."

(   )

13 ㉠~㉤ 중 글쓴이의 생각이 담긴 표현은 무엇입니까? (   )

① ㉠ ② ㉡
③ ㉢ ④ ㉣
⑤ ㉤

서술형

14 나리가 중국의 제일가는 경치가 똥 덩어리라고 한 까닭은 무엇인지 쓰시오.

____

____

15 글쓴이가 예상하는 독자로 알맞은 것에 ○표 하시오.

(1) 중국의 문화를 최고라고 여기는 사람 (   )
(2) 조선 시대 양반이나 관직에 있는 사람 (   )

5. 글에 담긴 생각과 비교해요

정답 및 풀이 20쪽

평가 주제	글을 읽고 글쓴이의 생각 파악하기
평가 목표	글을 읽고 글쓴이의 생각을 파악할 수 있다.

로봇세 도입을 늦추어야 한다

가 로봇을 소유한 기업이나 로봇에게 세금을 부과하자는 주장이 나오고 있다. 로봇이 인간의 일거리를 대신 할 수 있기 때문에 인간에게 필요한 비용을 로봇세로 보충하려는 것이다. 하지만 로봇세 도입은 로봇 산업의 발전과 국가의 미래 경쟁력에 부정적인 영향을 끼칠 수 있다.

나 로봇 산업이 본격적으로 발전하면 로봇은 인간을 대신하여 일을 하게 된다. 이럴 경우에 인간은 위험하거나 단순한 일, 반복적인 일에서 해방될 수 있다. 그런데 인간을 대신하여 일을 할 로봇에게 성급하게 세금을 부과한다면 로봇 산업 발전을 더디게 할 것이다. 특히 로봇 개발자는 개발 비용에 세금까지 더하여 마음의 부담을 느낄 수 있다. 로봇 개발자가 느끼는 마음의 부담은 로봇을 개발하는 과정에서 혁신적인 생각을 발전시키거나 과감한 투자를 하는 데에 걸림돌이 될 수 있다. ㉠로봇세는 이제 발전하려는 로봇 산업에 방해가 된다.

다 지금은 로봇 산업 발전에 투자해야 할 때이다. 특히 로봇 개발에 필요한 원천 기술에 더 집중해야 한다. 그래야 우리나라의 재산을 지키고 국내 로봇 산업을 이끌 수 있는 힘을 기를 수 있다. 따라서 우리나라의 미래 경쟁력인 로봇 산업을 키울 수 있도록 로봇세 도입을 늦추어야 한다.

1 이 글에 담긴 글쓴이의 생각을 파악하기 위해 살펴볼 점을 두 가지 이상 쓰시오.

2 ㉠의 까닭은 무엇인지 쓰시오.

3 이 글에 담긴 글쓴이의 생각은 무엇인지 조건 에 맞게 쓰시오.

조건
글에 나타난 글쓴이의 생각과 그렇게 생각하는 까닭을 정리하여 한 문장으로 쓴다.

쉬어 가기

다른 그림을 찾아보세요.

● 정답 및 풀이 20쪽

다른 곳이 15군데 있어요.

6

정보와 표현 판단하기

▶ 학습을 완료하면 V표를 하면서 학습 진도를 체크해요.

	학습 내용	백점 쪽수	확인
개념	뉴스와 광고에서 정보의 타당성과 표현의 적절성 판단하기	110쪽	□
어휘 + 문법	핵심 개념 어휘: 광고, 뉴스, 타당성 작품 속 어휘: 협약, 내구성, 초경량, 감염 문법: 낱말을 꾸며 주는 말	111쪽	□
독해	뉴스와 광고를 보고 세계에 관심 가지기: 「뉴스가 우리 생활에 미치는 영향」	112쪽	□
	광고에 나타난 표현의 적절성 살펴보기: 「신바람 자전거」, 「깃털 책가방」	113~114쪽	□
	뉴스에 나타난 정보의 타당성 알기: 「스마트 기부 확산」, 「30초의 기적…올바른 손 씻기 방법은?」	115~116쪽	□
	관심 있는 내용으로 뉴스 원고 쓰기: 「관심 있는 내용으로 뉴스 원고 쓰기」	117쪽	□
평가	단원 평가 1, 2회	118~122쪽	□
	수행 평가	123쪽	□

6 정보와 표현 판단하기

개념 강의 

1 광고에 드러난 의도와 표현 특성

의도	상품이나 생각을 널리 알리려고 정보를 제공하고, 사람들이 상품을 선택하도록 설득합니다.
표현 특성	• 주제가 잘 드러나도록 글, 그림, 사진, 소리 등을 효과적으로 사용합니다. • 오래 기억되도록 같은 말을 반복해 사용합니다. • 효과적으로 표현하려고 강조법을 사용합니다.

2 광고에 나타난 표현의 적절성 판단하기

- 광고 문구에서 과장하거나 감추는 내용이 무엇인지 살펴봅니다.
- '무조건', '절대로', '최고', '100퍼센트'와 같은 과장된 표현을 비판적으로 살펴봅니다.

과장 광고	상품 기능을 실제보다 부풀려 설명하는 광고
허위 광고	있지도 않은 상품 기능을 있는 것처럼 설명하는 광고

예 광고에서 과장하는 내용 살펴보기

3 뉴스의 짜임을 알고 타당성 판단하기

• 사람들에게 중요하거나 흥미로운 사건을 때에 알맞게 보도하는 것.

- 뉴스의 짜임

진행자의 도입	뉴스에서 보도할 내용을 유도하거나 전체를 요약해 안내합니다.
기자의 보도	시청자의 이해를 도우려고 면담 자료나 통계 자료로 설명합니다.
기자의 마무리	전체 내용을 요약하거나 핵심 내용을 강조합니다.

- 뉴스의 타당성을 판단하는 방법
  - 가치 있고 중요한 뉴스인지 살핍니다.
  - 뉴스의 관점과 보도 내용이 서로 관련 있는지 살핍니다.
  - 활용한 자료들이 뉴스의 관점을 뒷받침하는지 살핍니다.
  - 자료의 출처가 명확한지 살핍니다.

● 정답 및 풀이 21쪽

개념 확인 문제

1 광고에 드러난 의도와 표현 특성

광고의 표현 특성에 맞게 다음 빈칸에 알맞은 말을 각각 쓰시오.

> 같은 말을 (1) 하여 오래 기억되도록 하거나 (2) 을/를 사용하여 효과적으로 표현합니다.

(1) (　　　　　　)
(2) (　　　　　　)

2 광고에 나타난 표현의 적절성 판단하기

광고에서 비판적으로 살펴보아야 할 부분이 아닌 것에 ×표 하시오.

(1) 같은 말을 반복해 사용한 부분 (　　)
(2) 상품 기능을 실제보다 부풀린 부분 (　　)
(3) '무조건', '절대로'와 같은 과장된 표현 (　　)
(4) 있지도 않은 기능을 있는 것처럼 설명한 부분 (　　)

3 뉴스의 짜임을 알고 타당성 판단하기

뉴스의 타당성을 판단하는 방법으로 알맞지 않은 것의 기호를 쓰시오.

> ㉮ 자료의 출처가 명확한지 살핀다.
> ㉯ 가치 있고 중요한 뉴스인지 살핀다.
> ㉰ 뉴스의 관점과 보도 내용이 서로 관련 있는지 살핀다.
> ㉱ 활용한 자료들이 사람들이 좋아할 만한 내용으로 이루어졌는지 살핀다.

(　　　　　　)

6 정보와 표현 판단하기

어휘·문법

◉ 정답 및 풀이 21쪽

어휘

1. 핵심 개념 어휘: 광고, 뉴스, 타당성

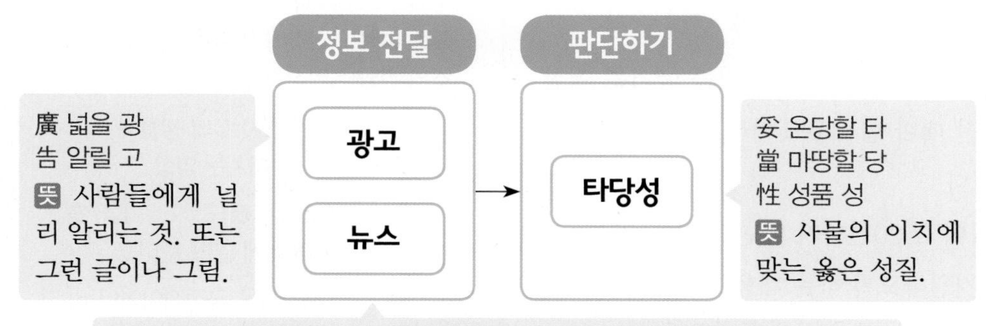

➡ 뉴스나 광고를 볼 때 정보의 타당성과 표현의 적절성을 판단합니다.

2. 작품 속 어휘

낱말	뜻	예시
협약(協約) 協 도울 협 約 맺을 약	협상에 의하여 조약을 맺음.	서울시는 통신사와 업무 협약을 맺었습니다.
내구성(耐久性) 耐 견딜 내 久 오랠 구 性 성품 성	물건이 변하지 않고 오래 견디는 성질.	콘크리트 건물은 벽돌 건물보다 내구성이 뛰어납니다.
초경량	극도로 가벼운 무게.	초경량 휴대폰에 대한 관심이 높아지고 있습니다.
감염	병균이 몸에 옮아서 병에 걸리는 것.	독감 감염을 막기 위해 예방 접종을 하였습니다.

문법 낱말을 꾸며 주는 말

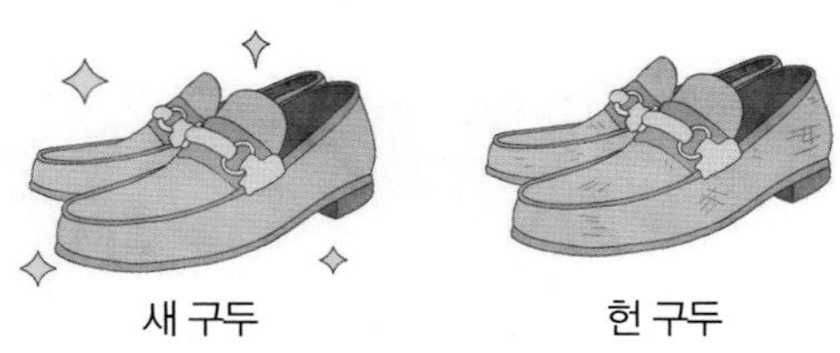

새 구두　　헌 구두

◆ 두 그림은 모두 구두를 나타내고 있습니다. 하지만 구두 앞에 붙은 '새'라는 말과 '헌'이라는 말 때문에 두 구두의 뜻이 달라졌습니다. '새'와 '헌'과 같이 체언(명사, 대명사, 수사) 앞에 붙어서 꾸며 주는 역할을 하는 말을 '관형사'라고 합니다.
관형사는 사물의 모양, 성질, 상태를 명확하게 해 줍니다. 이 외에도 관형사는 특정한 대상을 지시하여 가리키기도 하고, 수량이나 순서를 나타내기도 합니다.

> 예 • 나는 저 옷을 가지고 싶어.
> • 사과 두 개를 먹은 사람은 한 명이다.

어휘·문법 확인 문제

1 핵심 개념 어휘

다음 뜻에 알맞은 낱말을 보기 에서 찾아 쓰시오.

> 사람들에게 널리 알리는 것. 또는 그런 글이나 그림.

보기: 광고　　뉴스

(　　　　　　)

2 작품 속 어휘

다음 빈칸에 들어갈 알맞은 낱말을 보기 에서 찾아 쓰시오.

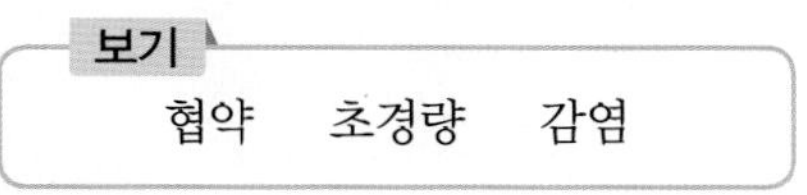

보기: 협약　초경량　감염

(1) (　　　) 운동화를 신으면 달리기를 할 때 가뿐하다.
(2) 우리나라는 미국과 경제 (　　　)을/를 맺었다.
(3) 눈병 (　　　) 환자가 크게 줄었다.

3 작품 속 어휘

다음 뜻에 알맞은 낱말을 쓰시오.

> 물건이 변하지 않고 오래 견디는 성질.

(　　　　　　)

4 문법

다음 문장에서 관형사를 찾아 밑줄을 그으시오.

(1) 우리는 아무 말도 못했다.
(2) 나는 오늘 저 사람을 처음 만났다.
(3) 아버지께서는 옛 노래를 자꾸만 흥얼거리셨다.

6 단원

뉴스가 우리 생활에 미치는 영향

가 **파리 기후 [㉠] 체결, 기온 상승 폭 2도 제한**

지구 온난화를 막기 위해 전 세계가 참가한 보편적 기후 변화 협정이 프랑스 파리에서 체결됐습니다. / 31쪽 분량의 '파리 협정' 최종 합의문 핵심은 지구의 기온 상승 폭을 산업화 이전 대비 섭씨 2도 아래로 억제하고, 가능하면 섭씨 1.5도까지 낮추는 것입니다.

또 온실가스 감축을 위해 선진국들이 2020년까지 매년 천억 달러, 우리 돈 118조 원의 기금을 개발 도상국에 지원하도록 하는 내용도 담겼습니다.

중심 내용 | 지구의 기온 상승 폭을 낮추기 위한 협정이 프랑스 파리에서 체결되었습니다.

나

• **특징** 파리 기후 협약이 체결되었다는 내용의 뉴스를 본 사람들의 반응을 통해 뉴스가 우리 생활에 미치는 영향을 알 수 있습니다.

• **활동 정리** 빈칸에 알맞은 말을 넣어 뉴스의 영향 정리하기

반응	뉴스가 우리 생활에 미치는 영향
❶	새로운 ❶( )을/를 사람들에게 알려 준다.
❷	어떤 일을 긍정적이거나 비판적인 시각으로 보게 한다.
❸	여러 사람의 생각에 영향을 주어 ❷( )을/를 형성한다.

온난화(溫 따뜻할 온, 暖 따뜻할 난, 化 될 화) 지구의 기온이 높아지는 현상.
개발 도상국 경제 개발이 선진국에 비하여 뒤떨어진 나라.

1 가의 뉴스에 나타난 기후 협약에 대한 설명으로 알맞지 않은 것은 무엇입니까? (   )

① 프랑스 파리에서 체결되었다.
② 31쪽 분량의 최종 합의문이 있다.
③ 지구 온난화를 막기 위한 협약이다.
④ 기온의 상승 폭에 제한을 두지 않는 내용이다.
⑤ 온실가스 감축을 위해 선진국들이 개발 도상국을 지원하기로 한 내용이다.

2 나의 ❶번에서 여자아이가 궁금해한 것에 ○표 하시오.

(1) 기후 협약의 뜻 (   )
(2) 기후 협약의 장점 (   )

중요 독해

3 나의 ❷, ❸번 사람들의 반응을 통해 알 수 있는, 뉴스가 우리 생활에 미치는 영향을 선으로 이으시오.

(1) ❷ • • ㉮ 여러 사람의 생각에 영향을 주어 여론을 형성한다.
(2) ❸ • • ㉯ 어떤 일을 긍정적이거나 비판적으로 보게 한다.

어휘

4 ㉠에 들어갈 다음 뜻을 가진 알맞은 낱말을 찾아 ○표 하시오.

협상에 의하여 조약을 맺음.

(1) 협동 (   ) (2) 협약 (   ) (3) 협력 (   )

신바람 자전거

- **글의 종류** 광고문
- **글의 특징** 신바람 자전거를 판매하기 위한 상업 광고로, 광고의 표현 특성이 잘 나타나 있고, 비판적으로 볼 내용이 포함되어 있습니다.
- **활동 정리** 빈칸에 알맞은 말을 넣어 광고의 내용 정리하기

신바람 자전거의 좋은 점	• 독보적인 ❶(　　　) • 튼튼한 내구성
광고에 나타난 ❷(　　　) 된 표현	• 당신의 일상에 신바람이 일어납니다. • 단 한 가지 • 최고

무료하고 (의욕이나 흥미가 없어) 지루하고 심심하고.
내구성(耐 견딜 내, 久 오랠 구, 性 성품 성) 물건이 변하지 않고 오래 견디는 성질.
선사(膳 선물 선, 賜 줄 사) 좋은 뜻을 가지고 남에게 물품을 주는 것.

중요 독해

5 **이 광고에 쓰인 과장된 표현을 모두 고르시오.**
(　　　　　)

① 기분 최고, 건강 최고, 기술력 최고!
② 당신의 일상에 신바람이 일어납니다.
③ 무료하고, 따분하고, 재미있는 일이 없을 때
④ 당신의 즐거운 일상과 건강한 체력을 책임져 줄 단 한 가지!
⑤ 건강해지려고 아령도 들고 줄넘기도 해 보지만 체력이 여전히 바닥일 때

어휘

6 **빈칸에 공통으로 들어갈 낱말을 이 광고에서 찾아 쓰시오.**

- ☐이/가 좋은 재질로 만든 그릇이다.
- 아버지께서 10년 넘게 쓰시는 가방은 ☐이/가 뛰어나서 아직도 새것 같다.

(　　　　　)

서술형

7 **다음 광고 문구가 감추고 있는 내용은 무엇인지 쓰시오.**

소비자 만족도 1위

____

____

8 **광고를 비판적으로 보아야 하는 까닭을 알맞게 말하지 못한 친구의 이름을 쓰시오.**

미주: 광고 내용을 모두 믿고 제품을 구입하면 피해를 입을 수 있어.
재용: 광고에 나오는 내용은 모두 거짓이기 때문에 절대 속지 말아야 해.
선화: 비판하지 않고 광고를 보면 그 내용을 모두 사실이라고 믿을 수 있기 때문에 위험해.

(　　　　　)

기본 광고에 나타난 표현의 적절성 살펴보기

국어 256쪽 / 정답 및 풀이 21쪽

깃털 책가방

깃털 책가방

㉠이보다 가벼울 수는 없다! **초경량** 책가방
교과서를 모두 넣어도 찢어질 염려 없는 **튼튼한** 재질
거품 없는 가격과 **최고의 품질**
한국에서 직접 디자인하고 직접 만든 책가방
멘 듯 안 멘 듯 깃털처럼 가벼운 **깃털 책가방**

책가방을 살 때에는 깃털 책가방을 사세요.
세련된 디자인과 특수한 가공으로 품질을 인정받아 해외로 수출하는 우수 제품입니다.
깃털 책가방 회사

- **글의 종류** 광고문
- **글의 특징** 깃털 책가방을 판매하기 위한 상업 광고로, 광고의 표현 특성이 잘 나타나 있고, 비판적으로 볼 내용이 포함되어 있습니다.
- **활동 정리** 빈칸에 알맞은 말을 넣어 광고의 내용 정리하기

깃털 책가방의 좋은 점	• 초경량 • ❶(　　　) 재질 • 거품 없는 가격
광고에 나타난 과장된 표현	• 이보다 가벼울 수는 없다! • 교과서를 모두 넣어도 찢어질 염려 없는 • 거품 없는 가격 • ❷(　　　)의 품질 • 멘 듯 안 멘 듯 깃털처럼 가벼운

염려(念 생각할 염, 慮 생각할 려) 앞으로 생길 일에 대하여 걱정하는 것.
가공(加 더할 가, 工 장인 공) 원료나 재료에 기술과 힘을 들여 새로운 물건으로 만드는 것.

9 이 광고에서 광고하는 것은 무엇인지 쓰시오.

(　　　　　　　　　　)

10 ㉠이 과장된 표현인 까닭으로 알맞은 것을 찾아 ○표 하시오.

(1) 책가방이 가벼울 수 없기 때문에 (　　)
(2) 가볍다는 것이 좋은 점은 아니기 때문에 (　　)
(3) 더 가벼운 책가방이 있을 수 있기 때문에 (　　)

어휘

11 다음 뜻을 가진 낱말을 이 광고에서 찾아 쓰시오.

극도로 가벼운 무게.

(　　　　　　　　　　)

중요 독해

12 이 광고를 통해 알 수 있는 광고의 표현 특성을 모두 고르시오. (　　　　)

① 같은 말을 반복해 사용한다.
② 중요한 글자를 더 크게 한다.
③ 실제 사용 후기를 보여 준다.
④ 상품의 제작 과정을 공개한다.
⑤ 글, 그림 등을 효과적으로 사용한다.

서술형

13 광고에서 비판적으로 보아야 하는 부분을 쓰시오.

스마트 기부 확산

- **글의 종류** 뉴스
- **글의 특징** 스마트 기부에 대한 뉴스로, 뉴스의 짜임과 뉴스의 타당성을 판단하는 방법을 알 수 있습니다.
- **활동 정리** 빈칸에 알맞은 말을 넣어 뉴스의 짜임 정리하기

진행자의 도입	보도할 내용을 유도하거나 전체를 요약해 안내함.
기자의 ❶(　　　)	시청자의 이해를 도우려고 면담 자료나 통계 자료로 설명함.
기자의 마무리	전체 내용을 요약하거나 핵심 내용을 ❷(　　　)함.

기부(寄 부칠 기, 附 붙을 부) 많은 사람에게 도움이 되는 일에 돈이나 재산 등을 내어 주는 것.

14 이 뉴스에서 보도하는 내용은 무엇입니까? (　　　)

① 청소년들의 게임 중독 문제가 심각하다는 내용
② 스마트폰의 기능이 점점 발전하고 있다는 내용
③ 경기가 어려워 기부하는 사람이 줄어들고 있다는 내용
④ 재미와 감동이 함께하는 '스마트 기부'가 확산된다는 내용
⑤ 초등학생의 스마트폰 사용 시간이 점점 더 늘고 있다는 내용

15 ❶은 '진행자의 도입' 부분입니다. 이 부분의 내용으로 알맞은 것을 찾아 ○표 하시오.

(1) 앞으로의 전망을 제시한다. (　　)
(2) 시청자의 생각을 바로 알려 준다. (　　)
(3) 뉴스에서 보도할 내용을 유도하거나 전체를 요약해 안내한다. (　　)

중요 독해

16 ❷, ❸과 같이 뉴스에서 면담이나 통계 자료를 보여 주는 까닭을 두 가지 고르시오. (　　　)

① 촬영하기 쉽기 때문에
② 더 짧게 방송할 수 있기 때문에
③ 자료의 출처가 명확하지 않기 때문에
④ 뉴스 내용을 체계적으로 보여 줄 수 있기 때문에
⑤ 사람들의 이해를 돕고 뉴스 내용을 일목요연하게 보여 줄 수 있기 때문에

서술형

17 이 뉴스의 타당성을 조건 에 맞게 판단해 쓰시오.

조건
자료의 출처가 명확한지 살피기

기본 뉴스에 나타난 정보의 타당성 알기

● 국어 262쪽 / 정답 및 풀이 21쪽

30초의 기적…올바른 손 씻기 방법은?

[진행자의 도입] 독감 때문에 요즘 ㉠감염 걱정이 많죠? 하지만 '30초 손 씻기'만 제대로 실천해도 웬만한 감염병은 막을 수 있다고 합니다. '30초의 기적'이라고까지 하는 올바른 손 씻기 방법을 이선주 기자가 알려 드립니다.

[기자의 보도] 하루에도 몇 번씩 씻는 손, 손을 씻는 방법은 제각각입니다.

면담 박윤철 6학년 1반 학생

"평소에는 그냥 물로 씻는 편이에요."

면담 금성혜 6학년 3반 학생

"그냥 물휴지 정도로 닦는 편이에요."

손을 어떻게 씻어야 손에 번식하는 세균을 없앨 수 있을지 알아보려고 손에 형광 물질을 바르고 실험했습니다. 10초 동안 비누로 손바닥과 손가락을 비벼 가며 열심히 씻는 것이 중요합니다. 이렇게 수시로 30초 동안 손을 씻으면 감염병의 70퍼센트는 예방할 수 있습니다.

면담 하영은 보건 선생님

"감기를 비롯해 장염, 식중독 따위도 모두 손을 깨끗이 씻으면 예방할 수 있습니다."

[기자의 마무리] 특히 중요한 것은 손으로 얼굴을 자주 만지지 않는 것입니다. 우리는 평균 한 시간에 3.6회나 얼굴을 만진다는 연구 결과도 있는데요, 이렇게 자주 얼굴을 만지면 눈, 코, 입으로 세균이 들어가 감염되기 쉽습니다. △△△ 뉴스 이선주입니다.

- **글의 종류** 뉴스
- **글의 특징** 올바른 손 씻기 방법에 대한 뉴스로, 뉴스의 짜임과 뉴스의 타당성을 판단하는 방법을 알 수 있습니다.
- **활동 정리** 빈칸에 알맞은 말을 넣어 뉴스의 타당성을 판단하기
  - 가치 있고 중요한 뉴스임.
  - 뉴스의 ❶(　　　　)와/과 보도 내용이 서로 관련 있음.
  - 뉴스의 관점을 뒷받침하려고 관련 실험, 전문가 면담, 주제와 관련한 연구 결과를 활용함.
  - 전문가와 관련한 정보의 ❷(　　　　)은/는 밝혔지만, 연구 결과의 출처는 없음.

번식(繁 많을 번, 殖 번성할 식)하는 붙고 늘어서 많이 퍼지는.
수시로 경우나 기회가 생길 때마다.

18 이 뉴스에서 진행자와 기자는 어떤 역할을 하는지 찾아 선으로 이으시오.

(1) 진행자 •　　• ㉮ 면담 자료나 통계 자료로 취재한 내용을 설명한다.

(2) 기자 •　　• ㉯ 뉴스에서 보도할 내용을 유도하거나 전체를 요약해 안내한다.

어휘

19 ㉠의 뜻으로 알맞은 것을 찾아 ○표 하시오.

(1) 원래의 상태를 되찾는 것. (　　)

(2) 병균이 몸에 옮아서 병에 걸리는 것. (　　)

(3) 의료 기계를 사용하여 병을 고치는 일. (　　)

중요 독해

20 이 뉴스에서 관점을 뒷받침하려고 활용한 자료를 모두 고르시오. (　　　　)

① 관련 실험
② 전문가 면담
③ 학생 수 감소 그래프
④ 주제와 관련한 연구 결과
⑤ 독감 종류를 설명한 영상 자료

서술형

21 이 뉴스의 타당성을 조건 에 맞게 판단해 쓰시오.

조건
뉴스 관점과 보도 내용이 서로 관련 있는지 살핀다.

● 국어 264쪽 / 정답 및 풀이 21쪽

관심 있는 내용으로 뉴스 원고 쓰기

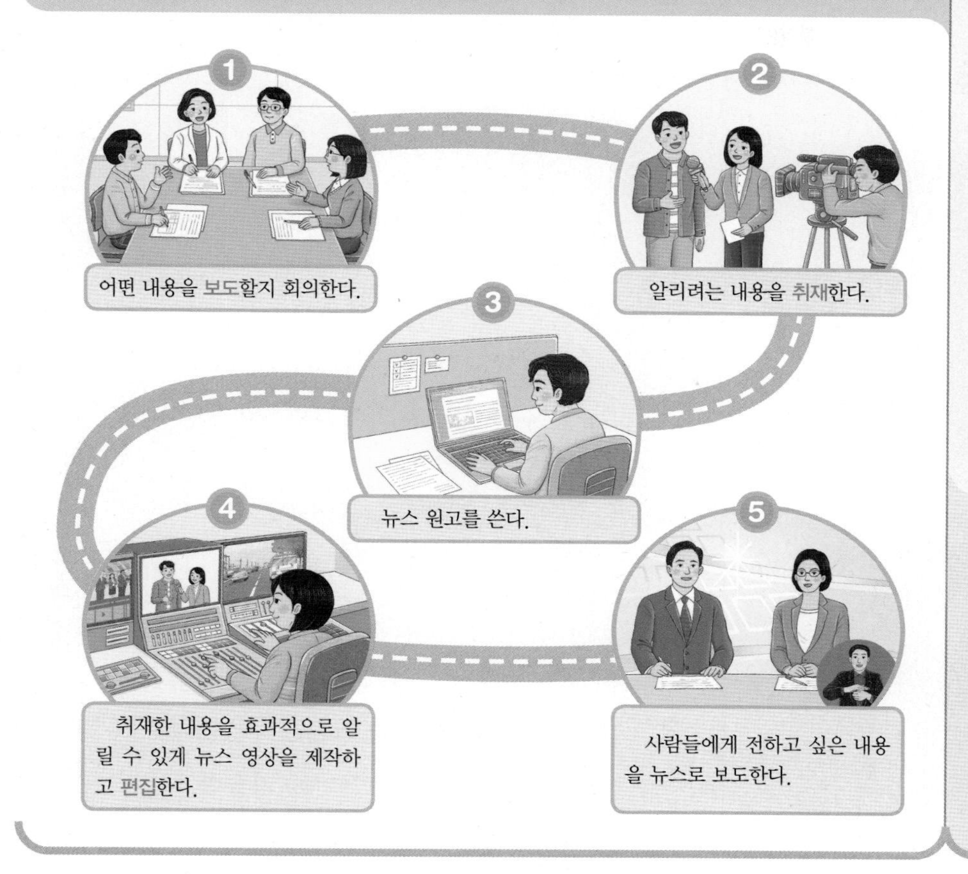

• **특징** 뉴스를 만드는 과정이 차례대로 나타나 있습니다.

• **활동 정리** 빈칸에 알맞은 말을 넣어 뉴스를 만드는 과정 정리하기

> 어떤 내용을 보도할지 회의한다.
> → 알리려는 내용을 ❶(　　　)한다.
> → 뉴스 원고를 쓴다.
> → 취재한 내용을 효과적으로 알릴 수 있게 뉴스 영상을 제작하고 편집한다.
> → 사람들에게 전하고 싶은 내용을 뉴스로 ❷(　　　)한다.

보도(報 갚을 보, 道 길 도) 어떤 사실을 신문, 방송 등을 통해 여러 사람에게 알리는 것. 또는 그 내용.
취재(取 취할 취, 材 재목 재) 신문이나 잡지에 실을 기사의 재료를 얻는 것.
편집(編 엮을 편, 輯 모을 집) 신문·잡지·책 등을 펴내기 위해 기사나 글을 모으고 정리하여 알맞게 짜 맞추는 것.

22 뉴스를 만드는 과정에 맞게 차례대로 기호를 쓰시오.

> ㉮ 뉴스 원고를 쓴다.
> ㉯ 알리려는 내용을 취재한다.
> ㉰ 어떤 내용을 보도할지 회의한다.
> ㉱ 사람들에게 전하고 싶은 내용을 뉴스로 보도한다.
> ㉲ 취재한 내용을 효과적으로 알릴 수 있게 뉴스 영상을 제작하고 편집한다.

(　　)→(　　)→(　　)→(　　)→(　　)

23 뉴스에서 어떤 내용을 보도할지 회의할 때 주의할 점을 두 가지 고르시오. (　　　　)

① 문제가 해결된 사건만 살펴본다.
② 새로운 정보는 무엇인지 생각해 본다.
③ 취재하기 쉽고 편한 일인지 생각해 본다.
④ 어른들에게만 도움이 될 정보인지 살펴본다.
⑤ 우리 주변에서 최근 일어난 일은 무엇인지 살펴본다.

중요 독해

24 뉴스 원고를 쓸 때 주의할 점을 모두 고르시오. (　　　　)

① 타당한 정보를 제시한다.
② 짧고 간결한 표현을 사용한다.
③ 비유적인 표현을 자주 사용한다.
④ 외래어와 외국어를 많이 사용한다.
⑤ 사람들이 쉽고 분명하게 그 내용을 느낄 수 있도록 정확한 표현을 사용한다.

서술형

25 자신이 만들고 싶은 뉴스 주제를 한 가지 떠올려 쓰시오.

6. 정보와 표현 판단하기

정답 및 풀이 22쪽

[1~2] 다음 그림을 보고 물음에 답하시오.

1 뉴스를 보고 ❶의 여자아이는 어떤 반응을 보였는지 빈칸에 알맞은 말을 쓰시오.

( )이/가 무엇인지 궁금해하였다.

2 ❸의 사람들이 보인 반응을 통해 알 수 있는, 뉴스가 우리 생활에 미치는 영향은 무엇입니까? ( )

① 재미를 느끼게 한다.
② 사람들에게 새로운 정보를 알려 준다.
③ 어떤 일을 비판적인 시각으로 보게 한다.
④ 어떤 일을 긍정적인 시각으로 보게 한다.
⑤ 여러 사람의 생각에 영향을 주어 여론을 형성한다.

[3~5] 다음 광고를 보고 물음에 답하시오.

3 이 광고에서 반복되는 표현은 무엇입니까? ( )

① 기분
② 기술력
③ 줄넘기
④ 독보적
⑤ 신바람

4 이 광고에 나타난 표현의 적절성을 판단할 수 있는 질문은 무엇입니까? ( )

① 무엇을 광고하나요?
② 광고에 어떤 글씨체가 쓰였나요?
③ 광고에서 과장되거나 감추는 내용은 없나요?
④ 광고에서 글과 그림은 어떻게 구성되어 있나요?
⑤ 광고 화면을 밝고 긍정적으로 표현한 까닭은 무엇일까요?

5 ㉠~㉢ 중에서 과장된 표현에 해당하는 것을 찾아 기호를 쓰시오.

( )

[6~8] 다음 뉴스 원고를 보고 물음에 답하시오.

㉮ 독감 때문에 요즘 감염 걱정이 많죠? 하지만 '30초 손 씻기'만 제대로 실천해도 웬만한 감염병은 막을 수 있다고 합니다. '30초의 기적'이라고까지 하는 올바른 손 씻기 방법을 이선주 기자가 알려 드립니다.
㉯ 하루에도 몇 번씩 씻는 손, 손을 씻는 방법은 제각각입니다.

면담 박윤철 6학년 1반 학생
"평소에는 그냥 물로 씻는 편이에요."

면담 금성혜 6학년 3반 학생
"그냥 물휴지 정도로 닦는 편이에요."

손을 어떻게 씻어야 손에 번식하는 세균을 없앨 수 있을지 알아보려고 손에 형광 물질을 바르고 실험했습니다. 10초 동안 비누로 손바닥과 손가락을 비벼 가며 열심히 씻는 것이 중요합니다. 이렇게 수시로 30초 동안 손을 씻으면 감염병의 70퍼센트는 예방할 수 있습니다.
㉰ 특히 중요한 것은 손으로 얼굴을 자주 만지지 않는 것입니다. 우리는 평균 한 시간에 3.6회나 얼굴을 만진다는 연구 결과도 있는데요, 이렇게 자주 얼굴을 만지면 눈, 코, 입으로 세균이 들어가 감염되기 쉽습니다. △△△ 뉴스 이선주입니다.

6 ㉮~㉰는 뉴스의 짜임 중 무엇에 해당하는지 선으로 이으시오.

(1) ㉮ • • ㉮ 기자의 보도
(2) ㉯ • • ㉯ 기자의 마무리
(3) ㉰ • • ㉰ 진행자의 도입

7 이 뉴스를 보고 알 수 있는 내용은 무엇입니까? ( )

① 세균이 사는 환경
② 감기와 독감의 차이
③ 올바른 손 씻기 방법
④ 어린이에게 위험한 감염병
⑤ 예방 주사를 맞아야 하는 까닭

8 이 뉴스의 타당성을 바르게 판단하지 못한 것에 ×표 하시오.

(1) 손으로 얼굴을 만지는 것과 관련된 연구 결과의 출처가 명확하게 제시되어 있다. ( )
(2) '30초 손 씻기'의 중요성을 나타내기 위해 올바른 손 씻기 방법을 관련지어 제시했다. ( )
(3) 감염병을 예방할 수 있는 올바른 손 씻기 방법을 알려 주어서 가치 있고 중요한 뉴스이다. ( )

문법
9 다음 문장에서 관형사를 찾아 쓰시오.

새 책이 많다.

( )

문법
10 다음 문장의 밑줄 그은 부분이 관형사가 아닌 것은 무엇입니까? ( )

① 동화책 두 권을 샀다.
② 저 아이는 내 동생이다.
③ 헌 옷으로 가방을 만들었다.
④ 우리 셋은 항상 붙어 다닌다.
⑤ 형은 아무 대답도 하지 않았다.

1 다음 뉴스를 본 사람들의 반응을 통해 알 수 있는, 뉴스가 우리 생활에 미치는 영향을 모두 고르시오. (　　　　)

① 사람들에게 새로운 정보를 알려 준다.
② 범죄를 예방하고, 안전한 사회를 만든다.
③ 국민을 위한 법을 만들거나 없애는 일을 한다.
④ 여러 사람의 생각에 영향을 주어 여론을 형성한다.
⑤ 어떤 일을 긍정적이거나 비판적인 시각으로 보게 한다.

2 광고의 표현 특성을 알맞게 설명한 것을 모두 고르시오. (　　　　)

① 효과적으로 표현하려고 강조법을 사용한다.
② 오래 기억되도록 같은 말을 반복해 사용한다.
③ 전달하고자 하는 생각을 최대한 길게 설명한다.
④ 주제가 잘 드러나도록 글, 그림, 사진을 효과적으로 사용한다.
⑤ 사람들에게 중요하거나 흥미로운 사건을 때에 알맞게 보도한다.

[3~5] 다음 광고를 보고 물음에 답하시오.

3 이 광고에서 내세운 신바람 자전거의 좋은 점을 두 가지 고르시오. (　　　　)

① 다양한 크기
② 저렴한 가격
③ 튼튼한 내구성
④ 독보적인 디자인
⑤ 무료 점검 서비스

4 ㉠~㉤ 중에서 감추는 내용이 있는 것은 무엇입니까? (　　　)

① ㉠　② ㉡　③ ㉢
④ ㉣　⑤ ㉤

서술형

5 이 광고의 목적을 두 가지 쓰시오.

(1) ______________________

(2) ______________________

[6~7] 다음 광고를 보고 물음에 답하시오.

6 이 광고에서 말한 깃털 책가방의 특징으로 알맞지 않은 것은 무엇입니까? (　　　)

① 얇은 재질　② 최고의 품질
③ 초경량 책가방　④ 세련된 디자인
⑤ 거품 없는 가격

7 이 광고에서 과장하거나 감추는 내용을 알맞게 말하지 못한 친구의 이름을 쓰시오.

진원: '이보다 가벼울 수는 없다!'라는 표현은 더 가벼운 책가방이 있을 수 있으므로 과장된 표현이야.
수진: '해외로 수출하는 우수 제품입니다.'라는 표현은 어떤 나라로 수출하는지와 관련 있는 자세한 정보가 감추어져 있어.
현우: '교과서를 모두 넣어도 찢어질 염려 없는'이라는 표현은 책가방에 교과서를 모두 넣으면 들 수 없을 정도로 무겁기 때문에 과장된 표현이야.

(　　　　　　　　)

[8~10] 다음 뉴스 원고를 보고, 물음에 답하시오.

가 [㉠]: 사랑의 열매에는 1700억 원 넘게 모여서 목표액의 절반 이상을 채웠고 사랑의 온도 탑도 수은주가 50도를 넘어섰습니다. 어려운 경기 속에도 이렇게 기부가 늘어난 데는 재미와 감동이 함께하는 이른바 '스마트 기부'가 한몫을 하고 있습니다.

나 기자의 보도: 거리에 등장한 자선냄비가 뭔가 색다릅니다. 한 시민이 돼지 저금통을 갈라 모금함에 돈을 넣는가 했더니, 먼저 주사위를 모니터 위에 놓습니다. 선택한 것은 여성과 다문화, 기부 대상을 직접 고를 수 있는 스마트 자선냄비입니다.

〈면담〉 ○○○(서울시 용산구)
"자기가 마음 가는 단체에 기부할 수 있어서 편리한 것 같습니다. 좋은 것 같습니다."

기부 자판기도 새로 등장했습니다. 메뉴판엔 물이나 신발, 약이 있고 2천5백 원부터 만 원까지 금액도 있어, 원하는 것을 고르면 지구 반대편 어린이에게 그대로 전달됩니다.

8 ㉠은 뉴스의 짜임 중 무엇에 해당하는지 쓰시오.

(　　　　　　　　)

9 이 뉴스의 내용으로 알맞지 않은 것에 ×표 하시오.

(1) 스마트 자선냄비는 기부 대상을 고를 수 있다. (　　)
(2) 올해는 사랑의 열매 기부금이 눈에 띄게 줄어들고 있다. (　　)

서술형

10 다음 친구가 이 뉴스의 타당성을 판단한 방법은 무엇인지 쓰시오.

뉴스의 관점에 맞게 스마트 기부의 종류를 소개하고, 스마트 기부의 장점과 특징을 소개했어.

[11~14] 다음 뉴스 원고를 보고 물음에 답하시오.

진행자의 도입	독감 때문에 요즘 감염 걱정이 많죠? 하지만 '30초 손 씻기'만 제대로 실천해도 웬만한 감염병은 막을 수 있다고 합니다. '30초의 기적'이라고까지 하는 올바른 손 씻기 방법을 이선주 기자가 알려 드립니다.
기자의 보도	하루에도 몇 번씩 씻는 손, 손을 씻는 방법은 제각각입니다. 면담 박윤철 6학년 1반 학생 "평소에는 그냥 물로 씻는 편이에요." 면담 금성혜 6학년 3반 학생 "그냥 물휴지 정도로 닦는 편이에요." 손을 어떻게 씻어야 손에 번식하는 세균을 없앨 수 있을지 알아보려고 손에 형광 물질을 바르고 실험했습니다. 10초 동안 비누로 손바닥과 손가락을 비벼 가며 열심히 씻는 것이 중요합니다. 이렇게 수시로 30초 동안 손을 씻으면 감염병의 70퍼센트는 예방할 수 있습니다. 면담 하영은 보건 선생님 "감기를 비롯해 장염, 식중독 따위도 모두 손을 깨끗이 씻으면 예방할 수 있습니다."
기자의 마무리	특히 중요한 것은 손으로 얼굴을 자주 만지지 않는 것입니다. 우리는 평균 한 시간에 3.6회나 얼굴을 만진다는 연구 결과도 있는데요, 이렇게 자주 얼굴을 만지면 눈, 코, 입으로 세균이 들어가 감염되기 쉽습니다. △△△ 뉴스 이선주입니다.

11 이 뉴스에서 보도하는 내용은 무엇입니까? (　　)

① 장염의 증상
② 식중독의 원인
③ 올바른 손 씻기 방법
④ 손으로 옮는 세균의 특징
⑤ 손으로 할 수 있는 운동의 종류

12 이 뉴스의 내용으로 알맞지 않은 것은 무엇입니까? (　　)

① 독감의 주요 원인은 세균이다.
② 우리는 평균 한 시간에 3.6회 얼굴을 만진다.
③ 손으로 얼굴을 자주 만지지 않는 것이 중요하다.
④ 자주 얼굴을 만지면 눈, 코, 입으로 세균이 들어가 감염되기 쉽다.
⑤ 수시로 30초 동안 손을 씻으면 감염병의 70퍼센트는 예방할 수 있다.

13 이 뉴스의 타당성을 판단하는 방법으로 알맞지 않은 것은 무엇입니까? (　　)

① 자료의 출처가 명확한지 살핀다.
② 가치 있고 중요한 뉴스인지 살핀다.
③ 이미 많은 사람들이 알고 있는 내용인지 살핀다.
④ 뉴스 관점과 보도 내용이 서로 관련 있는지 살핀다.
⑤ 활용한 자료들이 뉴스의 관점을 뒷받침하는지 살핀다.

14 이 뉴스의 타당성을 판단해 알맞게 말하지 못한 친구의 이름을 쓰시오.

> 다예: 기자의 마무리 부분에 제시한 연구 결과의 출처가 명확하게 제시되어야 할 것 같아.
> 정주: 감염병을 예방할 수 있는 올바른 손 씻기 방법을 알려 주어서 가치 있고 중요한 뉴스야.
> 석진: 손을 깨끗이 씻으면 감염병을 예방할 수 있다는 뉴스의 관점과 보도 내용이 서로 관련이 없는 것 같아.

(　　　　　　)

서술형

15 뉴스 원고를 쓸 때 주의해야 할 점을 한 가지 쓰시오.

6. 정보와 표현 판단하기

● 정답 및 풀이 23쪽

평가 주제	뉴스에 나타난 정보의 타당성 알기
평가 목표	뉴스에 나타난 정보의 타당성을 알 수 있다.

㉮ 진행자의 도입 독감 때문에 요즘 감염 걱정이 많죠? 하지만 '30초 손 씻기'만 제대로 실천해도 웬만한 감염병은 막을 수 있다고 합니다. '30초의 기적'이라고까지 하는 올바른 손 씻기 방법을 이선주 기자가 알려 드립니다.

㉯ 기자의 보도 하루에도 몇 번씩 씻는 손, 손을 씻는 방법은 제각각입니다.

면담 박윤철 6학년 1반 학생
"평소에는 그냥 물로 씻는 편이에요."

면담 금성혜 6학년 3반 학생
"그냥 물휴지 정도로 닦는 편이에요."

손을 어떻게 씻어야 손에 번식하는 세균을 없앨 수 있을지 알아보려고 손에 형광 물질을 바르고 실험했습니다. 10초 동안 비누로 손바닥과 손가락을 비벼 가며 열심히 씻는 것이 중요합니다. 이렇게 수시로 30초 동안 손을 씻으면 감염병의 70퍼센트는 예방할 수 있습니다.

㉰ 기자의 마무리 특히 중요한 것은 손으로 얼굴을 자주 만지지 않는 것입니다. 우리는 평균 한 시간에 3.6회나 얼굴을 만진다는 연구 결과도 있는데요, 이렇게 자주 얼굴을 만지면 눈, 코, 입으로 세균이 들어가 감염되기 쉽습니다. △△△ 뉴스 이선주입니다.

1 이 뉴스를 보고 알 수 있는 올바른 손 씻기 방법은 무엇인지 쓰시오.

2 이 뉴스에서 관점을 뒷받침하려고 활용한 자료는 무엇인지 쓰시오.

3 이 뉴스의 타당성을 판단하여 조건 에 맞게 쓰시오.

조건
1. 활용한 자료들이 뉴스의 관점을 뒷받침하는지 쓴다.
2. 뉴스가 타당하지 않을 경우에는 고칠 점을 쓴다.

6 단원

쉬어 가기

미로를 따라 길을 찾아보세요.

정답 및 풀이 24쪽

7 글 고쳐 쓰기

▶ 학습을 완료하면 V표를 하면서 학습 진도를 체크해요.

	학습 내용	백점 쪽수	확인
개념	글의 내용과 표현이 더 나아지도록 자신이 쓸 글을 다시 읽고 고쳐 쓰기	126쪽	□
어휘 + 문법	핵심 개념 어휘: 삭제, 추가, 호응 작품 속 어휘: 악취, 투쟁, 부작용, 대체 문법: 문장에서 서로 어울리는 말	127쪽	□
독해	글을 고쳐 쓰면 좋은 점 알기: 「쓰레기가 되는 불량 식품」	128쪽	□
	글을 고쳐 쓰는 방법 알기: 「다른 사람을 존중하자」	129쪽	□
	자료를 활용해 글 쓰기: 「동물의 희생, 동물 실험을 반대한다」, 「동물 실험을 없애도 괜찮을까」	130～131쪽	□
평가	단원 평가 1, 2회	132～136쪽	□
	수행 평가	137쪽	□

7 글 고쳐 쓰기

개념 강의

정답 및 풀이 24쪽

1 글을 고쳐 쓰면 좋은 점

- 적절하지 않은 낱말이나 틀린 문장이 없으면 읽는 사람이 글을 더 쉽게 이해할 수 있습니다.
- 군더더기 없는 글을 쓰면 자신의 생각을 더 잘 전달할 수 있습니다.
- 필요한 내용을 더 쓰면 자세하고 내용이 풍부한 글이 됩니다.

예 글을 고쳐 써서 좋았던 경험 말하기

2 글을 고쳐 쓰는 방법

글 수준	• 글쓴이가 글을 쓴 목적을 생각해 봅니다. • 글 내용과 글쓴이의 주장이 잘 드러나도록 제목을 바꾸어 씁니다. • 글에서 더하거나 뺄 내용을 생각해 봅니다. (제목: 글쓴이의 생각을 나타내거나 글 내용과 관련해 궁금증을 불러일으키는 것으로 정합니다.)
문단 수준	• 글의 흐름에 맞게 문단 차례를 조정합니다. • 문단에서 중심 문장의 내용과 관련 없는 문장이 있으면 삭제합니다. • 중심 문장을 뒷받침 문장들과 어울리게 고쳐 씁니다.
문장 수준	• 문장 호응이 이루어지지 않은 문장을 고쳐 씁니다. • 표현이 적절하지 않은 문장을 고쳐 씁니다. • 지나치게 긴 문장을 두 문장으로 나누어 고쳐 씁니다.
낱말 수준	• 문장에 알맞은 낱말을 선택해 추가합니다. • 어색한 낱말을 고쳐 씁니다.

3 글을 고칠 때 사용하는 교정 부호

교정 부호	쓰임	사용한 예	교정 부호	쓰임	사용한 예
∨	띄어 쓸 때	기분 좋은∨하루	⌴	여러 글자를 고칠 때	온 가족이 모여서 마신게(맛있게) 먹었다.
⌒	붙여 쓸 때	사랑⌒하는 사람을	⌇	글자를 뺄 때	가족과 함께 저녁 음식을 먹었다.
⌒(고침)	한 글자를 고칠 때	마(만)나러 간다.	⋎	글의 내용을 추가할 때	내가 사랑하는 사람은 (바로) 가족이다.

개념 확인 문제

1 글을 고쳐 쓰면 좋은 점

글을 고쳐 쓰면 좋은 점을 알맞게 말하지 못한 친구의 이름을 쓰시오.

> 태호: 필요한 내용도 과감히 빼면 빨리 읽을 수 있는 글이 돼.
> 유영: 군더더기 없는 글을 쓰면 자신의 생각을 더 잘 전달할 수 있어.
> 진희: 틀린 문장이 없도록 고치면 읽는 사람이 글을 더 쉽게 이해할 수 있어.

( )

2 글을 고쳐 쓰는 방법

다음 문장을 고쳐 쓰는 방법으로 알맞은 것에 ○표 하시오.

> 은어나 비속어를 사용한다면 그것이 우리 후손에게 그대로 전해질 것이므로 고운 말을 사용해 아름다운 우리말을 지켜야 한다.

(1) 두 문장으로 나누어 쓰기 ( )
(2) 어색한 낱말을 고쳐 쓰기 ( )
(3) 문장 호응에 맞게 고쳐 쓰기 ( )

3 글을 고칠 때 사용하는 교정 부호

다음 글에서 파란색으로 쓰인 부분을 고쳐 쓸 때 사용하는 교정 부호는 무엇입니까? ( )

> 하루 세 끼 가운데에서 가장 중요한것이 아침밥이다. 부모님께서는 건강하려면 아침밥을 먹어야 한다고 말씀하신다.

① ∨ ② ⌒ ③ (한 글자를 고칠 때 부호) ④ (글자를 뺄 때 부호) ⑤ ⌴

7 글 고쳐 쓰기

어휘·문법

정답 및 풀이 24쪽

어휘

1. 핵심 개념 어휘: 삭제, 추가, 호응

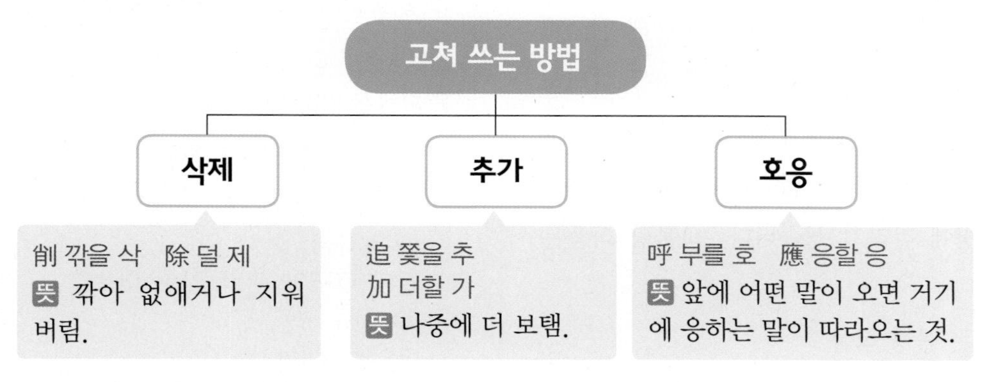

➡ 내용을 삭제, 추가하거나 문장 호응을 살펴 글을 고쳐 쓸 수 있습니다.

2. 작품 속 어휘

낱말	뜻	예시
악취(惡臭) 惡 악할 악 臭 냄새 취	나쁜 냄새.	화장실의 악취가 매우 심합니다.
투쟁(鬪爭) 鬪 싸움 투 爭 다툴 쟁	목적을 이루기 위해 위험을 무릅쓰고 활동하는 것. 힘껏 싸우는 것.	그들은 요구 조건을 걸고 단식 투쟁을 하였습니다.
부작용(副作用) 副 버금 부 作 지을 작 用 쓸 용	목적했던 일과 함께 일어나는 바람직하지 못한 일.	이 약을 많이 복용하면 부작용이 일어날 수 있습니다.
대체(代替) 代 대신할 대 替 바꿀 체	다른 것으로 대신함.	대체 선수로 들어온 그가 경기에서 1등을 하였습니다.

문법 문장에서 서로 어울리는 말

◆ 문장에서 앞에 어떤 말이 오고 그 말의 짝이 뒤따라오는 것을 '호응'이라고 합니다. 그리고 서로 어울리는 말을 함께 썼을 때 문장 호응이 이루어졌다고 합니다.

호응하는 말			예
비록	+	~ㄹ지라도(~라도, ~지만, ~어도)	비록 사소한 것일지라도 함께 의논해 결정하는 것이 좋다.
결코	+	~지 않겠다(아니다)	나는 결코 거짓말을 하지 않겠다.
절대로	+	~하지 않다	약속 시간을 어기는 것은 절대로 받아들이지 않겠다.
마치	+	~같다	아름다운 풍경이 마치 그림을 그려 놓은 것 같다.

어휘·문법 확인 문제

1 핵심 개념 어휘

다음은 '호응'의 뜻입니다. 빈칸에 알맞은 말을 쓰시오.

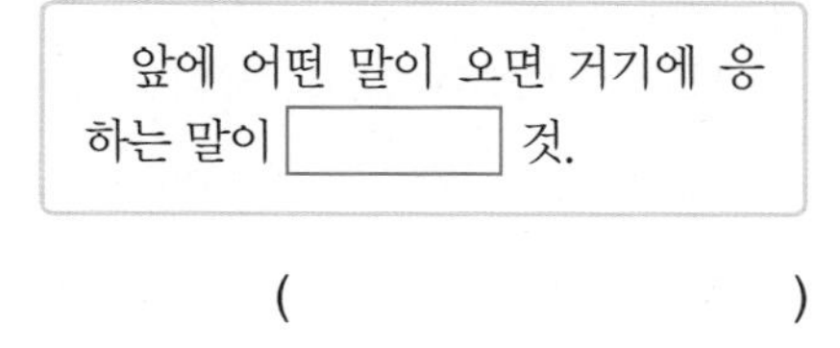
앞에 어떤 말이 오면 거기에 응하는 말이 [ ] 것.

( )

2 작품 속 어휘

다음 뜻을 가진 낱말에 ○표 하시오.

목적했던 일과 함께 일어나는 바람직하지 못한 일.

불일치 부조화 부작용

3 작품 속 어휘

다음 보기 에서 빈칸에 알맞은 낱말을 찾아 쓰시오.

보기
악취 투쟁 대체

(1) 오염된 호수에서 ( )이/가 난다.

(2) 이번 시험은 글짓기 과제를 내는 것으로 ( )합니다.

(3) 우리 민족은 조국의 독립을 위하여 ( )한 역사를 갖고 있다.

4 문법

문장 호응이 알맞지 않은 것을 찾아 ×표 하시오.

(1) 나는 결코 그런 말을 한 적이 없다. ( )

(2) 이번 일은 절대로 그냥 넘어갈 것이다. ( )

(3) 신부는 마치 하늘에서 내려온 천사 같았다. ( )

7 단원

준비 글을 고쳐 쓰면 좋은 점 알기

국어 275~276쪽 / 정답 및 풀이 24쪽

쓰레기가 되는 불량 식품

가 쓰레기가 되는 불량 식품

여러분, 불량 식품을 먹지 맙시다. ㉠불량 식품을 먹고 나서 쓰레기를 버리는 사람이 많습니다. 그렇게 버린 쓰레기들이 우리 학교 주변을 더럽혀 보기에도 좋지 않고, 악취도 납니다. 불량 식품에는 무엇이 들어갔는지, 그리고 유통 기한은 언제까지인지 정확히 적혀 있지 않습니다. 불량 식품을 먹으면 해로운 물질이 몸에 들어가 병에 걸리기 쉽습니다. ㉡불량 식품은 아무리 맛있어서 먹으면 안 됩니다.

나 건강을 해치는 불량 식품

여러분, 불량 식품을 먹지 맙시다. 불량 식품에는 무엇이 들어갔는지, 그리고 유통 기한은 언제까지인지 정확히 적혀 있지 않습니다. 불량 식품을 먹으면 해로운 물질이 몸에 들어가 병에 걸리기 쉽습니다. 그리고 유통 기한을 알 수 없어 신선하지 않은 식품을 먹게 될 수도 있습니다. 불량 식품은 아무리 맛있어도 먹지 말아야 합니다.

- **글의 종류** 주장하는 글
- **글의 특징** 불량 식품을 먹지 말자고 주장하는 글로, 글을 고쳐 쓰는 방법을 알 수 있습니다.
- **활동 정리** 빈칸에 알맞은 말을 넣어 글을 고쳐 쓴 방법 정리하기

글 가 → 글 나
- 주제를 잘 드러내는 ❶(   )(으)로 바꿈.
- 글의 주제와 관련 없는 내용을 ❷(   )함.
- 내용을 추가함.
- 문장 호응에 맞게 고침.

악취(惡 악할 악, 臭 냄새 취) 나쁜 냄새.
유통 기한 주로 식품 따위의 상품이 시중에 유통될 수 있는 시기.

1 글 가와 나의 주제는 무엇입니까? (   )

① 불량 식품을 먹지 말자.
② 건강을 위해 운동을 하자.
③ 쓰레기를 함부로 버리지 말자.
④ 건강에 좋은 음식을 많이 먹자.
⑤ 음식을 먹기 전에 유통 기한을 확인하자.

2 글 나는 글 가를 고쳐 쓴 것입니다. 두 글을 비교해 보고 달라진 점을 모두 고르시오. (   )

① 제목을 바꾸었다.
② 글의 주제를 바꾸었다.
③ 글을 읽을 사람이 바뀌었다.
④ 문장을 고쳐 쓴 부분이 있다.
⑤ 삭제하거나 추가한 내용이 있다.

서술형

3 ㉠을 글 나에서 삭제한 까닭은 무엇인지 쓰시오.

____

____

4 ㉡을 글 나에서 고쳐 쓴 방법에 ○표 하시오.

(1) 문장 호응에 맞게 고쳤다. (   )
(2) 외래어를 우리말로 고쳤다. (   )
(3) 자세히 설명하기 위해 내용을 추가하였다. (   )

중요 독해

5 글을 고쳐 쓸 때 생각할 점으로 알맞지 않은 것의 기호를 쓰시오.

㉮ 중심 생각과 관련 없는 부분이 있는지 확인한다.
㉯ 적절하지 않은 낱말이나 틀린 문장이 있는지 확인한다.
㉰ 더 필요한 내용이 있어도 글이 길어지지 않도록 추가하지 않는다.

(   )

● 국어 278쪽 / 정답 및 풀이 24쪽

다른 사람을 존중하자

❶ ㉠요즘 많은 어린이가 이야기할 때 은어나 비속어를 사용했다. 국립국어원 조사에 따르면 조사 대상 초등학생의 93퍼센트가 비속어를 사용한 적이 있다고 한다. ㉡만약 학생 열 명이 있기 때문에 적어도 아홉 명은 비속어를 사용한 적이 있는 것이다. 비속어가 아닌 고운 말을 사용해야 하는 까닭은 무엇일까?

중심 내용 | 요즘 많은 어린이가 은어나 비속어를 사용하고 있습니다.

❷ 고운 말을 사용하면 서로 존중하는 마음을 전할 수 있다. 흔히 말이 눈에 보이지 않는 마음임을 표현할 때 "말은 마음의 거울"이라는 격언을 사용한다.

중심 내용 | 고운 말을 사용하면 서로 존중하는 마음을 전할 수 있습니다.

❸ 고운 말은 다른 사람을 존중하는 마음을 전할 수 있게 하고, 다른 사람과 대화를 원활하게 할 수 있게 한다. 또 ㉢무조건 고운 말을 사용하는 것만이 우리말을 아름답게 가꾸고 지키는 일이다. ㉣이제라도 고운 말을 사용하는 바른 언어 습관을 기르려고 노력하면 좋을 수도 있다.

중심 내용 | 이제라도 고운 말을 사용하는 바른 언어 습관을 기르려고 노력해야 합니다.

❹ ㉤고운 말을 사용하면 다른 사람과 원활하게 대화할 수 있다. 은어나 비속어는 대화를 어렵게 하고 오해를 불러일으킨다. 단순히 재미있으려고 은어나 비속어를 사용했다가 친구들끼리 ㉮투쟁으로 이어지는 경우도 있고, 어른과 어린이의 일상적인 대화가 어려워지는 경우도 있다.

(은어나 비속어 사용의 문제점)

중심 내용 | 고운 말을 사용하면 다른 사람과 원활하게 대화할 수 있습니다.

- **글의 종류** 주장하는 글
- **글의 특징** 고운 말을 사용하자는 주장을 나타내는 글로, 고쳐 쓰기 방법을 다양하게 적용할 수 있습니다.
- **활동 정리** 빈칸에 알맞은 말을 넣어 글의 제목 바꾸기

바꾼 제목	❶(　　　　) 말을 사용하자
바꾼 까닭	글의 ❷(　　　　)이/가 고운 말을 사용하자고 주장하는 것이기 때문임.

은어(隱 숨을 은, 語 말씀 어) 특수한 집단에서 자기네끼리만 쓰는 말.

투쟁(鬪 싸움 투, 爭 다툴 쟁) 목적을 이루기 위해 위험을 무릅쓰고 활동하는 것. 힘껏 싸우는 것.

예 청산리 대첩에서 우리 민족은 일본군에 맞서 투쟁하였습니다.

서술형

6 글쓴이가 이 글을 쓴 목적은 무엇인지 쓰시오.

____

____

어휘

7 글쓴이의 주장에 어울리는 속담에 ○표 하시오.

(1) 입은 비뚤어져도 말은 바로 해라 (　　)

(2) 가는 말이 고와야 오는 말이 곱다 (　　)

(3) 낮말은 새가 듣고 밤말은 쥐가 듣는다 (　　)

8 문장에서 어색한 낱말인 ㉮를 바르게 고쳐 쓰시오.

(　　　　　　　　)

9 다음 문장에 들어갈 알맞은 말에 ○표 하세요.

- 은어나 비속어는 (편리한, 원활한) 대화를 어렵게 하고 오해를 불러일으킨다.

10 다음 중 ㉠~㉤을 바르게 고치지 못한 것은 무엇입니까? (　　)

① ㉠ → 요즘 많은 어린이가 이야기할 때 은어나 비속어를 사용한다.

② ㉡ → 만약 학생 열 명이 있다면 적어도 아홉 명은 비속어를 사용한 적이 있는 것이다.

③ ㉢ → 고운 말을 사용하는 것은 우리말을 아름답게 가꾸고 지키는 일이다.

④ ㉣ → 이제라도 고운 말을 사용하는 바른 언어 습관을 기르려고 노력하자.

⑤ ㉤ → 고운 말을 사용하면 다른 사람과 원활하게 대화했다.

7 단원

기본 자료를 활용해 글 쓰기

국어 286쪽 / 정답 및 풀이 24쪽

동물의 희생, 동물 실험을 반대한다

❶ 의약품 따위를 만드는 실험으로 전 세계에서 해마다 약 6억 마리의 동물이 희생되고 있다. 개발한 약품을 사람에게 바로 사용하지 않고 동물을 대상으로 먼저 실험해 보기 때문이다. 예를 들면 피부에 사용하는 약품을 개발할 때 토끼의 눈에 화학 물질을 넣어 부작용이 생기는지 확인한다. 토끼는 눈 깜빡임과 눈물이 적어 실험 결과를 오래 관찰할 수 있기 때문이다. 눈에 화학 물질이 들어간 토끼는 눈에서 피가 나기도 하고 심한 경우 눈이 멀기도 한다.

중심 내용 | 동물 실험으로 전 세계에서 해마다 약 6억 마리의 동물이 희생되고 있다.

❷ 동물 실험을 반대하는 사람들이 늘어나고 있다. 사람과 동물의 몸은 차이가 크기 때문에 이러한 동물 실험은 소용이 없다고 주장한다. 실제로 동물 실험을 통과한 신약 후보 열 개 가운데 아홉 개는 사람에게 효과가 없거나 부작용을 일으킨다고 한다.

중심 내용 | 사람과 동물의 몸은 차이가 크기 때문에 동물 실험은 소용이 없다.

❸ 동물 실험을 다른 방법으로 ㉠대체해야 한다는 목소리도 높다. 한 국민 의식 조사에 따르면 동물 실험을 대체할 수 있도록 사회적 지원을 하는 데 응답자 대부분이 찬성했다. 특히 동물 실험을 대체하는 연구에 자신이 내는 세금을 사용할 수 있도록 하는 데 85퍼센트가 동의했다.

중심 내용 | 동물 실험을 대체할 수 있는 다른 방법이 있다.

- **글의 특징** 동물 실험에 대해 반대하는 주장이 담긴 자료입니다.
- **글의 구조** 빈칸에 알맞은 말을 넣어 자료 내용 정리하기

주장	동물 ❶(　　　　)을/를 해서는 안 된다.
알 수 있는 사실	• 해마다 수많은 동물이 희생됨. • 사람과 동물의 몸은 차이가 크기 때문에 동물 실험은 소용이 없음. • 동물 실험을 다른 방법으로 ❷(　　　　)해야 한다는 목소리도 높음.

희생(犧 희생 희, 牲 희생 생) 다른 사람이나 어떤 목적을 위해 자신의 목숨, 재산, 이익 따위를 바침. 또는 그것을 빼앗김.

부작용(副 버금 부, 作 지을 작, 用 쓸 용) 목적했던 일과 함께 일어나는 바람직하지 못한 일.

대체(代 대신할 대, 替 바꿀 체) 다른 것으로 대신함.

11 글쓴이의 주장으로 알맞은 것에 ○표 하시오.

(1) 동물 실험을 해야 한다. (　　)

(2) 동물 실험을 해서는 안 된다. (　　)

중요 독해

12 이 글에서 알 수 있는 사실이 아닌 것은 무엇입니까? (　　)

① 사람과 동물의 몸은 차이가 크다.
② 동물 실험을 대체할 수 있는 방법은 없다.
③ 의약품을 만드는 실험으로 수많은 동물이 희생된다.
④ 동물 실험을 통과한 약도 사람에게 효과가 없거나 부작용을 일으킬 수 있다.
⑤ 동물 실험을 대체할 수 있도록 사회적 지원을 하는 데 많은 사람들이 찬성했다.

13 이 글을 읽고 동물 실험에 반대하는 글을 쓸 때 알맞지 않은 근거의 기호를 쓰시오.

㉮ 동물의 생명보다 인간의 생명이 더 소중하다.
㉯ 동물과 사람에게 나타나는 반응이 똑같지 않다.
㉰ 동물 실험을 대신할 수 있는 대체 실험도 가능하다.

(　　　　)

어휘

14 ㉠과 바꾸어 쓸 수 있는 낱말은 무엇입니까? (　　)

① 개발 ② 교환 ③ 발전
④ 삭제 ⑤ 교체

국어 286쪽 / 정답 및 풀이 24쪽

동물 실험을 없애도 괜찮을까

❶ 최근 미국 ○○대학교 연구진은 전 세계적으로 680여 명이 희생된 중동호흡기증후군[메르스]의 백신을 개발했다. 연구진이 동물 실험으로 그 효과를 확인하려고 백신을 원숭이에게 투여했다. 그리고 이 백신이 중동호흡기증후군[메르스]을 예방할 수 있다는 확신을 가졌다. 이렇게 동물 실험은 새로운 약 개발에 중요한 역할을 한다.

중심 내용 | 동물 실험은 새로운 약 개발에 중요한 역할을 한다.

❷ 동물 실험도 하지 않고 개발한 약을 사람들에게 사용하면 부작용이 발생할 수 있다. 1937년에 한 제약 회사에서 술파닐아미드라는 약을 새롭게 개발했다. 그런데 동물 실험을 거치지 않고 사람들에게 이 약을 판매했다. 그 결과, 이 약을 복용한 많은 사람이 부작용으로 사망하는 불행한 일이 일어났다.

중심 내용 | 동물 실험을 하지 않고 개발한 약을 사람들에게 사용하면 부작용이 발생할 수 있다.

❸ 일부 사람들은 동물 실험을 당장 다른 방법으로 대체해야 한다고 주장한다. 그러나 대체 방법을 개발하는 데 6년 이상의 시간과 약 400억 원 이상의 비용이 필요하다(동물 실험 대체 방법 개발에 드는 시간과 비용). 이처럼 오랜 개발 기간과 막대한 비용 때문에 빠른 시일 안에 동물 실험을 대체하기는 어렵다.

중심 내용 | 동물 실험의 대체 방법을 개발하는 데는 시간과 비용이 많이 든다.

• **글의 특징** 동물 실험에 대해 찬성하는 주장이 담긴 자료입니다.

• **글의 구조** 빈칸에 알맞은 말을 넣어 자료 내용 정리하기

주장	동물 실험을 해야 한다.
알 수 있는 사실	• 동물 실험은 새로운 약 개발에 중요한 역할을 함. • 동물 실험을 하지 않고 개발한 약은 ❶( )이/가 발생할 수 있음. • 대체 방법을 개발하는 데 시간과 ❷( )이/가 많이 듦.

백신 전염병에 대한 몸의 면역 능력을 기르기 위해 전염병의 균이나 독소를 이용하여 만든 약품.

투여(投 던질 투, 與 줄 여) (주로 약을) 먹이거나 주사하는 것.

15 동물 실험에 대한 글쓴이의 입장에 ○표 하시오.

(1) 동물 실험에 대해 찬성한다. (   )

(2) 동물 실험에 대해 반대한다. (   )

중요 독해

16 이 글에서 알 수 있는 사실을 모두 고르시오. (   )

① 동물에게 안전한 방식으로 실험이 진행된다.
② 동물 실험 대체 방법 개발에는 비용이 많이 든다.
③ 동물 실험을 거쳐 개발한 약은 부작용이 없었다.
④ 동물 실험은 새로운 약 개발에 중요한 역할을 한다.
⑤ 동물 실험을 하지 않고 개발한 약을 사람들에게 사용하면 부작용이 발생할 수 있다.

17 동물 실험과 관련해 알고 있는 사실을 알맞게 말하지 못한 친구의 이름을 쓰시오.

지성: 동물을 입양하여 집에서 기를 때에는 책임감을 갖고 끝까지 보살펴야 해.
하온: 사람과 가장 비슷한 동물이라는 까닭으로 원숭이를 동물 실험에 많이 사용한다고 해.

(   )

서술형

18 동물 실험에 대한 자신의 주장과 근거, 근거를 뒷받침할 자료를 쓰시오.

주장	(1)
근거	(2)
뒷받침 자료	(3)

7 단원

7. 글 고쳐 쓰기

[1~2] 다음을 보고 물음에 답하시오.

나 여러분, 불량 식품을 먹지 맙시다. ㉠불량 식품을 먹고 나서 쓰레기를 버리는 사람이 많습니다. 그렇게 버린 쓰레기들이 우리 학교 주변을 더럽혀 보기에도 좋지 않고, 악취도 납니다. 불량 식품에는 무엇이 들어갔는지, 그리고 유통 기한은 언제까지인지 정확히 적혀 있지 않습니다. 불량 식품을 먹으면 해로운 물질이 몸에 들어가 병에 걸리기 쉽습니다.

1 그림 가에서 도현이는 어떤 주장을 글로 쓰고 싶어 하는지 빈칸에 알맞은 말을 쓰시오.

> [ ] 을/를 먹지 말자.

( )

2 도현이가 글 나를 썼을 때 ㉠을 삭제해야 하는 까닭으로 알맞은 것에 ○표 하시오.

(1) 글의 주제와 관련 없기 때문이다. ( )

(2) 앞 문장과 비슷한 내용이기 때문이다. ( )

(3) 문장의 호응이 알맞지 않기 때문이다. ( )

[3~5] 다음 글을 읽고, 물음에 답하시오.

요즘 많은 어린이가 이야기할 때 은어나 비속어를 사용한다. 국립국어원 조사에 따르면 조사 대상 초등학생의 93퍼센트가 비속어를 사용한 적이 있다고 한다. ㉠만약 학생 열 명이 있기 때문에 적어도 아홉 명은 비속어를 사용한 적이 있는 것이다. 비속어가 아닌 고운 말을 사용해야 하는 까닭은 무엇일까?

고운 말을 사용하면 서로 존중하는 마음을 전할 수 있다. 흔히 말이 눈에 보이지 않는 마음임을 표현할 때 "말은 마음의 거울"이라는 격언을 사용한다. ㉡고운 말을 사용해야 하는 것은 어린이만이 아니다. 존중하는 마음이 없다면 고운 말도 나오지 않는다.

3 이 글을 쓴 목적은 무엇입니까? ( )

① 비속어의 종류에 대해 알려 주려고
② 친구와 사이좋게 지내자고 주장하려고
③ 고운 말을 사용해야 한다고 주장하려고
④ 고운 말이 무엇인지 자세히 설명하려고
⑤ 상대방을 존중하는 방법에 대해 소개하려고

4 ㉠을 바르게 고쳐 쓴 문장의 기호를 쓰시오.

> ㉮ 만약 학생 열 명이 없어도 적어도 아홉 명은 비속어를 사용한 적이 있는 것이다.
> ㉯ 만약 학생 열 명이 있지만 적어도 아홉 명은 비속어를 사용한 적이 있는 것이다.
> ㉰ 만약 학생 열 명이 있다면 적어도 아홉 명은 비속어를 사용한 적이 있는 것이다.

( )

5 ㉡은 어떻게 고치는 것이 좋을지 알맞은 것에 ○표 하시오.

(1) 분명하고 정확한 표현으로 고쳐 쓴다. ( )

(2) 긴 문장이므로 두 문장으로 나눠 쓴다. ( )

(3) 중심 문장의 내용과 관련 없으므로 삭제한다. ( )

[6~8] 다음 글을 읽고, 물음에 답하시오.

의약품 따위를 만드는 실험으로 ㉠전 세계에서 해마다 약 6억 마리의 동물이 희생되고 있다. 개발한 약품을 사람에게 바로 사용하지 않고 동물을 대상으로 먼저 실험해 보기 때문이다. 예를 들면 피부에 사용하는 약품을 개발할 때 토끼의 눈에 화학 물질을 넣어 부작용이 생기는지 확인한다. 토끼는 눈 깜빡임과 눈물이 적어 실험 결과를 오래 관찰할 수 있기 때문이다. 눈에 화학 물질이 들어간 토끼는 눈에서 피가 나기도 하고 심한 경우 눈이 멀기도 한다.

동물 실험을 반대하는 사람들이 늘어나고 있다. 사람과 동물의 몸은 차이가 크기 때문에 이러한 동물 실험은 소용이 없다고 주장한다. 실제로 동물 실험을 통과한 신약 후보 열 개 가운데 아홉 개는 사람에게 효과가 없거나 부작용을 일으킨다고 한다.

동물 실험을 다른 방법으로 대체해야 한다는 목소리도 높다. 한 국민 의식 조사에 따르면 동물 실험을 대체할 수 있도록 사회적 지원을 하는 데 응답자 대부분이 찬성했다. 특히 동물 실험을 대체하는 연구에 자신이 내는 세금을 사용할 수 있도록 하는 데 85퍼센트가 동의했다.

6 이 글에 어울리는 제목은 무엇입니까? (　　　)

① 인간의 생명은 소중하다
② 동물 실험은 꼭 필요하다
③ 동물 실험을 해야 하는 이유
④ 동물 실험에 사용되는 동물의 종류
⑤ 동물의 희생, 동물 실험을 반대한다

7 ㉠을 통해 알 수 있는 사실은 무엇입니까? (　　　)

① 동물 실험에 작은 동물들만 사용된다.
② 동물 실험은 새로운 약 개발에 중요하다.
③ 동물 실험을 통과한 약도 부작용이 있다.
④ 동물 실험을 대체할 수 있는 방법도 있다.
⑤ 동물 실험 때문에 수많은 동물이 고통받고 있다.

8 동물 실험을 반대하는 사람들이 동물 실험이 소용없다고 주장하는 까닭은 무엇입니까? (　　　)

① 동물의 생명이 소중하기 때문에
② 동물 실험에 돈이 많이 들기 때문에
③ 사람과 동물의 몸은 차이가 크기 때문에
④ 동물보다 인간의 생명이 더 소중하기 때문에
⑤ 동물 실험에 사용되는 동물을 구할 수 없기 때문에

문법

9 다음 문장의 빈칸에 들어갈 알맞은 말은 무엇입니까? (　　　)

> 비록 약속 시간에 [　　　　] 지금이라도 동생을 만나 도서관에 갈 수 있게 되어서 다행이다.

① 늦어서　② 늦는다면
③ 늦어지고　④ 늦을수록
⑤ 늦었지만

문법

10 다음 중 문장 호응이 알맞지 않은 문장의 기호를 쓰시오.

> ㉮ 나는 결코 달리기를 포기하지 않겠다.
> ㉯ 아무리 바쁘다면 오늘까지 숙제를 끝내야 한다.
> ㉰ 만약 내일 비가 온다면 운동회가 취소될 것이다.

(　　　　　　　　)

7 단원

[1~3] 다음을 보고 물음에 답하시오.

1 도현이가 쓴 글을 누가 읽으면 좋겠는지 쓰시오.

(　　　　　　　　　　　　)

2 도현이가 글로 쓰려는 주장은 무엇입니까? (　　　)

① 편식을 하지 말자.
② 불량 식품을 먹지 말자.
③ 몸에 좋은 과일을 많이 먹자.
④ 쓰레기를 함부로 버리지 말자.
⑤ 불량 식품을 먹을 때에는 유통 기한을 확인하자.

3 도현이가 자신의 경험을 바탕으로 하여 주장하는 글을 쓸 때, 알맞은 근거 두 가지를 찾아 ○표 하시오.

(1) 불량 식품은 과대 포장을 한다. (　　)
(2) 불량 식품을 먹으면 아플 수도 있다. (　　)
(3) 불량 식품에는 유통 기한이 적혀 있지 않다. (　　)

[4~5] 다음 글을 읽고, 물음에 답하시오.

㉮ **쓰레기가 되는 불량 식품**

여러분, 불량 식품을 먹지 맙시다. 불량 식품을 먹고 나서 쓰레기를 버리는 사람이 많습니다. 그렇게 버린 쓰레기들이 우리 학교 주변을 더럽혀 보기에도 좋지 않고, 악취도 납니다. 불량 식품에는 무엇이 들어갔는지, 그리고 유통 기한은 언제까지인지 정확히 적혀 있지 않습니다. 불량 식품을 먹으면 해로운 물질이 몸에 들어가 병에 걸리기 쉽습니다. 불량 식품은 아무리 맛있어서 먹으면 안 됩니다.

㉯ **건강을 해치는 불량 식품**

여러분, 불량 식품을 먹지 맙시다. 불량 식품에는 무엇이 들어갔는지, 그리고 유통 기한은 언제까지인지 정확히 적혀 있지 않습니다. 불량 식품을 먹으면 해로운 물질이 몸에 들어가 병에 걸리기 쉽습니다. 그리고 유통 기한을 알 수 없어 신선하지 않은 식품을 먹게 될 수도 있습니다. 불량 식품은 아무리 맛있어도 먹지 말아야 합니다.

4 글 ㉯는 글 ㉮를 고쳐 쓴 것입니다. 글 ㉮를 고쳐 쓴 방법이 아닌 것은 무엇입니까? (　　　)

① 제목 바꾸기
② 내용 추가하기
③ 내용 삭제하기
④ 글의 주제 바꾸기
⑤ 문장 호응에 맞게 고치기

서술형

5 글 ㉮를 글 ㉯처럼 고쳐 쓰면 좋은 점이 무엇인지 한 가지 쓰시오.

[6~10] 다음 글을 읽고, 물음에 답하시오.

다른 사람을 존중하자

❶ ㉠요즘 많은 어린이가 이야기할 때 은어나 비속어를 사용했다. 국립국어원 조사에 따르면 조사 대상 초등학생의 93퍼센트가 비속어를 사용한 적이 있다고 한다. ㉡만약 학생 열 명이 있기 때문에 적어도 아홉 명은 비속어를 사용한 적이 있는 것이다. 비속어가 아닌 고운 말을 사용해야 하는 까닭은 무엇일까?

❷ 고운 말을 사용하면 서로 존중하는 마음을 전할 수 있다. 흔히 말이 눈에 보이지 않는 마음임을 표현할 때 "말은 마음의 거울"이라는 격언을 사용한다. 고운 말을 사용해야 하는 것은 어린이만이 아니다. ㉢존중하는 마음이 없다면 고운 말도 나오지 않는다.

❸ 고운 말을 사용하면 다른 사람과 원활하게 대화할 수 있다. 은어나 비속어는 (㉮) 대화를 어렵게 하고 오해를 불러일으킨다. 단순히 재미있으려고 은어나 비속어를 사용했다가 친구들끼리 투쟁으로 이어지는 경우도 있고, 어른과 어린이의 일상적인 대화가 어려워지는 경우도 있다.

❹ 고운 말을 사용하면 친구 관계가 좋아진다. 말은 우리 민족의 혼이 담긴 소중한 문화유산이다. 은어나 비속어를 사용한다면 그것이 우리 후손에게 그대로 전해질 것이다. 고운 말을 사용해 아름다운 우리말을 지켜야 한다.

❺ 고운 말은 다른 사람을 존중하는 마음을 전할 수 있게 하고, 다른 사람과 대화를 원활하게 할 수 있게 한다. ㉣또 무조건 고운 말을 사용하는 것만이 우리말을 아름답게 가꾸고 지키는 일이다. ㉤이제라도 고운 말을 사용하는 바른 언어 습관을 기르려고 노력하면 좋을 수도 있다.

6 이 글을 읽고, 글 수준에서 고쳐 쓸 점을 알맞게 말하지 못한 친구의 이름을 쓰시오.

송하: 고운 말을 사용하면 좋은 점을 추가해 보자.
하영: 글의 주제가 잘 드러나도록 제목을 바꾸자.
형준: 글의 흐름에 맞게 문단 순서를 바꾸어야 해.
선주: 고운 말을 사용해야 하는 근거가 아닌 내용은 빼야 해.

( )

7 문단 ❷에서 필요 없는 문장을 찾아 ○표 하시오.

(1) 고운 말을 사용하면 서로 존중하는 마음을 전할 수 있다. ( )

(2) 흔히 말이 눈에 보이지 않는 마음임을 표현할 때 "말은 마음의 거울"이라는 격언을 사용한다. ( )

(3) 고운 말을 사용해야 하는 것은 어린이만이 아니다. ( )

(4) 존중하는 마음이 없다면 고운 말도 나오지 않는다. ( )

서술형

8 문단 ❹에서 '고운 말을 사용하면 친구 관계가 좋아진다.'를 뒷받침 문장들과 어울리는 중심 문장으로 고쳐 쓰시오.

____

____

9 ㉠~㉤ 중 고쳐 써야 하는 문장이 아닌 것은 무엇입니까? ( )

① ㉠ ② ㉡ ③ ㉢
④ ㉣ ⑤ ㉤

10 다음 중 ㉮에 들어갈 낱말로 알맞은 것은 무엇입니까? ( )

① 무거운 ② 지나친
③ 불리한 ④ 어두운
⑤ 원활한

7 단원

[11~14] 다음 글을 읽고, 물음에 답하시오.

㉮ 의약품 따위를 만드는 실험으로 전 세계에서 해마다 약 6억 마리의 동물이 희생되고 있다. 개발한 약품을 사람에게 바로 사용하지 않고 동물을 대상으로 먼저 실험해 보기 때문이다. 예를 들면 피부에 사용하는 약품을 개발할 때 토끼의 눈에 화학 물질을 넣어 부작용이 생기는지 확인한다. 토끼는 눈 깜빡임과 눈물이 적어 실험 결과를 오래 관찰할 수 있기 때문이다. 눈에 화학 물질이 들어간 토끼는 눈에서 피가 나기도 하고 심한 경우 눈이 멀기도 한다.

동물 실험을 반대하는 사람들이 늘어나고 있다. 사람과 동물의 몸은 차이가 크기 때문에 이러한 동물 실험은 소용이 없다고 주장한다. 실제로 동물 실험을 통과한 신약 후보 열 개 가운데 아홉 개는 사람에게 효과가 없거나 부작용을 일으킨다고 한다.

동물 실험을 다른 방법으로 대체해야 한다는 목소리도 높다. 한 국민 의식 조사에 따르면 동물 실험을 대체할 수 있도록 사회적 지원을 하는 데 응답자 대부분이 찬성했다.

㉯ 연구진이 동물 실험으로 그 효과를 확인하려고 백신을 원숭이에게 투여했다. 그리고 이 백신이 중동호흡기증후군[메르스]을 예방할 수 있다는 확신을 가졌다. 이렇게 동물 실험은 새로운 약 개발에 중요한 역할을 한다.

동물 실험도 하지 않고 개발한 약을 사람들에게 사용하면 부작용이 발생할 수 있다. 1937년에 한 제약회사에서 술파닐아미드라는 약을 새롭게 개발했다. 그런데 동물 실험을 거치지 않고 사람들에게 이 약을 판매했다. 그 결과, 이 약을 복용한 많은 사람이 부작용으로 사망하는 불행한 일이 일어났다.

일부 사람들은 동물 실험을 당장 다른 방법으로 대체해야 한다고 주장한다. 그러나 대체 방법을 개발하는 데 6년 이상의 시간과 약 400억 원 이상의 비용이 필요하다. 이처럼 오랜 개발 기간과 막대한 비용 때문에 빠른 시일 안에 동물 실험을 대체하기는 어렵다.

11 **글 ㉮에서 동물 실험을 통과한 신약 대부분이 사람에게 효과가 없거나 부작용을 일으키는 까닭은 무엇인지 쓰시오.**

( )

12 **글 ㉯에서 동물 실험을 다른 방법으로 대체하는 것이 어렵다고 한 까닭은 무엇입니까? ( )**

① 동물 실험을 반대하는 사람이 많기 때문에
② 동물 실험을 대체할 수 있는 방법이 실제로 없기 때문에
③ 동물 실험을 대체하는 방법은 안전성을 보장하기 어렵기 때문에
④ 동물 실험을 거치고 개발한 약은 부작용을 일으킬 수 있기 때문에
⑤ 동물 실험 대체 방법을 개발하는 데에는 시간과 비용이 많이 들기 때문에

서술형

13 **글 ㉮와 ㉯에 어울리는 제목을 정해 쓰시오.**

(1) 글 ㉮: __________

(2) 글 ㉯: __________

14 **글 ㉯의 주장을 뒷받침하는 근거로 알맞지 않은 것의 기호를 쓰시오.**

㉮ 동물의 생명보다 인간의 생명이 더 소중하다.
㉯ 동물과 사람에게 나타나는 반응이 똑같지 않다.
㉰ 동물 실험에 사용되는 동물을 잘 돌보면 문제가 없다.

( )

15 **다음은 자신이 쓴 글을 고쳐 쓸 때 점검할 내용입니다. 다음은 어떤 수준에서 점검할 내용인지 쓰시오.**

- 필요 없는 문장이 있는가?
- 한 문단에 하나의 중심 생각만 있는가?
- 중심 문장과 뒷받침 문장이 자연스럽게 연결되는가?

( ) 수준

7. 글 고쳐 쓰기

정답 및 풀이 26쪽

평가 주제	자료를 활용해 글 쓰기
평가 목표	자료를 활용해 자신의 생각을 글로 쓸 수 있다.

가 의약품 따위를 만드는 실험으로 전 세계에서 해마다 약 6억 마리의 동물이 희생되고 있다. 개발한 약품을 사람에게 바로 사용하지 않고 동물을 대상으로 먼저 실험해 보기 때문이다. 예를 들면 피부에 사용하는 약품을 개발할 때 토끼의 눈에 화학 물질을 넣어 부작용이 생기는지 확인한다. 토끼는 눈 깜빡임과 눈물이 적어 실험 결과를 오래 관찰할 수 있기 때문이다. 눈에 화학 물질이 들어간 토끼는 눈에서 피가 나기도 하고 심한 경우 눈이 멀기도 한다.

동물 실험을 반대하는 사람들이 늘어나고 있다. 사람과 동물의 몸은 차이가 크기 때문에 이러한 동물 실험은 소용이 없다고 주장한다. 실제로 동물 실험을 통과한 신약 후보 열 개 가운데 아홉 개는 사람에게 효과가 없거나 부작용을 일으킨다고 한다.

나 동물 실험도 하지 않고 개발한 약을 사람들에게 사용하면 부작용이 발생할 수 있다. 1937년에 한 제약 회사에서 술파닐아미드라는 약을 새롭게 개발했다. 그런데 동물 실험을 거치지 않고 사람들에게 이 약을 판매했다. 그 결과, 이 약을 복용한 많은 사람이 부작용으로 사망하는 불행한 일이 일어났다.

일부 사람들은 동물 실험을 당장 다른 방법으로 대체해야 한다고 주장한다. 그러나 대체 방법을 개발하는 데 6년 이상의 시간과 약 400억 원 이상의 비용이 필요하다. 이처럼 오랜 개발 기간과 막대한 비용 때문에 빠른 시일 안에 동물 실험을 대체하기는 어렵다.

1 글 **가**와 **나**에 나타난 주장은 무엇인지 쓰시오.

글 가	(1)
글 나	(2)

2 동물 실험과 관련해 더 알고 있는 사실이 있으면 쓰시오.

3 동물 실험에 대한 자신의 생각을 조건 에 맞게 쓰시오.

조건
1. 주장과 근거를 쓴다.
2. 글 **가**와 **나**의 내용을 뒷받침 자료로 활용한다.

7 단원

쉬어 가기

숨은 그림을 찾아보세요.

● 정답 및 풀이 27쪽

8 작품으로 경험하기

학습을 완료하면 V표를 하면서 학습 진도를 체크해요.

	학습 내용	백점 쪽수	확인
개념	자신의 경험을 떠올리며 영화나 기행문을 감상하고 다양하게 표현하기	140쪽	□
어휘 + 문법	핵심 개념 어휘: 줄거리, 소감, 감상문 작품 속 어휘: 공정, 회상, 교역, 임무 문법: 문장의 내용을 풍부하게 해 주는 부속 성분	141쪽	□
독해	영상을 보고 경험한 내용 이야기하기: 「나의 여행」	142쪽	□
	영화 감상문 쓰기: 「서로를 따뜻하게 감싸 안는 대한민국이 되자」	143쪽	□
	자신의 경험을 떠올리며 작품 감상하기: 「대상주 홍라」	144~145쪽	□
평가	단원 평가 1, 2회	146~150쪽	□
	수행 평가	151쪽	□

교과서 개념

8 작품으로 경험하기

1 영화 감상문을 쓰는 방법

시나 만화, 일기 같은 다양한 형식으로 씁니다.

제목	감상문의 전체 내용을 잘 드러내거나 읽는 사람의 관심을 끌 수 있는 제목을 씁니다.
내용	• 영화 속 내용과 비슷한 자신의 경험을 떠올려 씁니다. • 영화를 보게 된 까닭을 씁니다. • 자신이 주인공이라고 생각하고 씁니다. • 영화 줄거리를 씁니다. • 자신이 본 영화나 책을 함께 떠올려 씁니다. • 영화를 본 뒤의 전체적인 느낌이나 주제도 씁니다.

예 영화 감상문에 쓰고 싶은 내용 떠올리기

영화를 보며 떠오른 자신의 경험 / 줄거리 / 인물의 성격 / 영화를 본 느낌과 감상 / 가장 흥미로운 사건 / 영화 주제

2 작품과 자신의 경험을 비교하며 독서 감상문을 쓰는 방법

제목	작품을 읽고 난 뒤 소감을 가장 잘 표현하는 문장이나 문구로 정합니다.
내용	• 작품 속 내용과 비슷한 자신의 경험을 떠올려 씁니다. • 작품을 읽게 된 동기 등을 씁니다. • 주인공을 자신이라고 생각해 보고 씁니다. • 줄거리를 간략하게 적습니다. • 비슷한 영화나 책의 내용과 비교해 씁니다.

예 「대상주 홍라」를 읽고 비슷한 자신의 경험 떠올리기

「대상주 홍라」에서 장안이라는 도시를 묘사한 부분을 읽으면서 작년에 우리 가족이 중국에 처음 가 보았을 때 웅장함과 화려함에 놀랐던 기억이 떠올랐습니다.

3 경험한 내용을 영화로 만들기

1	자신의 경험을 떠올려 주제를 정합니다.
2	정한 주제에 맞는 사진이나 그림, 영상을 수집해 차례대로 나열합니다.
3	사진이나 그림, 영상에 어울리는 설명을 간단히 기록합니다.
4	편집 프로그램을 활용해 사진이나 그림, 영상을 넣습니다.
5	편집 프로그램을 활용해 음악과 자막을 넣습니다.
6	만든 영화를 보면서 부족한 부분을 찾아 보완해 완성합니다.

정답 및 풀이 27쪽

개념 확인 문제

1 영화 감상문을 쓰는 방법

영화 감상문에 쓸 내용으로 알맞지 않은 것은 무엇입니까? (　　　)

① 줄거리
② 인물의 성격
③ 가장 흥미로운 사건
④ 모든 등장인물의 이름
⑤ 영화를 본 느낌과 감상

2 영화 감상문을 쓰는 방법

다음 영화 감상문을 쓰는 방법으로 알맞은 것에 ○표 하시오.

(1) 영화를 보게 된 까닭과 줄거리를 쓴다. (　　)
(2) 영화 속 내용과 비슷한 친구의 경험을 떠올려 쓴다. (　　)

3 작품과 자신의 경험을 비교하며 독서 감상문을 쓰는 방법

독서 감상문을 쓰는 방법에 대해 바르게 말하지 못한 친구의 이름을 쓰시오.

수진: 제목은 무조건 짧게 정해야 해.
준우: 작품을 읽게 된 동기를 써야 해.
희영: 비슷한 영화나 책의 내용과 비교해 써도 좋아.
영섭: 작품 속 내용과 비슷한 경험을 떠올려 봐야 해.

(　　　　　)

4 경험한 내용을 영화로 만들기

경험한 내용을 영화로 만들 때 가장 먼저 할 일은 무엇인지 빈칸에 들어갈 말을 쓰시오.

• 자신의 경험을 떠올려 (　　　　　)을/를 정한다.

8 작품으로 경험하기

어휘·문법

정답 및 풀이 27쪽

어휘

1. 핵심 개념 어휘: 줄거리, 소감, 감상문

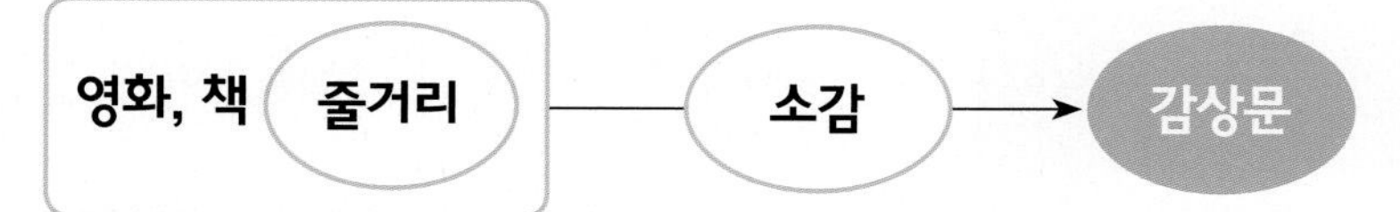

뜻 글이나 이야기를 이끌어 나가는 중심이 되는 내용.

所 바 소 感 느낄 감
뜻 개인이 어떤 일에 대하여 느끼고 생각한 것.

感 느낄 감 想 생각 상 文 글월 문
뜻 어떤 사물이나 현상을 보거나, 듣거나, 겪고서 느낀 것을 적은 글. 남의 글을 읽고 감상을 적은 글.

➡ 영화나 책을 보고 감상문을 쓸 수 있습니다.

2. 작품 속 어휘

낱말	뜻	예시
공정(公正) 公 공평할 공 正 바를 정	공평하고 올바름.	국가는 세금을 공정하게 걷어야 합니다.
회상(回想) 回 돌아올 회 想 생각 상	지나간 일을 되돌아보며 생각하는 것.	나는 지난겨울의 일을 회상해 보았습니다.
교역(交易) 交 사귈 교 易 바꿀 역	여러 나라들이 서로 물건을 팔고 사고 하는 일.	우리나라는 세계 여러 나라와의 교역 활동이 활발합니다.
임무(任務) 任 맡길 임 務 힘쓸 무	맡아서 해야 할 일. 맡겨진 일.	나는 엄마께서 외출하시는 동안 동생을 돌볼 임무를 맡았습니다.

문법 문장의 내용을 풍부하게 해 주는 부속 성분

◆ 부속 성분이란, 주로 주성분을 꾸며 주는 역할을 하는 문장 성분입니다. 부속 성분은 문장의 내용을 풍부하게 해 줍니다.

☝ 관형어는 체언(명사, 대명사, 수사)을 꾸며 주는 문장 성분입니다.

> 예 • 옛 친구를 만났다. (관형사)
> • 마을의 풍경이 예쁘다. (체언+조사 '의')
> • 내 짝꿍은 착한 아이이다. (용언+'-ㄴ')
> • 달리는 사람들이 많다 (용언+'-는')

✌ 부사어는 주로 용언(동사, 형용사)을 꾸며 주며, 관형어나 다른 부사어 등을 꾸며 주기도 하는 문장 성분입니다. 부사, 체언에 부사어를 만드는 조사('에', '에서', '으로/로', '와/과', '까지' 등)가 붙은 말, 용언에 '-게', '-도록', '-아서/-어서', '-듯이', '-이' 등이 붙은 말이 부사어입니다.

> 예 • 책이 아주 재미있다. (부사)
> • 우리는 도서관으로 갔다. (체언+조사 '으로')
> • 나는 친구에게 사과했다. (체언+조사 '에게')
> • 지호는 손을 깨끗하게 씻었다. (용언+'-게')

어휘·문법 확인 문제

1 핵심 개념 어휘
다음 뜻에 알맞은 낱말을 쓰시오.

> 어떤 사물이나 현상을 보거나, 듣거나, 겪고서 느낀 것을 적은 글. 남의 글을 읽고 감상을 적은 글.

( )

2 작품 속 어휘
다음 밑줄 친 낱말의 뜻으로 알맞은 것에 ○표 하시오.

> 판사는 법에 따라 공정한 판결을 내려야 한다.

(1) 한쪽으로 치우침. ( )
(2) 공평하고 올바름. ( )

3 작품 속 어휘
다음 빈칸에 알맞은 낱말을 보기 에서 찾아 쓰시오.

> 보기
> 회상 교역 임무

(1) 고려는 여러 나라와 ( )을/를 활발하게 하였다.
(2) 한 해를 되돌아보며 즐거웠던 날을 ( )하였다.
(3) 그에게 사람의 생명을 구하는 막중한 ( )이/가 주어졌다.

4 문법
다음 문장에서 밑줄 친 부분이 관형어이면 '관', 부사어이면 '부'를 쓰시오.

(1) 함박눈이 펑펑 내리고 있다. ( )
(2) 현우는 차가운 음료수를 좋아한다. ( )

8 단원

준비 영상을 보고 경험한 내용 이야기하기

● 국어 301쪽 / 정답 및 풀이 27쪽

나의 여행

1

나의 여행

2

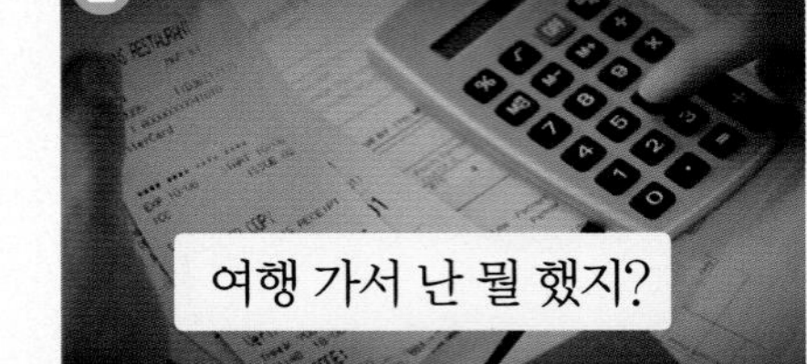

3

4

5

6

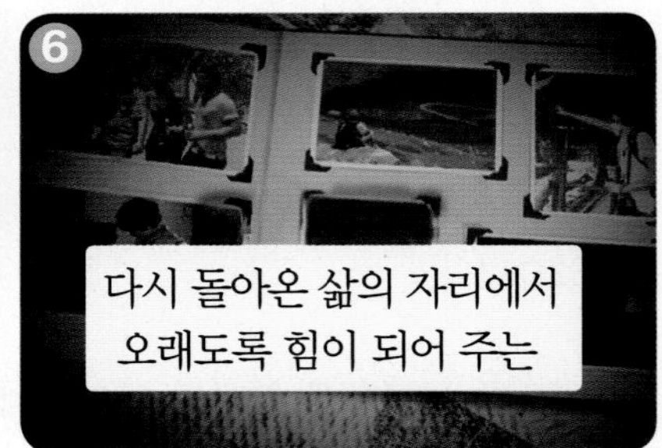

- **종류** 영상
- **특징** 진정한 여행의 의미를 생각하며, 자신이 여행 가고 싶은 곳을 정하고 여행 계획을 세워 볼 수 있습니다.
- **활동 정리** 빈칸에 알맞은 말을 넣어 여행 계획하기

영상 내용

다른 ❶(　　　　)을/를 존중하고 배려하는 서로 공정한 여행을 해야 함.

▼

❷(　　　　) 계획서 쓰기

- 여행 기간과 장소
- 같이 가고 싶은 사람과 준비할 일
- 여행 일정
- 여행 비용

배려(配 짝 배, 慮 생각할 려) 도와주거나 보살펴 주려고 마음을 씀.
공정(公 공평할 공, 正 바를 정) 공평하고 올바름.

1 **이 영상에서 여행은 무엇이라고 하였습니까?** (　　)

① 단순한 장소의 이동
② 외국 사람들을 만나는 것
③ 자신이 생활하는 공간을 벗어나는 것
④ 한 번도 가 본 적이 없는 곳을 가는 것
⑤ 자신이 쌓아 온 생각의 성을 벗어나는 것

중요 독해

2 **이 영상에서는 어떤 여행을 해야 한다고 했는지 빈칸에 알맞은 말을 쓰시오.**

- 다른 문화를 (1)(　　　　　　)하고 배려하는 서로 (2)(　　　　　　) 여행

3 **이 영상처럼 여행을 다녀온다면 어떤 느낌이 들지 알맞게 말한 친구의 이름을 쓰시오.**

성호: 유명한 곳에 가서 친구에게 보여 줄 멋진 사진을 많이 찍을 것 같아.
유나: 현지 사람들의 모습과 삶을 이해하며 그 지역의 문화에 관심을 기울일 것 같아.

(　　　　　　)

서술형

4 **자신이 여행 가고 싶은 곳과 그 까닭을 함께 쓰시오.**

여행 가고 싶은 곳	(1)
그 까닭	(2)

국어 307쪽 / 정답 및 풀이 27쪽

서로를 따뜻하게 감싸 안는 대한민국이 되자

❶ 「피부 색깔=꿀색」이라는 영화를 보았다. 제목부터가 뭔가 전하고 싶은 이야기가 많은 영화라고 생각했다. 이 영화는 벨기에에 입양된 우리 동포 융이라는 사람이 어린 시절을 [㉠]하며 이야기가 시작된다.

(글쓴이가 본 영화의 제목)

중심 내용 | 영화 「피부 색깔=꿀색」은 벨기에에 입양된 우리 동포 융이라는 사람이 어린 시절을 회상하며 시작됩니다.

❷ 융은 다섯 살에 해외로 입양된다. 하지만 융은 벨기에의 가족과 자신의 피부색이 다르다는 사실과 한국에 친부모가 있을지도 모른다는 생각에 잘 적응하지 못하고 힘들어한다.

중심 내용 | 융은 다섯 살에 해외로 입양되지만 잘 적응하지 못하고 힘들어합니다.

❸ 융의 장난만큼은 아니지만 나도 가끔은 친구나 동생에게 심한 장난을 한다. 하지만 융의 행동이 주위의 관심과 사랑을 받고 싶고 자신이 누구인지를 찾으려는 몸부림이라는 것을 알았을 때 마음이 많이 아팠다. 자신이 누구인지 알 수 없어 방황하던 융은 영화의 마지막에 이렇게 말한다. "엄마, 누가 내 고향을 물으면 여기도 되고 거기도 된다고 하세요." 나는 융의 말을 모두 이해할 수는 없지만 '꿀색'이라는 말이 따뜻하게 느껴졌다.

중심 내용 | '나'는 융의 말을 모두 이해할 수는 없지만 '꿀색'이라는 말이 따뜻하게 느껴졌습니다.

❹ 영화를 보는 내내 나는 입양된 사람들이 우리 역사에서 겪은 아픔을 생각했다. 본인의 의지와 상관없이 다른 나라에서 살아야 하는 사람들, 그리고 우리나라에 온 사람들까지. 나는 우리가 지금 서로를 따뜻하게 감싸 안아야 할 때라고 생각한다.

중심 내용 | '나'는 우리가 지금 서로를 따뜻하게 감싸 안아야 할 때라고 생각합니다.

- **글의 종류** 영화 감상문
- **글의 특징** 영화 「피부 색깔=꿀색」을 보고 쓴 영화 감상문입니다.
- **글의 구조** 빈칸에 알맞은 말을 넣어 각 문단의 내용 정리하기

❶	영화를 보게 된 까닭
❷	영화의 ❶( )
❸	• 영화 속 내용과 비슷한 자신의 ❷( ) • 영화에서 인상 깊은 내용
❹	영화를 본 뒤의 전체적인 느낌이나 주제

입양(入 들 입, 養 기를 양) 남의 양자나 양녀가 되어 법적으로 자식의 지위를 얻음.
동포(同 같을 동, 胞 태보 포) 같은 나라 또는 같은 민족의 사람을 다정하게 이르는 말.
방황(彷 헤맬 방, 徨 노닐 황) 분명한 방향이나 목표를 정하지 못하고 갈팡질팡함.

서술형

5 영화에서 융이 힘들어한 까닭을 두 가지 쓰시오.

____

____

6 글쓴이가 영화 감상문의 제목을 「서로를 따뜻하게 감싸 안는 대한민국이 되자」로 지은 까닭을 알맞게 말한 친구의 이름을 쓰시오.

> 진원: 영화의 제목과 똑같이 써야 하기 때문이야.
> 성진: 감상문의 전체 내용을 잘 드러낼 수 있는 제목이기 때문이야.

( )

7 영화 감상문을 쓰는 방법으로 알맞지 않은 것에 ×표 하시오.

(1) 영화 줄거리를 쓴다. ( )
(2) 영화를 보게 된 까닭을 쓴다. ( )
(3) 시나 일기와 같은 형식으로는 쓸 수 없다. ( )

어휘

8 ㉠에 들어갈 다음 뜻을 가진 낱말은 무엇입니까? ( )

> 지나간 일을 되돌아보며 생각하는 것.

① 회상 ② 상상 ③ 현상 ④ 감상 ⑤ 공상

8 단원

기본 자신의 경험을 떠올리며 작품 감상하기

● 국어 310~313쪽 / 정답 및 풀이 28쪽

대상주 홍라

이 현

❶ 홍라는 탁자 위에 지도를 펼쳤다. 오래된 가죽 냄새를 맡으니 어머니에 대한 그리움이 밀려들었다. 어머니는 지도를 펼치는 것으로 하루를 시작했다. 어머니의 손길로 반들반들해진 지도였다. 지도에 새겨진 길을 손끝으로 더듬자 어머니의 목소리가 들려오는 것 같았다.

중심 내용 | 홍라는 지도를 펼쳐 보며 어머니에 대한 그리움을 느꼈습니다.

❷ 솔빈으로 가서 은화를 팔고……. 그래! 솔빈의 말을 사자! / 솔빈의 말은 당나라까지 널리 알려진 명마다. 솔빈의 말을 장안으로 가져가면 비싼 값에 팔 수 있다. 그리고 장안에서 비단을 싸게 사서 온다면……. 가만히 앉아 있으면 묘원의 은화는 비단 오백 필 값. 그러나 길을 나선다면(교역을 하러 나선다면) 천 필, 아니 이천 필 값이 될 수 있다. / 가자. **교역**을 하러 가자. 어머니가 돌아오기 전에 빚을 갚는 거야. **상단**을 지키는 거야. 대상주 금기옥의 딸답게.

중심 내용 | 홍라는 상단을 이끌고 교역을 하러 떠나기로 결심했습니다.

❸ 상단의 믿음직한 일꾼들은 지난 풍랑으로 거의 잃었다. 상단에 남아 있던 일꾼들은 대상주를 찾기 위해 동경에 가 있었다. 그러고도 남아 있는 일꾼들은 나이가 많거나 혹은 너무 어렸다. 그렇다고 표 나게 사람을 모을 수는 없었다. 빚쟁이들의 눈총이 무서웠다.

다행히 친샤가 고개 저으며 바깥채를 가리켰다. 월보는 아직 금씨 상단에 머무르고 있는 모양이다. 그리고 친샤는 다시 바깥채를 가리키며 손가락을 하나 더 폈다. 월보 말고 또 다른 누군가가 있다는 뜻이다.

곧 친샤가 월보와 어느 소년을 데리고 왔다.

홍라는 소년을 보고서 **미간**을 찌푸리며 기억을 더듬었다. 분명 낯익은 얼굴인데, 누구인지 잘 기억나지 않았다.

월보가 소년을 소개했다.

"아가씨, 비녕자이옵니다. 동경의 해안에서 우리를 구해 주었던……."

중심 내용 | 홍라는 교역을 하러 함께 떠날 일꾼들을 모았습니다.

교역(交 사귈 교, 易 바꿀 역) 여러 나라들이 서로 물건을 팔고 사고 하는 일.
상단 상인 단체가 시장을 지키려고 스스로 조직한 것.
미간(眉 눈썹 미, 間 사이 간) 얼굴에서 두 눈썹 사이의 부분.

9 홍라가 지도를 보면서 어머니를 그리워한 까닭으로 알맞은 것은 무엇입니까? (　　)

① 어머니가 직접 만든 지도여서
② 어머니가 매일 아침 펼쳐 보았던 지도여서
③ 어머니의 물건 중 가장 값비싼 물건이어서
④ 어머니가 홍라에게 생일 선물로 준 지도여서
⑤ 어머니가 홍라에게 유일하게 맡긴 물건이어서

중요 독해

10 홍라가 교역을 하러 떠나기로 결심한 까닭에 ○표 하시오.

(1) 실종된 어머니를 찾기 위해 (　　)
(2) 어머니와의 약속을 지키기 위해 (　　)
(3) 돈을 벌어서 빚을 갚고 상단을 지키기 위해 (　　)

11 교역을 하러 떠나려는 홍라가 일꾼을 모으기 힘들었던 까닭이 아닌 것은 무엇입니까? (　　)

① 믿음직한 일꾼들은 풍랑으로 거의 잃어서
② 남아 있는 일꾼들은 나이가 많거나 너무 어려서
③ 교역을 하러 떠나겠다는 사람이 한 명도 없어서
④ 빚쟁이들 때문에 표 나게 사람을 모을 수 없어서
⑤ 상단에 남아 있던 일꾼들은 대상주를 찾기 위해 동경에 가 있어서

12 다음은 이 글을 읽고 만든 질문입니다. 무엇에 대한 질문인지 알맞은 것에 ○표 하시오.

- 이야기는 어떻게 시작하나요?
- 어느 부분에서 긴장감이 도나요?

(1) 이야기 구조를 확인하는 질문 (　　)
(2) 이야기 내용을 추론하는 질문 (　　)

대상주 홍라

❹ "자, 장안이라고요? 네! 네, 갈게요. 가겠습니다!"

비녕자는 여전히 뚱한 얼굴이지만 그래도 고개를 끄덕였다.

반가워서 손이라도 잡아 주고 싶었다. 하지만 대상주답게 굴어야 했다. ㉠홍라는 애써 엄한 표정을 지었다.

"수선 피우지 마. 요란하게 떠날 입장이 아니야. 그러니 출발할 때까지 입조심해. 교역에 성공하면 둘 다 크게 한몫 챙겨 줄게."

그렇게 교역을 떠날 상단이 꾸려졌다. 대상주의 자격으로 상단을 이끄는 홍라, 무사 친샤, 천문생 월보, 일꾼 비녕자. 초라하기 그지없지만, 중요한 ㉡임무를 띠고 있었다. 금씨 상단을 지키기 위한 마지막 기회인지도 몰랐다. / 이틀 동안 길 떠날 준비를 했다. 준비랄 것도 없었다. 집안 일꾼들 모르게 몇 가지를 챙기는 게 전부였다.

(천문생: 천문학을 전문으로 하는 사람)
(㉡임무: 교역을 하러 가서 돈을 벌고 상단의 빚을 갚는 것)

중심 내용 | 교역을 하러 떠날 상단이 꾸려지고 이틀 동안 몰래 길 떠날 준비를 했습니다.

❺ ㉢드디어 떠난다. 홍라의 가슴이 세차게 고동쳤다. 대상주가 되어 교역을 떠난다. 빚을 갚고 상단을 구할 것이다. 걱정거리가 없지 않지만, 다 이겨 낼 수 있을 것만 같았다. 이겨 내야만 했다.

홍라가 어머니를 따라 먼 교역길에 나서 본 게 세 번이었다. 신라, 일본, 그리고 당나라의 장안이었다.

중심 내용 | 홍라는 대상주가 되어 교역을 떠나며 반드시 빚을 갚고 상단을 구하겠다는 다짐을 했습니다.

- **글의 종류** 이야기
- **글의 특징** 상단을 지키기 위해 교역길에 나선 홍라가 겪는 일을 다룬 이야기입니다.
- **작품 정리** 빈칸에 알맞은 말을 넣어 홍라가 겪은 일 정리하기

홍라는 ❶(　　　　)이/가 돌아오기 전에 교역을 하러 떠나 돈을 벌고, 상단의 빚을 갚기로 결심함.

▼

홍라는 무사 친샤, 천문생 월보, 일꾼 비녕자와 함께 길을 떠날 준비를 함.

▼

홍라는 대상주가 되어 빚을 갚고 ❷(　　　　)을/를 구하겠다는 다짐을 하며 교역을 떠남.

수선　사람의 정신을 어지럽게 만드는 부산한 말이나 행동.
임무(任 맡길 임, 務 힘쓸 무)　맡아서 해야 할 일. 맡겨진 일.
고동쳤다　흥분하여 심장이 세게 뛰었다.

13 홍라가 ㉠에서 엄한 표정을 지은 까닭은 무엇입니까? (　　　)

① 비녕자가 못마땅했기 때문에
② 비녕자는 장안에 처음 가기 때문에
③ 상단에 참여한 사람이 너무 적었기 때문에
④ 다른 사람들이 비녕자를 별로 좋아하지 않기 때문에
⑤ 속으로는 좋았지만 대상주로서의 위엄을 갖추고자 했기 때문에

어휘

14 ㉡과 바꾸어 쓸 수 있는 낱말은 무엇입니까? (　　　)

① 임명　② 역사　③ 책임
④ 적성　⑤ 품성

중요 독해

15 ㉢에 나타난 홍라의 마음으로 알맞은 것을 두 가지 고르시오. (　　　)

① 설렘　② 고마움
③ 미안함　④ 걱정됨
⑤ 안타까움

서술형

16 이 글에서 인상 깊은 장면을 한 가지 정하고, 그 까닭과 함께 쓰시오.

인상 깊은 장면	(1)
그 까닭	(2)

8 단원

8. 작품으로 경험하기

정답 및 풀이 28쪽

[1~2] 다음 영상을 보고 물음에 답하시오.

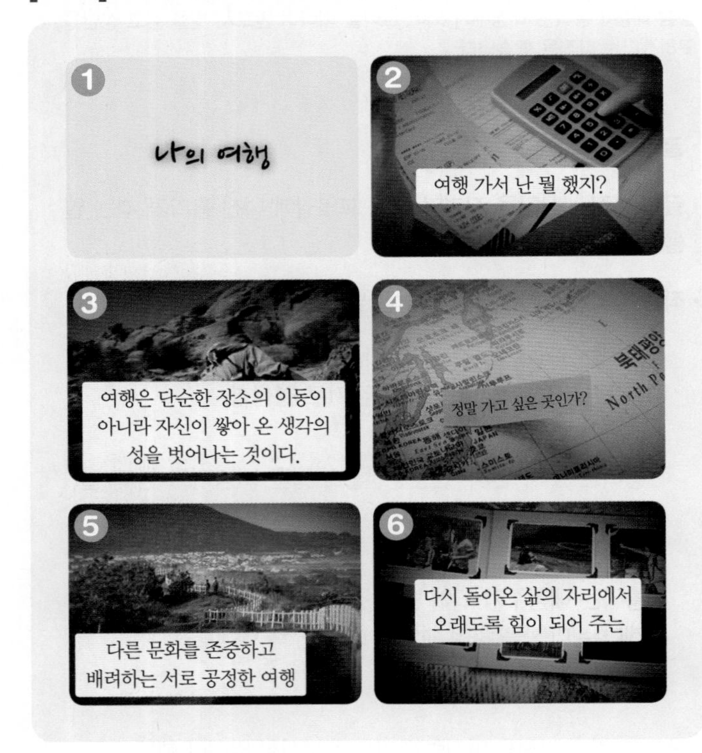

1 이 영상에서는 어떤 여행을 해야 한다고 했습니까? ( )

① 비용이 적게 드는 여행
② 장소를 많이 이동하는 여행
③ 다른 사람과 함께 가는 여행
④ 유명한 관광지만 찾아다니는 여행
⑤ 다른 문화를 존중하고 배려하는 여행

2 이 영상에서 말한 내용의 여행을 한 친구의 이름을 쓰시오.

> 우정: 다른 나라에 가서도 우리나라 음식만 먹었어.
> 재영: 어디에서 자고, 어디에서 먹는지를 먼저 생각했어.
> 현서: 현지 사람들과 함께하며 그 나라의 문화를 체험해 봤어.

( )

[3~5] 다음 글을 읽고, 물음에 답하시오.

㉮ 「피부 색깔=꿀색」이라는 영화를 보았다. 제목부터 가 뭔가 전하고 싶은 이야기가 많은 영화라고 생각했다. 이 영화는 벨기에에 입양된 우리 동포 융이라는 사람이 어린 시절을 회상하며 이야기가 시작된다.

㉯ 융은 다섯 살에 해외로 입양된다. 하지만 융은 벨기에의 가족과 자신의 피부색이 다르다는 사실과 한국에 친부모가 있을지도 모른다는 생각에 잘 적응하지 못하고 힘들어한다. 게다가 융의 가족은 한국에서 여자아이를 한 명 더 입양한다. 융은 한국에서 새로 입양된 여동생과 자신이 닮았다는 말을 듣기 싫어하며 동생과 가족을 멀리한다. 그리고 융은 학교에서 말썽을 일으키고 집에서 거짓말까지 하면서 점점 더 엇나가는 행동을 한다.

㉰ 융의 장난만큼은 아니지만 나도 가끔은 친구나 동생에게 심한 장난을 한다. 하지만 융의 행동이 주위의 관심과 사랑을 받고 싶고 자신이 누구인지를 찾으려는 몸부림이라는 것을 알았을 때 마음이 많이 아팠다. 자신이 누구인지 알 수 없어 방황하던 융은 영화의 마지막에 이렇게 말한다. "엄마, 누가 내 고향을 물으면 여기도 되고 거기도 된다고 하세요." 나는 융의 말을 모두 이해할 수는 없지만 '꿀색'이라는 말이 따뜻하게 느껴졌다.

3 글 ㉮~㉰ 중 영화를 보게 된 까닭을 쓴 문단의 기호를 쓰시오.

( )

4 글쓴이가 본 영화의 내용으로 알맞지 <u>않은</u> 것은 무엇입니까? ( )

① 융은 다섯 살에 입양되었다.
② 융은 벨기에에서 잘 적응했다.
③ 융은 동생과 가족을 멀리했다.
④ 융의 동생도 한국에서 입양되었다.
⑤ 융은 동생과 닮았다는 말을 듣기 싫어했다.

5 글 ㉰를 쓴 방법으로 알맞은 것을 두 가지 고르시오. ( )

① 영화의 주제를 썼다.
② 영화에서 인상 깊은 내용을 썼다.
③ 영화를 본 뒤의 전체적인 느낌을 썼다.
④ 영화 속 내용과 비슷한 자신의 경험을 썼다.
⑤ 글쓴이가 예전에 보았던 영화를 떠올려 썼다.

[6~8] 다음 글을 읽고, 물음에 답하시오.

홍라는 소그드의 은화를 가만히 들여다보았다. 그러다 다시 지도로 눈길을 돌렸다.

솔빈으로 가서 은화를 팔고……. 그래! 솔빈의 말을 사자!

솔빈의 말은 당나라까지 널리 알려진 명마다. 솔빈의 말을 장안으로 가져가면 비싼 값에 팔 수 있다. 그리고 장안에서 비단을 싸게 사서 온다면……. 가만히 앉아 있으면 묘원의 은화는 비단 오백 필 값. 그러나 길을 나선다면 천 필, 아니 이천 필 값이 될 수 있다.

가자. 교역을 하러 가자. 어머니가 돌아오기 전에 빚을 갚는 거야. 상단을 지키는 거야. 대상주 금기옥의 딸답게.

홍라는 눈물을 닦았다. 언제부터인가 울고 있었던 것이다. 하지만 이제는 울지 않을 생각이었다. 상단을 이끌고 교역을 떠나야 했다. 상단을 지켜야 했다.

따로 상단의 일을 배운 적은 없지만, 상단의 딸이다. 나면서부터 교역에 대해 보고 들었다. 어떻게 해야 하는지 알 수 있었다.

6 홍라에 대한 설명으로 알맞은 것은 무엇입니까? ( )

① 의지가 약하다.
② 욕심이 많고 이기적이다.
③ 대상주 금기옥의 딸이다.
④ 교역에 대해 전혀 관심이 없다.
⑤ 어려서부터 상단의 일을 따로 배웠다.

7 홍라가 교역을 하러 가기로 결심한 까닭으로 알맞지 않은 것에 ×표 하시오.

(1) 어머니를 찾기 위해서 ( )
(2) 상단을 지키기 위해서 ( )
(3) 어머니가 돌아오기 전에 빚을 갚기 위해서 ( )

8 이 글의 내용과 비슷한 경험을 떠올린 것으로 알맞은 것의 기호를 쓰시오.

㉮ 홍라가 은화를 바라보며 생각하는 장면이 인상 깊다.
㉯ 홍라는 어려움이 있어도 절대 좌절하지 않고 이겨 낼 방법을 찾았다.
㉰ 줄넘기 승급 심사에서 떨어져 속상했지만 열심히 연습해서 다음 심사에는 반드시 붙겠다고 다짐했다.

( )

문법

9 밑줄 친 부분이 부속 성분에 해당하지 않는 것은 무엇입니까? ( )

① 가을 하늘이 푸르고 맑다.
② 귀여운 인형을 선물 받았다.
③ 자동차가 아주 빠르게 달린다.
④ 채원이는 운동장으로 뛰어갔다.
⑤ 새 운동화를 신으니 기분이 좋다.

문법

10 밑줄 친 부분이 부사어에 해당하는 것은 무엇입니까? ( )

① 자는 아이를 깨웠다.
② 사과 한 상자만 주세요.
③ 방을 깨끗하게 청소했다.
④ 이 분이 우리 선생님이다.
⑤ 사진을 보니 옛 추억이 떠올랐다.

8. 작품으로 경험하기

정답 및 풀이 29쪽

[1~2] 다음 여행 계획서를 보고, 물음에 답하시오.

여행 기간과 장소	• 여행 기간: 졸업한 뒤인 2월 중순 무렵에 2박 3일 동안 • 장소: 지리산
같이 가고 싶은 사람과 준비할 일	• 같이 가고 싶은 사람: 가족 • 준비할 일: 겨울 산을 오르는 데 필요한 비상 식량, 물, 입장료, 지리산 지도 등
㉠여행 일정	먼저 성삼재 휴게소까지는 차로 이동해서 노고단까지 가는 길에 도전합니다. 거리상으로 1.1킬로미터라서 왕복 두 시간 정도 걸리므로 크게 힘들이지 않고 겨울에 등반하기 좋기 때문입니다.
㉡	입장료는 무료이지만 주차비와 교통비가 필요합니다.

1 ㉠을 계획하는 방법으로 알맞은 것의 기호를 쓰시오.

> ㉮ 날마다 몇 시쯤, 어디에서 무엇을 할 것인지 쓴다.
> ㉯ 언제, 어디로 여행 가느냐에 따라 준비물이 달라진다.
> ㉰ 여행 가기 전에 누구와 함께 가고, 무엇을 준비해야 할지 쓴다.

( )

2 ㉡에 들어갈 알맞은 말은 무엇입니까? ( )

① 이동 시간
② 여행 소감
③ 여행 비용
④ 여행 준비물
⑤ 여행에서 체험하고 싶은 문화

[3~5] 다음 글을 읽고, 물음에 답하시오.

> 가 「피부 색깔=꿀색」이라는 영화를 보았다. 제목부터가 뭔가 전하고 싶은 이야기가 많은 영화라고 생각했다.
> 나 융은 다섯 살에 해외로 입양된다. 하지만 융은 벨기에의 가족과 자신의 피부색이 다르다는 사실과 한국에 친부모가 있을지도 모른다는 생각에 잘 적응하지 못하고 힘들어한다. 게다가 융의 가족은 한국에서 여자아이를 한 명 더 입양한다. 융은 한국에서 새로 입양된 여동생과 자신이 닮았다는 말을 듣기 싫어하며 동생과 가족을 멀리한다. 그리고 융은 학교에서 말썽을 일으키고 집에서 거짓말까지 하면서 점점 더 엇나가는 행동을 한다.
> 다 영화를 보는 내내 나는 입양된 사람들이 우리 역사에서 겪은 아픔을 생각했다. 본인의 의지와 상관없이 다른 나라에서 살아야 하는 사람들, 그리고 우리나라에 온 사람들까지.

3 이 글의 종류는 무엇인지 쓰시오.

( )

4 융에 대한 설명으로 알맞지 않은 것은 무엇입니까? ( )

① 다섯 살에 입양되었다.
② 친부모는 한국 사람이다.
③ 동생과 가족을 자랑스러워한다.
④ 학교에서 말썽을 일으키고 집에서 거짓말까지 했다.
⑤ 새로 입양된 여동생과 닮았다는 말을 듣기 싫어한다.

서술형

5 이와 같은 글을 쓸 때 주의할 점을 생각하여 쓰시오.

[6~7] 다음 글을 읽고, 물음에 답하시오.

(가) 융의 장난만큼은 아니지만 나도 가끔은 친구나 동생에게 심한 장난을 한다. 하지만 융의 행동이 주위의 관심과 사랑을 받고 싶고 자신이 누구인지를 찾으려는 몸부림이라는 것을 알았을 때 마음이 많이 아팠다.
(나) 예전에 「국가 대표」라는 영화를 보았다. 그 영화에서 주인공은 엄마를 찾으려고 국가 대표가 되려고 했다. 해외 입양 문제는 우리나라의 아픈 역사를 보여 주는 한 부분이다.

6 글 (가)에서 알 수 있는 내용은 무엇입니까? (　　　)

① 영화의 감독
② 영화를 본 장소
③ 영화를 보게 된 까닭
④ 영화에서 영상의 특성
⑤ 영화 속 내용과 비슷한 자신의 경험

서술형

7 글 (나)에서 영화 감상문을 쓴 방법을 쓰시오.

____

____

8 경험한 내용을 영화로 만드는 차례대로 기호를 쓰시오.

㉮ 자신의 경험을 떠올려 주제를 정한다.
㉯ 만든 영화를 보면서 부족한 부분을 찾아 보완해 완성한다.
㉰ 사진이나 그림, 동영상에 어울리는 설명을 간단히 기록한다.
㉱ 정한 주제에 맞는 사진이나 그림, 동영상을 수집해 차례대로 나열한다.
㉲ 편집 프로그램을 활용해 사진이나 그림, 동영상을 넣고, 음악과 자막을 넣는다.

㉮ → (　　　) → (　　　) → (　　　) → (　　　)

[9~10] 다음 글을 읽고, 물음에 답하시오.

(가) 홍라는 탁자 위에 지도를 펼쳤다. 오래된 가죽 냄새를 맡으니 어머니에 대한 그리움이 밀려들었다. 어머니는 지도를 펼치는 것으로 하루를 시작했다. 어머니의 손길로 반들반들해진 지도였다.
(나) 장안. 당나라 황제의 대명궁이 있는 장안은 인구 백 만이 넘는 대도시로 비단처럼 화려한 빛깔로 눈부셨다. 푸른 하늘로 날아오를 듯 맵시 있는 기와지붕들이 물결치며 이어졌고, 밤이면 색색의 등불이 별빛보다 더 아름답게 반짝였다. 온갖 나라의 사람들이 저마다의 멋을 뽐내며 거리거리를 수놓았다. 동방의 상인들이 장사하는 동부 시장도 그랬지만, 서역 상인들의 서부 시장은 더욱 경이로웠다. 소그드 상인은 물론이고 페르시아나 로마에서 온 상인들도 진귀한 물건을 내놓고 팔았다. 장안은 세계적인 교역 도시였다.
홍라는 장안을 떠나며 언젠가 자신의 상단을 이끌고 다시 오겠다고 다짐했다.

9 홍라는 무엇을 보면서 어머니를 그리워했는지 쓰시오.

(　　　　　　　　　　)

10 장안에 대한 설명으로 알맞지 않은 것은 무엇입니까? (　　　)

① 세계적인 교역 도시이다.
② 당나라 황제의 대명궁이 있다.
③ 인구 백 만이 넘는 대도시이다.
④ 동부 시장에서 동방의 물건을 살 수 있다.
⑤ 페르시아나 로마에서 온 상인은 볼 수 없다.

8 단원

[11~15] 다음 글을 읽고, 물음에 답하시오.

가 솔빈으로 가서 은화를 팔고……. 그래! 솔빈의 말을 사자!

솔빈의 말은 당나라까지 널리 알려진 명마다. 솔빈의 말을 장안으로 가져가면 비싼 값에 팔 수 있다. 그리고 장안에서 비단을 싸게 사서 온다면……. 가만히 앉아 있으면 묘원의 은화는 비단 오백 필 값. 그러나 길을 나선다면 천 필, 아니 이천 필 값이 될 수 있다.

가자. 교역을 하러 가자. 어머니가 돌아오기 전에 빚을 갚는 거야. 상단을 지키는 거야. 대상주 금기옥의 딸답게.

나 상단의 믿음직한 일꾼들은 지난 풍랑으로 거의 잃었다. 상단에 남아 있던 일꾼들은 대상주를 찾기 위해 동경에 가 있었다. 그러고도 남아 있는 일꾼들은 나이가 많거나 혹은 너무 어렸다. 그렇다고 표 나게 사람을 모을 수는 없었다. 빚쟁이들의 눈총이 무서웠다.

다 그렇게 교역을 떠날 상단이 꾸려졌다. 대상주의 자격으로 상단을 이끄는 홍라, 무사 친샤, 천문생 월보, 일꾼 비녕자. 초라하기 그지없지만, ㉠중요한 임무를 띠고 있었다. 금씨 상단을 지키기 위한 마지막 기회인지도 몰랐다.

라 홍라는 하인들에게 말을 팔 거라는 핑계를 대고 세 마리를 미리 빼돌렸다. 출발하는 날 아침에 조용히 집을 나서려고 미리 준비해 둔 것이다. 월보가 말들을 성문 근처의 객줏집에 맡겨 두었다. 홍라의 말 하늬와 친샤의 말은, 팔 거라는 핑계를 댈 수 없으니 그냥 집에 두었다.

홍라는 월보를 은밀히 불렀다.

"내일 새벽, 성문을 여는 북소리가 울릴 때 만나자. 말을 맡겨 둔 객줏집에서."

마 홍라는 장안을 떠나며 언젠가 자신의 상단을 이끌고 다시 오겠다고 다짐했다. 장안까지, 아니 세상의 끝까지 가 보고 싶었다. 그 누구의 발도 닿지 않은 새로운 길로 떠나고 싶었다.

그런 날이 생각보다 빨리 왔다. 생각했던 것과는 달리 너무도 초라한 출발이었다. 그러나 반드시 금씨 상단에 걸맞은 모습으로 돌아오리라. 홍라는 목에 건 소동인과 열쇠를 꼭 쥐었다. 쿵쿵쿵쿵. 힘차게 뛰는 심장 박동이 느껴졌다. 아버지와 어머니가 보내는 응원의 소리인지도 몰랐다.

11 글 가의 중심 내용에 맞게 빈칸에 알맞은 말을 써넣으시오.

• 홍라는 (　　　　　)을/를 하러 가기로 결심했다.

서술형

12 홍라가 상단의 사람들을 표 나게 모을 수 없었던 까닭은 무엇인지 쓰시오.

____

____

13 ㉠이 뜻하는 것은 무엇입니까? (　　　)

① 세상의 끝까지 가는 것
② 장안에서 비단을 파는 것
③ 아버지의 교역을 응원하는 것
④ 어머니에게 대상주 자격을 돌려주는 것
⑤ 돈을 벌어서 빚을 갚고 상단을 지키는 것

14 이 글을 통해 짐작할 수 있는 홍라의 성격은 어떠합니까? (　　　)

① 소심하다.　② 이기적이다.
③ 질투가 많다.　④ 의지가 굳다.
⑤ 짜증을 잘 낸다.

15 이 글의 내용과 비슷한 자신의 경험을 말한 친구의 이름을 쓰시오.

혜원: 홍라가 솔빈으로 가서 은화를 판 뒤 말을 사서 장안으로 이동해 다시 말을 팔고 비단을 싸게 사 오는 등의 계획을 세워 떠날 결심을 하는 장면이 인상 깊었어.

형주: 나는 태권도 승급 심사에서 떨어져서 속상했지만, 다음 승급 시험에 붙기 전까지는 절대 울지 않겠다고 다짐하고 열심히 노력해 멋지게 승급한 경험이 있어. 그런 면에서 홍라와 나는 닮은 것 같아.

(　　　　　　　　　　)

8. 작품으로 경험하기

정답 및 풀이 29쪽

평가 주제	영화 감상문 쓰기
평가 목표	영화 감상문 쓰는 방법을 알고 영화 감상문을 쓸 수 있다.

가 「피부 색깔=꿀색」이라는 영화를 보았다. 제목부터가 뭔가 전하고 싶은 이야기가 많은 영화라고 생각했다. 이 영화는 벨기에에 입양된 우리 동포 융이라는 사람이 어린 시절을 회상하며 이야기가 시작된다.

나 융은 다섯 살에 해외로 입양된다. 하지만 융은 벨기에의 가족과 자신의 피부색이 다르다는 사실과 한국에 친부모가 있을지도 모른다는 생각에 잘 적응하지 못하고 힘들어한다. 게다가 융의 가족은 한국에서 여자아이를 한 명 더 입양한다. 융은 한국에서 새로 입양된 여동생과 자신이 닮았다는 말을 듣기 싫어하며 동생과 가족을 멀리한다. 그리고 융은 학교에서 말썽을 일으키고 집에서 거짓말까지 하면서 점점 더 엇나가는 행동을 한다.

다 본인의 의지와 상관없이 다른 나라에서 살아야 하는 사람들, 그리고 우리나라에 온 사람들까지. 나는 우리가 지금 서로를 따뜻하게 감싸 안아야 할 때라고 생각한다.

1 이 영화 감상문의 제목을 정해 쓰시오.

2 글쓴이는 글 가~다에 어떤 내용을 썼는지 쓰시오.

글 가	(1)
글 나	(2)
글 다	(3)

3 이 영화 감상문에 덧붙일 내용을 조건에 맞게 쓰시오.

조건
1. 영화를 본 뒤의 전체적인 느낌을 구체적으로 쓴다.
2. 영화의 주인공에게 하고 싶은 말을 넣어서 쓴다.

8 단원

다른 그림을 찾아보세요.

정답 및 풀이 29쪽

다른 곳이 15군데 있어요.

강의가 더해진, **교과서 맞춤 학습**

백점

국어 6·2

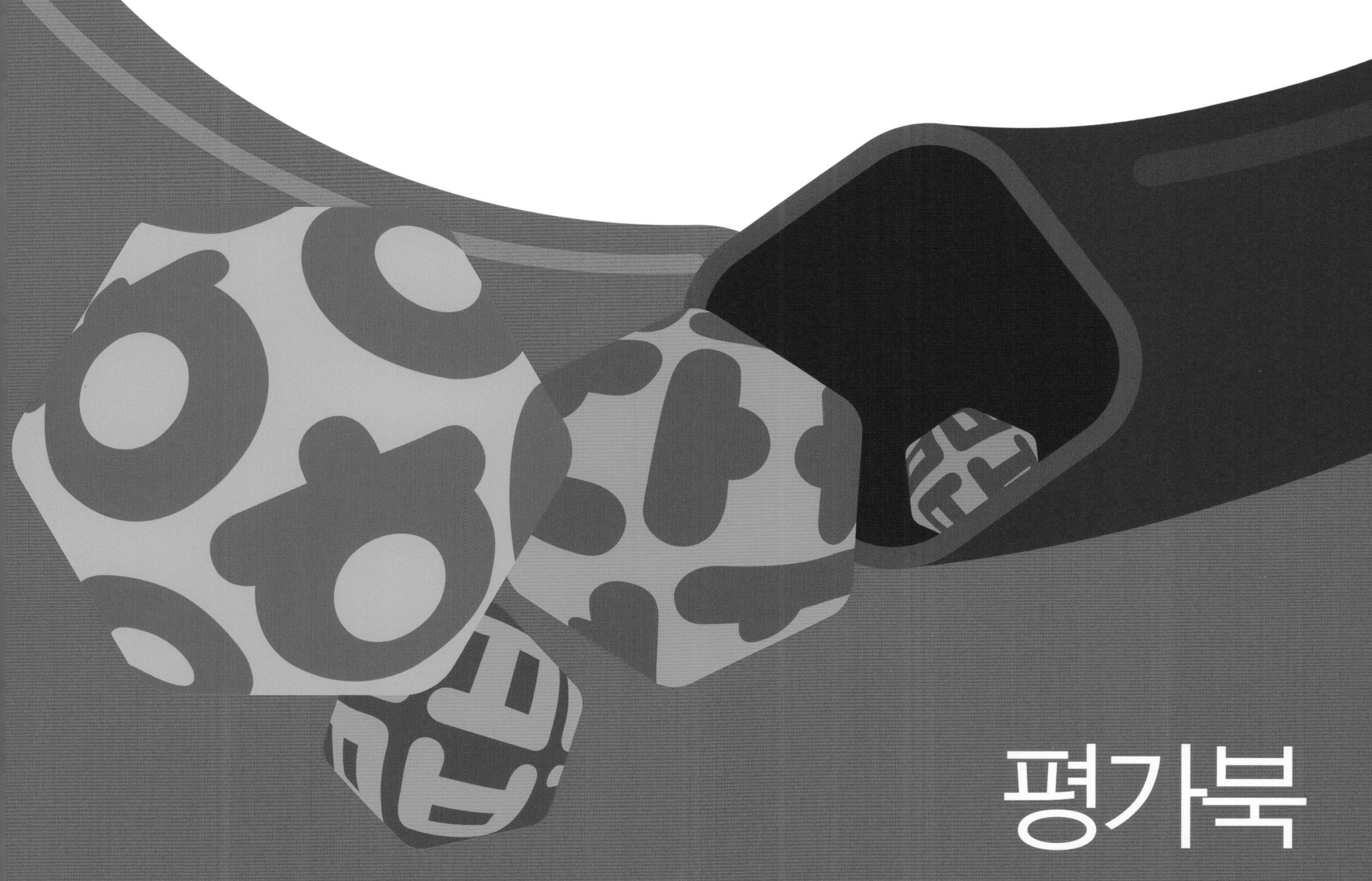

평가북

- 학교 시험 대비 **단원 평가**
- 수시평가에 대비한 **수행 평가**

동아출판

평가북 구성과 특징

1 **단원 평가**가 있습니다.

- 학교에서 실시하는 **단원 평가**에 완벽하게 대비할 수 있습니다.

2 **수행 평가**가 있습니다.

- **실전 수행 평가**를 통해 수시로 이루어지는 학교 수행 평가에 확실하게 대비할 수 있습니다.

3 **2학기 총정리**가 있습니다.

- 한 학기의 학습을 마무리할 수 있도록 **총정리**를 제공합니다.

1. 작품 속 인물과 나

● 정답 및 풀이 30쪽

[1~5] 다음 글을 읽고, 물음에 답하시오.

가 마을 아낙네들의 눈길이 모두 윤희순에게 쏠렸다.

"여태껏 우리 여자들은 집안을 돌보는 데 온 힘을 다해 왔습니다. 하지만 이제 왜놈들이 이 나라를 집어삼키려는 마당에 우리가 가만히 집 안에만 틀어박혀 있을 순 없는 노릇입니다. 그러니 우리도 사내들처럼 다 함께 의병 운동에 나서야 할 것입니다."

그때 누군가가 말꼬리를 걸고 나섰다.

"아니, 조정 대신이란 놈들이 나라를 팔아먹으려 드는데 우리 같은 여자들이 나선다고 뭐가 달라지겠소? 자칫 괜한 목숨만 버릴 뿐이오."

그 말이 떨어지기가 무섭게 여기저기서 술렁거렸다. 기껏 뜨겁게 달아오른 열기가 금세 차갑게 식을 판이었다.

"그럼 나라를 빼앗기고 왜놈들 종으로 살자는 것입니까?"

윤희순이 다시 마음을 가다듬고 큰 소리로 부르짖자 마을 아낙네들의 눈길이 또다시 윤희순에게 쏠렸다.

나 마침내 윤희순은 마을 아낙네들을 끌어모아 안사람 의병대를 만들었다.

"의병을 도와 나라를 구합시다!"

맨 먼저 안사람 의병대는 집집마다 찾아다니며 모금을 했다.

"왜놈들이 우리나라를 집어삼키려 합니다. 의병을 도와주십시오."

안사람 의병대의 눈물 어린 하소연은 많은 사람의 마음을 움직였다. 어떤 사람은 무기를 만들 수 있는 놋쇠와 구리를 내놓았고, 어떤 사람은 가진 돈을 몽땅 내놓기도 했다.

"우린 고구마밖에 없는데 괜찮다면 이거라도 내놓겠네."

㉠살림살이가 어려운 사람들도 의병을 돕겠다고 발 벗고 나섰다.

1 이 글에 나타난 시대적 배경으로 알맞지 않은 것은 무엇입니까? (　　　)

① 남녀 차별이 있었다.
② 일본의 침략을 받았다.
③ 나라를 빼앗길 위기가 닥쳤다.
④ 조정 대신들이 의병 운동을 일으켰다.
⑤ 의병 운동이 어려워져서 힘을 모아야 했다.

2 윤희순은 문제 상황에서 어떤 태도를 보이고 있습니까? (　　　)

① 걱정하고 망설인다.
② 실망하고 슬퍼한다.
③ 후회하고 우울해한다.
④ 두려워하고 피하려 한다.
⑤ 포기하거나 좌절하지 않는다.

3 윤희순이 마을 아낙네들을 끌어모아 만든 것은 무엇인지 쓰시오.

(　　　　　　　　　　)

서술형

4 ㉠을 통해 짐작할 수 있는 것은 무엇인지 쓰시오.

____

____

5 윤희순이 삶에서 추구한 가치와 관련 있는 낱말과 그렇게 생각한 까닭을 알맞게 말한 친구의 이름을 모두 쓰시오.

지예: '정의'야. 올바른 행동을 하려고 많은 문제와 어려움을 이겨 냈기 때문이야.
희승: '봉사'야. 자신의 전 재산을 바쳐 어려운 사람들을 돕기 위해 애썼기 때문이야.
나래: '용기'야. 당시 시대 상황에서 여자가 일제에 맞서 싸우고 독립운동의 뜻을 펼치는 것이 쉽지 않았을 텐데 그것을 이겨 냈기 때문이야.

(　　　　　　　　　　)

1 단원

[6~10] 다음 글을 읽고, 물음에 답하시오.

가 "뭐든 미친 듯이 하지 않고서는 큰 성취를 얻을 수 없네."

허련은 깊이 알아듣고 고개를 숙였다.

㉠"붓을 천 개쯤은 뭉뚝하게 만들어 봐야 그림이 뭔가를 알게 될 걸세."

추사 선생이 흘리듯 말하고는 돌아서 갔다. 허련은 몽당붓을 들고 물끄러미 보았다. 이제 겨우 한 걸음을 더 뗀 것 같았다.

'천 개 넘어 붓이 닳으면…….'

허련은 쓰고 또 썼다. 그리고 또 그렸다.

나 허련은 화첩에서 배운 필법을 바탕으로 연구와 실험을 해 가며 나름의 붓질법을 만들어 나갔다. 수십 개의 붓이 뭉뚝해졌다. 점차 허련만의 그림이 나왔다.

날로 부드러워지는 봄 산을 그리느라 열중해 있는데 문득 뒤에서 인기척이 들렸다. 고개를 드니 추사 선생이었다. 허련이 일어나려 하자 추사 선생이 말렸다.

"그냥 계속하게."

다 "이런 붓질법을 어디서 배웠느냐?"

"그냥, 제가 본 느낌들을 표현해 내기 위해 이렇게 저렇게 해 보다가……."

추사 선생의 눈이 살짝 커졌다.

"계속해 보아라."

허련이 붓을 들어 이번엔 잎 달린 작은 나무 몇 그루를 그렸다.

추사 선생이 고개를 끄덕이더니 붓을 들었다. 허련이 종이 한 장을 깔아 사방을 눌러 추사 선생이 그릴 수 있도록 마련했다. 추사 선생은 먹을 찍어 조심조심 붓질을 했다. 힘 조절에 신경을 쓰느라 손등에 핏줄이 섰다. 추사 선생은 수없이 내리그어 종이 한 장을 다 채웠다. 허련이 다시 새 종이를 깔았다.

추사 선생이 이번엔 가로로 선을 그었다. 가는 선 굵은 선을 번갈아 그리다가 사선으로 짧은 선들을 무수히 그었다. 둥근 선으로 한 장을 또 채웠다.

추사 선생이 돌아보며 싱긋 웃었다.

"이게 바로 초묵법이구나." / "초묵법요?"

"마르고 건조한데 윤기가 있어 보이는 붓질. 오랫동안 풀지 못한 것을 오늘 자네한테 배우는구나."

추사 선생의 얼굴에 환희가 차올랐다. 초묵법. 허련은 자기가 먹을 쓴 방법이 그것인 줄 몰랐다.

6 ㉠에 담긴 뜻은 무엇입니까? (　　　)

① 허련은 그림을 잘 그릴 수 없다.
② 그림이 뭔지는 아무도 알지 못한다.
③ 그림을 잘 그리려면 붓을 여러 개 사야 한다.
④ 그림을 잘 그리려면 미친 듯이 연습해야 한다.
⑤ 붓을 뭉뚝하게 만들지 않고 그린 그림이 잘 그린 그림이다.

7 다음 행동을 통해 알 수 있는, 허련이 추구하는 삶과 관련 있는 가치를 두 가지 고르시오. (　　　　)

> 허련은 붓 수십 자루가 몽당붓이 되도록 그림을 그리고, 그리고, 또 그렸다.

① 안전　② 배려　③ 성실
④ 사랑　⑤ 끈기

8 글 다에서 추사 선생이 수없이 많은 선을 그어 본 까닭으로 알맞은 것에 ○표 하시오.

(1) 허련의 붓질법을 배우기 위해서 (　　)
(2) 허련에게 붓질법을 가르쳐 주기 위해서 (　　)

9 추사 선생은 허련의 붓질법을 무엇이라고 불렀는지 쓰시오.

(　　　　　　　　　　)

10 소미는 추사 선생이 추구하는 삶과 관련 있는 가치를 다음과 같이 찾았습니다. 빈칸에 들어갈 알맞은 가치는 무엇입니까? (　　　)

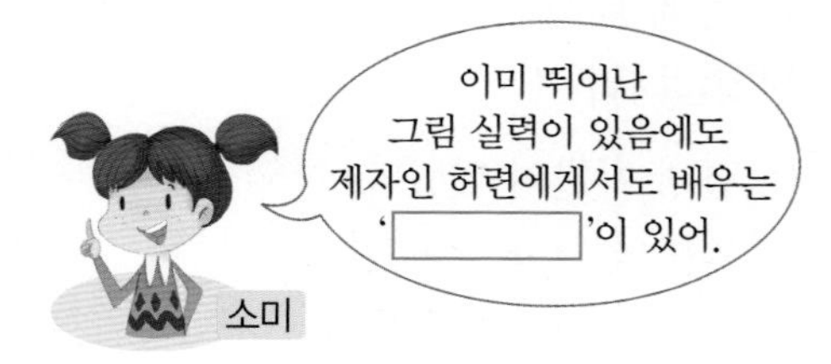

① 자신감　② 겸손함　③ 애국심
④ 봉사심　⑤ 생명 존중

[11~12] 다음 글을 읽고, 물음에 답하시오.

어제도 네 아버지는 건물에 갇혀 울부짖는 두 사람을 업어 내왔단다. 온몸이 땀으로 범벅이 된 몸으로 또 한 번 들어가려는 순간, 시뻘건 불길이 혀를 날름거리며 건물의 입구를 막아 버린 거야.

"위험해, 더는 도저히 안 되겠어!"

소방관들은 구조를 중단하고 온몸이 오그라드는 듯한 열기 속에서 빠져나오기 시작했대.

"먼저 나가. 내가 한 번만 더……."

그때 말릴 새도 없이 깨진 창문 사이로 뛰어 들어간 한 사람의 구조 대원이 있었단다.

너도 한번 생각해 보렴. 소방관에게도 지켜야 할 소중한 목숨이 있고, 우리처럼 애타게 기도하며 기다리는 가족이 있을 거 아니겠니?

아, 어쩌면 그렇게 짧고도 기막힌 순간이 또 있을까?

네 아버지가 빠져나오고 뒤를 돌아보았을 때, 불길에 무너지는 커다란 기둥이 그 구조 대원의 몸을 휩싸 안고 바닥으로 꺼져 버렸단다.

자기 목숨보다 남의 목숨을 먼저 생각한 용감한 소방관 아저씨의 최후…….

서술형

11 마지막에 뛰어 들어간 소방관의 행동에 대한 자신의 생각을 쓰시오.

____

____

12 아버지가 추구하는 삶을 바탕으로 가치 도표를 만들 때, ㉮와 ㉯에 들어갈 수 있는 말에 모두 ○표 하시오.

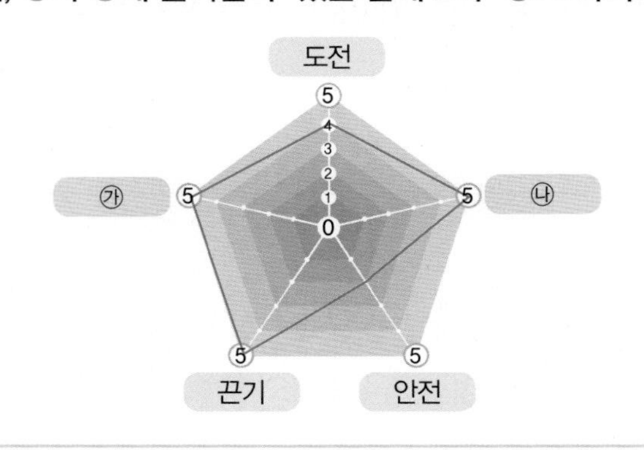

봉사,　　성공,　　희망,　　생명 존중

[13~15] 다음 글을 읽고, 물음에 답하시오.

"아이고, 내 강아지야! 어떻게 이런 일이 다 있단 말이냐……!"

불타 버린 옷장 안에서 발견된 동생을 끌어안고 몇 번이나 혼절하시는 어머니, 핏발 선 눈빛으로 하늘만 보시는 아버지…….

동생은 위험하게도 촛불을 들고 안방 옷장 안으로 숨었던 거야. 씩씩한 사람으로 자라서 어려운 사람을 다 구하겠다던 녀석이 그렇게 어리석은 짓을 할 줄이야!

그렇게 동생이 하늘나라로 간 뒤부터 내 가슴속에는 확실한 꿈 하나가 자리 잡았단다.

반드시 내 동생 경수를 삼켜 버린 불길과 싸워 이기겠다는 결심이었지. 나중에서야 불길은 싸울 대상이 아니라 잘 다스려야 이긴다는 걸 알게 되었지만 말이다.

불이라는 말만 들어도 가슴이 미어진다는 부모님의 반대를 무릅쓰고 나는 기어이 소방관의 꿈을 이루어 냈단다.

13 '나'에게 어떤 일이 일어났습니까? (　　　)

① 이사를 했다.
② 동생과 함께 길을 잃었다.
③ 집에 불이 나서 동생을 잃었다.
④ 동생과 싸워서 부모님께 혼이 났다.
⑤ 동생이 집을 나가 돌아오지 않았다.

14 '나'는 부모님의 반대를 무릅쓰고 무엇이 되었는지 쓰시오.

(　　　　　　　　　　)

15 '내'가 추구하는 삶으로 알맞은 것에 ○표 하시오.

(1) 아무리 무서운 것이라도 언제든 맞서 싸워 이길 수 있다는 자신만만한 삶 (　　)

(2) 불에 대한 두려움과 부모님의 반대를 이겨 내려고 끈기 있게 노력하고 도전하는 삶 (　　)

[16~17] 다음 글을 읽고, 물음에 답하시오.

"퐁, 넌 나중에 뭐가 되고 싶니?"
"되고 싶은 거 없는데."
"되고 싶은 게 없어? 그럼 꿈이 없단 말이야?"
"꿈이야 있지. 근데 꿈이란 게 꼭 뭐가 되어야 하는 거야? 뭐가 안 되면 어때? 그냥 하면 되지. 내 꿈은 춤추는 거지. 신나게 춤추는 것. 그게 내 꿈이야."
퐁은 진진의 물음에 꼬박꼬박 대답하면서도 허리를 흔들며 춤을 췄다. 퐁의 몸짓을 따라 물결이 찰랑찰랑 일었다. 진진은 그런 퐁을 잠시 지켜보다 다시 물었다.
"넌 이미 충분히 즐겁게 춤추고 있잖아?"
"오늘보다 내일은 더 즐겁게, 내일보다 모레는 더, 더 즐겁게. 모레보다 글피는 더, 더, 더 즐겁게, 글피보다 그글피는 더, 더, 더, 더 즐겁게. 내 꿈은 절대로 끝나지 않지."
퐁은 진진을 올려다보며 오페라의 한 소절처럼 대답을 했다. 진진은 고개를 끄덕였다.

16 퐁의 꿈은 무엇입니까? (　　　)

① 날마다 재미있게 노는 것
② 날마다 신나게 춤추는 것
③ 친구들의 춤을 구경하는 것
④ 찰랑이는 물결을 감상하는 것
⑤ 날마다 즐겁게 노래 부르는 것

17 퐁이 추구하는 삶과 자신의 삶을 알맞게 비교한 친구의 이름을 쓰시오.

나도 퐁처럼 내가 좋아하고 신나는 일을 하고 싶어.

성실하게 노력하는 퐁과 달리 나는 현재를 즐겁게 사는 것이 더 중요해.

나도 퐁처럼 지금 당장 이루지 못하는 꿈이라도 희망을 가지고 즐겁게 도전할 거야.

(　　　　　　　　　　　　　)

[18~20] 다음 시를 읽고, 물음에 답하시오.

그래 살아 봐야지
너도 나도 공이 되어
떨어져도 튀는 공이 되어

살아 봐야지
쓰러지는 법이 없는 둥근
공처럼, 탄력의 나라의
왕자처럼

가볍게 떠올라야지
곧 움직일 준비 되어 있는 꼴
둥근 공이 되어

옳지 최선의 꼴
지금의 네 모습처럼
떨어져도 튀어 오르는 공
쓰러지는 법이 없는 공이 되어.

18 이 시에 대한 설명으로 알맞지 않은 것은 무엇입니까? (　　　)

① '~야지', '공이 되어'라는 말이 반복된다.
② 모든 연의 글자 수가 일정해서 운율이 느껴진다.
③ 떨어져도 다시 튀어 오르겠다는 의지가 담겨 있다.
④ 1연과 3연은 3행, 2연과 4연은 4행으로 구성되어 있다.
⑤ 말하는 이가 추구하는 삶의 모습을 사물에 빗대어 표현했다.

서술형

19 이 시를 읽고 떠오르는 경험이나 장면을 쓰시오.

____

____

20 말하는 이가 추구하는 삶의 모습을 떠올려 빈칸에 들어갈 알맞은 말을 쓰시오.

• (　　　　　　)처럼 쓰러지는 법이 없이 계속해서 도전하고 노력하는 삶을 추구한다.

수행 평가 실전 1. 작품 속 인물과 나

● 정답 및 풀이 31쪽

평가 주제	작품 속 인물의 삶을 이해하며 글 읽기
평가 목표	작품 속 인물의 삶을 이해하고, 자신이 꿈꾸는 삶을 표현할 수 있다.

㉮ "초리, 정말 암만해도 이해가 안 돼. 그러니까 날개를 한 번 휘젓는 데 몇 초가 걸린단 소리야?"
초리는 물을 한 모금 마시더니 갑갑하다는 듯 앙잘앙잘 앙알거렸다.
"어이구, 이해 따윌 해서 뭣 하게? 날개가 알아서 하게끔 내버려 두라잖아."
어기는 다시 긴 목을 빼며 물었다. / "내버려 둬?"
"어떻게 하면 날 수 있을까, 그딴 생각 하지 말라고!"
"생각하고 또 해도 못 나는데, 생각하지 않고 어떻게 날아?"
초리는 까만 날개로 어기의 흰 날개를 툭툭 쳤다. 말이 점점 빨라졌다.
"궁금해하지 말라니까. 그냥 날아. 날개에게 모든 걸 맡겨."
㉯ 진진이 어기의 하얀 깃을 어루만지며 물었다. / "어기, 힘들지? 그래도 기운 내."
어기는 고개를 가로저으며 씩씩하게 되물었다. / "하나도 안 힘들어. 꿈꾸는 게 왜 힘드니?"
"그래도 날마다 그렇게 열심히 연습했는데, 못 날면 속상하잖아."
"아니, 속상하지 않아. 난 늘 즐거워. 만약 꿈꾸는 동안 즐겁지 않다면 그게 무슨 꿈이니?"
어기는 물을 다 마시고 날개를 푸드덕푸드덕 힘차게 털어 냈다.
"자, 쉬었으니 또 신나게 날아오르러 가 볼까?"

1 글 ㉯에서 '어기'의 말을 모두 찾아 쓰시오.

2 문제 1번을 보고, '어기'가 추구하는 삶이 무엇인지 보기 에서 알맞은 낱말을 모두 골라 한 문장으로 쓰시오.

보기
도전 배려 봉사 사랑 우정 희망

3 '어기'가 추구하는 삶과 비교하여 내가 추구하는 삶은 무엇인지 쓰시오.

조건
1. '나는 ~ 삶을 추구합니다. 왜냐하면 ~하기 때문입니다.'의 형태로 쓴다.
2. 내가 추구하는 삶과 관련 있는 낱말을 포함하여 쓴다.

1 다음과 같은 표현에 해당하는 것을 두 가지 고르시오. ( )

> 둘 이상의 낱말이 합쳐져 그 낱말의 원래 뜻과는 다른 새로운 뜻으로 굳어져 쓰이는 표현.

① 속담 ② 고유어
③ 외래어 ④ 관용어
⑤ 감각어

2 다음 대화에 활용된 관용 표현을 찾아 쓰시오.

> 재현: 정민아, 내일이 벌써 개학이야. 정말 시간이 빠르지 않니?
> 정민: 내일이 개학이라고? 눈이 번쩍 뜨인다! 해야 할 일이 아직도 많은데 큰일이네.

( )

3 다음 대화의 빈칸에 들어갈 관용 표현으로 알맞은 것을 두 가지 고르시오. ( )

> 수찬: 소진아, 제주도에 다녀왔다며? 재미있었어?
> 소진: 지난주에 제주도에 다녀온 것 말이야? 아까 민진이에게만 말했는데 넌 어떻게 알았어? 정말 [   ]

① 말이 씨가 되는구나.
② 소 잃고 외양간 고치는구나.
③ 발 없는 말이 천 리 가는구나.
④ 말 한마디에 천 냥 빚도 갚는구나.
⑤ 낮말은 새가 듣고 밤말은 쥐가 듣는구나.

[4~5] 다음 그림을 보고, 물음에 답하시오.

서술형

4 영철이가 말한 ㉠은 무슨 뜻일지 쓰시오.

____

____

5 영철이처럼 대화할 때 관용 표현을 활용하면 좋은 점을 알맞게 말하지 못한 친구의 이름을 쓰시오.

> 예린: 전하고 싶은 말을 쉽게 표현할 수 있어서 좋아.
> 지한: 전할 말을 상대가 여러 가지 뜻으로 이해하게 할 수 있지.
> 서진: 재미있는 표현이어서 듣는 사람의 관심을 불러일으킬 수 있어.

( )

[6~7] 다음 글을 읽고, 물음에 답하시오.

동생: 오빠, 나도 이제 휴대 전화를 사 달라고 할 거야. ㉠쇠뿔도 단김에 빼라고 당장 구경해 보자.
오빠: 안 돼. 아직 부모님과 의논도 안 했잖아. 다음에 보자.
동생: 에이, 당장 어떤 걸로 할지 결정하고 싶었는데, 오빠 때문에 ㉡김이 식어 버렸잖아.

6 동생이 구경하려는 것은 무엇인지 쓰시오.

( )

7 ㉠과 ㉡의 뜻을 보기 에서 골라 각각 기호를 쓰시오.

보기
㉮ 재미나 의욕이 없어졌다.
㉯ 큰 기대에 비하여 실속이 없다.
㉰ 잘 아는 일이라도 세심하게 주의를 하라.
㉱ 어떤 일이든지 하려고 생각했으면 망설이지 말고 곧 행동으로 옮겨야 한다.

(1) ㉠: ( )

(2) ㉡: ( )

8 관용 표현의 뜻을 알아보는 방법으로 알맞은 것에 모두 ○표 하시오.

(1) 관용 표현이 활용된 앞뒤의 내용을 살펴본다. ( )

(2) 관용 표현에 포함된 낱말의 뜻을 되짚어 본다. ( )

(3) 관용 표현이 활용된 문장의 앞뒤에서 가장 많이 나온 낱말의 뜻을 알아본다. ( )

[9~10] 다음 글을 읽고, 물음에 답하시오.

지현: 안나야!
안나: 아이고, 깜짝이야! ㉠간 떨어질 뻔했잖니.
지현: 미안해. 문구점에 같이 가자! 내일 미술 시간에 필요한 준비물을 사야 하지? 일단 어떤 준비물이 있는지 확인해 보자. 난 색 도화지 두 장, 색종이 한 묶음, 딱풀을 사야겠다.
안나: 난 좀 넉넉하게 사야겠어. 색 도화지 열 장, 색종이 여덟 묶음, 딱풀이랑 물 풀이랑…….
지현: 너 정말 [㉡].

9 ㉠과 같은 표현을 통해 알 수 있는 안나의 마음으로 알맞은 것은 무엇입니까? ( )

① 몹시 기쁘다.
② 매우 놀랐다.
③ 너무 지친다.
④ 자신만만하다.
⑤ 불안하고 걱정된다.

10 다음의 뜻으로 ㉡에 들어갈 알맞은 관용 표현은 무엇입니까? ( )

안나가 준비물의 양을 많이 준비한다.

① 손이 크다
② 손을 떼다
③ 손을 끊다
④ 귀 기울이다
⑤ 머리를 굴리다

[11~15] 다음 글을 읽고, 물음에 답하시오.

㉮ 안녕하십니까? 저는 내일초등학교 2000년도 졸업생 김영선입니다. 저는 지금 3년째 경찰로 일하고 있습니다. 초등학교 6학년 때부터 경찰이 되고 싶다는 꿈을 꾸었고 결국 그 꿈을 이루었습니다. 오늘 저는 여러분께 꿈을 펼치는 몇 가지 방법을 말씀드리려고 이 자리에 섰습니다.

저는 얼마 전부터 오늘을 손꼽아 기다렸습니다. 아마 여러분은 학교를 졸업하면 ㉠천하를 얻은 듯 신나서 바로 멋진 어른이 될 수 있으리라 생각할 것입니다.

㉯ 저는 여러분께 꿈을 펼치는 세 가지 방법을 말씀드리려고 합니다.

첫째, 자신의 진짜 꿈을 찾으려고 노력합시다. 한때 의사를 주인공으로 한 드라마가 큰 인기를 얻자, 분위기에 휩쓸려 자신의 진로를 의사로 결정하는 사람이 많았습니다. 하지만 시간이 지나자 대부분은 자신이 정말 하고 싶은 일은 따로 있다는 사실을 깨닫고 후회했습니다. 저는 초등학생 때 꿈이 계속 바뀌었는데, 6학년 때 안전 교육을 해 주신 경찰을 직접 만나 여러 가지 이야기를 들으면서 경찰이 되고 싶다는 꿈을 키우기 시작했습니다.

㉰ 둘째, 자기 자신에게 자신감을 가집시다. 앞날에 대해 고민이 많고 꿈을 어떻게 이룰 것인지 걱정하고 계신가요? 만약 그렇다면 여러분은 꿈을 펼칠 준비가 된 것입니다. 꿈을 키워 나가는 일은 ㉡눈 깜짝할 사이에 이루어지지 않습니다. 저는 5학년 때까지 매우 허약한 체질이었지만, 경찰이 되려고 몇 년 동안 식습관을 바꾸고 체력을 길렀습니다.

㉱ 여러분, "[㉢]"라는 말이 있습니다. 지금부터 제 조언을 벗 삼아 꿈을 찾아 떠나는 노력을 시작하시기 바랍니다. 자신만의 멋진 꿈을 향해 달려가는 후배들을 저도 응원하겠습니다.

11 말하는 이에 대한 설명으로 알맞지 않은 것은 무엇입니까? (　　　)

① 내일초등학교를 졸업했다.
② 내일초등학교 선생님이다.
③ 3년째 경찰로 일하고 있다.
④ 어렸을 때의 꿈을 이루었다.
⑤ 초등학교 6학년 때부터 경찰이 되고 싶었다.

서술형

12 ㉠의 뜻을 짐작하고, 그렇게 짐작한 까닭을 쓰시오.

(1) ㉠의 뜻: ______________________________

____

(2) 그렇게 짐작한 까닭: ______________________________

____

13 말하는 이가 꿈을 펼치는 방법으로 말한 것을 두 가지 고르시오. (　　　　　)

① 추상적인 목표를 세워라.
② 다른 사람의 꿈을 따르라.
③ 자기 자신을 계속 의심하라.
④ 자기 자신에게 자신감을 가져라.
⑤ 자신의 진짜 꿈을 찾으려고 노력하라.

14 ㉡과 바꾸어 쓸 수 있는 말로 알맞은 것의 기호를 쓰시오.

㉮ 매우 오랜 세월.
㉯ 매우 짧은 순간.
㉰ 하루나 이틀 동안.

(　　　　　　　　　　)

15 ㉢에 들어갈 속담으로 알맞은 것은 무엇입니까? (　　　)

① 등잔 밑이 어둡다
② 쇠뿔도 단김에 빼라
③ 낫 놓고 기역 자도 모른다
④ 지렁이도 밟으면 꿈틀한다
⑤ 돌다리도 두들겨 보고 건너라

16 다음 광고에서 하고 싶은 말을 짐작하여 빈칸에 들어갈 알맞은 말을 쓰시오.

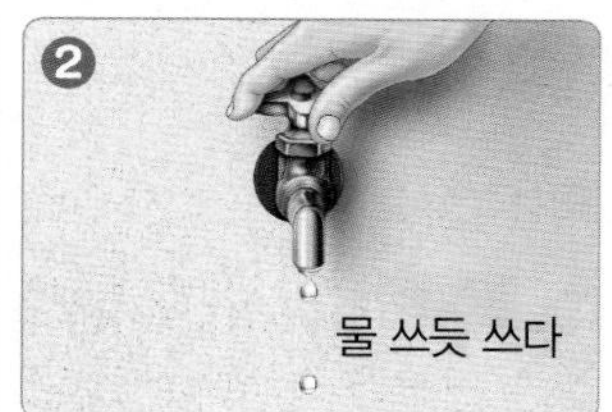

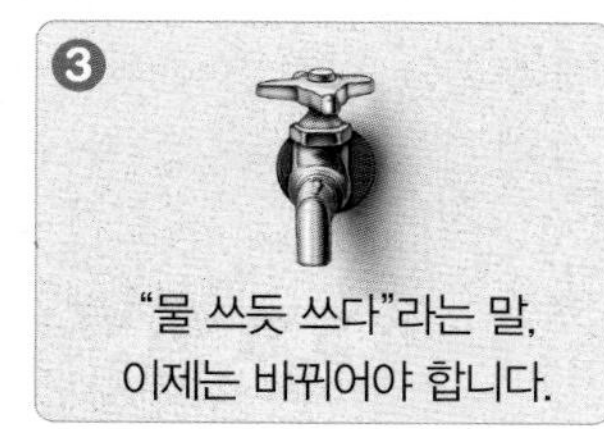

• "물 쓰듯 쓰다"라는 말이 아주 헤프게 쓴다는 뜻으로 쓰이지 않도록 (　　　　　　　　　　).

[17~19] 다음 글을 읽고, 물음에 답하시오.

> ㉮ 오늘날 우리가 임시 정부를 위한 독립운동 단체를 조직하려면 준비할 것이 셀 수 없이 많습니다. 특히 사람이 많이 모이도록 힘써야 할 것이외다. 그러나 어려운 점이 있습니다. 누구나 자기가 한 가지 생각을 하면 다른 이의 생각을 무엇이든지 반대한다는 것입니다. 예를 들어 말하면 전쟁을 원하는 자가 대화를 원하는 자를 반대해 말하기를 "대화가 무엇이냐, 지금이 어느 때라고! 우리는 폭탄을 들고 나가야 한다."라고 떠듭니다. 또 대화를 원하는 자는 말하기를 "공연히 젊은 놈들이 애간장이 타서 당장 폭탄을 들고 나가면 우리 독립이 되는가?"라고 합니다. 우리가 서로 자기 생각만 옳은 줄 알고 그것만 해야 한다고 하는 것은 한 가지만 알고 두 가지는 모르는 까닭이외다.
>
> ㉯ 오늘 이 자리에 모인 여러분, 우리는 이제부터 누구의 장단점을 말하지 말고 단결해 나갑시다. 모두 함께 독립운동을 할 배포를 기릅시다. 독립을 달성하려고 ㉠하루에도 열두 번 노력합시다. 독립운동가가 될 만한 여러분, 독립운동 단체를 조직할 준비를 할 날이 오늘이외다. 그런즉 나와 여러분은 독립운동 단체가 실현되도록 각각의 의견을 버리고 모두의 한 목표를 이루려고 민족적 정신으로 어금니를 악물고 나갑시다. 그래서 독립운동의 ㉡깃발 아래 우리의 뜻을 모아야 하겠습니다.

17 이 연설의 말하는 이인 안창호 선생은 연설을 들으러 모인 사람들 사이에 어떤 문제가 있다고 했습니까? (　　　)

① 젊은 사람의 수가 적다.
② 서로 의견이 같지 않다.
③ 의견을 말하는 사람이 없다.
④ 언어가 달라 대화할 수 없다.
⑤ 전쟁에 필요한 폭탄이 부족하다.

18 ㉠과 바꾸어 쓸 수 있는 말을 쓰시오.

(　　　　　　　　　　)

19 안창호 선생은 ㉡을 어떤 뜻으로 활용했겠습니까? (　　　)

① 각자 할 일을 하자는 뜻
② 하나의 목표를 품자는 뜻
③ 독립운동을 그만두자는 뜻
④ 각자의 주장을 굽히지 말자는 뜻
⑤ 독립운동 단체를 여러 개 만들자는 뜻

서술형

20 다음 친구의 말을 관용 표현을 넣어 고쳐 쓰시오.

____

____

2 단원

수행 평가 실전 2. 관용 표현을 활용해요

● 정답 및 풀이 32쪽

평가 주제	관용 표현의 뜻을 추론하여 표현 의도 파악하기
평가 목표	관용 표현을 활용해 자신의 생각을 효과적으로 말할 수 있다.

오늘날 우리가 임시 정부를 위한 독립운동 단체를 조직하려면 준비할 것이 셀 수 없이 많습니다. 특히 사람이 많이 모이도록 힘써야 할 것이외다. 그러나 어려운 점이 있습니다. 누구나 자기가 한 가지 생각을 하면 다른 이의 생각을 무엇이든지 반대한다는 것입니다. 예를 들어 말하면 전쟁을 원하는 자가 반대해 말하기를 "대화가 무엇이냐, 지금이 어느 때라고! 우리는 폭탄을 들고 나가야 한다."라고 떠듭니다. 또 대화를 원하는 자는 말하기를 "공연히 젊은 놈들이 애간장이 타서 당장 폭탄을 들고 나가면 우리 독립이 되는가?"라고 합니다. 우리가 서로 자기 생각만 옳은 줄 알고 그것만 해야 한다고 하는 것은 ㉠한 가지만 알고 두 가지는 모르는 까닭이외다.

1 다음은 이 글에서 활용된 ㉠의 뜻을 추론하는 과정입니다. 빈칸에 알맞은 말을 쓰시오.

먼저 앞의 내용을 살펴보자. "서로 (1)(   ) 생각만 옳은 줄 알고"라는 내용이 있네.
또 "누구나 자기가 한 가지 생각을 하면 다른 이의 생각을 무엇이든지 (2)(   )한다"라는 내용도 있네.

표현 자체에 쓰인 낱말도 살펴볼까?
'한 가지'는 (3)______________________ 은/는 뜻인 것 같아.
또 '두 가지'는 (4)______________________ 을/를 뜻하는 것 같아.

2 문제 1번의 과정을 통해 추론할 수 있는 ㉠의 뜻이 무엇인지 쓰시오.

3 이 글과 같이 관용 표현을 활용하여 행복한 우리 반을 만들기 위해 친구들에게 하고 싶은 말을 쓰시오.

조건
1. 두 문장으로 쓴다.
2. 높임 표현을 사용하여 쓴다.

3. 타당한 근거로 글을 써요

● 정답 및 풀이 33쪽

[1~4] 다음 글을 읽고, 물음에 답하시오.

㉮ 할아버지는 집에 돌아오기 무섭게 이부자리를 펴고 누웠지. 우선 이불 속에 수염을 넣고 말이야. 그런데 너무 갑갑하고 거북해서 아무래도 수염을 밖에 내놓고 자야 할 것 같았어.

'옳지! 수염을 이불 밖으로 꺼내 놓고 잔 게 분명해!'

할아버지는 얼른 수염을 이불 밖으로 꺼내 놓고 눈을 감아 봤어. 그런데 불편한 건 마찬가지였어. 이불 밖으로 내놓은 수염 때문에 왠지 허전하고 썰렁한 느낌이 들어서 마음이 편하지 않았던 거야. 아무리 자려고 해도 잠을 이룰 수가 없었지.

수염을 이불로 덮으니 갑갑하고, 이불 밖으로 꺼내 놓으면 허전하고……. 할아버지는 밤새도록 수염을 넣었다 꺼냈다 하느라고 한숨도 잘 수 없었단다.

㉯ 이상한 일 아니니? 분명 그건 할아버지 자신의 수염이고, 할아버지는 몇십 년 동안 하루도 빼놓지 않고 잠을 잤는데 말이야. 그런데도 아이가 묻기 전까지 그 수염을 어떻게 하고 잤는지 기억할 수가 없었던 거야.

㉰ 재미있는 이야기라고 웃어넘길 일이 아니야. 가만히 생각해 보렴. 혹시 너에게도 ㉠그런 수염이 있는지 말이야. 아이들한테 무슨 수염이 있냐고? 아니야, 그렇지 않아. 너도 누가 질문을 할 때 가끔 '그냥'이라고 대답한 적이 있을 거야. 바로 그 '그냥'이라는 말이 너의 수염이란다.

㉱ '그냥 수염'을 달고 있는 사람은 어느 날 누가 "왜?" 또는 "어떻게?" 하고 물으면 아무 대답도 하지 못해. 아무리 자기가 한 일을 뒤돌아보고 생각해 내려고 애써도 지나온 날들은 이미 멀리 사라져 버려서 흔적조차 찾을 길이 없기 때문이지. 어느 날엔가 너한테도 누군가가 물어 올지 몰라. 그때를 위해서라도 '그냥'이라는 대답이 아닌 무언가를 준비해야겠지?

1 할아버지가 밤새도록 수염을 이불에 넣었다 꺼냈다 한 까닭은 무엇입니까? (　　　)

① 아이가 그렇게 해 달라고 부탁해서
② 수염을 누가 잘라 갈까 봐 걱정되어서
③ 평소에 그렇게 하는 것이 습관이 되어서
④ 그렇게 하면 수염이 빨리 자랄 것 같아서
⑤ 자신이 수염을 어떻게 하고 잤는지 기억할 수가 없어서

2 ㉠이 뜻하는 것으로 알맞은 것의 기호를 쓰시오.

㉮ 누가 질문을 할 때 '왜?'라고 다시 물어보는 것
㉯ 누군가에 대해 잘 알기 위해서 이것저것을 물어보는 것
㉰ 누가 질문을 할 때 깊은 생각 없이 '그냥'이라고 대답하는 것

(　　　　　　　　　　)

3 다음 중 '그냥 수염'을 달고 있는 사람에 해당하지 않는 것은 누구입니까? (　　　)

① 자기 안에 물음표가 없는 사람
② 어른들이 시키는 일을 그냥 하는 사람
③ 자신이 '왜' 행동하는지 생각하는 사람
④ 남들이 하는 일을 그냥 따라 하는 사람
⑤ 아무 생각 없이 모든 순간을 습관적으로 살아가는 사람

서술형

4 글쓴이의 주장은 무엇일지 짐작하여 쓰시오.

____

____

5 주장에 대한 근거가 적절한지 판단하는 방법을 알맞게 말한 친구의 이름을 모두 쓰시오.

정후: 근거가 주장과 관련 있는지 판단해 보면 돼.
은유: 근거가 주장을 뒷받침하는지 판단해 보아야 해.
가은: 근거를 뒷받침하는 자료가 여러 개인지 판단해 보면 돼.

(　　　　　　　　　　)

[6~7] 다음 그림을 보고, 물음에 답하시오.

6 **이 만화에서 가난한 나라의 사람들이 가난한 까닭은 무엇이라고 했는지 빈칸에 알맞은 말을 쓰시오.**

- 일부 (   )이/가 가난한 나라의 물건을 제값을 주지 않고 아주 싸게 사기 때문이다.

7 **이 만화에서 주장하는 것은 무엇입니까? (   )**

① 다국적 기업의 물건을 사자.
② 가난한 나라에 축구공을 보내 주자.
③ 가난한 나라의 사람들을 위해 모금을 하자.
④ 가난한 나라의 사람들에게 휴대 전화를 보내자.
⑤ 공정한 거래를 통해 잘못된 경제 구조를 바로잡자.

[8~10] 다음 글을 읽고, 물음에 답하시오.

㉮ 공정 무역이란 생산자의 노동에 정당한 대가를 지불해 생산자가 경제적 자립과 발전을 하도록 돕는 무역입니다. ○○광역시는 공정 무역 상품을 사용하고 공정 무역을 확산시키려는 활동을 지원해 실질적인 변화를 만들어 내는 도시가 되었습니다. 우리도 공정 무역 제품을 사용해 이러한 변화에 동참해야 합니다.

공정 무역 제품을 사용해야 하는 까닭은 다음과 같습니다.

㉯ ㉠생산자에게 돌아갈 정당한 이익을 지켜 줍니다. 흔히 볼 수 있는 과일 가운데 하나인 바나나의 경우, 우리가 3천 원짜리 바나나 한 송이를 산다면 약 45원만이 생산자인 농민에게 이익으로 돌아갑니다. 그 까닭은 바나나 생산국에서 우리 손에 오기까지 바나나 농장 주인, 수출하는 회사, 수입하는 회사, 슈퍼마켓 등이 총수익의 98.5퍼센트를 가져가기 때문입니다. 공정 무역에서는 생산자 조합과 공정 무역 회사를 만들어 이러한 중간 유통 단계를 줄이고 실제로 바나나를 재배하는 생산자의 이익을 보장해 주었습니다.

㉰ ㉡공정 무역 인증 표시는 국제기구가 생산지에서 공정 무역의 주요 원칙이 잘 지켜졌는지를 점검한 물건들에 붙일 수 있습니다. 국제공정무역기구의 조사원들은 농장과 관련 기관들을 찾아가서, 그들이 공정 무역의 규칙에 맞게 생산 활동을 하는지 평가합니다. 소비자들은 이 인증 표시를 보고 윤리적인 소비를 할 수 있습니다.

8 **우리가 공정 무역 제품을 사용했을 때의 좋은 점은 무엇입니까? (   )**

① 소비자를 보호할 수 있다.
② 수출하는 회사가 더 많아진다.
③ 슈퍼마켓의 총수익이 많아진다.
④ 생산자가 제품을 더 많이 생산할 수 있다.
⑤ 생산자에게 돌아갈 정당한 이익을 지켜 준다.

9 **국제기구가 생산지에서 공정 무역의 주요 원칙이 잘 지켜졌는지를 점검한 물건들에 붙이는 표시는 무엇인지 쓰시오.**

(   )

서술형

10 ㉠과 ㉡ 중 다음과 같은 이 글의 주장에 대한 근거로 적절하지 않은 것의 기호와 그렇게 생각한 까닭을 쓰시오.

> 공정 무역 제품을 사용하자.

(1) 적절하지 않은 것: (　　　　　)

(2) 그렇게 생각한 까닭: ______________________

____

____

[11~15] 다음을 보고, 물음에 답하시오.

㉮

주장	㉠
근거	① 숲은 미세 먼지를 잡아 주어 공기를 깨끗하게 해 준다.
	② 숲은 홍수와 산사태를 막아 준다.
	③ 숲은 지구 온난화를 막아 준다.
	④ 숲은 소중한 자원을 제공해 준다.

㉯ 자료

내용	종류
묘목 → 숲 → 벌목 → 제재소 → 목재 → 책상 [목재 생산 과정]	그림
	출처
	△△ 산림박물관
	알려 주는 것
	㉡

11 ㉮는 논설문을 쓰려고 생각한 주장과 근거입니다. ㉠에 들어갈 주장은 무엇입니까? (　　　)

① 숲을 보호하자.
② 지구 온난화를 막자.
③ 자원을 낭비하지 말자.
④ 미세 먼지에 대해 연구하자.
⑤ 숲에 사는 동물을 보호하자.

12 ㉮에서 근거 ①을 뒷받침하기 위해 수집할 자료의 내용으로 알맞은 것에 ○표 하시오.

(1) 숲이 미세 먼지를 잡아 주는 증거 (　　　)

(2) 미세 먼지가 건강과 아무 관련이 없다는 증거 (　　　)

(3) 숲이 홍수와 산사태를 막아 주는 사진이나 그림 (　　　)

13 ㉯는 ㉮와 같은 내용의 논설문에 활용하려고 수집한 자료를 자료 수집 카드로 정리한 것입니다. ㉡에 들어갈 내용으로 알맞은 것의 기호를 쓰시오.

> ㉮ 나무로 만들 수 있는 제품에는 여러 가지가 있다.
> ㉯ 숲을 가꾸기 위해서는 아주 오랜 시간이 필요하다.
> ㉰ 숲에서 벌목한 나무로 우리 생활에 필요한 물건을 만들 수 있다.

(　　　　　)

14 ㉯의 자료 수집 카드에 정리한 자료는 ㉮의 근거 ②~④ 중 어느 것과 관련 있는지 번호를 쓰시오.

근거 (　　　　　)

15 ㉯와 같이 자료를 자료 수집 카드로 정리하면 좋은 점을 모두 고르시오. (　　　　　)

① 자료를 한눈에 알아보기 쉽다.
② 자료의 적절성을 판단하기 좋다.
③ 자료의 내용을 마음대로 바꿀 수 있다.
④ 출처가 있어 글을 쓸 때 신뢰성을 줄 수 있다.
⑤ 내용과 관련 없는 자료도 글에 활용할 수 있다.

3 단원

[16~18] 다음 글을 읽고, 물음에 답하시오.

㉮ 얼마 전, 누리 소통망에 퍼진 「△△식당 불매 운동」이라는 글을 보신 적이 있나요? 그 가게는 바로 저희 어머니께서 운영하시는 식당입니다. 하지만 누리 소통망에 실린 이야기는 사실과 다릅니다.

㉯ "여기 짜장면 맛이 왜 이래? 빨리 사장 나오라고 해!"

어머니께서 나오셔서 맛을 확인하고도 이상한 점을 발견하지 못해 갸우뚱하셨지만 손님께 짜장면을 새로 가져다드렸습니다. 하지만 손님께서는 새로 가져다드린 짜장면도 이상하다며 배상을 하라고 계속 소란을 피우셨습니다. 결국 저희는 음식값을 받지도 않고 연신 죄송하다고 사과하며 손님을 보내 드렸습니다.

㉰ 며칠 뒤, 친구에게 연락이 왔습니다. 걱정스러운 목소리로 "성민아, 인터넷 누리 소통망에 너희 가게 이야기가 있는데, 너도 한번 보는 게 좋을 것 같아."라며 인터넷 글을 보내 주더군요. 그 글에는 며칠 전 있었던 일이 사실과는 다르게 적혀 있었습니다.

△△식당에서 짜장면을 먹었는데 맛이 이상한 짜장면을 그냥 먹으라고 하고 사과는커녕 자신을 밀치며 불친절하게 말했다는 겁니다. 사람들은 댓글에 모두 저희 가게를 욕하며 불매 운동을 벌이고 있었습니다. 게다가 저를 아는 누군가가 제 이름과 다니는 학교까지 인터넷에 올리는 바람에 학교에도 소문이 났습니다. 그리고 그 사건 뒤 저희 가게에는 정말 손님이 뚝 끊겨 저희 가족은 힘든 나날을 보내고 있습니다.

인터넷에 떠도는 소문이 아닌 제 말을 믿어 주시고, 이 글을 널리 퍼뜨려 주세요. 저희 가게를 도와주세요.

16 누리 소통망에 퍼진 「△△식당 불매 운동」이라는 글의 내용으로 알맞은 것의 기호를 쓰시오.

㉮ △△식당에서 음식값을 받지도 않고 그냥 가라고 말했다.
㉯ △△식당에서 어떤 손님이 짜장면 맛이 이상하다며 배상을 하라고 소란을 피웠다.
㉰ △△식당에서 맛이 이상한 짜장면을 그냥 먹으라고 하고 사과는커녕 밀치며 불친절하게 말했다.

( )

17 이 글은 누리 소통망에 쓴 글입니다. 성민이가 누리 소통망에 글을 쓴 까닭으로 알맞은 것은 무엇입니까? ( )

① 많은 사람이 보게 하기 위해서
② 손님에게 음식값을 돌려받기 위해서
③ 자신의 생각을 혼자서만 간직하기 위해서
④ 어머니가 운영하시는 식당을 홍보하기 위해서
⑤ 자신이 한 일을 많은 사람에게 자랑하기 위해서

서술형

18 이 글을 읽고 다음과 같은 주장과 근거를 담아 논설문을 쓰려고 합니다. 어떤 내용의 자료를 수집해야 할지 한 가지 쓰시오.

주장	누리 소통망을 올바르게 사용하자.
근거	개인 정보가 유출되기 쉽다.

19 논설문을 쓰는 방법으로 알맞지 않은 것은 무엇입니까? ( )

① 제목은 주장이 드러나도록 붙인다.
② 결론에서는 주장을 다시 한번 강조한다.
③ 자신의 감정에 치우친 주관적인 표현을 쓴다.
④ 서론에는 문제 상황이나 주장의 동기를 쓴다.
⑤ 본론에서는 주장을 뒷받침하는 근거를 제시한다.

20 친구들이 쓴 논설문을 읽고 평가할 때에 생각할 내용으로 알맞지 않은 것에 ×표 하시오.

(1) 본 적이 있는 자료인가? ( )
(2) 실천할 수 있는 주장인가? ( )
(3) 근거가 주장을 뒷받침하는가? ( )
(4) 믿을 만한 자료를 활용했는가? ( )

3. 타당한 근거로 글을 써요

정답 및 풀이 33쪽

평가 주제	논설문을 쓰는 방법 알기
평가 목표	타당한 근거와 적절한 자료를 활용해 논설문을 쓰는 방법을 안다.

1 이 그림을 보고 우리 동네의 문제 상황을 생각하며 자신의 주장을 정해 쓰시오.

2 문제 1번에서 정한 자신의 주장을 뒷받침할 수 있는 적절한 근거를 두 가지 쓰시오.

근거 1	(1)
근거 2	(2)

3 문제 1번과 2번에서 정한 주장과 근거를 담아 논설문을 쓰려고 합니다. 어떤 내용의 자료를 수집해야 할지 쓰시오.

조건
1. 자료가 근거의 내용과 관련이 있어야 한다.
2. 믿을 수 있는 자료를 활용해야 한다.

근거	수집할 자료 내용
1	(1)
2	(2)

[1~2] 다음 그림을 보고, 물음에 답하시오.

1 대화 ❶에서 남자아이가 궁금해하는 것은 무엇입니까? (　　　)

① 독도의 날의 날짜
② 학습 발표회의 발표 주제
③ 독도의 날에 열리는 기념 행사
④ 독도의 날 기념 율동의 동작들
⑤ 학습 발표회가 열리는 시간과 장소

2 세미가 대화 ❷에서 활용한 매체 자료의 효과로 알맞은 것은 무엇입니까? (　　　)

① 율동 동작을 쉽게 바꿀 수 있다.
② 독도의 모습을 쉽게 이해할 수 있다.
③ 율동 동작을 생생하게 잘 알 수 있다.
④ 독도의 날을 만든 사람이 누구인지 알 수 있다.
⑤ 연도별로 독도의 날에 무엇을 했는지 한눈에 알 수 있다.

서술형

3 다음 친구처럼 여러 가지 매체 자료를 활용한 경험을 떠올려 쓰시오.

____

____

[4~5] 다음 자료를 보고, 물음에 답하시오.

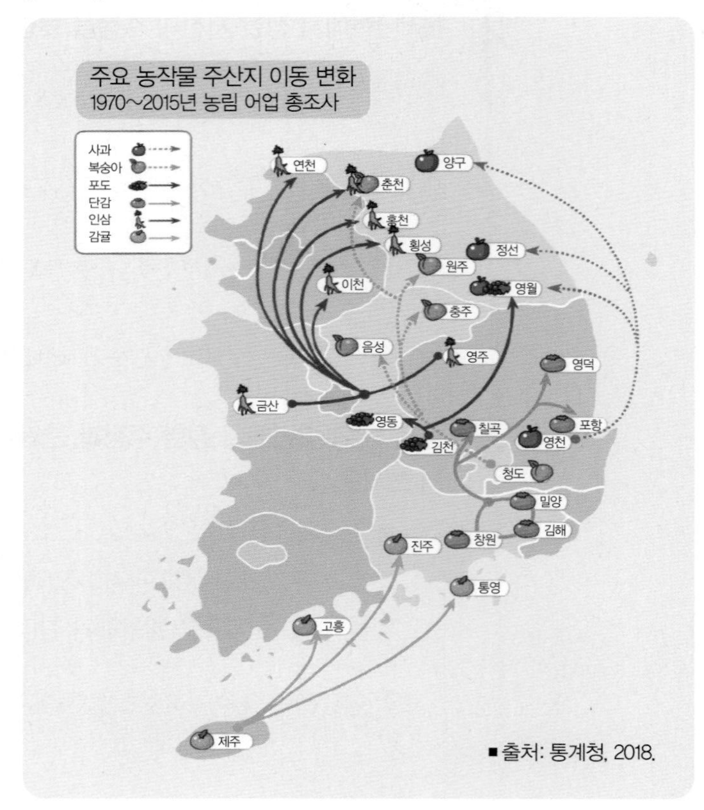

■ 출처: 통계청, 2018.

4 이 지도를 보고 감귤의 주산지는 제주에서 어디로 이동하고 있는지 모두 찾아 쓰시오.

(　　　　　　　　　　　　　　　　)

5 이 지도를 활용하여 발표했을 때의 효과로 알맞은 것의 기호를 쓰시오.

> ㉮ 우리나라 주요 농산물의 종류가 바뀌고 있다는 것을 쉽게 이해할 수 있다.
> ㉯ 주요 농산물이 주로 생산되는 지역이 바뀌고 있다는 것을 쉽게 이해할 수 있다.
> ㉰ 주요 농산물의 주산지에 대한 말하는 이의 생각이나 느낌을 생생하게 전할 수 있다.

( )

[6~7] 다음 그림을 보고, 물음에 답하시오.

6 진아와 별이가 활용하려는 매체 자료의 종류를 찾아 선으로 이으시오.

(1) 진아 • • ㉮ 사진

(2) 별이 • • ㉯ 영상

7 다음은 진아와 별이 중 누가 활용한 매체 자료를 통해 얻을 수 있는 효과인지 생각해 친구의 이름을 쓰시오.

> 설명하려는 대상의 움직임이나 특징을 더 자세하게 파악할 수 있다.

( )

[8~9] 다음 자료를 보고, 물음에 답하시오.

8 이 매체 자료에 대해 알맞게 설명한 친구를 모두 찾아 ○표 하시오.

(1) 지한: 공익 광고의 글이 질문 형식이라 더 생각하게 하는 것 같아. ( )

(2) 은서: 휴대 전화가 사람을 꽉 붙잡고 있는 모습을 사진으로 잘 표현했어. ( )

(3) 주원: 배경을 어둡게 표현해서 휴대 전화로부터 도망치려는 사람의 마음을 잘 나타냈어. ( )

9 이 매체 자료에서 전하려는 주제는 무엇입니까? ( )

① 휴대 전화를 사용하면 편리하다.
② 휴대 전화에 중독된 사람이 많다.
③ 휴대 전화의 크기가 줄어들고 있다.
④ 휴대 전화를 가진 초등학생이 많다.
⑤ 휴대 전화를 함부로 다루는 사람이 많다.

[10~11] 다음 자료를 보고, 물음에 답하시오.

당신은 능력자입니다. 손가락만 까딱하면 누군가를 울릴 수도, 아프게 할 수도, 포기하게 할 수도 있습니다.

하지만 당신은 누군가를 기쁘게 할 수도, 행복하게 할 수도 있으며,

다시 뛰게 할 수도 있습니다. 손가락만 까딱하면.

온라인 댓글, 당신은 어떻게 쓰시겠습니까?

10 이 영상 자료에서 사용한 비유적 표현을 다음과 같이 정리할 때, 빈칸에 들어갈 말은 무엇입니까? (　　　)

> 당신은 누군가를 아프게도 하고 기쁘게도 하는 [　　　](이)라고 비유했다.

① 댓글　② 망토　③ 온라인
④ 손가락　⑤ 능력자

서술형

11 이 영상 자료에서 전하고 싶은 주제는 무엇일지 쓰시오.

____

____

[12~15] 다음 그림을 보고, 물음에 답하시오.

12 그림 ㉮의 친구들이 건강을 주제로 한 영상 자료를 제작하여 발표한다면 발표를 듣는 사람은 누구일지 쓰시오.

(　　　　　　　　　　)

13 그림 ㉯는 영상 자료를 제작하고 발표하는 과정 중 무엇에 해당합니까? (　　　)

① 발표하기　② 편집하기
③ 촬영하기　④ 주제 정하기
⑤ 촬영 계획 세우기

14 이 그림 속 친구들이 영상 자료를 제작할 때 촬영할 내용으로 알맞지 않은 것의 기호를 쓰시오.

> ㉮ 맨발 걷기의 효과
> ㉯ 맨발 걷기를 하는 모습
> ㉰ 맨발 걷기를 반대하는 사람과의 인터뷰

( )

15 이 그림 속 친구들이 촬영 계획을 세울 때 정해야 할 것이 아닌 것은 무엇입니까? ( )

① 자막 ② 역할 ③ 준비물
④ 촬영 일시 ⑤ 촬영 장소

16 촬영한 영상을 편집하는 방법으로 알맞지 않은 것은 무엇입니까? ( )

① 제목과 배경 음악을 넣는다.
② 장면을 차례에 맞게 편집한다.
③ 인물의 모든 말이나 행동을 자막으로 넣는다.
④ 촬영한 영상에서 발표에 사용할 장면을 고른다.
⑤ 발표 효과를 높이는 다른 매체 자료를 활용한다.

17 영상 자료를 만들어서 인터넷에 올릴 때 주의할 점을 알맞게 말한 친구의 이름을 모두 쓰시오.

( )

[18~20] 다음 그림을 보고, 물음에 답하시오.

18 여자아이의 모둠이 제작한 영상의 제목은 무엇인지 쓰시오.

( )

19 여자아이의 발표를 듣는 친구들이 주의할 점을 두 가지 고르시오. ( )

① 전하려는 주제를 파악하며 듣는다.
② 배경 음악의 제목을 떠올리며 듣는다.
③ 장면이 바뀌는 횟수를 세어 보며 듣는다.
④ 촬영한 인물의 수가 몇 명인지 파악하며 듣는다.
⑤ 촬영이나 편집에서 효과적인 부분을 찾으며 듣는다.

서술형

20 자신이 이 그림 속 여자아이라면 영상을 보여 준 뒤에 어떤 활동을 하고 싶은지 생각하여 쓰시오.

4 단원

4. 효과적으로 발표해요

● 정답 및 풀이 34쪽

평가 주제	매체 자료에서 주제와 효과적인 표현 방법 찾기
평가 목표	다양한 매체 자료를 활용해 내용을 효과적으로 전할 수 있다.

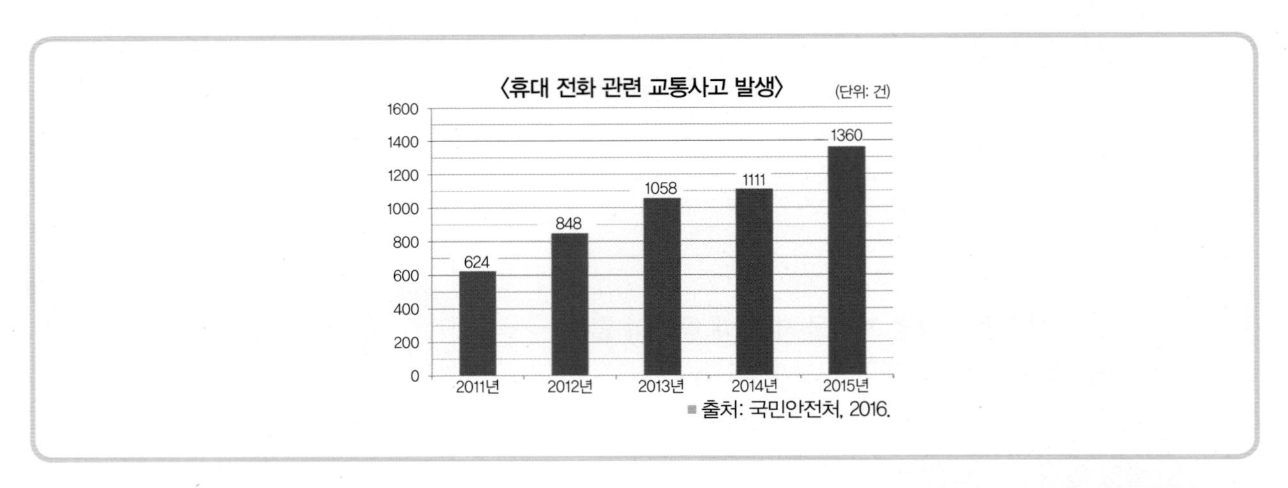

1 '휴대 전화 사용 습관'에 대해 발표하기 위해 이 매체 자료를 활용했습니다. 이 매체 자료의 종류와 이 매체 자료를 통해 전하려는 주제는 무엇일지 쓰시오.

(1) 매체 자료의 종류: (   )

(2) 전하려는 주제: ______________________

2 이 매체 자료가 주제를 잘 전달하는지 생각해 보고, 그렇게 생각한 까닭을 매체 자료의 종류나 효과와 관련지어 쓰시오.

3 다음의 주제를 뒷받침하기 위해 더 활용할 수 있는 매체 자료를 찾아 쓰시오.

주제	걸을 때나 운전할 때 휴대 전화를 사용하면 위험합니다.
활용할 매체 자료	(1)
매체 자료를 정한 까닭	(2)

5. 글에 담긴 생각과 비교해요

● 정답 및 풀이 35쪽

[1~4] 다음 글을 읽고, 물음에 답하시오.

㉮ 나는 우리나라가 세계에서 가장 아름다운 나라가 되기를 원한다. 가장 부강한 나라가 되기를 원하는 것은 아니다. 내가 남의 침략에 가슴이 아팠으니, 내 나라가 남을 침략하는 것을 원치 아니한다. 우리의 부는 우리 생활을 풍족히 할 만하고, 우리의 힘은 남의 침략을 막을 만하면 족하다. 오직 한없이 가지고 싶은 것은 높은 문화의 힘이다. 문화의 힘은 우리 자신을 행복하게 하고, 나아가서 남에게도 행복을 주기 때문이다.

㉯ 이 일을 하기 위하여 우리가 할 일은 사상의 자유를 확보하는 정치 양식의 건립과 국민 교육의 완비이다. 내가 위에서 자유의 나라를 강조하고, 교육의 중요성을 말한 것도 이 때문이다. 최고의 문화를 건설하는 사명을 달성할 민족은 한마디로 말하면 국민 모두를 성인으로 만드는 데 있다. 대한 사람이라면 간 데마다 신용을 받고 대접을 받아야 한다.

㉰ 최고의 문화로 인류의 모범이 되는 것을 사명으로 삼는 우리 민족의 개개인은 이기적 개인주의자가 되어서는 안 된다. 우리는 개인의 자유를 극도로 주장하되, 그것은 저 짐승들과 같이 저마다 제 배를 채우기에 쓰는 자유가 아니요, 제 가족을, 제 이웃을, 제 국민을 잘 살게 하는 데 쓰이는 자유이다.

㉱ 힘든 일은 내가 앞서 하니 사랑하는 동포를 아낌이요, 즐거운 것은 남에게 권하니 사랑하는 자를 위하기 때문이다. 이것이 우리 조상들이 좋아하던 인자하고 어진 덕이다.

1 글쓴이는 어떤 나라를 원한다고 했는지 쓰시오.

( )

2 글쓴이가 높은 문화의 힘을 가지고 싶다고 한 까닭은 무엇입니까? ( )

① 높은 문화를 통해 강해질 수 있기 때문에
② 문화의 힘은 기술의 발전을 가져오기 때문에
③ 문화의 힘을 통해 경제력이 향상될 수 있기 때문에
④ 문화의 힘을 기르면 외국인들이 많이 투자할 것이기 때문에
⑤ 문화의 힘은 우리 자신을 행복하게 하고, 남에게도 행복을 주기 때문에

3 글쓴이는 우리가 문화의 힘을 가지기 위해 어떤 일을 해야 한다고 했는지 두 가지 고르시오. ( )

① 도로를 정비한다.
② 국민 교육을 완비한다.
③ 외국의 첨단 기술을 도입한다.
④ 사상의 자유를 확보하는 정치 양식을 건립한다.
⑤ 공원, 체육관 등 생활 편의 시설을 더 많이 짓는다.

4 이 글에 나타난 글쓴이의 생각을 알맞게 말한 친구의 이름을 쓰시오.

진규: 우리나라를 아름다운 나라로 만들기 위해 높은 문화의 힘을 길러야 한다는 거야.
민지: 우리는 무력을 길러서 다른 나라를 침략하고, 더욱 더 부강한 나라가 되어야 한다는 거야.
환희: 우리나라 사람들이 인류의 모범이 되기 위해 개인의 자유만을 극도로 중시해야 한다는 거야.

( )

5 글쓴이의 생각을 파악하며 글을 읽으면 좋은 점을 모두 고르시오. ( )

① 글의 주제를 찾을 수 있다.
② 글을 읽는 사람들의 반응을 알 수 있다.
③ 글 내용을 좀 더 깊이 있게 이해할 수 있다.
④ 글쓴이가 글을 쓴 의도와 목적을 알 수 있다.
⑤ 글쓴이가 글을 쓴 장소가 어디인지 알 수 있다.

[6~9] 다음 글을 읽고, 물음에 답하시오.

우리도 로봇세를 도입하여 인간과 로봇이 함께 살아가는 방법을 찾아야 한다.

세계 경제 포럼은 로봇이나 인공 지능이 이끄는 4차 산업 혁명으로 수많은 사람이 일자리를 잃을 것이라고 전망했다. 로봇 때문에 일자리를 잃고 소득을 얻지 못하는 사람들은 새로운 일자리를 찾기 위해 재교육을 받아야 한다. 로봇세를 도입하면 그 세금으로 일자리를 잃은 사람들에게 진로 상담이나 적성 검사, 기술 교육 등을 할 수 있다. 또 로봇세를 활용하면 일자리를 잃은 사람들이 재교육을 받고 새로운 일자리를 찾는 데 도움을 줄 수 있다.

미래 사회에는 소수의 사람이 로봇으로 소득을 독점할 수 있다. 로봇을 소유하고 이용하는 사람이나 로봇에게 세금을 부과하면 소득의 독점을 막을 수 있다. 그런데 로봇에게 세금을 부과하려면 법적 근거를 마련해야 한다. 법적인 의미에서 자연인과 법인에게만 세금을 부과할 수 있다. 현행법으로는 기계인 로봇에게 세금을 부과할 수 없다. 그래서 2017년에 유럽 의회는 장기적으로 로봇에게 '특수한 권리와 의무를 가진 전자 인간'으로 법적 지위를 부여하는 입법을 집행 위원회가 추진하도록 결의했다.

서술형

6 글쓴이가 생각하는 인간과 로봇이 함께 살아가는 방법은 무엇인지 쓰시오.

____

____

7 현행법으로는 로봇에게 직접 세금을 부과할 수 없는 까닭은 무엇입니까? (   )

① 로봇이 돈을 적게 벌고 있기 때문에
② 로봇은 나이를 예상할 수 없기 때문에
③ 인간과 로봇은 함께 살 수 없기 때문에
④ 로봇은 특수한 법적 지위를 가지고 있기 때문에
⑤ 법적인 의미에서 자연인과 법인에게만 세금을 부과할 수 있기 때문에

8 이 글의 글쓴이가 예상하는 독자에 대해 알맞게 말한 친구의 이름을 쓰시오.

> 아린: 4차 산업 혁명이 무엇인지 궁금한 사람들을 예상 독자로 생각했을 거야.
> 민우: 학생이나 로봇에 관심 있는 사람들, 기업인 등을 예상 독자로 생각하고 이 글을 썼을 거야.
> 정현: 우리가 납부하는 세금의 종류에 대해 관심을 가진 사람들을 예상 독자로 생각하고 이 글을 썼을 거야.

(   )

9 글쓴이가 이 글을 쓴 의도와 목적으로 알맞은 것의 기호를 쓰시오.

> ㉮ 우리나라에서 개발된 로봇을 소개해 주려고
> ㉯ 로봇세 도입에 부정적인 사람들에게 다른 관점으로도 생각할 수 있게 하려고
> ㉰ 로봇세 도입이 필요하다는 사람들에게 다른 관점으로도 생각할 수 있게 하려고

(   )

10 글쓴이의 생각을 파악하는 방법을 떠올리며 빈칸에 알맞은 말을 써넣으시오.

- (1) [   ]와/과 글에 사용된 표현을 살펴본다.
- 글의 (2) [   ]을/를 파악한다.
- 예상 독자가 누구일지 생각해 본다.
- 글에 포함한 사진이나 그림을 살펴본다.
- 글쓴이가 글을 쓴 (3) [   ]와/과 목적을 생각해 본다.

[11~15] 다음 글을 읽고, 물음에 답하시오.

㉮ 로봇세 도입을 늦추어야 한다

가 ㉠ 로봇을 소유한 기업이나 로봇에게 세금을 부과하자는 주장이 나오고 있다. 로봇이 인간의 일거리를 대신 할 수 있기 때문에 인간에게 필요한 비용을 로봇세로 보충하려는 것이다. 하지만 로봇세 도입은 로봇 산업의 발전과 국가의 미래 경쟁력에 부정적인 영향을 끼칠 수 있다.

나 인간을 대신하여 일을 할 로봇에게 성급하게 세금을 부과한다면 ㉡ 로봇 산업 발전을 더디게 할 것이다. 특히 로봇 개발자는 개발 비용에 세금까지 더하여 ㉢ 마음의 부담을 느낄 수 있다. 로봇 개발자가 느끼는 마음의 부담은 로봇을 개발하는 과정에서 혁신적인 생각을 발전시키거나 과감한 투자를 하는 데에 ㉣ 걸림돌이 될 수 있다. 로봇세는 이제 발전하려는 로봇 산업에 방해가 된다.

다 지금도 로봇 기술은 외국의 대기업들이 독차지하고 있다. 그래서 우리의 기술 없이 로봇을 만들면 ㉤ 막대한 특허 사용료를 외국에 지급해야 한다. 그렇게 될 경우 로봇세를 도입한 국가는 다른 국가에 비해 기술 개발이 늦어질 수 있다.

라 지금은 로봇 산업 발전에 투자해야 할 때이다. 특히 로봇 개발에 필요한 원천 기술에 더 집중해야 한다. 그래야 우리나라의 재산을 지키고 국내 로봇 산업을 이끌 수 있는 힘을 기를 수 있다.

11 글쓴이가 이 글의 제목을 ㉮와 같이 정한 까닭으로 알맞지 않은 것을 두 가지 고르시오. (　　　　)

① 로봇 기술 개발에 집중할 때여서
② 로봇세를 걷는 방법을 개선해야 한다고 생각해서
③ 로봇 기술의 발전 속도가 너무 빠르다고 생각해서
④ 로봇에게 세금을 걷는 것이 아직은 필요하지 않다고 생각해서
⑤ 우리나라의 재산을 지키고 로봇 산업이 발전할 수 있도록 로봇세 도입을 늦추어야 한다고 생각해서

12 ㉠~㉤ 중 글쓴이가 자신의 생각을 드러내기 위해 의도적으로 사용한 표현이 아닌 것의 기호를 쓰시오.

(　　　　　　　　)

13 글쓴이가 로봇세를 도입하기에 때가 이르다고 한 까닭은 무엇입니까? (　　　)

① 우리나라 로봇 기술이 외국보다 뛰어나기 때문에
② 로봇이 인간의 일거리를 대신 할 수 있기 때문에
③ 로봇세 도입은 로봇 산업 발전을 더디게 하기 때문에
④ 인공 지능이 내장된 로봇이 개발되려면 아직 멀었기 때문에
⑤ 수많은 외국 기업들이 우리나라 로봇 기술에 투자하고 있기 때문에

14 글쓴이가 이 글에 그림을 넣은 까닭으로 가장 알맞은 것에 ○표 하시오.

(1) 로봇의 작동 방법에 대해 자세히 알려 주려고 (　　)
(2) 로봇과 로봇 개발자가 악수하는 모습을 통해 로봇 기술 개발을 강조하려고 (　　)
(3) 인간의 일자리를 빼앗는 로봇의 모습을 통해 앞으로 닥칠 위험에 대해 경고하려고 (　　)

서술형

15 이 글에 나타난 글쓴이의 생각은 무엇인지 쓰시오.

5 단원

[16~19] 다음 글을 읽고, 물음에 답하시오.

㉮ 창대는 나리의 생각이 궁금했다.
"나리는 어떻게 생각하시는지요? 역시 오랑캐의 나라라 볼 게 없다고 여기시는지요?"
창대의 질문에 나리는 기다렸다는 듯이 대답했다.
"나는 시골의 삼류 선비지만, ㉠중국의 제일가는 경치는 저 기와 조각과 똥 덩어리라고 말하고 싶구나."
㉯ "대개 백성을 위해 일하는 자는 백성과 나라에 도움이 될 일이라면 그 법이 비록 오랑캐에서 나온 것이라 해도, 마땅히 이를 배우고 본받아야 할 것이니라. 그래야 오랑캐를 물리칠 수 있는 법이다. 저들의 것을 다 익히고, 저들보다 낫게 되어야 비로소 '중국에는 볼만한 것이 없다'고 말할 수 있는 거다."
"그게 기와 조각이랑 똥 덩어리랑 무슨 상관이란 말씀입니까?"
장복이가 얼굴에 웃음기를 거두지 않고 물었다.
"깨진 기와 조각은 천하에 쓸모없는 물건이다. 그러나 백성들의 집에 담을 쌓을 때 깨진 기와 조각을 둘씩 짝을 지어 물결무늬를 만들기도 하고, 혹은 네 조각을 모아 쇠사슬 모양이나 엽전 모양을 만들지 않느냐? 깨진 기와 조각도 알뜰하게 사용했기에 천하의 고운 빛깔을 다 낼 수 있었던 것이다."
㉰ "똥과 기와 조각은 사람의 손길에 따라 쓰임새가 정해지기도 하고, 버려지기도 하는 거다. 사람으로 태어나서 어찌 다른 사람의 손길만 기다리겠느냐? 스스로 쓰임새를 찾는다면 어찌 똥오줌이나 깨진 기와 조각의 쓰임새에 비하겠으며, 그렇지 못하다면 그야말로 길거리에 굴러다니는 개똥보다 못할 것이니라."
"에이, 그게 뭡니까요? 맞으면 맞는다, 아니면 아니다 명확히 대답을 해 주셔야지요."
장복이의 응석에 나리는 다시 한번 꼬집어 말하였다.
"㉡스스로의 가치는 스스로가 매기는 거야. 다른 사람에게 맡길 것이 아닌 거야."

16 ㉠의 까닭은 무엇인지 글 ㉯에서 찾을 때 빈칸에 알맞은 말을 쓰시오.

• 깨진 기와 조각도 (1)(　　　　　　) 사용했기에 천하의 고운 (2)(　　　　　　)을/를 낼 수 있었던 것이다.

17 다음 선비의 말에 대한 나리의 생각으로 알맞은 것은 무엇이겠습니까? (　　　)

선비: 중국은 오랑캐의 나라인데, 볼거리가 뭐가 있겠습니까?

① 저는 중국의 거대함에 놀랐습니다.
② 중국엔 도무지 볼 것이라곤 없습니다.
③ 계문의 안개 낀 숲의 모습이 장관이었습니다.
④ 오랑캐들을 소탕한 후라야 비로소 경치를 이야기할 수 있을 것입니다.
⑤ 백성과 나라에 도움이 될 일이라면 비록 오랑캐의 것이라고 해도 배우고 본받아야 합니다.

18 글쓴이가 이 글을 쓴 의도와 목적에 대해 알맞게 말한 친구의 이름을 쓰시오.

은비: 중국을 여행하며 보고 들은 사실에 대해 정확하게 기록하려고 이 글을 쓴 것 같아. 선우: 조선 시대 사람들에게 사물의 가치에 대해 다른 관점으로 생각할 수 있게 하려고 이 글을 썼을 것 같아.

(　　　　　　　　)

서술형

19 ㉡에 담긴 글쓴이의 생각은 무엇인지 쓰시오.

____

____

20 글쓴이의 생각과 자신의 생각을 비교하며 글을 읽는 방법으로 알맞은 것에 ○표 하시오.

(1) 글쓴이의 생각에 무조건 수긍하며 읽어야 한다. (　　)

(2) 글쓴이의 생각과 자신의 생각의 같은 점과 다른 점을 생각해 본다. (　　)

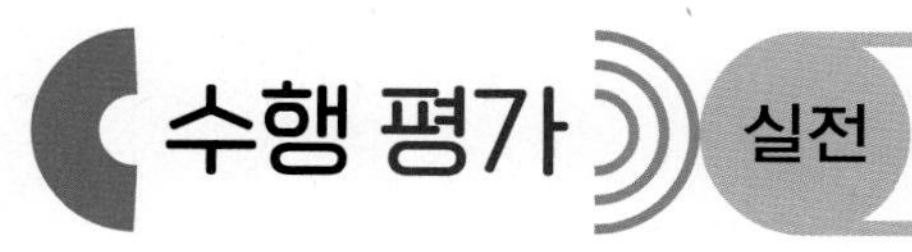

실전 5. 글에 담긴 생각과 비교해요

● 정답 및 풀이 35쪽

평가 주제	글쓴이의 생각 파악하기
평가 목표	글을 읽고 글쓴이의 생각을 파악할 수 있다.

로봇세를 도입해야 한다

㉮ 인공 지능 기술이 발전하면서 로봇이 사람을 대신해 일하는 영역이 늘어나고, 그 규모도 커지고 있다. 이에 따라 외국에서는 로봇을 소유한 기업이나 로봇에게 세금을 부과하자는 주장이 나오고 있다. 우리도 로봇세를 도입하여 인간과 로봇이 함께 살아가는 방법을 찾아야 한다.

㉯ 로봇세를 도입하면 그 세금으로 일자리를 잃은 사람들에게 진로 상담이나 적성 검사, 기술 교육 등을 할 수 있다. 또 로봇세를 활용하면 일자리를 잃은 사람들이 재교육을 받고 새로운 일자리를 찾는 데 도움을 줄 수 있다.

미래 사회에는 소수의 사람이 로봇으로 소득을 독점할 수 있다. 로봇을 소유하고 이용하는 사람이나 로봇에게 세금을 부과하면 소득의 독점을 막을 수 있다. 그런데 로봇에게 세금을 부과하려면 법적 근거를 마련해야 한다. 법적인 의미에서 자연인과 법인에게만 세금을 부과할 수 있다. 현행법으로는 기계인 로봇에게 세금을 부과할 수 없다. 그래서 2017년에 유럽 의회는 장기적으로 로봇에게 '특수한 권리와 의무를 가진 전자 인간'으로 법적 지위를 부여하는 입법을 집행 위원회가 추진하도록 결의했다. 이는 로봇을 소유하고 이용하는 사람뿐만 아니라 로봇에게도 세금을 부과할 수 있는 근거가 된다. 또 로봇세를 활용하면 소득을 재분배함으로써 국민의 복지 향상에 도움을 줄 수 있다.

1 이와 같은 글을 읽고 글쓴이의 생각을 파악하는 방법은 무엇인지 쓰시오.

2 이 글에서 글쓴이가 로봇에게 세금을 부과하자는 까닭을 쓰시오.

3 이 글에 나타난 글쓴이의 생각은 무엇인지 쓰시오.

[1~5] 다음을 보고, 물음에 답하시오.

㉮ 지구 온난화를 막기 위해 전 세계가 참가한 보편적 기후 변화 협정이 프랑스 파리에서 체결됐습니다.

31쪽 분량의 '파리 협정' 최종 합의문 핵심은 지구의 기온 상승 폭을 산업화 이전 대비 섭씨 2도 아래로 억제하고, 가능하면 섭씨 1.5도까지 낮추는 것입니다.

또 온실가스 감축을 위해 선진국들이 2020년까지 매년 천억 달러, 우리 돈 118조 원의 기금을 개발 도상국에 지원하도록 하는 내용도 담겼습니다.

파리 협정은 선진국만 온실가스 감축 의무가 있었던 교토 의정서와 달리, 개발 도상국을 포함한 195개 당사국 모두가 지켜야 하는 구속력 있는 첫 합의입니다.

㉯

1 뉴스 ㉮에서 보도하고 있는 내용은 무엇입니까? (　　)

① 파리에 일주일 넘게 폭설이 내렸다.
② 파리에서 이상 기후 현상이 발생했다.
③ 지구의 기온이 비정상적으로 상승했다.
④ 파리의 기온이 섭씨 1.5도까지 내려갔다.
⑤ 기후 변화 협정이 프랑스 파리에서 체결되었다.

2 '파리 협정'의 내용으로 알맞지 않은 것은 무엇입니까? (　　)

① 195개 당사국 모두 지켜야 한다.
② 선진국만 온실 가스 감축 의무가 있다.
③ 지구 온난화를 막기 위해 전 세계가 참가해 체결한 합의이다.
④ 지구의 기온 상승 폭을 산업화 이전 대비 섭씨 2도 아래로 억제한다.
⑤ 온실가스 감축을 위해 선진국들이 개발 도상국에 기금을 지원한다.

서술형

3 뉴스 ㉮를 본 뒤 어떤 생각이 들었는지 쓰시오.

____

____

4 그림 ㉯에서 뉴스를 본 사람들의 반응으로 알맞은 것을 모두 고르시오. (　　　　)

① 새로운 정보를 얻었다.
② 새로운 뉴스거리를 찾았다.
③ 자신이 경험한 사건을 방송사에 제보했다.
④ 우리가 실천할 수 있는 방법들을 찾아보기로 했다.
⑤ 뉴스에서 보도하는 내용에 대해 자신의 생각을 이야기했다.

5 그림 ㉯의 ❶~❸에서 사람들의 반응을 통해 알 수 있는, 뉴스가 우리 생활에 미치는 영향을 찾아 선으로 이으시오.

(1) ❶ • 　　　• ㉮ 사람들에게 새로운 정보를 알려 준다.

(2) ❷ • 　　　• ㉯ 여러 사람의 생각에 영향을 주어 여론을 형성한다.

(3) ❸ • 　　　• ㉰ 어떤 일을 긍정적이거나 비판적인 시각으로 보게 한다.

[6~9] 다음 광고를 보고, 물음에 답하시오.

6 이 광고에서 신바람 자전거에 대해 말한 내용이 아닌 것은 무엇입니까 (　　　)

① 기술력이 최고이다.
② 가격이 합리적이다.
③ 내구성이 튼튼하다.
④ 디자인이 독보적이다.
⑤ 소비자 만족도 1위를 달성했다.

7 이 광고의 표현 특성으로 알맞은 것을 모두 고르시오. (　　　　　)

① 속담을 사용했다.
② 강조법을 사용했다.
③ 신조어를 사용했다.
④ 같은 말을 반복해 사용했다.
⑤ 글, 그림 등을 효과적으로 사용했다.

8 다음 중 이 광고에서 비판적으로 보아야 할 부분을 찾아 ○표 하시오.

(1) 무료하고, 따분하고, 재미있는 일이 없을 때 (　　)
(2) 당신의 즐거운 일상과 건강한 체력을 책임져 줄 단 한 가지! (　　)
(3) 건강해지려고 아령도 들고 줄넘기도 해 보지만 체력이 여전히 바닥일 때 (　　)

서술형

9 이 광고에서 과장하거나 감추고 있는 내용이 있는 문구를 한 가지 쓰고, 그 내용이 무엇인지 쓰시오.

광고 문구	(1)
과장하거나 감추고 있는 내용	(2)

10 다음 친구들이 광고를 보고 나눈 이야기입니다. 광고를 비판적으로 보지 않아 생긴 문제점을 말한 친구의 이름을 쓰시오.

은주: 광고에서 알려 주는 할인 날짜를 제대로 기억하지 못해서 할인을 받지 못한 적이 있어.
영진: 옷을 싸게 판다는 광고를 보고 옷 가게에 들어갔는데, 일부 품목만 싸게 팔아서 실망한 적이 있어.

(　　　　　　　　)

6 단원

[11~13] 다음 광고를 보고, 물음에 답하시오.

11 무엇을 광고하고 있는지 쓰시오.

( )

12 ㉠~㉤ 중 감추는 내용이 있는 광고 문구는 무엇입니까? ( )

① ㉠ ② ㉡ ③ ㉢ ④ ㉣ ⑤ ㉤

13 이 광고에 나타난 표현의 적절성을 알맞게 판단하여 말한 친구의 이름을 쓰시오.

> 진아: 책가방을 살 때에는 깃털 책가방을 사야 한다고 하니 꼭 깃털 책가방을 사야겠어.
> 영민: '교과서를 모두 넣어도 찢어질 염려 없는'이라는 표현은, 교과서를 모두 넣을 때 무거우면 찢어질 수도 있기 때문에 과장되었어.

( )

[14~15] 다음 뉴스 원고를 보고, 물음에 답하시오.

> ㉮ 진행자의 도입: 어려운 경기 속에도 이렇게 기부가 늘어난 데는 재미와 감동이 함께하는 이른바 '스마트 기부'가 한몫을 하고 있습니다.
> ㉯ 기자의 보도: 거리에 등장한 자선냄비가 뭔가 색다릅니다. 한 시민이 돼지 저금통을 갈라 모금함에 돈을 넣는가 했더니, 먼저 주사위를 모니터 위에 놓습니다. 선택한 것은 여성과 다문화, 기부 대상을 직접 고를 수 있는 스마트 자선냄비입니다.
> ㉰ 면담 ○○○(△△△병원 정신건강의학과 교수)
> "기부에 있어서 마일리지나 포인트를 이용할 수 있게 유도하는 것은 조금 더 사람들이 기부에 손쉽게 다가갈 수 있는 방법 중 하나입니다."
> 이타적인 동정심으로 기부를 결심하기도 하지만, 기부하면서 느끼는 재미와 보람 같은 개인적 욕구를 채워 주는 점이 요즘 기부의 특징입니다.
> ㉱ 기자의 마무리: 디지털 기술의 진화가 이웃 사랑을 실천하는 촉매제가 되고 있습니다.

14 이 뉴스에서 진행자와 기자는 어떤 역할을 하는지 찾아 선으로 이으시오.

(1) 진행자 • • ㉮ 취재한 내용을 뉴스로 보도한다.

(2) 기자 • • ㉯ 뉴스의 전체를 요약해 안내한다.

15 뉴스의 짜임 중 ㉱ 부분에 대한 설명으로 알맞은 것의 기호를 쓰시오.

> ㉮ 전체 내용을 요약하거나 핵심 내용을 강조한다.
> ㉯ 뉴스에서 보도할 내용을 유도하거나 전체를 요약해 안내한다.
> ㉰ 시청자의 이해를 도우려고 면담 자료나 통계 자료로 설명한다.

( )

[16~19] 다음 뉴스 원고를 보고, 물음에 답하시오.

㉮ 진행자의 도입: 독감 때문에 요즘 감염 걱정이 많죠? 하지만 '30초 손 씻기'만 제대로 실천해도 웬만한 감염병은 막을 수 있다고 합니다. '30초의 기적'이라고까지 하는 올바른 손 씻기 방법을 이선주 기자가 알려 드립니다.

㉯ 기자의 보도: 하루에도 몇 번씩 씻는 손, 손을 씻는 방법은 제각각입니다.

면담 박윤철 6학년 1반 학생

"평소에는 그냥 물로 씻는 편이에요."

면담 금성혜 6학년 3반 학생

"그냥 물휴지 정도로 닦는 편이에요."

손을 어떻게 씻어야 손에 번식하는 세균을 없앨 수 있을지 알아보려고 손에 형광 물질을 바르고 실험했습니다. 10초 동안 비누로 손바닥과 손가락을 비벼 가며 열심히 씻는 것이 중요합니다. 이렇게 수시로 30초 동안 손을 씻으면 감염병의 70퍼센트는 예방할 수 있습니다.

면담 하영은 보건 선생님

"감기를 비롯해 장염, 식중독 따위도 모두 손을 깨끗이 씻으면 예방할 수 있습니다."

㉰ 기자의 마무리: 특히 중요한 것은 손으로 얼굴을 자주 만지지 않는 것입니다. 우리는 평균 한 시간에 3.6회나 얼굴을 만진다는 연구 결과도 있는데요, 이렇게 자주 얼굴을 만지면 눈, 코, 입으로 세균이 들어가 감염되기 쉽습니다. △△△ 뉴스 이선주입니다.

16 이 뉴스에서 보도하는 내용은 무엇인지 쓰시오.

( )

17 이 뉴스를 통해 알 수 있는 정보를 모두 고르시오. ( )

① 30초 이상 손을 씻으면 오히려 역효과가 난다.
② 비누를 쓰지 않고 물로만 손을 씻는 것이 좋다.
③ 손으로 얼굴을 자주 만지면 세균에 감염되기 쉽다.
④ 수시로 30초 동안 손을 씻으면 감염병을 예방할 수 있다.
⑤ 감기, 장염, 식중독 따위도 손을 깨끗이 씻으면 예방할 수 있다.

18 이 뉴스의 관점을 뒷받침하려고 활용한 자료를 모두 고르시오. ( )

① 관련 실험
② 전문가 면담
③ 관련 논문 내용
④ 외국의 비슷한 사례
⑤ 주제와 관련한 연구 결과

19 다음 보기 의 방법으로 이 뉴스의 타당성을 판단한 친구의 이름을 쓰시오.

보기
뉴스 관점과 보도 내용이 서로 관련이 있는지 살피기

상학: 감염병을 예방할 수 있는 올바른 손 씻기 방법을 알려 주어서 가치 있고 중요한 뉴스라고 생각해.
영은: 사람들의 손 씻는 방법이 제각각임을 소개하고, 올바른 손 씻기 방법을 제시하고 있어서 뉴스 관점과 관련 있다고 말할 수 있어.

( )

20 다음 그림의 상황에서 알맞은 뉴스 주제는 무엇입니까? ( )

① 안전한 운동장 놀이 방법
② 줄넘기를 잘할 수 있는 방법
③ 독서를 즐겁게 할 수 있는 방법
④ 즐거운 학교생활을 할 수 있는 방법
⑤ 등하굣길을 안전하게 다닐 수 있는 방법

6 단원

수행 평가 실전 6. 정보와 표현 판단하기

정답 및 풀이 37쪽

평가 주제	뉴스의 짜임을 알고 정보의 타당성 판단하기
평가 목표	뉴스에 나타난 정보의 타당성을 판단할 수 있다.

가 진행자의 도입: 어려운 경기 속에서도 이렇게 기부가 늘어난 데는 재미와 감동이 함께하는 이른바 '스마트 기부'가 한몫을 하고 있습니다. 신방실 기자가 전해 드립니다.

나 기자의 보도: 걷는 것만으로도 기부할 수 있는 스마트폰 앱도 있습니다. 100미터에 10원씩 기부금이 쌓이는 동안 건강까지 챙길 수 있습니다.

게임을 하고 광고 동영상을 시청하면서 기부할 수 있는 앱도 등장했습니다.

면담 ○○○(△△△병원 정신건강의학과 교수)

"기부에 있어서 마일리지나 포인트 등을 이용할 수 있게 유도한다는 것은 조금 더 사람들이 기부에 손쉽게 다가갈 수 있는 방법 중 하나입니다."

이타적인 동정심으로 기부를 결심하기도 하지만, 기부하면서 느끼는 재미와 보람 같은 개인적 욕구를 채워 주는 점이 요즘 기부의 특징입니다.

다 기자의 마무리: 디지털 기술의 진화가 이웃 사랑을 실천하는 촉매제가 되고 있습니다.

1 뉴스에서 보도하는 내용은 무엇인지 한 문장으로 쓰시오.

2 뉴스의 짜임 중 가의 역할을 쓰시오.

3 다음은 뉴스의 타당성을 판단하는 방법입니다. 다음 방법에 따라 뉴스의 타당성을 판단해 쓰시오.

가치 있고 중요한 뉴스인지 살피기	(1)
뉴스의 관점과 보도 내용이 서로 관련 있는지 살피기	(2)
활용한 자료들이 뉴스의 관점을 뒷받침하는지 살피기	(3)

● 정답 및 풀이 37쪽

[1~2] 다음 그림을 보고, 물음에 답하시오.

1 불량 식품과 관련해 도현이가 경험한 것을 모두 고르시오. (　　　　)

① 불량 식품을 먹고 아픈 친구를 보았다.
② 불량 식품의 가격이 비싸다는 것을 알았다.
③ 불량 식품의 종류가 다양하다는 것을 알았다.
④ 불량 식품을 먹고 쓰레기를 아무 데나 버린 친구를 보았다.
⑤ 불량 식품에는 유통 기한이 적혀 있지 않다는 사실을 알았다.

2 도현이가 자신의 글을 읽을 사람에게 바라는 것은 무엇입니까? (　　　)

① 규칙적인 식습관을 갖는 것
② 일회용품을 사용하지 않는 것
③ 환경을 보호하기 위해 노력하는 것
④ 유통 기한이 지난 음식을 먹지 않는 것
⑤ 불량 식품의 위험성을 알고 불량 식품을 먹지 않는 것

[3~5] 다음 글을 읽고, 물음에 답하시오.

> **쓰레기가 되는 불량 식품**
>
> 여러분, 불량 식품을 먹지 맙시다. 불량 식품을 먹고 나서 쓰레기를 버리는 사람이 많습니다. 그렇게 버린 쓰레기들이 우리 학교 주변을 더럽혀 보기에도 좋지 않고, 악취도 납니다. 불량 식품에는 무엇이 들어갔는지, 그리고 유통 기한은 언제까지인지 정확히 적혀 있지 않습니다. 불량 식품을 먹으면 해로운 물질이 몸에 들어가 병에 걸리기 쉽습니다. 불량 식품은 아무리 맛있어서 먹으면 안 됩니다.

3 글쓴이가 이 글을 쓴 목적은 무엇입니까? (　　　)

① 음식을 남기지 말자고 설득하려고
② 학교 주변을 가꾸자고 설득하려고
③ 건강식품을 챙겨 먹자고 설득하려고
④ 쓰레기를 버리지 말자고 설득하려고
⑤ 불량 식품을 먹지 말자고 설득하려고

4 이 글의 문제점을 알맞게 말하지 못한 친구의 이름을 쓰시오.

> 성수: 주제와 관련 없는 내용이 있어.
> 찬희: 외래어를 지나치게 많이 사용한 것 같아.
> 효빈: 읽는 사람이 잘 이해하기 어려운 부분이 있는 것 같아.

(　　　　　　　　　　)

5 이 글을 바르게 고치는 방법으로 알맞은 것을 모두 고르시오. (　　　　)

① 어색한 문장을 고친다.
② 필요 없는 내용을 삭제한다.
③ 문장의 길이를 더 길게 고친다.
④ 주제를 생각해서 제목을 바꾼다.
⑤ 신조어를 사용해서 읽기 편하게 고친다.

[6~9] 다음 글 ㉯는 글 ㉮를 고쳐 쓴 것입니다. 잘 읽고, 물음에 답하시오.

㉮ ㉠쓰레기가 되는 불량 식품

여러분, 불량 식품을 먹지 맙시다. ㉡불량 식품을 먹고 나서 쓰레기를 버리는 사람이 많습니다. 그렇게 버린 쓰레기들이 우리 학교 주변을 더럽혀 보기에도 좋지 않고, 악취도 납니다. 불량 식품에는 무엇이 들어갔는지, 그리고 유통 기한은 언제까지인지 정확히 적혀 있지 않습니다. 불량 식품을 먹으면 해로운 물질이 몸에 들어가 병에 걸리기 쉽습니다. ㉢불량 식품은 아무리 맛있어서 먹으면 안 됩니다.

㉯ 건강을 해치는 불량 식품

여러분, 불량 식품을 먹지 맙시다. 불량 식품에는 무엇이 들어갔는지, 그리고 유통 기한은 언제까지인지 정확히 적혀 있지 않습니다. 불량 식품을 먹으면 해로운 물질이 몸에 들어가 병에 걸리기 쉽습니다. 그리고 유통 기한을 알 수 없어 신선하지 않은 식품을 먹게 될 수도 있습니다.

6 제목 ㉠을 글 ㉯에서 바꾼 까닭으로 알맞은 것은 무엇입니까? (　　　)

① 문장의 길이가 너무 짧아서
② 맞춤법이 틀린 부분이 있어서
③ 한눈에 들어오는 제목이 아니어서
④ 글의 내용을 직접적으로 드러내서
⑤ 주제를 잘 드러내는 제목이 아니어서

7 ㉡을 글 ㉯에서 고쳐 쓴 방법은 무엇입니까? (　　　)

① 제목 바꾸기
② 내용 추가하기
③ 내용 삭제하기
④ 문장 바꾸어 쓰기
⑤ 문장 호응에 맞게 고치기

서술형

8 ㉢을 다음 보기 에 맞게 고쳐 쓰시오.

보기
문장 호응에 맞게 고친다.

____

____

9 글 ㉯와 같이 글을 고쳐 쓸 때 생각할 점으로 알맞은 것을 모두 고르시오. (　　　　　)

① 더 필요한 내용이 있는지 살펴본다.
② 중심 생각과 관련 없는 부분이 있는지 확인한다.
③ 어려운 낱말을 빠뜨리지 않고 많이 썼는지 확인한다.
④ 적절하지 않은 낱말이나 틀린 문장이 있는지 확인한다.
⑤ 글의 내용과 글을 읽는 사람의 생각이 동일한지 살펴본다.

10 글을 고쳐 쓰면 좋은 점으로 알맞지 않은 것은 무엇입니까? (　　　)

① 자세하고 내용이 풍부한 글을 쓸 수 있다.
② 읽는 사람이 글을 더 쉽게 이해할 수 있다.
③ 읽는 사람의 생각을 자연스럽게 글로 표현할 수 있다.
④ 읽는 사람의 반응을 잘 이끌어 내는 글을 쓸 수 있다.
⑤ 군더더기 없는 글을 쓰면 자신의 생각을 더 잘 전달할 수 있다.

[11~15] 다음 글을 읽고, 물음에 답하시오.

가 ㉠요즘 많은 어린이가 이야기할 때 은어나 비속어를 사용했다. 국립국어원 조사에 따르면 조사 대상 초등학생의 93퍼센트가 비속어를 사용한 적이 있다고 한다. ㉡만약 학생 열 명이 있기 때문에 적어도 아홉 명은 비속어를 사용한 적이 있는 것이다.
나 고운 말을 사용하면 서로 존중하는 마음을 전할 수 있다. 흔히 말이 눈에 보이지 않는 마음임을 표현할 때 "말은 마음의 거울"이라는 격언을 사용한다. 고운 말을 사용해야 하는 것은 어린이만이 아니다. 존중하는 마음이 없다면 고운 말도 나오지 않는다.
다 ㉢고운 말을 사용하면 다른 사람과 원활하게 대화할 수 있다. 은어나 비속어는 대화를 어렵게 하고 오해를 불러일으킨다. 단순히 재미있으려고 은어나 비속어를 사용했다가 친구들끼리 ㉮투쟁으로 이어지는 경우도 있고, 어른과 어린이의 일상적인 대화가 어려워지는 경우도 있다.
라 고운 말을 사용하면 친구 관계가 좋아진다. 말은 우리 민족의 혼이 담긴 소중한 문화유산이다. 은어나 비속어를 사용한다면 그것이 우리 ㉯후손에게 그대로 전해질 것이다. 고운 말을 사용해 아름다운 우리말을 지켜야 한다.
마 고운 말은 다른 사람을 ㉰존중하는 마음을 전할 수 있게 하고, 다른 사람과 대화를 원활하게 할 수 있게 한다. 또 ㉣무조건 고운 말을 사용하는 것만이 우리말을 아름답게 가꾸고 지키는 일이다. ㉤이제라도 고운 말을 사용하는 바른 언어 습관을 기르려고 노력하면 좋을 수도 있다.

11 이 글에 나타난 주장은 무엇인지 쓰시오.

( )

12 이 글에서 더할 내용으로 알맞지 <u>않은</u> 것에 ×표 하시오.

(1) 고운 말을 사용해야 하는 근거 추가하기 ( )

(2) 일상생활에서 격언을 사용하는 사례 추가하기 ( )

(3) 인터넷 매체에서 비속어를 접하는 학생들의 실태 추가하기 ( )

서술형

13 글 나에서 필요 없는 문장을 찾고, 그 문장이 필요 없는 까닭을 쓰시오.

필요 없는 문장	(1)
필요 없는 까닭	(2)

14 다음 중 문장 ㉠~㉤을 바르게 고치지 <u>못한</u> 것은 무엇입니까? ( )

① ㉠ → 요즘 많은 어린이가 이야기할 때 은어나 비속어를 사용한다.
② ㉡ → 만약 학생 열 명이 있다면 적어도 아홉 명은 비속어를 사용한 적이 있는 것이다.
③ ㉢ → 비록 고운 말을 사용하면 다른 사람과 원활하게 대화할 수 있다.
④ ㉣ → 고운 말을 사용하는 것은 우리말을 아름답게 가꾸고 지키는 일이다.
⑤ ㉤ → 이제라도 고운 말을 사용하는 바른 언어 습관을 기르려고 노력하자.

15 ㉮~㉰ 중 문장에서 어색한 낱말의 기호를 쓰고, 바르게 고쳐 쓰시오.

(1) 문장에서 어색한 낱말: ( )

(2) 바르게 고쳐 쓴 낱말: ( )

7 단원

[16~19] 다음 글을 읽고, 물음에 답하시오.

㉮ 의약품 따위를 만드는 실험으로 전 세계에서 해마다 약 6억 마리의 동물이 희생되고 있다. 개발한 약품을 사람에게 바로 사용하지 않고 동물을 대상으로 먼저 실험해 보기 때문이다. 예를 들면 피부에 사용하는 약품을 개발할 때 토끼의 눈에 화학 물질을 넣어 부작용이 생기는지 확인한다. 토끼는 눈 깜빡임과 눈물이 적어 실험 결과를 오래 관찰할 수 있기 때문이다. 눈에 화학 물질이 들어간 토끼는 눈에서 피가 나기도 하고 심한 경우 눈이 멀기도 한다. / 동물 실험을 반대하는 사람들이 늘어나고 있다. 사람과 동물의 몸은 차이가 크기 때문에 이러한 동물 실험은 소용이 없다고 주장한다. 실제로 동물 실험을 통과한 신약 후보 열 개 가운데 아홉 개는 사람에게 효과가 없거나 부작용을 일으킨다고 한다. / 동물 실험을 다른 방법으로 대체해야 한다는 목소리도 높다. 한 국민 의식 조사에 따르면 동물 실험을 대체할 수 있도록 사회적 지원을 하는 데 응답자 대부분이 찬성했다.

㉯ 최근 미국 ○○대학교 연구진은 전 세계적으로 680여 명이 희생된 중동호흡기증후군[메르스]의 백신을 개발했다. 연구진이 동물 실험으로 그 효과를 확인하려고 백신을 원숭이에게 투여했다. 그리고 이 백신이 중동호흡기증후군[메르스]을 예방할 수 있다는 확신을 가졌다. 이렇게 동물 실험은 새로운 약 개발에 중요한 역할을 한다. / 동물 실험도 하지 않고 개발한 약을 사람들에게 사용하면 부작용이 발생할 수 있다. 1937년에 한 제약 회사에서 술파닐아미드라는 약을 새롭게 개발했다. 그런데 동물 실험을 거치지 않고 사람들에게 이 약을 판매했다. 그 결과, 이 약을 복용한 많은 사람이 부작용으로 사망하는 불행한 일이 일어났다. / 일부 사람들은 동물 실험을 당장 다른 방법으로 대체해야 한다고 주장한다. 그러나 대체 방법을 개발하는 데 6년 이상의 시간과 약 400억 원 이상의 비용이 필요하다.

16 글 ㉮와 ㉯에 나타난 주장을 찾아 선으로 이으시오.

(1) 글 ㉮ • • ㉠ 동물 실험을 해야 한다.

(2) 글 ㉯ • • ㉡ 동물 실험을 해서는 안 된다.

17 글 ㉮에서 글쓴이의 주장을 뒷받침하는 근거를 두 가지 고르시오. (   )

① 동물 실험을 하려면 막대한 비용이 든다.
② 전 세계적으로 동물 실험을 중단하는 추세이다.
③ 의학 기술의 발달로 동물 실험의 필요성이 사라졌다.
④ 동물 실험을 다른 방법으로 대체해야 한다는 목소리가 높다.
⑤ 동물 실험을 통과한 신약 후보 열 개 가운데 아홉 개는 사람에게 효과가 없거나 부작용을 일으킨다.

18 글 ㉯에서 알 수 있는 사실을 모두 고르시오. (   )

① 동물 실험을 금지하는 나라가 많다.
② 동물 실험은 새로운 약 개발에 중요한 역할을 한다.
③ 동물 실험 대체 방법 개발에는 시간과 비용이 많이 든다.
④ 동물 실험을 하기 위해 거쳐야 하는 절차가 매우 복잡하다.
⑤ 동물 실험을 거치지 않고 개발한 약을 사람들에게 사용하면 부작용이 발생할 수 있다.

서술형

19 동물 실험에 대해 자신이 아는 사실을 한 가지 쓰시오.

____

____

20 다음은 자신이 쓴 글을 고쳐 쓸 때 점검할 내용입니다. 어느 수준에서 점검한 내용인지 (   ) 안에서 알맞은 말을 찾아 ○표 하시오.

• 무엇을 쓴 글인지 알 수 있는가?
• 글의 목적에 맞는 내용으로 되어 있는가?
• 제목이 글 내용과 어울리는가?

(글, 문단, 문장과 낱말) 수준

7. 글 고쳐 쓰기

정답 및 풀이 38쪽

평가 주제	글 고쳐 쓰기
평가 목표	글의 내용과 표현이 더 나아지도록 글을 고쳐 쓸 수 있다.

하루 세끼 가운데에서 가장 중요한 것이 아침밥이다. 부모님께서는 건강하려면 아침밥을 먹어야 한다고 말씀하신다. ㉠비록 한끼라서 아침밥을 거르거나 대충 때우면 온종일 열량과 영양소가 부족해 건강을 잃게 된다. 아침밥을 거르면 영양소가 부족해 몸도 마음도 힘들어진다. 그렇다면 아침밥을 먹어야 하는 까닭은 무엇일까?

아침밥은 장수의 필수 조건이다. ㉡날마다 아침밥을 거르면 밤새 분비된 위산이 중화되지 않아 위가 불편해졌다. 이런 습관이 오래 지속되면 위염이나 위궤양으로 진행될 수 있다. 또 밤새 써 버린 수분을 보충하기 어렵고 체내에 저장해 두었던 영양소가 소모된다. ㉢그래서 피부는 푸석 푸석해지고 주름에 빈혈까지 생겨 건강이 나빠진다.

아침밥을 먹으면 몸도 건강해지고 하루를 활기차게 시작할 수 있다. 우리 모두 아침밥을 거르지 말고 꼭 먹자.

1 이 글에 알맞은 제목을 정해 쓰시오.

2 ㉠을 문장 호응에 맞게 고쳐 쓰시오.

3 ㉡과 ㉢을 교정 부호를 사용해 바르게 고치고, 그렇게 고친 까닭을 쓰시오.

㉡	(1) 날마다 아침밥을 거르면 밤새 분비된 위산이 중화되지 않아 위가 불편해졌다.
	(2) 고친 까닭:
㉢	(3) 그래서 피부는 푸석 푸석해지고 주름에 빈혈까지 생겨 건강이 나빠진다.
	(4) 고친 까닭:

[1~2] 다음을 보고, 물음에 답하시오.

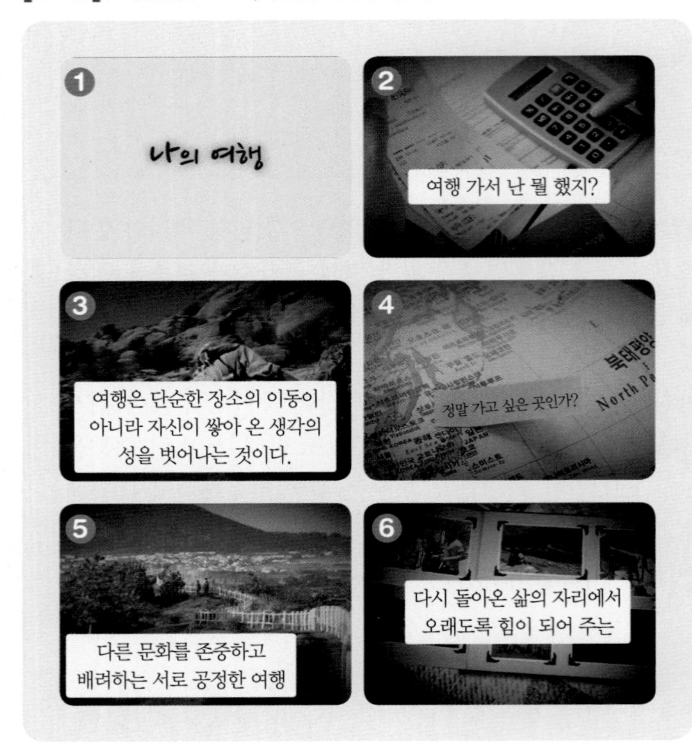

1 「나의 여행」에서는 어떤 여행을 해야 한다고 했습니까? (　　　)

① 즐기는 여행
② 공정한 여행
③ 여유로운 여행
④ 많이 걷는 여행
⑤ 많이 소비하는 여행

2 다음 중 「나의 여행」에서 말하는 여행을 하지 못한 친구의 이름을 쓰시오.

영은: 나는 여행을 가서 사진을 찍을 때도 허락을 얻고 찍었어.
정주: 나는 여행을 가서도 우리나라 문화와 예절에 맞게 행동했어.
형석: 나는 여행을 가서 현지인의 삶을 살펴보고, 그 나라의 문화를 직접 체험해 보려고 노력했어.

(　　　　　　　　)

3 여행 가고 싶은 곳의 자료를 찾는 방법을 생각하여 빈칸에 알맞은 말을 써넣으시오.

도서관에 있는 [　　　　], 누리집에 있는 사진 자료와 영상 자료, 지역 소개 자료 따위에서 정보를 얻을 수 있다.

[4~5] 다음 표를 보고, 물음에 답하시오.

여행 기간과 장소	• 여행 기간: 졸업한 뒤인 2월 중순 무렵에 2박 3일 동안 • 장소: 지리산
㉠	• 같이 가고 싶은 사람: 가족 • 준비할 일: 겨울 산을 오르는 데 필요한 비상 식량, 물, 입장료, 지리산 지도 등
여행 일정	먼저 성삼재 휴게소까지는 차로 이동해서 노고단까지 가는 길에 도전합니다. 거리상으로 1.1킬로미터라서 왕복 두 시간 정도 걸리므로 크게 힘들이지 않고 겨울에 등반하기 좋기 때문입니다.
㉡	입장료는 무료지만 주차비와 교통비가 필요합니다.

4 ㉠, ㉡에 들어갈 말을 찾아 선으로 이으시오.

(1) ㉠ •　　　　• ㉮ 여행 비용
(2) ㉡ •　　　　• ㉯ 같이 가고 싶은 사람과 준비할 일

5 ㉡을 계획하는 방법으로 알맞은 것의 기호를 쓰시오.

㉮ 자신이 평소 하루에 쓰는 금액만큼 준비한다.
㉯ 날마다 사용할 돈을 입장료, 교통비, 식비 따위로 나누어 생각한다.

(　　　　　　　　)

[6~9] 다음 글을 읽고, 물음에 답하시오.

㉠

㉮ 「피부 색깔=꿀색」이라는 영화를 보았다. 제목부터가 뭔가 전하고 싶은 이야기가 많은 영화라고 생각했다. 이 영화는 벨기에에 입양된 우리 동포 융이라는 사람이 어린 시절을 회상하며 이야기가 시작된다.

㉯ 융은 다섯 살에 해외로 입양된다. 하지만 융은 벨기에의 가족과 자신의 피부색이 다르다는 사실과 한국에 친부모가 있을지도 모른다는 생각에 잘 적응하지 못하고 힘들어한다. 게다가 융의 가족은 한국에서 여자아이를 한 명 더 입양한다. 융은 한국에서 새로 입양된 여동생과 자신이 닮았다는 말을 듣기 싫어하며 동생과 가족을 멀리한다. 그리고 융은 학교에서 말썽을 일으키고 집에서 거짓말까지 하면서 점점 더 엇나가는 행동을 한다.

㉰ 융의 장난만큼은 아니지만 나도 가끔은 친구나 동생에게 심한 장난을 한다. 하지만 융의 행동이 주위의 관심과 사랑을 받고 싶고 자신이 누구인지를 찾으려는 몸부림이라는 것을 알았을 때 마음이 많이 아팠다.

㉱ 예전에 「국가 대표」라는 영화를 보았다. 그 영화에서 주인공은 엄마를 찾으려고 국가 대표가 되려고 했다. 해외 입양 문제는 우리나라의 아픈 역사를 보여 주는 한 부분이다.

㉲ 영화를 보는 내내 나는 입양된 사람들이 우리 역사에서 겪은 아픔을 생각했다. 본인의 의지와 상관없이 다른 나라에서 살아야 하는 사람들, 그리고 우리나라에 온 사람들까지. 나는 우리가 지금 서로를 따뜻하게 감싸 안아야 할 때라고 생각한다.

6 융이 입양 갔을 때 적응하지 못하고 힘들어한 까닭을 두 가지 고르시오. (　　　　)

① 자신의 피부색이 가족과 달라서
② 자신에게 거짓말을 하는 사람이 많아서
③ 새로 입양된 여동생이 자신과 닮지 않아서
④ 친부모가 한국에 있을지도 모른다고 생각해서
⑤ 아무리 노력해도 양부모가 자신을 인정해 주지 않아서

7 ㉰에 대한 설명으로 알맞은 것은 무엇입니까? (　　　)

① 영화를 보게 된 까닭을 썼다.
② 영화에 대한 친구의 의견을 썼다.
③ 예전에 보았던 영화를 떠올려서 썼다.
④ 영화에서 가장 흥미로운 사건을 썼다.
⑤ 자신의 경험과 영화 속 내용을 비교해 썼다.

8 영화 「피부 색깔=꿀색」을 본 뒤 글쓴이가 한 생각은 무엇입니까? (　　　)

① 한국인이라는 것이 자랑스럽다.
② 다른 나라에 입양된 사람들이 한국을 찾아 줬으면 좋겠다.
③ 피부 색깔에 관계없이 서로를 따뜻하게 감싸 안아야 할 때이다.
④ 우리나라의 아픈 역사가 되풀이되지 않도록 정부에서 노력해야 한다.
⑤ 본인의 의지와 상관없이 다른 나라에서 살아야 하는 사람들이 많아졌다.

서술형

9 다음 조건 에 맞게 ㉠에 들어갈 제목을 정해 쓰시오.

조건
- 감상문의 전체 내용을 잘 드러낼 수 있게 정한다.
- 읽는 사람의 호기심을 불러일으킬 수 있는 제목으로 정한다.

10 영화 감상문을 쓰는 방법으로 알맞지 않은 것은 무엇입니까? (　　　)

① 편지나 일기 형식으로만 쓴다.
② 영화 속 인물들의 관계를 쓴다.
③ 자신이 주인공이라고 생각하고 쓴다.
④ 영화 속 내용과 비슷한 자신의 경험을 떠올려 쓴다.
⑤ 인물에게 하고 싶은 말을 써서 자신의 생각이나 느낌을 나타낸다.

[11~15] 다음 글을 읽고, 물음에 답하시오.

㉮ 상경성에서 북상한 다음 서쪽으로 사마르칸트까지 가는 길은 담비의 길이라고 했다. 서역 상인들이 초피를 사러 오는 길이라서 그렇게 부르는 것이다. 솔빈도 그 담비의 길 위에 있었다.

홍라는 소그드의 은화를 가만히 들여다보았다. 그러다 다시 지도로 눈길을 돌렸다.

솔빈으로 가서 은화를 팔고……. 그래! 솔빈의 말을 사자!

솔빈의 말은 당나라까지 널리 알려진 명마다. 솔빈의 말을 장안으로 가져가면 비싼 값에 팔 수 있다. 그리고 장안에서 비단을 싸게 사서 온다면……. 가만히 앉아 있으면 묘원의 은화는 비단 오백 필 값. 그러나 길을 나선다면 천 필, 아니 이천 필 값이 될 수 있다.

가자. 교역을 하러 가자. 어머니가 돌아오기 전에 빚을 갚는 거야. 상단을 지키는 거야. 대상주 금기옥의 딸답게.

홍라는 눈물을 닦았다. 언제부터인가 울고 있었던 것이다. 하지만 이제는 울지 않을 생각이었다. 상단을 이끌고 교역을 떠나야 했다. 상단을 지켜야 했다.

㉯ "친샤!"

홍라가 부르자 곧 친샤가 검으로 마루를 툭툭 쳐서 기척을 보냈다. 홍라는 밖으로 나갔다.

"월보는 떠났어?"

상단의 믿음직한 일꾼들은 지난 풍랑으로 거의 잃었다. 상단에 남아 있던 일꾼들은 대상주를 찾기 위해 동경에 가 있었다. 그러고도 남아 있는 일꾼들은 나이가 많거나 혹은 너무 어렸다. 그렇다고 표 나게 사람을 모을 수는 없었다. 빚쟁이들의 눈총이 무서웠다.

다행히 친샤가 고개 저으며 바깥채를 가리켰다. 월보는 아직 금씨 상단에 머무르고 있는 모양이다. 그리고 친샤는 다시 바깥채를 가리키며 손가락을 하나 더 폈다. 월보 말고 ㉠ 또 다른 누군가가 있다는 뜻이다.

곧 친샤가 월보와 어느 소년을 데리고 왔다.

㉰ 월보가 소년을 소개했다.

"아가씨, 비녕자이옵니다. 동경의 해안에서 우리를 구해 주었던……." / "아!"

홍라는 그제야 기억이 났다. 비녕자. 말값으로 금가락지를 주고 떠나며 금씨 상단으로 찾아오라 했다. 목숨 구해 준 값도 후하게 치르겠다고 약속했다.

11 글 ㉮에서 홍라가 결심한 것은 무엇인지 빈칸에 들어갈 알맞은 말을 쓰시오.

- [　　　　] 을/를 하러 가기로 결심했다.

12 홍라가 문제 11번의 답과 같이 결심한 까닭은 무엇입니까? (　　　)

① 새로운 말이 필요해서
② 담비의 길에 가 보고 싶어서
③ 소그드의 은화를 얻기 위해서
④ 빚을 갚고 상단을 지키기 위해서
⑤ 지도에 표시된 길을 직접 걷고 싶어서

13 홍라가 일꾼을 모으기 힘들었던 까닭을 모두 고르시오. (　　　)

① 일꾼들이 모두 전쟁에 동원되어서
② 젊고 건강한 일꾼들이 너무 많아서
③ 지난 풍랑으로 일꾼들을 거의 잃어서
④ 상단에 남아 있던 일꾼들은 동경에 가 있어서
⑤ 빚쟁이들의 눈총 때문에 표 나게 사람을 모을 수 없어서

14 ㉠이 가리키는 인물은 누구인지 쓰시오.

(　　　　　　　)

서술형

15 홍라가 처한 상황을 생각하며 홍라에게 해 주고 싶은 말을 간단하게 쓰시오.

[16~20] 다음 글을 읽고, 물음에 답하시오.

가 "자, 장안이라고요? 네! 네, 갈게요. 가겠습니다!"
비녕자는 여전히 뚱한 얼굴이지만 그래도 고개를 끄덕였다.
반가워서 손이라도 잡아 주고 싶었다. 하지만 대상주답게 굴어야 했다. ㉠홍라는 애써 엄한 표정을 지었다.
"수선 피우지 마. 요란하게 떠날 입장이 아니야. 그러니 출발할 때까지 입조심해. 교역에 성공하면 둘 다 크게 한몫 챙겨 줄게."
그렇게 교역을 떠날 상단이 꾸려졌다. 대상주의 자격으로 상단을 이끄는 홍라, 무사 친샤, 천문생 월보, 일꾼 비녕자. 초라하기 그지없지만, 중요한 임무를 띠고 있었다. 금씨 상단을 지키기 위한 마지막 기회인지도 몰랐다.
이틀 동안 길 떠날 준비를 했다. 준비랄 것도 없었다. 집안 일꾼들 모르게 몇 가지를 챙기는 게 전부였다. 창고 점검을 한다는 핑계로 말린 고기며 곡식 가루를 좀 챙겼다. 노숙을 해야 할지도 모르니 음식을 조리할 도구도 필요했다. 집에 있는 걸 가져가려니 일꾼들이 알아챌까 걱정스러웠다. 결국 친샤가 시장에서 몇 가지를 사 왔다. 그리고 돈피도 몇 장 챙겼다.
나 서라벌에 갔던 건 너무 어려서라 기억에 남아 있는 게 없었다. 다만 그때 어머니가 사 준 신라 모전이 아직도 홍라 침상에 깔려 있었다. 그리고 이번에 일본에 다녀왔고, 이 년 전에는 장안에 간 적이 있었다.
장안. 당나라 황제의 대명궁이 있는 장안은 인구 백만이 넘는 대도시로 비단처럼 화려한 빛깔로 눈부셨다. 푸른 하늘로 날아오를 듯 맵시 있는 기와지붕들이 물결치며 이어졌고, 밤이면 색색의 등불이 별빛보다 더 아름답게 반짝였다. 온갖 나라의 사람들이 저마다의 멋을 뽐내며 거리거리를 수놓았다. 동방의 상인들이 장사하는 동부 시장도 그랬지만, 서역 상인들의 서부 시장은 더욱 경이로웠다. 소그드 상인은 물론이고 페르시아나 로마에서 온 상인들도 진귀한 물건을 내놓고 팔았다. 장안은 세계적인 교역 도시였다. / 홍라는 장안을 떠나며 언젠가 자신의 상단을 이끌고 다시 오겠다고 다짐했다.

16 이 글에서 교역을 하러 가기로 한 인물의 이름을 모두 쓰시오.

( )

17 ㉠에서 홍라가 엄한 표정을 지은 까닭으로 알맞은 것은 무엇입니까? ( )

① 교역을 떠날 인원이 초과됐기 때문에
② 홍라가 마지막 기회를 잡지 못했기 때문에
③ 월보가 교역을 떠나지 않겠다고 했기 때문에
④ 비녕자가 수선을 피우며 시끄럽게 했기 때문에
⑤ 속으로는 좋았지만 대상주답게 굴어야 했기 때문에

18 홍라가 본 장안의 모습으로 알맞지 않은 것은 무엇입니까? ( )

① 맵시 있는 기와지붕들이 많았다.
② 인구 백 만이 넘는 대도시로 화려하고 눈부셨다.
③ 밤이면 모든 가게가 문을 닫아 어둡고 조용했다.
④ 여러 나라에서 온 상인들이 진귀한 물건을 내놓고 팔았다.
⑤ 온갖 나라의 사람들이 저마다의 멋을 뽐내며 거리를 수놓았다.

19 이 글을 읽고 인상 깊은 장면에 대해 알맞게 말하지 못한 친구의 이름을 쓰시오.

수진: 홍라가 다른 사람들 모르게 상단을 꾸리는 장면에서 긴장감이 느껴졌어.
재용: 홍라가 친샤, 월보, 비녕자와 함께 장안에 도착해 직접 본 모습을 묘사하는 장면이 매우 인상 깊었어.

( )

서술형

20 이 글을 읽고, 친구들과 묻고 답하기를 할 때 이야기의 구조를 확인하는 질문을 생각해 한 가지만 쓰시오.

8 단원

수행 평가 실전 8. 작품으로 경험하기

정답 및 풀이 39쪽

평가 주제	자신의 경험을 떠올리며 작품 감상하기
평가 목표	자신의 경험을 떠올리며 작품을 감상하고 표현할 수 있다.

대상주 홍라

홍라는 소그드의 은화를 가만히 들여다보았다. 그러다 다시 지도로 눈길을 돌렸다.

솔빈으로 가서 은화를 팔고……. 그래! 솔빈의 말을 사자!

솔빈의 말은 당나라까지 널리 알려진 명마다. 솔빈의 말을 장안으로 가져가면 비싼 값에 팔 수 있다. 그리고 장안에서 비단을 싸게 사서 온다면……. 가만히 앉아 있으면 묘원의 은화는 비단 오백 필 값. 그러나 길을 나선다면 천 필, 아니 이천 필 값이 될 수 있다.

가자. 교역을 하러 가자. 어머니가 돌아오기 전에 빚을 갚는 거야. 상단을 지키는 거야. 대상주 금기옥의 딸답게.

홍라는 눈물을 닦았다. 언제부터인가 울고 있었던 것이다. 하지만 이제는 울지 않을 생각이었다. 상단을 이끌고 교역을 떠나야 했다. 상단을 지켜야 했다.

따로 상단의 일을 배운 적은 없지만, 상단의 딸이다. 나면서부터 교역에 대해 보고 들었다. 어떻게 해야 하는지 알 수 있었다.

1 제목에서 홍라를 '대상주'라고 부른 까닭은 무엇일지 쓰시오.

2 이 글을 읽고 가장 인상 깊었던 장면과 그 까닭을 쓰시오.

인상 깊었던 장면	(1)
까닭	(2)

3 이 글의 내용과 관련해 떠오르는 자신의 경험을 한 가지 쓰시오.

조건
1. 인물이 처한 상황과 비슷한 자신의 경험을 쓴다.
2. 두 문장 이상 구체적으로 쓴다.

[1~3] 다음 글을 읽고, 물음에 답하시오.

㉮ 여러 날 공들여 바위틈에 자란 나무를 그렸는데 꽤 마음에 들었다. 마당에서 종이를 들고 그림을 말리고 있는데 뒤에서 추사 선생의 목소리가 들렸다.

"그 나무는 자네의 나무인가?" / "예?"

"자네의 정신이 거기 있는가?" / "……"

"나무와 바위 말고 뭐가 있는가?"

'뭐가 있나'라니? 허련이 미처 질문의 뜻을 생각하기도 전에 추사 선생은 돌아서 가 버렸다.

허련은 하릴없이 그림을 내려다보았다. 공들인 붓질이었다. 그러나 기법만 있고 이야기가 없었다.

㉯ 며칠 동안 허련은 절망감으로 괴로웠다.

'내 내면을 깊고 그윽한 무엇으로 채우지 않고서는 제대로 된 그림을 그릴 수 없겠구나.'

㉠허련은 그림보다 책을 더 많이 읽었다. 그리는 시간보다 생각하는 시간이 더 많아졌다.

㉰ 어느 날, 추사 선생이 물었다.

"자네는 종요라는 사람을 아는가?"

"예, 해서체의 대가로 알고 있습니다."

"그는 잠을 잘 때에도 이불에다 손가락으로 글씨를 써 대서 이불이 너덜너덜해졌다고 하더군."

"예, 그만큼 연습을 해야 대가가 되는군요."

"뭐든 미친 듯이 하지 않고서는 큰 성취를 얻을 수 없네." / 허련은 깊이 알아듣고 고개를 숙였다.

"붓을 천 개쯤은 뭉뚝하게 만들어 봐야 그림이 뭔가를 알게 될 걸세."

추사 선생이 흘리듯 말하고는 돌아서 갔다. 허련은 몽당붓을 들고 물끄러미 보았다. 이제 겨우 한 걸음을 더 뗀 것 같았다.

'천 개를 넘어 붓이 닳으면…….'

허련은 쓰고 또 썼다. 그리고 또 그렸다.

1. 작품 속 인물과 나

1 글 ㉮에서 허련이 그린 그림을 본 추사 선생의 반응은 어떠했습니까? (　　)

① 그림을 보고 놀라워했다
② 직접 그림을 고쳐 주었다.
③ 그림에 관심을 두지 않았다.
④ 그림을 잘 그렸다며 칭찬했다.
⑤ 허련이 스스로 길을 찾길 바라며 질문을 던졌다.

1. 작품 속 인물과 나

2 허련이 ㉠과 같은 행동을 한 까닭은 무엇입니까? (　　)

① 기법이 아닌 정신을 채우기 위해서
② 추사 선생에게 기분이 상했기 때문에
③ 책을 읽는 것이 더 재미있어졌기 때문에
④ 책에 나온 나무와 바위 그림을 보기 위해서
⑤ 추사 선생이 책을 읽으라고 조언했기 때문에

1. 작품 속 인물과 나

3 이 글을 읽고 허련이 추구하는 삶은 무엇인지 파악해 쓰시오.

(　　　　　　　　　　　　　　　　)

[4~5] 다음 글을 읽고, 물음에 답하시오.

지현: 안나야!
안나: ㉠아이고, 깜짝이야!
지현: 미안해. 문구점에 같이 가자! 내일 미술 시간에 필요한 준비물을 사야 하지? 일단 어떤 준비물이 있는지 확인해 보자. 난 색 도화지 두 장, 색종이 한 묶음, 딱풀을 사야겠다.
안나: 난 좀 넉넉하게 사야겠어. 색 도화지 열 장, 색종이 여덟 묶음, 딱풀이랑 물 풀이랑…….
지현: 너 정말 ㉡손이 크구나.

2. 관용 표현을 활용해요

4 ㉠의 상황에서 사용할 수 있는 관용 표현은 무엇입니까? (　　)

① 김이 식다 　② 금이 가다
③ 막을 열다 　④ 간 떨어지다
⑤ 눈이 번쩍 뜨이다

2. 관용 표현을 활용해요

5 ㉡의 뜻을 알맞게 말한 친구의 말에 ○표 하시오.

(1) 수빈: '손이 크다'는 씀씀이가 매우 후하고 크다는 뜻이야. (　　)
(2) 정국: '손이 크다'는 사귀어 아는 사람이 많아 활동하는 범위가 넓다는 뜻이야. (　　)

총정리

[6~7] 다음을 보고, 물음에 답하시오.

㉮

주장	숲을 보호하자.
근거	① ㉠ ② 숲은 홍수와 산사태를 막아 준다. ③ 숲은 지구 온난화를 막아 준다. ④ 숲은 소중한 자원을 제공해 준다.

㉯

근거	수집할 자료 내용
①	숲이 미세 먼지를 잡아 주는 증거
②	숲이 홍수와 산사태를 막아 주는 사진이나 그림
③	숲이 지구 온난화 예방에 도움이 된다는 증거
④	숲이 제공해 주는 자원

서술형

3. 타당한 근거로 글을 써요

6 논설문을 쓰기 위해 ㉯에서 수집할 자료 내용을 보고, ㉮의 ㉠에 들어갈 근거는 무엇일지 쓰시오.

3. 타당한 근거로 글을 써요

7 ㉯에서 수집한 자료가 ㉮의 근거를 잘 뒷받침하고 믿을 만한지 평가하는 방법으로 알맞지 않은 것은 무엇입니까? (   )

① 최신 자료인지 살펴본다.
② 자료의 출처가 분명한지 살펴본다.
③ 자료가 근거의 내용과 관련이 있는지 살펴본다.
④ 사실과 의견이 모두 포함되어 있는지 살펴본다.
⑤ 수를 제시할 때는 정확한 숫자를 사용했는지 살펴본다.

4. 효과적으로 발표해요

8 다음은 어떤 매체 자료를 활용하여 얻을 수 있는 효과입니까? (   )

> 설명하려는 대상의 동작이나 움직임을 듣는 사람에게 생생하게 전할 수 있다.

① 도표 ② 지도 ③ 영상
④ 음악 ⑤ 그림

[9~10] 다음은 발표 상황에 맞는 영상 자료를 만드는 과정입니다. 잘 보고, 물음에 답하시오.

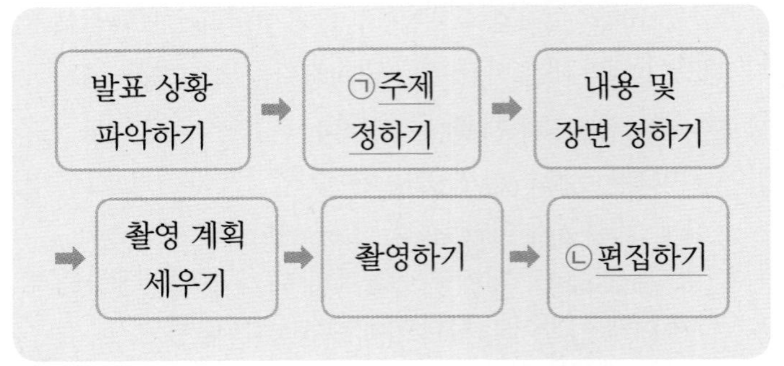

서술형

4. 효과적으로 발표해요

9 ㉠ 단계에서 발표 주제를 정할 때 고려할 점을 한 가지 쓰시오.

4. 효과적으로 발표해요

10 ㉡ 단계에서 편집하는 방법으로 알맞지 않은 것은 무엇입니까? (   )

① 장면을 차례에 맞게 편집한다.
② 인용한 내용은 출처를 넣는다.
③ 제목, 자막, 배경 음악을 넣는다.
④ 자막은 최대한 많은 내용을 넣는다.
⑤ 촬영한 영상에서 발표에 사용할 장면을 고른다.

[11~13] 다음 글을 읽고, 물음에 답하시오.

내가 원하는 우리나라

나는 우리나라가 세계에서 가장 아름다운 나라가 되기를 원한다. 가장 부강한 나라가 되기를 원하는 것은 아니다. 내가 남의 침략에 가슴이 아팠으니, 내 나라가 남을 침략하는 것을 원치 아니한다. 우리의 부는 우리 생활을 풍족히 할 만하고, 우리의 힘은 남의 침략을 막을 만하면 족하다. 오직 한없이 가지고 싶은 것은 높은 문화의 힘이다. 문화의 힘은 우리 자신을 행복하고 하고, 나아가서 남에게도 행복을 주기 때문이다. 지금 인류에 부족한 것은 무력도 아니요, 경제력도 아니다. 자연 과학의 힘은 아무리 많아도 좋으나, 인류 전체로 보면 현재의 자연 과학만 가지고도 편안히 살아가기에 넉넉하다.

5. 글에 담긴 생각과 비교해요

11 **글쓴이는 어떤 나라를 원한다고 했습니까? (　　　)**

① 세계에서 가장 부강한 나라
② 세계에서 가장 아름다운 나라
③ 세계에서 가장 힘이 강한 나라
④ 세계에서 가장 인류의 모범이 되는 나라
⑤ 세계에서 가장 자연 과학이 발달한 나라

5. 글에 담긴 생각과 비교해요

12 **글쓴이가 「내가 원하는 우리나라」라고 글 제목을 정한 까닭은 무엇인지 모두 고르시오. (　　　　　)**

① 어려운 단어로 된 제목이기 때문에
② 글 내용을 잘 설명할 수 있는 제목이기 때문에
③ 읽는 사람의 관심을 끌 수 있는 제목이기 때문에
④ 글쓴이의 생각을 잘 드러낼 수 있는 제목이기 때문에
⑤ 글을 읽는 사람의 생각을 잘 드러낼 수 있는 제목이기 때문에

서술형

5. 글에 담긴 생각과 비교해요

13 **이와 같은 글을 읽을 때, 글쓴이의 생각을 파악하며 글을 읽어야 하는 까닭을 쓰시오.**

____

____

[14~15] 다음 광고를 보고, 물음에 답하시오.

6. 정보와 표현 판단하기

14 **이 광고의 표현 특성을 모두 고르시오. (　　　　　)**

① 강조법을 사용한다.
② 같은 말을 반복하여 사용한다.
③ 객관적인 통계 자료를 사용한다.
④ 상황에 어울리는 배경 음악을 사용한다.
⑤ 광고 화면을 밝고 긍정적으로 표현한다.

6. 정보와 표현 판단하기

15 **이 광고에 쓰인 표현의 적절성을 판단할 수 있는 질문을 알맞게 말한 친구의 말에 ○표 하시오.**

(1) 승현: '무엇을 광고하나요?'라는 질문을 통해 판단할 수 있습니다. (　　)

(2) 다미: '광고에서 과장하거나 감추는 내용은 없나요?'라는 질문을 통해 판단할 수 있습니다. (　　)

총정리

[16~17] 다음 글을 읽고, 물음에 답하시오.

가 ㉠요즘 많은 어린이가 이야기할 때 은어나 비속어를 사용했다. 국립국어원 조사에 따르면 조사 대상 초등학생의 93퍼센트가 비속어를 사용한 적이 있다고 한다. ㉡만약 학생 열 명이 있기 때문에 적어도 아홉 명은 비속어를 사용한 적이 있는 것이다. 비속어가 아닌 고운 말을 사용해야 하는 까닭은 무엇일까?

나 고운 말을 사용하면 다른 사람과 원활하게 대화할 수 있다. ㉢은어나 비속어는 대화를 어렵게 하고 오해를 불러일으킨다. 단순히 재미있으려고 은어나 비속어를 사용했다가 친구들끼리 ㉣투쟁으로 이어지는 경우도 있고, 어른과 어린이의 일상적인 대화가 어려워지는 경우도 있다.

다 ㉤고운 말을 사용하면 친구 관계가 좋아진다. 말은 우리 민족의 혼이 담긴 소중한 문화유산이다. 은어나 비속어를 사용한다면 그것이 우리 후손에게 그대로 전해질 것이다. 고운 말을 사용해 아름다운 우리말을 지켜야 한다.

7. 글 고쳐 쓰기

16 **이 글의 주장은 무엇입니까? (　　　)**

① 고운 말을 사용하자.
② 순우리말을 사용하자.
③ 외래어를 사용하지 말자.
④ 친구의 말을 공감하며 듣자.
⑤ 우리말은 세계에서 가장 훌륭하다.

7. 글 고쳐 쓰기

17 **㉠~㉤을 바르게 고치지 못한 것은 무엇입니까?** (　　　)

① ㉠ → 요즘 많은 어린이가 이야기할 때 은어나 비속어를 사용한다.
② ㉡ → 만약 학생 열 명이 있다면 적어도 아홉 명은 비속어를 사용한 적이 있는 것이다.
③ ㉢ → 은어나 비속어는 편리한 대화를 어렵게 하고 오해를 불러일으킨다.
④ ㉣ → 싸움
⑤ ㉤ → 고운 말을 사용하는 것은 우리말을 지키는 것과 같다.

[18~20] 다음 글을 읽고, 물음에 답하시오.

가 홍라는 탁자 위에 지도를 펼쳤다. 오래된 가죽 냄새를 맡으니 어머니에 대한 그리움이 밀려들었다. 어머니는 지도를 펼치는 것으로 하루를 시작했다. 어머니의 손길로 반들반들해진 지도였다. 지도에 새겨진 길을 손끝으로 더듬자 어머니의 목소리가 들어오는 것 같았다.

보아라, 길이다. 세상 모든 곳으로 통하는 길이다.

나 홍라는 소그드의 은화를 가만히 들여다보았다. 그러다 다시 지도로 눈길을 돌렸다.

솔빈으로 가서 은화를 팔고……. 그래! 솔빈의 말을 사자!

솔빈의 말은 당나라까지 널리 알려진 명마다. 솔빈의 말을 장안으로 가져가면 비싼 값에 팔 수 있다. 그리고 장안에서 비단을 싸게 사서 온다면……. 가만히 앉아 있으면 묘원의 은화는 비단 오백 필 값, 그러나 길을 나선다면 천 필, 아니 이천 필 값이 될 수 있다.

가자. 교역을 하러 가자. 어머니가 돌아오기 전에 빚을 갚는 거야. 상단을 지키는 거야. 대상주 금기옥의 딸답게.

8. 작품으로 경험하기

18 **이 이야기가 어떻게 시작하는지 알맞은 것에 ○표 하시오.**

(1) 홍라가 지도에 표시된 은화가 있는 곳을 찾아 떠나며 시작한다. (　　　)
(2) 홍라가 어머니 말씀을 떠올리며 세상으로 나가려는 생각을 하며 시작한다. (　　　)

8. 작품으로 경험하기

19 **글 나에서 홍라가 솔빈으로 가서 사려는 것은 무엇인지 쓰시오.**

(　　　　　　　　　　　　)

서술형

8. 작품으로 경험하기

20 **홍라가 교역을 하러 가기로 결심한 까닭은 무엇인지 쓰시오.**

[1~3] 다음 글을 읽고, 물음에 답하시오.

㉮ 그날부터 담비는 윤희순이 시키는 대로 동에 번쩍 서에 번쩍 쏘다니며 마을 아낙네들을 만났다. 빨래터든 물레방앗간이든 아낙네들이 모이는 곳이라면 어디든 달려가서 노래를 가르쳤다.

"㉠노래란 것이 참 신기해." / "그러게 말이야."

"나도 노래를 부르다 보면 뭔가 해야겠다는 생각이 들어."

㉯ 누군가 구성진 목소리로 노래를 불렀다.

아무리 왜놈들이 포악하고 강성한들
우리도 뭉쳐지면 왜놈 잡기 쉬울세라

담비였다. 둘레에 빙 둘러섰던 마을 아낙네들은 기다렸다는 듯이 노래를 따라 불렀다. 노래는 흩어졌던 마음을 다시 하나로 모았다. 마침내 윤희순은 마을 아낙네들을 끌어모아 안사람 의병대를 만들었다.

"의병을 도와 나라를 구합시다!"

맨 먼저 안사람 의병대는 집집마다 찾아다니며 모금을 했다.

"왜놈들이 우리나라를 집어삼키려 합니다. 의병을 도와주십시오."

1. 작품 속 인물과 나

1 ㉠은 사람들에게 어떤 영향을 주었는지 두 가지 고르시오. (　　　　)

① 일본의 편에 서게 했다.
② 일할 때 흥을 돋우었다.
③ 사람들의 마음을 하나로 모았다.
④ 일본과 직접 전쟁을 벌이게 했다.
⑤ 의병 운동에 참여할 용기가 솟아나게 했다.

1. 작품 속 인물과 나

2 안사람 의병대는 어떤 일을 했는지 쓰시오.

• 집집마다 찾아다니며 (　　　　　　　　)을/를 했다.

1. 작품 속 인물과 나

3 윤희순의 삶과 관련 있는 가치는 무엇입니까? (　　　)

① 감사　② 겸손　③ 사랑
④ 용기　⑤ 안전

[4~5] 다음 글을 읽고, 물음에 답하시오.

㉮ 저는 지금 3년째 경찰로 일하고 있습니다. 초등학교 6학년 때부터 경찰이 되고 싶다는 꿈을 꾸었고 결국 그 꿈을 이루었습니다. 오늘 저는 여러분께 꿈을 펼치는 몇 가지 방법을 말씀드리려고 이 자리에 섰습니다.

저는 얼마 전부터 오늘을 ㉠손꼽아 기다렸습니다.

㉯ 자기 자신에게 자신감을 가집시다. 앞날에 대해 고민이 많고 꿈을 어떻게 이룰 것인지 걱정하고 계신가요? 만약 그렇다면 여러분은 꿈을 펼칠 준비가 된 것입니다. 꿈을 키워 나가는 일은 ㉡눈 깜짝할 사이에 이루어지지 않습니다.

㉰ 구체적인 목표를 세웁시다. 여러분이 꿈을 결정한 뒤 구체적인 목표가 없다면 꿈을 이루려는 노력에 ㉢금이 가기 쉽습니다. 저는 경찰이 되려고 '하루 30분 운동, 한 분야 공부'처럼 쉬운 목표부터 시작해 운동하고 공부하는 시간과 양을 조금씩 늘려 나갔습니다. 초등학생 때 할 일, 중학생 때 할 일, 그리고 고등학생 때 할 일을 나누어 정하거나, 단계적으로 실천할 행동 목표를 정한다면 언젠가는 꿈꾸던 인생의 ㉣막을 열 수 있을 것입니다.

여러분, "㉤쇠뿔도 단김에 빼라."라는 말이 있습니다. 지금부터 제 조언을 벗 삼아 꿈을 찾아 떠나는 노력을 시작하시기 바랍니다.

2. 관용 표현을 활용해요

4 이 이야기에서 말하는 것은 무엇인지 빈칸에 알맞은 말을 쓰시오.

(　　　　　　　　　　) 방법

2. 관용 표현을 활용해요

5 ㉠~㉤의 뜻으로 알맞지 않은 것은 무엇입니까? (　　　)

① ㉠: 기대에 차 있거나 안타까운 마음으로 날짜를 꼽으며 기다리다.
② ㉡: 매우 짧은 순간.
③ ㉢: 서로의 사이가 벌어지거나 틀어지다.
④ ㉣: 무대의 공연이나 어떤 행사를 시작하다.
⑤ ㉤: 남의 말을 쉽게 받아들인다.

[6~8] 다음 글을 읽고, 물음에 답하시오.

가 얼마 전, 누리 소통망에 퍼진 「△△식당 불매 운동」이라는 글을 보신 적이 있나요? 그 가게는 바로 저희 어머니께서 운영하시는 식당입니다. 하지만 누리 소통망에 실린 이야기는 사실과 다릅니다.

나 "여기 짜장면 맛이 왜 이래? 빨리 사장 나오라고 해!"

어머니께서 나오셔서 맛을 확인하고도 이상한 점을 발견하지 못해 갸우뚱하셨지만 손님께 짜장면을 새로 가져다드렸습니다. 하지만 손님께서는 새로 가져다드린 짜장면도 이상하다며 배상을 하라고 계속 소란을 피우셨습니다. 결국 저희는 음식값을 받지도 않고 연신 죄송하다고 사과하며 손님을 보내 드렸습니다.

며칠 뒤, 친구에게 연락이 왔습니다. 걱정스러운 목소리로 "성민아, 인터넷 누리 소통망에 너희 가게 이야기가 있는데, 너도 한번 보는 게 좋을 것 같아."라며 인터넷 글을 보내 주더군요. 그 글에는 며칠 전 있었던 일이 사실과는 다르게 적혀 있었습니다.

다 사람들은 댓글에 모두 저희 가게를 욕하며 불매 운동을 벌이고 있었습니다. 게다가 저를 아는 누군가가 제 이름과 다니는 학교까지 인터넷에 올리는 바람에 학교에도 소문이 났습니다. 그리고 그 사건 뒤 저희 가게에는 정말 손님이 뚝 끊겨 저희 가족은 힘든 나날을 보내고 있습니다.

인터넷에 떠도는 소문이 아닌 제 말을 믿어 주시고, 이 글을 널리 퍼뜨려 주세요. 저희 가게를 도와 주세요.

3. 타당한 근거로 글을 써요

6 성민이네 가게가 손님이 쓴 글 때문에 어떤 피해를 입었는지 두 가지 고르시오. (　　　　)

① 가게에 손님이 끊겼다.
② 가게 문을 닫게 되었다.
③ 어머니가 몸져눕게 되었다.
④ 음식 재료가 다 상해 버렸다.
⑤ 성민이의 개인 정보가 유출되었다.

서술형

3. 타당한 근거로 글을 써요

7 성민이가 이 글을 누리 소통망에 쓴 까닭은 무엇일지 쓰시오.

____

____

3. 타당한 근거로 글을 써요

8 이 글을 읽고 '누리 소통망을 올바르게 사용하자'를 주장하는 논설문을 쓰려고 합니다. 주장에 알맞은 자료를 수집한 친구의 이름을 쓰시오.

> 소민: 노년층의 누리 소통망 이용률이 나타난 도표를 수집할 거야.
> 준수: 누리 소통망으로 잘못된 정보가 퍼진 사례가 담긴 인터넷 기사나 동영상을 수집할 거야.

(　　　　　　　　)

[9~10] 다음 자료를 보고, 물음에 답하시오.

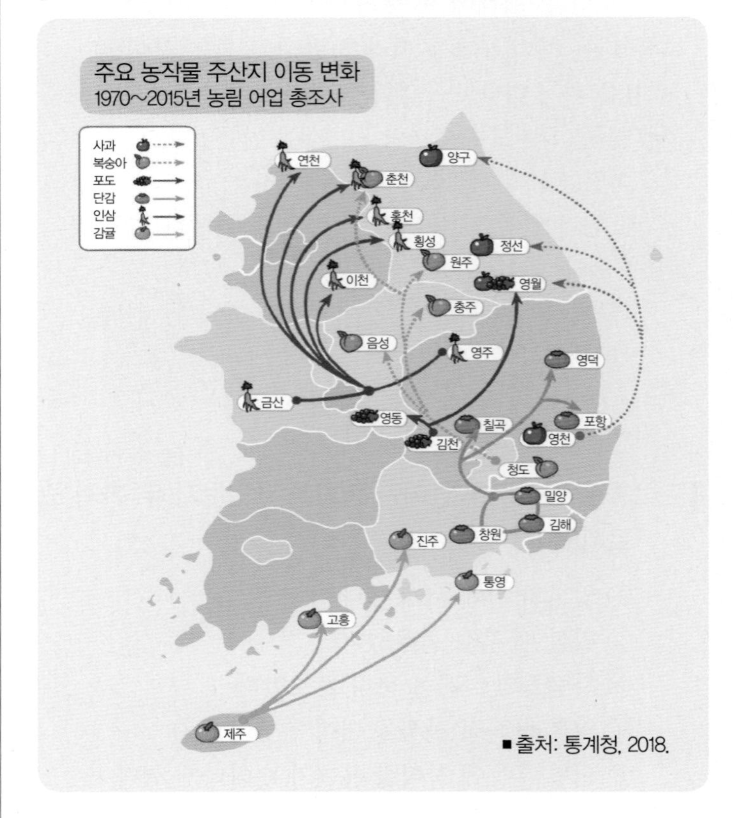

■ 출처: 통계청, 2018.

4. 효과적으로 발표해요

9 이 매체 자료의 종류는 무엇인지 쓰시오.

(　　　　　　　　)

4. 효과적으로 발표해요

10 이와 같은 매체 자료의 종류를 활용해 발표할 주제로 알맞은 것은 무엇입니까? (　　　　)

① 일본의 문화
② 철새의 이동 방향
③ 폴란드의 민속춤
④ 베트남의 전통 의상
⑤ 휴대 전화 관련 교통사고 발생량

[11~13] 다음 글을 읽고, 물음에 답하시오.

㉮ 세계 경제 포럼은 로봇이나 인공 지능이 이끄는 4차 산업 혁명으로 수많은 사람이 일자리를 잃을 것이라고 전망했다. 로봇 때문에 일자리를 잃고 소득을 얻지 못하는 사람들은 새로운 일자리를 찾기 위해 재교육을 받아야 한다. 로봇세를 도입하면 그 세금으로 일자리를 잃은 사람들에게 진로 상담이나 적성 검사, 기술 교육 등을 할 수 있다. 또 로봇세를 활용하면 일자리를 잃은 사람들이 재교육을 받고 새로운 일자리를 찾는 데 도움을 줄 수 있다.

㉯ 인간을 대신하여 일을 할 로봇에게 성급하게 세금을 부과한다면 로봇 산업 발전을 더디게 할 것이다. 특히 로봇 개발자는 개발 비용에 세금까지 더하여 마음의 부담을 느낄 수 있다. 로봇 개발자가 느끼는 마음의 부담은 로봇을 개발하는 과정에서 혁신적인 생각을 발전시키거나 과감한 투자를 하는 데에 걸림돌이 될 수 있다. 로봇세는 이제 발전하려는 로봇 산업에 방해가 된다.

5. 글에 담긴 생각과 비교해요

11 글 ㉮와 ㉯ 중 다음의 근거를 활용할 수 있는 글의 기호를 쓰시오.

> 로봇세를 활용하면 소득을 재분배함으로써 국민의 복지 향상에 도움을 줄 수 있다.

글 (　　　　　　　　)

5. 글에 담긴 생각과 비교해요

12 이 글의 알맞은 제목을 찾아 선으로 이으시오.

(1) 글 ㉮ •　　　• ㉮ 로봇세 도입을 늦추어야 한다.

(2) 글 ㉯ •　　　• ㉯ 로봇세를 도입해야 한다.

5. 글에 담긴 생각과 비교해요

13 글 ㉮와 ㉯의 글쓴이는 자신의 글을 누가 읽을 것이라고 생각했을지 알맞은 것에 ○표 하시오.

(1) 로봇에 관심 있는 사람들 (　　)

(2) 새로운 의료 기술이 궁금한 사람들 (　　)

[14~15] 다음 그림을 보고, 물음에 답하시오.

서술형

6. 정보와 표현 판단하기

14 뉴스에서 보도하고 있는 기후 협약이란 무엇인지 쓰시오.

6. 정보와 표현 판단하기

15 이 대화에서 알 수 있는 뉴스가 우리 생활에 미치는 영향으로 알맞은 것의 기호를 모두 쓰시오.

> ㉮ 사람들에게 익숙한 정보를 알려 준다.
> ㉯ 여러 사람의 생각에 영향을 주어 여론을 형성한다.
> ㉰ 어떤 일을 긍정적이거나 비판적인 시각으로 보게 한다.

(　　　　　　　　)

[16~17] 다음 글을 읽고, 물음에 답하시오.

여러분, 불량 식품을 먹지 맙시다. ㉠불량 식품을 먹고 나서 쓰레기를 버리는 사람이 많습니다. 그렇게 버린 쓰레기들이 우리 학교 주변을 더럽혀 보기에도 좋지 않고, 악취도 납니다. 불량 식품에는 무엇이 들어갔는지, 그리고 유통 기한은 언제까지인지 정확히 적혀 있지 않습니다. 불량 식품을 먹으면 해로운 물질이 몸에 들어가 병에 걸리기 쉽습니다. 불량 식품은 ㉡아무리 맛있어서 먹지 말아야 합니다.

7. 글 고쳐 쓰기

16 이 글의 제목으로 알맞은 것은 무엇입니까? (　　　)

① 몸에 필수적인 영양소
② 건강에 좋은 불량 식품
③ 건강을 해치는 불량 식품
④ 불량 식품에 대한 잘못된 인식
⑤ 학교 주변에 쓰레기를 버리지 말자

7. 글 고쳐 쓰기

17 ㉠과 ㉡을 바르게 고쳐 쓰지 못한 친구의 이름을 쓰시오.

영현: ㉠은 불량 식품을 먹지 말자는 주제와 관련 없는 내용이므로 삭제해야 해.
새롬: ㉡은 문장 호응이 맞지 않아서 고쳐 써야 해. '아무리'는 '~(으)니'와 호응하는 말이므로 '아무리 맛있으니 먹지 말아야 합니다'로 고쳐 써야 해.

(　　　　　　　　)

서술형

7. 글 고쳐 쓰기

18 글을 고쳐 쓰면 좋은 점을 한 가지 쓰시오.

____

____

[19~20] 다음 글을 읽고, 물음에 답하시오.

㉮「피부 색깔=꿀색」이라는 영화를 보았다. 제목부터가 뭔가 전하고 싶은 이야기가 많은 영화라고 생각했다. 이 영화는 벨기에에 입양된 우리 동포 융이라는 사람이 어린 시절을 회상하며 이야기가 시작된다.

융은 다섯 살에 해외로 입양된다. 하지만 융은 벨기에의 가족과 자신의 피부색이 다르다는 사실과 한국에 친부모가 있을지도 모른다는 생각에 잘 적응하지 못하고 힘들어한다. 게다가 융의 가족은 한국에서 여자아이를 한 명 더 입양한다. 융은 한국에서 새로 입양된 여동생과 자신이 닮았다는 말을 듣기 싫어하며 동생과 가족을 멀리한다. 그리고 융은 학교에서 말썽을 일으키고 집에서 거짓말까지 하면서 점점 더 엇나가는 행동을 한다.

㉯ 이 영화를 보면서 나는 융이라는 사람에게 이런 말을 해 주고 싶었다. "비록 우리나라의 아픈 역사 때문에 벨기에에서 살지만 우리는 똑같은 한국인입니다."라고 말이다. 영화를 보는 내내 나는 입양된 사람들이 우리 역사에서 겪은 아픔을 생각했다. 본인의 의지와 상관없이 다른 나라에서 살아야 하는 사람들, 그리고 우리나라에 온 사람들까지. ㉠나는 우리가 지금 서로를 따뜻하게 감싸 안아야 할 때라고 생각한다.

8. 작품으로 경험하기

19 이 글에서 알 수 있는 융에 대한 설명으로 알맞지 않은 것은 무엇입니까? (　　　)

① 다섯 살에 벨기에에 입양된다.
② 입양 후 점점 엇나가는 행동을 한다.
③ 한국에서 새로 입양된 동생을 아낀다.
④ 벨기에에서 적응하지 못하고 힘들어 한다.
⑤ 한국에 친부모가 있을지도 모른다는 생각을 한다.

8. 작품으로 경험하기

20 영화 감상문에서 글 ㉯에 해당하는 것은 무엇입니까? (　　　)

① 영화 줄거리
② 영화를 보게 된 까닭
③ 영화에서 인상 깊은 내용
④ 영화 속 내용과 비슷한 자신의 경험
⑤ 영화를 본 뒤의 전체적인 느낌이나 주제

백점 국어 6·2

초등학교 학년 반 번 이름

강의가 더해진, **교과서 맞춤 학습**

백점

국어 6·2

모바일 빠른 정답

친절한 **해설북**

- 한눈에 보이는 **정확한 답**
- 한번에 이해되는 **자세한 풀이**

동아출판

차례

백점 국어 빠른 정답

QR코드를 찍으면 **정답과 해설**을 쉽고 빠르게 확인할 수 있습니다.

1. 작품 속 인물과 나

8쪽 개념 확인 문제

1 ㉮, ㉱ 2 가치 도표 3 (1) ○

1 인물이 한 말이나 행동에서 인물이 추구하는 삶과 관련 있는 가치를 찾을 수 있습니다.

2 인물이 중요하게 여기는 가치의 정도를 점수에 표시하고 서로 연결해 가치 도표를 만들 수 있습니다.

3 만약 자신이 인물과 같은 상황에 처한다면 어떻게 행동할지 떠올려 보거나 인물이 추구하는 삶과 자신의 삶에서 비슷한 점이나 다른 점이 있는지 생각해 봅니다.

9쪽 어휘·문법 확인 문제

1 삶 2 (1) 구조 (2) 사기 (3) 환희 3 내일 4 (2) ○

1 '삶'은 '사는 일. 또는 살아 있음.'을 뜻합니다.

2 (1)에는 '재난 따위를 당하여 어려운 처지에 빠진 사람을 구하여 줌.'을 뜻하는 '구조', (2)에는 '의욕이나 자신감 따위로 충만하여 굽힐 줄 모르는 기세.'라는 뜻의 '사기', (3)에는 '매우 기뻐함. 또는 큰 기쁨.'을 뜻하는 '환희'가 들어가는 것이 알맞습니다.

3 '모레'는 '내일의 다음 날.'을 뜻합니다.

4 '난리'는 [날리], '칼날'은 [칼랄]로 소리 납니다.

10~21쪽 교과서 독해

의병장 윤희순 | 10~11쪽 **작품 정리** ❶ 나라 ❷ 의병
1 영훈 2 (2) ○ 3 ④ 4 안사람 의병대 5 ① 6 ④, ⑤ 7 예 '정의'입니다. 올바른 행동을 하려고 많은 문제와 어려움을 이겨 냈기 때문입니다.

구멍 난 벼루 | 12~15쪽 **작품 정리** ❶ 선생/김정희 ❷ 제자 ❸ 책 ❹ 붓
8 예린 9 ② 10 ②, ⑤ 11 분명한, 확실한 12 (1) 월성위궁 (2) 추사 선생(추사 김정희) 13 ② 14 ② 15 예 대상과 똑같이 그림을 그리는 것에만 신경을 썼을 뿐 그림에 대한 생각이 부족하다는 뜻인 것 같습니다. 16 ②, ③, ⑤ 17 (2) ○ 18 종요 19 ① 20 ① 21 연아 22 ㉰ 23 환희

마지막 숨바꼭질 | 16~18쪽 **작품 정리** ❶ 희생 ❷ 불
24 ② 25 지우 26 (1) ㉯ (2) ㉮ 27 구조 28 ④ 29 (3) ○ 30 사랑, 감사 31 예 아버지는 소방관이 되기로 결심한 어린 시절의 사건에 대해 들려주었습니다. 32 ② 33 ⑤ 34 ㉮ 35 예 강아지를 괴롭히는 동생들에게 모든 생명은 소중하고 존중받아야 한다고 알려 준 적이 있습니다.

이모의 꿈꾸는 집 | 19~20쪽 **작품 정리** ❶ 상수리 ❷ 퐁
36 (피아노) 건반 37 ⑤ 38 ㉰ 39 (1) ○ 40 모레 41 ③ 42 단우 43 예 상수리가 비록 꿈을 꾸는 즐거움을 잠시 잊기는 했지만, 꿈을 이루려고 계속 노력한 것은 배울 점이라고 생각합니다.

떨어져도 튀는 공처럼 | 21쪽 **작품 정리** ❶ 공 ❷ 도전
44 ㉰, ㉱ 45 ①, ③, ④ 46 (3) ○ 47 ④

1 조정 대신이 나라를 팔아먹는다는 말에서 을사늑약이 강제로 체결된 뒤라는 것을 알 수 있고, 여자들이 나선다고 뭐가 달라지겠느냐는 말에서 남녀 차별이 있던 시대라는 것을 알 수 있습니다.

2 담비는 「안사람 의병가」를 불러 흩어졌던 아낙네들의 마음을 다시 하나로 모았습니다.

3 '강성한들'은 '힘이 강하고 번성한들.'이라는 뜻이므로 '힘이 세다.'라는 뜻을 가진 '강한들'과 바꾸어 쓸 수 있습니다.

4 윤희순은 마을 아낙네들을 끌어모아 '안사람 의병대'를 만들었습니다.

5 윤희순이 만든 안사람 의병대는 집집마다 찾아다니며 모금을 했습니다.

6 ㉠을 통해 일제의 침략으로 우리나라 사람들의 경제 상황이 어려웠다는 것을 알 수 있고, 그러한 상황 속에서도 위기 극복 의지가 대단했다는 것을 알 수 있습니다.

7 윤희순이 삶에서 추구한 가치와 관련 있다고 생각하는 것을 골라 그 까닭과 함께 써 봅니다.
채점 tip 가치를 나타낼 수 있는 낱말을 선택하여 삶의 태도를 알 수 있는 부분과 관련지어 썼으면 정답으로 합니다.

8 작품의 앞부분 이야기를 통해 추사 선생이 허련의 그림을 혹평한 것을 알 수 있습니다.

9 허련은 추사 선생에게 그림을 배우려고 해남에서 한양으로 찾아왔습니다.

10 추사 김정희는 스스로 연습하는 것이 중요하지 좋은 스승을 만나기만 해서 좋은 화가가 되는 것은 아니라는 뜻에서 허련에게 자네는 자네의 스승을 찾으라고 했을 것입니다.

11 '분명한'은 '어떤 사실이 틀림이 없이 확실한.', '확실한'은 '틀림없이 그러한.'이라는 뜻으로, '아리송한'과 반대되는 뜻을 가지고 있습니다.

12 허련은 추사 김정희가 제자로 받아 주지 않아도 월성위궁을 떠나지 않고 추사 김정희의 시중을 들었습니다.

13 추사 김정희가 자신을 제자로 받아 주지 않는데도 포기하지 않고 노력하는 모습을 통해 허련은 끈기 있는 성격임을 알 수 있습니다.

14 허련은 추사 김정희의 질문을 듣고 난 뒤 절망감으로 괴로워했습니다.

15 허련은 자신의 그림에는 기법만 있고 이야기가 없으며, 추사 김정희의 그림처럼 그리는 사람의 이상이나 소망 같은 것이 없다는 것을 깨달았습니다.

16 자신의 내면을 깊고 그윽한 무엇으로 채우지 않고서는 제대로 된 그림을 그릴 수 없음을 깨달은 허련은 그림보다 책을 더 많이 읽고, 그리는 시간보다 생각하는 시간을 더 가졌으며, 자신에게 더 많은 것을 물었습니다.

17 허련은 그림은 사물과 자신과의 소통이 우선되어야 하는 것임을 깨달았습니다.

18 추사 김정희와 허련의 대화에서 종요에 대하여 알 수 있습니다.

19 붓을 천 개쯤은 뭉뚝하게 만들도록 연습을 끊임없이 해야 한다는 뜻입니다.

20 추사 김정희는 허련의 그림을 보고 감탄해서 체면도 잊고 옆에 쪼그리고 앉아 그림을 뚫어지게 바라보았습니다.

21 추사 김정희는 '겸손함'을 지니고 자신의 그림을 계속 발전시켜 가는 '열정'이 있는 삶을 추구합니다.

22 추사 김정희가 제자로 받아 주지 않는데도 월성위궁에 머물면서 노력하고, 절망감으로 괴로워하면서도 책을 읽으며 생각하는 시간을 가졌던 허련은 끈기와 열정으로 끊임없이 꿈을 향해 노력하는 삶을 추구했음을 알 수 있습니다.

23 빈칸에는 '매우 기뻐함. 또는 큰 기쁨.'이라는 뜻을 가진 '환희'가 어울립니다.

24 불이 난 곳에 출동해 건물에 갇힌 두 사람을 업어 내온 것으로 보아 아버지의 직업은 '소방관'입니다.

25 ㉠은 무엇보다 먼저 사람의 목숨을 구한다고 다짐하는 소방관들의 당연한 약속입니다.

26 아버지가 화재 현장에 출동한 상황에서는 불이 난 건물에 갇힌 사람들을 업고 나왔고, 눈앞에서 동료를 잃은 일에 대해 이야기하는 상황에서는 뜨거운 눈물을 쏟았습니다.

27 '재난을 당하여 어려운 처지에 빠진 사람을 구해 줌.'이라는 뜻을 가진 낱말은 '구조'입니다.

28 아버지는 경민이가 준비한 케이크의 촛불이 누구를 위한 것인지 짐작할 수 없어 의아해했습니다.

29 경민이는 아버지가 위험 속에서 살아나신 것이 다시 태어나신 것과 마찬가지라고 생각해서 케이크와 선물을 준비해 아버지께 고맙고 사랑하는 마음을 전했습니다.

30 ㉠을 통해 아버지는 가족에 대한 '사랑'이 깊고, 가족이 이해해 주는 것을 '감사'하는 인물임을 알 수 있습니다.

31 채점 tip 아버지가 소방관이 되기로 결심한 어린 시절의 사건이라는 내용이 들어가면 정답으로 합니다.

32 ㉠에는 '넓은 지역이 온통 불길에 휩싸여 있는 것을 비유적으로 이르는 말.'을 뜻하는 '불바다'가 들어가는 것이 알맞습니다.

33 아버지는 동생을 삼켜 버린 불길과 싸워 이기기 위해서 소방관이 되었습니다.

34 생명을 구하는 일을 하므로 '생명 존중', 불에 대한 두려움과 부모님의 반대를 이겨 낸 '끈기', 화재로 동생을 잃은 뒤에 소방관이 된 행동은 자신보다 다른 사람을 위하는 '봉사'와 관련이 있습니다.

35 아버지가 추구하는 가치인 '생명 존중', '끈기', '봉사'와 관련 있는 자신의 경험을 떠올려 씁니다.

36 상수리는 건반들을 하나씩 걷어 바구니에 담았습니다.

37 상수리는 꿈을 꾸는 것보다 꿈을 이루고 싶은 마음이 더 커서 힘들게 연습하다가 피아노 치는 일이 힘

든 일이 된 것 같다고 말했습니다.

38 상수리는 자신이 열심히 노력해 왔지만 꿈을 이루는 데 급급한 나머지, 꿈을 꾸는 즐거움을 잊어버렸다는 것을 깨달았습니다.

39 상수리는 꿈을 꾸는 즐거움을 잊어버릴 만큼 성실하게 노력하는 삶을 추구했습니다.

40 '내일의 다음 날.'을 뜻하는 말은 '모레'입니다.

41 퐁은 날마다 신나게 춤추는 것이 자신의 꿈이라고 하였습니다.

42 퐁은 자신이 하고 싶은 일을 행복하게 열정적으로 하는 삶을 추구합니다.

43 만약 자신이 인물과 같은 상황에 처한다면 어떻게 행동할지 떠올려 보고, 인물이 추구하는 삶과 자신의 삶에서 비슷한 점이나 다른 점이 있는지 생각해 봅니다.

44 1, 4, 8행에서 '~야지', 2, 3, 10, 14행에서 '공이 되어'가 반복되고 있습니다.

45 말하는 이는 공이 떨어져도 튀고, 쓰러지는 법이 없으며 곧 움직일 준비가 되어 있다고 했습니다.

46 말하는 이는 힘들어도 포기하거나 좌절하지 않고 다시 일어서서 도전하며 살고 싶어서 공처럼 살아 봐야겠다고 생각했습니다.

47 떨어져도 튀는 공처럼 쓰러지는 법이 없이 계속해서 도전하고 노력하는 삶을 추구하겠다는 의지가 나타난 시이므로 긍정적인 분위기가 느껴집니다.

22~23쪽 단원 평가 ①회

1 추사 선생 (추사 김정희) **2** ①, ④, ⑤ **3** ② **4** ② **5** 행복한 **6** ③ **7** 공 **8** ⑤ **9** ④ **10** (1) ㉮ (2) ㉯

1 허련은 추사 선생의 제자가 되고자 월성위궁에 머물며 시중을 맡아 했습니다.

2 허련은 새벽에 일어나 마당을 쓸었을 뿐만 아니라 사랑채를 청소했으며, 추사 선생의 붓을 씻어 말리고 먹을 갈았습니다.

3 추사 선생이 자신의 그림을 인정해 주지 않는데도 월성위궁을 떠나지 않은 허련의 행동은 '열정'과 관련 있습니다.

4 상수리는 피아노와 함께하는 시간이 지긋지긋해지도록 연습만 하는 것이 최선인 줄 알았습니다.

5 상수리는 피아노가 자신이 훌륭한 피아니스트가 아닌 행복한 피아니스트가 되길 꿈꾸었을 것이라고 했습니다.

6 바람이 연주한 곡들을 다시 연주할 때 상수리는 행복해 보였습니다.

7 말하는 이는 추구하는 삶의 모습을 공에 빗대어 표현했습니다.

8 말하는 이는 공처럼 쓰러지는 법이 없이 계속해서 도전하고 노력하는 삶을 추구합니다.

9 발음을 쉽게 하기 위해 앞뒤 자음이 서로 비슷하거나 같은 소리로 바뀌는 현상을 '자음 동화'라고 합니다. '확인[화긴]'은 자음 동화에 해당하는 경우가 아니고, 받침이 모음과 만나 받침소리가 모음의 첫소리가 된 것입니다.

10 '독립'은 [동닙], '종로'는 [종노]로 발음됩니다.

문법 문제 tip '독립'은 음절의 끝소리 'ㄱ'이 뒤 음절의 첫소리인 'ㄹ'과 만나 서로 비슷한 소리인 [ㅇ]과 [ㄴ]으로 바뀌어 소리 납니다. '종로'는 뒤 음절의 첫소리 'ㄹ'이 앞 음절의 끝소리 'ㅇ'의 영향을 받아서 [ㄴ]으로 바뀌어 소리 납니다.

24~26쪽 단원 평가 ②회

1 ①, ③ **2** ④ **3** 예 허련이 스스로 길을 찾기를 바랐기 때문입니다. **4** ⑤ **5** (2) ○ **6** ③ **7** 불 **8** ④ **9** ㉰, ㉯, ㉮ **10** 예 '나'의 도전 정신을 본받아 저도 어렵다고 포기했던 목표에 다시 도전하겠습니다. **11** (1) ㉯ (2) ㉮ **12** ③, ⑤ **13** 예 하늘을 나는 것 **14** 예 비록 남들에게는 힘들게 보일지 모르지만, 어기 스스로는 즐겁게 꿈을 꾸고 있기 때문입니다. **15** (2) ○

1 「안사람 의병가」는 사람들의 마음을 한 덩어리로 모았을 뿐만 아니라 전에 없던 용기마저 불끈 솟아나게 했습니다.

2 ㉣을 통해 포기하거나 좌절하지 않고 침략 세력을 물리치려는 윤희순의 삶의 태도를 알 수 있습니다.

3 추사 선생은 허련이 스스로 길을 찾기를 바랐기 때문에 그림을 그리는 방법을 알려 주지 않고 질문을

했습니다.

4 허련은 자신의 그림에는 기법만 있고 이야기가 없음을 깨달은 뒤 그리는 사람의 이상이나 소망, 정신, 의식 등을 채우고자 했습니다.

5 기법이 아닌 정신을 채우기 위해 책을 읽고 생각을 많이 했을 뿐만 아니라 붓 수십 자루가 몽당붓이 되도록 끊임없이 연습한 모습을 통해 허련이 추구하는 삶이 무엇인지 알 수 있습니다.

6 '나'와 동생이 서로서로 술래를 해 가며 여기저기 숨어들었다는 것으로 보아 '숨바꼭질'을 하고 있었음을 알 수 있습니다.

7 안방이 온통 불바다가 되어 버렸다는 말을 통해 '나'의 집에 불이 났음을 알 수 있습니다.

8 '나'는 동생이 하늘나라로 간 뒤부터 반드시 동생 경수를 삼켜 버린 불길과 싸워 이기겠다는 결심을 했습니다.

9 동생과 함께 놀다가 불이 나서 동생을 잃은 사건이 있은 뒤, '나'는 동생을 삼켜 버린 불길과 싸워 이기고자 소방관이 되었습니다.

10 채점 tip '내'가 추구하는 삶인 도전과 관련해 어렵거나 힘든 일을 이겨 내려고 노력하려는 마음에 대해 썼으면 정답으로 합니다.

11 날마다 날려고 노력하는 것은 어기이고, 어기에게 나는 법을 가르쳐 주는 잔소리쟁이는 초리입니다.

12 초리는 어떻게 하면 날 수 있을지 궁금해하지 말고 날개가 알아서 하게끔 날개에게 모든 것을 맡기라고 했습니다.

13 어기는 하늘을 나는 것이 꿈이라서 날마다 나는 연습을 하지만 날지 못하고 있습니다.

14 어기는 날마다 연습하면서도 날지 못하고 있습니다. 비록 이것이 남들에게는 힘들게 보일지 모르지만, 어기는 스스로 즐겁게 꿈을 꾸고 있습니다.

15 가은이는 만약 자신이 인물과 같은 상황에 처한다면 어떻게 행동할지 떠올려 보았습니다.

27쪽 수행 평가

1 예 둥근 공처럼 살아 봐야겠다고 했습니다. 2 예 힘들어도 포기하거나 좌절하지 않고 다시 일어서서 도전하며 살고 싶기 때문입니다. 3 예 오뚝이 / 예 넘어져도 다시 일어나는 오뚝이 / 예 포기하는 법이 없는 오뚝이처럼, 희망 나라의 마법사

1 말하는 이는 공이 되어 살아 봐야겠다고 했습니다.

2 말하는 이는 떨어져도 튀고 쓰러지는 법이 없는 공처럼 살고 싶다고 하였습니다. 공처럼 포기하지 않고 도전하는 삶을 살고 싶기 때문입니다.

3 자신이 꿈꾸는 삶을 다른 대상에 빗대어 시로 표현해 봅니다.

채점 기준		
	잘함	자신이 꿈꾸는 삶을 빗대어 표현할 대상을 알맞게 정하고, 구체적인 삶의 모습을 시의 형식에 맞게 썼습니다.
	보통	자신이 꿈꾸는 삶을 빗대어 표현할 대상을 정했지만, 공감하기 어려운 내용을 썼거나 시의 형식에 맞게 쓰지 못했습니다.
	노력 요함	자신이 꿈꾸는 삶을 빗대어 표현할 대상을 정하지 못했습니다.

[채점 키워드] 자신이 꿈꾸는 삶의 모습을 빗대어 표현할 대상: 자신이 꿈꾸는 삶의 모습을 머릿속에 그려 보고 그 모습을 다른 대상에 빗대어 표현하기

28쪽 쉬어가기

2. 관용 표현을 활용해요

30쪽 개념 확인 문제

1 ⑴ 쉽게 ⑵ 관심 **2** 윤서 **3** ⑴ ○

1 관용 표현을 활용하면 전하고 싶은 말을 쉽게 표현할 수 있고, 듣는 사람의 관심을 불러일으킬 수 있습니다.

2 표현에 쓰인 낱말이 평소에 어떤 뜻으로 쓰이는지 생각해 봅니다.

3 말하는 상황과 말할 내용에 어울리는 관용 표현을 활용해 자신의 생각을 말해야 합니다.

31쪽 어휘·문법 확인 문제

1 속담 **2** ⑴ 단김에 ⑵ 의논 **3** ⑴ ㉰ ⑵ ㉯ ⑶ ㉮ **4** ⑵ ○

1 '속담'에 대한 뜻입니다.

2 ⑴에서 '쇠뿔도 단김에 빼라'는 '어떤 일이든지 하려고 생각했으면 한창 열이 올랐을 때 망설이지 말고 곧 행동으로 옮겨야 한다.'라는 뜻의 관용 표현입니다. ⑵는 어떤 일에 대하여 서로 의견을 주고받는다는 뜻의 '의논'이 알맞습니다.

3 '펼치다'는 ㉰, '단결하다'는 ㉯, '달성하다'는 ㉮의 뜻을 가지고 있습니다.

4 빈칸에는 '가슴'이 들어가는 것이 알맞습니다.

32~37쪽 교과서 독해

관용 표현을 활용한 대화 | 32쪽 **활동 정리** ❶ 눈 ❷ 말 ❸ 손

1 ② **2** ㉱ **3** 영철 **4** ①, ⑤

남매의 대화 / 지현이와 안나의 대화 | 33쪽 **활동 정리** ❶ 단김 ❷ 김 ❸ 간

5 ⑴ ㉯ ⑵ ㉮ **6** 예 휴대 전화를 당장 어떤 것으로 할지 결정하려던 의욕이 없어져서 속상할 것입니다. **7** ② **8** 준석

꿈을 펼치는 길 | 34~35쪽 **글의 구조** ❶ 꿈 ❷ 자신감 ❸ 목표

9 예 경찰이 되고 싶다는 꿈 **10** ⑤ **11** ㉯ **12** ⑴ 예 매우 짧은 순간이라는 뜻일 것입니다. ⑵ 예 눈을 감았다 뜨는 것은 매우 짧은 순간에 일어나는 일이기 때문입니다. **13** ④ **14** ⑴ ㉮ ⑵ ㉯ **15** ⑶ ○ **16** ③

도산 안창호 선생의 연설 | 36쪽 **글의 구조** ❶ 애간장 ❷ 열두 ❸ 어금니

17 예 서로 의견이 다르다는 것입니다. **18** ㉮ **19** 예 매우 자주 **20** ⑵ ○

관용 표현을 활용해 자신의 생각 말하기 | 37쪽 **활동 정리** ❶ 고운 ❷ 시작

21 ② **22** ⑶ ○ **23** ㉰ **24** ③

1 ㉠의 관용어와 ㉡의 속담 따위의 표현을 '관용 표현'이라고 합니다.

2 ㉡의 말은 비록 발이 없지만 천 리 밖까지도 순식간에 퍼진다는 뜻입니다. ㉡과 비슷한 뜻을 가진 표현은 아무리 비밀로 한 말이라도 반드시 남의 귀에 들어가게 된다는 뜻의 ㉱입니다.

3 영철이처럼 관용 표현을 활용하면 전하고 싶은 말을 간단하게 표현할 수 있습니다.

4 관용 표현을 활용하면 전하고 싶은 말을 쉽게 표현할 수 있고, 재미있는 표현이어서 듣는 사람의 관심을 불러일으킬 수 있으며, 하려는 말을 상대가 쉽게 알아들을 수 있습니다.

5 대화 ㉮는 동생이 오빠에게 휴대 전화를 구경해 보자고 하는 상황, 대화 ㉯는 지현이와 안나가 문구점에서 준비물을 사는 상황입니다.

6 동생은 오빠 때문에 휴대 전화를 당장 어떤 걸로 할지 결정하려던 의욕이 없어져서 ㉠과 같은 관용 표현을 활용해 말했습니다.

채점 tip '김이 식다'라는 관용 표현의 뜻을 바탕으로 휴대 전화를 구경하려던 의욕이 없어져서 서운하거나 속상한 마음에 대해 썼으면 정답으로 합니다.

7 '간 떨어지다'는 '매우 놀라다'라는 뜻입니다.

8 지현이는 물건의 양을 많이 준비한다는 뜻으로 '손이 크다'와 같은 관용 표현을 활용해 말했을 것입니다.

9 말하는 이는 초등학교 6학년 때부터 경찰이 되고 싶다는 꿈을 꾸었고, 그 꿈을 이루었습니다.

10 말하는 이는 꿈을 펼치는 세 가지 방법을 말하기 위해 내일초등학교 학생들 앞에 섰다고 했습니다.

11 '천하를 얻은 듯'은 '매우 기쁘고 만족스럽다.'라는 뜻입니다.

12 ㉡은 '매우 짧은 순간.'이라는 뜻의 관용 표현입니다.

13 말하는 이는 경찰이 되려고 '하루 30분 운동, 한 분야 공부'처럼 쉬운 목표부터 시작해 운동하고 공부하는 시간과 양을 조금씩 늘려 나갔습니다.

14 '금이 가다'는 '서로의 사이가 벌어지거나 틀어지다.', '막을 열다'는 '무대의 공연이나 어떤 행사를 시작하다.'라는 뜻의 관용 표현입니다.

15 '쇠뿔도 단김에 빼라'가 들어가는 것이 알맞습니다.

16 겁이 없고 매우 대담하다는 뜻의 '간이 크다'가 들어가는 것이 알맞습니다.

17 독립운동을 하기 위해 모인 사람들의 의견이 달라서 서로 다른 사람의 생각을 반대하고 있습니다.

18 ㉠의 앞부분에는 독립운동을 하려고 모인 사람들의 의견이 달라서 서로 다른 사람의 생각을 반대한다는 내용이, ㉠의 뒷부분에는 열심히 노력해 독립운동의 깃발 아래 뜻을 모으자는 내용이 나온 것으로 보아 생략된 부분에는 ㉮와 같은 내용이 들어가야 알맞습니다.

19 '하루에도 열두 번'은 매우 자주라는 뜻입니다.

20 예나는 '깃발'이 평소에 어떤 뜻으로 쓰이는지 생각해 보고 있습니다.

21 친구들은 고운 말을 사용하자고 말하고 있습니다.

22 '가는 말이 고와야 오는 말이 곱다'는 내가 남에게 말이나 행동을 좋게 해야 남도 나에게 좋게 한다는 뜻입니다. (1)은 '말 한마디에 천 냥 빚도 갚는다', (2)는 '낮말은 새가 듣고 밤말은 쥐가 듣는다'의 뜻입니다.

23 말을 끝낼 때 관용 표현을 활용하면 생각을 효과적으로 전달할 수 있습니다.

24 주어진 상황에서는 '어떤 일을 의논하거나 결정하기 위하여 서로 마주 대하다.'라는 뜻의 '머리를 맞대다'가 어울립니다.

38~39쪽 **단원 평가 ①회**

1 관용 표현 **2** (1) ○ **3** ㉰ **4** ①, ②, ④ **5** ㉡ **6** ㉯, ㉰ **7** (1) ㉯ (2) ㉮ **8** ② **9** ④ **10** (2) ○

1 관용어나 속담처럼 둘 이상의 낱말이 합쳐져 그 낱말의 원래 뜻과는 다른 새로운 뜻으로 굳어져 쓰이는 표현을 '관용 표현'이라고 합니다.

2 정민이는 내일이 개학이라는 사실에 정신이 갑자기 들었다는 뜻에서 "눈이 번쩍 뜨인다!"라고 말했습니다.

3 ㉠은 어떤 일이든지 하려고 생각했으면 한창 열이 올랐을 때 망설이지 말고 곧 행동으로 옮겨야 함을 비유적으로 이르는 말입니다.

4 글쓴이가 말한 꿈을 펼치는 방법이 무엇인지 살펴봅니다.

5 '눈 깜짝할 사이'는 '매우 짧은 순간.'이라는 뜻입니다.

6 안창호 선생은 독립운동 단체를 조직하려고 모인 사람들에게 사람들 사이에 서로 의견이 달라 다른 사람의 생각을 반대하는 문제를 말하고 있습니다.

7 ㉠'애간장이 타다'는 '몹시 초조하고 안타까워서 속을 많이 태우다.'라는 뜻이고, ㉡'한 가지만 알고 두 가지는 모른다'는 '서로 의견을 합해야 좋다는 것을 모른다.'라는 뜻으로 쓰였습니다.

8 말을 시작할 때 관용 표현을 활용하면 듣는 사람의 관심을 끌 수 있습니다.

9 제시된 것은 '머리를 맞대다'라는 관용어의 뜻입니다.

10 '손가락에 장을 지지겠다'는 '자기가 주장하는 것이 틀림없다고 장담하는 말.'이므로 자신의 주장에 확신을 가지고 자신 있게 말하는 상황에 알맞습니다.

40~42쪽 **단원 평가 ②회**

1 눈 **2** ⑤ **3** (2) ○ **4** (1) ㉡ (2) 예 ㉡과 같은 관용 표현은 한 번 더 생각하게 하는 표현이기 때문입니다. **5** ④ **6** (1) 쇠뿔도 단김에 빼라 (2) 김이 식다(김이 식어 버렸잖아) **7** 예 매우 놀랐다는 뜻입니다. **8** ③ **9** ① **10** (1) ㉰ (2) ㉮ (3) ㉯ **11** 반대 **12** (2) ○ **13** 준호, 예솔 **14** 예 사람들의 의견을 하나로 모으려고 연설했습니다. **15** (1) ㉯ (2) ㉰

1 '눈이 번쩍 뜨이다'는 정신이 갑자기 든다는 뜻의 관용 표현입니다.

2 소진이는 자신이 민진이에게만 말한 내용이 순식간에 널리 퍼졌다는 것을 알고 ㉠과 같은 관용 표현을 활용해 말했습니다.

3 '손이 크다'는 '씀씀이가 후하고 크다.'라는 뜻입니다.

4 ㉡은 관용 표현을 사용해서 말했기 때문에 듣는 사람의 관심을 더 끌 수 있습니다.

> **이런 답도 가능해!**
> ㉡, 예 일반적인 설명이 아니라 함축적인 의미가 담겨 있기 때문입니다.

5 오빠는 아직 부모님과 의논을 안 했으니 다음에 구경해 보자고 했습니다.

6 동생은 휴대 전화를 당장 구경하고 싶어서 '쇠뿔도 단김에 빼라'라고 했지만 오빠가 다음에 보자고 하여 의욕이 식어 버려서 '김이 식어 버렸잖아'라고 말했습니다.

7 안나는 지현이가 갑자기 부르자 매우 놀라서 '간 떨어지다'라는 관용 표현을 활용해 말했습니다.

8 안나가 준비물의 양을 많이 준비하려 하므로 지현이는 "손이 크구나"와 같이 말했을 것입니다.

9 ㉠의 뒤에 '하루 30분 운동, 한 분야 공부'와 같은 구체적인 목표를 세우는 내용이 나옵니다.

10 관용 표현의 뜻을 파악하기 위해서는 관용 표현의 앞뒤 문장을 살펴보거나 관용 표현에 포함된 낱말의 뜻을 생각해 봅니다.

11 안창호 선생은 독립운동을 하려고 모인 사람들의 의견이 달라서 서로 다른 사람의 생각을 반대하는 상황에서 연설을 하고 있습니다.

12 대화를 원하는 자가 "공연히 젊은 놈들이 애간장이 타서 당장 폭탄을 들고 나가면 우리 독립이 되는가?"라고 한다고 말했습니다.

13 사람들이 자신의 의견만 고집하고 더 많은 의견의 장점을 알지 못한다는 뜻에서 '한 가지만 알고 두 가지는 모르는'과 같은 표현을 활용했을 것입니다.

14 안창호 선생은 사람들의 의견을 하나로 모으기 위해서 연설하고 있습니다.

15 (1)과 같은 상황에서는 적극적으로 나선다는 뜻의 ㉯가, (2)와 같은 상황에서는 힘을 다하고 정성을 다하여 한 일은 그 결과가 반드시 헛되지 않다는 뜻의 ㉰가 어울립니다.

43쪽 수행 평가

1 (1) 애간장이 타다 (2) 예 매우 자주. **2** 예 독립운동을 하려고 모인 사람들이 자신의 의견만을 주장해 하나의 의견으로 합하지 못하고 있다는 것입니다. **3** 예 자신의 의견만을 주장하는 마음을 바꾸어야 한다. / 우리의 의견을 모아 끌어 줄 지도자가 필요하다.

1 연설에 어떤 관용 표현이 활용되었는지 살펴보고, 그 뜻을 생각하여 씁니다.

2 독립운동을 하려고 모인 사람들이 서로 의견이 달라 자신의 의견만을 주장하는 상황입니다.

3 사람들의 의견이 달라서 하나의 의견으로 합하지 못하는 상황에서 안창호 선생은 어떤 말을 했을지 생각하여 씁니다.

채점 기준		
	잘함	자신의 의견만 주장하는 태도를 고쳐야 한다는 내용이나 서로 의견을 모아야 하는 필요성에 대해 썼습니다.
	보통	하나의 의견으로 모으지 못하는 문제점을 지적하여 썼습니다.
	노력 요함	말하는 사람의 의도를 파악하지 못해 관련이 없는 내용을 썼습니다.

[채점 키워드] 생략된 내용 추론하기: 연설 내용을 정리하고 연설을 한 의도를 생각하며 생략된 부분에 들어갈 내용 쓰기

44쪽 쉬어가기

3. 타당한 근거로 글을 써요

46쪽 개념 확인 문제

1 (1) ○ (3) ○ 2 ㉮ 3 ㉱, ㉮, ㉯, ㉰

1 근거가 주장과 관련 있는지, 근거가 주장을 뒷받침하는지, 근거를 뒷받침하는 자료가 적절한지를 판단해야 합니다.
2 알맞은 자료를 활용하여 논설문을 쓸 때에는 가장 먼저 주장과 근거를 마련해야 합니다.
3 논설문을 쓸 준비를 한 뒤 자료 수집 계획을 세워 자료를 수집하고, 그것을 바탕으로 하여 논설문을 씁니다. 마지막으로 자신이 쓴 글을 평가하고 고쳐 씁니다.

47쪽 어휘·문법 확인 문제

1 논설문 2 (1) 배출 (2) 수출 (3) 난처 3 불매
4 (1) 떡볶이 (2) 베개 (3) 두더지

1 '논설문'에 대한 내용입니다.
2 (1)은 '배출', (2)는 '수출', (3)은 '난처'가 알맞습니다.
3 '불매'의 뜻입니다.
4 '떡볶이', '베개', '두더지'가 바른 표기입니다.

48~53쪽 교과서 독해

'그냥'이 아니라 '왜' | 48~49쪽 **글의 구조** ❶ 그냥 ❷ 물음표
1 ⑤ 2 예 한 번도 그런 궁금증을 지녀 본 적이 없기 때문입니다 3 (1) ○ 4 ④ 5 그냥 6 ③, ⑤
7 미현, 태환 8 (2) ○

공정 무역 제품을 사용합시다 | 50~51쪽 **글의 구조** ❶ 동영상 ❷ 공정 ❸ 인증
9 예 공정 무역 제품을 사용하자. 10 ㉮, ㉰ 11 (2) ○ 12 ②, ③ 13 유기농 14 ① 15 ㉯, 예 공정 무역 인증 표시에 대한 설명만 하고 있어서 주장을 직접적으로 뒷받침하지 못하기 때문입니다.

논설문을 쓰기 위해 수집한 자료 | 52쪽 **활동 정리** ❶ 기사문 ❷ 이산화 탄소
16 ③ 17 ㉰ 18 ④ 19 ㉮

제발 저희 가게를 도와주세요 | 53쪽 **활동 정리** ❶ 의견 ❷ 개인
20 (2) ○ 21 ①, ② 22 예 누리 소통망을 올바르게 사용하자.

1 아이는 할아버지에게 주무실 때 수염을 이불 안에 넣는지, 아니면 꺼내 놓는지 물었습니다.
2 할아버지는 수염을 기른 채 몇십 년 동안이나 살아왔지만, 그때까지 한 번도 그런 궁금증을 지녀 본 적이 없었기 때문에 바로 대답하지 못했습니다.
3 (2)는 '속상한'의 뜻입니다.
4 할아버지는 밤새도록 수염을 넣었다 꺼냈다 하느라고 한숨도 잘 수가 없었고, 아이와의 약속도 지키지 못했습니다.
5 글쓴이는 누군가의 질문에 가끔 '그냥'이라고 대답할 때, 바로 그 '그냥'이라는 말이 우리의 수염이라고 했습니다.
6 어떤 행동이나 일을 할 때 습관적으로 그냥 하는 것이 아니라 '왜' 또는 '어떻게'를 생각합니다.
7 글쓴이는 '그냥'이라고 생각하지 말고 '왜' 또는 '어떻게'를 생각하자는 주장을 하고 있습니다.
8 이야기를 활용하면 읽는 사람의 흥미를 불러일으킬 수 있고, 감동을 바탕으로 하여 주장하는 내용을 설득할 수 있습니다.
9 글쓴이는 공정 무역 제품을 사용하자고 주장하고 있습니다.
10 공정 무역 제품을 사용하자는 주장을 뒷받침하기 위해 글쓴이는 생산자에게 돌아갈 정당한 이익을 지켜 줄 수 있고, 아이들을 위험에서 보호할 수 있다는 근거를 들고 있습니다.
11 공정 무역이 중간 유통 단계를 줄여 생산자에게 돌아갈 정당한 이익을 지켜 준다는 근거를 들고 있으므로 그러한 근거를 뒷받침하려면 (2)와 같은 자료를 활용하는 것이 알맞습니다.
12 자료가 근거를 잘 뒷받침하는지 판단하려면 자료가 근거의 내용과 관련 있는지, 믿을 수 있는 자료인지, 최신 자료인지 등을 살펴보아야 합니다.
13 '유기농'에 대한 뜻입니다.

14 글쓴이는 『인간의 얼굴을 한 시장 경제, 공정 무역』이라는 책을 자료로 활용했습니다.

15 ㉯는 공정 무역 인증 표시에 대한 설명일 뿐, 공정 무역 제품을 사용해야 하는 까닭이 아니므로 주장을 직접적으로 뒷받침하지 못합니다.

채점 tip 공정 무역을 사용해야 하는 까닭을 쓰지 않고 공정 무역 인증 표시에 대한 설명이기 때문이라는 내용을 넣어 썼으면 정답으로 합니다.

16 이 자료는 기사문입니다.

17 이 자료는 나무를 심으면 나무가 이산화 탄소를 흡수해 지구 온난화 예방에 도움이 된다는 점을 알려 주고 있습니다.

18 '배출하는'은 '안에서 밖으로 밀어 내보내는.'이라는 뜻입니다. 이와 반대되는 뜻의 낱말은 '흡수하는'입니다.

19 이 자료는 나무를 심으면 나무가 이산화 탄소를 흡수해 지구 온난화 예방에 도움이 된다는 것을 알려 주므로 근거 ㉮를 뒷받침하기에 알맞습니다.

20 동네 사람들의 의견과 가게를 이용하고 누리 소통망에 글을 올린 사람의 의견이 달라서 누구의 말을 믿을지 고민했을 것입니다.

21 불매 운동이 벌어져 손님이 끊겼고, 성민이를 아는 누군가가 성민이의 개인 정보를 인터넷에 올려 학교에도 소문이 났습니다.

22 누리 소통망에 퍼진 글로 인해 힘든 나날을 보내고 있는 가족의 이야기를 생각하며 어떤 주장으로 논설문을 쓰는 것이 좋을지 생각해 봅니다.

채점 tip 누리 소통망의 이용 방법에 대한 주장을 정해 썼으면 정답으로 합니다.

54~55쪽 **단원 평가 1회**

1 ② 2 ⑤ 3 ⑤ 4 ㉮ 5 ② 6 ㉮ 7 ④
8 (1) ○ (3) ○ 9 ① 10 왠지

1 글쓴이는 주장을 뒷받침하기 위해 긴 수염 할아버지 이야기를 자료로 활용하였습니다.

2 글 ㉮의 할아버지는 아무 생각 없이 모든 순간을 습관적이고 기계적으로 살아가는 사람입니다.

3 습관적으로 그냥 살지 말고 자기 안에 물음표를 가지고 살자는 주장이 담긴 글입니다.

4 ㉯와 ㉰는 논설문의 본론에 해당합니다.

5 ㉡에 공정 무역 제품을 사용하자는 글쓴이의 주장이 드러나 있습니다.

6 ㉯는 공정 무역 제품을 사용해야 하는 까닭이 아니라 공정 무역 인증 표시에 대한 설명으로, 주장을 직접적으로 뒷받침하지 못하기 때문에 타당하지 않은 근거입니다.

7 손님이 쓴 글 때문에 △△식당 불매 운동이 일어나 성민이네 가게에 손님이 끊겼고, 성민이의 개인 정보가 유출되었습니다. 이 때문에 성민이네 가족은 힘든 나날을 보내고 있습니다.

왜 답이 아닐까?

①, ⑤ 성민이네 가게에는 손님이 뚝 끊기게 되었고 성민이네 가족은 힘든 나날을 보내고 있습니다.
② 누군가 성민이의 이름과 다니는 학교까지 인터넷에 올려 성민이의 개인 정보가 유출되었습니다.
③ 사람들은 댓글에 손님에게 불친절하다는 성민이네 가게를 욕하며 불매 운동을 벌이고 있었습니다.

8 누리 소통망을 올바르게 사용하자는 주장을 뒷받침할 자료로 알맞은 것은 (1)과 (3)입니다.

9 ② '삼촌', ③ '오랜만', ④ '깨끗이', ⑤ '가득히'로 써야 합니다.

10 '왠지'가 바른 표기입니다.

문법 문제 tip '왠지'는 '왜 그런지 모르게'의 줄임말로, '웬지'는 틀린 표현입니다.

56~58쪽 **단원 평가 2회**

1 수염 2 예 자신의 수염이지만 아이가 묻기 전까지 그 수염을 어떻게 하고 잤는지 기억할 수가 없었기 때문입니다. 3 동준 4 ③ 5 ④ 6 (1) 본론 (2) 결론 7 2017년 8 ④ 9 예 자료가 근거를 잘 뒷받침합니다. 공정 무역에 대한 그림으로 근거의 내용과 관련 있고 출처를 믿을 수 있기 때문입니다. 10 (1) ○ 11 △△식당 불매 운동 12 예 누리 소통망에 사실과 다른 글이 퍼져 가게에 손님이 뚝 끊겼기 때문입니다. 13 (1) ㉰, ㉱ (2) ㉮, ㉯ 14 유진 15 (1) ○ (3) ○

1 아이는 할아버지에게 주무실 때 수염을 이불 안에

넣는지, 아니면 꺼내 놓는지 물었습니다.

2 할아버지는 자신의 수염이지만 아이가 묻기 전까지 그 수염을 어떻게 하고 잤는지 기억할 수가 없어서 다음 날 아침에 가르쳐 주겠다고 하였습니다.

> 이런 답도 가능해!
> 예 아무리 생각해 봐도 알쏭달쏭하기만 하고 수염을 어떻게 했는지 알 수 없었기 때문입니다.

3 습관적으로 그냥 하거나 시키는 대로 하는 사람은 '그냥 수염'을 달고 있는 사람입니다.

4 글쓴이는 이 글을 통해 '그냥'이라고 생각하지 말고 '왜' 또는 '어떻게'를 생각하자는 주장을 전하고 있습니다.

5 긴 수염 할아버지 이야기를 자료로 활용해서 읽는 사람의 흥미를 불러일으키고 있습니다.

6 논설문은 서론-본론-결론으로 구성됩니다. 본론에는 주장을 뒷받침하는 근거가, 결론에는 주장을 다시 한번 강조하는 내용이 제시됩니다.

7 2017년에 ○○광역시가 국내 최초로 '공정 무역 도시'로 공식 인정을 받았습니다.

8 글 나에 나타난 생산자에게 돌아갈 정당한 이익을 지켜 준다는 근거가 공정 무역 제품을 사용하자는 주장을 뒷받침하고 있습니다.

9 근거를 뒷받침하는 자료의 적절성을 판단해 봅니다.
채점 tip 일반 무역 유통 단계와 공정 무역 유통 단계를 비교한 그림으로, 근거와 관련이 있고, 믿을 수 있는 출처가 있다는 내용으로 썼으면 정답으로 합니다.

10 주어진 근거는 '숲을 보호하자.'와 같은 주장을 뒷받침하기에 알맞습니다.

11 글쓴이는 얼마 전, 누리 소통망에 퍼진 「△△식당 불매 운동」이라는 글에 대해 이야기하고 있습니다.

12 누리 소통망에 사실과 다른 글이 퍼진 뒤 가게에 손님이 뚝 끊겨 글쓴이의 가족은 힘든 나날을 보내고 있습니다.

13 누리 소통망은 많은 사람에게 정보를 쉽게 전달할 수 있고, 다른 사람이 쓴 정보를 쉽게 접할 수 있는 반면에 잘못된 정보가 쉽게 퍼질 수 있고, 개인 정보가 유출되기 쉽습니다.

14 누리 소통망과 학급 누리집을 비교한 표는 주어진 주장과 관련이 없습니다.

15 본론에서는 서론에서 제시한 주장을 뒷받침하는 근거 두세 가지를 제시하는 것이 좋습니다.

59쪽 수행 평가

1 (1) 예 공정 무역 제품을 사용합시다. (2) 생산자에게 돌아갈 정당한 이익을 지켜 줍니다. (3) 공정무역 인증 표시는 국제기구가 생산지에서 공정 무역의 주요 원칙이 잘 지켜졌는지를 점검한 물건들에 붙일 수 있습니다. **2** 예 근거가 주장과 관련이 있는지, 주장을 뒷받침하는지를 생각해 봅니다. **3** 예 근거 1은 공정 무역 제품을 사용하자는 주장과 관련 있으므로 타당합니다. 하지만 근거 2는 공정 무역 제품을 사용해야 하는 까닭이 아니라 공정 무역 인증 표시에 대한 설명만 하고 있어서 주장을 직접적으로 뒷받침하지 못하기 때문에 타당하지 않습니다.

1 공정 무역 제품에 대한 글쓴이의 주장과 주장을 뒷받침하기 위하여 내세운 근거 두 가지를 파악하여 써 봅니다.

2 근거의 적절성을 판단하는 방법을 떠올려 써 봅니다.

3 근거가 주장과 관련이 있는지, 주장을 뒷받침하는지 판단하여 써 봅니다.

채점 기준		
	잘함	근거 1이 타당한 근거인 까닭, 근거 2가 타당하지 못한 까닭을 주장과 관련하여 구체적으로 썼습니다.
	보통	근거 1와 근거 2 중 한 가지만 타당성을 알맞게 판단하여 썼습니다.
	노력 요함	근거 1과 근거 2의 타당성을 알맞게 판단하여 쓰지 못했습니다.

[채점 키워드] 근거의 타당성을 판단하는 방법: 근거가 주장과 관련 있는지, 주장을 뒷받침하는지 판단하기

60쪽 쉬어가기

4. 효과적으로 발표해요

62쪽 **개념 확인 문제**

1 ㉯ **2** (4) ○ **3** 보라

1 매체 자료의 종류, 매체 자료가 전하는 내용, 매체 자료의 표현 효과를 살펴보면 주제에 맞는 매체 자료를 찾을 수 있습니다.

2 주제, 내용, 장면을 정한 다음에 촬영 계획을 세울 때에는 역할, 촬영 일시와 장소를 정합니다.

3 보라는 발표하기 단계에서 해야 할 일을 말했습니다.

63쪽 **어휘·문법 확인 문제**

1 (1) 전달 (2) 중심 **2** (1) 제작 (2) 발표 **3** (1) ㉯ (2) ㉮ **4** 은어

1 각각의 뜻에 알맞은 말을 씁니다.

2 (1)에는 '재료를 가지고 기능과 내용을 가진 새로운 물건이나 예술 작품을 만듦.'을 뜻하는 '제작'이, (2)에는 '어떤 사실이나 결과, 작품 따위를 세상에 널리 드러내어 알림.'을 뜻하는 '발표'가 들어가야 합니다.

3 ㉮는 '촬영', ㉯는 '편집'의 뜻입니다.

4 '은어'에 대한 설명입니다.

64~67쪽 **교과서 독해**

여러 가지 매체 자료 살펴보기 | 64쪽 **활동 정리** ❶ 사진 ❷ 영상

1 독도의 날 기념 율동 **2** 남수, 광호 **3** 예 1학기에 연극 공연을 할 때 음악을 사용하니 장면의 느낌이 더 잘 전달되었어. **4** (1) ○

'휴대 전화 사용 습관'에 대한 발표 자료 | 65쪽 **활동 정리** ❶ 사진 ❷ 도표

5 ②, ④ **6** ㉯ **7** (1) ㉮ (2) ㉯ **8** (2) ○

발표 상황에 맞는 영상 자료 만들어 발표하기 | 66쪽

활동 정리 ❶ 주제 ❷ 촬영

9 ⑤ **10** ② **11** (2) ○ **12** 편집하기

영상 발표회 하기 | 67쪽 **활동 정리** ❶ 요리사 ❷ 면담

13 ①, ②, ⑤ **14** (1) ○ (2) ○ **15** 제목 **16** ㉰

17 예 전하려는 주제를 파악합니다. / 촬영이나 편집에서 효과적인 부분을 찾아봅니다.

1 세미는 친구에게 사진과 영상을 보여 주며 학습 발표회에서 독도의 날 기념 율동을 하자고 말했습니다.

2 영상을 보여 주며 설명하고 있는 대화 ㉯가 대화 ㉮보다 율동 동작을 더욱 생생하게 잘 알 수 있습니다.

3 영상, 사진, 표, 지도, 도표, 그림, 소리, 음악 등의 매체를 활용했던 경험을 떠올려 씁니다.

이런 답도 가능해!
- 예 치과 의사 선생님께서 내 치아 사진을 화면으로 보여 주면서 설명해 주셨어.
- 예 아버지께서 내가 어릴 때 모습을 찍은 사진들을 편집해서 영상으로 만들어 주셨어.

4 전통 의상은 사진이나 동영상을 사용하여 보여 주는 것이 더욱 적절합니다.

5 매체 자료 ㉮에는 사람이 휴대 전화를 붙잡고 있을 뿐만 아니라 휴대 전화도 사람을 꽉 붙잡고 있는 모습이 나타나 있습니다.

6 휴대 전화 관련 교통사고가 점점 늘어나 2013년 이후에는 1년에 1000건이 넘는다는 것을 알 수 있습니다.

7 매체 자료 ㉮는 하루 종일 휴대 전화를 붙잡고 있는 등 휴대 전화에 중독된 사람이 많다는 주제, 매체 자료 ㉯는 걸을 때나 운전할 때 휴대 전화를 사용하면 위험하다는 주제를 전하려 합니다.

8 '잡다'와 '잡히다', '업다'와 '업히다'는 '동작을 나타내는 낱말'과 '남의 행동을 입어서 행하여지는 동작을 나타내는 낱말'의 관계입니다.

왜 답이 아닐까?
(1) '좋다-싫다'는 뜻이 서로 반대되는 관계인 반의 관계입니다.

9 발표할 때 주제와 관련 없는 자료는 준비하지 않아도 됩니다.

10 '건강한 생활을 위해 실천하면 좋은 일' 중에서 영상의 주제를 정해야 하므로 '맨발 걷기'가 가장 알맞습니다.

11 촬영이나 편집이 가능한 장면을 정합니다. 또, 주제와 내용이 체계적으로 전달되고 이해하기 쉽도록 장면 내용과 차례를 정해야 합니다.

12 그림 속 친구들은 촬영한 영상을 편집하기 위해 대화를 나누고 있습니다.

13 방송에서 유명 요리사가 요리하는 장면, 요리사와 직접 면담한 내용, 다양한 요리 분야를 조사한 내용을 영상에 넣었다고 했습니다.

14 영상을 보여 주기 전에는 영상에서 소개할 인물에 대해 간단히 소개하는 것이 좋습니다.

15 '제목'에 대한 뜻입니다.

16 ㉰는 영상을 보여 준 뒤에 할 수 있는 활동이 아니라 영상을 촬영하고 편집할 때에 해야 할 일입니다.

17 채점 tip 발표를 들을 때에는 발표하는 사람을 존중하고 내용에 집중합니다. 또한 발표 내용에서 주제를 파악하거나 촬영이나 편집의 효과에 대해 생각해 봅니다. 잘된 점이나 보완점을 찾으며 발표를 듣는 것도 좋습니다. 이러한 내용 중 두 가지 이상 썼으면 정답으로 합니다.

68~69쪽 단원 평가 1회

1 ⑤ 2 (1) ㉯ (2) ㉰ 3 ③ 4 맨발 걷기 5 (3) ○ 6 ③ 7 ②, ③ 8 ⑤ 9 비속어 10 (3) ×

1 매체 자료 ㉮는 휴대 전화가 사람을 꽉 붙잡고 있는 모습의 공익 광고 사진입니다.

2 매체 자료 ㉮는 휴대 전화에 중독된 사람이 많다는 주제를, 매체 자료 ㉯는 교통사고의 위험이 있으니 보행 중 휴대 전화 사용을 조심하자는 주제를 전하고 있습니다.

3 매체 자료 ㉯는 도표로 나타내어 휴대 전화 관련 교통사고 발생량이 크게 늘어난 것을 보여 주고 있습니다.

4 새로운 주제라서 흥미롭다는 의견이 많았기 때문에 맨발 걷기를 주제로 영상 자료를 만들기로 하였습니다.

5 친구들은 주제를 효과적으로 전할 수 있는 발표 내용을 정하고 있습니다.

왜 답이 아닐까?
(1) 영상 장소를 촬영할 일시와 장소를 정하는 것은 '촬영 계획 세우기' 단계에서 하는 일입니다.
(2) 촬영한 영상에서 발표에 사용할 장면을 고르는 것은 '편집하기' 단계에서 하는 일입니다.

6 발표 효과를 높이는 다른 매체 자료인 표, 도표, 신문 기사 등을 활용할 수 있으므로 ③이 알맞지 않습니다.

7 여자아이는 영상을 보여 주기 전에 영상의 제목과 영상에 담긴 내용을 간단하게 소개하였습니다.

8 발표 내용을 듣다가 궁금한 점이 있어도 발표를 모두 마친 뒤에 질문해야 하므로 ⑤가 알맞지 않습니다.

9 품위 없는 말이나 예절에 어긋나게 대상을 낮추는 말을 '비속어'라고 합니다.

문법 문제 tip 비속어는 예절에 어긋나게 대상을 낮추거나 품위 없이 천한 말을 가리킵니다. 이러한 비속어를 사용하면 다른 사람에게 불쾌감을 주거나 교양 없는 사람이라는 인상을 주게 됩니다. 따라서 비속어를 사용하지 말고, 품위 있는 말을 사용해야 합니다.

10 (3)의 '레알'은 '진짜', '정말'과 같은 말로 바르게 고쳐야 합니다.

70~72쪽 단원 평가 2회

1 ④ 2 (1) ○ 3 (1) 폴란드의 민속춤 (2) 베트남의 전통 의상 4 ㉯ 5 예 아프리카 원주민의 의식주 문화를 소개할 때 책에 있는 사진과 설명을 보여 줄 것입니다. 6 ㉮, ㉰ 7 ⑤ 8 (1) 예 누리 소통망 서비스 (2) 예 댓글을 직접 보여 주어 좋은 댓글과 나쁜 댓글의 영향을 비교할 수 있기 때문입니다. 9 (1) ○ 10 ④ 11 (1) 주제 정하기 (2) 촬영하기 (3) 편집하기 12 예 '건강 주간'을 맞아 건강을 주제로 한 작품을 발표하는 것입니다. 13 ②, ④ 14 (4) × 15 (1) ㉮, ㉱ (2) ㉯, ㉰

1 그림지도를 보면 사과 주산지는 영천에서 양구, 정선, 영월로 이동했습니다.

2 감귤 주산지가 제주에서 진주, 통영 등으로 이동한 것을 쉽게 알 수 있는 것은 그림지도를 활용했기 때문입니다.

3 진아는 폴란드의 민속춤, 별이는 베트남의 전통 의상을 소개하려고 합니다.

4 매체 자료 없이 설명하면 상상만 해야 하는데 사진으로 보면 어떤 모양인지 쉽게 이해할 수 있습니다.

5 자신이 소개하고 싶은 다른 나라의 문화를 떠올리고, 그 문화를 소개하기에 알맞은 매체 자료는 무엇인지 생각해 봅니다.

채점 tip 자신이 소개하고 싶은 나라의 문화를 정하고, 알맞은 매체 자료를 활용해 보여 줄 계획에 대해 썼으면 정답으로 합니다.

6 매체 자료인 도표를 보면 휴대 전화 관련 교통사고가 점점 늘어나 2013년 이후 1000건이 넘는다는 것을 알 수 있습니다.

7 휴대 전화 관련 교통사고가 점점 늘어난다는 도표를 통해 걸을 때나 운전할 때 휴대 전화를 사용하면 위험하다는 주제를 전하고자 합니다.

8 '좋은 댓글을 달자'라는 주제에 알맞은 매체에는 어떤 것이 있을지 생각해 봅니다.

채점 tip 직접 댓글을 잘 보여 줄 수 있는 누리 소통망, 댓글과 관련된 설문 조사 내용이 담긴 도표 자료, 댓글의 영향력을 보여 주는 영상 자료 등을 활용한다는 내용을 썼으면 정답으로 합니다.

9 손가락에 검정 망토, 푸른 망토를 둘러 어떤 댓글을 쓰는지에 따라 손가락의 능력이 달라짐을 나타냈습니다.

10 댓글을 어떻게 다는지에 따라 누군가를 아프게 할 수도, 기쁘게 할 수도 있다는 내용의 영상 자료를 활용해 온라인 댓글을 긍정적으로 쓰자는 주제의 발표를 할 수 있습니다.

11 영상 자료를 제작하고 발표하는 과정에 맞게 나열해 봅니다.

12 친구들은 '건강 주간'을 맞아 건강을 주제로 한 작품을 발표하려 하고 있습니다.

13 듣는 사람들이 흥미를 느낄 만한 주제를 정하고, 친구들과 토의해서 다양한 의견을 나누며, 발표 상황과 관련한 자료를 더 찾아봐야 합니다.

14 (4)는 촬영한 영상을 편집할 때에 할 일입니다.

15 ㉮, ㉱는 영상을 보여 주기 전에 소개할 내용이고, ㉯, ㉰는 영상을 보여 준 뒤에 할 수 있는 활동입니다.

73쪽 수행 평가

1 주변 인물 탐구 **2** (1) 예 친구 ○○ (2) 예 꿈을 가지고 재능을 꾸준히 키워 가기 때문이다. (3) 예 꿈을 가지고 재능을 꾸준히 키워 가자. **3** 예 • 친구가 날마다 두 시간 이상씩 연주 연습을 꾸준히 한다는 것 • 친구의 구체적인 꿈이나 노력하는 과정 등과 관련된 질문을 하여 친구를 면담한 내용 • 친구가 여러 가지 연주회에서 연주하는 모습을 담은 사진 • 친구가 최근 연습하는 곡을 면담자에게 직접 들려주는 모습

1 5분 영상 발표회의 주제는 주변 인물 탐구에 관한 것입니다.

2 우리 주변에 어떤 인물이 있는지 떠올려 보고 발표하고 싶은 인물, 그 인물을 정한 까닭, 전하고 싶은 주제를 씁니다.

3 인물과 직접 면담을 하거나 인물의 생활 모습을 촬영하는 등 영상의 주제를 나타낼 수 있는 발표 내용을 생각하여 씁니다.

채점 기준		
	잘함	영상의 주제를 효과적으로 나타낼 수 있는 발표 내용을 3가지 이상 썼습니다.
	보통	영상의 주제를 효과적으로 나타낼 수 있는 발표 내용을 1~2가지 썼습니다.
	노력 요함	영상의 주제를 나타낼 수 있는 발표 내용을 아예 쓰지 못했습니다.

[채점 키워드] 효과적인 발표 자료 만들기: 발표 목적과 듣는 사람을 고려하여 소개하고 싶은 인물 정하기 → 전하고 싶은 주제를 효과적으로 나타낼 수 있는 발표 내용을 정해 영상으로 제작할 계획 세우기

74쪽 쉬어가기

BOOK 1 개념북 4 단원

연극 단원. 함께 연극을 즐겨요

76쪽 개념 확인 문제

1 (1) 말 (2) 목소리 (3) 무대 2 지민 3 ⑤

1 연극의 특성을 생각하며 빈칸에 알맞은 말을 씁니다.

2 몸짓은 자연스럽게 표현하고, 표정은 관객에게 잘 보이도록 크게 지어야 합니다.

3 무대, 의상, 소품 따위를 준비하는 단계에서 하는 일입니다.

77쪽 어휘·문법 확인 문제

1 (1) 연극 (2) 무대 2 (1) 등장 (2) 퇴장 3 어안이 벙벙하다 4 ㉰

1 '극본'은 연극이나 영화를 만들기 위해 쓴 글을 뜻합니다. '연극'은 배우가 무대 위에서 극본에 따라 말과 행동으로 이야기를 나타내는 예술을 뜻합니다.

2 '등장'은 인물이 나타나는 것을 뜻하고, '퇴장'은 인물이 무대 밖으로 나가는 것을 뜻합니다.

3 '어안이 벙벙하다'는 '뜻밖에 놀랍거나 기막힌 일을 당하여 어리둥절하다.'의 뜻을 지닌 관용구입니다.

4 ㉰는 'ㄴ' 소리가 덧나서 [콩녇]으로 소리가 납니다. 그러나 앞에 오는 낱말이 자음으로 끝나기 때문에 사이시옷을 쓸 수 없습니다.

78~83쪽 교과서 독해

배낭을 멘 노인 | 78쪽 **작품 정리** ❶ 배낭 ❷ 놀람

1 (2) ○ 2 ①, ③, ⑤ 3 (1) 예 눈을 크게 뜨며 놀란 표정과 목소리로 말합니다. (2) 황급히 배낭끈을 잡아 쥡니다. 4 ④

샬럿의 거미줄 | 79~82쪽 **작품 정리** ❶ 샬럿 ❷ 헛간

5 ③ 6 (3) ○ 7 (1) ㉮ (2) ㉰ (3) ㉯ 8 예 내가 윌버라면 도망가는 것보다 샬럿이나 다른 동물 친구들과 상의했을 것입니다. / 내가 윌버라면 더 빠르고 힘차게 달려 멀리 도망갔을 것입니다. 9 (1) 거미줄에 새겨진 글자 (2) 특별한 돼지 10 ③ 11 예 너무 놀라고, 친구들에게 배신감을 느꼈을 것 같습니다. 12 ⑤ 13 (3) ○ 14 ⑤ 15 (1) ㉯ (2) ㉮ 16 ① 17 ⑤ 18 (3) ○ 19 ③ 20 우정 21 콧대가 높다 22 예 윌버가 다른 동물들을 도우면서 행복하게 살 것입니다.

인물이 처한 상황에 알맞게 표현하기+무대 준비하기 | 83쪽

활동 정리 ❶ 마음 ❷ 공연

23 석민 24 예 윌버의 마음에 알맞은 목소리로 말하고, 정확한 입 모양으로 말해야 합니다. 25 (1) ○ (2) ○

1 마을 사람들은 못 보던 노인이 지나치게 커다란 배낭을 메고 마을을 기웃거리는 모습을 보고 수군거렸습니다.

2 ㉠은 극본의 '해설'에 해당하는 부분입니다. 극본의 해설에는 장소와 시간이 나타나고, 무대의 시작과 바뀜을 설명합니다. 연극으로 공연할 때는 시간과 장소의 분위기를 무대 배경과 조명, 음악으로 표현합니다.

3 지문에는 인물의 목소리나 행동 등이 나타납니다. ㉡의 '놀란 듯이'는 목소리나 표정으로 나타낼 수 있고, '황급히 배낭끈을 잡아 쥐면서'는 행동으로 나타낼 수 있습니다.

채점 tip (1)은 놀라거나 화가 난 표정과 목소리를 표현하고, (2)는 배낭을 잡아 쥐는 행동을 썼으면 정답으로 합니다.

4 '어안이 벙벙하다'는 '뜻밖에 놀랍거나 기막힌 일을 당하여 어리둥절하다'라는 뜻을 지닌 관용구이므로 '어리둥절한'과 바꾸어 쓸 수 있습니다.

왜 답이 아닐까?

① 흐뭇한: 마음에 흡족하여 매우 만족스러운.
② 무서운: 어떤 대상에 대하여 꺼려지거나 무슨 일이 일어날까 겁나는 데가 있는.
③ 무관심한: 관심이나 흥미가 없는.
⑤ 눈앞이 캄캄한: 어찌할 바를 몰라 아득한.

5 이야기의 앞부분 내용을 보면, 샬럿이 윌버를 돕기 위해 거미줄에 '굉장한 돼지'라는 글자를 새겼음을 알 수 있습니다.

6 윌버는 사람들이 총을 들고 자신을 잡으러 온 꿈을 꿨습니다.

7 각 인물이 처한 상황을 먼저 생각해 보고 인물에 알맞은 표정과 몸짓을 찾아봅니다.

왜 답이 아닐까?

샬럿: 소리를 듣고 놀란 상황이므로 하품을 하다가 놀란 표정을 짓는 것이 어울립니다.
월버: 돼지우리에서 뛰어나온 상황이므로 두 팔을 활짝 펼치고 뛰어가는 몸짓을 하며 기쁜 표정을 짓는 것이 어울립니다.
호머 주커만: 돼지우리까지 오는 것을 귀찮아하는 마음이 나타나 있으므로 땀을 닦으며 짜증스러운 표정을 짓는 것이 어울립니다.

8 채점 tip 월버는 사람들에게 잡아먹힐 것 같아서 두려워하고 있는 상황입니다. 월버의 입장이 되어 이러한 상황에 어울리는 행동에 대해 썼으면 정답으로 합니다.

9 월버는 호머 주커만이 자신을 잡아먹을지도 모른다고 생각하여 도망쳤고, 호머 주커만은 거미줄에 새겨진 글자를 본 뒤 월버를 특별한 돼지라고 생각하게 되었습니다.

10 '등장'과 '퇴장'은 반대되는 뜻을 지닌 낱말입니다. 그러나 '반드시'와 '꼭'은 비슷한 뜻을 지닌 낱말입니다.

11 사람들에게 잡아먹히지 않으려고 도망치는 월버를 친구들이 잡자, 월버는 친구들에게 배신감을 느낍니다. 또한 도망가지 못해 속상할 것입니다.

12 러비는 호머 주커만에게 거미줄에 새겨진 '굉장한 돼지'라는 글자를 보라고 했습니다.

13 ㉢은 극본의 '지문'에 해당합니다.

14 샬럿은 월버를 살리려면 거미줄에 글자를 더 새겨 넣어야 한다고 했습니다.

15 월버는 샬럿에게 고맙다고 하였고, 샬럿은 월버를 돕기 위해 거미줄에 글자를 새깁니다.

16 템플턴은 자신에게 좋은 일만 하기 때문에 쓰레기장에서 글자를 가져다 달라는 부탁을 처음에는 거절했습니다.

왜 답이 아닐까?

② '질투'는 다른 사람이 잘되거나 좋은 처지에 있는 것 따위를 공연히 미워하고 깎아내리려 한다는 의미입니다. 월버에게 질투를 느끼는 상황이 아니므로 알맞지 않습니다.
③ 템플턴이 장난을 치는 내용은 나오지 않습니다.
④ '싫증'은 싫은 생각이나 느낌. 또는 그런 반응을 뜻합니다. 변덕이 심한 사람을 가리키므로 템플턴과 거리가 멉니다.
⑤ 템플턴은 월버를 돕기 위해 글자를 가져 오는 것이 아닙니다. 월버가 없으면 겨울에 여물을 들고 올 일이 없기 때문에 어쩔 수 없이 도와주기로 한 것입니다.

17 템플턴은 양의 말을 듣고 마음을 바꾸어 월버를 도와주기로 했습니다.

18 펀 애러블은 월버를 이제 살려 두실 거냐고 물으며, 월버가 잡아먹힐까 봐 걱정하였습니다.

19 호머 주커만은 펀 애러블에게 월버가 유명세를 타고 있으니 아무 일 없을 거라고 말했습니다.

20 월버는 우정이야말로 세상에서 가장 소중한 것임을 깨달았습니다.

21 새끼 양이 '콧대가 높아졌구나?'라고 말한 부분에서 찾을 수 있습니다.

22 채점 tip 월버가 샬럿과 동물들의 도움으로 우정의 소중함을 깨닫고 농장에서 어떻게 살아갈지 자유롭게 상상하여 썼으면 정답으로 합니다.

23 표정이나 몸짓은 관객들에게 잘 보이도록 연습해야 합니다.

24 인물의 마음을 먼저 파악한 후에 어울리는 목소리와 표정, 몸짓으로 표현합니다.

25 큰 목소리로 말하며, 관객들에게 잘 보이도록 몸짓을 크게 해야 합니다.

84~85쪽 단원 평가 1회

1 ㉮ **2** ④ **3** ⑤ **4** ④ **5** 나연 **6** 멋진 돼지
7 ② **8** ㉰, ㉱, ㉯, ㉮ **9** 사이시옷 **10** ⑤

1 ㉮는 극본의 해설에 해당하는 부분으로 시간과 장소가 나타나 있습니다.

2 마을 사람들은 못 보던 노인이 지나치게 커다란 배낭을 메고 마을을 기웃거리며 다니는 것을 궁금해하고 있습니다.

3 ㉠은 극본의 지문에 해당하는 부분으로 인물의 목소리나 행동 따위가 나타납니다. 배우는 지문을 목소리와 표정으로 표현합니다.

4 호머 주커만은 러비가 가리킨 거미줄에 있는 '굉장한 돼지'라는 글자를 보고 깜짝 놀랐습니다. 이를 기적이라고 표현한 것이므로 ④가 알맞습니다.

5 샬럿이 거미줄에 어떤 글자를 새길지 고민하고 있으므로 손으로 턱을 괴면서 곰곰이 생각하는 표정으로 침착하게 말하는 것이 알맞습니다.

6 샬럿은 월버를 위해 거미줄에 '멋진 돼지'라는 글자를 새겼고, 이를 본 러비가 기적이 일어났다며 깜짝

놀랐습니다.

7 ㉠은 러비가 거미줄을 보고 깜짝 놀라서 한 말이므로 놀란 표정과 들뜬 목소리로 표현하는 것이 알맞습니다.

8 먼저 연극에 참여하는 구성원 수를 고려하여 배역을 정하고 극본을 반복해 읽으면서 연습을 합니다. 무대, 의상, 소품 따위를 준비하여 공연 전에 연습을 한 뒤 무대에서 공연을 합니다.

9 두 낱말이 합쳐진 낱말에서 그 사이에 'ㅅ'이 들어갈 때 이 'ㅅ'을 '사이시옷'이라고 합니다.

10 '머리'와 '말'이 합쳐질 때 사이시옷 현상이 일어나지 않으므로 '머리말'이 알맞습니다. '머리말'은 [머리말]로 발음되어 뒷말의 첫소리가 'ㅁ' 앞에서 'ㄴ' 소리가 덧나지 않기 때문입니다.

문법 문제 tip 사이시옷을 쓰는 경우

① 뒷말의 첫소리가 된소리로 나는 경우
예 바다+가 → 바닷가, 초+불 → 촛불

② 뒷말의 첫소리 'ㄴ, ㅁ' 앞에서 'ㄴ' 소리가 덧나는 경우
예 비+물 → 빗물, 내+물 → 냇물

③ 뒷말의 첫소리 모음 앞에서 'ㄴㄴ' 소리가 덧나는 경우
예 나무+잎 → 나뭇잎, 배+일 →뱃일

86~88쪽 단원 평가 2회

1 ④ **2** ③ **3** ④, ⑤ **4** (2) 예 사건이 어떻게 흘러가는지 알 수 있게 합니다. (3) 예 연극으로 공연할 때는 배우가 말로 표현합니다 **5** (2) × **6** ⑤ **7** (1) 예 신기한 것을 본 것처럼 놀라고 믿기지 않는다는 표정을 짓습니다. (2) 예 허겁지겁 무대 밖으로 빠져나갑니다. **8** ⑤ **9** ④ **10** 찬수 **11** ① **12** ③ **13** 예 샬럿은 월버를 도와주고 싶어 하고, 월버는 샬럿이 고마운 친구라고 생각합니다. **14** 최고의 돼지 **15** (1) ㉱ (2) ㉮ (3) ㉯ (4) ㉰

1 마을 사람들은 처음 보는 노인이라며 배낭을 멘 노인을 보고 수군거렸습니다.

2 노인을 배려하여 가방을 놓고 드시라고 말했는데, 노인이 화를 내듯이 식당을 나가 버려서 식당 주인은 황당했을 것입니다.

3 극본의 해설에 나타난 장소는 연극으로 공연할 때 무대 배경과 조명, 음악으로 표현합니다. 1장은 마을 거리, 2장은 식당 안이 무대 장소로 알맞습니다.

4 ㉠은 극본의 대사로 배우가 말로 표현하고, 사건의 전개를 나타내 줍니다.

채점 tip 대사는 연극에서 배우가 직접 하는 말입니다. 대사를 통해 사건이 어떻게 흘러가는지 알 수 있으며 인물의 성격도 짐작할 수 있습니다. 이러한 대사의 특징에 대해 썼으면 정답으로 합니다.

5 극본에 나오는 모든 인물은 각 배역에 맞게 여러 명의 배우가 맡아 연기합니다.

6 러비는 돼지우리에서 거미줄에 글자가 새겨진 것을 보고 깜짝 놀라 허겁지겁 퇴장했습니다.

7 러비는 거미줄에 새겨진 글자를 보고 매우 놀라고 믿기지 않아서 다른 사람들에게 알리려는 마음이 들었을 것입니다.

8 월버는 러비가 자신이 살이 오르고 커진 것을 보고 햄으로 만들려고 한다고 생각해서 돼지우리에서 도망친 것입니다.

9 샬럿은 월버가 도망가면 바깥세상에서 살아남을 수 없을 것이라고 했습니다.

10 글 ㉯에서 월버가 처한 상황이 어떠한지 먼저 생각해 보고 월버의 마음을 짐작해 봅니다. 월버는 동물들에게 잡혀서 배신감을 느꼈습니다.

11 호머 주커만은 거미줄에 새겨진 글자를 보고 기적이 일어났다고 했습니다.

12 템플턴은 샬럿이 글자를 쓸 수 있게 글자 조각을 찾아오기로 했습니다.

13 인물들의 관계를 파악해 써 봅니다.

이런 답도 가능해!
예 샬럿은 월버를 살리고 싶어 합니다. 그래서 자신이 글자를 써서 도와주려고 합니다. 월버는 이런 샬럿이 고맙고 자신과 가장 친한 친구라고 생각합니다.

14 '최고의 돼지'는 새끼 양이 거미줄에 새기자고 제안한 글자입니다.

15 제작진 역할에는 연출, 의상, 소품, 음악 및 효과음 등이 있습니다.

89쪽 수행 평가

1 예 월버는 바깥세상에서 살 수 없으니 부추기지 말고 다시 돌아올 때 붙잡아 달라고 했습니다. **2** 예 친구들이 자신을 붙잡아서 화나고 속상하며 끝까지 도망가고 싶습니다. **3** 예 두 팔과 다리를 버둥거리

는 몸짓을 하며 화가 난 표정으로 크게 소리를 칩니다. 그리고 굳게 결심하는 표정을 지으며 단호한 말투로 끝까지 싸울 것이라고 말합니다.

1 샬럿은 동물들에게 도망가려는 윌버를 부추기지 말고 다시 돌아올 때 붙잡아 달라고 했습니다.

2 윌버는 자신이 햄이 될까 봐 도망가고 싶은데 동물들이 자신을 잡아서 놀랐고 화가 나 있습니다. 또한 이대로 포기할 수 없다며 끝까지 싸울 것이라고 다짐하였습니다.

3 윌버가 동물들에게 붙잡혀 도망치는 것을 포기할 수 없다고 말하는 상황입니다. 따라서 버둥거리는 몸짓과 화가 난 표정으로 크게 소리치는 것이 어울립니다. 또한 끝까지 싸울 것이라고 결심하는 말을 할 때에는 단호한 말투가 어울립니다.

채점 기준		
	잘함	윌버가 도망가려다가 잡힌 상황과 속상하고 화난 마음을 표현하는 목소리, 표정, 몸짓을 모두 썼습니다.
	보통	윌버의 상황과 마음을 표현하는 목소리, 표정, 몸짓 중 두 가지 이상만 알맞게 썼습니다.
	노력 요함	윌버의 상황과 마음을 이해하지 못해 알맞은 목소리, 표정, 몸짓을 모두 쓰지 못했습니다.

[채점 키워드] 알맞은 표정과 몸짓으로 표현하기: 인물이 처한 상황을 알고 그때 인물이 어떤 감정일지 생각해 보기

90쪽 쉬어가기

5. 글에 담긴 생각과 비교해요

92쪽 개념 확인 문제

1 ⑴ × **2** 하영 **3** ㉰

1 글쓴이의 생각을 파악하며 글을 읽으면 글 내용을 더 깊이 있게 이해할 수 있고, 글쓴이가 글을 쓴 의도와 목적을 알 수 있습니다.

2 글쓴이의 생활 습관이 어떠한지 파악하는 것은 글쓴이의 생각을 파악하는 방법으로 적절하지 않습니다.

3 주장을 뒷받침하는 근거가 정확한지 판단해 보아야 합니다.

93쪽 어휘·문법 확인 문제

1 의도 **2** ⑴ 인류 ⑵ 도입 ⑶ 문화 **3** 세금 **4** ㉰

1 '의도'의 뜻입니다.

2 ⑴에는 '인류', ⑵에는 '도입', ⑶에는 '문화'가 알맞습니다.

3 '부과'는 '세금이나 부담금 따위를 매기어 부담하게 함.'이라는 뜻을 가지고 있습니다.

4 '김밥'은 복합어 중 합성어에 해당합니다. '꽃', '나무', '감자'는 단일어입니다.

94~101쪽 교과서 독해

내가 원하는 우리나라 | 94~95쪽 **글의 구조** ❶ 세계 ❷ 아름다운

1 ② **2** ① **3** ①, ⑤ **4** ⑤ **5** ㉱ **6** 예 글 내용을 잘 설명할 수 있는 제목이기 때문입니다. **7** ⑤ **8** ⑴ ○ ⑵ ○

로봇세를 도입해야 한다 | 96쪽 **글의 구조** ❶ 일자리 ❷ 소득

9 석빈 **10** ㉠ **11** ⑵ ○ **12** 소수

로봇세 도입을 늦추어야 한다 | 97쪽 **글의 구조** ❶ 걸림돌 ❷ 로봇

13 예 로봇세 도입이 로봇 산업 발전을 더디게 하기 때문입니다. / 로봇 기술 개발에 집중할 때이기 때문입니다. **14** ①, ③, ⑤ **15** ㉯ **16** ⑵ ○

기와 조각과 똥 덩어리 | 98~100쪽 **글의 구조** ❶ 기와 ❷ 사람 ❸ 스스로

17 ①, ③, ⑤ **18** ⑤ **19** ① **20** 경치 **21** 기와 조각, 똥 덩어리 **22** ③ **23** 예 글쓴이는 나리가 중국에서 기와 조각과 똥 덩어리를 인상 깊게 봤다고 생각했기 때문입니다. **24** ㉯ **25** (1) ○ **26** ⑤ **27** 예 자신의 가치는 자신이 만드는 것이니 스스로 노력하는 삶을 살아야 한다는 것입니다. **28** ㉯

착한 사마리아인의 법 | 101쪽 **글의 구조** ❶ 법 ❷ 도덕

29 ⑤ **30** ⑤ **31** ⑤ **32** 단우

1 글쓴이가 오직 한없이 가지고 싶은 것은 높은 문화의 힘이라고 했습니다.

2 글쓴이는 인류가 현재에 불행한 근본 이유는 인의가 부족하고, 자비가 부족하고, 사랑이 부족하기 때문이라고 했습니다.

3 글 ❷의 첫 문장에 문화를 높이기 위해 우리가 해야 할 일이 나타나 있습니다.

4 '풍족히'는 '매우 넉넉하여 부족함이 없이.'라는 뜻을 가지고 있습니다.

왜 답이 아닐까?

① 넉넉히: 크기나 수량 따위가 기준에 차고도 남음이 있게.
② 편안히: 편하고 걱정 없이 좋은 상태로.
③ 한없이: 끝이 없이.
④ 가득하게: 분량이나 수효 따위가 어떤 범위나 한도에 꽉 찬 상태에 있게.

5 가족에게, 이웃에게, 동포에게 주는 것을 즐거움으로 삼는 사람을 가리켜 선비나 점잖은 사람이라고 했습니다.

6 읽는 사람의 관심을 끌 수 있는 제목이고, 글쓴이의 생각을 잘 드러낼 수 있는 제목이기 때문입니다.

7 우리나라가 높은 문화의 힘을 가진 나라가 되기 위해 교육을 통해 인자하고 어진 덕을 쌓아야 한다는 것이 이 글에 나타난 글쓴이의 생각입니다.

8 글쓴이의 생각을 파악하며 글을 읽으면 글 내용을 좀 더 깊이 있게 이해할 수 있고, 글쓴이가 글을 쓴 의도와 목적을 알 수 있습니다.

9 글쓴이는 로봇세 도입의 필요성을 강조하기 위해 이 글의 제목을 「로봇세를 도입해야 한다」로 정했습니다.

10 ㉠이 포함된 부분은 로봇에게 세금을 부과하자는 주장이 나오게 된 배경으로, 글쓴이의 생각이 직접 드러난 표현은 아닙니다.

11 글쓴이는 로봇세를 도입해 일자리를 잃은 사람들의 재교육 비용을 마련하고 소득을 재분배하자고 했습니다.

12 '소수'에 대한 뜻입니다.

13 로봇세에 대한 글쓴이의 입장과 관련지어 써 봅니다.

채점 tip 로봇세 도입을 반대하는 글쓴이의 생각과 관련지어 제목을 지은 까닭을 썼으면 정답으로 합니다.

14 '부담', '걸림돌', '막대한 특허 사용료를 외국에 지급' 등이 글쓴이의 생각을 나타내려고 쓴 낱말이나 문장입니다.

15 글쓴이는 학생이나 로봇에 관심이 있는 사람들, 기업인 등을 예상 독자로 생각하고 글을 썼을 것입니다.

16 글쓴이는 로봇세 도입이 로봇 산업 발전에 부정적인 영향을 줄 것이기 때문에 로봇세 도입을 늦추어야 한다고 생각합니다.

17 '나리', '창대', '장복이'가 나옵니다.

18 조선의 선비들은 연경에서 돌아온 선비를 만나면 제일가는 경치가 무엇이었는지 반드시 물어본다고 했습니다.

19 조선의 일류 선비들은 중국이 오랑캐의 나라이기 때문에 오랑캐의 나라에서는 볼 것이 없다고 생각했습니다.

20 '경치'에 대한 뜻입니다.

21 나리는 중국의 제일가는 경치는 기와 조각과 똥 덩어리라고 했습니다.

22 나리는 백성들의 집에 담을 쌓을 때 깨진 기와 조각을 둘씩 짝을 지어 물결무늬를 만들기도 하고, 혹은 네 조각을 모아 쇠사슬 모양이나 엽전 모양을 만든다고 하였습니다.

23 글쓴이는 나리가 중국에서 기와 조각과 똥 덩어리를 인상 깊게 봤다고 생각했기 때문에 제목을 그렇게 지었을 것입니다.

채점 tip 글쓴이에게 가장 인상 깊은 것이고, 글의 주제가 드러나는 낱말이라는 내용으로 넣어 썼으면 정답으로 합니다.

24 나리가 한 말을 통해 글쓴이의 생각을 파악할 수 있습니다.

25 창대와 장복이는 자신들과 같은 천민도 똥오줌이나 깨진 기와 조각처럼 쓸모가 있을지 궁금했습니다.

26 ㉠에 공통으로 들어갈 낱말은 '쓰임새'입니다.

왜 답이 아닐까?
① 모양새: 겉으로 보이는 모양의 상태.
② 차림새: 차린 그 모양.
③ 생김새: 생긴 모양새.
④ 짜임새: 짜인 모양새.

27 나리는 스스로 쓰임새를 찾는다면 어찌 똥오줌이나 깨진 기와 조각의 쓰임새에 비하겠느냐고 했습니다.

이런 답도 가능해!
예 다른 사람의 도움을 받으려고 하지 말고 스스로 자신이 할 수 있는 일을 찾아야 한다는 것입니다.

28 글쓴이는 조선 후기 사람들에게 신분 제도, 사물의 가치 등에 대해 다른 관점을 제시하기 위해 이 글을 썼을 것입니다.

29 현재 법률에는 구조의 의무가 명시되어 있지 않다는 이유로 소송이 기각되었습니다.

30 착한 사마리아인의 법은 위험에 처한 사람을 돕지 않으면 처벌할 수 있는 법 제도입니다.

31 근거를 설명하기 위해 자신의 경험이나 신문 기사, 통계 자료, 전문가의 의견, 책 같은 다양한 자료를 활용할 수 있습니다.

32 나와 생각이 다른 것을 존중하되, 무조건적으로 수용해서는 안 됩니다.

102~103쪽 단원 평가 1회

1 ④ 2 ㉮ 3 ② 4 ④ 5 ① 6 거름 7 ㉡ 8 (3) ○ 9 ④ 10 ⑤

1 글쓴이는 문화의 힘이 우리 자신을 행복하게 하고 남에게도 행복을 주기 때문에 높은 문화의 힘을 한없이 가지고 싶다고 하였습니다.

2 글쓴이는 교육의 힘으로 문화의 힘을 기를 수 있다고 생각합니다.

3 로봇세를 도입해야 한다는 글쓴이의 생각이 드러난 표현으로 알맞은 것은 ㉡입니다.

4 정아는 글을 읽을 예상 독자가 누구인지 생각해 보았습니다.

5 글쓴이의 생각을 잘 드러낼 수 있는 제목으로 알맞은 것은 ①입니다.

6 나리는 똥오줌이 세상에 둘도 없이 더러운 것이지만 거름으로 쓸 때에는 한 덩어리라도 흘릴까 하여 조심한다고 하였습니다.

7 ㉡에 자신의 가치는 자신이 만드는 것이니 스스로 노력하는 삶을 살아야 한다는 글쓴이의 생각이 잘 드러나 있습니다.

8 나리의 말을 통해 글쓴이가 (3)과 같은 의도와 목적으로 이 글을 썼음을 알 수 있습니다.

9 '맨발'은 '맨-'이라는 접사와 '발'이라는 어근으로 이루어진 복합어입니다. '호박', '얼굴', '구름', '고구마'는 단일어입니다.

10 '풋고추'는 '풋-'이라는 접사와 '고추'라는 어근으로 이루어진 파생어입니다. '논밭', '봄비, '손등', '국물'은 합성어입니다.

문법 문제 tip 사이시옷

단일어		낱말을 쪼개었을 때 각각 아무 뜻을 가지지 못하여 더 이상 나눌 수 없는 낱말. 예 구름, 나무, 고구마
복합어	파생어	어근과 접사로 구성된 낱말. 예 풋사과, 맨발
	합성어	둘 이상의 어근으로 구성된 낱말. 예 김밥, 사과나무

104~106쪽 단원 평가 2회

1 ③ 2 ②, ⑤ 3 ② 4 (1) 예 가장 아름다운 우리나라를 만듭시다 (2) 예 글쓴이의 생각을 가장 잘 드러낼 수 있는 제목이라고 생각하기 때문입니다. 5 ④, ⑤ 6 ⑤ 7 (1) 예 일자리를 잃은 사람들이 재교육을 받고 일자리를 찾는 데 도움이 됩니다. (2) 예 소득을 재분배함으로써 국민의 복지 향상에 도움을 줄 수 있습니다. 8 ① 9 ⑤ 10 (2) ○ 11 ⑤ 12 ㉮ 13 ④ 14 예 거름으로 쓸 때는 한 덩어리도 소중하게 여기며 쓸모 있게 사용되기 때문입니다. 15 (2) ○

1 아름다운 나라가 되기 위해 오직 한없이 가지고 싶

은 것은 높은 문화의 힘이라고 했습니다.

2 문화의 힘을 높이기 위해 우리가 할 일은 사상의 자유를 확보하는 정치 양식의 건립과 국민 교육의 완비라고 했습니다.

3 글쓴이는 우리나라의 젊은 남녀가 인자하고 어진 덕을 가져야 한다고 생각합니다.

4 글의 내용을 가장 잘 설명할 수 있고, 읽는 사람의 관심을 끌 수 있으며, 글쓴이의 생각을 가장 잘 드러낼 수 있는 제목으로 정하여 써 봅니다.

채점 tip 이 글에 나타난 글쓴이의 중요한 생각을 담아 글의 제목을 정하고, 제목을 정한 까닭을 타당하게 썼으면 정답으로 합니다.

5 글쓴이의 생각을 파악하며 글을 읽으면 글 내용을 좀 더 깊이 있게 이해할 수 있고, 글쓴이가 글을 쓴 의도와 목적을 알 수 있습니다.

6 글 ㉮에서 세계 경제 포럼이 전망한 내용을 찾을 수 있습니다.

7 글 ㉮에서는 일자리를 잃은 사람들이 재교육을 받고 새로운 일자리를 찾는 데 도움을 줄 수 있다고 했고, 글 ㉯에서는 소득을 재분배함으로써 국민의 복지 향상에 도움을 줄 수 있다고 했습니다.

8 우리나라에서 로봇을 만들 수 없다는 내용은 나타나 있지 않습니다.

9 글쓴이는 로봇세 도입이 로봇 산업에 부정적인 영향을 줄 것이기 때문에 로봇세 도입이 아직은 너무 이르다는 생각을 전하고 있습니다.

10 글쓴이는 로봇에게 세금을 걷는 것이 아직은 필요하지 않다고 생각합니다.

11 조선의 백성들은 청나라나 왜적이 쳐들어왔을 때 명나라가 도와준 고마움을 잊지 않았고, 청나라를 오랑캐의 나라라고 여겼습니다.

12 글 ㉰를 통해 나라의 생각을 알 수 있으며, 나리의 대답으로 적절한 것은 ㉮입니다.

13 천하에 쓸모없는 깨진 기와 조각을 알뜰하게 사용했기에 다시 보자는 글쓴이의 생각이 드러난 표현은 ㉣입니다.

14 글 ㉲에서 똥오줌은 더러운 것들이지만 쓸모 있게 사용된다고 하였습니다.

15 글쓴이는 이 글의 독자를 조선 시대 양반이나 관직에 있는 사람 등으로 예상하고 썼을 것입니다.

107쪽 수행 평가

1 예 • 제목 • 글쓴이의 생각이 담긴 낱말이나 문장 • 글 내용 • 글쓴이가 예상하는 독자 • 글을 쓴 의도와 목적 2 예 로봇 개발자가 마음의 부담을 느껴 혁신적인 생각을 발전시키거나 과감한 투자를 하는 데에 걸림돌이 되기 때문입니다. 3 예 로봇세 도입은 로봇 산업 발전에 걸림돌이 될 수 있으며 지금은 로봇 기술 개발에 더욱 집중할 때이므로 로봇세 도입을 늦추어야 합니다.

1 글을 읽고 글쓴이의 생각을 파악하는 방법을 떠올려 써 봅니다.

2 로봇세 도입이 로봇 산업 발전에 도움이 되지 않는다고 한 까닭을 써 봅니다.

3 글의 제목, 글쓴이의 생각이 드러나는 표현, 글 내용 등을 통해 로봇세 도입에 대한 글쓴이의 생각과 그렇게 생각하는 까닭을 한 문장으로 정리하여 써 봅니다.

채점 기준		
	잘함	로봇세 도입을 늦추어야 한다는 글쓴이의 생각을 까닭과 함께 한 문장으로 잘 정리하였습니다.
	보통	로봇세 도입을 늦추어야 한다는 글쓴이의 생각은 썼지만 그 까닭을 정리하지 못했습니다.
	노력 요함	글쓴이의 생각을 파악하지 못해 글로 쓰지 못했습니다.

[채점 키워드] 글쓴이의 생각 파악하기: 제목과 글에서 사용한 표현을 살피기, 글쓴이가 글을 쓴 의도와 목적 생각하기

108쪽 쉬어가기

6. 정보와 표현 판단하기

110쪽 개념 확인 문제

1 (1) 반복 (2) 강조법 2 (1) × 3 ㉣

1 오래 기억되도록 같은 말을 반복해 사용하고, 효과적으로 표현하기 위해 강조법을 사용합니다.

2 같은 말을 반복해 사용하는 것은 광고의 표현 특성으로, 비판적으로 살펴볼 부분은 아닙니다.

3 뉴스에는 뉴스의 관점을 뒷받침하는 자료를 활용해야 합니다.

111쪽 어휘·문법 확인 문제

1 광고 2 (1) 초경량 (2) 협약 (3) 감염 3 내구성
4 (1) 아무 (2) 저 (3) 옛

1 광고는 사람들에게 널리 알리는 것으로, 공익 광고나 상업 광고 등이 있습니다.

2 (1)은 '초경량', (2)는 '협약', (3)은 '감염'이 들어가는 것이 알맞습니다.

3 물건이 오래 견디는 성질을 뜻하는 낱말은 '내구성'입니다.

4 '아무'는 '말'을, '저'는 '사람'을, '옛'은 '노래'를 꾸며 주는 관형사입니다.

112~117쪽 교과서 독해

뉴스가 우리 생활에 미치는 영향 | 112쪽 **활동 정리** ❶ 정보 ❷ 여론

1 ④ 2 (1) ○ 3 (1) ㉯ (2) ㉮ 4 (2) ○

신바람 자전거 | 113쪽 **활동 정리** ❶ 디자인 ❷ 과장

5 ①, ②, ④ 6 내구성 7 예 언제, 어떤 조사에서 소비자 만족도가 1위였는지에 대한 정보를 감추고 있습니다. 8 재용

깃털 책가방 | 114쪽 **활동 정리** ❶ 튼튼한 ❷ 최고

9 (깃털) 책가방 10 (3) ○ 11 초경량 12 ①, ②, ⑤ 13 예 과장한 표현을 사용한 부분입니다. / 감추는 내용을 담은 부분입니다.

스마트 기부 확산 | 115쪽 **활동 정리** ❶ 보도 ❷ 강조

14 ④ 15 (3) ○ 16 ④, ⑤ 17 예 스마트 기부를 하는 사람들의 동기를 분석한 통계 자료의 출처를 정확히 밝혔습니다.

30초의 기적…올바른 손 씻기 방법은? | 116쪽 **활동 정리** ❶ 관점 ❷ 출처

18 (1) ㉯ (2) ㉮ 19 (2) ○ 20 ①, ②, ④ 21 예 뉴스의 관점과 관련해 사람들의 손 씻는 방법이 제각각임을 소개하고, 올바른 손 씻기 방법을 제시했습니다.

관심 있는 내용으로 뉴스 원고 쓰기 | 117쪽 **활동 정리** ❶ 취재 ❷ 보도

22 ㉰, ㉯, ㉮, ㉲, ㉱ 23 ②, ⑤ 24 ①, ②, ⑤
25 예 저는 갈수록 늘어나는 음식물 쓰레기 문제의 심각성을 알리는 뉴스를 만들고 싶습니다.

1 글 ㉮에서 설명한 기후 협약의 최종 합의문 핵심은 지구의 기온 상승 폭을 산업화 이전 대비 섭씨 2도 아래로 억제하고, 가능하면 섭씨 1.5도까지 낮추는 것입니다.

2 ㉯에서 여자아이는 기후 협약이 무엇인지를 물었습니다.

3 뉴스는 우리가 어떤 일을 긍정적이거나 비판적인 시각으로 보게 하고, 여러 사람의 생각에 영향을 주어 여론을 형성하기도 합니다.

4 '협상에 의하여 조약을 맺음.'을 뜻하는 낱말은 '협약'입니다.

> **왜 답이 아닐까?**
> (1) 협동: 서로 마음과 힘을 하나로 합함.
> (3) 협력: 힘을 합하여 서로 도움.

5 ①은 기술, 건강, 기술력에 각각 '최고'라는 표현이 과장되었고, ②는 자전거를 탄다고 누구나 신바람이 나는 것은 아니므로 과장된 표현이고, ④는 '단 한 가지'가 신바람 자전거만이 될 수 있는 것이 아니므로 과장된 표현입니다.

6 '내구성'은 '물질이 변하지 않고 오래 견디는 성질.'을 뜻하는 낱말이므로 빈칸에 들어가기에 알맞습니다.

7 '소비자 만족도 1위'라는 문구는 언제, 어떤 조사에서 소비자 만족도가 1위였는지에 대한 정보를 감추고 있습니다.

이런 답도 가능해!

예 소비가 만족도를 조사한 곳이나 무엇에 대한 만족도를 조사했는지 자세한 정보가 없습니다.

8 광고에 나오는 모든 내용이 거짓인 것은 아닙니다. 광고에서 과장되거나 감추는 내용이 무엇인지 잘 생각해야 합니다.

9 이 광고는 깃털 책가방을 광고하고 있습니다.

10 광고에서 '이보다 가벼울 수는 없다!'라는 표현은 더 가벼운 책가방이 있을 수 있기 때문에 과장된 표현입니다.

11 이 광고에서는 깃털처럼 가벼운 책가방을 광고하기 위해 '극도로 가벼운 무게'라는 뜻을 지닌 '초경량'이라는 낱말을 사용하였습니다.

12 광고에서는 주제가 잘 드러나도록 글, 그림, 사진을 효과적으로 사용하고, 오래 기억되도록 같은 말을 반복해 사용합니다. 또, 효과적으로 표현하려고 강조법을 사용하기도 합니다.

13 광고에서는 상품을 잘 팔리게 하기 위해 과장되거나 감추는 내용이 있다는 점을 생각하며 써 봅니다.

채점 tip 광고에는 내용을 과장하거나 출처를 밝히지 않고 드러내지 않는 부분이 있다는 내용으로 썼으면 정답으로 합니다.

14 ①에서 재미와 감동이 함께하는 '스마트 기부'가 확산된다는 내용을 보도하고 있습니다.

15 진행자의 도입 부분에는 뉴스에서 보도할 내용을 유도하거나 전체를 요약해 안내합니다.

16 뉴스에서 면담이나 통계 자료를 활용하면 사람들의 이해를 도울 수 있고, 뉴스 내용을 체계적이고 일목요연하게 보여 줄 수 있습니다.

17 제시된 조건을 생각하며 뉴스의 타당성을 판단해 써 봅니다.

채점 tip 스마트 기부 콘텐츠 '동기' 분석이 자료로 활용되었음을 알고 출처를 밝혔다는 내용을 썼으면 정답으로 합니다.

18 진행자는 뉴스에서 보도할 내용을 유도하거나 전체를 요약해 안내하고, 기자는 면담 자료나 통계 자료로 취재한 내용을 설명합니다.

19 (1)은 '회복', (3)은 '수술'의 뜻입니다.

20 뉴스의 관점을 뒷받침하기 위해 관련 실험, 전문가 면담, 주제와 관련한 연구 결과를 활용했습니다.

21 제시된 조건을 생각하며 뉴스의 타당성을 판단해 써 봅니다.

이런 답도 가능해!

예 '30초 손 씻기'의 중요성을 나타내기 위해 올바른 손 씻기 방법을 관련지어 제시했습니다.

22 뉴스를 만드는 과정은 '㉰ → ㉯ → ㉮ → ㉲ → ㉱'의 차례입니다.

23 보도 내용을 회의할 때에는 새로운 정보는 무엇인지 생각해 보고, 우리 주변에서 최근 일어난 일은 무엇인지 살펴봐야 합니다.

24 뉴스 원고를 쓸 때에는 타당한 정보를 제시하고, 짧고 간결한 표현을 사용해야 합니다. 또한 사람들이 쉽고 분명하게 그 내용을 느낄 수 있도록 정확한 표현을 사용해야 합니다.

25 우리 반 친구들이 관심 있을 만한 내용이고, 친구들에게 알려 주기에 가치 있는 내용인지를 생각해서 씁니다.

채점 tip 여러 사람이 함께 관심 있게 볼 만한 내용이고, 가치 있는 내용의 주제를 썼으면 정답으로 합니다.

118~119쪽 단원 평가 1회

1 기후 협약 **2** ⑤ **3** ⑤ **4** ③ **5** ㉡ **6** (1) ㉰ (2) ㉮ (3) ㉯ **7** ③ **8** (1) × **9** 새 **10** ④

1 ①의 여자아이는 뉴스를 보고 기후 협약이 무엇인지 궁금해하였습니다.

2 ③의 사람들은 뉴스를 보고 여론을 형성하였습니다.

왜 답이 아닐까?

① 뉴스와 재미와는 관련이 없습니다. 뉴스는 새로운 소식을 전하는 것이 목적입니다.

② 대화 ①에서 알 수 있습니다.

③, ④ 대화 ②를 통해 뉴스가 어떤 일을 긍정적이거나 비판적인 시각으로 보게 한다는 것을 알 수 있습니다.

3 '신바람'이라는 표현을 반복하여 신바람 자전거를 광고하고 있습니다.

4 광고 표현의 적절성을 판단하려면 과장하거나 감추는 내용이 무엇인지 살펴야 합니다.

5 '단 한 가지'가 신바람 자전거만 될 수 있는 것이 아니므로, ㉡은 과장된 표현입니다.

왜 답이 아닐까?
㉠ 과장된 표현은 사실보다 지나치게 부풀려 나타내는 표현이므로 관련이 없습니다.
㉢ 언제, 어떤 조사에서 소비자 만족도가 1위였는지와 관련한 정보를 감추고 있습니다.

6 ㉮는 진행자의 도입, ㉯는 기자의 보도, ㉰는 기자의 마무리에 해당됩니다.

7 올바른 손 씻기 방법에 대해 보도하고 있습니다.

8 기자의 마무리 부분에 제시한 연구 결과 자료의 출처가 없으므로 출처를 명확하게 제시해야 합니다.

9 이 문장에 쓰인 관형사는 '새'입니다.

10 ④에 쓰인 '셋'은 수량을 나타내는 수사입니다. 수사는 조사가 붙을 수 있고, 수 관형사는 조사가 붙을 수 없다는 것을 주의합니다.

문법 문제 tip 관형사는 문장 안에서 주로 명사, 대명사, 수사를 꾸며 주는 역할을 하는 낱말입니다. ①의 문장에서 '동화책 두 권을 샀다'에서 '두'는 몇 권이 있는지 알 수 있도록 '권'을 꾸며 주고 있는 수 관형사입니다. 이에 비해 ④의 문장에서 '셋'은 꾸며 주는 역할을 하지 않고 사물의 수량을 나타내는 수사에 해당합니다.

120~122쪽 단원 평가 ②회

1 ①, ④, ⑤ **2** ①, ②, ④ **3** ③, ④ **4** ④ **5** (1) 예 신바람 자전거를 널리 알리려고 정보를 제공합니다. (2) 예 사람들이 신바람 자전거를 선택하도록 설득합니다. **6** ① **7** 현우 **8** 진행자의 도입 **9** (2) × **10** 예 뉴스의 관점과 보도 내용이 서로 관련 있는지 살폈습니다. **11** ③ **12** ① **13** ③ **14** 석진 **15** 예 사람들이 쉽고 분명하게 그 내용을 느낄 수 있도록 정확한 표현을 사용합니다. / 짧고 간결한 표현을 사용합니다. / 타당한 정보를 제시합니다.

1 뉴스는 사람들에게 새로운 정보를 알려 주고, 여론을 형성하며, 어떤 일을 긍정적이거나 비판적인 시각으로 보게 합니다.

2 광고는 알리려는 내용이나 대상을 사람들이 오래 기억하도록 표현합니다. 이에 광고의 표현 특성으로 알맞은 것은 ①, ②, ④입니다.

3 독보적인 디자인과 튼튼한 내구성을 인정받아 소비자 만족도 1위를 달성했다고 했습니다.

4 ㉣은 언제, 어떤 조사에서 소비자 만족도가 1위였는지에 대한 정보를 감추고 있습니다.

5 광고는 상품에 대한 정보를 제공하고, 사람들이 상품을 선택하도록 설득합니다.

채점 tip 사람들에게 상품(신바람 자전거)에 대한 정보를 제공하고 상품(신바람 자전거)을 선택하도록 설득한다는 두 가지 목적을 모두 썼으면 정답으로 합니다.

6 광고에서 깃털 책가방은 초경량이고 튼튼한 재질이며 거품 없는 가격과 최고의 품질, 세련된 디자인을 갖췄다고 했습니다.

7 '교과서를 모두 넣어도 찢어질 염려 없는'이라는 표현은 교과서를 모두 넣을 때, 무거우면 찢어질 수도 있기 때문에 과장된 표현입니다.

8 진행자가 뉴스의 핵심 내용을 요약해 안내하고 있으므로 '진행자의 도입'입니다.

9 뉴스의 처음 부분에 사랑의 열매에는 기부금이 목표액의 절반 이상을 채웠다고 했습니다.

10 뉴스 관점과 보도 내용이 서로 관련 있는지 판단해 말한 것입니다.

11 올바른 손 씻기 방법에 대해 소개하고 있습니다.

12 올바른 손 씻기로 독감을 예방할 수 있다고 했지만, 독감의 주요 원인이 무엇인지에 대해서는 나타나 있지 않습니다.

13 이미 많은 사람들이 알고 있는 내용인지 살피는 것은 타당성을 판단하는 방법으로 알맞지 않습니다.

14 뉴스의 관점과 관련해 사람들의 손 씻는 방법이 제각각임을 소개하고, 올바른 손 씻기 방법을 제시하고 있습니다.

15 뉴스 원고를 쓸 때에는 우리 생활에 미치는 영향을 고려해 관점이 잘 드러날 수 있게 정확하고 간결한 표현으로 써야 합니다.

123쪽 수행 평가

1 예 10초 동안 비누로 손바닥과 손가락을 비벼 가며 수시로 30초 동안 손을 씻는 것입니다. **2** 예 손에 형광 물질을 바르고 어떻게 손을 씻어야 세균을 없앨 수 있는지 실험한 내용과 우리가 자주 얼굴을 만진다는 연구 결과를 활용했습니다. **3** 예 뉴스의 관점을

뒷받침하려고 주제와 관련한 연구 결과를 활용했는데, 조금 더 자세하고 타당하게 실험 결과나 연구 결과를 밝히면 좋을 것 같습니다.

1 기자의 보도에서 알 수 있는 올바른 손 씻기 방법을 정리하여 써 봅니다.

2 '기자의 보도' 부분과 '기자의 마무리' 부분에 쓰인 자료를 모두 찾아 씁니다.

3 문제 2번에서 답한 자료들이 올바른 손 씻기로 감염병을 막을 수 있다는 관점을 뒷받침하는지 판단하여 써 봅니다.

채점 기준		
	잘함	뉴스에서 활용한 자료들이 무엇인지 알고, 뉴스의 관점을 뒷받침하는지 판단하여 썼습니다.
	보통	뉴스에서 활용한 자료들이 무엇인지 알지만 뉴스의 관점을 뒷받침하는지에 대해 쓰지 못했습니다.
	노력 요함	뉴스에서 활용한 자료들이 무엇인지 모르고, 뉴스의 관점과 어떤 관련이 있는지 쓰지 못했습니다.

[채점 키워드] 뉴스의 타당성 판단하기: 뉴스의 관점과 활용한 자료의 관련성 생각하기 → 활용한 자료들이 뉴스의 관점을 뒷받침하는지 살피기

124쪽 **쉬어가기**

7. 글 고쳐 쓰기

126쪽 **개념 확인 문제**

1 태호 **2** (1) ○ **3** ①

1 글에서 필요한 내용을 일부러 빼는 것은 글을 고쳐 쓰는 방법으로 적절하지 않습니다.

2 지나치게 긴 문장은 이해하기 어려우므로 두 문장으로 나누어 쓸 필요가 있습니다.

3 '중요한 것이'와 같이 띄어 써야 합니다.

127쪽 **어휘·문법 확인 문제**

1 따라오는 **2** 부작용 **3** (1) 악취 (2) 대체 (3) 투쟁 **4** (2) ×

1 '호응'은 '앞에 어떤 말이 오면 거기에 응하는 말이 따라오는 것.'의 뜻을 지니고 있습니다.

2 '부작용'에 대한 뜻입니다.

3 (1)은 '악취', (2)는 '대체', (3)은 '투쟁'이 들어가는 것이 알맞습니다.

4 '절대로'는 '~하지 않다'와 호응합니다.

128~131쪽 **교과서 독해**

쓰레기가 되는 불량 식품 | 128쪽 **활동 정리** ❶ 제목 ❷ 삭제

1 ① **2** ①, ④, ⑤ **3** 예 글의 주제와 관련 없는 내용이기 때문에 삭제하였습니다. **4** (1) ○ **5** ㉰

다른 사람을 존중하자 | 129쪽 **활동 정리** ❶ 고운 ❷ 목적

6 예 고운 말을 사용해야 한다고 주장하기 위해서 썼습니다. **7** (2) ○ **8** 예 싸움 **9** 원활한 **10** ⑤

동물의 희생, 동물 실험을 반대한다 | 130쪽 **글의 구조** ❶ 실험 ❷ 대체

11 (2) ○ **12** ② **13** ㉮ **14** ⑤

동물 실험을 없애도 괜찮을까 | 131쪽 **글의 구조** ❶ 부작용 ❷ 비용

15 (1) ○ **16** ②, ④, ⑤ **17** 지성 **18** (1) 예 동물 실험에 반대합니다. (2) 예 동물의 생명도 똑같이 소중합니다. (3) 예 '전 세계에서 해마다 약 6억 마리의 동물이 희생되고 있다.'는 사실을 인용할 것입니다.

1 ㉮와 ㉯ 모두 불량 식품을 먹지 말자는 주제를 전하고 있습니다.

2 제목을 바꾸었고, 문장을 고쳐 쓴 부분이 있으며, 삭제하거나 추가한 내용이 있습니다.

3 ㉠은 불량 식품을 먹지 말자는 글의 주제와 관련이 없는 내용입니다.

4 '아무리'는 '~아도/~어도'와 호응하기 때문에 '맛있어도'라고 써야 합니다.

5 더 필요한 내용이 있으면 알맞은 곳에 써넣어야 합니다.

6 글쓴이는 이 글을 통해 고운 말을 사용하자는 주장을 전하고 있습니다.

> **이런 답도 가능해!**
> 예 비속어가 아닌 고운 말을 사용하는 바른 언어 습관을 기르자.

7 '가는 말이 고와야 오는 말이 곱다'라는 속담은 남에게 좋은 말을 먼저 해야 남도 자기에게 좋은 말을 한다는 뜻입니다.

> **왜 답이 아닐까?**
> (1) 입은 비뚤어져도 말을 바로 해라: 상황이 어떻든지 말은 언제나 바르게 하여야 함을 이르는 말입니다.
> (3) 낮말은 새가 듣고 밤말은 쥐가 듣는다: 말은 항상 조심해서 해야 한다는 것을 이르는 말입니다.

8 '투쟁'을 '싸움'으로 바꾸어 쓰는 것이 더 자연스럽습니다.

9 은어나 비속어를 사용하면 듣는 사람이 잘 이해할 수 없게 되므로 '원활한'이 들어가야 합니다.

10 ㉤은 올바른 문장입니다.

> **왜 답이 아닐까?**
> ① '요즘'은 현재를 나타내는 말이고 '사용했다'는 과거를 나타내는 말이므로 어울리지 않아서 '사용한다'로 바르게 고쳤습니다.
> ② '만약'은 '~면'과 호응하는 말이기 때문에 '~있다면'으로 고쳤습니다.
> ③ '무조건'과 같이 지나치게 단정적인 표현을 사용하는 것은 좋지 않기 때문에 고쳤습니다.
> ④ '노력하면 좋을 수도 있다'는 불확실한 표현이기 때문에 '노력하자'로 고쳤습니다.

11 이 글에서 글쓴이는 동물 실험을 하면 안 된다고 주장했습니다.

12 동물 실험을 다른 방법으로 대체해야 한다는 목소리가 높다고 하였으므로 대체 방법이 있다는 것을 알 수 있습니다.

13 동물의 생명보다 인간의 생명이 더 소중하다는 근거는 동물 실험을 찬성하는 근거입니다. 동물의 생명도 인간의 생명과 같이 똑같이 소중하다는 근거가 동물 실험을 반대하는 근거로 알맞습니다.

14 '교체'는 '사람이나 사물을 다른 사람이나 사물로 대신함.'의 뜻을 지니고 있으므로, '대체'와 바꾸어 쓸 수 있습니다.

> **왜 답이 아닐까?**
> ① 개발: 토지나 천연자원 따위를 유용하게 만듦.
> ② 교환: 서로 바꿈.
> ③ 발전: 더 낫고 좋은 상태나 더 높은 단계로 나아감.
> ④ 삭제: 깎아 없애거나 지워 버림.

15 글쓴이는 동물 실험의 필요성을 말하며, 동물 실험에 대해 찬성합니다.

16 글쓴이는 동물 실험을 해야 한다는 주장을 뒷받침하는 근거로 ②, ④, ⑤를 들었습니다.

17 지성이는 동물 실험과 관련되지 않는 내용을 말했습니다.

18 동물 실험에 대한 찬성 혹은 반대 의견을 정하고, 근거와 뒷받침 자료를 씁니다.

채점 tip 동물 실험에 대한 주장과 근거를 정하고, 근거를 뒷받침하는 자료의 내용을 타당하게 썼으면 정답으로 합니다.

132~133쪽 단원 평가 ①회

1 불량 식품 2 (1) ○ 3 ③ 4 ㉰ 5 (3) ○
6 ⑤ 7 ⑤ 8 ③ 9 ⑤ 10 ㉯

1 도현이는 불량 식품을 먹지 말자는 주장을 글로 쓰고 싶어 합니다.

2 ㉠은 불량 식품을 먹지 말자는 글의 주제와 관련 없는 내용이므로 삭제해야 합니다.

3 이 글은 고운 말을 쓰자고 주장하기 위해 쓴 글입니다.

4 '만약'은 '~면'과 호응하는 말이기 때문에 ㉰가 알맞게 고친 것입니다.

5 ㉡은 고운 말을 사용하면 서로 존중하는 마음을 전

할 수 있다는 중심 문장의 내용과 관련 없는 문장이므로 삭제하는 것이 좋습니다.

6 이 글은 동물 실험을 해서는 안 된다는 주장이 담겨 있으므로 ⑤와 같은 제목이 어울립니다.

7 전 세계에 해마다 약 6억 마리의 동물이 희생되고 있다는 내용을 통해 동물 실험 때문에 수많은 동물이 고통받고 있다는 사실을 알 수 있습니다.

8 동물 실험에 반대하는 사람들은 사람과 동물의 몸은 차이가 크기 때문에 동물 실험이 소용없다고 주장합니다.

9 '비록'은 '~지만'과 호응하는 말이므로 빈칸에는 '늦었지만'이 어울립니다.

10 '아무리'는 '~아도/어도'와 호응하는 말이기 때문에 '바쁘다면'이 아닌 '바빠도'로 고쳐 써야 합니다.

문법 문제 tip 서로 어울리는 말을 함께 썼을 때 문장 호응이 잘 이루어졌다고 합니다. 꾸며 주는 말인 '결코', '전혀', '별로'는 '아니다', '없다', '아니하다', '못하다' 등과 같이 부정의 뜻을 가진 서술어와 호응이 이루어집니다.

134~136쪽 단원 평가 ②회

1 예 불량 식품을 먹는 친구들 2 ② 3 (2) ○ (3) ○ 4 ④ 5 예 적절하지 않은 낱말이나 틀린 문장이 없으면 읽는 사람이 글을 더 쉽게 이해할 수 있습니다. 6 형준 7 (3) ○ 8 예 고운 말을 사용하는 것은 우리말을 지키는 것과 같다. 9 ③ 10 ⑤ 11 예 사람과 동물의 몸은 차이가 크기 때문입니다. 12 ⑤ 13 (1) 예 동물의 희생, 동물 실험을 반대한다 (2) 예 동물 실험을 없애도 괜찮을까 14 ㉯ 15 문단

1 도현이는 불량 식품을 먹는 친구들을 보고 불량 식품을 먹지 말자는 글을 쓰려고 합니다.

2 도현이는 불량 식품을 먹지 말자는 주장을 글로 쓰고 싶어 합니다.

3 (2)는 도현이가 본 것, (3)은 도현이가 찾아본 것으로, 모두 불량 식품을 먹지 말자는 주장을 뒷받침하는 근거가 됩니다.

4 글 ㉮와 ㉯의 주제는 모두 '불량 식품을 먹지 말자.'입니다.

5 글을 고쳐 쓰면 읽는 사람이 더 이해하기 쉬운 글을 쓸 수 있습니다.

이런 답도 가능해!

예
- 군더더기 없는 글을 쓰면 자신의 생각을 더 잘 전달할 수 있습니다.
- 필요한 내용을 더 쓰면 자세하고 내용이 풍부한 글이 됩니다.
- 읽는 사람의 반응을 잘 이끌어 내는 글을 쓸 수 있습니다.

6 형준이는 문단 수준에서 고쳐 쓸 점을 말했습니다. 이 글의 문단 ❶~❺는 글의 흐름에 맞습니다.

7 (3)은 고운 말을 쓰면 서로 존중하는 마음을 전할 수 있다는 중심 문장과 관련 없는 문장입니다.

8 문단 ❹의 뒷받침 문장들을 읽고 그 내용을 대표하는 문장으로 고쳐 씁니다.

9 ㉢은 문장 호응이 잘 이루어져 있고, 지나치게 단정적이거나 불확실한 표현을 사용하지 않았습니다.

10 대화할 때 은어나 비속어를 사용하면 듣는 사람이 잘 이해할 수 없게 되므로 '원활한'을 추가하는 것이 가장 적절합니다.

11 사람과 동물의 몸은 큰 차이가 있어서 동물 실험을 통과한 신약 열 개 가운데 아홉 개는 사람에게 효과가 없거나 부작용을 일으키는 경우가 있습니다.

12 글 ㉯의 마지막 문단에 동물 실험 대체 방법을 개발하는 데 시간과 비용이 많이 든다는 내용이 나타나 있습니다.

13 글 ㉮의 주장은 동물 실험을 해서는 안 된다는 것이고, 글 ㉯의 주장은 동물 실험을 해야 한다는 것입니다. 이러한 주장과 글 내용에 어울리는 제목을 씁니다.

14 ㉯는 글 ㉮의 주장을 뒷받침하는 근거로 적절합니다.

15 문단 수준에서 점검할 내용이 나타나 있습니다.

137쪽 수행 평가

1 (1) 예 동물 실험을 해서는 안 된다. (2) 예 동물 실험을 해야 한다. 2 예 화장품을 개발할 때 동물 실험을 하는 것을 금지하는 법이 나왔다는 뉴스를 보았습니다. 3 예 저는 동물 실험을 찬성합니다. 동물 실험을 다른 방법으로 대체하기 위해서는 많은 비용이 들기 때문입니다. 대체 방법을 개발하는 데 6년 이상의 시간과 약 400억 원 이상의 비용이 필요하다고

합니다. 이를 볼 때 동물 실험을 대체할 수 있는 다른 실험이 쉽지 않다는 것을 알 수 있습니다. 따라서 소중한 인간의 생명을 위해서는 어쩔 수 없이 동물 실험을 할 수밖에 없습니다.

1 글 ㉮는 동물 실험을 해서는 안 된다는 주장이 나타나 있고, 글 ㉯는 동물 실험을 해야 한다는 주장이 나타나 있습니다.

2 동물 실험과 관련해 뉴스에서 보았거나 책을 읽고 알게 된 내용 등 더 알고 있는 내용을 씁니다.

3 동물 실험에 대한 자신의 의견을 먼저 정한 후 찬성이면 글 ㉯의 내용을, 반대면 글 ㉮의 내용을 근거 자료로 활용하여 씁니다.

채점 기준		
	잘함	동물 실험과 관련해 자신의 주장을 정하고, 알맞은 근거와 근거 자료를 활용했습니다.
	보통	동물 실험과 관련해 주장을 정했지만 근거가 타당하지 못하거나 근거 자료를 활용하여 쓰지 못했습니다.
	노력 요함	동물 실험과 관련한 자신의 주장을 확실히 정하지 못했습니다.

[채점 키워드] 주장에 대한 근거와 뒷받침 자료 정리하기: 문제와 관련한 자신의 주장 쓰기 → 타당한 근거와 근거를 뒷받침하는 자료 활용하기

138쪽 쉬어가기

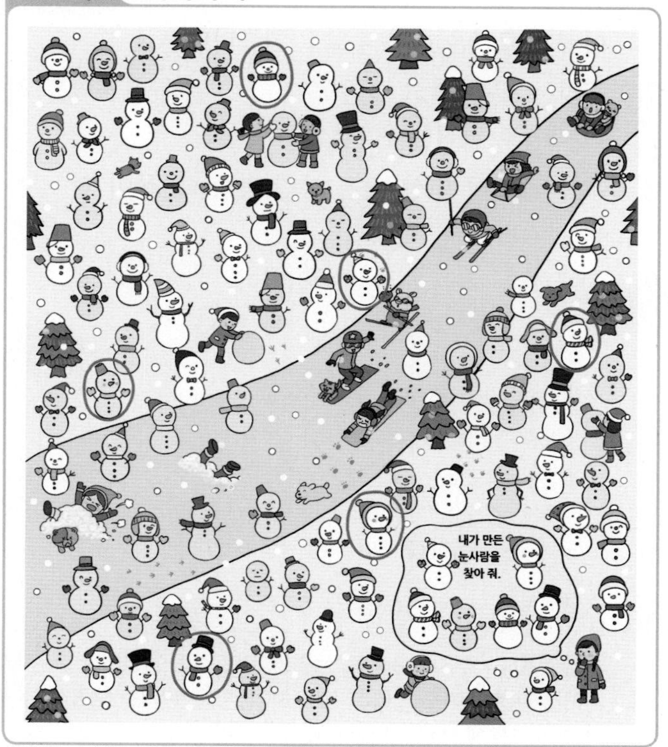

8. 작품으로 경험하기

140쪽 개념 확인 문제

1 ④ 2 (1) ○ 3 수진 4 주제

1 영화 감상문에는 주인공의 이름이나 사건과 관련 있는 주요 인물의 이름만 쓰면 됩니다.

2 영화 감상문을 쓸 때에는 영화 속 내용과 비슷한 자신의 경험을 떠올려 씁니다.

3 독서 감상문의 제목은 작품을 읽고 난 뒤 소감을 가장 잘 표현하는 문장이나 문구로 정해야 합니다.

4 경험한 내용을 영화를 만들 때에는 가장 먼저 영화 주제를 정합니다.

141쪽 어휘·문법 확인 문제

1 감상문 2 (2) ○ 3 (1) 교역 (2) 회상 (3) 임무
4 (1) 부 (2) 관

1 '어떤 사물이나 현상을 보거나, 듣거나, 겪고서 느낀 것을 적은 글. 남의 글을 읽고 감상을 적은 글.'은 '감상문'입니다.

2 '공정'은 '공평하고 올바름.'이라는 뜻입니다.

3 (1)은 '교역', (2)는 '회상', (3)은 '임무'가 들어가는 것이 알맞습니다.

4 '펑펑'은 용언인 '내리고'를, '차가운'은 체언인 '음료수'를 꾸며 주고 있습니다.

142~145쪽 교과서 독해

나의 여행 | 142쪽 **활동 정리** ❶ 문화 ❷ 여행
1 ⑤ 2 (1) 존중 (2) 공정한 3 유나 4 (1) 예 지리산 (2) 예 중학생이 되기 전에 지리산에 올라가 보고 싶기 때문입니다.

서로를 따뜻하게 감싸 안는 대한민국이 되자 | 143쪽
글의 구조 ❶ 줄거리 ❷ 경험
5 예 융을 입양한 가족과 자신의 피부색이 다르다는 사실과 한국에 친부모가 있을지도 모른다고 생각했기 때문입니다. 6 성진 7 (3) × 8 ①

대상주 홍라 | 144~145쪽 **작품 정리** ❶ 어머니 ❷ 상단
9 ② **10** (3) ○ **11** ③ **12** (1) ○ **13** ⑤
14 ③ **15** ①, ④ **16** (1) 예 홍라 일행이 비밀리에 교역을 하러 떠날 준비를 하는 장면입니다. (2) 예 다른 사람들에게 들키지 않게 떠날 준비를 하는 모습에서 긴장감이 느껴졌기 때문입니다.

1 여행은 단순한 장소의 이동이 아니라 자신이 쌓아 온 생각의 성을 벗어나는 것이라고 했습니다.

2 다른 문화를 존중하고 배려하는 서로 공정한 여행을 해야 한다고 했습니다.

3 영상에서는 다른 문화를 존중하고 배려하는 공정한 여행을 해야 한다고 전하고 있으므로 유나가 알맞게 말했습니다.

4 정말 가고 싶은 곳인지, 여행 갈 곳이 안전한 곳인지 등을 생각해 자신이 여행 가고 싶은 곳과 그 까닭을 써 봅니다.

5 벨기에에 입양된 융이 잘 적응하지 못하고 힘들어한 까닭이 글 ❷에 나타나 있습니다.

6 영화 감상문의 제목을 영화 제목과 똑같이 써야 하는 것은 아닙니다.

7 영화 감상문은 시나 일기와 같은 다양한 형식으로 쓸 수 있습니다.

8 동포 융이 어린 시절을 되돌아보며 생각하고 있으므로, '회상'이 들어가야 합니다.

9 홍라는 어머니의 손길로 반들반들해진 지도를 보면서 어머니에 대한 그리움을 느꼈습니다.

10 홍라는 교역으로 돈을 벌어서 어머니가 돌아오기 전에 빚을 갚고 상단을 지킬 결심을 했습니다.

11 글 ❸에 홍라가 일꾼을 모으기 힘들었던 까닭이 나타나 있습니다.

12 이야기 구조를 확인하는 질문에 해당합니다.

13 홍라는 상단을 이끄는 대상주로서 위엄을 갖추어야 했기 때문에 속마음을 감추고 엄한 표정을 지었습니다.

14 '임무'는 맡아서 해야 할 일을 뜻하는 낱말입니다. '책임'도 맡겨서 해야 할 임무나 의무를 뜻하므로 '임무'와 바꾸어 쓸 수 있습니다.

15 홍라는 매우 걱정되면서도 설레는 마음이 들었습니다.

16 이 글의 내용을 바탕으로 하여 인상 깊은 장면을 정하고, 그 장면이 인상 깊은 까닭을 구체적으로 써 봅니다.

채점 tip 홍라가 교역을 떠나기 위해 다짐하고 준비하는 내용에서 인상 깊은 장면을 정하고, 인상 깊은 까닭을 이해할 수 있도록 썼으면 정답으로 합니다.

146~147쪽 **단원 평가 ❶회**

1 ⑤ **2** 현서 **3** 가 **4** ② **5** ②, ④ **6** ③
7 (1) × **8** ㉰ **9** ① **10** ③

1 장면 ❺에서 다른 문화를 존중하고 배려하는 서로 공정한 여행을 해야 한다고 하였습니다.

2 다른 문화를 존중하고 배려하는 여행을 한 친구는 현서입니다.

3 글 가에 영화를 보게 된 까닭이 드러나 있습니다.

4 융은 벨기에의 가족과 자신의 피부색이 다르다는 사실과 한국에 친부모가 있을지도 모른다는 생각에 잘 적응하지 못했습니다.

5 글쓴이는 영화 속 내용과 비슷한 자신의 경험, 영화에서 인상 깊은 내용을 떠올려 글 다를 썼습니다.

6 홍라는 대상주 금기옥의 딸로, 상단의 일을 배운 적은 없지만 태어나면서부터 교역에 대해 보고 들어 어떻게 교역을 하는지 알고 있습니다.

7 홍라는 빚을 갚고 상단을 지키기 위해서 교역을 하러 가기로 결심했습니다.

8 ㉮는 글에서 인상 깊은 장면, ㉯는 인물이 한 일을 쓴 것입니다.

9 ①에 쓰인 '하늘이'는 주어입니다.

왜 답이 아닐까?
② '귀여운'은 '인형'을 꾸며 주는 관형어입니다.
③ '아주'는 '빠르게'를 꾸며 주는 부사어입니다.
④ '운동장으로'는 체언에 부사어를 만드는 조사인 '으로'가 붙은 것으로 부사어입니다.
⑤ '새'는 '운동화'를 꾸며 주는 관형어입니다.

10 ①, ②, ④, ⑤의 밑줄 친 부분은 관형어입니다.

문법 문제 tip 부사어는 주로 용언을 꾸며 주며 관형어나 다른 부사어를 꾸며 주기도 합니다. '깨끗하게'는 용언인 '청소했다'를 꾸며 주기 때문에 부사어입니다.

148~150쪽 **단원 평가 ②회**

1 ㉮ 2 ③ 3 영화 감상문 4 ③ 5 예 영화 줄거리는 영화를 볼 사람이 흥미를 느낄 수 있도록 씁니다. 6 ⑤ 7 예 자신이 예전에 보았던 영화를 떠올려 썼습니다. 8 ㉱, ㉰, ㉲, ㉯ 9 지도 10 ⑤ 11 교역 12 예 빚쟁이들에게 들키면 안 되기 때문입니다. 13 ⑤ 14 ④ 15 형주

1 여행 일정은 매일매일 몇 시쯤, 어디에서 무엇을 할 것인지 씁니다.

2 여행에서 필요한 비용을 항목별로 나누어 정리했습니다.

3 이 글은 「피부 색깔=꿀색」이라는 영화를 보고 생각이나 느낌을 나타낸 영화 감상문입니다.

4 융은 한국에서 새로 입양된 여동생과 자신이 닮았다는 말을 듣기 싫어하며 동생과 가족을 멀리하였다고 했습니다.

5 영화 감상문을 쓸 때 들어갈 내용과 그 내용을 쓰는 방법을 정리하며 씁니다.

6 글 ㉮에는 영화 속 내용과 비슷한 자신의 경험이 나타나 있습니다.

7 글쓴이는 자신이 본 영화를 떠올렸습니다.

8 ㉮ → ㉱ → ㉰ → ㉲ → ㉯의 차례대로 만듭니다.

9 홍라는 어머니의 손길로 반들반들해진 지도를 보면서 어머니에 대한 그리움을 느꼈습니다.

10 장안은 세계적인 교역 도시로, 소그드 상인은 물론이고 페르시아나 로마에서 온 상인들도 진귀한 물건을 내놓고 팔았습니다.

11 홍라는 교역을 하러 떠나 돈을 벌고, 그 돈으로 상단의 빚을 갚기로 결심했습니다.

12 홍라는 빚쟁이들이 교역을 하러 떠나는 것을 막을까 봐 교역을 몰래 준비했습니다.

13 교역을 하러 가기로 한 상단의 중요한 임무는 돈을 벌어서 빚을 갚고 상단을 지키는 것입니다.

14 규모가 작은 상단을 이끌고 교역에 나서겠다고 다짐하는 것으로 보아 홍라는 의지가 굳은 성격임을 알 수 있습니다.

15 이 글의 내용과 비슷한 자신의 경험을 떠올려 말한 친구는 형주입니다.

151쪽 **수행 평가**

1 예 서로를 따뜻하게 감싸 안는 대한민국이 되자
2 (1) 예 영화를 보게 된 까닭을 썼습니다. (2) 예 영화의 줄거리를 썼습니다. (3) 예 영화의 주제를 썼습니다. 3 예 이 영화를 보고 융에게 우리 모두는 한국인이라는 말을 해 주고 싶었다. 그리고 우리나라 사람들 모두가 해외에 입양된 사람들이 겪었을 어려움을 이해하면 좋겠다고 생각했다.

1 영화 감상문의 내용을 잘 드러내거나 읽는 사람의 관심을 끌 수 있는 제목을 정하여 써 봅니다.

2 글 ㉮~㉰에서 주로 어떤 내용을 썼는지 파악하여 써 봅니다.

3 융에게 하고 싶은 말을 넣어 영화를 본 뒤의 전체적인 느낌을 정리하여 써 봅니다.

채점 기준		
	잘함	영화 내용을 이해하여 전체적인 감상과 융에게 하고 싶은 말을 진심으로 썼습니다.
	보통	전체적인 감상이나 융에게 하고 싶은 말 중 한 가지에 대해서만 썼습니다.
	노력 요함	영화의 내용을 이해하지 못해 영화와 관련 없는 내용으로 썼습니다.

[채점 키워드] 영화 감상문 쓰기: 영화의 내용을 이해하고, 인물에게 하고 싶은 말을 써서 자신의 생각이나 느낌을 나타내기

152쪽 **쉬어가기**

1. 작품 속 인물과 나

1~4쪽 단원 평가

1 ④ **2** ⑤ **3** 안사람 의병대 **4** 예 우리나라 사람들의 경제 상황이 어려웠습니다. / 어려운 상황 속에서도 우리나라 사람들의 위기 극복 의지가 대단했습니다. **5** 지예, 나래 **6** ④ **7** ③, ⑤ **8** (1) ○ **9** 초묵법 **10** ② **11** 예 자신의 안전을 지키려 하기보다 남을 위해 희생하고 배려하는 모습이 무척 감동적이었습니다. **12** 봉사, 생명 존중 **13** ③ **14** 소방관 **15** (2) ○ **16** ② **17** 소현 **18** ② **19** 예 처음에는 자전거를 타지 못했지만 포기하지 않고 노력해서 결국 자전거 타기에 성공했던 경험이 떠오릅니다. **20** 공

1 주어진 글에는 조정 대신들이 의병 운동을 일으켰다는 내용은 나타나 있지 않습니다.

왜 답이 아닐까?
① '여자가 나선다고 뭐가 달라지겠냐'는 말에서 남녀 차별이 있던 시대라는 것을 알 수 있습니다.
②, ③ '왜놈들이 나라를 집어삼키려는 마당에'라는 말에서 일본의 침략을 받아 나라를 빼앗길 위치가 닥쳤다는 것을 알 수 있습니다.
⑤ 의병을 돕고 모금을 하고 있는 내용을 통해 의병 운동이 어려워져서 힘을 모아야 했다는 것을 알 수 있습니다.

2 윤희순은 다른 나라가 침략했다고 해서 포기하거나 좌절하지 않고 침략 세력을 물리치려고 의병 운동을 했습니다.

3 윤희순은 마을 아낙네들을 끌어모아 안사람 의병대를 만들었습니다.

4 일제의 침략으로 경제 상황이 어려웠지만 우리나라 사람들의 위기 극복 의지가 대단했다는 것을 알 수 있습니다.

채점 tip 우리나라의 경제 상황이 어려웠다는 것과 우리나라 사람들이 어려운 상황을 극복하려고 노력했다는 내용 중 한 가지를 썼으면 정답으로 합니다.

5 윤희순이 자신의 전 재산을 바쳐 어려운 사람들을 돕기 위해 애썼다는 내용은 글에 나타나 있지 않습니다.

6 추사 선생은 뭐든 미친 듯이 하지 않고서는 큰 성취를 얻을 수 없다며 붓을 천 개쯤은 뭉뚝하게 만들어 봐야 그림이 뭔가를 알게 될 것이라고 했습니다.

7 허련이 계속 쓰고 그리며 붓 수십 자루가 몽당붓이 되게 한 것은 '성실'과 '끈기'가 있기 때문입니다.

8 추사 선생은 허련의 붓질법을 배우기 위해서 종이에 수없이 많은 선을 그어 보았습니다.

9 추사 선생은 허련의 붓질법을 따라 해 보더니 이게 바로 초묵법이라고 했습니다.

10 이미 뛰어난 그림 실력이 있음에도 제자에게서도 배우는 모습을 통해 '겸손함'을 추구한다는 것을 알 수 있습니다.

11 마지막까지 불 속으로 뛰어 들어가 결국 목숨을 잃은 소방관의 행동에 대해 어떻게 생각하는지 써 봅니다.

이런 답도 가능해!
예 마지막에 뛰어 들어간 구조 대원은 다른 사람을 구하려고 했지만 자신에 대한 안전은 생각하지 않은 점이 안쓰러웠습니다.

12 소방관인 아버지는 생명을 존중하고 다른 사람을 위해 희생하고 봉사하는 삶을 추구합니다.

13 주어진 글에는 집에 불이 나서 '나'의 동생이 하늘나라로 간 일이 나타나 있습니다.

14 '나'는 부모님의 반대를 무릅쓰고 소방관의 꿈을 이루어 냈다고 했습니다.

15 '나'는 불에 대한 두려움과 부모님의 반대를 이겨 내려고 끈기 있게 노력하고 도전하는 삶을 추구하여 소방관의 꿈을 이루어 냈습니다.

16 퐁은 신나게 춤추는 것, 그게 자신의 꿈이라고 말했습니다.

17 퐁은 자신이 하고 싶은 일을 행복하게 열정적으로 하는 삶을 추구하므로 소현이가 알맞게 말했습니다.

왜 답이 아닐까?
남수: 퐁은 현재를 즐겁게 사는 것을 중요하게 사는 것을 중요하게 생각하기 때문에 남수의 말은 알맞지 않습니다.
보영: 퐁은 지금 당장 이루지 못하는 꿈을 꾼 것이 아닙니다. 자신이 하고 싶은 일을 행복하게 하고 있기 때문에 보영이의 말은 알맞지 않습니다.

18 이 시는 모든 연의 글자 수가 일정하지 않습니다.

19 포기하지 않고 도전하는 공의 모습을 보고 떠오르는 경험이나 장면을 써 봅니다.

채점 tip 힘들어도 포기하거나 좌절하지 않고 다시 일어서서 도전했던 경험에 대해 썼으면 정답으로 합니다.

20 말하는 이는 힘들어도 포기하거나 좌절하지 않고 다시 일어서서 도전하는 삶의 모습을 공에 빗대어 표현했습니다.

5쪽 수행 평가 실전

1 • 하나도 안 힘들어. 꿈꾸는 게 왜 힘드니? / • 아니, 속상하지 않아. 난 늘 즐거워. 만약 꿈꾸는 동안 즐겁지 않다면 그게 무슨 꿈이니? / • 자, 쉬었으니 또 신나게 날아오르러 가 볼까? **2** 예 '어기'는 당장 꿈을 이루지 못하더라도 희망을 갖고 즐겁게 도전하는 삶을 추구합니다. **3** 예 나는 어기처럼 도전하는 삶을 추구합니다. 왜냐하면 아무리 연습해도 잘하지 못할 것 같던 피아노를 노력해서 잘 연주할 수 있게 된 경험이 있기 때문입니다. / 나는 어기처럼 희망을 가진 삶을 추구합니다. 왜냐하면 내가 어기와 같은 상황이었다면 속상해서 포기하고 싶었을 텐데, 어기의 희망적인 점을 본받고 싶기 때문입니다.

1 글 ㉯에서 '어기'의 말을 모두 찾아 씁니다.

2 '어기'가 날마다 연습하면서도 날지 못하는 것이 남들에게 힘들게 보일 수 있지만 '어기' 스스로는 즐겁게 꿈을 꾸고 있습니다. 따라서 도전과 희망이라는 낱말을 고를 수 있습니다.

3 '어기'가 추구하는 삶과 자신의 삶을 비교하여 비슷한 점이나 다른 점이 있는지 생각해 본 후, 조건에 맞게 씁니다.

채점 기준		
	잘함	자신이 추구하는 삶과 관련 있는 낱말을 포함하여 쓰고, 그 까닭을 타당하게 표현하였습니다.
	보통	자신이 추구하는 삶과 관련 있는 낱말을 알맞게 썼지만 까닭으로 쓴 내용과 어울리지 않습니다.
	노력 요함	자신이 추구하는 삶과 관련 있는 낱말을 쓰지 못했습니다.

[채점 키워드] 인물이 추구하는 삶과 자신의 삶 비교하기: 인물이 추구하는 삶인 '도전'과 '희망'과 관련지어 자신이 추구하는 삶과 그 까닭 쓰기

2. 관용 표현을 활용해요

6~9쪽 단원 평가

1 ①, ④ **2** 눈이 번쩍 뜨인다 **3** ③, ⑤ **4** 예 함께 일을 하는 데에 마음이나 의견, 행동 방식 따위가 서로 맞다는 뜻입니다. **5** 지한 **6** 휴대 전화 **7** (1) ㉣ (2) ㉮ **8** (1) ○ (2) ○ **9** ② **10** ① **11** ② **12** (1) 예 매우 기쁘고 만족스러움을 뜻합니다. (2) 예 앞부분의 '학교를 졸업하면'과 뒷부분의 '신나서'를 보고 짐작했습니다. **13** ④, ⑤ **14** ㉯ **15** ② **16** 예 물을 아껴 쓰자 **17** ② **18** 예 매우 자주 **19** ② **20** 예 "가는 말이 고와야 오는 말이 곱다."라는 말이 있듯이 우리 반 친구들이 고운 말을 사용하면 좋겠습니다.

1 둘 이상의 낱말이 합쳐져 그 낱말의 원래 뜻과는 다른 새로운 뜻으로 굳어져 쓰이는 표현을 관용 표현이라고 하며, 관용 표현에는 관용어와 속담 따위가 있습니다.

2 '눈이 번쩍 뜨인다'는 정신이 갑자기 든다는 뜻의 관용 표현입니다.

3 자신이 말하지 않은 것을 수찬이가 알고 있어 놀란 상황이므로 ③, ⑤와 같은 관용 표현을 사용해서 말해야 합니다.

4 영철이는 네 명이 함께 그리는데도 전혀 문제없는 모습을 보고 ㉠과 같은 관용 표현을 활용해 말했습니다.

5 관용 표현을 활용하면 전하고 싶은 말을 쉽게 표현할 수 있어서 하려는 말을 상대가 쉽게 알아들을 수 있고, 재미있는 표현이어서 듣는 사람의 관심을 불러일으킬 수 있습니다.

6 동생은 자신도 이제 휴대 전화를 사 달라고 할 것이라며 당장 구경해 보자고 했습니다.

7 ㉠ '쇠뿔도 단김에 빼라'는 어떤 일이든지 하려고 생각했으면 한창 열이 올랐을 때 망설이지 말고 곧 행동으로 옮겨야 한다는 뜻이고, ㉡ '김이 식다'는 재미나 의욕이 없어졌다는 뜻입니다.

8 관용 표현의 뜻을 알아보기 위해서는 관용 표현이 활용된 앞뒤의 내용을 살펴보거나 관용 표현에 포함된 낱말의 뜻을 되짚어 보아야 합니다.

9 '간 떨어지다'는 매우 놀라다는 뜻의 관용 표현이므로 ②가 알맞습니다.

10 안나가 준비물의 양을 아주 많이 준비하려 하므로 지현이는 안나에게 "씀씀이가 후하고 크다."라는 뜻의 관용 표현을 활용해 "너 정말 손이 크구나."와 같이 말했을 것입니다.

11 말하는 이는 선생님이 아니라 3년째 경찰로 일하고 있습니다. 내일초등학교 친구들에게 꿈을 펼치는 방법을 말하고 있습니다.

12 관용 표현의 뜻을 알아보는 방법을 바탕으로 ㉠의 뜻을 짐작해 봅니다.

채점 tip 앞뒤 문장을 잘 살펴보거나 관용 표현에 포함된 낱말의 뜻을 생각하였다는 내용이 들어가면 정답으로 합니다.

13 말하는 이는 꿈을 펼치는 방법으로 자신의 진짜 꿈을 찾으려고 노력하고, 자기 자신에게 자신감을 가지라고 말했습니다.

14 '눈 깜짝할 사이'는 '매우 짧은 순간.'이라는 뜻이므로 ㉡과 바꾸어 쓸 수 있습니다.

15 지금부터 말하는 이의 조언을 벗 삼아 꿈을 찾아 떠나는 노력을 시작하라는 내용이 이어지므로 ②와 같은 속담이 알맞습니다.

왜 답이 아닐까?

① 등잔 밑이 어둡다: 대상에서 가까이 있는 사람이 도리어 대상에 대하여 잘 알기 어렵다는 말입니다.
③ 낫 놓고 기역 자도 모른다: 기역 자 모양으로 생긴 낫을 보면서도 기역 자를 모른다는 뜻으로, 아주 무식함을 비유적으로 이르는 말.
④ 지렁이도 밟으면 꿈틀한다: 아무리 눌려 지내는 미천한 사람이나, 순하고 좋은 사람이라도 너무 업신여기면 가만있지 아니한다는 말.
⑤ 돌다리도 두들겨 보고 건너라: 잘 아는 일이라도 세심하게 주의를 하라는 말.

16 아주 헤프게 쓴다는 뜻의 '물 쓰듯'이라는 관용 표현을 활용한 의도를 짐작해 봅니다.

17 독립운동을 하기 위해 모인 사람들의 의견이 달라서 서로 다른 사람의 생각을 반대하고 있습니다.

18 '하루에도 열두 번'이라는 표현은 '매우 자주'라는 뜻입니다.

19 안창호 선생은 '깃발 아래'를 하나의 목표를 품자는 뜻으로 활용했습니다.

20 고운 말 사용과 관련이 있는 속담을 활용해 고쳐 봅니다.

이런 답도 가능해!

예 "죽마고우도 말 한 마디에 갈라진다"라는 속담은 아무리 가까운 사이라도 말을 함부로 하면 서로의 사이가 벌어지게 된다는 뜻입니다. 이 속담의 뜻을 기억하며 우리 반 친구들이 서로 말을 함부로 하지 말고, 고운 말을 사용하면 좋겠습니다.

10쪽 수행 평가 실전

1 (1) 자기 (2) 반대 (3) 예 자기 생각만 고집한다 / 자기 의견만 안다 (4) 예 서로의 의견을 합하는 것 / 서로의 의견을 귀 기울여 듣는 것 **2** 예 다른 사람의 의견에도 좋은 점이 있다는 것을 모른다는 뜻입니다. / 자신의 의견만을 고집하고 더 많은 의견의 장점을 알지 못한다는 뜻입니다. **3** 예 도움이 필요한 친구가 있으면 발 벗고 나서서 도와줍시다. 친구끼리는 서로 도와야 하기 때문입니다. / 친구가 싫어하는 별명을 부르지 맙시다. 친구가 싫어하는 별명을 부르면 우정에 금이 갈 수 있기 때문입니다.

1 글의 앞뒤 내용을 살펴보고 표현에 쓰인 낱말의 뜻을 추론해 봅니다.

2 추론한 내용을 바탕으로 관용 표현을 쓴 의도를 생각해 봅니다.

3 행복한 우리 반을 만들기 위해 우리 반 친구들에게 말하고 싶은 자신의 생각을 정하고 알맞은 관용 표현을 활용하여 문장을 써 봅니다.

채점 기준		
	잘함	친구들에게 전하고 싶은 내용에 알맞은 관용 표현을 활용하여 썼습니다.
	보통	관용 표현을 활용하여 친구들에게 하고 싶은 말을 표현했지만 조건에 맞지 않게 썼습니다.
	노력 요함	관용 표현을 활용하지 않고 친구들에게 하고 싶은 말을 썼습니다.

[채점 키워드] 관용 표현 활용하기: 관용어나 속담을 넣어 친구들에게 전하고 싶은 말을 쉽게 표현하기

3. 타당한 근거로 글을 써요

11~14쪽 **단원 평가**

1 ⑤ **2** ㉰ **3** ③ **4** 예 '그냥'이라고 생각하지 말고 '왜' 또는 '어떻게'를 생각하자. **5** 정후, 은유 **6** 다국적 기업 **7** ⑤ **8** ⑤ **9** 공정 무역 인증 표시 **10** (1) ㉡ (2) 예 ㉡은 공정 무역 제품을 사용해야 하는 까닭이 아니라 공정 무역 인증 표시에 대한 설명만 하고 있어서 주장을 직접적으로 뒷받침하지 못하기 때문입니다. **11** ① **12** (1) ○ **13** ㉰ **14** ④ **15** ①, ②, ④ **16** ㉰ **17** ① **18** 예 누리 소통망으로 개인 정보가 유출된 사례가 담긴 기사문 **19** ③ **20** (1) ×

1 할아버지는 자신이 수염을 어떻게 하고 잤는지 기억할 수가 없었습니다.

2 ㉠의 뒤에 이어지는 내용을 통해 깊은 생각 없이 '그냥'이라고 대답하는 것을 뜻한다는 것을 알 수 있습니다.

3 '그냥 수염'을 달지 않으려면 아무 생각 없이 행동 하기보다 '왜' 또는 '어떻게'를 생각해야 합니다.

4 글쓴이는 습관적으로 삶을 살지 말고 자기 안에 물음표를 가지고 살자는 주장을 전하고 있습니다.

5 근거가 주장과 관련 있는지, 주장을 뒷받침하는지, 근거를 뒷받침하는 자료가 적절한지 판단합니다.

6 가난한 나라 사람들이 가난한 까닭은 일부 다국적 기업이 가난한 나라의 물건을 제값을 주지 않고 아주 싸게 사기 때문이라고 했습니다.

7 이 만화는 공정한 거래만이 잘못된 경제 구조를 바로잡을 수 있다고 말하고 있습니다.

8 공정 무역 제품을 사용하면 생산자에게 돌아갈 정당한 이익을 지켜 줄 수 있습니다.

9 국제기구가 생산지에서 공정 무역의 주요 원칙이 잘 지켜졌는지를 점검한 물건들에는 공정 무역 인증 표시를 붙일 수 있습니다.

10 ㉠과 ㉡이 주장과 관련 있는지, 주장을 뒷받침하는지 판단해 봅니다.

11 숲을 보호하는 것과 관련 있는 근거가 나열되어 있으므로 ①과 같은 주장이 어울립니다.

12 숲이 미세 먼지를 잡아 주어 공기를 깨끗하게 해 준다는 (1)과 같은 내용의 자료가 알맞습니다.

13 목재 생산 과정을 나타낸 그림으로, ㉰와 같은 것을 알려 주고 있습니다.

14 숲에서 벌목한 나무가 우리 생활에 필요한 물건을 만드는 데 쓰인다는 내용의 자료이므로 근거 ④와 관련이 있습니다.

15 자료를 자료 수집 카드로 정리하면 자료를 한눈에 알아보기 쉽고, 자료의 적절성을 판단하기 좋으며, 출처가 있어 글을 쓸 때 신뢰성을 줄 수 있습니다.

16 글에는 △△식당에서 짜장면을 먹었는데 맛이 이상한 짜장면을 그냥 먹으라고 하고 사과는커녕 밀치며 불친절하게 말했다는 내용이 적혀 있었습니다.

17 '인터넷에 떠도는 소문이 아닌 제 말을 믿어 주시고, 이 글을 널리 퍼뜨려 주세요.'라는 말을 통해 글을 쓴 까닭을 짐작할 수 있습니다.

18 근거의 타당성을 높일 수 있는 자료를 생각해 봅니다.

19 주관적인 표현과 의미가 분명하지 않은 모호한 표현은 쓰지 않는 것이 좋습니다.

20 본 적이 있는 자료인지보다는 자료가 내용을 뒷받침하는지, 사용한 표현이 적절한지를 평가해야 합니다.

15쪽 **수행 평가 실전**

1 예 이른 시간이나 늦은 밤에는 조용하게 생활합시다. **2** (1) 예 소음은 이웃에게 피해를 줍니다. (2) 예 이웃 사이가 나빠질 수 있습니다. **3** (1) 예 이웃의 소음으로 인해 피해 본 사람들을 취재한 TV 프로그램 동영상 (2) 예 소음 때문에 이웃 간 다툼이 많다는 내용의 기사문

1 더 좋은 동네가 되려면 바꾸어야 할 우리 동네의 문제점을 떠올려 주장을 정해 봅니다.

2 주장을 뒷받침할 수 있는 근거를 생각해 봅니다.

3 근거의 타당성을 높일 수 있는 자료를 써 봅니다.

채점 기준		
	잘함	근거와 관련 있고 믿을 수 있는 두 가지 자료를 제시했습니다.
	보통	근거와 관련 있고 믿을 수 있는 한 가지 자료만 제시했습니다.
	노력 요함	근거를 뒷받침할 수 있는 자료를 아예 제시하지 못했습니다.

[채점 키워드] 자료 수집 계획 세우기: 사진, 그림, 동영상, 표 등 근거를 뒷받침하고 믿을 만한 자료 활용하기

BOOK 2 평가북 2~3 단원

4. 효과적으로 발표해요

16~19쪽 단원 평가

1 ④ 2 ③ 3 예 1학기에 연극 공연을 할 때 음악을 사용하니 장면의 느낌이 더 살아났습니다. 4 고흥, 진주, 통영 5 ㉯ 6 (1) ㉯ (2) ㉮ 7 진아 8 (1) ○ (2) ○ 9 ② 10 ⑤ 11 예 읽는 사람을 배려하면서 온라인 댓글을 씁시다. 12 전교생 13 ④ 14 ㉰ 15 ① 16 ③ 17 태호, 희주 18 「사람을 행복하게 하는 요리사」 19 ①, ⑤ 20 예 영상에서 가장 인상 깊은 장면이 무엇인지 물어볼 것입니다.

1 세미가 독도의 날 기념 율동을 하자고 말하자 남자 아이는 어떤 동작들을 하는지 궁금하다고 했습니다.

2 세미처럼 영상으로 율동을 설명하면 듣는 사람이 율동 동작을 생생하게 잘 알 수 있습니다.

3 영상, 사진, 표, 지도, 도표, 그림, 소리 등 여러 가지 매체 자료를 활용해 보았던 경험을 떠올려 봅니다.

4 제주도에서 생산되던 감귤이 이제 내륙인 고흥, 진주, 통영에서도 재배된다는 것을 쉽게 알 수 있습니다.

5 주요 농산물 주산지 이동 변화가 나타난 지도를 보고 듣는 사람들이 주요 농산물이 주로 생산되는 지역이 바뀌고 있다는 것을 쉽게 이해할 수 있습니다.

6 진아는 폴란드의 민속춤 영상, 별이는 베트남의 옷 사진을 활용하려고 합니다.

7 설명하려는 대상의 움직임이나 특징을 더 자세하게 파악할 수 있는 것은 영상을 활용한 효과입니다.

8 이 매체 자료의 배경 색이 휴대 전화로부터 도망치는 사람의 마음을 나타내는 것은 아닙니다.

9 휴대 전화를 붙잡고 있는 사람을 휴대 전화가 꽉 붙잡고 있는 광고를 활용해, 하루 종일 휴대 전화를 잡고 있는 등 휴대 전화에 중독된 사람이 많다는 주제를 전할 수 있습니다.

10 이 영상 자료에서는 당신은 누군가를 아프게도 하고 기쁘게도 하는 능력자라고 비유했습니다.

11 영상 자료에 나타난 장면 구성과 비유적 표현, 자막, 해설 등을 보고 전하고 싶은 주제를 짐작해 봅니다.

12 뽑힌 작품은 전교생에게 발표할 예정이라고 하였으므로 듣는 사람은 전교생입니다.

13 그림 속 친구들은 발표 주제를 정하고 있습니다.

15 자막은 편집하기 단계에서 넣어야 합니다.

16 자막은 필요한 내용만 간단하게 넣어야 합니다.

17 영상에 매체 자료를 넣을 때에는 출처를 밝힙니다.

19 다른 모둠의 발표를 들을 때에는 전하려는 주제를 파악하고, 촬영이나 편집에서 효과적인 부분을 찾으며 들어야 합니다.

20 영상을 보여 준 뒤에는 영상과 관련한 질문 받기, 영상에서 가장 인상 깊은 장면 물어보기, 영상을 촬영하면서 겪은 일 이야기하기 등의 활동을 할 수 있습니다.

20쪽 수행 평가 실전

1 (1) 도표 (2) 예 걸을 때나 운전할 때 휴대 전화를 사용하면 위험합니다. 2 예 도표로 나타내니 연도별로 휴대 전화 관련 교통사고 발생량이 크게 늘어난 것을 알 수 있어 주제가 잘 전달됩니다. / 교통사고 수치를 넣어서 정확한 통계를 알 수 있어 주제가 잘 전달됩니다. 3 (1) 예 동영상 「MBC 뉴스: 사고를 부르는 스마트폰 보행」 (2) 예 보행 중 휴대 전화를 자주 사용하는 10대와 20대의 '주의 분산' 교통사고 비율이 높다는 것을 보여 주기 때문입니다.

1 휴대 전화 관련 교통사고가 점점 늘어나고 있다는 점을 알 수 있는 도표를 활용해 걸을 때나 운전할 때 휴대 전화를 사용하면 위험하다는 주제를 전할 수 있습니다.

2 매체 자료의 종류나 효과를 고려하여 주제에 맞는 매체 자료인지 생각해 봅니다.

3 걸을 때나 운전할 때 휴대 전화를 사용하면 위험하다는 주제를 전달할 수 있는 매체 자료를 찾아 씁니다.

채점 기준		
	잘함	주제를 뒷받침하기 위한 매체 자료를 쓰고, 매체 자료를 정한 까닭을 타당하게 썼습니다.
	보통	매체 자료를 정한 까닭이 타당하지 않거나 매체 자료의 특징을 알지 못합니다.
	노력 요함	주제를 뒷받침할 수 있는 매체 자료를 쓰지 못했습니다.

[채점 키워드] 주제에 맞는 매체 자료 정하기: 휴대 전화 사용 습관에 대한 매체 자료의 표현 효과 생각하기

5. 글에 담긴 생각과 비교해요

21~24쪽 **단원 평가**

1 예 세계에서 가장 아름다운 나라 **2** ⑤ **3** ②, ④ **4** 진규 **5** ①, ③, ④ **6** 예 로봇세를 도입하여 일자리를 잃은 사람들이 새로운 일자리를 찾는 데 도움을 주고 소득의 독점을 막습니다. **7** ⑤ **8** 민우 **9** ㉯ **10** (1) 제목 (2) 내용 (3) 의도 **11** ②, ③ **12** ㉠ **13** ③ **14** (2) ○ **15** 예 로봇세 도입은 로봇 산업 발전에 걸림돌이 될 수 있으며 지금은 로봇 기술 개발에 더욱 집중할 때이므로 로봇세 도입을 늦추어야 한다는 것입니다. **16** (1) 알뜰하게 (2) 빛깔 **17** ⑤ **18** 선우 **19** 예 자신의 가치는 자신이 만드는 것이니 스스로 노력하는 삶을 살아야 한다는 것입니다. **20** (2) ○

1 글쓴이는 우리나라가 세계에서 가장 아름다운 나라가 되기를 원한다고 했습니다.

2 문화의 힘은 우리 자신을 행복하게 하고, 나아가서 남에게도 행복을 주기 때문에 높은 문화의 힘을 가지고 싶다고 했습니다.

3 글쓴이는 문화의 힘을 높이기 위해 우리가 할 일로, 사상의 자유를 확보하는 정치 양식의 건립과 국민 교육의 완비를 꼽았습니다.

4 글쓴이는 세계에서 가장 아름다운 나라가 되기 위해 높은 문화의 힘을 기르자고 했습니다.

6 글쓴이가 로봇세를 어떻게 활용하자고 했는지 찾아 써 봅니다.

7 법적인 의미에서 자연인과 법인에게만 세금을 부과할 수 있는데, 로봇은 기계이기 때문에 세금을 내려면 법적 근거가 필요하다고 했습니다.

9 글쓴이는 로봇세를 도입해야 한다는 입장을 가지고 이 글을 썼습니다.

11 글쓴이는 로봇세가 로봇 산업 발전을 더디게 하고, 지금은 로봇 기술 개발에 집중할 때라고 생각합니다.

12 '부담', '걸림돌', '막대한 특허 사용료를 외국에 지급' 등이 알맞습니다.

13 글쓴이는 ③과 같은 까닭을 들어 지금은 로봇세 도입을 실행하기에 때가 이르다고 주장했습니다.

14 글쓴이는 로봇과 로봇 개발자가 악수하는 그림을 글에 포함하여 로봇 기술 개발을 강조하고 있습니다.

15 글쓴이의 생각이 드러나는 제목, 낱말이나 표현을 살펴보고, 글 내용과 관련해 글쓴이가 예상한 독자, 글쓴이의 의도와 목적 등을 생각해 봅니다.

16 나리는 깨진 기와 조각은 천하에 쓸모없는 물건이지만 담을 쌓을 때 알뜰하게 사용해 고운 빛깔을 내었다고 했습니다.

17 나리는 백성과 나라에 도움이 될 일이라면 그 법이 비록 오랑캐에서 나온 것이라고 해도 배우고 본받아야 한다고 했습니다.

18 글쓴이는 조선 사람들이 오랑캐의 것이라면 무조건 배척하고, 하찮은 물건을 쓸모없다고 여기는 것에 대해 다른 관점으로도 생각할 수 있게 하려고 이 글을 쓴 것입니다.

19 ㉡을 통해 글쓴이가 전하려는 생각을 파악할 수 있습니다.

25쪽 **수행 평가 실전**

1 예 글쓴이의 생각이 드러난 낱말이나 문장을 찾아봅니다. **2** 예 로봇 때문에 일자리를 잃은 사람들의 재교육 비용을 마련하고 소득을 재분배하기 위해서입니다. **3** 예 로봇세를 걷으면 일자리를 잃은 사람들이 재교육을 받고 새로운 일자리를 찾는 데 도움을 줄 수 있고, 소득을 재분배함으로써 국민의 복지 향상에 도움을 줄 수 있습니다.

1 글쓴이의 생각을 파악하는 방법을 떠올려 써 봅니다.

2 ㉯에서 글쓴이가 로봇에게 세금을 부과하자고 한 까닭을 알 수 있습니다.

3 글쓴이의 생각이 드러나는 표현을 살펴보고, 글 내용과 관련해 글쓴이의 의도와 목적은 무엇인지를 생각하며 써 봅니다.

채점 기준		
	잘함	로봇세를 걷어야 한다는 글쓴이의 의도와 목적을 바탕으로 글쓴이의 생각을 알맞게 썼습니다.
	보통	글쓴이의 생각 중 일부만 알맞게 썼습니다.
	노력 요함	글의 내용을 썼으나, 글쓴이의 생각이 드러나지 않습니다.

[채점 키워드] 글쓴이의 생각 파악하기: 제목과 글에서 사용한 표현 살펴보기, 글을 쓴 의도와 목적 살피기

6. 정보와 표현 판단하기

26~29쪽 **단원 평가**

1 ⑤ 2 ② 3 예 전 세계가 지구 온난화를 막으려고 함께 노력하는 모습이 인상적이었습니다. 4 ①, ④, ⑤ 5 (1) ㉮ (2) ㉰ (3) ㉯ 6 ② 7 ②, ④, ⑤ 8 (2) ○ 9 (1) 예 당신의 일상에 신바람이 일어납니다. (2) 예 자전거를 탄다고 누구나 신바람이 나는 것은 아니므로 과장된 표현입니다. 10 영진 11 (깃털) 책가방 12 ⑤ 13 영민 14 (1) ㉯ (2) ㉮ 15 ㉮ 16 예 올바른 손 씻기 방법 17 ③, ④, ⑤ 18 ①, ②, ⑤ 19 영은 20 ⑤

1 프랑스 파리에서 체결된 기후 변화 협정에 대해 보도하고 있습니다.

2 개발 도상국도 지켜야 할 의무가 있습니다.

왜 답이 아닐까?
① 개발 도상국을 포함한 195개 당사국 모두가 지켜야 하는 합의입니다.
③ 지구 온난화를 막기 위한 기후변화 협정입니다.
④ 지구의 기온 상승 폭을 섭씨 2도 아래로 억제하는 내용이 합의문에 담겼습니다.
⑤ 선진국들이 개발 도상국을 지원하는 내용도 합의문에 담겼습니다.

3 '파리 협정'에 대한 뉴스를 보고 어떤 생각이 들었는지 자유롭게 써 봅니다.

이런 답도 가능해!
예 온실가스를 줄이려면 우리가 무엇을 해야 하는지 생각하게 되었습니다.

4 파리 기후 협약이 체결되었다는 뉴스를 보고 그림 ❶~❸의 사람들이 각각 어떻게 반응했는지 살펴봅니다.

5 각 그림의 내용을 통해 알 수 있는 뉴스가 우리 생활에 미치는 영향을 찾아 선으로 이어 봅니다.

6 신바람 자전거의 가격이 합리적이라는 내용은 나타나 있지 않습니다.

7 주제가 잘 드러나도록 글, 그림을 효과적으로 사용했고, 오래 기억되도록 같은 말을 반복해 사용했으며, 강조법을 사용했습니다.

8 '당신의 즐거운 일상과 건강한 체력을 책임져 줄 단 한 가지!'라는 표현은 과장된 표현이므로 비판적으로 봐야 합니다.

9 광고 내용을 비판적으로 바라보려면 과장하거나 감추는 내용이 무엇인지 살펴봐야 합니다. '무조건', '절대로', '최고', '100퍼센트'와 같은 표현은 과장된 표현입니다.

채점 tip 정답에 제시된 내용 이외에 '당신의 즐거운 일상과 건강한 체력을 책임져 줄 단 한 가지!', '소비자 만족도 1위', '기분 최고, 건강 최고, 기술력 최고! 신바람 자전거가 선사합니다'의 광고 문구에 대한 내용을 썼으면 정답으로 합니다.

10 광고를 비판적으로 보지 않아 생긴 문제점을 말한 친구는 영진입니다.

11 깃털 책가방을 광고하고 있습니다.

12 ㉤은 어떤 나라로 수출하는지와 관련 있는 자세한 정보가 감추어져 있습니다.

왜 답이 아닐까?
① 더 가벼운 책가방이 있을 수 있기 때문에 과장된 표현입니다.
② 한국에서 책가방을 디자인하고 만들었다는 정보를 주는 내용입니다.
③ 멘 듯 안 멘 듯 깃털처럼 가볍다는 말은 소비자에 따라 느낌이 다를 수 있으므로 과장되었습니다.
④ 사람들에게 깃털 책가방을 사라고 설득하는 내용입니다.

13 광고에서 과장하거나 감추는 내용을 담은 부분은 없는지 살펴봐야 합니다.

14 뉴스에서 진행자는 뉴스의 핵심 내용을 요약해 안내하고, 기자는 취재한 내용을 뉴스로 보도합니다.

15 뉴스의 짜임 중에서 기자의 마무리 부분에서는 전체 내용을 요약하거나 핵심 내용을 강조합니다.

16 이 뉴스에서는 올바른 손 씻기 방법에 대해 보도하고 있습니다.

17 이 뉴스를 통해 얻을 수 있는 정보는 손 씻기와 관련된 ③, ④, ⑤입니다.

18 관련 실험, 전문가 면담, 주제와 관련한 연구 결과 등을 활용했습니다.

19 상학이는 가치 있고 중요한 뉴스인지 판단해 말했습니다.

20 주어진 그림의 상황에 알맞은 뉴스 주제는 '등하굣길을 안전하게 다닐 수 있는 방법'입니다.

30쪽 수행 평가 실전

1 예 재미와 감동이 함께하는 '스마트 기부'가 확산된다는 내용입니다. **2** 예 뉴스에서 보도할 내용을 유도하거나 전체를 요약해 안내합니다. **3** (1) 예 이 뉴스는 스마트 기부가 우리 사회에서 가치 있고 중요하기 때문에 이를 보도 내용으로 다루고 있습니다. (2) 예 뉴스의 관점에 맞게 스마트 기부의 종류를 소개하고, 스마트 기부의 장점과 특징을 소개했습니다. (3) 예 뉴스의 관점을 뒷받침하려고 전문가와의 면담 자료를 활용했습니다.

1 이 뉴스는 스마트 기부가 확산된다는 내용을 담고 있습니다.

2 뉴스의 짜임 중 '진행자의 도입' 부분에 들어갈 내용을 떠올려 씁니다.

3 가치 있고 중요한 내용을 다룬 뉴스인지, 뉴스의 관점과 보도 내용이 서로 관련이 있는지, 그 뉴스에 대한 근거가 적절한지를 판단해 써 봅니다.

채점 기준		
	잘함	뉴스의 타당성을 판단하는 세 가지 방법을 모두 알맞게 썼습니다.
	보통	뉴스의 타당성을 판단하는 1~2가지 방법만 알맞게 썼습니다.
	노력 요함	뉴스의 타당성을 판단하는 방법에 알맞지 않게 썼습니다.

[채점 키워드] 뉴스의 타당성 판단하기: 가치 있고 중요한 뉴스인지, 뉴스의 관점과 보도 내용이 서로 관련 있는지, 활용한 자료들이 뉴스의 관점을 뒷받침하는지 살피기

7. 글 고쳐 쓰기

31~34쪽 단원 평가

1 ①, ④, ⑤ **2** ⑤ **3** ⑤ **4** 찬희 **5** ①, ②, ④ **6** ⑤ **7** ③ **8** 예 불량 식품은 아무리 맛있어도 먹지 말아야 합니다. **9** ①, ②, ④ **10** ③ **11** 예 고운 말을 사용하자. **12** (2) × **13** (1) 고운 말을 사용해야 하는 것은 어린이만이 아닙니다. (2) 예 고운 말을 사용하면 서로 존중하는 마음을 전할 수 있다는 중심 문장의 내용과 관련 없는 문장이기 때문입니다. **14** ③ **15** (1) ㉮ (2) 예 싸움 **16** (1) ㉡ (2) ㉠ **17** ④, ⑤ **18** ②, ③, ⑤ **19** 예 사람과 가장 비슷한 동물이라는 까닭으로 원숭이를 동물 실험에 많이 사용한다고 합니다. **20** 글

1 도현이는 ①, ④, ⑤와 같은 경험을 하고 불량 식품에 대한 글을 쓰기로 했습니다.

2 도현이는 불량 식품을 먹지 말자고 주장하는 글을 쓰려고 합니다.

3 불량 식품을 먹지 말자는 주장이 나타나 있는 글입니다.

4 이 글에서 외래어는 사용되지 않았습니다.

5 주제를 생각해서 제목을 바꾸고, 어색한 문장을 고치고, 필요 없는 내용을 삭제해야 합니다.

6 글의 주제와는 거리가 먼 제목이어서 '건강을 해치는 불량 식품'이라는 제목으로 바꾼 것입니다.

7 ㉡은 글의 주제와 관련이 없는 내용이기 때문에 글 ㉯에서 삭제했습니다.

8 '아무리'는 '~아도/어도'와 같이 써야 하는 말입니다.

9 글의 내용과 글쓴이의 생각이 동일한지 살펴봐야 하며, 어려운 낱말을 많이 쓰지 않아야 합니다.

10 글을 고쳐 쓰면 글쓴이의 생각을 자연스럽게 글로 표현할 수 있습니다.

11 고운 말을 써야 한다고 주장하는 글입니다.

12 고운 말 사용과 관련된 내용을 추가하는 것이 좋습니다.

13 문단의 중심 문장을 찾고, 중심 문장과 관련이 없는 문장이 무엇인지 살펴봅니다.

14 ㉢은 문장 호응이 잘 이루어져 있으므로 고칠 필요

가 없는 문장입니다.

15 '투쟁'은 어떤 대상을 극복하려고 싸우거나 집단 간에 싸우는 일을 일컫는 말이므로 '싸움'이 문맥상 더 자연스럽습니다.

16 글 ㉮에는 동물 실험을 해서는 안 된다는 주장이, ㉯에는 동물 실험을 해야 한다는 주장이 나타나 있습니다.

17 글 ㉮의 글쓴이는 동물 실험을 통과한 대부분의 신약 후보가 효과가 없거나 부작용을 일으키고, 동물 실험을 다른 방법으로 대체해야 한다는 사람들이 많다는 근거를 들었습니다.

18 글 ㉯에는 동물 실험을 해야 하는 근거가 나타나 있습니다.

19 동물 실험과 관련 있는 내용으로 자신이 아는 사실 한 가지를 떠올려 써 봅니다.

채점 tip 동물 실험에 대해 알고 있거나 들은 내용, 책이나 뉴스에서 본 내용 등을 썼으면 정답으로 합니다.

20 글 수준에서 점검할 내용이 나타나 있습니다.

35쪽 수행 평가 실전

1 예 아침밥의 중요성 2 예 비록 한 끼일지라도 아침밥을 거르거나 대충 때우면 온종일 열량과 영양소가 부족해 건강을 잃게 된다. 3 (1) 불편해졌다.(진) (2) 예 일반적인 내용을 쓰면서 '-었다'라고 하면 어색하기 때문입니다. (3) 푸석 푸석해지고 (4) 예 '푸석푸석해지고'는 띄어 쓰지 말고 붙여 써야 합니다.

1 글쓴이의 생각을 나타내거나 글 내용에 대한 궁금증을 유발하는 제목을 생각해 써 봅니다.

2 '비록'은 '~일지라도'와 호응하는 말입니다.

3 ㉠은 '불편해졌다'를 '불편해진다'로, ㉡은 '푸석 푸석해지고'를 '푸석푸석해지고'로 고쳐 써야 합니다.

채점 기준		
	잘함	글을 고칠 때 사용하는 알맞은 교정 부호를 사용했고, 고친 까닭도 자세하게 설명했습니다.
	보통	두 가지 중 한 가지만 알맞게 수정했거나 고친 까닭을 쓰지 못했습니다.
	노력 요함	두 문장 모두 교정 부호를 사용해 글을 고치지 못했습니다.

[채점 키워드] 교정 부호를 사용해 글 고쳐 쓰기: 낱말 수준에서 어색한 낱말과 띄어쓰기가 알맞지 않은 부분을 고치기

8. 작품으로 경험하기

36~39쪽 단원 평가

1 ② 2 정주 3 예 책 4 (1) ㉯ (2) ㉮ 5 ㉯ 6 ①, ④ 7 ⑤ 8 ③ 9 예 서로를 따뜻하게 감싸 안는 대한민국이 되자 10 ① 11 교역 12 ④ 13 ③, ④, ⑤ 14 비녕자 15 예 자신감을 가지고 교역을 하러 떠나면 잘할 수 있을 거야. 16 홍라, 친샤, 월보, 비녕자 17 ⑤ 18 ③ 19 재용 20 예 어느 부분에서 긴장감이 도나요?

1 다른 문화를 존중하고 배려하는 서로 공정한 여행을 해야 한다고 했습니다.

2 공정한 여행이란 다른 문화를 존중하고 배려하는 여행이라고 했습니다.

3 도서관에 있는 책, 누리집에 있는 사진이나 동영상 자료, 지역 소개 자료 등에서 찾을 수 있습니다.

4 ㉠은 같이 가고 싶은 사람과 준비할 일, ㉡은 여행 비용을 계획해 적은 것입니다.

5 날마다 사용할 돈을 입장료, 교통비, 식비 등 세부적인 항목으로 나누어서 생각해야 합니다.

7 자신의 경험과 영화 속 내용을 비교해서 썼습니다.

8 ㉰에 영화를 본 뒤의 전체적인 느낌이나 주제가 나타나 있습니다.

9 영화 감상문의 내용이 잘 드러나는 제목을 정해 자유롭게 써 봅니다.

11 홍라는 교역을 하러 가서 돈을 벌어 빚을 갚기로 결심했습니다.

12 홍라는 교역을 하러 떠나 돈을 벌어서 어머니가 돌아오기 전에 빚을 갚고 상단을 지키겠다고 결심했습니다.

13 지난 풍랑으로 일꾼들을 거의 잃었으며, 남아 있는 일꾼들은 대상주를 찾기 위해 동경에 가 있었고, 빚쟁이들의 눈총 때문에 표 나게 사람들을 모을 수 없었습니다.

14 월보는 비녕자라는 소년을 데리고 왔습니다.

15 교역을 하러 떠나는 홍라에게 해 주고 싶은 말을 자유롭게 써 봅니다.

16 대상주 자격으로 상단을 이끄는 홍라, 무사 친샤, 천

문생 월보, 일꾼 비녕자 네 명이 교역을 하러 떠나기로 했습니다.

17 홍라는 대상주로서의 위엄을 갖추고자 했기 때문에 속으로는 좋았지만 그 마음을 숨기고 애써 엄한 표정을 지은 것입니다.

18 밤이면 색색의 등불이 별빛보다 더 아름답게 반짝였다고 했습니다.

19 이 글에서 묘사한 장안의 모습은 홍라가 이 년 전에 본 것입니다.

20 이야기의 구조를 확인하는 질문을 한 가지 생각해 써 봅니다.

40쪽 수행 평가 실전

1 예 대상주인 어머니를 대신해서 상단을 살리려고 교역을 떠나기 때문입니다. **2** (1) 예 홍라가 은화를 바라보며 교역을 하러 떠나기로 결심하는 장면입니다. (2) 예 다시 울지 않겠다고 다짐하며 상단을 지키려고 노력하는 모습이 감동적이었기 때문입니다.
3 예 저는 태권도 승급 심사에서 떨어져서 혼자 울었던 기억이 있습니다. 그때 저는 다시 열심히 해서 승급 시험에 반드시 붙겠다고 다짐했고, 다음 승급 심사에서 멋지게 승급할 수 있었습니다. 좌절하지 않고 다시 이겨 낼 수 있는 방법을 찾아 노력하는 모습에서 홍라와 저는 닮았습니다.

1 인물이 처한 상황을 파악하여 제목의 뜻을 생각해 써 봅니다.

2 제시된 글의 내용 중에서 특히 인상 깊었던 부분을 고르고, 그 부분이 인상 깊었던 까닭을 구체적으로 써 봅니다.

3 인물이 처한 상황과 비슷한 자신의 경험을 떠올려 써 봅니다.

채점 기준		
	잘함	힘든 상황을 이겨 내려고 노력했던 경험을 떠올려 구체적으로 썼습니다.
	보통	인물이 처한 상황과 비슷한 경험을 떠올렸지만 구체적으로 쓰지 못했거나 상황을 이해하기 어렵습니다.
	노력 요함	인물이 처한 상황을 이해하지 못해 아예 다른 경험에 대해 썼습니다.

[채점 키워드] 작품과 관련 있는 자신의 경험 떠올리기: 작품 속 인물의 상황을 이해하여 관련 있는 자신의 경험 비교하기

41~44쪽 2학기 총정리 ①회

1 ⑤ **2** ① **3** 예 노력하는 삶 **4** ④ **5** (1) ○
6 예 숲은 미세 먼지를 잡아 주어 공기를 깨끗하게 해 준다. **7** ④ **8** ③ **9** 예 발표를 듣는 사람들이 흥미를 가질 만한 주제를 정합니다. **10** ④ **11** ②
12 ②, ③, ④ **13** 예 글 내용을 더 깊이 있게 이해할 수 있습니다 **14** ①, ②, ⑤ **15** (2) ○ **16** ①
17 ③ **18** (2) ○ **19** 말 **20** 예 어머니가 돌아오기 전에 빚을 갚고 상단을 지키기 위해서입니다.

1 추사 선생은 허련이 스스로 길을 찾길 바라며 허련의 그림에 정신이 있는지 물었습니다.

2 허련은 추사 선생의 질문을 들은 뒤 기법이 아닌 정신을 채우기 위해 노력했습니다.

3 허련은 추사 선생의 말을 듣고 끊임없이 연습하며 노력하고 있습니다.

4 '간 떨어지다'는 '매우 놀라다.'라는 뜻입니다.

> **왜 답이 아닐까?**
> ① 김이 식다: 재미나 의욕이 없어지다.
> ② 금이 가다: 서로의 사이가 벌어지거나 틀어지다.
> ③ 막을 열다: 무대의 공연이나 어떤 행사를 시작하다.
> ⑤ 눈이 번쩍 뜨이다: 정신이 갑자기 들다.

5 지현이는 안나에게 '양을 많이 준비한다.'라는 뜻으로 '손이 크다'는 관용 표현을 활용하여 말하고 있습니다.

6 숲이 미세 먼지를 잡아 주는 증거와 관련 있는 근거를 씁니다.

7 수집한 자료는 객관적인 자료여야 합니다.

8 영상을 활용하면 설명하려는 대상의 동작이나 움직임을 직접 볼 수 있으므로 듣는 사람에게 생생하게 전할 수 있습니다.

9 발표 주제 정하기 단계에서 고려할 점을 생각해 써 봅니다.

> **이런 답도 가능해!**
> 예 • 친구들과 토의해서 다양한 의견을 나눕니다.
> • 발표 상황과 관련한 자료를 더 찾아봅니다.

10 자막은 필요한 내용만 간단하게 넣습니다.

11 글쓴이는 우리나라가 세계에서 가장 아름다운 나라가 되기를 원한다고 했습니다.

13 글쓴이의 생각을 파악하며 글을 읽으면 글 내용을 더 깊이 있게 이해할 수 있고, 글쓴이의 의도와 목적을 알 수 있습니다.

채점 tip 글쓴이의 생각을 파악하며 글을 읽으면 글 내용을 깊이 있게 이해할 수 있고, 글의 주제를 쉽게 찾을 수 있습니다. 또한 글쓴이가 글을 쓴 의도나 목적을 알 수 있습니다. 이러한 내용 중 한 가지를 썼으면 정답으로 합니다.

14 이 광고는 주제가 잘 드러나도록 글과 그림, 사진을 효과적으로 사용하고, 강조법을 사용합니다. 또 오래 기억되도록 같은 말을 반복해 사용합니다.

15 광고 내용을 비판적으로 바라보려면 과장하거나 감추는 내용이 무엇인지 살펴봐야 합니다.

16 이 글은 고운 말을 사용하자고 설득하는 글입니다.

17 은어나 비속어를 사용하면 듣는 사람이 잘 이해할 수 없게 되므로 '편리한'이 아닌 '원활한'이 들어가야 합니다.

18 글 ㉮에서 홍라는 지도를 보며 어머니를 떠올리고 있습니다.

19 홍라는 솔빈으로 가서 은화를 팔고 솔빈의 말을 사려 합니다.

20 홍라는 빚을 갚고 상단을 지키기 위해 교역을 하러 가기로 결심했습니다.

45~48쪽 **2학기 총정리 ❷회**

1 ③, ⑤ 2 모금 3 ④ 4 꿈을 펼치는 5 ⑤
6 ①, ⑤ 7 예 많은 사람들이 보게 하려고 글을 썼을 것입니다. 8 준수 9 그림지도 10 ②
11 ㉮ 12 (1) ㉯ (2) ㉮ 13 (1) ○ 14 예 지구 온난화를 막으려고 여러 나라가 체결한 협약입니다.
15 ㉯, ㉱ 16 ③ 17 새롬 18 예 읽는 사람이 글을 더 쉽게 이해할 수 있습니다. 19 ③ 20 ⑤

1 윤희순이 만든 안사람 의병가는 마을 아낙네들의 마음을 모으고 용기를 내어 의병 운동에 참여하게 했습니다.

2 안사람 의병대가 가장 먼저 한 일은 모금을 한 것입니다.

3 윤희순은 여자가 일제에 맞서 싸우기 어려운 상황 속에서도 의병 운동에 앞장섰습니다.

4 글 ㉮에 말할 내용이 무엇인지 나타나 있습니다.

5 ㉤은 어떤 일이든지 하려고 생각했으면 한창 열이 올랐을 때 망설이지 말고 곧 행동으로 옮겨야 한다는 뜻입니다.

6 손님이 쓴 글 때문에 성민이네 가게는 손님이 끊기고, 성민이의 개인 정보가 유출되었습니다.

7 성민이는 글의 마지막 부분에 이 글을 널리 퍼뜨려 달라고 하였으므로, 많은 사람이 보게 하고 널리 알리기 위해 글을 썼을 것입니다.

채점 tip 성민이네 가게의 억울한 사정을 많은 사람에게 알리기 위해 글을 썼거나 사람들에게 진실을 알리기 위해 글을 썼다는 내용으로 써도 정답으로 합니다.

8 노년층의 누리 소통망 이용률은 누리 소통망을 올바르게 사용하자는 주장과 관련이 없습니다.

9 그림지도를 통해 주요 농작물 주산지의 이동 변화를 나타내고 있습니다.

10 그림지도는 지역의 이동 변화를 쉽게 알 수 있습니다.

11 로봇세를 도입해야 한다는 주장에 어울리는 근거입니다.

12 글 ㉮는 로봇세에 대한 긍정적인 관점을, 글 ㉯는 부정적인 관점을 가지고 있습니다.

13 글쓴이는 로봇에 관심이 있거나 관련이 있는 사람들을 예상 독자로 하여 글을 썼을 것입니다.

14 대화 ❶에서 기후 협약이 무엇인지 알 수 있습니다.

15 뉴스는 사람들에게 새로운 정보를 알려 줍니다.

16 이 글은 불량 식품을 먹지 말자고 설득하는 글입니다.

17 '아무리'는 '~아도/어도'와 호응하는 말입니다.

18 고쳐 쓰기를 하면 하고 싶은 말이 글에 더 잘 드러납니다.

19 융은 한국에서 입양된 여동생과 닮았다는 말을 듣기 싫어하며 동생을 멀리한다고 하였으므로 ③이 알맞지 않습니다.

20 글 ㉯는 영화 감상문에서 영화를 본 뒤의 전체적인 느낌이나 주제를 쓴 부분입니다.

차례

6·2

1. 작품 속 인물과 나

연습! 서술형 평가

1~1-1

㉠"아니, 조정 대신이란 놈들이 나라를 팔아먹으려 드는데 우리 같은 여자들이 나선다고 뭐가 달라지겠소? 자칫 괜한 목숨만 버릴 뿐이오."

그 말이 떨어지기가 무섭게 여기저기서 술렁거렸다. 기껏 뜨겁게 달아오른 열기가 금세 차갑게 식을 판이었다.

"그럼 나라를 빼앗기고 왜놈들 종으로 살자는 것입니까?"

윤희순이 다시 마음을 가다듬고 큰 소리로 부르짖자 마을 아낙네들의 눈길이 또다시 윤희순에게 쏠렸다. 윤희순은 그 틈을 안 놓치고 곧장 말을 이었다.

"여기 계신 분들 가운데 자식을 왜놈의 종으로 살게 내버려 두고 싶은 사람은 한 분도 없을 것입니다. 그러니 우리 여자들도 사내들을 도와 왜놈들을 몰아내는 데 한몫을 해야 하지 않겠습니까?"

1 ㉠의 말에서 짐작할 수 있는 당시 시대적 배경으로 알맞은 것을 두 가지 고르시오. (　　　　)

① 남녀 차별이 있던 시대였다.
② 을사늑약이 강제로 체결된 뒤였다.
③ 다른 나라와 문물을 교류하며 지냈다.
④ 우리나라 사람들의 경제 상황이 풍족했다.
⑤ 조정 대신들의 위기 극복 의지가 매우 강했다.

1-1 서술형 쌍둥이 문제 이 글에서 당시 시대적 배경을 짐작할 수 있는 인물의 말을 찾고, 그 배경을 쓰시오. [6점]

(1) 인물의 말: ______________________

(2) 시대적 배경: ______________________

2~2-1

가 "붓을 천 개쯤은 뭉뚝하게 만들어 봐야 그림이 뭔가를 알게 될 걸세."

추사 선생이 흘리듯 말하고는 돌아서 갔다. 허련은 몽당붓을 들고 물끄러미 보았다. 이제 겨우 한 걸음을 더 뗀 것 같았다.

'천 개 넘어 붓이 닳으면…….'

허련은 쓰고 또 썼다. 그리고 또 그렸다.

나 허련은 화첩에서 배운 필법을 바탕으로 연구와 실험을 해 가며 나름의 붓질법을 만들어 나갔다. 수십 개의 붓이 뭉뚝해졌다. 점차 허련만의 그림이 나왔다.

2 이 글에서 짐작할 수 있는 허련이 추구하는 삶과 관련 있는 가치가 아닌 것은 무엇입니까? (　　　　)

① 끈기
② 열정
③ 성실
④ 도전
⑤ 부귀

2-1 서술형 쌍둥이 문제 다음 행동에서 짐작할 수 있는 허련이 추구하는 삶과 관련 있는 가치를 쓰시오. [4점]

허련은 붓 수십 자루가 몽당붓이 되도록 끊임없이 연습했습니다.

____

3~3-1

"먼저 나가. 내가 한 번만 더……."
그때 말릴 새도 없이 깨진 창문 사이로 뛰어 들어간 한 사람의 구조 대원이 있었단다.
너도 한번 생각해 보렴. 소방관에게도 지켜야 할 소중한 목숨이 있고, 우리처럼 애타게 기도하며 기다리는 가족이 있을 거 아니겠니?
아, 어쩌면 그렇게 짧고도 기막힌 순간이 또 있을까? / 네 아버지가 빠져나오고 뒤를 돌아보았을 때, 불길에 무너지는 커다란 기둥이 그 구조 대원의 몸을 휩싸 안고 바닥으로 꺼져 버렸단다.
자기 목숨보다 남의 목숨을 먼저 생각한 용감한 소방관 아저씨의 최후…….
㉠『그 이야기를 하시면서 아버지는 정말 뜨거운 눈물을 쏟으셨단다.
"만약에 빠져나오는 차례가 나와 바뀌었더라면 그가 살고 나는 지금 이 자리에 없는 거야……."』

3 ㉠『 』과 관련 있는 가치로 알맞은 것은 무엇입니까? (　　　)

① 생명을 존중하는 삶
② 자신의 명예를 중시하는 삶
③ 힘든 일은 쉽게 포기하는 삶
④ 꿈을 이루기 위해 노력하는 삶
⑤ 자신의 이익을 먼저 생각하는 삶

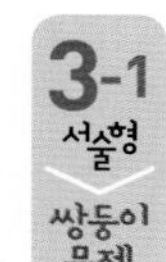

3-1 서술형 쌍둥이 문제 ㉠『 』 부분에 나타난 아버지의 말과 행동과 관련 있는 가치를 쓰시오. [4점]

4~4-1

가 "아니요. 제가 피아노 연습을 얼마나 열심히 하는데요. 컴퓨터 게임을 할 시간도, 친구들이랑 축구할 시간도, 만화책을 볼 시간도 없이 오로지 피아노 연습만 하는걸요."
"그렇게 아무것도 안 하고 피아노만 치면 재미있니?"
"아니요, 당연히 힘들죠. 정말 어떨 땐 너무 힘들어서 다 그만두고 싶어질 때도 있어요. 그래도 꾹 참고 연습해요. 열심히 연습해야 훌륭한 피아니스트가 될 수 있잖아요."

나 ㉠"피아노야, 넌 내가 훌륭한 피아니스트가 되길 바란 게 아니었지? 넌 아마 내가 행복한 피아니스트가 되길 꿈꾸었을 거야. 근데 나는 그것도 모르고 너와 함께하는 시간이 지긋지긋해지도록 연습만 하는 게 최선인 줄 알았으니……. 그동안 네가 얼마나 힘들었을까? 미안해. 정말 미안해."
상수리는 피아노 의자를 당겨 앉았다.

4 상수리가 ㉠과 같이 말하고 행동한 까닭은 무엇입니까? (　　　)

① 피아노와 이별하게 되어서
② 앞으로 더 열심히 노력하기 위해서
③ 연습보다 실력이 중요함을 깨닫게 되어서
④ 시간을 소중히 사용해야 함을 알게 되어서
⑤ 꿈을 꾸는 즐거움을 잠시 잊어버렸다는 것을 깨닫게 되어서

4-1 서술형 쌍둥이 문제 이 글에서 상수리가 추구하는 삶을 쓰고 자신의 삶과 비교해 보시오. [6점]

상수리가 추구하는 삶	(1)
자신의 삶과 비교	(2)

1~2

담비가 마을 아낙네들한테 「안사람 의병가」를 가르친 보람은 생각보다 크게 나타났다. 노래 하나가 사람들의 마음을 한 덩어리로 모았을 뿐만 아니라 전에 없던 용기마저 불끈 솟아나게 했던 것이다.

"자, 이럴 때 나서시면 될 것 같아요."

담비가 윤희순한테 드디어 직접 나설 때가 왔다고 알려 왔다.

"여러분, 우리가 누구입니까?"

마을 아낙네들의 눈길이 모두 윤희순에게 쏠렸다.

"여태껏 우리 여자들은 집안을 돌보는 데 온 힘을 다해 왔습니다. 하지만 이제 왜놈들이 이 나라를 집어삼키려는 마당에 우리가 가만히 집 안에만 틀어박혀 있을 순 없는 노릇입니다. 그러니 우리도 사내들처럼 다 함께 의병 운동에 나서야 할 것입니다."

1 「안사람 의병가」가 사람들에게 어떤 영향을 주었는지 쓰시오. [5점]

2 이 글에서 짐작할 수 있는 윤희순이 추구한 삶을 시대적 배경과 관련지어 쓰시오. [7점]

3~4

가 "어르신께서 제 그림의 부족함을 일깨워 주셨으니 그것을 채우는 것도 어르신께로부터 배우고 싶습니다."

추사 선생은 못마땅한 표정으로 허련을 쏘아보았다. 애당초 흔쾌한 대답을 기대하지 않은 터였다. 허련은 개의치 않고 고개를 깊이 숙였다. 추사 선생이 심드렁하게 말했다.

"그러시게. 자네는 자네의 스승을 찾게. 나는 내 제자를 찾을 터이니."

나 허련은 월성위궁을 떠날 생각은 완전히 접고 아예 추사 선생의 자잘한 시중을 맡아 했다. 새벽에 일어나 마당을 쓸고, 서재를 활짝 열어 신선한 공기를 넣었다. 그러면 허련의 새 하루도 시작되었다. 사랑채를 청소하고 추사 선생의 붓을 씻어 말리고 먹을 갈았다. 얼마 안 가서 하인이 아예 허련에게 일을 미루어 버렸다. 추사 선생도 언제부턴가 허련이 월성위궁에 머무는 걸 당연하게 여겼다.

3 이 글에서 허련이 처한 상황은 어떠한지 쓰시오. [5점]

4 다음 허련의 행동에서 짐작할 수 있는 그가 추구하는 삶을 쓰시오. [5점]

> 추사 김정희가 제자로 받아 주지 않는데도 월성위궁을 떠나지 않고 추사 김정희의 시중을 드는 행동

단계별 유형

5 인물의 삶과 자신의 삶을 비교하며 다음 글을 읽고, 물음에 답하시오. [10점]

그렇게 동생이 하늘나라로 간 뒤부터 내 가슴속에는 확실한 ㉠꿈 하나가 자리 잡았단다.
반드시 내 동생 경수를 삼켜 버린 불길과 싸워 이기겠다는 결심이었지. 나중에서야 불길은 싸울 대상이 아니라 잘 다스려야 이긴다는 걸 알게 되었지만 말이다.
불이라는 말만 들어도 가슴이 미어진다는 부모님의 반대를 무릅쓰고 나는 기어이 소방관의 꿈을 이루어 냈단다. 그리고 늘 기도하는 마음으로 맡은 일을 하지.
빨간 불자동차에 올라타고 다급한 사이렌을 울리며 화재 현장에 나갈 때마다, 나는 어린 시절 무서운 불길 속에서 구해 내지 못한 동생의 목소리를 떠올린단다. 그리고 주먹을 불끈 쥐며 두려움을 잊곤 하지. 동생과 나의 마지막 숨바꼭질처럼 소중한 추억을 영원히 잊지 않기 위해서 말이다.

1단계 ㉠'꿈'은 무엇이 되는 것이었는지 찾아 쓰시오.

( )

2단계 '나'의 행동과 관련 있는 가치를 쓰시오.

3단계 '내'가 추구하는 삶을 생각하며 자신의 삶에 대한 다짐을 쓰시오.

6 다음 글에서 퐁이 추구하는 삶을 쓰고, 자신의 삶과 비교해 쓰시오. [7점]

퐁은 진진의 물음에 꼬박꼬박 대답하면서도 허리를 흔들며 춤을 췄다. 퐁의 몸짓을 따라 물결이 찰랑찰랑 일었다. 진진은 그런 퐁을 잠시 지켜보다 다시 물었다.
"넌 이미 충분히 즐겁게 춤추고 있잖아?"
"오늘보다 내일은 더 즐겁게, 내일보다 모레는 더, 더 즐겁게. 모레보다 글피는 더, 더, 더 즐겁게, 글피보다 그글피는 더, 더, 더, 더 즐겁게. 내 꿈은 절대로 끝나지 않지."
퐁은 진진을 올려다보며 오페라의 한 소절처럼 대답을 했다.

퐁이 추구하는 삶	(1)
자신의 삶과 비교	(2)

7 다음 시에서 말하는 이는 자신이 추구하는 삶의 모습을 어떻게 표현했는지 쓰시오. [5점]

가볍게 떠올라야지
곧 움직일 준비 되어 있는 꼴
둥근 공이 되어

옳지 최선의 꼴
지금의 네 모습처럼
떨어져도 튀어 오르는 공
쓰러지는 법이 없는 공이 되어.

연습! 서술형 평가

1~1-1

가 남자아이: 정민아, 내일이 벌써 개학이야. 정말 시간이 빠르지 않니?
정민: 내일이 개학이라고? 눈이 번쩍 뜨인다! 해야 할 일이 아직도 많은데 큰일이네.

나 남자아이: 소진아, 제주도에 다녀왔다며? 재미있었어?
소진: 제주도에 다녀온 것 말이야? 아까 민진이에게만 말했는데 넌 어떻게 알았어? 정말 ㉠발 없는 말이 천 리 가는구나.

1 ㉠ 속담의 뜻은 무엇입니까? (   )

① 정신이 갑자기 든다.
② 서로 힘을 합하여 하면 쉽게 할 수 있다.
③ 사귀어 아는 사람이 많아서 활동하는 범위가 넓다.
④ 어릴 때 몸에 밴 버릇은 나이 들어서도 고치기 힘들다.
⑤ 말은 비록 발이 없지만 천 리 밖까지도 순식간에 퍼진다.

1-1 서술형 쌍둥이 문제

㉠ 속담의 뜻을 쓰고, ㉠ 대신에 쓸 수 있는 표현을 한 가지만 쓰시오. [6점]

속담의 뜻	(1)
대신 쓸 수 있는 표현	(2)

2~2-1

지현: 안나야!
안나: 아이고, 깜짝이야! 간 떨어질 뻔했잖니.
지현: 미안해. 문구점에 같이 가자! 내일 미술 시간에 필요한 준비물을 사야 하지? 일단 어떤 준비물이 있는지 확인해 보자. 난 색 도화지 두 장, 색종이 한 묶음, 딱풀을 사야겠다.
안나: 난 좀 넉넉하게 사야겠어. 색 도화지 열 장, 색종이 여덟 묶음, 딱풀이랑 물 풀이랑…….
지현: 너 정말 [㉠].

2 이 대화는 어떤 상황을 보여 주는 것입니까? (   )

① 술래잡기를 하는 상황
② 엄마 심부름을 함께 가는 상황
③ 문구점에서 준비물을 사는 상황
④ 미술 시간에 그림을 그리는 상황
⑤ 미술실에서 미술용품을 정리하는 상황

2-1 서술형 쌍둥이 문제

㉠에 들어갈 수 있는 관용 표현을 한 가지 쓰고, 그 뜻도 쓰시오. [6점]

관용 표현	(1)
그 뜻	(2)

3~3-1

가 오늘날 우리가 임시 정부를 위한 독립운동 단체를 조직하려면 준비할 것이 셀 수 없이 많습니다. 특히 사람이 많이 모이도록 힘써야 할 것이외다. 그러나 어려운 점이 있습니다. 누구나 자기가 한 가지 생각을 하면 다른 이의 생각을 무엇이든지 반대한다는 것입니다. 예를 들어 말하면 전쟁을 원하는 자가 대화를 원하는 자를 반대해 말하기를 "대화가 무엇이냐, 지금이 어느 때라고! 우리는 폭탄을 들고 나가야 한다."라고 떠듭니다. 또 대화를 원하는 자는 말하기를 "공연히 젊은 놈들이 애간장이 타서 당장 폭탄을 들고 나가면 우리 독립이 되는가?"라고 합니다. 우리가 서로 자기 생각만 옳은 줄 알고 그것만 해야 한다고 하는 것은 ㉠한 가지만 알고 두 가지는 모르는 까닭이외다.

나 나와 여러분은 독립운동 단체가 실현되도록 각각의 의견을 버리고 모두의 한 목표를 이루려고 민족적 정신으로 어금니를 악물고 나갑시다. 그래서 독립운동의 깃발 아래 우리의 뜻을 모아야 하겠습니다.

3 글쓴이가 ㉠의 표현을 통해 말하려는 뜻으로 알맞은 것은 무엇입니까? (　　　)

① 당장의 눈앞의 이익만 생각한다.
② 글을 읽을 수만 있고 쓸 줄 모른다.
③ 말로만 하고 행동으로 옮기지 못한다.
④ 주장만 하고 타당한 근거를 들지 못한다.
⑤ 자신의 의견만을 고집하고 더 많은 의견의 장점을 알지 못한다.

3-1 서술형 쌍둥이 문제 글쓴이가 이와 같이 연설한 의도는 무엇일지 쓰시오. [4점]

______

4~4-1

4 규영이와 달리 고운이와 혜선이는 자신의 생각을 어떻게 표현했습니까? (　　　)

① 고유어만 사용했다.
② 높임말을 사용했다.
③ 예사말만 사용했다.
④ 관용 표현을 활용했다.
⑤ 짧은 문장으로 표현했다.

4-1 서술형 쌍둥이 문제 고운이와 혜선이가 활용한 표현을 찾아 쓰고, 이러한 표현을 활용하면 좋은 점을 쓰시오. [6점]

(1) 활용한 표현: ______

(2) 이러한 표현을 활용하면 좋은 점: ______

단계별 유형

1 다음은 함께 그림을 그리고 있는 친구들에게 두 친구가 한 말입니다. 대화를 읽고 물음에 답하시오. [10점]

1단계 은수와 영철이의 말 가운데에서 더 간단한 표현은 누구의 말인지 쓰시오.

( )

2단계 은수와 영철이의 말 가운데에서 듣는 사람의 관심을 끌 수 있는 표현은 누구의 말인지 그렇게 생각한 까닭과 함께 쓰시오.

3단계 영철이처럼 관용 표현을 활용하면 좋은 점을 한 가지만 쓰시오.

2~3

가 안녕하십니까? 저는 내일초등학교 2000년도 졸업생 김영선입니다. 저는 지금 3년째 경찰로 일하고 있습니다. 초등학교 6학년 때부터 경찰이 되고 싶다는 꿈을 꾸었고 결국 그 꿈을 이루었습니다. 오늘 저는 여러분께 꿈을 펼치는 몇 가지 방법을 말씀드리려고 이 자리에 섰습니다.

저는 얼마 전부터 오늘을 손꼽아 기다렸습니다. 아마 여러분은 학교를 졸업하면 천하를 얻은 듯 신나서 바로 멋진 어른이 될 수 있으리라 생각할 것입니다. 하지만 자신의 꿈을 향해 달려가는 일은 결코 쉬운 일도, 마음대로 되는 일도 아니었습니다. 저는 여러분께 꿈을 펼치는 세 가지 방법을 말씀드리려고 합니다.

나 여러분, “쇠뿔도 단김에 빼라.”라는 말이 있습니다. 지금부터 제 조언을 벗 삼아 꿈을 찾아 떠나는 노력을 시작하시기 바랍니다. 자신만의 멋진 꿈을 향해 달려가는 후배들을 저도 응원하겠습니다.

2 이 글에서 말하는 사람이 말하려는 내용을 쓰시오. [5점]

3 이 글에서 말하는 사람이 활용한 관용 표현을 찾고, 그 뜻을 정리해 쓰시오. [7점]

관용 표현	관용 표현의 뜻
손꼽아 기다리다	(1)
(2)	매우 기쁘고 만족스러움.
(3)	(4)

4~5

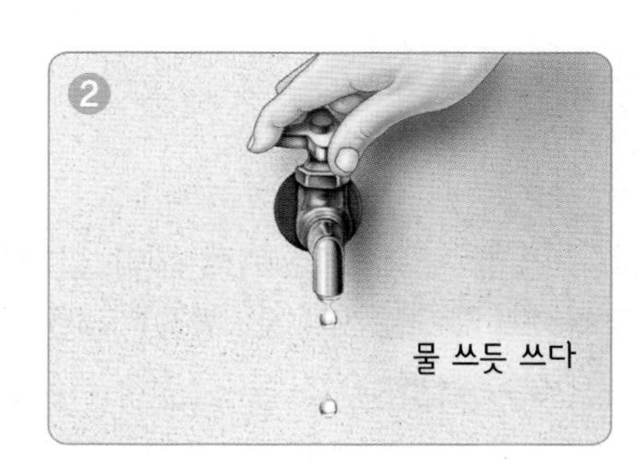

4 이 광고에서 '물 쓰듯'이라는 말은 어떤 뜻인지 쓰시오. [5점]

5 이 광고에서 하고 싶은 말은 무엇인지 쓰시오. [5점]

6 다음 상황에 어울리는 관용 표현을 떠올려 보고, 그 관용 표현을 활용해 하고 싶은 말을 쓰시오. [7점]

사회 수업 시간에 힘들게 준비한 모둠 과제를 발표하는 상황

어울리는 관용 표현	(1)
하고 싶은 말	(2)

7 '행복한 우리 반을 위한 약속'을 홍보하려고 합니다. 보기 와 같이 관용 표현을 활용해 쓰시오. [5점]

보기

3. 타당한 근거로 글을 써요

연습! 서술형 평가

1 ~ 1-1

자기 안에 물음표가 없어서 아무것도 묻지 못하는 사람은 건전지를 넣고 단추를 누르면 그냥 북을 쳐 대는 곰 인형과 별로 다를 것이 없어. 아무 생각 없이 모든 순간을 습관적으로 기계적으로 살아가는 사람은 이야기 속 할아버지와 똑같아. 자기 것이지만 자기 것이 아닌 수염을 달고 있으니까 말이야.

'그냥 수염'을 달고 있는 사람은 어느 날 누가 "왜?" 또는 "어떻게?" 하고 물으면 아무 대답도 하지 못해. 아무리 자기가 한 일을 뒤돌아보고 생각해 내려고 애써도 지나온 날들은 이미 멀리 사라져 버려서 흔적조차 찾을 길이 없기 때문이지. 어느 날엔가 너한테도 누군가가 물어 올지 몰라. 그때를 위해서라도 '그냥'이라는 대답이 아닌 무언가를 준비해야겠지?

1 어떤 행동이나 일을 할 때 '그냥 수염'을 달지 않으려면 어떻게 해야 합니까? (　　　　)

① 습관적으로 한다.
② '그냥'이라고 생각한다.
③ 남들이 하는 대로 따라 한다.
④ 아무 생각 없이 기계적으로 한다.
⑤ 내가 '왜' 하는지 생각해 봐야 한다.

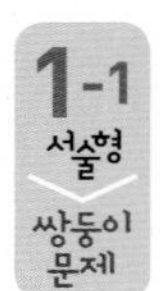

1-1 '그냥 수염'을 달지 않기 위해 해야 할 일을 생각하며 글쓴이의 주장을 쓰시오. [4점]

2 ~ 2-1

공정 무역이란 생산자의 노동에 정당한 대가를 지불해 생산자가 경제적 자립과 발전을 하도록 돕는 무역입니다. ○○광역시는 공정 무역 상품을 사용하고 공정 무역을 확산시키려는 활동을 지원해 실질적인 변화를 만들어 내는 도시가 되었습니다. 우리도 공정 무역 제품을 사용해 이러한 변화에 동참해야 합니다.

공정 무역 제품을 사용해야 하는 까닭은 다음과 같습니다. 첫째, 생산자에게 돌아갈 정당한 이익을 지켜 줍니다. 흔히 볼 수 있는 과일 가운데 하나인 바나나의 경우, 우리가 3천 원짜리 바나나 한 송이를 산다면 약 45원만이 생산자인 농민에게 이익으로 돌아갑니다. 그 까닭은 바나나 생산국에서 우리 손에 오기까지 바나나 농장 주인, 수출하는 회사, 수입하는 회사, 슈퍼마켓 등이 총수익의 98.5퍼센트를 가져가기 때문입니다. 공정 무역에서는 생산자 조합과 공정 무역 회사를 만들어 이러한 중간 유통 단계를 줄이고 실제로 바나나를 재배하는 생산자의 이익을 보장해 주었습니다.

2 이 글에 나타난 글쓴이의 주장은 무엇입니까? (　　　　)

① 공정 무역 제품을 사용하자.
② 공정 무역 도시를 많이 만들자.
③ 자연을 보호하고 생산자의 건강을 지키자.
④ 생산자에게 돌아갈 정당한 이익을 지켜 주자.
⑤ 공정 무역 인증 표시는 국제기구가 생산지에서 공정 무역의 주요 원칙이 잘 지켜졌는지를 점검한 물건들에 붙이자.

2-1 이 글에 나타난 글쓴이의 주장과 근거를 각각 쓰시오. [6점]

주장	(1)
근거	(2)

3~3-1

가

○○신문 2000년 ○○월 ○○일

이산화 탄소 먹는 하마는 상수리나무

국립산림과학원의 연구 결과 우리나라의 가정이나 기업에서 1인당 평생 배출하는 이산화 탄소는 약 12.7톤이다. 개인이 배출한 이산화 탄소를 흡수하려면 평생 나무를 심어야 할지도 모른다. 이산화 탄소를 특히 잘 흡수하는 것은 상수리나무이다.

많은 양의 이산화 탄소를 흡수하고 지구 온난화 예방에도 큰 역할을 하는 나무 심기에 관심을 가지자. (◇◇◇ 기자)

나

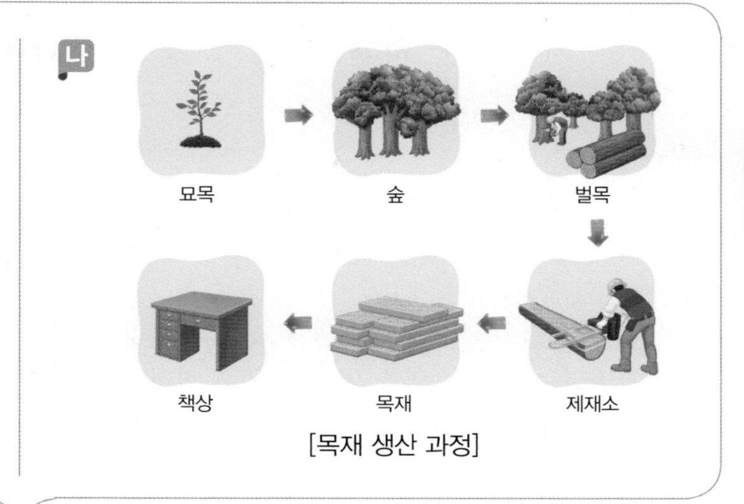

[목재 생산 과정]

3 자료 가와 자료 나가 알려 주는 내용으로 알맞은 것은 무엇입니까? (　　　)

① 자료 가 – 숲은 휴식처가 된다.
② 자료 가 – 숲은 미세 먼지를 잡아 준다.
③ 자료 나 – 숲은 지구 온난화를 예방한다.
④ 자료 나 – 숲에서 벌목한 나무는 우리 생활에 필요한 물건을 만드는 데 쓸 수 있다.
⑤ 자료 나 – 땅속으로 깊이 자란 나무뿌리는 주변 토양을 지탱해서 홍수와 산사태를 막아 준다.

3-1 서술형 쌍둥이 문제 가와 나의 자료의 종류와 알려 주는 것이 무엇인지 각각 쓰시오. [6점]

자료 가	(1)
자료 나	(2)

4~4-1

엄마: 오늘은 다들 얼굴 볼 시간도 없이 바쁘구나. 오늘 저녁은 외식하려고 하는데 먹고 싶은 거 있니?
나: 짜장면요.
엄마: 이웃집 아주머니가 △△식당의 짜장면이 맛있다고 추천하던데 거기 갈래?
오빠: 에이, 거기 식당 사장님은 불친절하고 음식 맛도 이상하대요.
나: 그래? 어떻게 알았어?
오빠: 누리 소통망에서 그 가게를 이용한 손님이 쓴 글을 읽었지.
아빠: 음식점을 직접 이용한 손님이 쓴 정보를 쉽게 얻을 수 있으니 참 편하구나.
엄마: 이상하네. 그 식당은 깨끗하고 사장님도 친절하다고 동네에서 칭찬이 자자하던데.
나: 정말요? 누구 말을 믿어야 하지요?

4 이 대화에서 오빠는 식당 정보를 어떻게 알았습니까? (　　　)

① 식당에 직접 다녀와서
② 동네에서 들리는 소문을 들어서
③ 누리 소통망에 손님이 쓴 글을 읽어서
④ 단체 대화방에 올라온 대화글을 읽어서
⑤ 식당에 다녀오신 엄마께서 말씀해 주셔서

4-1 서술형 쌍둥이 문제 이 대화에서 짐작할 수 있는 누리 소통망의 장점을 한 가지만 쓰시오. [4점]

1~2

가 우선 이불 속에 수염을 넣고 말이야. 그런데 너무 갑갑하고 거북해서 아무래도 수염을 밖에 내놓고 자야 할 것 같았어.

'옳지! 수염을 이불 밖으로 꺼내 놓고 잔 게 분명해!'

할아버지는 얼른 수염을 이불 밖으로 꺼내 놓고 눈을 감아 봤어. 그런데 불편한 건 마찬가지였어. 이불 밖으로 내놓은 수염 때문에 왠지 허전하고 썰렁한 느낌이 들어서 마음이 편하지 않았던 거야. 아무리 자려고 해도 잠을 이룰 수가 없었지.

수염을 이불로 덮으니 갑갑하고, 이불 밖으로 꺼내 놓으면 허전하고……. 할아버지는 밤새도록 수염을 넣었다 꺼냈다 하느라고 한숨도 잘 수가 없었단다.

나 '그냥 수염'을 달고 있는 사람은 어느 날 누가 "왜?" 또는 "어떻게?" 하고 물으면 아무 대답도 하지 못해. 아무리 자기가 한 일을 뒤돌아보고 생각해 내려고 애써도 지나온 날들은 이미 멀리 사라져 버려서 흔적조차 찾을 길이 없기 때문이지. 어느 날엔가 너한테도 누군가가 물어 올지 몰라. 그때를 위해서라도 '그냥'이라는 대답이 아닌 무언가를 준비해야겠지?

1 글쓴이의 주장을 짐작해 쓰시오. [5점]

2 글쓴이가 수염 긴 할아버지 이야기 같은 일화를 자료로 활용하여 얻은 효과를 쓰시오. [5점]

단계별 유형

3 공정 무역 제품 사용에 대한 글쓴이의 주장이 나타난 다음 글을 읽고, 물음에 답하시오. [10점]

가 공정 무역 제품을 사용해야 하는 까닭은 다음과 같습니다. 첫째, 생산자에게 돌아갈 정당한 이익을 지켜 줍니다. 흔히 볼 수 있는 과일 가운데 하나인 바나나의 경우, 우리가 3천 원짜리 바나나 한 송이를 산다면 약 45원만이 생산자인 농민에게 이익으로 돌아갑니다. 그 까닭은 바나나 생산국에서 우리 손에 오기까지 바나나 농장 주인, 수출하는 회사, 수입하는 회사, 슈퍼마켓 등이 총수익의 98.5퍼센트를 가져가기 때문입니다.

나 공정 무역 인증 표시는 국제기구가 생산지에서 공정 무역의 주요 원칙이 잘 지켜졌는지를 점검한 물건들에 붙일 수 있습니다. 국제공정무역기구의 조사원들은 농장과 관련 기관들을 찾아가서, 그들이 공정 무역의 규칙에 맞게 생산 활동을 하는지 평가합니다. 소비자들은 이 인증 표시를 보고 윤리적인 소비를 할 수 있습니다. 하지만 요즘은 공정 무역의 조건을 지키지 않고 공정 무역을 흉내 낸 인증 표시를 만들어 소비자들에게 혼란을 주는 기업들도 있습니다.

1단계 이 글의 글쓴이의 주장을 쓰시오.

( )

2단계 주장에 대한 근거 두 가지를 쓰시오.

•

•

3단계 2단계의 근거 중에서 타당하지 않은 근거가 있다고 생각한다면 그렇게 생각한 까닭을 쓰시오.

4 논설문을 쓰려고 생각한 다음 근거를 보고 주장이 무엇일지 쓰시오. [5점]

근거	• 숲은 미세 먼지를 잡아 주어 공기를 깨끗하게 해 준다. • 숲은 홍수와 산사태를 막아 준다. • 숲은 지구 온난화를 막아 준다. • 숲은 소중한 자원을 제공해 준다.

5~6

"여기 짜장면 맛이 왜 이래? 빨리 사장 나오라고 해!"

어머니께서 나오셔서 맛을 확인하고도 이상한 점을 발견하지 못해 갸우뚱하셨지만 손님께 짜장면을 새로 가져다드렸습니다. 하지만 손님께서는 새로 가져다드린 짜장면도 이상하다며 배상을 하라고 계속 소란을 피우셨습니다. 결국 저희는 음식값을 받지도 않고 연신 죄송하다고 사과하며 손님을 보내 드렸습니다.

며칠 뒤, 친구에게 연락이 왔습니다. 걱정스러운 목소리로 "성민아, 인터넷 누리 소통망에 너희 가게 이야기가 있는데, 너도 한번 보는 게 좋을 것 같아."라며 인터넷 글을 보내 주더군요. 그 글에는 며칠 전 있었던 일이 사실과는 다르게 적혀 있었습니다.

△△식당에서 짜장면을 먹었는데 맛이 이상한 짜장면을 그냥 먹으라고 하고 사과는커녕 자신을 밀치며 불친절하게 말했다는 겁니다. 사람들은 댓글에 모두 저희 가게를 욕하며 불매 운동을 벌이고 있었습니다. 게다가 저를 아는 누군가가 제 이름과 다니는 학교까지 인터넷에 올리는 바람에 학교에도 소문이 났습니다. 그리고 그 사건 뒤 저희 가게에는 정말 손님이 뚝 끊겨 저희 가족은 힘든 나날을 보내고 있습니다.

인터넷에 떠도는 소문이 아닌 제 말을 믿어 주시고, 이 글을 널리 퍼뜨려 주세요. 저희 가게를 도와주세요.

5 글쓴이와 손님이 누리 소통망에 글을 쓴 까닭은 무엇일지 쓰시오. [5점]

6 이 글을 읽고 누리 소통망 이용과 관련한 논설문을 쓰려고 합니다. 다음 주장에 적절한 근거 두 가지를 쓰시오. [7점]

누리 소통망을 올바르게 사용하자.

•

•

7 더 좋은 동네를 만들기 위해 우리가 실천할 수 있는 일을 찾아 논설문을 쓸 때, 자신의 주장과 근거를 쓰시오. [7점]

주장	(1)
근거	(2)

4. 효과적으로 발표해요

연습! 서술형 평가

1 ~ 1-1

1 말하는 사람이 활용한 매체 자료의 종류는 무엇입니까? (　　　)

① 사진　② 도표　③ 영상　④ 그림지도　⑤ 누리 소통망 서비스

1-1 서술형 쌍둥이 문제 말하는 사람이 활용한 매체 자료의 종류와 그 매체 자료를 고른 까닭을 쓰시오. [6점]

(1) 종류: (　　　　　　　　)

(2) 그 매체 자료를 고른 까닭: ____________________

2 ~ 2-1

가

나

2 그림 가나 그림 나에 나타난 과정을 바르게 연결한 것을 두 가지 고르시오. (　　　　)

① 그림 가 – 촬영하기
② 그림 가 – 촬영 계획 세우기
③ 그림 가 – 발표 상황 파악하기
④ 그림 나 – 주제 정하기
⑤ 그림 나 – 내용 및 장면 정하기

2-1 서술형 쌍둥이 문제 영상 자료를 제작하고 발표하기 위해 주제를 정할 때 고려할 점을 한 가지만 쓰시오. [4점]

____

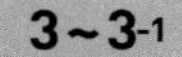

3~3-1

3 이 그림에 나타난 발표 상황으로 알맞지 않은 것은 무엇입니까? (　　　)

① 발표 장소는 시청각실이다.
② 듣는 사람은 6학년 친구들이다.
③ 발표하는 사람은 담임 선생님이다.
④ 주제는 주변 인물을 탐구하는 것이다.
⑤ 5분 영상 발표회에서 주변 인물을 발표하는 것이 목적이다.

3-1 서술형 쌍둥이 문제

이 그림에 나타난 발표 상황에 따라 촬영하고 발표할 때 고려할 점을 한 가지만 쓰시오. [4점]

4~4-1

4 영상을 보여 주기 전에 소개한 내용에서 알 수 있는 내용이 아닌 것은 무엇입니까? (　　　)

① 특이한 요리 재료를 조사했다.
② 요리사와 직접 면담한 내용이 나온다.
③ 유명 요리사가 요리하는 장면이 나온다.
④ 다양한 요리 분야를 조사한 내용이 나온다.
⑤ 영상 제목은 「사람을 행복하게 하는 요리사」이다.

4-1 서술형 쌍둥이 문제

영상 자료 발표를 들을 때에 주의할 점을 한 가지만 쓰시오. [4점]

국어 실전! 서술형 평가

1~2

1 세미가 친구에게 말하는 것은 무엇인지 쓰시오. [5점]

2 대화 ❶과 대화 ❷에서 서로 다른 점은 무엇인지 쓰시오. [7점]

단계별 유형

3 다음 '휴대 전화 사용 습관'에 대해 발표하려고 활용한 자료를 보고, 물음에 답하시오. [10점]

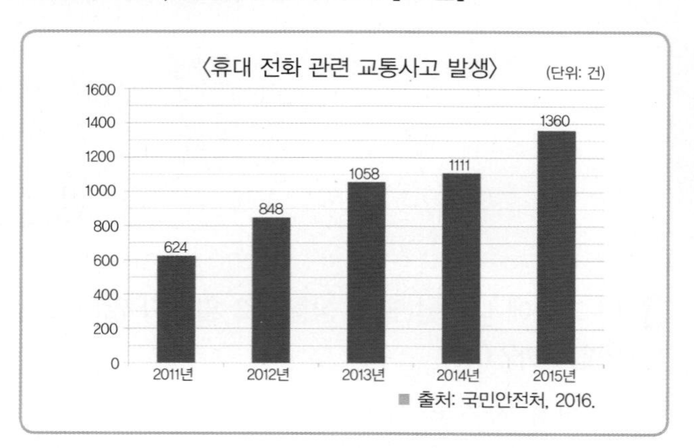

1단계 이 매체 자료의 종류는 무엇인지 쓰시오.

( )

2단계 이 자료에서 알 수 있는 다음 내용을 통해 이 자료에서 전하려는 주제를 쓰시오.

- 휴대 전화 관련 교통사고가 점점 늘어나고 있습니다.
- 휴대 전화 사용으로 생긴 교통사고가 2013년 이후 1년에 1000건이 넘습니다.

⬇

전하려는 주제	

3단계 휴대 전화 사용 습관을 소재로 발표하고 싶은 주제, 활용할 매체 자료와 그 까닭을 정해 쓰시오.

발표하고 싶은 주제	(1)
활용할 매체 자료와 그 까닭	(2)

4 다음은 영상 자료를 제작하고 발표하는 과정입니다. 빈칸에 알맞은 말을 쓰시오. [5점]

발표 상황 파악하기

⬇

(1)

⬇

내용 및 장면 정하기

⬇

촬영 계획 세우기

⬇

촬영하기

⬇

편집하기

⬇

(2)

5 영상 자료를 만들어서 인터넷에 올릴 때 주의할 점을 한 가지만 더 쓰시오. [5점]

- 영상 자료가 보는 사람들에게 좋은 영향을 주는지 생각합니다.
- ______________________

6 다음 발표 주제를 전하려면 어떤 내용을 영상으로 제작하는 것이 좋을지 한 가지만 쓰시오. [5점]

우리 모둠이 정한 인물	친구 ○○
그 까닭	꿈을 가지고 재능을 꾸준히 키워 가기 때문에
전하고 싶은 주제	꿈을 가지고 재능을 꾸준히 키워 가자.

⬇

7 다음은 인물에 대한 영상을 보여 주기 전에 소개할 내용과 영상을 보여 준 뒤에 할 수 있는 활동을 정리한 표입니다. 빈칸에 들어갈 알맞은 말을 쓰시오. [7점]

영상을 보여 주기 전에 소개할 내용	• 듣는 사람에게 인물과 관련한 것을 묻습니다. (1) • ______________________
영상을 보여 준 뒤에 할 수 있는 활동	• 영상에 대한 질문을 받습니다. (2) • ______________________

연습! 서술형 평가

1 ~ 1-1

나는 우리나라가 세계에서 가장 아름다운 나라가 되기를 원한다. 가장 부강한 나라가 되기를 원하는 것은 아니다. 내가 남의 침략에 가슴이 아팠으니, 내 나라가 남을 침략하는 것을 원치 아니한다. 우리의 부는 우리 생활을 풍족히 할 만하고, 우리의 힘은 남의 침략을 막을 만하면 족하다. 오직 한없이 가지고 싶은 것은 높은 문화의 힘이다. 문화의 힘은 우리 자신을 행복하게 하고, 나아가서 남에게도 행복을 주기 때문이다. 지금 인류에게 부족한 것은 무력도 아니요, 경제력도 아니다. 자연 과학의 힘은 아무리 많아도 좋으나, 인류 전체로 보면 현재의 자연 과학만 가지고도 편안히 살아가기에 넉넉하다. / 인류가 현재에 불행한 근본 이유는 인의가 부족하고, 자비가 부족하고, 사랑이 부족한 때문이다. 이 마음만 발달이 되면, 현재의 물질력으로 인류 20억이 다 편안히 살아갈 수 있을 것이다. 인류에게 이 정신을 배양하는 것은 오직 문화이다.

1 글쓴이가 원하는 우리나라는 어떤 나라입니까? (　　)

① 땅이 매우 넓은 나라
② 무력의 힘이 강한 나라
③ 아시아에서 가장 부강한 나라
④ 세계에서 가장 아름다운 나라
⑤ 주변 나라와 문화를 교류하는 나라

1-1 서술형 쌍둥이 문제 글쓴이의 생각이 잘 드러나게 제목을 정하여 쓰고, 그렇게 정한 까닭도 쓰시오. [6점]

글의 제목	(1)
그 까닭	(2)

2 ~ 2-1

로봇세 도입을 늦추어야 한다

로봇을 소유한 기업이나 로봇에게 세금을 부과하자는 주장이 나오고 있다. 로봇이 인간의 일거리를 대신 맡아 할 수 있기 때문에 인간에게 필요한 비용을 로봇세로 보충하려는 것이다. 하지만 로봇세 도입은 로봇 산업의 발전과 국가의 미래 경쟁력에 부정적인 영향을 끼칠 수 있다.

로봇 산업이 본격적으로 발전하면 로봇은 인간을 대신하여 일을 하게 된다. 이럴 경우에 인간은 위험하거나 단순한 일, 반복적인 일에서 해방될 수 있다. 그런데 인간을 대신하여 일을 할 로봇에게 성급하게 세금을 부과한다면 로봇 산업 발전을 더디게 할 것이다. 특히 로봇 개발자는 개발 비용에 세금까지 더하여 마음의 부담을 느낄 수 있다. 로봇 개발자가 느끼는 마음의 부담은 로봇을 개발하는 과정에서 혁신적인 생각을 발전시키거나 과감한 투자를 하는 데에 걸림돌이 될 수 있다. 로봇세는 이제 발전하려는 로봇 산업에 방해가 된다.

2 제목을 「로봇세 도입을 늦추어야 한다」와 같이 정한 까닭은 무엇이겠습니까? (　　)

① 로봇세가 무엇인지 알려 주려고
② 로봇의 다양한 기능을 설명하려고
③ 로봇세 도입의 필요성을 강조하려고
④ 로봇과 인간의 공통점과 차이점을 보여 주려고
⑤ 로봇세가 로봇 산업 발전을 더디게 한다는 것을 전하려고

2-1 서술형 쌍둥이 문제 제목과 글에 쓰인 낱말이나 문장 같은 표현에서 짐작할 수 있는 글쓴이의 생각을 쓰시오. [4점]

3~3-1

"똥과 기와 조각은 사람의 손길에 따라 쓰임새가 정해지기도 하고, 버려지기도 하는 거다. 사람으로 태어나서 어찌 다른 사람의 손길만 기다리겠느냐? 스스로 쓰임새를 찾는다면 어찌 똥오줌이나 깨진 기와 조각의 쓰임새에 비하겠으며, 그렇지 못하다면 그야말로 길거리에 굴러다니는 개똥보다 못할 것이니라."
"에이, 그게 뭡니까요? 맞으면 맞는다, 아니면 아니다 명확히 대답을 해 주셔야지요."
장복이의 응석에 나리는 다시 한번 꼬집어 말하였다.
"스스로의 가치는 스스로가 매기는 거야. 다른 사람에게 맡길 것이 아닌 거야."
그 이후로 장복이가 아무리 아양을 떨고 투정을 부려도 나리는 입을 열지 않았다. 창대는 나리의 말을 씹고 또 곱씹어 보았다. 스스로의 쓰임새를 스스로가 찾지 않으면 똥오줌, 깨진 기와 조각보다 못하다는 말은 창대의 가슴을 아프게 했다.
'나의 쓰임새는 과연 무엇인가?'

3 글쓴이의 생각이 담긴 표현은 무엇무엇입니까? ( )

① 에이, 그게 뭡니까요?
② 다시 한번 꼬집어 말하였다.
③ 창대의 가슴을 아프게 했다.
④ 스스로의 가치는 스스로가 매기는 거야.
⑤ 사람으로 태어나서 어찌 다른 사람의 손길만 기다리겠느냐?

3-1 글쓴이의 생각이 담긴 표현을 바탕으로 하여 글쓴이가 글을 쓴 의도와 목적을 파악해 쓰시오. [4점]

4~4-1

① 1928년 미국의 한 부둣가… 산책하던 중 실수로 바다에 빠진 남자	② "살려 주세요." "살려 주세요."	③ 그런데	④ 다급한 구조 요청에도 무관심
⑤ 젊은이를 상대로 소송을 낸 익사자 가족 "그때 도와줬다면 내 아들은 죽지 않았어요."	⑥ 소송 기각 현재 법률엔 구조의 의무가 명시돼 있지 않다.	⑦ 만약 1928년 '착한 사마리아인의 법'이 있었다면?	⑧ 착한 사마리아인의 법: 위험에 처한 사람을 돕지 않으면 처벌할 수 있는 법 제도

4 이 영상은 무엇에 대한 내용을 다루는 것입니까? ( )

① 사마리아인의 모습
② 법이 사라지는 과정
③ 착한 사마리아인의 법 제도
④ 바다에서 수영할 때 주의할 점
⑤ 법에 대한 사람들의 다양한 생각

4-1 이 영상을 보고 자신의 생각을 보기와 같이 쓰시오. [4점]

보기
'착한 사마리아인의 법'을 법으로 정해야 합니다. 당연히 지켜야 할 도덕적 의무이니 따르지 않는다면 법으로 처벌하는 게 옳습니다.

1~2

E

무엇으로 보이십니까?

혹시 알파벳 'E'로 보시지 않으셨습니까?
많은 분들이 우리말의 'ㅌ'보다는
알파벳의 'E'라고 생각하셨을 것입니다.

지금 우리의 아이들은 우리말의 'ㅌ'보다
알파벳의 'E'를 먼저 배우고 있습니다.
아이에서부터 어른에 이르기까지 국어보다
영어에 익숙해진 우리들.

자랑스러운 우리말은 우리 민족의 정신입니다.
우리말을 사랑합시다.

1 이 광고에서 사람들이 우리말의 'ㅌ'보다 알파벳의 'E'라고 생각한다고 말한 까닭은 무엇인지 쓰시오. [5점]

2 이 광고를 만든 사람이 하고 싶은 말은 무엇일지 짐작해 쓰시오. [5점]

단계별 유형

3 서로 다른 글쓴이의 생각이 나타난 두 글을 읽고, 물음에 답하시오. [10점]

가 우리도 로봇세를 도입하여 인간과 로봇이 함께 살아가는 방법을 찾아야 한다.

세계 경제 포럼은 로봇이나 인공 지능이 이끄는 4차 산업 혁명으로 수많은 사람이 일자리를 잃을 것이라고 전망했다. 로봇 때문에 일자리를 잃고 소득을 얻지 못하는 사람들은 새로운 일자리를 찾기 위해 재교육을 받아야 한다. 로봇세를 도입하면 그 세금으로 일자리를 잃은 사람들에게 진로 상담이나 적성 검사, 기술 교육 등을 할 수 있다. 또 로봇세를 활용하면 일자리를 잃은 사람들이 재교육을 받고 새로운 일자리를 찾는 데 도움을 줄 수 있다.

나 인간을 대신하여 일을 할 로봇에게 성급하게 세금을 부과한다면 로봇 산업 발전을 더디게 할 것이다. 특히 로봇 개발자는 개발 비용에 세금까지 더하여 마음의 부담을 느낄 수 있다. 로봇 개발자가 느끼는 마음의 부담은 로봇을 개발하는 과정에서 혁신적인 생각을 발전시키거나 과감한 투자를 하는 데에 걸림돌이 될 수 있다. 로봇세는 이제 발전하려는 로봇 산업에 방해가 된다.

1단계 글 가와 글 나는 무엇에 대한 글인지 쓰시오.

( )

2단계 글 가와 글 나에 나타난 글쓴이의 생각을 비교해 쓰시오.

3단계 이와 같은 글에서 글쓴이의 생각을 파악하는 방법을 쓰시오.

4~5

가 "'황제는 물론 장상과 대신 등 모든 관원과 백성이 머리를 깎았으니 오랑캐요, 오랑캐의 나라에서 볼 게 뭐가 있겠습니까?"
나리의 말에 장복이가 무릎을 치며 깔깔 웃었다.
"진짜 일류 선비가 맞는뎁쇼. 어쩜 그리 내 속을 시원하게 알아준단 말입니까? 암, 맞지요. 중국은 오랑캐의 나라인데, 볼거리가 뭐가 있겠습니까?"

나 "나리는 어떻게 생각하시는지요? 역시 오랑캐의 나라라 볼 게 없다고 여기시는지요?"
창대의 질문에 나리는 기다렸다는 듯이 대답했다.
"나는 시골의 삼류 선비지만, 중국의 제일가는 경치는 저 기와 조각과 똥 덩어리라고 말하고 싶구나."

다 "깨진 기와 조각은 천하에 쓸모없는 물건이다. 그러나 백성들의 집에 담을 쌓을 때 깨진 기와 조각을 둘씩 짝을 지어 물결무늬를 만들기도 하고, 혹은 네 조각을 모아 쇠사슬 모양이나 엽전 모양을 만들지 않느냐? 깨진 기와 조각도 알뜰하게 사용했기에 천하의 고운 빛깔을 다 낼 수 있었던 것이다."

4 이 글에서 짐작할 수 있는 당시 사람들의 중국에 대한 생각을 쓰시오. [5점]

5 글쓴이의 생각이 담긴 표현을 한 가지 찾아 쓰고, 글쓴이가 글에서 전달하려는 내용도 쓰시오. [7점]

글쓴이의 생각이 담긴 표현	(1)
글쓴이가 전달하려는 내용	(2)

6 다음 친구들은 '착한 사마리아인의 법'에 대해 어떤 상반된 의견을 제시했는지 쓰시오. [5점]

7 다음은 글쓴이와 대화하기를 준비하며 만든 것입니다. ㉠에 들어갈 내용을 생각해 쓰시오. [5점]

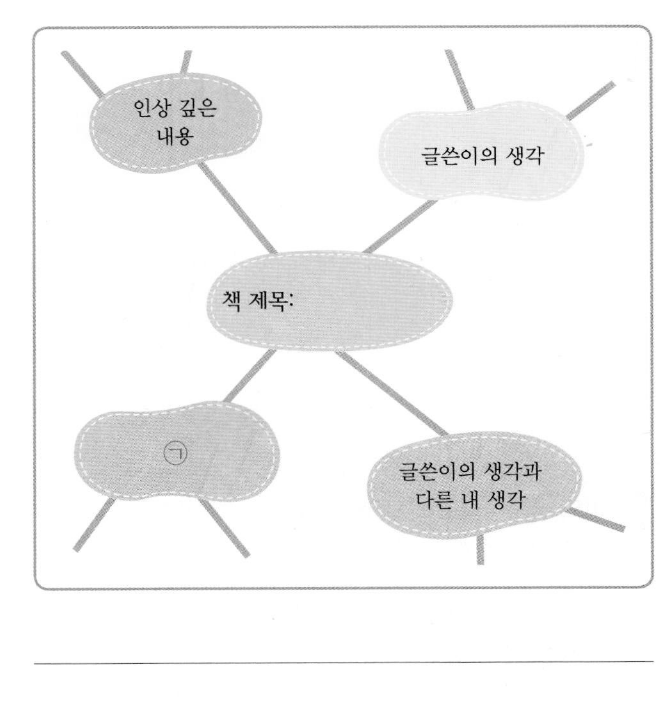

연습! 서술형 평가

1 ~ 1-1

1 기후 협약이란 무엇을 막기 위해 체결한 협약입니까? (　　　)

① 태풍　② 화재　③ 지진　④ 미세 먼지　⑤ 지구 온난화

1-1 서술형 쌍둥이 문제

뉴스를 본 사람들의 반응으로 볼 때, 뉴스가 우리 생활에 어떤 영향을 미치는지 두 가지 이상 쓰시오. [4점]

2 ~ 2-1

2 이와 같은 광고에서 비판적으로 보아야 할 내용 두 가지를 고르시오. (　　　　)

① 과장한 내용　② 정확한 내용　③ 감추는 내용　④ 반복되는 내용　⑤ 흥미로운 내용

2-1 서술형 쌍둥이 문제

이 광고에서 과장하거나 감추는 내용을 두 가지 쓰시오. [6점]

3~3-1

3 이 뉴스의 '진행자의 도입'에 쓸 내용으로 알맞은 것 두 가지를 고르시오. (　　　　)

① 앞으로의 전망을 제시하는 내용
② 뉴스에서 보도할 내용을 유도하는 내용
③ 뉴스의 전체 내용을 요약해 안내하는 내용
④ 뉴스의 핵심 내용을 정리하며 마무리하는 내용
⑤ 면담이나 통계 자료로 시청자의 이해를 돕는 내용

3-1 서술형 쌍둥이 문제 이와 같은 뉴스에서 진행자와 기자는 각각 어떤 역할을 하는지 쓰시오. [6점]

4~4-1

진행자의 도입

독감 때문에 요즘 감염 걱정이 많죠? 하지만 '30초 손 씻기'만 제대로 실천해도 웬만한 감염병은 막을 수 있다고 합니다. '30초의 기적'이라고까지 하는 올바른 손 씻기 방법을 이선주 기자가 알려 드립니다.

기자의 보도

하루에도 몇 번씩 씻는 손, 손을 씻는 방법은 제각각입니다.

면담	박윤철 6학년 1반 학생

"평소에는 그냥 물로 씻는 편이에요."

면담	금성혜 6학년 3반 학생

"그냥 물휴지 정도로 닦는 편이에요."

손을 어떻게 씻어야 손에 번식하는 세균을 없앨 수 있을지 알아보려고 손에 형광 물질을 바르고 실험했습니다. 10초 동안 비누로 손바닥과 손가락을 비벼 가며 열심히 씻는 것이 중요합니다.

4 이 뉴스를 보고 알 수 있는 내용은 무엇입니까? (　　　)

① 물휴지 사용 방법
② 올바른 손 씻기 방법
③ 독감을 치료하는 방법
④ 좋은 비누를 고르는 방법
⑤ 손에 번식하는 세균의 종류

4-1 서술형 쌍둥이 문제 이 뉴스가 가치 있고 중요한 뉴스인지 판단해 쓰시오. [6점]

단계별 유형

1 다음 광고를 보고 물음에 답하시오. [10점]

1단계 무엇을 광고하고 있는지 쓰시오.

( )

2단계 광고 문구가 과장하거나 감추는 내용은 무엇인지 쓰시오.

3단계 광고 내용을 그대로 믿으면 어떤 문제점이 생길지 쓰시오.

2~3

2 이 뉴스에서 면담이나 통계 자료를 보여 주는 까닭을 쓰시오. [5점]

3 이 뉴스의 타당성을 판단할 수 있는 방법을 두 가지 이상 쓰시오. [7점]

4~5

4 이 그림은 어떤 과정을 나타낸 것인지 쓰시오. [5점]

5 ㉠에 들어갈 알맞은 내용은 무엇인지 쓰시오. [5점]

6 다음 그림에서 남자아이가 만들고 싶어 하는 뉴스는 무엇인지 쓰시오. [5점]

7 주제를 정해 뉴스 원고를 쓸 때 주의할 점을 두 가지 이상 쓰시오. [7점]

연습! 서술형 평가

1 ~ 1-1

①

②

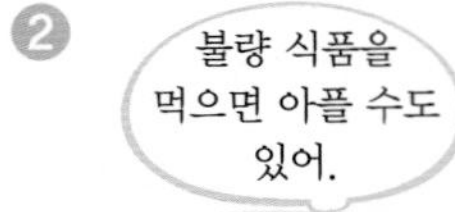

③

④

1 도현이가 글에서 말하려는 것은 무엇입니까? (　　　　)

① 쓰레기를 줍자.
② 고운 말을 쓰자.
③ 물건을 아껴 쓰자.
④ 불량 식품을 먹지 말자.
⑤ 친구와 사이좋게 지내자.

1-1 서술형 쌍둥이 문제

도현이가 글을 쓰기 전에 어떤 점을 고려해야 하는지 두 가지 이상 쓰시오. [4점]

2 ~ 2-1

고운 말을 사용하면 다른 사람과 원활하게 대화할 수 있다. 은어나 비속어는 대화를 어렵게 하고 오해를 불러일으킨다. 단순히 재미있으려고 은어나 비속어를 사용했다가 친구들끼리 ㉠투쟁으로 이어지는 경우도 있고, 어른과 어린이의 일상적인 대화가 어려워지는 경우도 있다.

고운 말을 사용하면 친구 관계가 좋아진다. 말은 우리 민족의 혼이 담긴 소중한 문화유산이다. 은어나 비속어를 사용한다면 그것이 우리 후손에게 그대로 전해질 것이다. 고운 말을 사용해 아름다운 우리말을 지켜야 한다.

2 ㉠을 바르게 고친 것은 무엇입니까? (　　　　)

① 싸움
② 투기
③ 전쟁
④ 화해
⑤ 사고

2-1 서술형 쌍둥이 문제

㉠을 어떻게 고치면 좋을지 그 까닭과 함께 쓰시오. [6점]

3~3-1

최근 미국 ○○대학교 연구진은 전 세계적으로 680여 명이 희생된 중동호흡기증후군[메르스]의 백신을 개발했다. 연구진이 동물 실험으로 그 효과를 확인하려고 백신을 원숭이에게 투여했다. 그리고 이 백신이 중동호흡기증후군[메르스]을 예방할 수 있다는 확신을 가졌다. 이렇게 동물 실험은 새로운 약 개발에 중요한 역할을 한다.

동물 실험도 하지 않고 개발한 약을 사람들에게 사용하면 부작용이 발생할 수 있다. 1937년에 한 제약 회사에서 술파닐아미드라는 약을 새롭게 개발했다. 그런데 동물 실험을 거치지 않고 사람들에게 이 약을 판매했다. 그 결과, 이 약을 복용한 많은 사람이 부작용으로 사망하는 불행한 일이 일어났다.

일부 사람들은 동물 실험을 당장 다른 방법으로 대체해야 한다고 주장한다. 그러나 대체 방법을 개발하는 데 6년 이상의 시간과 약 400억 원 이상의 비용이 필요하다. 이처럼 오랜 개발 기간과 막대한 비용 때문에 빠른 시일 안에 동물 실험을 대체하기는 어렵다.

3 이 글은 무엇에 대한 생각을 쓴 것입니까? (　　　)

① 바이러스
② 동물 실험
③ 백신의 종류
④ 원숭이와 인간의 차이점
⑤ 동물을 키우는 데 드는 비용

3-1 이 글의 글쓴이는 문제 3번의 답에 대해 어떤 생각을 가지고 있는지 쓰시오. [4점]

4~4-1

4 친구가 고쳐 쓴 글을 살펴볼 때 확인할 내용으로 알맞지 않은 것은 무엇입니까? (　　　)

① 재미있게 고쳐 썼는지 확인한다.
② 고쳐 써서 나아진 점을 생각한다.
③ 어떤 부분을 고쳐 썼는지 살펴본다.
④ 처음에 쓴 글과 고쳐 쓴 글을 비교한다.
⑤ 글, 문단, 문장, 낱말 수준에서 무엇을 고쳤는지 확인한다.

4-1 친구가 고쳐 쓴 글을 살펴볼 때 확인할 내용을 두 가지 이상 쓰시오. [4점]

국어 실전! 서술형 평가

단계별 유형

1 글 나는 글 가를 고쳐 쓴 것입니다. 두 글을 읽고 물음에 답하시오. [10점]

> 가 **쓰레기가 되는 불량 식품**
>
> 여러분, 불량 식품을 먹지 맙시다. 불량 식품을 먹고 나서 쓰레기를 버리는 사람이 많습니다. 그렇게 버린 쓰레기들이 우리 학교 주변을 더럽혀 보기에도 좋지 않고, 악취도 납니다. 불량 식품에는 무엇이 들어갔는지, 그리고 유통 기한은 언제까지인지 정확히 적혀 있지 않습니다.
>
> ⬇
>
> 나 **건강을 해치는 불량 식품**
>
> 여러분, 불량 식품을 먹지 맙시다. 불량 식품에는 무엇이 들어갔는지, 그리고 유통 기한은 언제까지인지 정확히 적혀 있지 않습니다.

1단계 글을 쓰고 나서 내용과 표현이 알맞도록 다시 쓰는 것을 무엇이라고 하는지 쓰시오.

( )

2단계 글 가와 글 나를 비교했을 때 어떤 점이 달려졌는지 두 가지를 쓰시오.

-
-

3단계 글쓴이가 2단계의 답과 같이 글을 고쳐 쓴 까닭을 각각 쓰시오.

-
-

2~3

> ㉠요즘 많은 어린이가 이야기할 때 은어나 비속어를 사용했다. 국립국어원 조사에 따르면 조사 대상 초등학생의 93퍼센트가 비속어를 사용한 적이 있다고 한다. ㉡만약 학생 열 명이 있기 때문에 적어도 아홉 명은 비속어를 사용한 적이 있는 것이다. 비속어가 아닌 고운 말을 사용해야 하는 까닭은 무엇일까?

2 보기는 문장 ㉠을 고친 것입니다. 보기와 같이 고친 까닭은 무엇인지 쓰시오. [5점]

> 보기
>
> 요즘 많은 어린이가 이야기할 때 은어나 비속어를 사용한다.

3 ㉡을 문장의 호응 관계를 고려해 바르게 고쳐 쓰시오. [7점]

4~5

의약품 따위를 만드는 실험으로 전 세계에서 해마다 약 6억 마리의 동물이 희생되고 있다. 개발한 약품을 사람에게 바로 사용하지 않고 동물을 대상으로 먼저 실험해 보기 때문이다. 예를 들면 피부에 사용하는 약품을 개발할 때 토끼의 눈에 화학 물질을 넣어 부작용이 생기는지 확인한다. 토끼는 눈 깜빡임과 눈물이 적어 실험 결과를 오래 관찰할 수 있기 때문이다. 눈에 화학 물질이 들어간 토끼는 눈에서 피가 나기도 하고 심한 경우 눈이 멀기도 한다.

동물 실험을 반대하는 사람들이 늘어나고 있다. 사람과 동물의 몸은 차이가 크기 때문에 이러한 동물 실험은 소용이 없다고 주장한다. 실제로 동물 실험을 통과한 신약 후보 열 개 가운데 아홉 개는 사람에게 효과가 없거나 부작용을 일으킨다고 한다.

4 글쓴이의 주장은 무엇인지 쓰시오. [5점]

5 이 글에서 알 수 있는 사실을 두 가지 이상 쓰시오. [7점]

6~7

6 그림 가와 그림 나의 친구들은 자신이 쓴 글을 어떤 수준에서 점검하고 있는지 쓰시오. [5점]

가	(1)
나	(2)

7 이 그림과 같이 자신이 쓴 글을 점검할 때 문장과 낱말 수준에서는 어떤 점을 점검해야 하는지 쓰시오. [7점]

연습! 서술형 평가

1 ~ 1-1

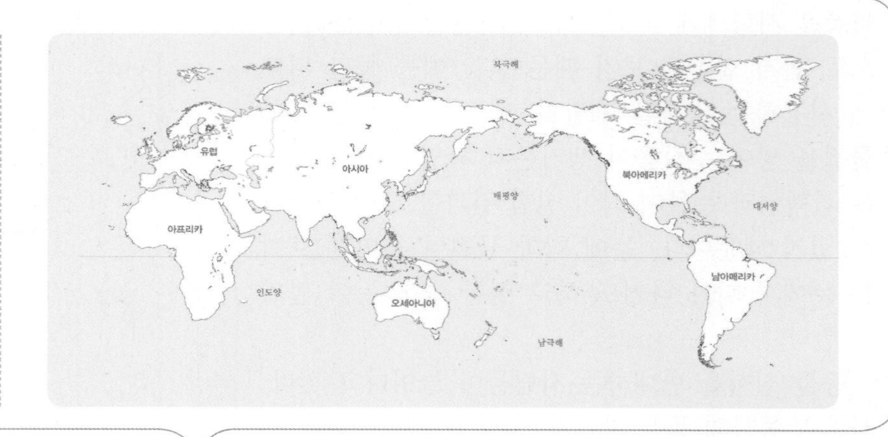

1 지도를 보고 여행 가고 싶은 곳을 정할 때 고려할 점은 무엇입니까? (   )

① 정말 가고 싶은 곳인지 생각한다.
② 친구들이 다녀왔던 곳인지 생각한다.
③ 텔레비전에서 소개한 장소만 찾아본다.
④ 선생님께서 가라고 시키신 곳인지 떠올린다.
⑤ 친구들에게 자랑할 수 있는 곳인지 생각한다.

1-1 서술형 쌍둥이 문제

여행 가고 싶은 곳에 대한 정보는 어디서 얻을 수 있는지 쓰시오. [4점]

2 ~ 2-1

「피부 색깔=꿀색」이라는 영화를 보았다. 제목부터가 뭔가 전하고 싶은 이야기가 많은 영화라고 생각했다. 이 영화는 벨기에에 입양된 우리 동포 융이라는 사람이 어린 시절을 회상하며 이야기가 시작된다.

융은 다섯 살에 해외로 입양된다. 하지만 벨기에의 가족과 자신의 피부색이 다르다는 사실과 한국에 친부모가 있을지도 모른다는 생각에 잘 적응하지 못하고 힘들어한다. 게다가 융의 가족은 한국에서 여자아이를 한 명 더 입양한다. 융은 한국에서 새로 입양된 여동생과 자신이 닮았다는 말을 듣기 싫어하며 동생과 가족을 멀리한다. 그리고 융은 학교에서 말썽을 일으키고 집에서 거짓말까지 하면서 점점 더 엇나가는 행동을 한다.

융의 장난만큼은 아니지만 나도 가끔은 친구나 동생에게 심한 장난을 한다. 하지만 융의 행동이 주위의 관심과 사랑을 받고 싶고 자신이 누구인지를 찾으려는 몸부림이라는 것을 알았을 때 마음이 많이 아팠다.

2 두 번째 문단은 어떤 내용을 쓴 것입니까? (   )

① 영화의 줄거리
② 영화를 보게 된 까닭
③ 영화에 나타난 영상의 특성
④ 영화 속 내용과 비슷한 자신의 경험
⑤ 영화를 본 뒤의 전체적인 느낌이나 주제

2-1 서술형 쌍둥이 문제

이 글에서 알 수 있는, 영화 감상문을 쓸 때 들어갈 내용을 쓰시오. [4점]

3~3-1

대상주 홍라

가 홍라는 탁자 위에 지도를 펼쳤다. 오래된 가죽 냄새를 맡으니 어머니에 대한 그리움이 밀려들었다. 어머니는 지도를 펼치는 것으로 하루를 시작했다. 어머니의 손길로 반들반들해진 지도였다. 지도에 새겨진 길을 손끝으로 더듬자 어머니의 목소리가 들려오는 것 같았다. / 보아라, 길이다. 세상 모든 곳으로 통하는 길이다.

나 "장안으로 교역을 나설 거야. 월보, 비녕자, 같이 갈 수 있지?"

선심 쓰는 듯 말했지만, 속으로 좀 걱정이 되었다. 월보에게도 아직 품삯을 주지 못했다. 상단이 망해 간다는 소문이 파다한데, 월보가 따라나서 줄지 걱정이었다. 비녕자의 불만에 찬 표정도 마음에 걸렸다.

하지만 월보는 반색해 주었다. / "자, 장안이라고요? 네! 네, 갈게요. 가겠습니다!"

비녕자는 여전히 뚱한 얼굴이지만 그래도 고개를 끄덕였다.

반가워서 손이라도 잡아 주고 싶었다. 하지만 대상주답게 굴어야 했다. 홍라는 애써 엄한 표정을 지었다.

3 이 글의 이야기 구조를 확인하는 질문은 무엇입니까? (　　)

① 이야기는 어떻게 시작하나요?
② 장사를 떠나는 홍라에게 어떤 말을 해 주고 싶나요?
③ 제목에서 홍라를 '대상주'라고 부른 까닭은 무엇일까요?
④ 자신이 홍라라면 장안으로 길을 떠날 때 어떤 마음일까요?
⑤ 홍라는 비녕자가 함께 간다고 하자 왜 애써 엄한 표정을 지었을까요?

3-1 서술형 쌍둥이 문제 이 글의 이야기 구조를 확인하는 질문을 두 가지 이상 생각해 쓰시오. [6점]

4~4-1

자신의 경험을 떠올려 주제를 정한다.

4 경험한 내용을 영화로 만드는 과정 중, ㉠에 들어갈 알맞은 내용은 무엇입니까? (　　)

① 보완하기　② 음악과 자막 넣기
③ 주제 정하기　④ 설명할 내용 정하기
⑤ 사진이나 영상 넣기

4-1 서술형 쌍둥이 문제 '자료를 수집하고 정리하기' 단계에서 무엇을 해야 하는지 생각해 ㉡에 들어갈 알맞은 내용을 쓰시오. [4점]

1~2

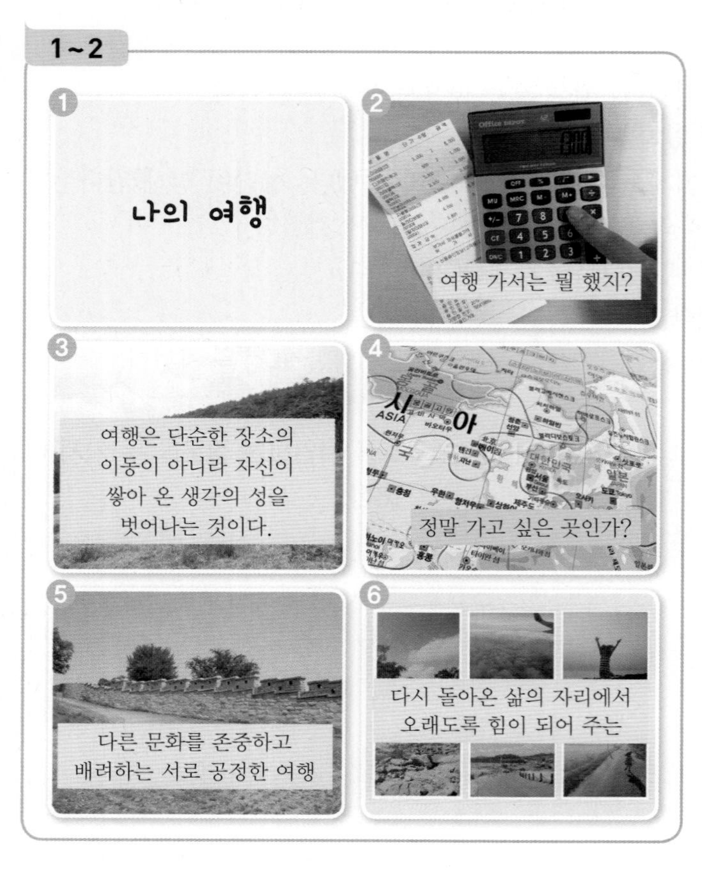

1 이 영상에서는 어떤 여행을 해야 한다고 했는지 쓰시오. [5점]

2 자신이 했던 여행과 이 영상에서의 여행을 비교해 쓰시오. [5점]

3~4

가 『피부 색깔=꿀색』이라는 영화를 보았다. 제목부터가 뭔가 전하고 싶은 이야기가 많은 영화라고 생각했다. 이 영화는 벨기에에 입양된 우리 동포 융이라는 사람이 어린 시절을 회상하며 이야기가 시작된다.

나 예전에 「국가 대표」라는 영화를 보았다. 그 영화에서 주인공은 엄마를 찾으려고 국가 대표가 되려고 했다. 해외 입양 문제는 우리나라의 아픈 역사를 보여 주는 한 부분이다.

이 영화를 보면서 나는 융이라는 사람에게 이런 말을 해 주고 싶었다. "비록 우리나라의 아픈 역사 때문에 벨기에에서 살지만 우리는 똑같은 한국인입니다."라고 말이다. 영화를 보는 내내 나는 입양된 사람들이 우리 역사에서 겪은 아픔을 생각했다. 본인의 의지와 상관없이 다른 나라에서 살아야 하는 사람들, 그리고 우리나라에 온 사람들까지. 나는 우리가 지금 서로를 따뜻하게 감싸 안아야 할 때라고 생각한다.

3 이 글의 마지막 문단에는 어떤 내용을 썼는지 쓰시오. [5점]

4 이 글을 읽고 고쳐 쓸 부분을 확인할 때 살펴볼 내용을 두 가지 이상 쓰시오. [7점]

단계별 유형

5 다음 글을 읽고 물음에 답하시오. [10점]

장안. 당나라 황제의 대명궁이 있는 장안은 인구 백 만이 넘는 대도시로 비단처럼 화려한 빛깔로 눈부셨다. 푸른 하늘로 날아오를 듯 맵시 있는 기와지붕들이 물결치며 이어졌고, 밤이면 색색의 등불이 별빛보다 더 아름답게 반짝였다. 온갖 나라의 사람들이 저마다의 멋을 뽐내며 거리거리를 수놓았다. 동방의 상인들이 장사하는 동부 시장도 그랬지만, 서역 상인들의 서부 시장은 더욱 경이로웠다. 소그드 상인은 물론이고 페르시아나 로마에서 온 상인들도 진귀한 물건을 내놓고 팔았다. 장안은 세계적인 교역 도시였다.

홍라는 장안을 떠나며 언젠가 자신의 상단을 이끌고 다시 오겠다고 다짐했다. 장안까지, 아니 세상의 끝까지 가 보고 싶었다. 그 누구의 발도 닿지 않은 새로운 길로 떠나고 싶었다.

그런 날이 생각보다 빨리 왔다. 생각했던 것과는 달리 너무도 초라한 출발이었다. 그러나 반드시 금씨 상단에 걸맞은 모습으로 돌아오리라. 홍라는 목에 건 소동인과 열쇠를 꼭 쥐었다. 쿵쿵쿵쿵. 힘차게 뛰는 심장 박동이 느껴졌다. 아버지와 어머니가 보내는 응원의 소리인지도 몰랐다.

1단계 이 글의 마지막 부분에서 홍라는 어디로 길을 떠나려고 하는지 찾아 쓰시오.

( )

2단계 자신이 홍라라면 1단계에서 답한 곳으로 길을 떠날 때 어떤 마음일지 쓰시오.

3단계 길을 떠나는 홍라에게 해 주고 싶은 말을 쓰시오.

6~7

가

사진이나 그림, 영상에 어울리는 설명할 내용을 간단히 기록한다.

나

만든 영화를 보면서 부족한 부분을 찾아 보완해 완성한다.

다

편집 프로그램을 활용해 사진이나 그림, 영상을 넣는다.

라

편집 프로그램을 활용해 음악과 자막을 넣는다.

마

자신의 경험을 떠올려 주제를 정한다.

바

정한 주제에 맞는 사진이나 그림, 영상을 수집해 영화 장면의 차례대로 나열한다.

6 이 그림은 무엇을 만드는 방법을 나타낸 것인지 쓰시오. [5점]

7 가~바를 문제 6번에서 답한 방법의 차례에 맞게 나열하시오. [7점]

연습! 서술형 평가

분모가 같은 (분수)÷(분수)

1 □ 안에 알맞은 수를 써넣으세요.

$\frac{8}{9}$은 $\frac{1}{9}$이 □개, $\frac{2}{9}$는 $\frac{1}{9}$이 □개이므로
$\frac{8}{9} \div \frac{2}{9} =$ □ $\div 2 =$ □입니다.

tip 분모가 같은 분수의 나눗셈은 분자끼리 나누어 구할 수 있습니다.

1-1 서술형 쌍둥이 문제

㉠은 ㉡의 몇 배인지 해결 과정을 쓰고, 답을 구하세요. [4점]

㉠ $\frac{1}{9}$이 8개 ㉡ $\frac{1}{9}$이 2개

( )

분모가 다른 (분수)÷(분수)

2 빈 곳에 알맞은 수를 써넣으세요.

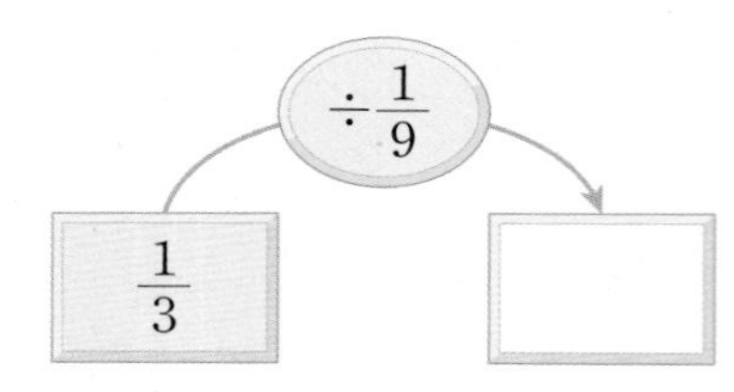

tip 분모가 다른 분수의 나눗셈은 통분하여 분자끼리 나누어 구할 수 있습니다.

2-1 서술형 쌍둥이 문제

길이가 $\frac{1}{3}$ m인 리본을 $\frac{1}{9}$ m씩 자르면 모두 몇 도막이 되는지 해결 과정을 쓰고, 답을 구하세요. [4점]

( )

분자끼리 나누어떨어지지 않는 (분수)÷(분수)

3 다음 나눗셈의 몫을 구하세요.

$\frac{5}{6} \div \frac{3}{4}$

( )

tip 분모가 다른 분수의 나눗셈은 통분하여 분자끼리 나누어 구할 수 있습니다. 이때 분자끼리 나누어떨어지지 않을 때에는 몫이 분수로 나옵니다.

3-1 서술형 쌍둥이 문제

굵기가 일정한 철근 $\frac{3}{4}$ m의 무게가 $\frac{5}{6}$ kg입니다. 이 철근 1 m의 무게는 몇 kg인지 해결 과정을 쓰고, 답을 구하세요. [6점]

( )

(자연수)÷(분수)

4 □ 안에 알맞은 수를 써넣으세요.

$$6\div\frac{3}{5}=(6\div\square)\times\square=\square$$

tip (자연수)÷(분수)는 자연수를 분수의 분자로 나눈 다음 분모를 곱하여 구할 수 있습니다.

4-1 호박 $\frac{3}{5}$통의 무게는 $6\,\text{kg}$입니다. 호박 한 통의 무게는 몇 kg인지 해결 과정을 쓰고, 답을 구하세요. [6점]

(   )

(분수)÷(분수)를 (분수)×(분수)로 나타내기

5 보기 와 같이 계산하세요.

보기

$$\frac{4}{7}\div\frac{3}{4}=\frac{4}{7}\times\frac{4}{3}=\frac{16}{21}$$

$$\frac{1}{4}\div\frac{3}{5}$$

tip 나눗셈을 곱셈으로 나타내고 나누는 분수의 분모와 분자를 바꾸어 계산합니다.

5-1 분수의 나눗셈을 잘못 계산한 것입니다. 계산이 잘못된 이유를 쓰고, 바르게 계산하세요. [4점]

$$\frac{1}{4}\div\frac{3}{5}=\frac{1}{4}\times\frac{3}{5}=\frac{3}{20}$$

이유

바르게 계산하기

(분수)÷(분수) 계산하기

6 □ 안에 알맞은 수를 써넣으세요.

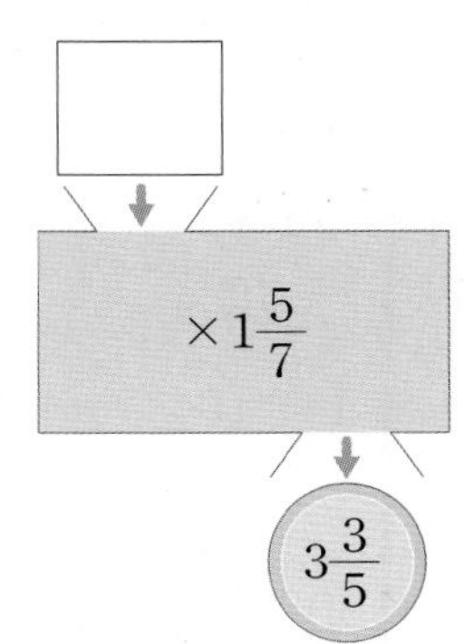

tip 곱셈과 나눗셈의 관계를 이용하여 주어진 곱셈식을 나눗셈식으로 바꾸어 계산합니다.

6-1 □ 안에 알맞은 수는 얼마인지 해결 과정을 쓰고, 답을 구하세요. [6점]

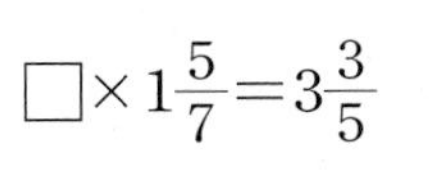

$$\square\times 1\frac{5}{7}=3\frac{3}{5}$$

(   )

수학

1단원

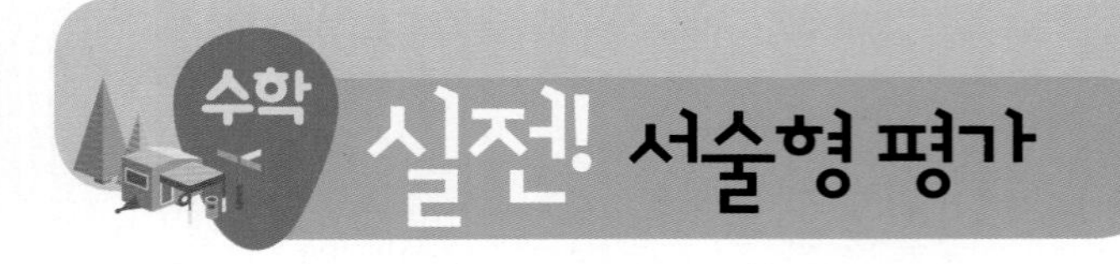

1 한 사람이 피자 한 판의 $\frac{2}{3}$씩 먹으려고 합니다. 같은 크기의 피자가 4판 있다면 모두 몇 명이 먹을 수 있는지 해결 과정을 쓰고, 답을 구하세요. [5점]

(　　　　　　　　　　)

2 진호는 가지고 있던 도화지의 $\frac{9}{14}$를 사용했습니다. 진호가 사용한 도화지는 사용하지 않은 도화지의 몇 배인지 해결 과정을 쓰고, 답을 구하세요. [5점]

(　　　　　　　　　　)

단계별 유형

3 3장의 수 카드를 한 번씩만 사용하여 가장 큰 대분수와 가장 작은 대분수를 만들려고 합니다. 물음에 답하세요. [7점]

2　5　8

1단계 3장의 수 카드로 만들 수 있는 가장 큰 대분수는 무엇인가요?

(　　　　　　　　　　)

2단계 3장의 수 카드로 만들 수 있는 가장 작은 대분수는 무엇인가요?

(　　　　　　　　　　)

3단계 3장의 수 카드로 만들 수 있는 가장 큰 대분수를 가장 작은 대분수로 나눈 몫은 얼마인지 2가지 방법으로 구하세요.

방법 1

방법 2

4 큰 수를 작은 수로 나눈 몫은 얼마인지 해결 과정을 쓰고, 답을 구하세요. [7점]

$\frac{5}{9}$ $\frac{7}{12}$

( )

5 일정한 빠르기로 50분 동안 $16\frac{2}{3}$ km를 가는 자전거가 있습니다. 이 자전거가 같은 빠르기로 1시간 동안 몇 km를 갈 수 있는지 해결 과정을 쓰고, 답을 구하세요. [7점]

( )

6 두 도형의 넓이가 같을 때 삼각형의 높이는 몇 cm인지 해결 과정을 쓰고, 답을 구하세요. [10점]

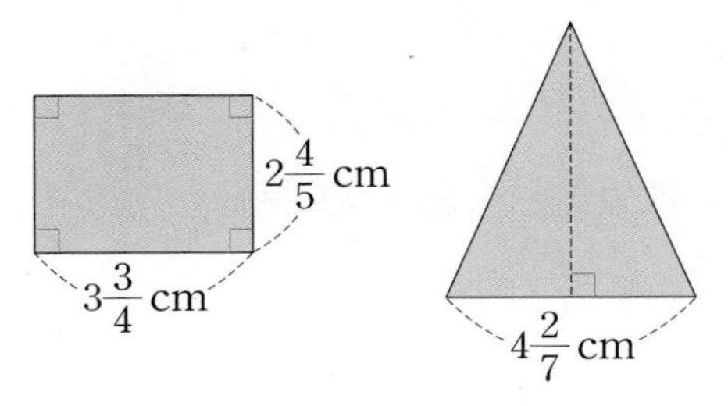

( )

7 다음 나눗셈의 몫이 자연수일 때 □ 안에 들어갈 수 있는 자연수는 모두 몇 개인지 해결 과정을 쓰고, 답을 구하세요. [10점]

$\frac{3}{7} \div \frac{\square}{14}$

( )

연습! 서술형 평가

자연수의 나눗셈을 이용한 (소수)÷(소수)

1 빈 곳에 알맞은 수를 써넣으세요.

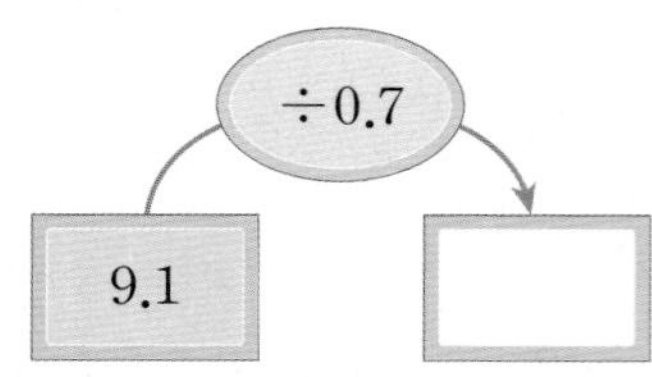

tip (소수 한 자리 수)÷(소수 한 자리 수)는 나누어지는 수와 나누는 수에 똑같이 10을 곱하여 (자연수)÷(자연수)로 바꾸어 계산할 수 있습니다.

1-1 서술형 쌍둥이 문제

물 9.1 L를 물통 한 개에 0.7 L씩 똑같이 나누어 담으려고 합니다. 필요한 물통은 모두 몇 개인지 해결 과정을 쓰고, 답을 구하세요. [4점]

(　　　　　　　　　　)

자릿수가 같은 (소수)÷(소수)

2 2.25÷0.15를 계산하기 위해 소수점을 바르게 옮긴 것은 어느 것인가요? (　　　)

① 225÷0.15　② 225÷1.5
③ 225÷15　④ 2.25÷15
⑤ 22.5÷15

tip (소수 두 자리 수)÷(소수 두 자리 수)는 나누는 수와 나누어지는 수의 소수점을 오른쪽으로 두 자리씩 옮겨서 계산합니다.

소수의 나눗셈을 잘못 계산한 것입니다. 바르게 계산하고, 계산이 잘못된 이유를 쓰세요. [6점]

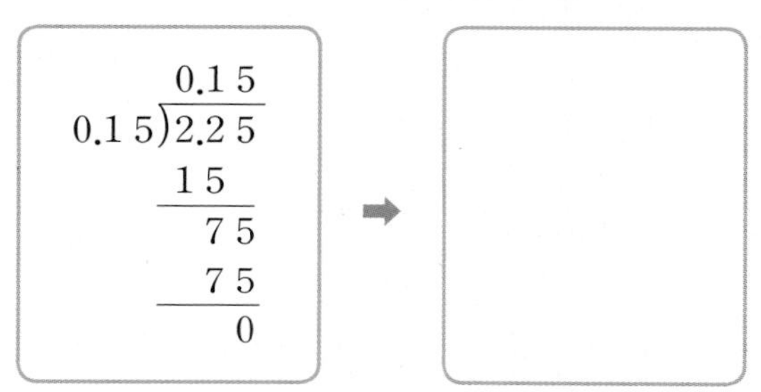

자릿수가 다른 (소수)÷(소수)

3 큰 수를 작은 수로 나눈 몫을 빈 곳에 써넣으세요.

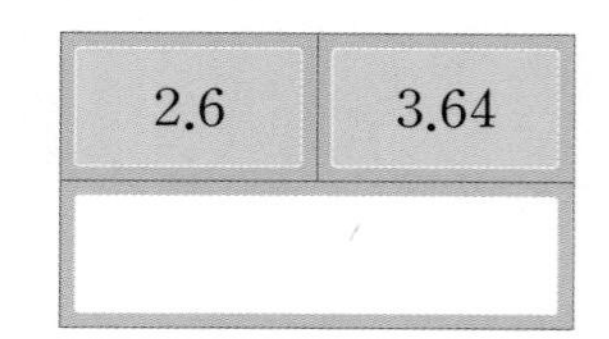

tip (소수 두 자리 수)÷(소수 한 자리 수)는 나누는 수가 자연수가 되도록 식을 바꾸어 계산하거나 나누어지는 수와 나누는 수가 모두 자연수가 되도록 식을 바꾸어 계산합니다.

가장 큰 수를 가장 작은 수로 나눈 몫을 구하려고 합니다. 해결 과정을 쓰고, 답을 구하세요. [4점]

2.9	2.6	3.64

(　　　　　　　　　　)

(자연수)÷(소수)

4 계산 결과를 비교하여 ○ 안에 >, =, <를 알맞게 써넣으세요.

$54 \div 3.6$ ○ $28 \div 1.75$

tip (자연수)÷(소수)는 나누는 수가 자연수가 되도록 소수점을 오른쪽으로 옮기고, 나누어지는 수의 오른쪽 끝에 옮긴 소수점 자릿수만큼 0을 붙여 계산합니다.

4-1 서술형 쌍둥이 문제

몫이 더 큰 나눗셈식을 쓴 사람은 누구인지 해결 과정을 쓰고, 답을 구하세요. [6점]

정우	은채
$54 \div 3.6$	$28 \div 1.75$

(　　　　　　　)

몫을 반올림하여 나타내기

5 몫을 반올림하여 주어진 자리까지 나타내세요.

$53.7 \div 7$

소수 첫째 자리	
소수 둘째 자리	

tip 몫을 반올림하여 나타내려면 구하려는 자리 바로 아래 자리의 수가 0, 1, 2, 3, 4이면 버리고, 5, 6, 7, 8, 9이면 올립니다.

$53.7 \div 7$의 몫을 반올림하여 소수 첫째 자리까지 나타낸 수와 소수 둘째 자리까지 나타낸 수의 차는 얼마인지 해결 과정을 쓰고, 답을 구하세요. [6점]

(　　　　　　　)

나누어 주고 남는 양 알아보기

6 $13.9 \div 2$의 몫을 자연수까지만 구하려고 다음과 같이 계산하였습니다. □ 안에 알맞은 수를 써넣으세요.

$13.9-2-2-2-2-2-2=$□

tip 몫을 자연수까지만 구하므로 13.9에서 2씩 뺀 횟수가 몫이 됩니다.

13.9 m의 철사를 한 사람에 2 m씩 나누어 주려고 합니다. 몇 명에게 나누어 줄 수 있고, 남는 철사는 몇 m인지 해결 과정을 쓰고, 답을 구하세요. [6점]

사람 수 (　　　　　　　)

남는 철사의 길이 (　　　　　　　)

1 세로가 5.4 cm, 넓이가 48.6 cm^2인 직사각형이 있습니다. 이 직사각형의 가로는 몇 cm인지 해결 과정을 쓰고, 답을 구하세요. [5점]

넓이: 48.6 cm^2 5.4 cm

(　　　　　　　　)

2 식용유 28.6 L를 3 L들이 병에 나누어 담으려고 합니다. 식용유를 모두 담으려면 병은 적어도 몇 개 필요한지 해결 과정을 쓰고, 답을 구하세요. [5점]

(　　　　　　　　)

3 지하철역에서 도서관까지의 거리는 지하철역에서 학교까지의 거리의 몇 배인지 반올림하여 소수 둘째 자리까지 나타내려고 합니다. 해결 과정을 쓰고, 답을 구하세요. [5점]

지하철역
도서관 4.95 km
1.4 km 학교

(　　　　　　　　)

4 어느 산에 길이가 90.72 m인 터널을 뚫는 공사 계획을 세우고 있습니다. 터널을 하루에 4.32 m씩 뚫으면 하루에 7.56 m씩 뚫을 때보다 며칠이 더 걸리는지 해결 과정을 쓰고, 답을 구하세요. [7점]

(　　　　　　　　)

5 세영이네 학교 학생 중에서 여학생은 324명입니다. 여학생은 세영이네 학교 전체 학생의 0.45일 때 세영이네 학교 학생은 모두 몇 명인지 해결 과정을 쓰고, 답을 구하세요. [7점]

(　　　　　　　　)

6 수 카드를 한 번씩만 사용하여 몫이 가장 작게 되도록 오른쪽 나눗셈식을 완성하였을 때의 몫을 구하려고 합니다. 해결 과정을 쓰고, 답을 구하세요. [10점]

2　3　5　　0.□) □□

(　　　　　　　　)

단계별 유형

7 20.8을 어떤 수로 나누어야 하는데 잘못하여 20.8에 어떤 수를 곱하였더니 54.08이 되었습니다. 물음에 답하세요. [10점]

1단계 어떤 수를 □라 하고 잘못 계산한 식을 쓰세요.

식

2단계 어떤 수는 얼마인가요?

(　　　　　　　　)

3단계 바르게 계산하면 얼마인가요?

(　　　　　　　　)

4단계 잘못 계산한 값을 바르게 계산한 값으로 나눈 몫은 얼마인지 해결 과정을 쓰고, 답을 구하세요.

(　　　　　　　　)

수학

2단원

3. 공간과 입체

연습! 서술형 평가

어느 방향에서 본 것인지 알아보기

1 오른쪽 사진은 왼쪽 물건을 어느 방향에서 찍은 것인지 찾아 쓰세요.

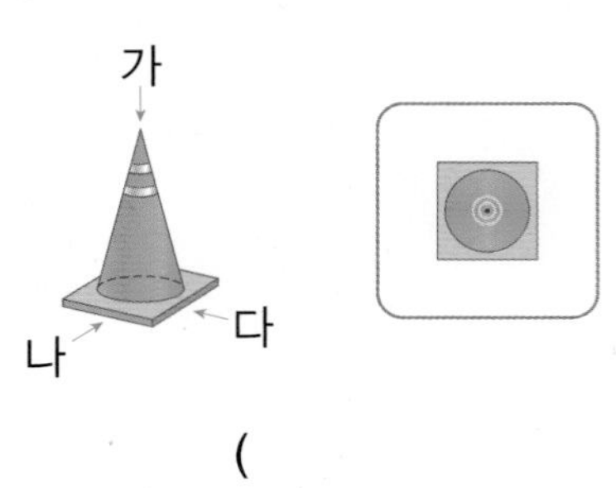

( )

tip 사각형 모양이 보이는 방향을 생각합니다.

1-1 서술형 쌍둥이 문제 오른쪽 물건을 여러 방향에서 사진을 찍을 때 찍을 수 없는 사진을 찾아 쓰고, 이유를 쓰세요. [4점]

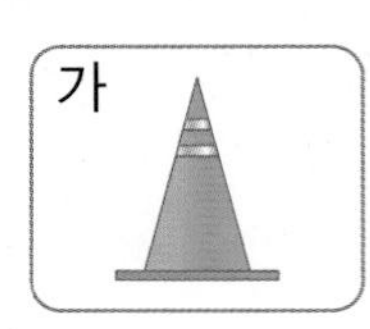

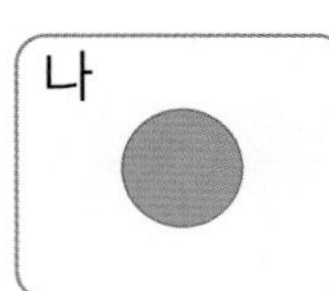

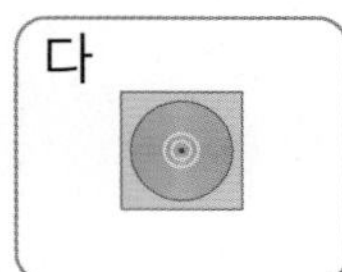

찍을 수 없는 사진

이유

위에서 본 모양과 쌓기나무의 개수

2 주어진 모양과 똑같이 쌓는 데 필요한 쌓기나무는 몇 개인가요?

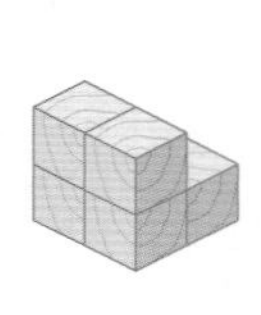

위에서 본 모양

( )

tip 위에서 본 모양을 보고 보이지 않는 부분에 쌓기나무가 있는지 없는지 확인합니다.

2-1 서술형 쌍둥이 문제 쌓기나무로 쌓은 모양을 보고 위에서 본 모양을 그렸습니다. 쌓은 쌓기나무는 몇 개인지 해결 과정을 쓰고, 답을 구하세요. [4점]

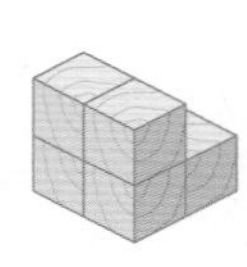

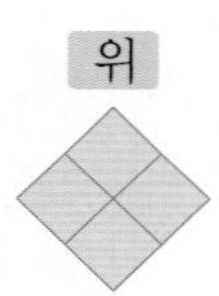

( )

위, 앞, 옆에서 본 모양과 쌓기나무의 개수

3 쌓기나무 7개를 오른쪽과 같은 모양으로 쌓았습니다. 위, 앞, 옆에서 본 모양을 그리세요.

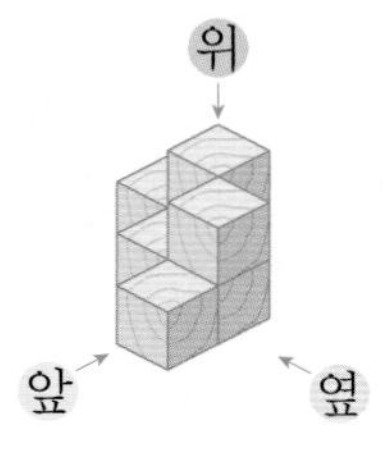

위 앞 옆

tip 보이는 부분의 쌓기나무가 모두 7개입니다.

3-1 서술형 쌍둥이 문제 쌓기나무 7개로 쌓은 오른쪽 모양을 앞에서 보았을 때 보이는 면은 몇 개인지 해결 과정을 쓰고, 답을 구하세요. [6점]

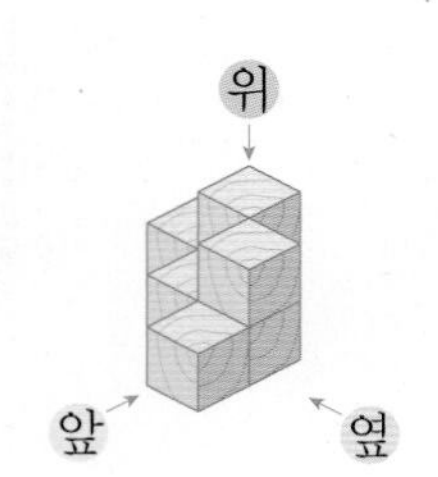

( )

위에서 본 모양에 수를 써서 나타내기

4 쌓기나무로 쌓은 모양을 위, 앞, 옆에서 본 모양입니다. 위에서 본 모양의 각 자리에 쌓아 올린 쌓기나무의 수를 써넣으세요.

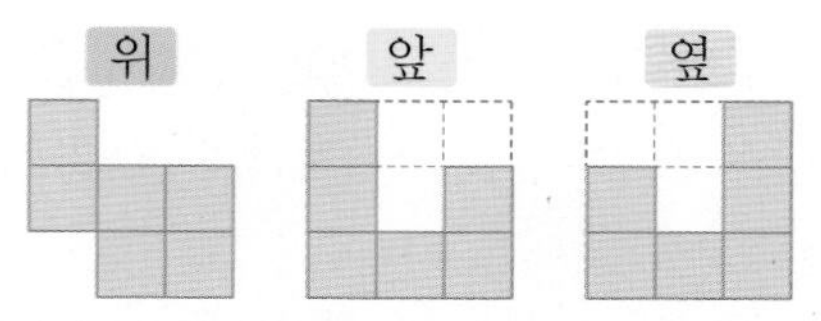

tip 앞과 옆에서 본 모양을 동시에 보고 쌓기나무가 1층, 2층, 3층으로 쌓인 위치를 찾아봅니다.

4-1 쌓기나무로 쌓은 모양을 위, 앞, 옆에서 본 모양입니다. 똑같은 모양으로 쌓는 데 필요한 쌓기나무는 몇 개인지 해결 과정을 쓰고, 답을 구하세요. [6점]

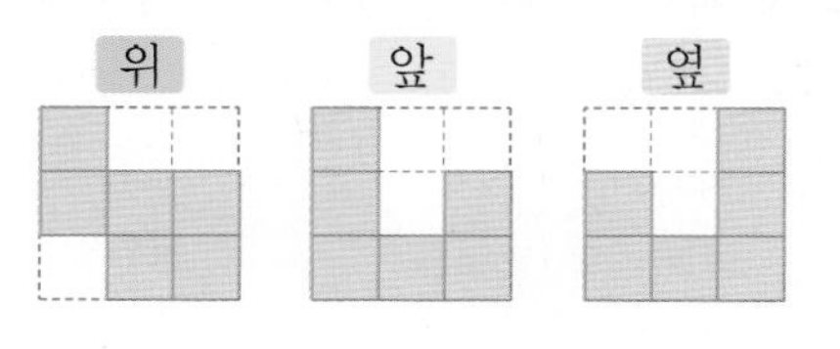

(　　　　　　　)

층별로 나타낸 모양과 쌓기나무의 개수

5 쌓기나무로 쌓은 모양과 1층의 모양입니다. 쌓은 쌓기나무는 모두 몇 개인가요? (　　　　)

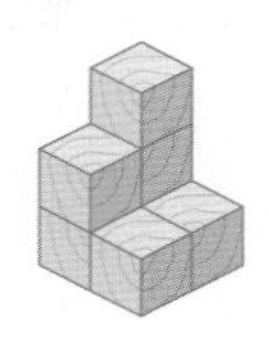

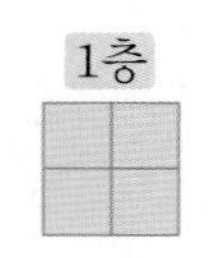

① 5개　② 6개　③ 7개　④ 8개　⑤ 9개

tip 층별로 쌓인 쌓기나무의 개수를 세어 봅니다.

5-1 오른쪽 그림은 쌓기나무로 쌓은 모양을 보고 위에서 본 모양에 수를 쓴 것입니다. 1층에 쌓은 쌓기나무는 2층에 쌓은 쌓기나무보다 몇 개 더 많은지 해결 과정을 쓰고, 답을 구하세요. [6점]

위

3	1
2	1

(　　　　　　　)

여러 가지 모양 만들기

6 쌓기나무 4개로 만든 모양입니다. 보기 와 같은 모양을 찾아 ○표 하세요.

보기

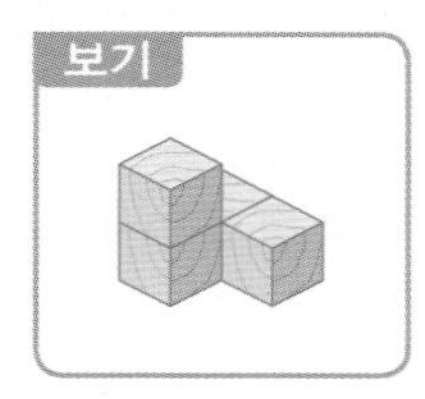

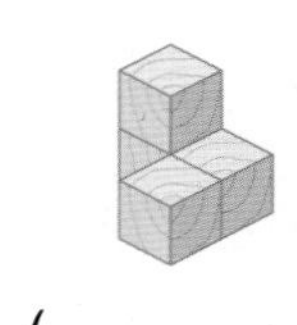

(　　　　)

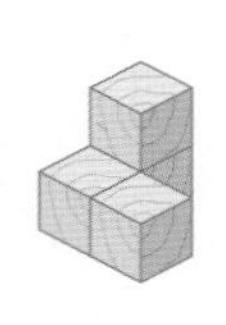

(　　　　)

tip 돌리거나 뒤집어서 같은 모양인 것을 찾습니다.

6-1 쌓기나무 4개로 만든 다음 두 모양이 서로 같은지 다른지 쓰고, 이유를 쓰세요. [4점]

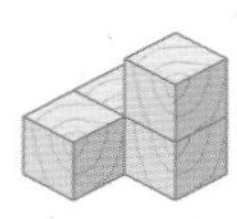

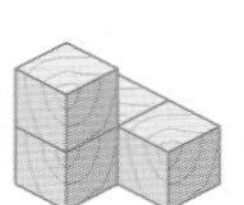

모양 비교

이유

수학 3단원

1 쌓기나무로 쌓은 모양에서 1층에 쌓인 쌓기나무는 몇 개인지 해결 과정을 쓰고, 답을 구하세요. [5점]

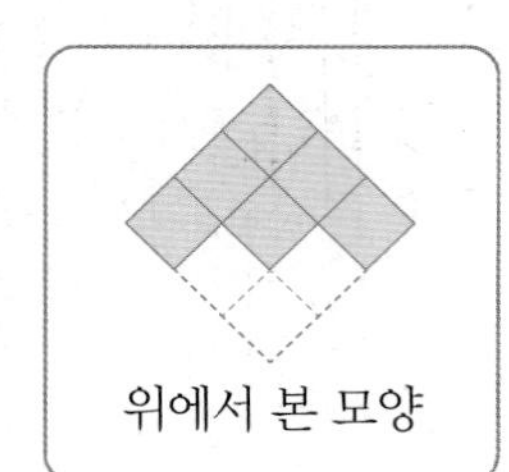

( )

2 다음은 쌓기나무로 쌓은 모양과 쌓은 모양을 위에서 본 모양입니다. 대화를 읽고 잘못 설명한 학생의 이름을 쓰고, 바르게 고치세요. [5점]

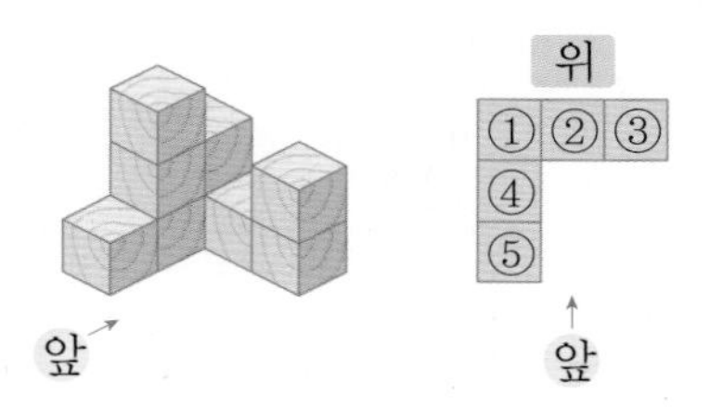

- 유민: ②번과 ⑤번 자리에 쌓인 쌓기나무의 수는 같아.
- 희진: ①번 자리에 쌓인 쌓기나무는 3개야.
- 윤주: 쌓인 쌓기나무는 모두 9개야.

잘못 설명한 학생

바르게 고치기

3 다음은 쌓기나무 5개로 쌓은 모양입니다. 위, 앞, 옆에서 본 모양 중 모양이 다른 하나는 어느 쪽에서 본 모양인지 해결 과정을 쓰고, 답을 구하세요. [7점]

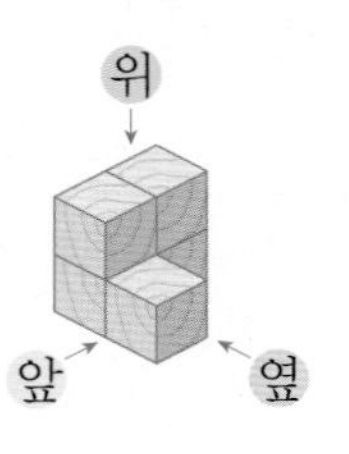

( )

단계별 유형

4 쌓기나무로 쌓은 모양을 층별로 나타낸 모양을 보고 물음에 답하세요. [7점]

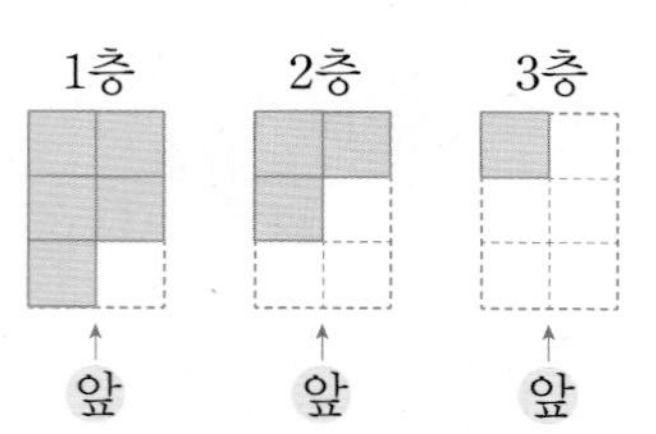

1단계 1층에 쌓인 쌓기나무는 몇 개인가요?

( )

2단계 2층에 쌓인 쌓기나무는 몇 개인가요?

( )

3단계 3층에 쌓인 쌓기나무는 몇 개인가요?

( )

4단계 똑같은 모양으로 쌓는 데 필요한 쌓기나무는 모두 몇 개인가요?

( )

5 현수는 쌓기나무 12개를 가지고 있었습니다. 다음과 같은 모양으로 쌓고 남은 쌓기나무는 몇 개인지 해결 과정을 쓰고, 답을 구하세요. [7점]

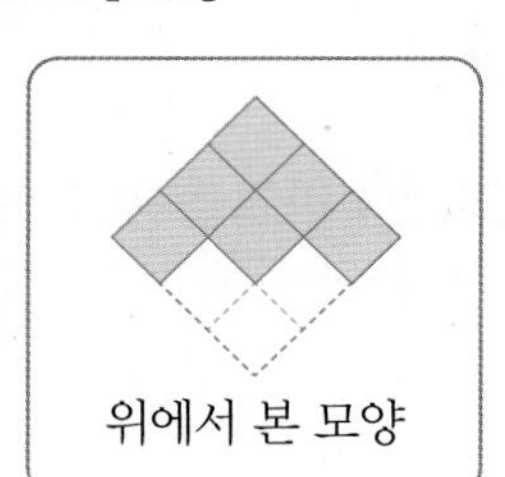

(   )

6 쌓기나무 4개를 붙여서 만든 모양에 쌓기나무 1개를 더 붙여서 만들 수 있는 모양은 모두 몇 가지인지 해결 과정을 쓰고, 답을 구하세요. (단, 뒤집거나 돌렸을 때 같은 모양은 1가지로 생각합니다.) [7점]

(   )

7 쌓기나무로 쌓은 모양을 보고 위에서 본 모양에 수를 썼습니다. 쌓은 모양을 옆에서 보았을 때 보이지 않는 쌓기나무는 몇 개인지 해결 과정을 쓰고, 답을 구하세요. [10점]

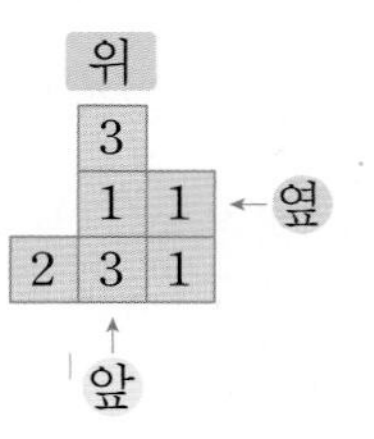

(   )

8 쌓기나무로 쌓은 모양을 위, 앞, 옆에서 본 모양입니다. 똑같은 모양으로 쌓는 데 필요한 쌓기나무의 수가 가장 적을 때 쌓기나무는 몇 개인지 해결 과정을 쓰고, 답을 구하세요. [10점]

위 앞 옆

(   )

연습! 서술형 평가

전항과 후항

1 다음 중 후항이 7인 비는 어느 것인가요? (　　　)

① 3 : 4　② 5 : 2　③ 7 : 3
④ 5 : 7　⑤ 7 : 10

tip 비에서 기호 ':' 앞에 있는 수를 전항, 뒤에 있는 수를 후항이라고 합니다.

1-1 서술형 쌍둥이 문제

전항은 5이고 후항은 전항보다 2 더 큰 비를 나타내려고 합니다. 해결 과정을 쓰고, 답을 구하세요. [4점]

(　　　　　　　　)

비의 성질

2 비의 성질을 이용하여 2 : 6과 비율이 같은 비를 구하려고 합니다. □ 안에 알맞은 수를 써넣으세요.

□ : 30

tip 비의 전항과 후항에 0이 아닌 같은 수를 곱하여도 비율은 같습니다.

2-1 서술형 쌍둥이 문제

다음 직사각형의 세로와 가로의 비는 2 : 6입니다. 가로가 30 cm일 때 세로는 몇 cm인지 해결 과정을 쓰고, 답을 구하세요. [6점]

(　　　　　　　　)

간단한 자연수의 비로 나타내기

3 $\frac{2}{3}$: $\frac{1}{4}$을 간단한 자연수의 비로 나타내려면 전항과 후항에 어떤 수를 곱해야 하나요? (　　　)

① 3　② 4　③ 10
④ 12　⑤ 16

tip 분수의 비를 자연수의 비로 나타내려면 전항과 후항에 두 분모의 공배수를 곱합니다.

3-1 서술형 쌍둥이 문제

우유를 지수는 $\frac{2}{3}$ L, 효주는 $\frac{1}{4}$ L 마셨습니다. 지수와 효주가 마신 우유 양의 비를 간단한 자연수의 비로 나타내려고 합니다. 해결 과정을 쓰고, 답을 구하세요. [4점]

(　　　　　　　　)

비례식

4 두 비율을 보고 비례식으로 나타내세요.

$$\frac{3}{7}=\frac{12}{28}$$

( )

tip 비율을 비로 나타낼 때에는 분자를 전항에, 분모를 후항에 씁니다.

다음은 두 비율 $\frac{3}{7}=\frac{12}{28}$를 비례식으로 잘못 나타낸 것입니다. 잘못 나타낸 이유를 쓰고, 바르게 고치세요. [6점]

$3:7=28:12$

이유

바르게 고치기

비례식의 성질

5 □ 안에 알맞은 수를 써넣고 비례식이면 ○표, 비례식이 아니면 ×표 하세요.

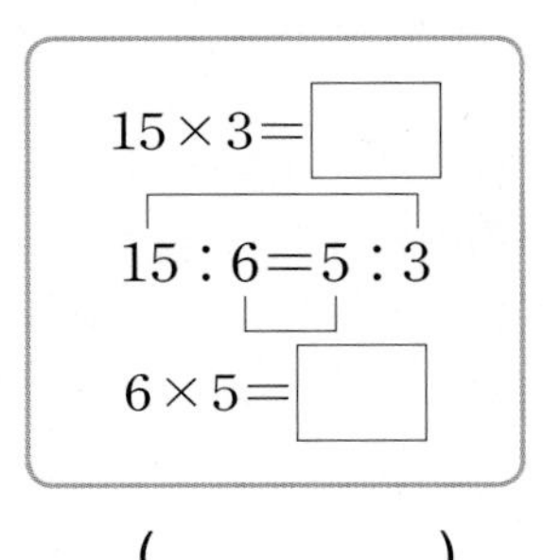

$18\times5=\square$

$18:15=6:5$

$15\times6=\square$

( ) ( )

tip 비례식에서 외항의 곱과 내항의 곱은 같습니다.

다음 식이 비례식인지 아닌지 쓰고, 이유를 쓰세요. [6점]

$15:6=5:3$

비례식인지 아닌지 쓰기

이유

비례배분

6 108을 주어진 비로 나누세요.

$11:7$

( ), ( )

tip 주어진 비의 전항과 후항의 합을 분모로 하는 분수의 비를 생각하여 계산합니다.

클립 108개를 윤주와 진호가 11 : 7로 나누어 가지려고 합니다. 진호는 클립 몇 개를 갖게 되는지 해결 과정을 쓰고, 답을 구하세요. [4점]

( )

수학
4단원

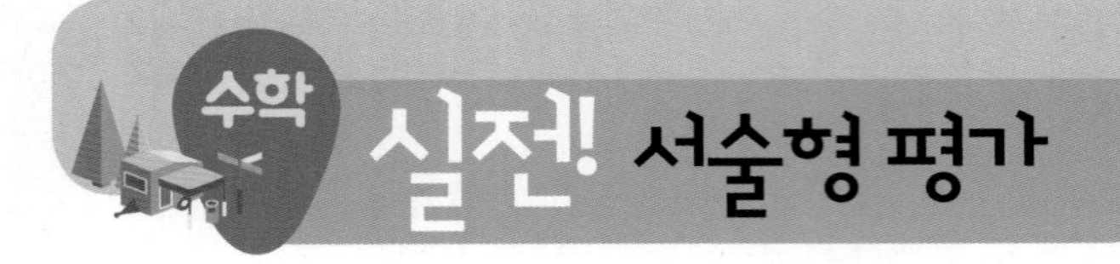

1 다음 중 비율이 같은 두 비를 찾아 비례식으로 나타내려고 합니다. 해결 과정을 쓰고, 답을 구하세요. [5점]

3 : 4	4 : 5	6 : 8	8 : 9

(　　　　　　　　)

2 비율이 0.6인 비의 전항이 21이면 후항은 얼마인지 해결 과정을 쓰고, 답을 구하세요. [5점]

(　　　　　　　　)

3 어느 과수원에서 수확한 포도와 참외는 모두 420개입니다. 이 중 포도가 320개일 때 수확한 포도 수와 참외 수의 비를 간단한 자연수의 비로 나타내려고 합니다. 해결 과정을 쓰고, 답을 구하세요. [7점]

(　　　　　　　　)

단계별 유형

4 두 정사각형 가와 나의 한 변의 길이의 비는 3 : 1입니다. 정사각형 가의 한 변의 길이가 15 cm일 때 두 정사각형 가와 나의 넓이의 비를 간단한 자연수의 비로 나타내려고 합니다. 물음에 답하세요. [7점]

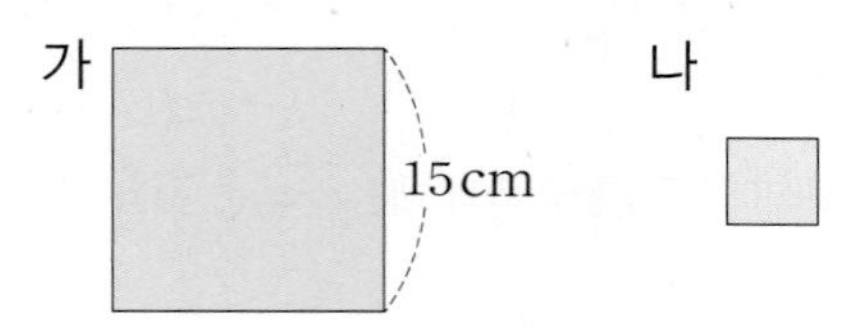

1단계 정사각형 나의 한 변의 길이는 몇 cm인가요?

(　　　　　　　　)

2단계 두 정사각형 가와 나의 넓이는 각각 몇 cm^2인가요?

가 (　　　　　　　　)

나 (　　　　　　　　)

3단계 두 정사각형 가와 나의 넓이의 비를 간단한 자연수의 비로 나타내세요.

(　　　　　　　　)

5 호영이네 학교 6학년 남학생 수와 여학생 수의 비는 $9:8$입니다. 6학년 전체 학생이 255명일 때 여학생은 남학생보다 몇 명 더 적은지 해결 과정을 쓰고, 답을 구하세요. [7점]

(　　　　　　　　　　)

6 같은 책을 모두 읽는 데 상희는 5시간, 윤수는 2시간이 걸렸습니다. 상희와 윤수가 1시간 동안 읽은 책의 양의 비를 간단한 자연수의 비로 나타내려고 합니다. 해결 과정을 쓰고, 답을 구하세요. [10점]

(　　　　　　　　　　)

7 다음과 같은 물통에 120 L의 물이 들어 있습니다. 물의 높이가 0.8 m이고, 물통의 전체 높이가 1.4 m일 때 물통의 들이는 몇 L인지 해결 과정을 쓰고, 답을 구하세요. [10점]

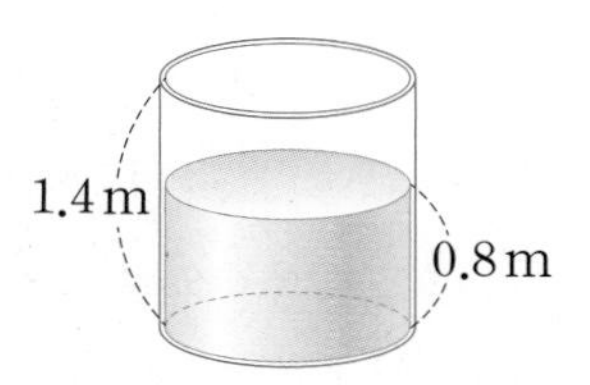

(　　　　　　　　　　)

8 다음 삼각형의 전체 넓이가 119 cm^2일 때 삼각형 가와 삼각형 나의 넓이는 각각 몇 cm^2인지 해결 과정을 쓰고, 답을 구하세요. [10점]

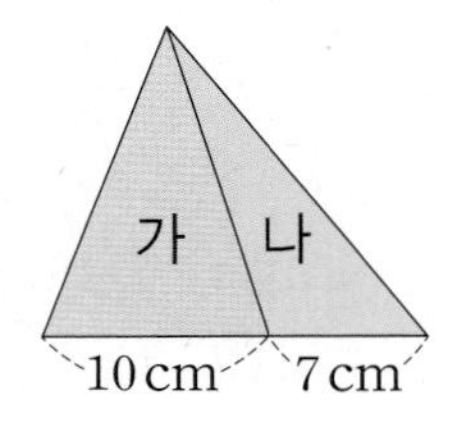

가 (　　　　　　　　　　)
나 (　　　　　　　　　　)

5. 원의 넓이

연습! 서술형 평가

원주와 원주율

1 원주와 원주율에 대한 설명으로 틀린 것은 어느 것인가요? (   )

① (원주율)=(원주)÷(지름)
② 원의 둘레를 원주라고 합니다.
③ 원이 커지면 원주율도 커집니다.
④ 원주는 원의 지름의 약 3.14배입니다.
⑤ 원의 지름에 대한 원주의 비율을 원주율이라고 합니다.

tip 원의 크기와 관계없이 지름에 대한 원주의 비율은 일정합니다.

1-1 서술형 쌍둥이 문제 원주율에 대해 잘못 설명한 사람을 찾아 이름을 쓰고, 바르게 고치세요. [4점]

- 성민: 원주를 지름으로 나눈 값을 원주율이라고 해.
- 희정: 원의 지름에 대한 원주의 비율이야.
- 윤수: 원이 작아지면 원주율도 작아져.

잘못 설명한 사람

바르게 고치기

지름을 이용하여 원주 구하기

2 원주는 몇 cm인가요? (원주율: 3)

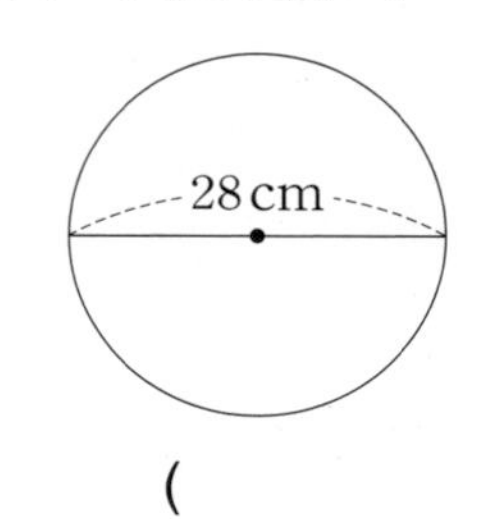

(   )

tip (원주)=(지름)×(원주율)입니다.

2-1 서술형 쌍둥이 문제 오른쪽 원 모양의 굴렁쇠를 앞으로 한 바퀴 굴렸습니다. 굴렁쇠가 굴러간 거리는 몇 cm인지 해결 과정을 쓰고, 답을 구하세요. (원주율: 3) [4점]

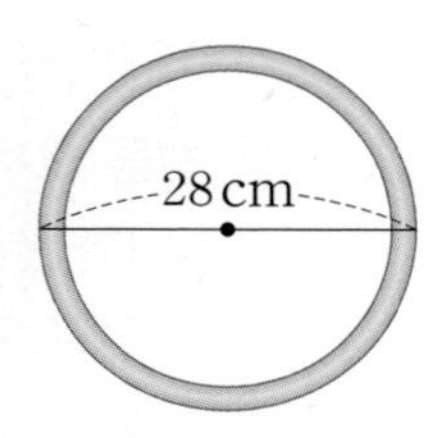

(   )

원주를 이용하여 지름 구하기

3 원주가 다음과 같은 원의 지름은 몇 cm인가요? (원주율: 3.1)

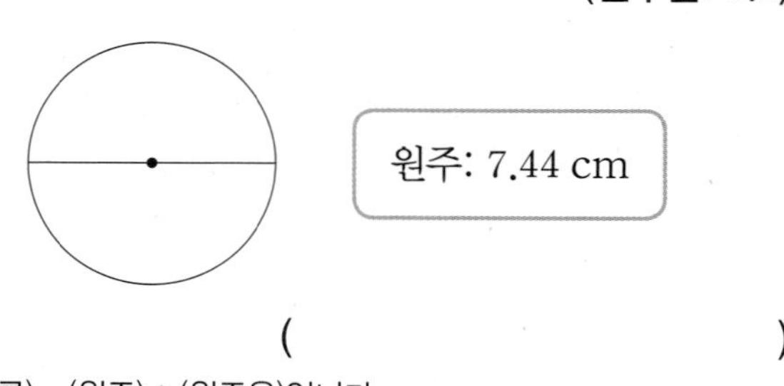

(   )

tip (지름)=(원주)÷(원주율)입니다.

3-1 서술형 쌍둥이 문제 상자에 100원짜리 동전을 넣을 수 있도록 구멍을 내어 저금통을 만들려고 합니다. 100원짜리 동전의 둘레가 7.44 cm일 때 구멍의 길이는 몇 cm보다 길어야 하는지 해결 과정을 쓰고, 답을 구하세요. (원주율: 3.1) [6점]

(   )

원의 넓이 구하는 방법 알아보기

4 원을 한없이 잘게 잘라 이어 붙여 만든 직사각형을 이용하여 원의 넓이를 구하려고 합니다. □ 안에 알맞은 말을 써넣으세요.

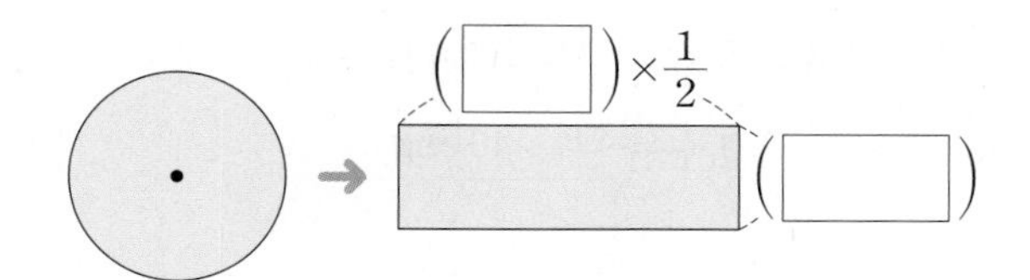

tip 원을 한없이 잘게 잘라 이어 붙여 만든 직사각형의 가로는 원주의 반과 같고, 세로는 원의 반지름과 같습니다.

반지름이 4 cm인 원을 한없이 잘게 잘라 이어 붙여 만든 직사각형의 가로와 세로는 각각 몇 cm인지 해결 과정을 쓰고, 답을 구하세요. (원주율: 3.14) [4점]

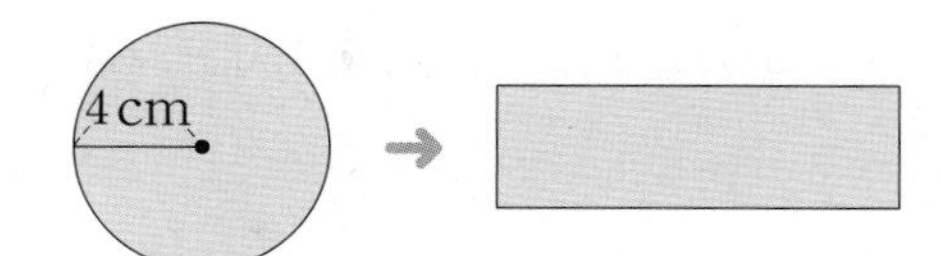

가로 (　　　　　　　　)

세로 (　　　　　　　　)

원의 넓이 구하기

5 원의 넓이는 몇 cm^2인가요? (원주율: 3.14)

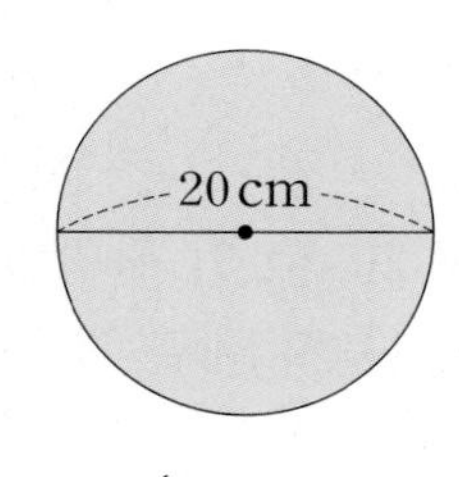

(　　　　　　　　)

tip (원의 넓이)=(반지름)×(반지름)×(원주율)입니다.

오른쪽 정사각형 안에 그릴 수 있는 가장 큰 원의 넓이는 몇 cm^2인지 해결 과정을 쓰고, 답을 구하세요. (원주율: 3.14) [6점]

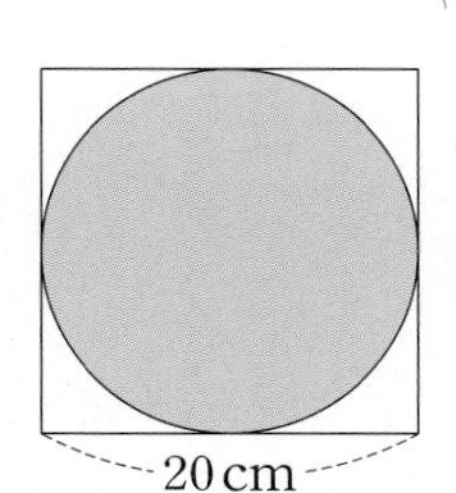

(　　　　　　　　)

원의 넓이를 이용하여 반지름 구하기

6 원의 넓이가 108 cm^2일 때 □ 안에 알맞은 수를 써넣으세요. (원주율: 3)

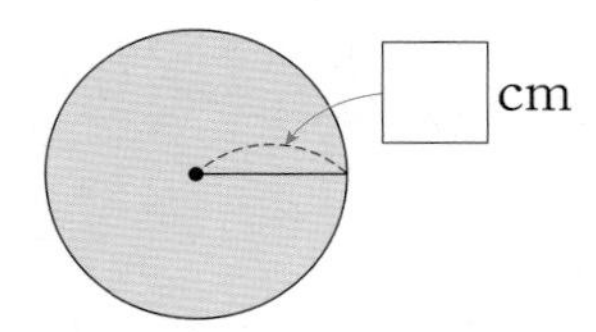

tip (반지름)×(반지름)=(원의 넓이)÷(원주율)입니다.

오른쪽 컴퍼스를 사용하여 그린 원의 넓이가 108 cm^2입니다. 컴퍼스를 벌린 길이는 몇 cm인지 해결 과정을 쓰고, 답을 구하세요. [6점]

(　　　　　　　　)

수학 5단원

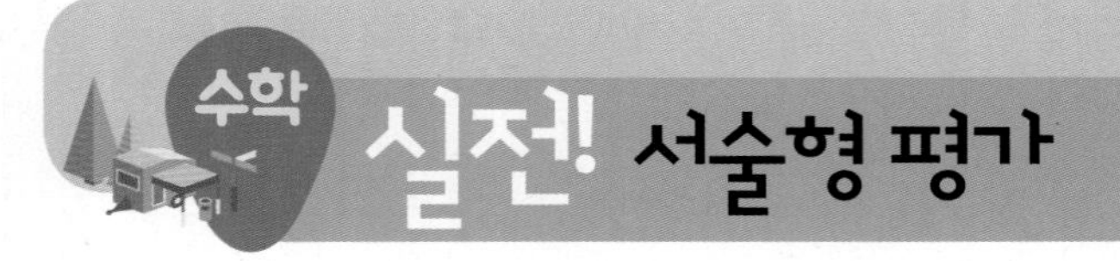

1 길이가 3 m인 밧줄을 사용하여 그릴 수 있는 가장 큰 원을 운동장에 그렸습니다. 그린 원의 넓이는 몇 m^2인지 해결 과정을 쓰고, 답을 구하세요. (원주율: 3) [5점]

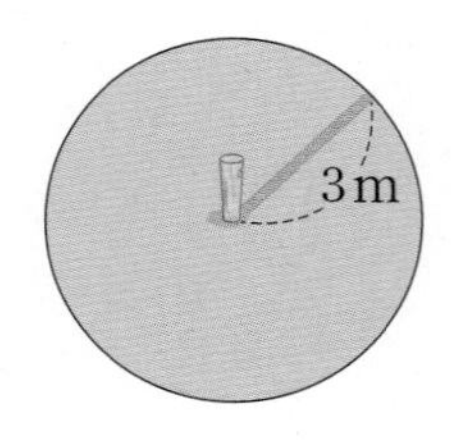

(　　　　　　　　)

2 크기가 다른 원 모양의 두 접시가 있습니다. 각 접시의 (원주)÷(지름)을 구하여 비교하세요. [5점]

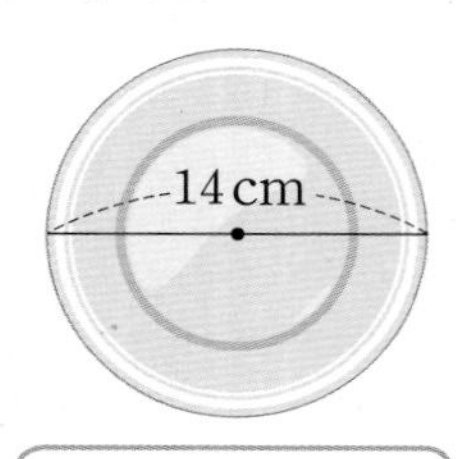

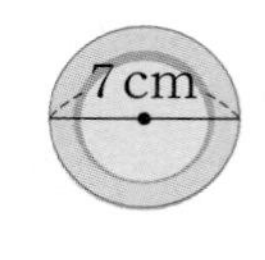

원주: 43.4 cm　　원주: 21.7 cm

단계별 유형

3 원 안에 있는 정사각형의 넓이와 원 밖에 있는 정사각형의 넓이를 이용하여 반지름이 20 cm인 원의 넓이를 어림하려고 합니다. 물음에 답하세요. [5점]

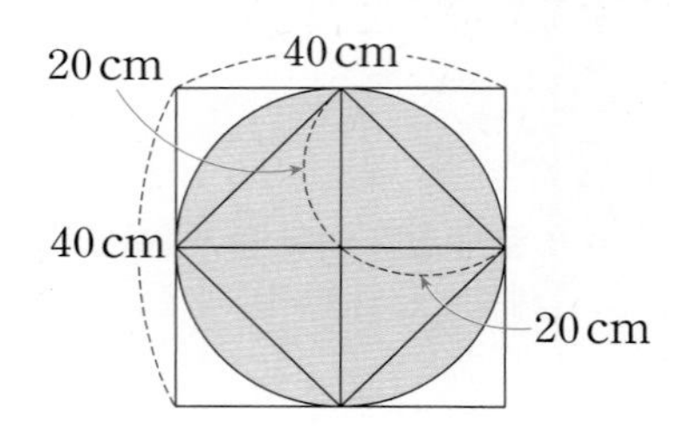

1단계 원 안에 있는 정사각형의 넓이는 몇 cm^2인가요?

(　　　　　　　　)

2단계 원 밖에 있는 정사각형의 넓이는 몇 cm^2인가요?

(　　　　　　　　)

3단계 반지름이 20 cm인 원의 넓이를 몇 cm^2로 어림할 수 있는지 해결 과정을 쓰고, 답을 구하세요.

(　　　　　　　　)

4 큰 원의 원주는 74.4 cm입니다. 두 원의 반지름의 합은 몇 cm인지 해결 과정을 쓰고, 답을 구하세요. (원주율: 3.1) [7점]

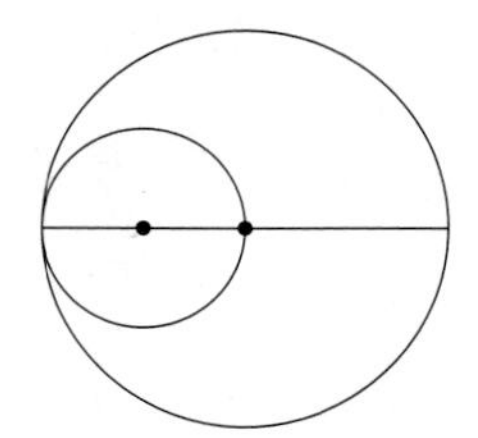

(　　　　　　　　　)

5 두 원의 넓이의 합은 몇 cm^2인지 해결 과정을 쓰고, 답을 구하세요. (원주율: 3.14) [7점]

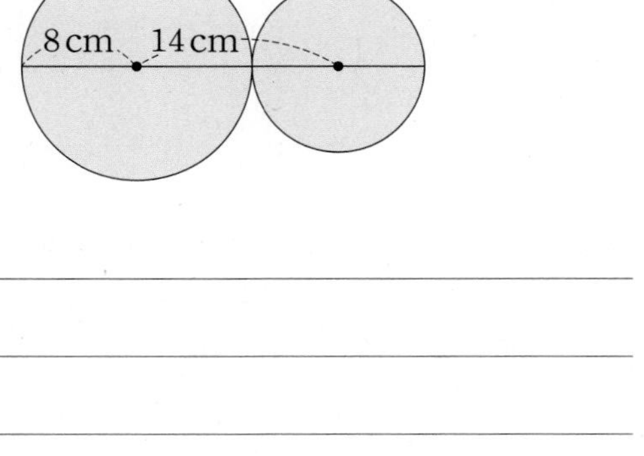

(　　　　　　　　　)

6 둘레가 90 m인 원 모양의 연못이 있습니다. 이 연못의 넓이는 몇 m^2인지 해결 과정을 쓰고, 답을 구하세요. (원주율: 3) [10점]

(　　　　　　　　　)

7 다음 그림에서 색칠한 부분의 넓이는 몇 cm^2인지 해결 과정을 쓰고, 답을 구하세요. (원주율: 3.14) [10점]

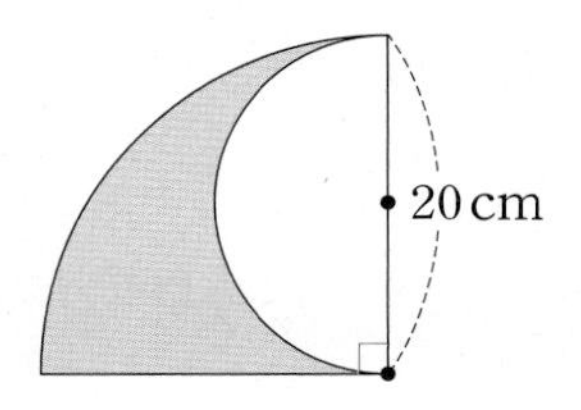

(　　　　　　　　　)

연습! 서술형 평가

원기둥

1 원기둥을 모두 고르세요. (   )

① 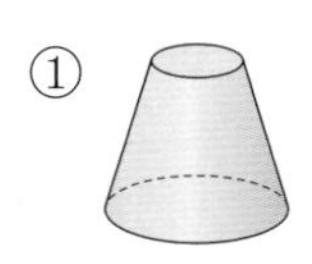 ② 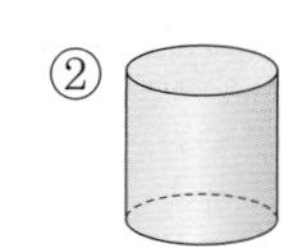 ③ 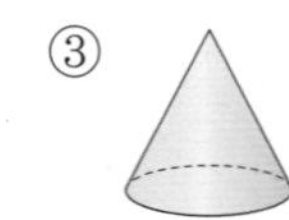

④ 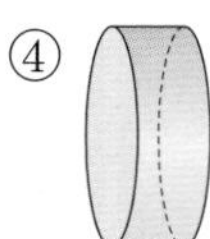 ⑤ 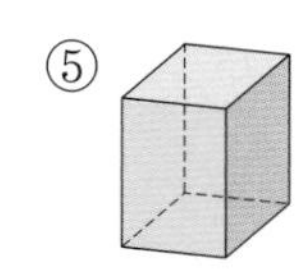

tip 위와 아래에 있는 면이 서로 평행하고 합동인 원이 있는 입체 도형을 찾습니다.

1-1 서술형 쌍둥이 문제 원기둥을 모두 찾아 쓰고, 특징을 쓰세요. [4점]

가  나 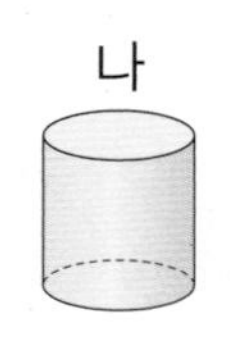 다 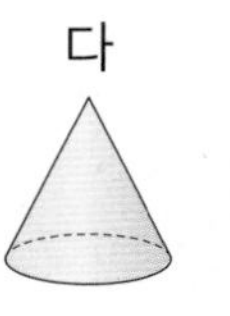 라 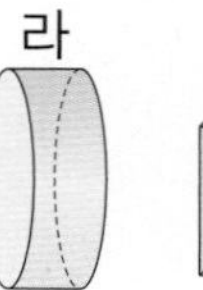 마 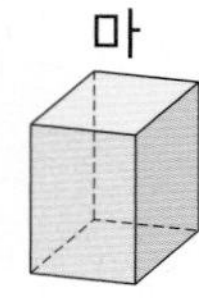

원기둥

특징

원기둥의 전개도

2 원기둥의 전개도는 어느 것인가요? (   )

① 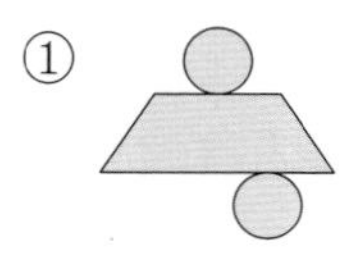 ② 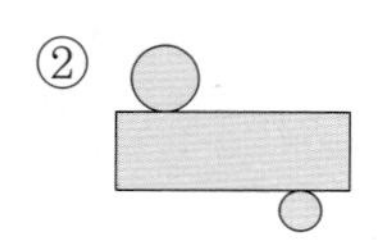 ③ 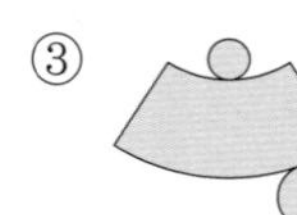

④ 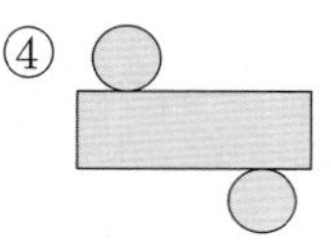 ⑤ 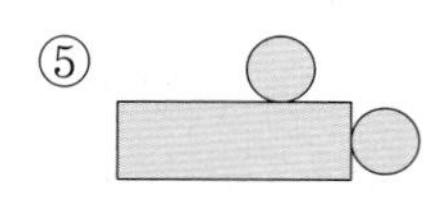

tip 원기둥을 잘라서 펼쳐 놓은 그림을 원기둥의 전개도라고 합니다.

2-1 서술형 쌍둥이 문제 원기둥의 전개도가 아닌 이유를 쓰세요. [6점]

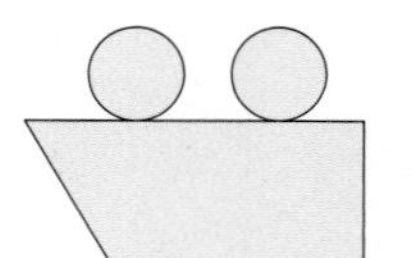

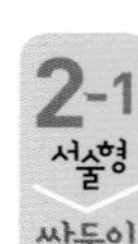

원기둥의 전개도에서 각 부분의 길이

3 원기둥의 전개도에서 선분 ㄱㄴ의 길이와 선분 ㄱㄹ의 길이는 각각 몇 cm인지 구하세요. (원주율: 3)

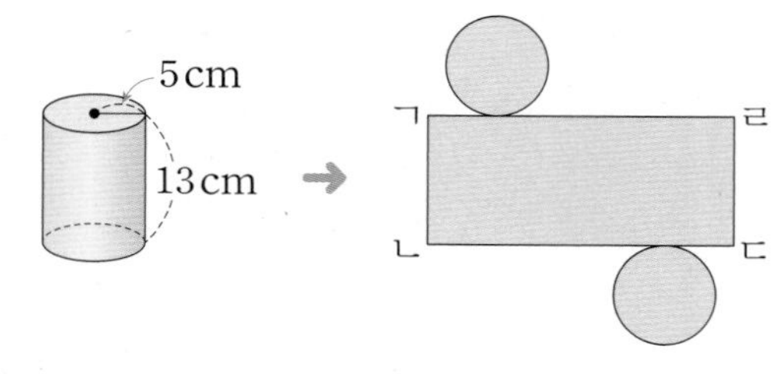

선분 ㄱㄴ의 길이 (   )

선분 ㄱㄹ의 길이 (   )

tip 원기둥의 전개도에서 옆면의 가로는 밑면의 둘레와 같고, 옆면의 세로는 원기둥의 높이와 같습니다.

3-1 서술형 쌍둥이 문제 원기둥의 전개도에서 직사각형의 가로와 세로의 길이의 차는 몇 cm인지 해결 과정을 쓰고, 답을 구하세요. (원주율: 3) [4점]

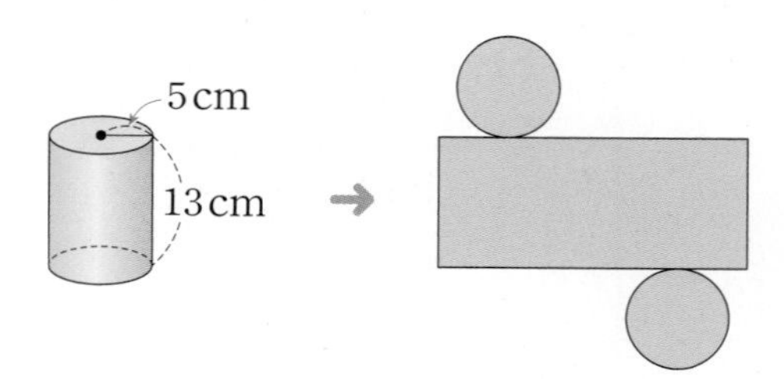

(   )

원기둥과 원뿔 비교하기

4 입체도형을 원기둥과 원뿔로 분류하여 쓰세요.

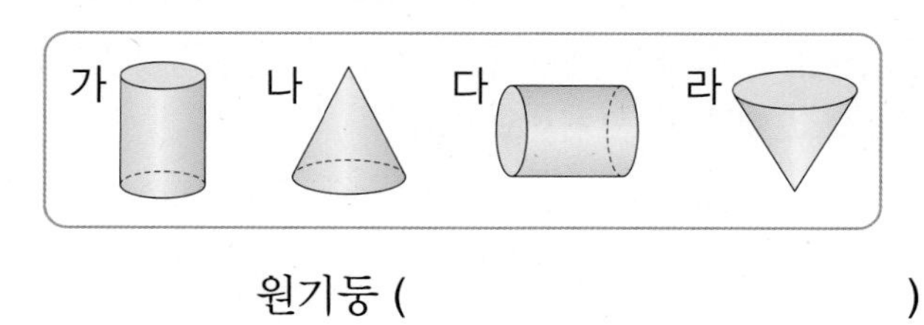

원기둥 (　　　　　　　　　　)

원뿔 (　　　　　　　　　　)

tip 원기둥은 둥근기둥 모양의 입체도형이고, 원뿔은 둥근 뿔 모양의 입체도형입니다.

원기둥과 원뿔의 공통점과 차이점을 한 가지씩 쓰세요. [6점]

공통점

차이점

원뿔의 구성 요소

5 원뿔에서 높이를 나타내는 선분은 어느 것인가요?

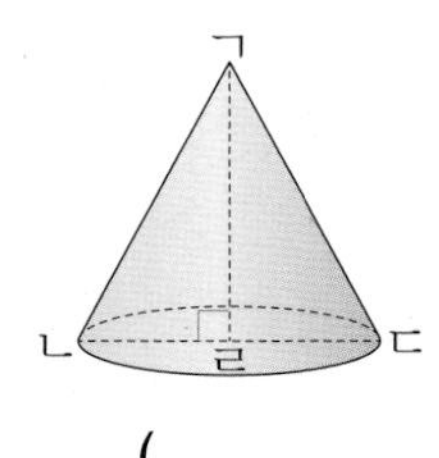

(　　　　　　　　　　)

tip 원뿔의 꼭짓점에서 밑면에 수직인 선분의 길이를 높이라고 합니다.

원뿔에서 모선의 길이와 높이의 차는 몇 cm인지 해결 과정을 쓰고, 답을 구하세요. [6점]

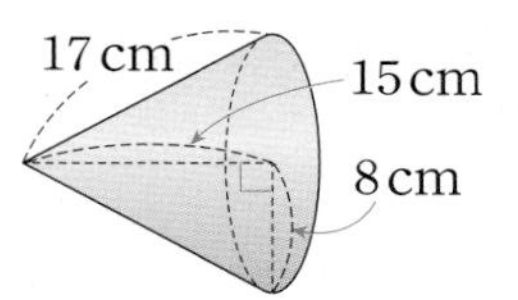

(　　　　　　　　　　)

구

6 구에서 각 부분의 이름을 □ 안에 써넣으세요.

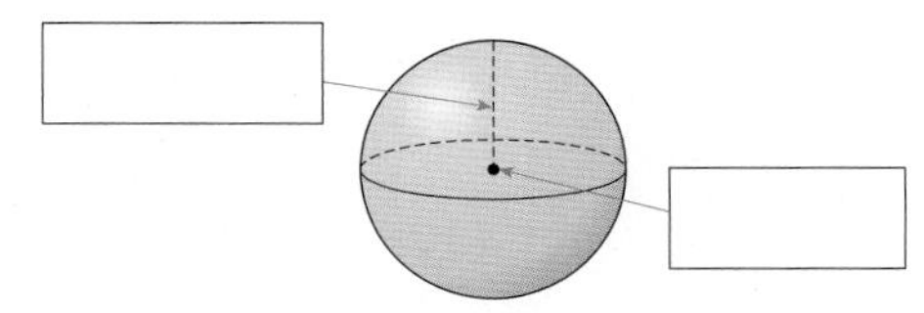

tip 구의 가장 안쪽에 있는 점을 구의 중심이라 하고, 구의 중심에서 구의 겉면의 한 점을 이은 선분을 구의 반지름이라고 합니다.

구에 대해 잘못 설명한 학생을 찾아 이름을 쓰고, 바르게 고치세요. [4점]

- 원희: 구의 중심은 셀 수 없이 많아.
- 지우: 구의 반지름은 구의 겉면에 그린 원 중에서 가장 큰 원의 반지름과 같아.

잘못 설명한 학생

바르게 고치기

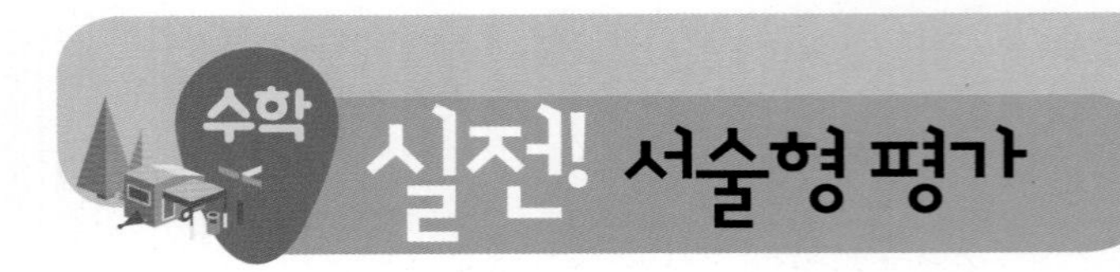

1 원기둥이 아닌 것을 찾아 기호를 쓰고, 그 이유를 쓰세요. [5점]

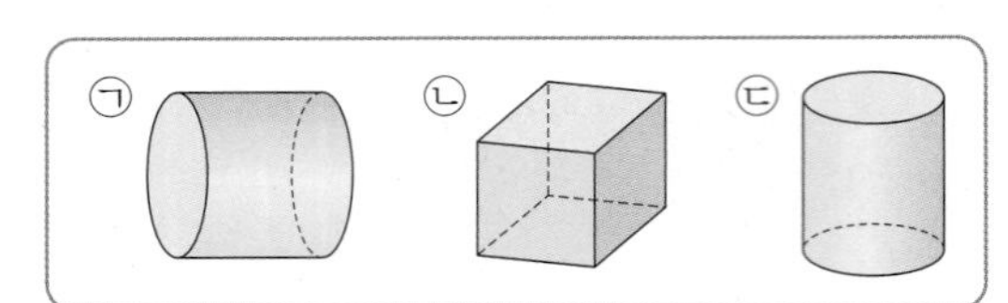

기호

이유

2 원기둥과 원뿔 중 어느 입체도형의 높이가 몇 cm 더 높은지 해결 과정을 쓰고, 답을 구하세요. [5점]

15 cm
10 cm
18 cm
12 cm
15 cm

( ), ( )

3 원뿔과 각뿔에 대해 잘못 설명한 학생을 찾아 이름을 쓰고, 바르게 고치세요. [5점]

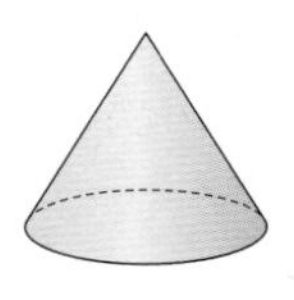

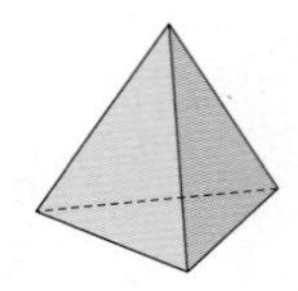

- 경미: 밑면의 모양이 달라.
- 나영: 둘 다 굽은 면이 있어.
- 민규: 둘 다 뿔 모양이고 꼭짓점이 있어.

잘못 설명한 학생

바르게 고치기

4 원기둥, 원뿔, 구를 다음과 같이 분류하였습니다. 분류한 기준은 무엇인지 해결 과정을 쓰고, 답을 구하세요. [7점]

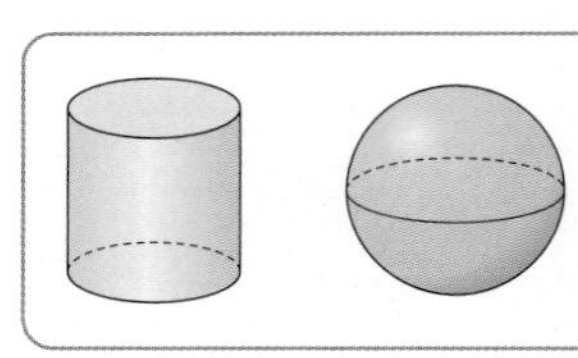

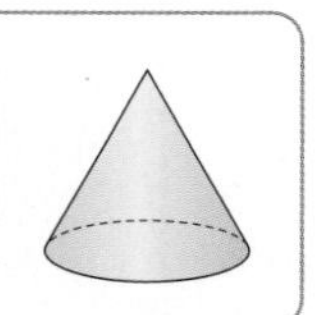

( )

단계별 유형

5 원뿔의 밑면의 둘레와 원기둥의 한 밑면의 둘레의 합을 구하려고 합니다. 물음에 답하세요. (원주율: 3) [7점]

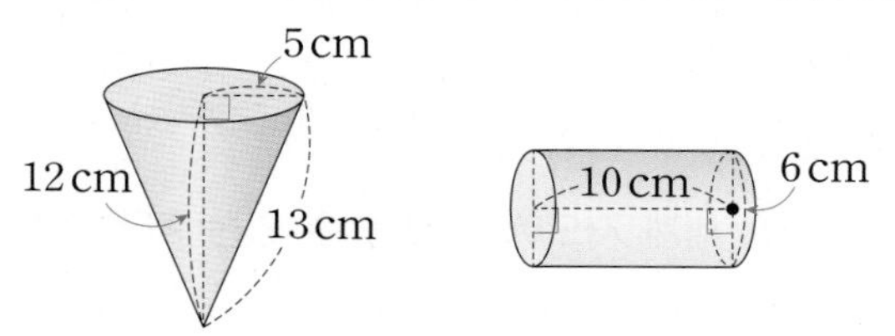

1단계 원뿔의 밑면의 둘레는 몇 cm인가요?

( )

2단계 원기둥의 한 밑면의 둘레는 몇 cm인가요?

( )

3단계 원뿔의 밑면의 둘레와 원기둥의 한 밑면의 둘레의 합은 몇 cm인지 해결 과정을 쓰고, 답을 구하세요.

( )

6 다음 직사각형 모양의 종이를 한 변을 기준으로 한 바퀴 돌려 만든 입체도형의 한 밑면의 넓이는 몇 cm^2인지 해결 과정을 쓰고, 답을 구하세요. (원주율: 3.14) [7점]

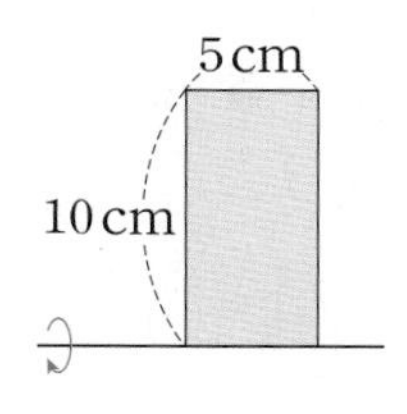

( )

7 다음 원기둥을 앞에서 본 모양과 위에서 본 모양의 넓이의 차는 몇 cm^2인지 해결 과정을 쓰고, 답을 구하세요. (원주율: 3.1) [10점]

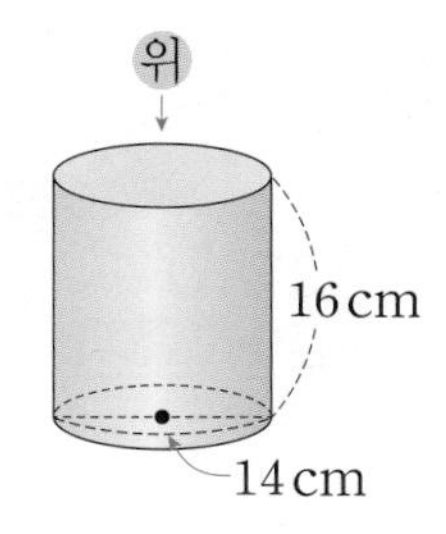

( )

수학
6단원

1. 세계 여러 나라의 자연과 문화

연습! 서술형 평가

세계 지도에 담겨 있는 지리 정보

1 다음 세계 지도에서 볼 수 있는 것이 아닌 것은 어느 것입니까? (   )

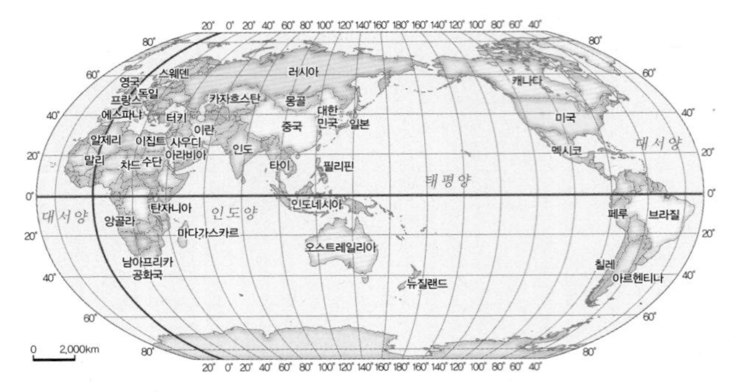

① 세계 바다의 이름　② 세계 나라의 모습
③ 세계 나라의 이름　④ 세계 나라의 인구수
⑤ 위선(가로선)과 경선(세로선)

1-1 서술형 쌍둥이 문제 왼쪽 세계 지도에서 찾을 수 있는 지리 정보를 한 가지만 쓰시오. [4점]

대륙의 위치와 범위

2 다음 지도에서 우리나라가 속해 있는 대륙은 어디인지 기호를 찾아 쓰시오.

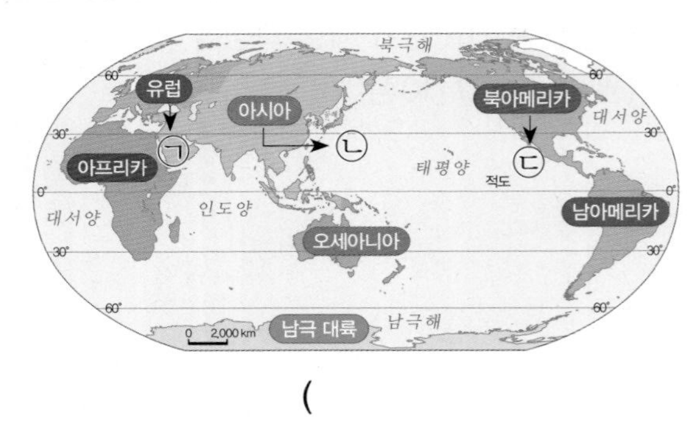

(   )

2-1 서술형 쌍둥이 문제 우리나라가 속해 있는 대륙의 특징을 쓰시오. [4점]

세계의 다양한 기후

3 세계의 기후에 대한 설명으로 옳으면 ○표, 옳지 않으면 ×표를 하시오.

(1) 태양의 열을 많이 받는 적도 부근은 한대 기후가 나타납니다. (   )

(2) 세계의 기후는 각 나라의 위치나 지형에 따라 다르게 나타납니다. (   )

3-1 서술형 쌍둥이 문제 세계의 기후는 크게 어떻게 분류되는지 쓰시오. [4점]

정답과 풀이 108쪽

세계 여러 나라 사람들의 생활 모습

4 세계 여러 나라 사람들의 다양한 생활 모습에 대한 설명으로 알맞지 않은 것은 어느 것입니까? (　　　)

① 몽골 유목민: '게르'라고 부르는 집에 산다.
② 이누이트족: 동물의 가죽과 털로 옷을 만든다.
③ 고대 마야 사람들: 옥수수를 중요하게 여겼다.
④ 힌두교를 믿는 인도 사람들: 돼지고기를 먹지 않는다.
⑤ 이슬람교를 믿는 사람들: 라마단 기간 동안 해가 떠 있을 때 금식을 한다.

4-1 서술형 쌍둥이 문제 다음 환경이 이누이트족의 의생활 모습에 미치는 영향을 쓰시오. [6점]

이누이트족은 한대 기후가 나타나는 북극 지방에 살고 있으며 순록, 바다표범 등을 사냥하며 생활합니다.

▲ 이누이트족의 전통 복장

이웃 나라의 자연환경

5 다음과 같은 자연환경을 볼 수 있는 나라를 쓰시오.

▲ 고비 사막

▲ 시짱(티베트)고원

(　　　　　　　　　　)

5-1 서술형 쌍둥이 문제 오른쪽 지도가 나타내는 이웃 나라의 자연환경을 한 가지만 쓰시오. [6점]

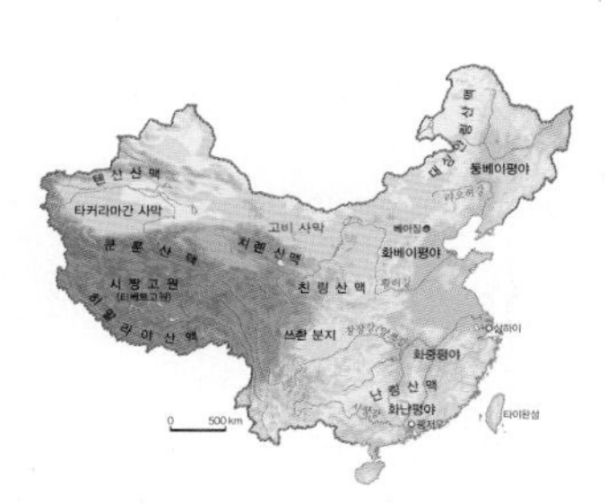

우리나라와 이웃 나라의 교류 모습

6 다음 (　　) 안에 들어갈 알맞은 말을 쓰시오.

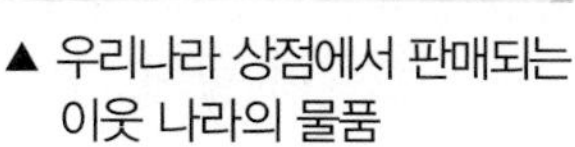
▲ 우리나라 상점에서 판매되는 이웃 나라의 물품

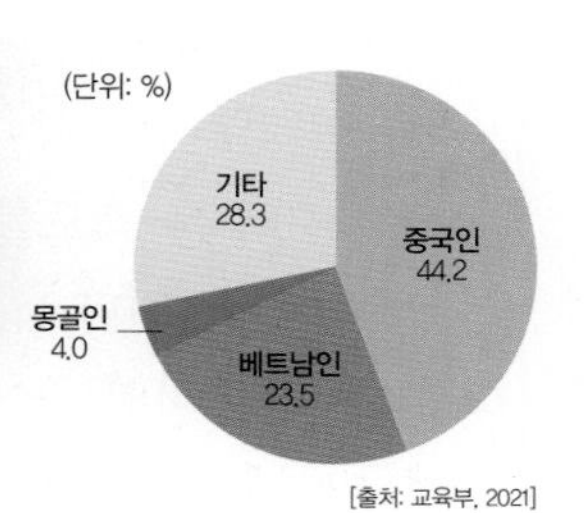

▲ 국내 외국인 유학생 비율

우리나라와 이웃 나라 사이에는 인적 · 물적 (　　　)이/가 활발합니다.

(　　　　　　　　　　)

6-1 서술형 쌍둥이 문제 다음을 통해 알 수 있는 우리나라와 이웃 나라의 교류 모습을 쓰시오. [6점]

○○신문　　　　20△△년 △△월 △△일

한국, 중국, 일본의 환경 장관들이 모여 최근 논란이 되고 있는 미세 먼지 문제에 함께 대처하고 노력하기로 약속했다. 각 나라는 앞으로 협력 기구를 만들고, 대기 질 관리, 환경 정보 수집 등 관련된 정책과 기술을 공유할 예정이다.

사회
1단원

1 세계 지도, 지구본과 비교했을 때 다음 디지털 영상 지도가 가진 특징을 쓰시오. [7점]

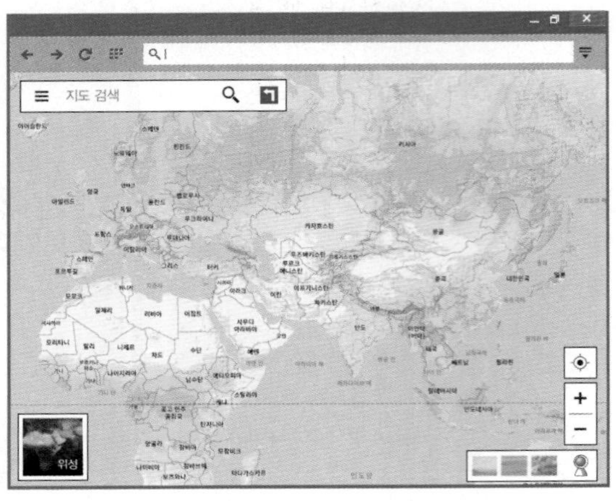

▲ 디지털 영상 지도

2 다음 태평양의 특징을 쓰시오. [5점]

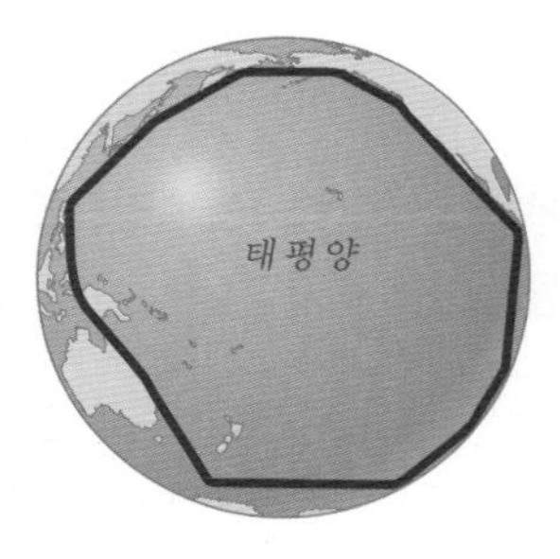

3 다음 아르헨티나의 영토 모양을 쓰시오. [5점]

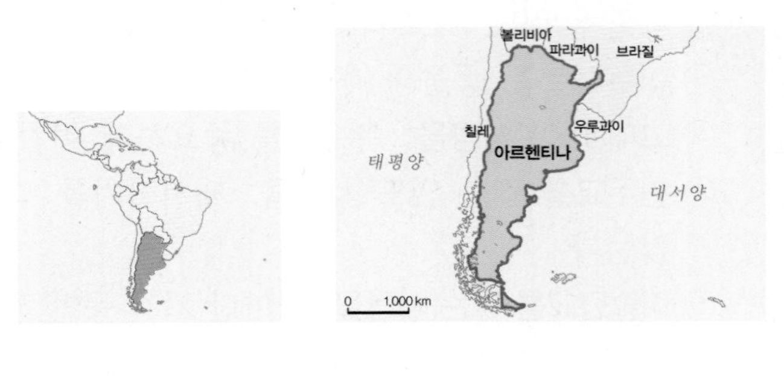

4 다음 열대 기후 지역에서 볼 수 있는 사람들의 생활 모습을 쓰시오. [7점]

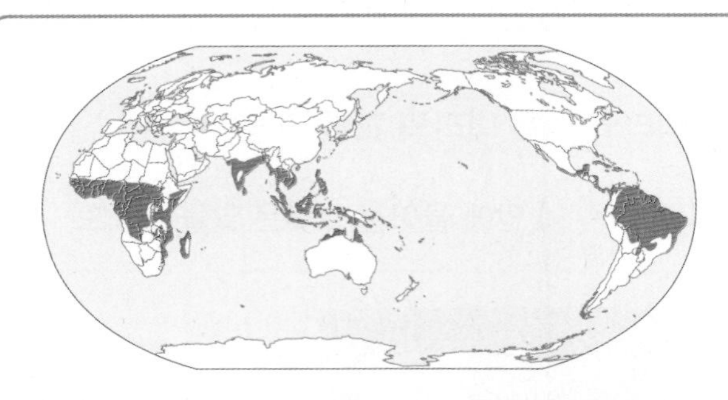

- 열대 기후는 적도를 중심으로 한 저위도 지역에 널리 나타납니다.
- 열대 기후 지역 중에는 연중 비가 많이 내려 밀림을 이루는 곳이 있고, 동아프리카 일대처럼 건기와 우기가 번갈아 나타나 초원이 넓게 나타나는 곳도 있습니다.

5 다음과 같이 집을 짓는 재료나 집의 모양이 나라마다 다른 까닭을 쓰시오. [7점]

▲ 페루의 갈대 집

▲ 몽골의 게르

▲ 파푸아 뉴기니의 고상 가옥

____

____

6 다음과 같이 우리나라, 중국, 일본이 공통적으로 한자 문화의 영향을 받은 까닭을 쓰시오. [7점]

學	校
배울 (학)	학교 (교)

한글	중국어	일본어
학교	学校	学校

____

____

단계별 유형

7 다음 자료를 보고, 물음에 답하시오. [10점]

(㉠) 지역	동남아시아 지역
우리나라 전체 원유 수입량의 약 85% 정도를 (㉠) 지역(사우디아라비아 등)에서 수입하고 있음.	한국의 대중음악, 드라마, 공연 등이 동남아시아 지역에서 선풍적인 인기를 끌고 있음.

아메리카 지역
• 우리나라 밀의 33%를 미국에서 수입함. • 캐나다에서 우리나라 태권도가 인기를 끌고 있음.

1단계 위의 ㉠에 공통으로 들어갈 지역을 쓰시오.

( )

2단계 위의 자료를 보고, 다음 ( ) 안에 들어갈 알맞은 말에 ○표 하시오.

우리나라는 세계 여러 나라와 정치, 경제, 문화적으로 활발하게 (교류 , 배척)하며 깊은 관계를 맺고 있습니다.

3단계 우리나라가 세계 여러 나라와 2단계 답과 같은 일을 하고 있는 까닭을 쓰시오.

____

____

사회

1단원

연습! 서술형 평가

우리 땅 독도

1 독도에 대한 설명으로 옳지 않은 것은 어느 것입니까? ( )

① 다양한 동식물이 서식하고 있다.
② 우리나라의 동쪽 끝에 있는 섬이다.
③ 독특한 지형과 경관을 지닌 화산섬이다.
④ 독도는 우리나라보다 일본에 훨씬 가까운 일본 땅이다.
⑤ 우리나라는 독도를 천연기념물 제336호로 지정하고 있다.

1-1 서술형 쌍둥이 문제

다음 두 지도를 보고, 옛날 사람들의 독도에 대한 생각을 쓰시오. [6점]

「팔도총도」(1531년)

▲ 독도가 표기된 우리나라의 옛 지도

「대일본전도」(1877년)

▲ 독도가 없는 일본의 옛 지도

남북 분단으로 겪는 어려움

2 남북 분단으로 겪는 어려움으로 알맞으면 ○표, 알맞지 않으면 ×표를 하시오.

(1) 이산가족들이 서로 만날 수 없어서 슬픔에 빠져 있습니다. ( )
(2) 남북 갈등으로 전쟁이 일어날 수 있다는 공포가 있습니다. ( )
(3) 북한보다 남한의 경제 상황이 좋지 않아 건강을 위협받는 남한의 어린이가 많습니다. ( )

2-1 서술형 쌍둥이 문제

다음과 같은 문제가 발생하는 공통적인 원인을 쓰시오. [4점]

- 이산가족의 아픔
- 전쟁에 대한 공포
- 남북 간의 언어 차이

지구촌 갈등의 사례

3 다음에서 지구촌 갈등에 해당하는 사례가 아닌 것의 기호를 쓰시오.

㉠ 나이지리아에서 일어난 내전
㉡ 시리아에서 발생한 난민 문제
㉢ 이스라엘과 팔레스타인의 영토 분쟁
㉣ 직업 선택 관련 부모와 자녀 간의 갈등

( )

3-1 서술형 쌍둥이 문제

오른쪽과 같은 내전이나 일부 지역의 충돌이 지구촌 전체에 영향을 미치는 까닭을 쓰시오. [6점]

▲ 나이지리아 내전

지구촌 갈등 해결을 위한 국제기구

4 오른쪽과 관련 있는 국제기구는 무엇인지 쓰시오.

( )

▲ 평화를 상징하는 기

4-1 서술형 쌍둥이 문제

다음 기구들과 관련 있는 국제기구의 설립 목적을 쓰시오. [6점]

- 국제 노동 기구(ILO): 전 세계의 노동 문제를 다룹니다.
- 유엔 난민 기구(UNHCR): 전쟁 등으로 살 곳을 잃은 난민들을 돕습니다.

지구촌에서 나타나는 환경 문제

5 다음 어린이가 설명하는 것과 관련 있는 지구촌 문제는 무엇입니까? ( )

① 내전 ② 인종 갈등 ③ 해양 오염
④ 영토 분쟁 ⑤ 종교 갈등

5-1 서술형 쌍둥이 문제

지구촌에서 다음과 같은 문제가 일어나고 있는 까닭을 쓰시오. [4점]

○○신문 20△△년 △△월 △△일

지구의 허파라고 불리는 아마존 열대 우림 파괴 현상이 심각하다. 2017년 8월부터 2018년 7월 사이 약 7,900km²의 열대 우림이 파괴되었다.

문화적 편견과 차별 문제

6 다음을 읽고, ( ) 안에 들어갈 알맞은 말을 쓰시오.

우리는 종교적인 이유로 소고기를 먹지 않는데 사람들이 이를 가볍게 생각할 때가 있어요.

우리는 낮잠을 자는 문화가 있어요. 그런데 이 문화를 오해해 우리를 게으른 사람이라고 생각하는 사람들이 있어요.

지구촌 곳곳에서 많은 사람이 문화적 ( ) 와/과 차별로 힘들어하고 있습니다.

( )

6-1 서술형 쌍둥이 문제

문화적 편견과 차별 문제를 해결하기 위해 우리가 갖추어야 할 태도를 쓰시오. [4점]

사회 2단원

1 다음 우리 땅 독도를 천연기념물로 지정한 까닭을 쓰시오. [5점]

▲ 독도

2 다음 ㉠에 들어갈 알맞은 내용을 쓰시오. [7점]

3 다음 밑줄 친 지구촌 갈등으로 인해 어린이들이 겪을 수 있는 어려움을 쓰시오. [7점]

▲ 시리아 내전 이전 모습　▲ 시리아 내전 이후 모습

시리아에서는 독재 정치와 종교 문제로 <u>국내에 크고 작은 전쟁</u>이 계속되고 있습니다.

4 우리나라가 다음과 같은 활동을 하는 까닭을 쓰시오. [5점]

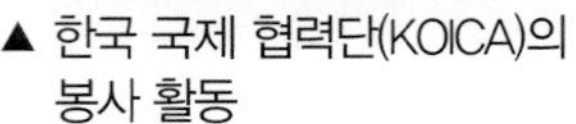

▲ 한국 국제 협력단(KOICA)의 봉사 활동

▲ 국제 연합의 평화 유지군 파견

단계별 유형

5 다음을 보고, 물음에 답하시오. [10점]

㉠
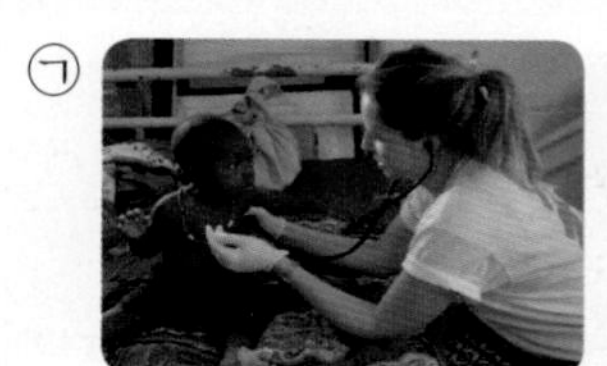
▲ 국경 없는 의사회

▲ 그린피스

㉢

▲ 해비타트

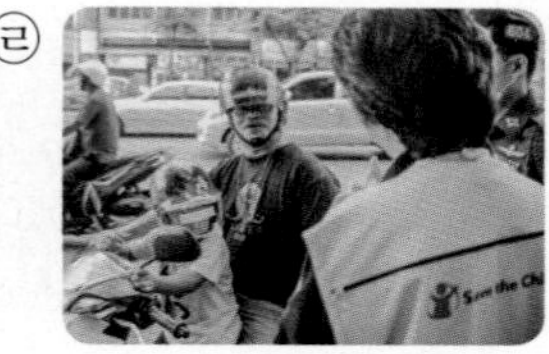
▲ 세이브 더 칠드런

1단계 다음 설명과 관련 있는 위와 같은 단체를 무엇이라고 하는지 쓰시오.

> 뜻이 같은 개인들이 모여 지구촌의 여러 문제를 해결하고자 활동하는 조직입니다.

( )

2단계 위의 ㉡ 단체에서 주로 하는 활동을 쓰시오.

3단계 위의 1단계 답과 같은 단체가 국제기구와 다른 점을 쓰시오.

6 다음과 같은 지구촌 환경 문제를 해결하기 위해 개인이 할 수 있는 노력을 쓰시오. [7점]

▲ 초미세 먼지 증가

▲ 태평양 위 쓰레기 섬

7 다음과 같이 환경을 생각하는 생산과 소비 활동의 좋은 점을 쓰시오. [7점]

환경을 생각하는 생산	환경을 생각하는 소비
• 닭을 좁은 닭장이 아닌 넓고 쾌적한 환경에서 더 건강하게 키울 수 있습니다. • 닭이 건강하기 때문에 병에 걸리지 않도록 항생제를 맞을 필요가 없습니다.	• 신선한 달걀과 건강한 닭을 먹을 수 있어서 우리 몸에 이롭습니다. • 친환경적으로 생산된 달걀과 닭을 더 많이 소비할수록 친환경적으로 생산되는 달걀이나 닭의 수가 늘어날 것입니다.

사회 2단원

연습! 서술형 평가

전구에 불이 켜지는 조건

1 전기 회로의 전구에 불이 켜지는 조건으로 옳은 것에 모두 ○표 하시오.

(1) 전기가 흐르지 않는 부분끼리 연결합니다. ( )

(2) 전지, 전선, 전구가 끊기지 않게 연결합니다. ( )

(3) 전구는 전지의 (+)극과 전지의 (−)극에 각각 연결합니다. ( )

1-1 서술형 쌍둥이 문제

전기 회로의 전구에 불이 켜지는 조건 세 가지를 쓰시오. [6점]

전지의 수에 따른 전구의 밝기

2 전지의 수에 따른 전구의 밝기에 대한 설명으로 옳은 것에 ○표 하시오.

(1) 전지 한 개를 연결한 전기 회로의 전구가 전지 두 개를 연결한 전기 회로의 전구보다 어둡습니다. ( )

(2) 전지 두 개를 연결할 때 전구의 밝기를 밝게 하기 위해서는 한 전지의 (+)극을 다른 전지의 (+)극에 연결해야 합니다. ( )

2-1 서술형 쌍둥이 문제

다음 ㉠과 ㉡ 중 전구의 밝기가 더 밝은 전기 회로를 골라 기호를 쓰고, 그 까닭은 무엇인지 쓰시오. [8점]

㉠

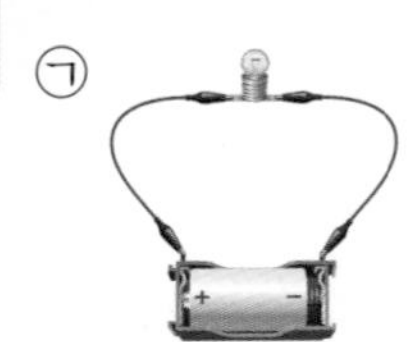

㉡

전구의 연결 방법

3 전구의 연결에 대한 설명으로 옳은 것을 골라 기호를 쓰시오.

㉠ 전구 한 개를 한 줄로 연결하는 방법을 전구의 직렬연결이라고 합니다.
㉡ 전구 두 개 이상을 여러 개의 줄에 나누어 한 개씩 연결하는 방법은 전구의 병렬연결입니다.
㉢ 전구의 연결 방법에 관계없이 전구의 밝기는 항상 같습니다.

( )

3-1 서술형 쌍둥이 문제

다음은 전구를 직렬연결한 것인지, 병렬연결한 것인지 쓰고, 스위치를 닫았을 때 전구의 밝기에 대해 쓰시오. [6점]

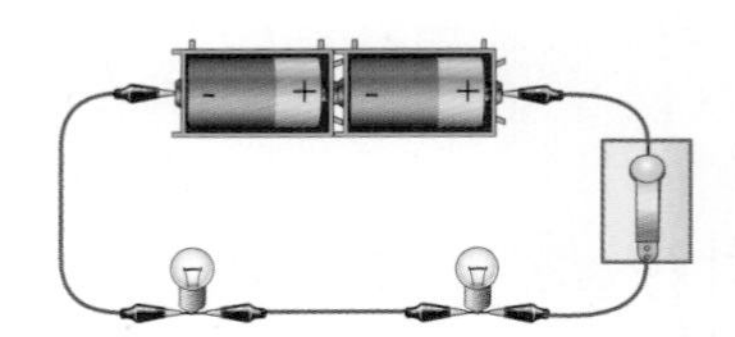

전기를 안전하게 사용하고 절약하는 방법

4 다음에서 전기를 안전하게 사용하거나 절약하는 방법에 모두 ○표 하시오.

(1) 사용하지 않는 전등을 끕니다. ( )
(2) 에어컨을 켤 때는 문을 엽니다. ( )
(3) 플러그를 뽑을 때는 전선을 잡아당깁니다. ( )
(4) 사용하지 않는 전열 기구는 플러그를 뽑아 놓습니다. ( )

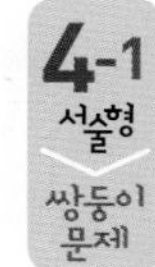

4-1 서술형 쌍둥이 문제 다음에서 전기를 안전하게 사용하거나 절약하는 방법이 아닌 것을 골라 기호를 쓰고, 옳게 고쳐 쓰시오. [6점]

㉠ 깜박거리는 형광등을 만지지 않습니다.
㉡ 손을 씻어 물기가 있는 손으로 전기 제품을 만집니다.
㉢ 에너지 지킴이를 선정해 사용하지 않는 전기 제품을 끕니다.

전자석 만들기

5 전자석을 만드는 순서에 맞게 기호를 쓰시오.

㉠ 종이테이프를 붙인 둥근 머리 볼트에 에나멜선을 100번 정도 감습니다.
㉡ 에나멜선 양쪽 끝부분에 전지와 스위치를 연결하여 전기 회로를 만듭니다.
㉢ 에나멜선의 양쪽 끝부분을 사포로 문질러서 코팅을 벗겨 냅니다.

( ) → ( ) → ( )

5-1 서술형 쌍둥이 문제 다음은 전자석의 모습입니다. 전자석이란 무엇인지 쓰시오. [8점]

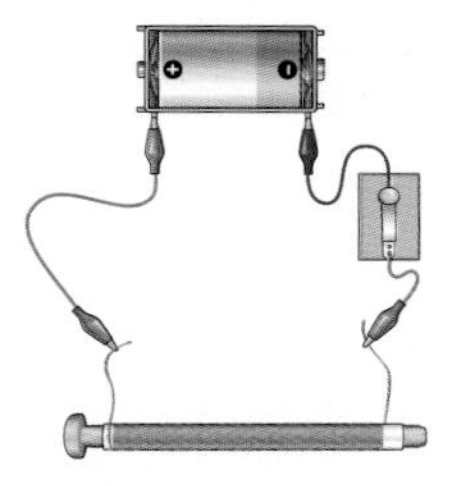

전자석의 성질

6 전자석에 대한 설명으로 옳은 것은 어느 것입니까? ( )

① 자석의 세기를 조절할 수 없다.
② 영구 자석이라고 부르기도 한다.
③ N극과 S극이 바뀌지 않고 일정하다.
④ 전기가 흐르지 않을 때도 자석의 성질을 나타낸다.
⑤ 전지의 방향이 바뀌면 자석의 극도 반대로 바뀐다.

6-1 서술형 쌍둥이 문제 오른쪽은 전기가 흐르는 전선 주위에 자석의 성질이 나타나는 전자석입니다. 전자석의 성질을 세 가지 쓰시오. [8점]

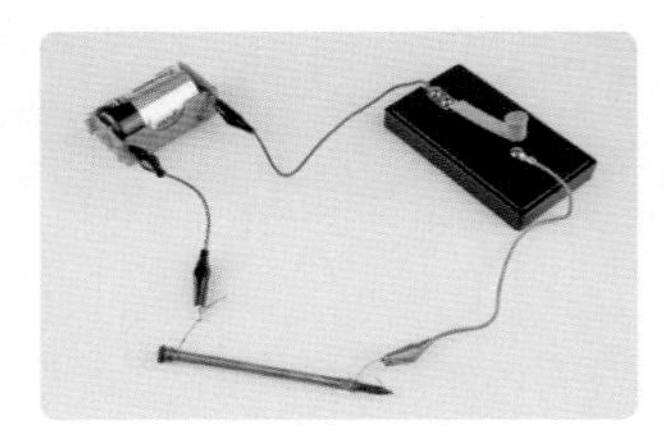

과학 1단원

과학 실전! 서술형 평가

1 다음과 같이 전지, 전구, 전선을 연결하여 전구에 불이 켜지는지 확인하였습니다. 전구에 불이 켜지는 것을 모두 골라 기호를 쓰고, 전구에 불이 켜지는 조건을 세 가지 쓰시오. [7점]

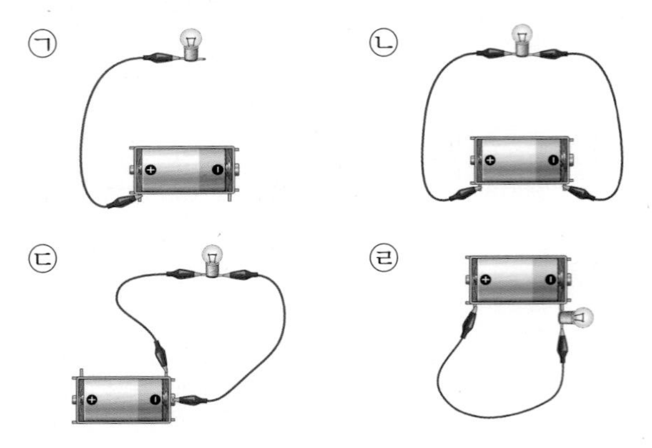

(1) 전구에 불이 켜지는 것: (　　　　　　　　)

(2) 전구에 불이 켜지는 조건: ______________________

2 전지의 수를 다르게 하여 연결한 ㉠과 ㉡ 전기 회로의 스위치를 닫았을 때 전구의 밝기를 비교하여 쓰시오. [5점]

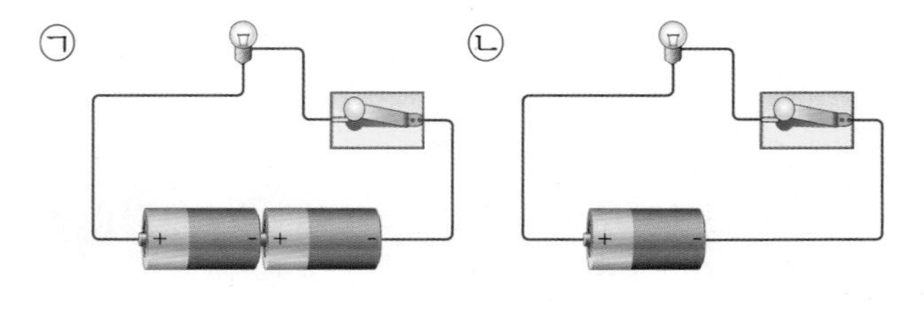

3 다음과 같이 전구 두 개와 전지 두 개를 연결한 전기 회로에서 스위치를 닫았을 때 전구의 밝기가 상대적으로 어두운 것 두 가지를 골라 기호를 쓰고, 전구의 연결 방법을 쓰시오. [5점]

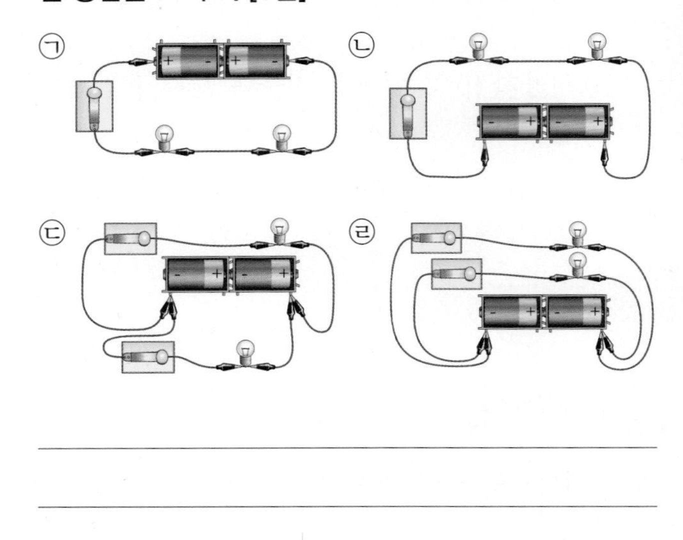

4 다음의 전기 회로에서 전기 부품의 연결 방법을 바꾸어 전구의 밝기를 더 밝게 하는 방법을 쓰시오. (단, 전지 두 개와 전구 두 개를 사용해야 합니다.) [7점]

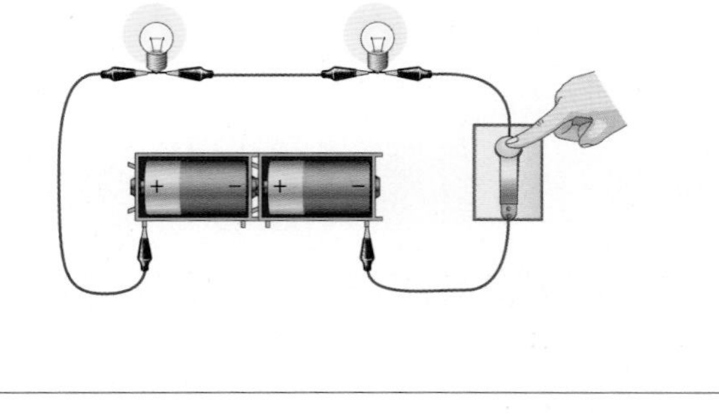

정답과 풀이 113~114쪽

5 다음의 전기 사용과 관련된 모습을 보고 전기를 위험하게 사용하는 모습과 전기를 낭비하는 모습을 각각 한 가지씩 골라 쓰고, 전기를 바르게 사용하는 모습으로 고쳐 쓰시오. [7점]

(1) 전기를 위험하게 사용하는 모습과 전기를 낭비하는 모습:

(2) 전기를 바르게 사용하는 모습:

6 다음의 전자석 기중기가 무거운 철제품을 어떻게 옮길 수 있는지 쓰시오. [7점]

단계별 유형

7 전자석의 성질을 알아보기 위해 다음과 같이 전자석의 한쪽 끝에 나침반을 놓았습니다. 물음에 답하시오. [10점]

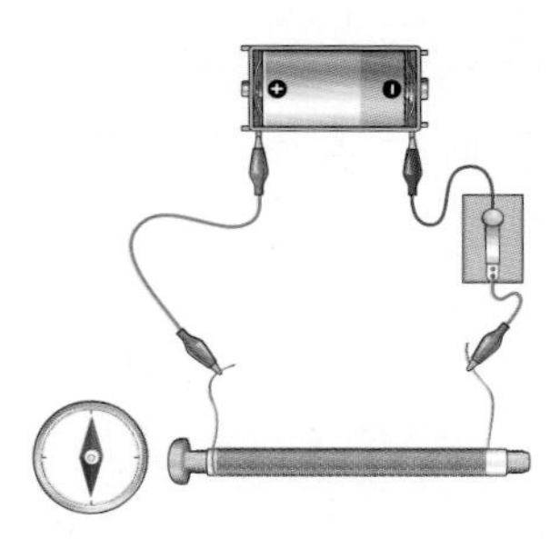

1단계 위 전기 회로의 스위치를 닫을 때 나침반 바늘이 움직이는지, 움직이지 않는지 쓰시오.

2단계 위 1단계 의 답과 같은 결과가 나오는 까닭은 무엇인지 쓰시오.

3단계 위 전기 회로에서 전지의 극을 반대로 연결하고 스위치를 닫으면 나침반 바늘이 가리키는 방향이 어떻게 되는지 쓰시오.

2. 계절의 변화

연습! 서술형 평가

태양 고도 측정하기

1 태양 고도와 태양 고도를 측정하는 방법에 대한 설명으로 옳은 것에 ○표 하시오.

(1) 지표면과 태양 사이의 거리를 자로 재서 태양 고도를 구합니다. ( )

(2) 태양 고도란 하루 동안 태양의 위치가 정남쪽에 왔을 때를 말합니다. ( )

(3) 태양 고도는 한쪽 끝에 실이 달린 막대기를 세우고, 막대기 그림자의 끝과 실이 이루는 각을 측정합니다. ( )

1-1 서술형 쌍둥이 문제

다음 그림에서 태양 고도는 어느 것인지 ㉠~㉢ 중 골라 기호를 쓰고, 태양 고도란 무엇인지 쓰시오. [6점]

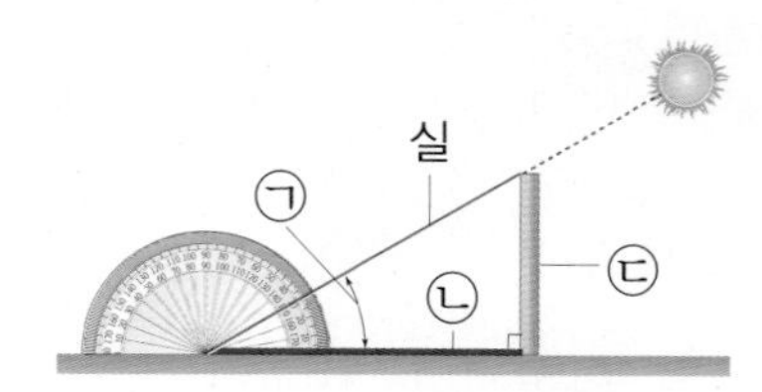

하루 동안의 태양 고도, 그림자 길이, 기온의 관계

2 하루 동안의 태양 고도, 그림자 길이, 기온의 관계에 대한 설명으로 옳은 것에 모두 ○표 하시오.

(1) 태양 고도가 높아지면 기온이 높아집니다. ( )

(2) 태양 고도가 높아지면 기온이 낮아집니다. ( )

(3) 태양 고도가 높아지면 그림자 길이가 길어집니다. ( )

(4) 태양 고도가 높아지면 그림자 길이가 짧아집니다. ( )

2-1 서술형 쌍둥이 문제

다음 그래프를 보고 태양 고도가 높아지면 그림자 길이와 기온은 어떻게 변하는지 쓰시오. [6점]

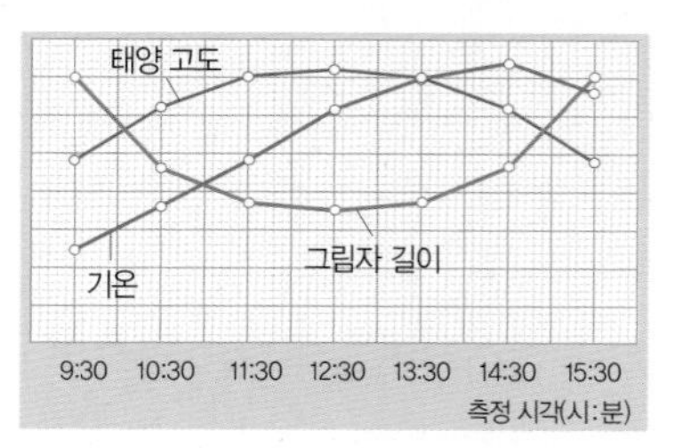

하루 동안 태양 고도와 기온의 관계

3 하루 동안 태양 고도와 기온의 관계에 대한 설명으로 옳은 것은 어느 것입니까? ( )

① 기온 변화는 태양 고도와 상관이 없습니다.
② 태양 고도가 높아질수록 기온이 낮아집니다.
③ 태양 고도가 가장 높은 때와 기온이 가장 높은 때는 시간 차이가 없습니다.
④ 태양 고도가 가장 높은 때와 기온이 가장 높은 때는 시간 차이가 있습니다.
⑤ 기온이 가장 높게 나타나는 시각은 태양이 남중한 시각보다 약 두 시간 정도 전입니다.

3-1 서술형 쌍둥이 문제

다음 그래프를 보고, 태양 고도가 가장 높은 때와 기온이 가장 높은 때는 시간 차이가 있는지, 없는지 쓰고, 그 까닭을 쓰시오. [8점]

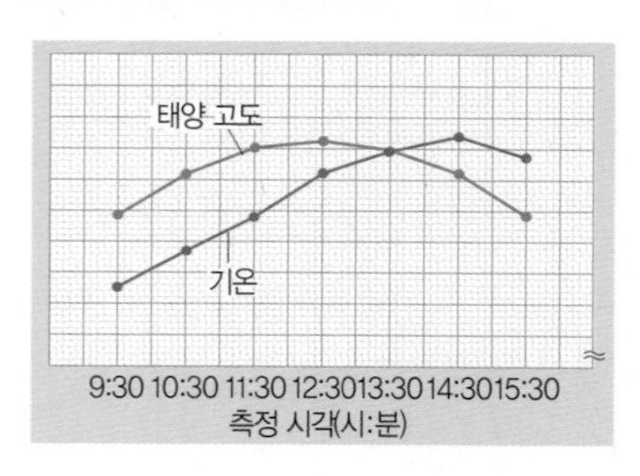

계절에 따른 태양의 남중 고도와 낮의 길이

4 계절에 따른 태양의 남중 고도와 낮의 길이에 대한 설명으로 옳은 것을 두 가지 골라 기호를 쓰시오.

> ㉠ 낮의 길이는 여름에 가장 짧고, 겨울에 가장 깁니다.
> ㉡ 태양의 남중 고도는 여름에 가장 높고 겨울에 가장 낮습니다.
> ㉢ 태양의 남중 고도가 높은 여름에는 낮의 길이가 깁니다.

( )

4-1 서술형 쌍둥이 문제

다음 그래프를 보고 여름과 겨울에 태양의 남중 고도와 낮의 길이의 관계에 대해 쓰시오. [8점]

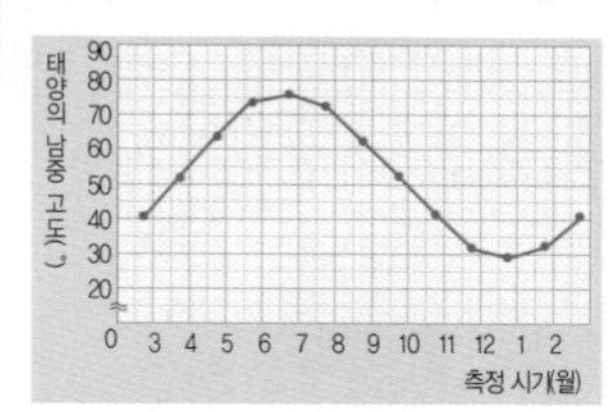

▲ 월별 태양의 남중 고도

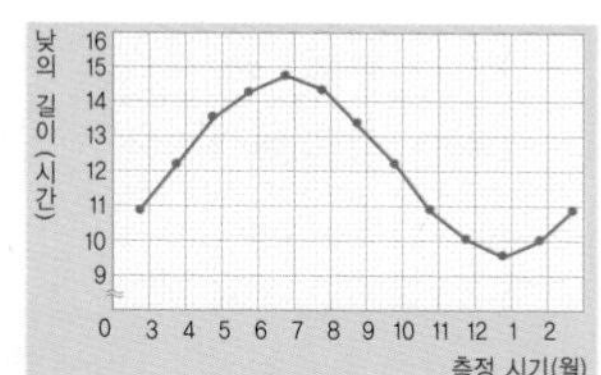

▲ 월별 낮의 길이

계절에 따라 기온이 달라지는 까닭

5 계절에 따른 기온 변화에 대한 설명으로 옳은 것에 모두 ○표 하시오.

(1) 태양의 남중 고도가 높은 여름에는 기온이 높습니다. ( )
(2) 태양의 남중 고도가 높은 계절에는 일정한 면적의 지표면에 도달하는 태양 에너지양이 적어져 기온이 낮아집니다. ( )
(3) 계절에 따라 기온이 달라지는 까닭은 계절에 따라 태양의 남중 고도가 달라지기 때문입니다. ( )

5-1 

여름에 기온이 높은 까닭을 다음의 말을 모두 포함해 쓰시오. [8점]

> 태양의 남중 고도, 태양 에너지양, 기온

계절이 변하는 까닭

6 계절이 변하는 까닭을 옳게 말한 친구는 누구인지 쓰시오.

▲ 세형: 지구의 자전축이 수직인 채 태양 주위를 공전하기 때문에 계절이 달라져.

▲ 경미: 지구의 자전축이 기울어진 채 태양 주위를 공전하기 때문에 계절이 달라져.

( )

6-1 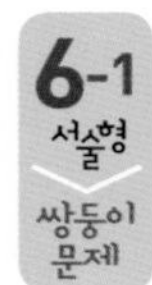

지구의 자전축이 공전 궤도면에 대해 기울어진 채 태양 주위를 공전할 때와 지구의 자전축이 공전 궤도면에 대해 수직인 채 태양 주위를 공전할 때 계절의 변화에 대해 쓰시오. [6점]

(1) 자전축이 기울어진 채 공전할 때: ____________

(2) 자전축이 수직인 채 공전할 때: ____________

과학 2단원

1 다음과 같이 장치하여 태양 고도를 측정하였습니다. 태양 고도는 얼마인지 쓰고, 태양 고도를 정확하게 측정하는 방법을 두 가지 쓰시오. [7점]

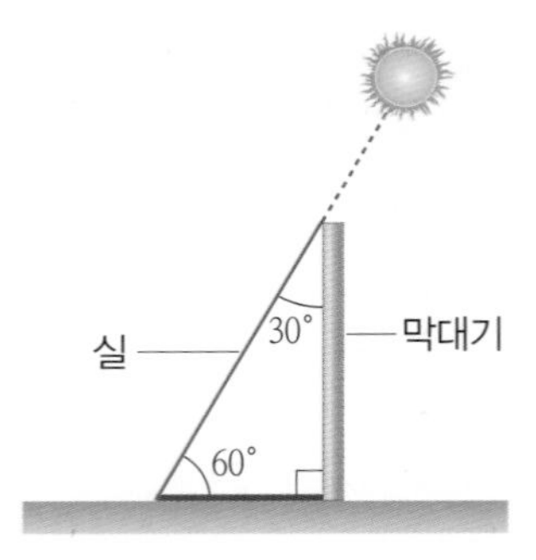

(1) 태양 고도: (   )°

(2) 태양 고도를 정확하게 측정하는 방법: ________

2 다음은 하루 동안 태양 고도와 그림자 길이, 기온을 측정한 결과를 나타낸 그래프입니다. 태양 고도와 그림자 길이, 기온은 서로 어떤 관계가 있는지 쓰시오. [7점]

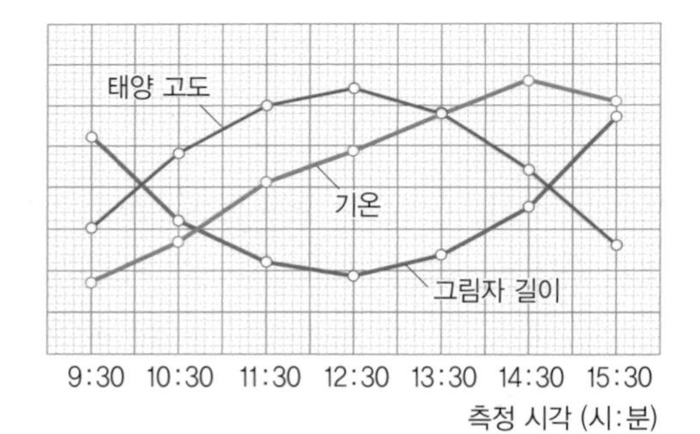

3 다음은 계절별 태양의 남중 고도를 나타낸 표입니다. 계절에 따라 태양의 남중 고도가 어떻게 달라지는지 쓰시오. [7점]

계절	날짜	태양의 남중 고도(°)
봄	3월 21일	52
여름	6월 21일	76
가을	9월 23일	52
겨울	12월 22일	29

4 다음 그래프를 보고, 태양의 남중 고도와 낮의 길이는 서로 어떤 관계가 있는지 쓰시오. [5점]

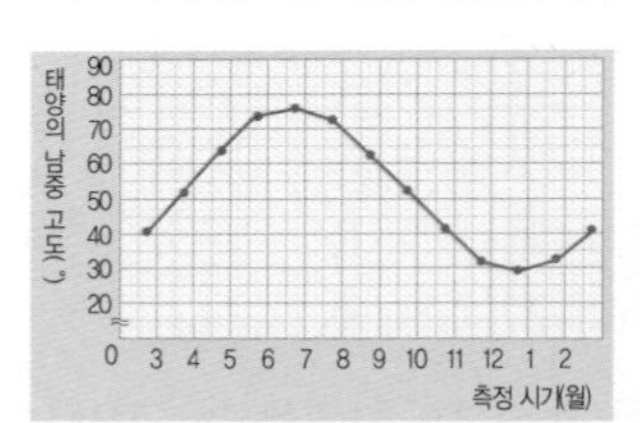

▲ 월별 태양의 남중 고도

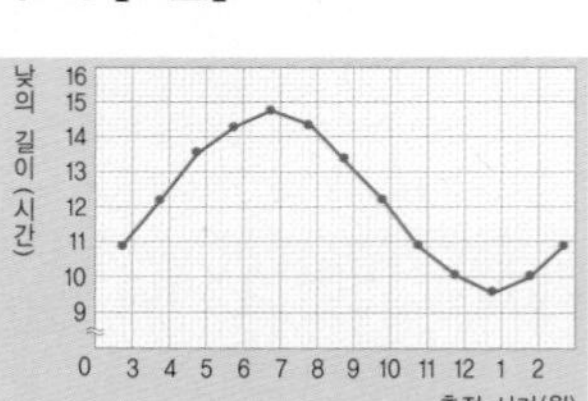

▲ 월별 낮의 길이

단계별 유형

5 태양의 남중 고도에 따른 기온 변화를 비교하기 위해 다음과 같이 실험했습니다. 물음에 답하시오. [10점]

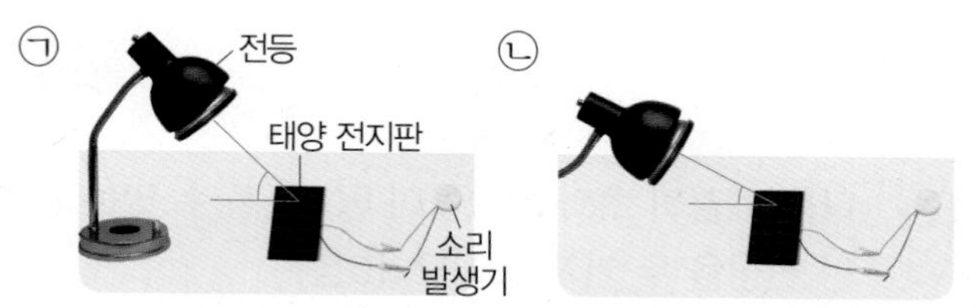

▲ 전등과 태양 전지판이 이루는 각이 클 때
▲ 전등과 태양 전지판이 이루는 각이 작을 때

1단계 위 실험에서 전등과 태양 전지판이 이루는 각은 무엇을 의미하는지 쓰시오.

( )

2단계 위 실험에서 전등을 동시에 켜고 5분이 지난 뒤 ㉠과 ㉡의 소리 발생기에서 나는 소리 크기를 비교하시오.

3단계 위 실험을 통해 알 수 있는 태양의 남중 고도가 높으면 기온이 높은 까닭을 쓰시오.

6 다음 실험에서 태양의 남중 고도는 어떻게 변하는지 쓰시오. [5점]

태양 고도 측정기를 지구의의 우리나라 위치에 붙이고 자전축을 수직으로 하여 공전시키면서 지구의의 각 위치에서 태양의 남중 고도를 측정합니다.

7 다음은 태양 주위를 공전하는 지구의 모습을 나타낸 것입니다. 지구의 위치가 ㉠에서 ㉡으로 이동할 때 우리나라에서 태양의 남중 고도와 계절이 어떻게 변하는지 쓰시오. [7점]

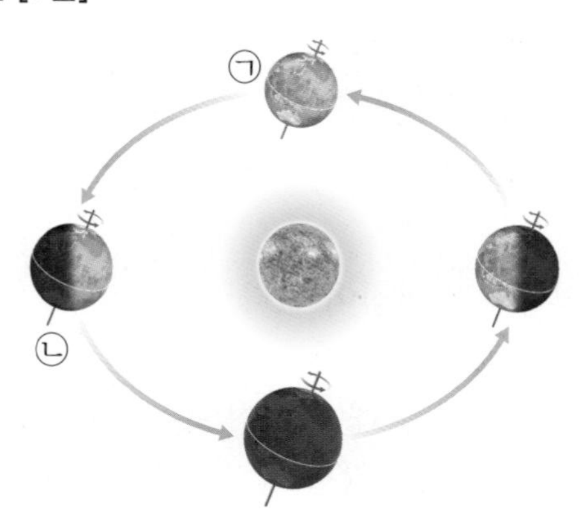

과학
2단원

연습! 서술형 평가

물질이 탈 때 나타나는 현상

1 물질이 탈 때 나타나는 공통적인 현상으로 옳은 것은 어느 것입니까? (　　　)

① 물질의 길이가 길어진다.
② 물질의 양이 많아진다.
③ 빛과 열을 내면서 탄다.
④ 불꽃의 색깔과 밝기가 모두 같다.
⑤ 손을 대어 보면 손이 점점 차가워진다.

1-1 서술형 쌍둥이 문제

다음과 같이 초와 알코올이 탈 때 볼 수 있는 공통적인 현상을 두 가지 쓰시오. [6점]

물질이 탈 때 필요한 기체

2 물질이 탈 때 필요한 기체는 어느 것입니까? (　　　)

① 질소
② 산소
③ 헬륨
④ 수증기
⑤ 이산화 탄소

2-1 서술형 쌍둥이 문제

산소 비율을 측정할 수 있는 기체 검지관으로 초가 타기 전과 타고 난 후의 산소 비율을 측정했더니 오른쪽과 같았습니다. 이를 통해 알 수 있는 사실을 물질이 탈 때 필요한 기체와 관련지어 쓰시오. [8점]

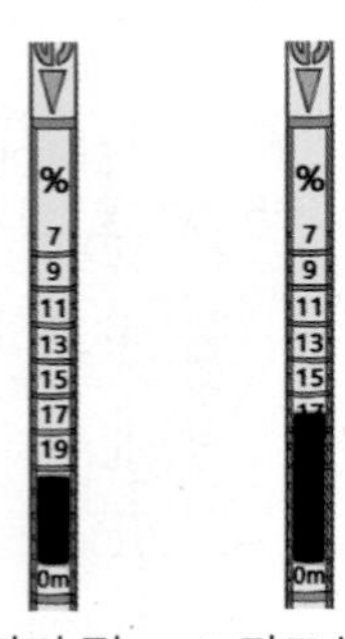

▲ 타기 전　▲ 타고 난 후

발화점

3 발화점에 대한 설명으로 옳은 것은 어느 것입니까? (　　　)

① 성냥은 발화점이 없다.
② 모든 물질의 발화점은 같다.
③ 불을 붙였을 때 물질이 녹는 온도를 말한다.
④ 물질이 불에 직접 닿지 않아도 타기 시작하는 온도를 말한다.
⑤ 물질의 온도가 발화점 이상이 되면 물질이 타지 않는다.

3-1 서술형 쌍둥이 문제

다음과 같이 부싯돌과 쇳조각을 마찰하거나 볼록 렌즈로 햇빛을 모아 물질의 온도를 높여 발화점에 도달하면 물질이 탑니다. 발화점이란 무엇인지 쓰시오. [6점]

▲ 부싯돌과 쇳조각을 마찰함.

▲ 볼록 렌즈로 햇빛을 모음.

정답과 풀이 115~116쪽

물질이 연소할 때 생기는 물질

4 물질이 연소할 때 생기는 물질에 대한 설명으로 옳은 것을 골라 기호를 쓰시오.

> ㉠ 물질이 연소하면 물과 산소가 생깁니다.
> ㉡ 물질이 연소하면 물과 이산화 탄소가 생깁니다.
> ㉢ 물질이 연소하면 아무 물질이 생기지 않습니다.
> ㉣ 푸른색 염화 코발트 종이의 변화로 물질이 연소하면 이산화 탄소가 생긴다는 것을 알 수 있습니다.

( )

4-1 초가 연소한 후에 생기는 물질을 알아보기 위해 아크릴 통 안쪽에 푸른색 염화 코발트 종이를 붙여 촛불을 덮은 다음, 촛불이 꺼졌을 때의 색깔 변화를 관찰했더니 다음과 같았습니다. 이를 통해 알 수 있는 초가 연소한 후에 생기는 물질에 대해 쓰시오. [6점]

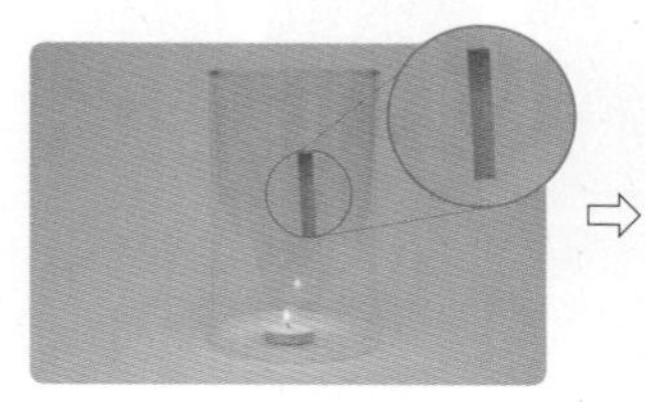

⇨

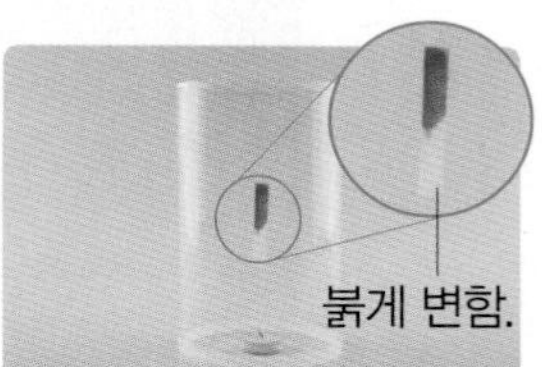

____

____

불을 끄는 다양한 방법

5 불을 끄는 방법을 소화의 조건과 옳게 관련지은 것을 골라 기호를 쓰시오.

> ㉠ 초의 심지를 자르는 것은 산소의 공급을 막는 것입니다.
> ㉡ 흙이나 모래를 뿌리는 것은 산소의 공급을 막는 것입니다.
> ㉢ 낙엽과 같이 타기 쉬운 물질을 치우는 것은 발화점 미만으로 온도를 낮추는 것입니다.

( )

5-1 서술형 쌍둥이 문제

다음의 촛불을 끄는 방법에 따라 촛불이 꺼지는 까닭을 소화의 조건과 관련지어 쓰시오. [8점]

(1) 촛불을 집기병으로 덮기: ______________________________

____

(2) 촛불을 물수건으로 덮기: ______________________________

____

과학
3단원

화재 발생 시 대처 방법

6 화재가 발생했을 때의 올바른 행동을 옳게 말한 친구는 누구인지 쓰시오.

> • 준영: 계단 대신 승강기로 대피해야 해.
> • 수진: 나무로 된 책상 밑에 들어가 숨어야 해.
> • 정은: 문손잡이가 뜨거워도 문을 빨리 열어야 해.
> • 현호: 젖은 수건으로 코와 입을 막고 몸을 낮춰 이동해야 해.

( )

6-1 다음에서 화재가 발생했을 때 옳지 않은 행동을 골라 기호를 쓰고, 옳은 행동으로 고쳐 쓰시오. [8점]

㉠

큰 소리로 구조를 요청함.

㉡

승강기 대신 계단을 이용해 대피함.

㉢

나무로 된 책상 밑에 들어가 숨음.

____

____

1 다음과 같이 나무와 초가 탈 때 공통적으로 관찰할 수 있는 현상을 두 가지 쓰시오. [5점]

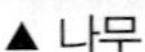
▲ 나무

▲ 초

2 다음과 같이 크기가 다른 투명한 아크릴 통으로 촛불을 동시에 덮은 뒤 초가 타는 시간을 비교했습니다. ㉠과 ㉡ 중 촛불이 나중에 꺼지는 것의 기호를 쓰고, 그 까닭을 쓰시오. [7점]

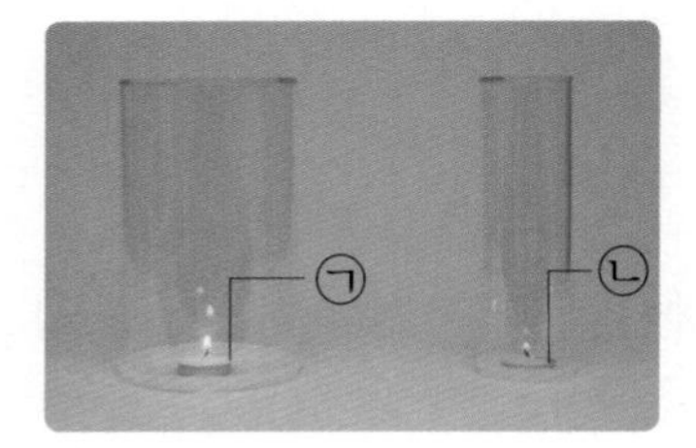

3 다음 실험에서와 같이 성냥의 머리 부분에 직접 불을 붙이지 않아도 성냥의 머리 부분에 불이 붙는 까닭을 발화점과 관련지어 쓰시오. [5점]

4 다음은 나무가 연소하는 모습입니다. 연소란 무엇인지 쓰고, 연소가 일어나기 위해 필요한 조건을 쓰시오. [7점]

(1) 연소:

(2) 연소가 일어나기 위해 필요한 조건:

단계별 유형

5 초가 연소한 후에 생기는 물질을 알아보기 위해 다음과 같이 실험했습니다. 물음에 답하시오. [10점]

㉠ 아크릴 통 안쪽에 푸른색 염화 코발트 종이를 붙인 다음 촛불을 덮습니다.
㉡ 초에 불을 붙인 뒤 집기병으로 덮고 촛불이 꺼지면 집기병의 입구를 막은 다음 석회수를 부어 흔듭니다.

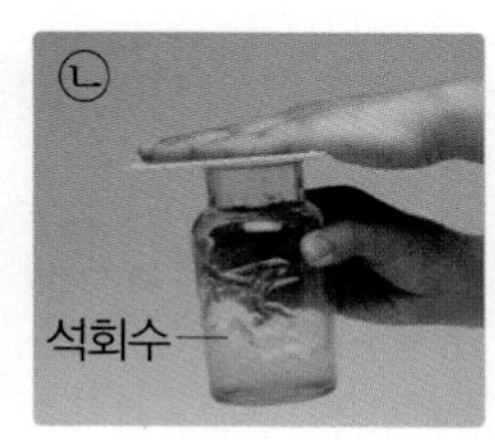

1단계 위 ㉠ 실험에서 촛불이 꺼졌을 때 아크릴 통 속 푸른색 염화 코발트 종이가 어떻게 변하는지 쓰시오.

2단계 위 ㉡ 실험에서 석회수를 부어 흔들었을 때의 결과를 쓰시오.

3단계 위 ㉠과 ㉡ 실험을 통해 알 수 있는 초가 연소한 후에 생기는 물질은 무엇인지 쓰시오.

6 다음 ㉠과 ㉡의 촛불을 끄는 방법을 소화의 조건과 관련지어 쓰시오. [7점]

㉠

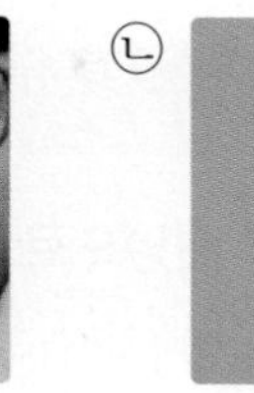

▲ 입으로 촛불 불기

㉡

▲ 집기병으로 촛불 덮기

7 다음은 화재가 발생했을 때 대처하는 방법입니다. 옳지 않은 것을 골라 기호를 쓰고, 바르게 고쳐 쓰시오. [7점]

㉠ 계단을 이용해 대피합니다.
㉡ 나무로 된 가구 밑으로 들어가지 않습니다.
㉢ 젖은 수건으로 코와 입을 막고 몸을 낮추어 이동합니다.
㉣ 아래층에서 불이 나면 지하로 내려가 구조를 요청합니다.

과학
3단원

연습! 서술형 평가

뼈와 근육이 하는 일

1 뼈와 근육에 대한 설명으로 옳은 것을 골라 기호를 쓰시오.

㉠ 움직임에 관여하는 뼈와 근육을 근육 기관이라고 합니다.
㉡ 뼈는 몸의 형태를 만들지만 몸을 지지하는 역할은 하지 못합니다.
㉢ 근육이 줄어들거나 늘어나면서 뼈를 움직이게 해서 몸을 움직일 수 있습니다.

( )

1-1 서술형 쌍둥이 문제

다음을 보고 우리 몸이 움직일 수 있는 까닭을 쓰시오. [6점]

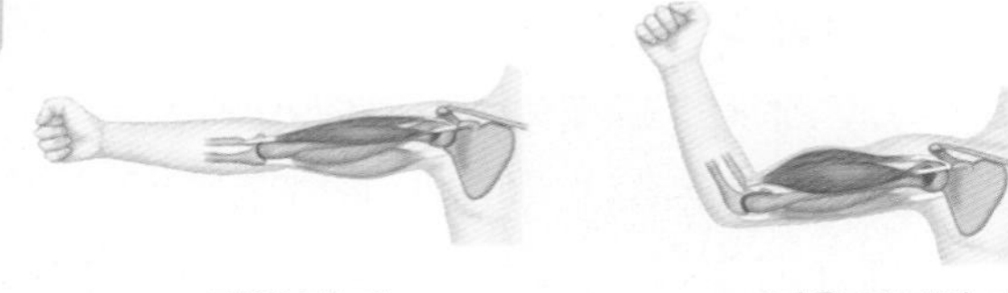

▲ 팔을 펼 때 ▲ 팔을 구부릴 때

소화 기관이 하는 일

2 소화 기관이 하는 일을 옳게 말한 친구는 누구인지 쓰시오.

- 솔이: 식도는 음식물 찌꺼기의 수분을 흡수해.
- 상훈: 위는 소화를 돕는 액체가 나와 음식물과 섞고 음식물을 더 잘게 쪼개.
- 정현: 항문은 음식물을 잘게 분해하고 영양소를 흡수해.

( )

2-1 서술형 쌍둥이 문제

오른쪽은 소화 기관의 모습입니다. ㉠ 기관의 생김새와 하는 일에 대해 쓰시오. [8점]

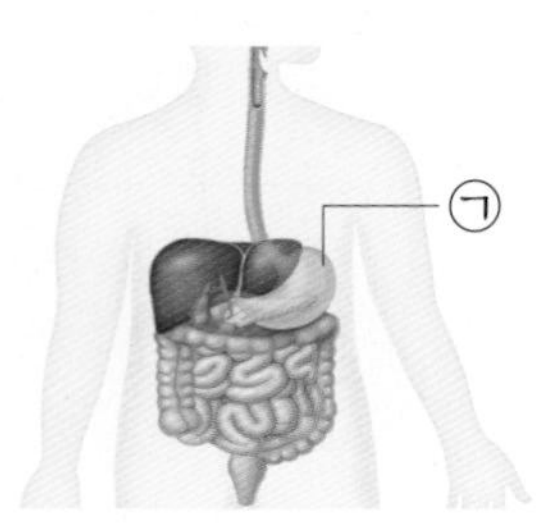

호흡 기관이 하는 일

3 다음에서 각 호흡 기관이 하는 일로 옳지 않은 것을 골라 기호를 쓰시오.

㉠ 코는 공기가 드나드는 곳입니다.
㉡ 기관은 공기가 이동하는 통로입니다.
㉢ 기관지는 기관과 폐를 이어 주는 관으로 공기가 이동하는 통로입니다.
㉣ 폐는 몸 밖에서 들어온 이산화 탄소를 받아들이고, 온몸을 거친 산소를 몸 밖으로 내보냅니다.

( )

3-1 서술형 쌍둥이 문제

다음 호흡 기관의 생김새를 보고, ㉠의 생김새와 하는 일에 대해 쓰시오. [8점]

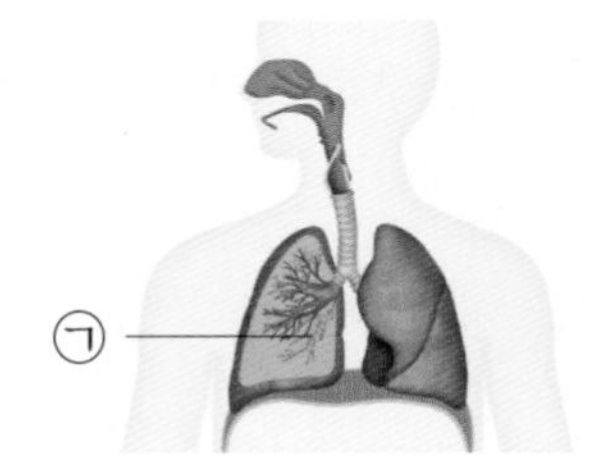

순환과 순환 기관

4 순환과 순환 기관에 대한 설명으로 옳은 것을 두 가지 골라 기호를 쓰시오.

㉠ 순환 기관에는 심장과 혈액이 있습니다.
㉡ 심장은 펌프 작용으로 혈액을 순환시키고, 혈관은 혈액이 이동하는 통로 역할을 합니다.
㉢ 심장이 펌프 작용으로 혈액을 온몸에 보내고, 심장에서 나온 혈액이 온몸을 거쳐 다시 심장으로 돌아오는 과정을 순환이라고 합니다.

(　　　　　　　　　　)

4-1 서술형 쌍둥이 문제

오른쪽은 순환 기관의 모습입니다. 순환 기관이란 무엇인지 쓰고, 각 순환 기관이 하는 일에 대해 쓰시오. [8점]

배설과 배설 기관

5 배설과 배설 기관에 대한 설명으로 옳은 것을 골라 기호를 쓰시오.

㉠ 배설에 관여하는 콩팥, 방광 등을 배설 기관이라고 합니다.
㉡ 혈액에 있는 노폐물을 몸속으로 들여보내는 과정을 배설이라고 합니다.
㉢ 콩팥은 깨끗한 혈액을 받아 온몸으로 순환시키는 역할을 하고, 방광은 오줌을 저장하는 역할을 합니다.

(　　　　　　　　　　)

5-1 서술형 쌍둥이 문제

다음 배설 기관 ㉠과 ㉡이 하는 일을 각각 쓰시오. [6점]

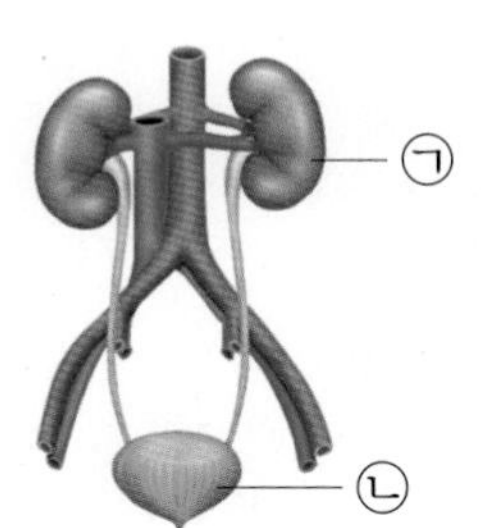

자극이 전달되고 반응하는 과정

6 다음을 자극이 전달되고 반응하는 과정 순서대로 기호를 쓰시오.

㉠ 운동 기관
㉡ 감각 기관
㉢ 행동을 결정하는 신경계
㉣ 명령을 전달하는 신경계
㉤ 자극을 전달하는 신경계

(　　　　　　　　　　)

6-1 서술형 쌍둥이 문제

자극이 전달되고 반응하는 과정에 따라 다음 ㉠에 들어갈 알맞은 말을 쓰시오. [6점]

신나는 노래가 들립니다.
→ 소리 자극을 전달합니다.
→ 전달된 소리 자극을 해석하여 노래에 맞춰 춤을 추겠다고 결정합니다.
→ (　　　　　　㉠　　　　　　)
→ 신나게 춤을 춥니다.

과학 4단원

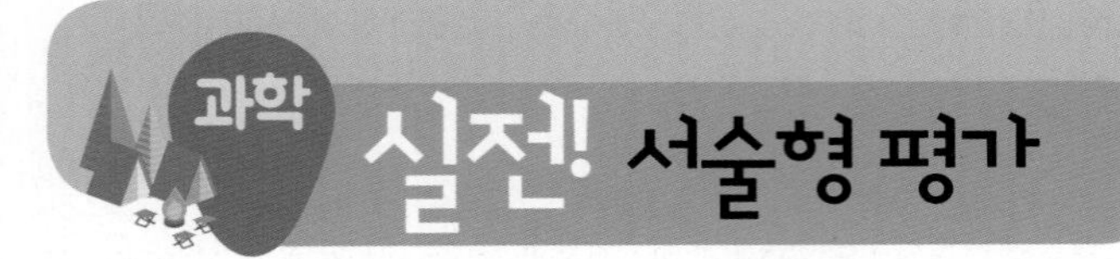

1 다음은 뼈와 근육 모형에 바람을 불어 넣기 전과 바람을 불어 넣은 후 비닐봉지의 길이를 측정한 결과입니다. 비닐봉지는 근육, 납작한 빨대는 뼈와 같은 역할을 한다고 할 때, 우리가 팔을 구부릴 수 있는 까닭을 모형과 관련지어 쓰시오. [7점]

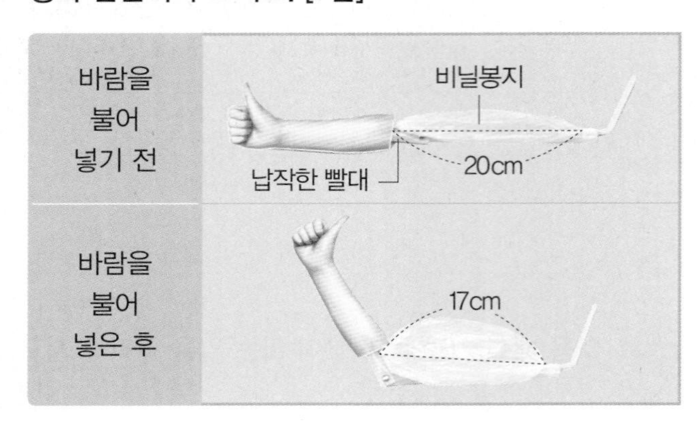

2 오른쪽은 빵을 먹는 모습입니다. 우리 몸속에 들어온 빵이 어떤 과정을 거쳐서 소화되고 몸 밖으로 배출되는지 소화 기관의 이름을 모두 포함하여 쓰시오. [7점]

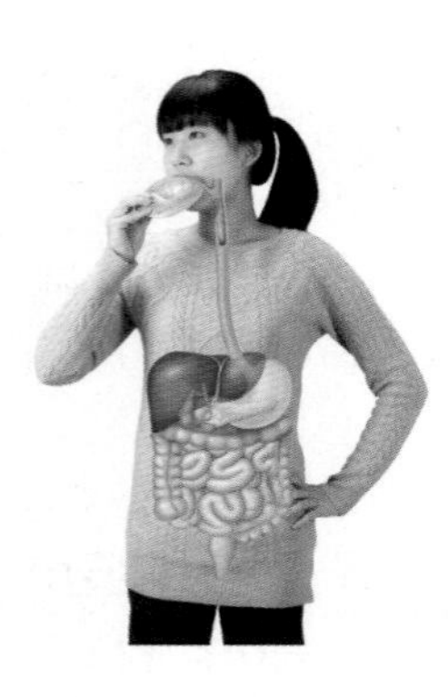

단계별 유형

3 다음은 호흡 기관의 모습입니다. 물음에 답하시오. [10점]

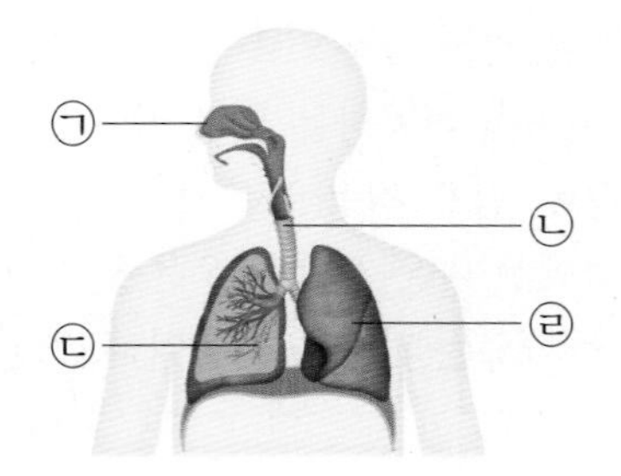

1단계 위 ㉠~㉣에 해당하는 기관의 이름을 각각 쓰시오.

㉠ ( ), ㉡ ( )
㉢ ( ), ㉣ ( )

2단계 다음에서 설명하는 기관은 위 ㉠~㉣ 중 어느 것인지 기호를 골라 쓰시오.

> 몸 밖에서 들어온 산소를 받아들이고, 몸 안에서 생긴 이산화 탄소를 몸 밖으로 내보냅니다.

( )

3단계 숨을 내쉴 때 몸속의 공기는 어떤 기관들을 통해 몸 밖으로 이동하는지 이동 과정을 순서대로 쓰시오.

4 오른쪽의 주입기 실험에서 주입기의 펌프는 심장, 관은 혈관, 붉은 색소 물은 혈액과 같은 역할을 한다고 할 때, 우리 몸의 심장과 혈관이 하는 일을 실험과 관련지어 쓰시오. [7점]

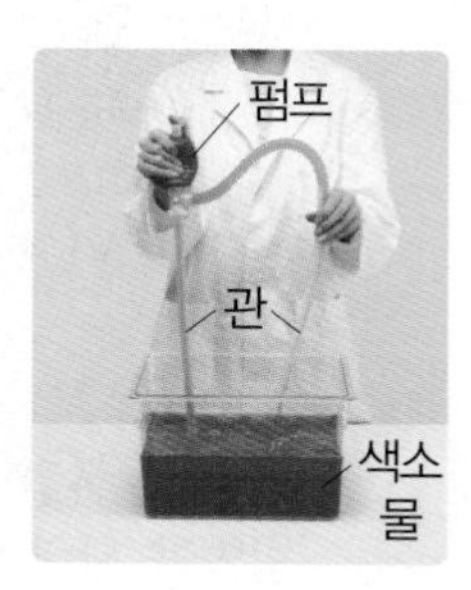

5 우리 몸에서 혈액 속 노폐물을 걸러 몸 밖으로 내보내는 과정을 다음의 기관 ㉠, ㉡의 이름을 포함하여 쓰시오. [7점]

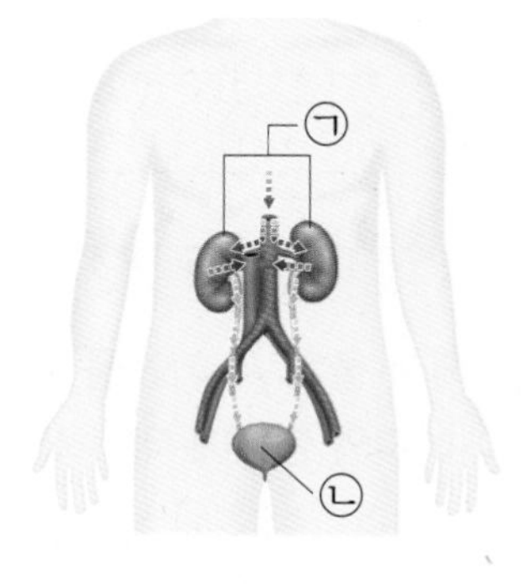

6 다음은 자극이 전달되고 반응하는 과정입니다. ㉠에 들어갈 알맞은 내용을 쓰시오. [5점]

감각 기관	날아오는 공을 보았습니다.
자극을 전달하는 신경계	공이 날아온다는 자극을 전달합니다.
행동을 결정하는 신경계	공을 잡겠다고 결정합니다.
명령을 전달하는 신경계	㉠
운동 기관	공을 잡습니다.

7 다음과 같은 경우에 우리 몸에 나타나는 변화를 맥박 수와 체온 등을 관련지어 쓰시오. [5점]

- 등산을 할 때
- 계단을 오르내릴 때
- 100m 달리기를 할 때

과학 4단원

5. 에너지와 생활

연습! 서술형 평가

에너지를 얻는 방법

1 우리 생활에서 필요한 에너지를 얻는 방법에 대해 옳게 말한 친구는 누구인지 쓰시오.

- 솔이: 자동차가 에너지를 얻는 방법과 사람이 에너지를 얻는 방법은 같아.
- 유현: 사람이 에너지를 얻는 방법과 사과나무가 에너지를 얻는 방법은 같아.
- 정인: 휴대 전화는 콘센트에 연결해 충전함으로써 에너지를 얻어.

(　　　　　　　　　　)

다음의 사람이 에너지가 부족할 때 에너지를 얻는 방법을 한 가지 쓰시오. [6점]

▲ 사람

식물과 동물이 에너지를 얻는 방법

2 식물과 동물이 에너지를 얻는 방법으로 옳은 것을 골라 기호를 쓰시오.

㉠ 식물은 다른 동물을 먹어 에너지를 얻습니다.
㉡ 식물은 햇빛을 받아 광합성으로 스스로 양분을 만들어 냄으로써 에너지를 얻습니다.
㉢ 동물은 식물만을 먹어 에너지를 얻습니다.
㉣ 식물과 동물이 에너지를 얻는 방법은 같습니다.

(　　　　　　　　　　)

2-1 서술형 쌍둥이 문제

다음의 식물이 에너지를 얻는 방법을 쓰시오. [6점]

에너지의 형태

3 에너지의 형태에 대한 설명으로 옳은 것에 ○표 하시오.

(1) 화분의 식물은 전기 에너지를 갖고 있습니다. (　　)
(2) 도로에서 볼 수 있는 신호등은 운동 에너지만을 갖고 있습니다. (　　)
(3) 책상에서 굴러 떨어지는 지우개는 전기 에너지와 빛에너지를 갖고 있습니다. (　　)
(4) 에너지의 형태에는 열에너지, 전기 에너지, 빛에너지, 화학 에너지, 운동 에너지, 위치 에너지 등이 있습니다. (　　)

다음 그림에서 물체 세 가지를 골라 그 물체가 가지고 있는 에너지의 형태에 대해 쓰시오. [8점]

에너지 전환

4 에너지 전환에 대한 설명으로 옳은 것은 어느 것입니까? (   )

① 떠오르는 열기구는 에너지 전환이 이루어지지 않는다.
② 비탈을 오르는 롤러코스터에서는 위치 에너지가 운동 에너지로 전환된다.
③ 폭포수가 떨어지는 것은 전기 에너지가 위치 에너지로 전환되는 것이다.
④ 사람은 태양으로부터 온 에너지를 한 가지 형태로만 전환해 사용한다.
⑤ 에너지의 형태가 바뀌는 것을 에너지 전환이라고 한다.

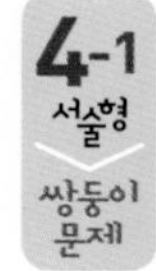

에너지 전환이란 무엇인지 쓰고, 오른쪽의 움직이는 범퍼카에서 에너지 전환이 어떻게 이루어지는지 쓰시오. [8점]

(1) 에너지 전환: ______________________

(2) 범퍼카에서의 에너지 전환: ______________________

건축물에서 에너지를 효율적으로 이용하는 예

5 건축물에서 에너지를 효율적으로 이용하는 예로 옳지 않은 것을 골라 기호를 쓰시오.

> ㉠ 단열 유리를 사용한 창문을 설치합니다.
> ㉡ 창을 단창으로 만들어 열에너지가 잘 빠져나가게 합니다.
> ㉢ 건물의 외벽을 두껍게 만들어 벽으로 빠져나가는 열에너지의 양을 줄입니다.

(   )

5-1 서술형 쌍둥이 문제

건축물에서 에너지를 효율적으로 이용하는 예를 두 가지 쓰시오. [8점]

____

과학
5단원

식물이나 동물이 에너지를 효율적으로 이용하는 예

6 식물이나 동물이 환경에 적응해 에너지를 효율적으로 이용하는 예로 옳지 않은 것을 골라 기호를 쓰시오.

> ㉠ 겨울눈은 겨울 동안 잠을 잠으로써 자신의 운동 에너지를 적게 사용합니다.
> ㉡ 곰은 먹이를 구하기 어려운 겨울 동안 잠을 자서 자신의 화학 에너지를 더 효율적으로 이용합니다.
> ㉢ 북극곰의 털과 지방은 추운 겨울에 열에너지가 빠져나가는 것을 줄여 에너지를 효율적으로 이용하는 방법입니다.

(   )

다음의 북극곰이 추운 날씨에 에너지를 효율적으로 이용하는 것에 대해 쓰시오. [6점]

____

과학 실전! 서술형 평가

1 다음의 사과나무와 자동차가 에너지를 얻는 방법을 각각 쓰시오. [7점]

▲ 사과나무

▲ 자동차

(1) 사과나무: ______________________

(2) 자동차: ______________________

2 다음의 식물과 동물이 에너지를 얻는 방법을 각각 쓰시오. [5점]

▲ 식물

▲ 동물

(1) 식물: ______________________

(2) 동물: ______________________

3 다음 그림에서 볼 수 있는 에너지의 형태를 다섯 가지 쓰시오. [7점]

____

4 다음 사진과 관련 있는 에너지의 형태를 각각 쓰시오. [5점]

▲ 전등의 불빛

▲ 화분의 식물

▲ 뛰어다니는 강아지

____

단계별 유형

5 다음은 놀이공원의 모습입니다. 물음에 답하시오. [10점]

1단계 위 그림에서 운동 에너지가 위치 에너지로 에너지 형태가 바뀌는 것은 무엇인지 보기 에서 골라 기호를 쓰시오.

보기
㉠ 움직이는 범퍼카
㉡ 광합성을 하는 나무
㉢ 비탈을 오르는 롤러코스터

( )

2단계 위 그림에서 떨어지는 낙하 놀이 기구는 에너지 형태가 어떻게 바뀌는지 쓰시오.

3단계 위 그림에서 떠오르는 열기구는 에너지 형태가 어떻게 바뀌는지 쓰시오.

6 에너지 전환이란 무엇인지 쓰고, 우리가 생활에서 사용하는 에너지는 처음에 어디에서 공급된 에너지에서 시작되었는지 쓰시오. [7점]

7 다음 그림을 보고 에너지 효율이 가장 높은 전등은 백열등, 형광등, 발광 다이오드[LED]등 중에 어느 것인지 그 까닭과 함께 쓰시오. [7점]

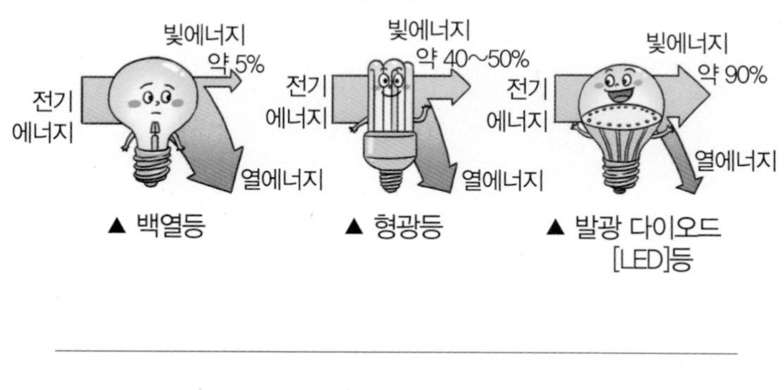

▲ 백열등 ▲ 형광등 ▲ 발광 다이오드[LED]등

과학
5단원

정답과 풀이

국어 1. 작품 속 인물과 나

연습! 서술형 평가 2~3쪽

1 ①, ②

풀이 조정 대신이 나라를 팔아먹는다는 말에서 을사늑약이 강제로 체결된 뒤라는 것을 알 수 있고, 여자들이 나선다고 뭐가 달라지겠냐는 말에서 남녀 차별이 있던 시대라는 것을 알 수 있습니다.

1-1 예시 답안 (1) "아니, 조정 대신이란 놈들이 나라를 팔아먹으려 드는데 우리 같은 여자들이 나선다고 뭐가 달라지겠소? 자칫 괜한 목숨만 버릴 뿐이오."
(2) 을사늑약이 강제로 체결된 뒤이고, 남녀 차별이 있던 시대였습니다.

채점 기준 답안 내용	배점
(1)에는 당시 시대적 배경을 짐작할 수 있는 인물의 말을, (2)에는 그 시대적 배경을 알맞게 쓴 경우	6
(1)에는 당시 시대적 배경을 짐작할 수 있는 인물의 말을 썼지만, (2)에 그 시대적 배경을 제대로 쓰지 못한 경우	3

| 채점 시 유의 사항 | (1)에 "그럼 나라를 빼앗기고 왜놈들 종으로 살자는 것입니까?"를 쓰고 (2)에 나라를 빼앗길 위기가 닥친 시대 상황이라고 쓰거나, (1)에 "우리 여자들도 사내들을 도와 왜놈들을 몰아내는 데 한몫을 해야 하지 않겠습니까?"를 쓰고 (2)에 의병 운동이 어려워져서 남자든 여자든 힘을 모아야 하는 상황이라고 써도 정답으로 합니다.

2 ⑤

풀이 허련은 성실하게 열정과 끈기를 가지고 도전하는 자세로 글을 쓰고 그림을 그렸습니다.

2-1 예시 답안 자신이 하는 일에 최선을 다하는 '성실'과 자신을 속이지 않는 '정직'이 있습니다.

풀이 붓 수십 자루가 몽당붓이 되도록 끊임없이 연습했다는 것은 끊임없이 노력했다는 것을 나타냅니다.

채점 기준 답안 내용	배점
'성실', '정직'과 같이 허련이 추구하는 삶과 관련 있는 가치를 나타내는 낱말을 넣어 쓴 경우	4
허련이 추구하는 삶을 썼지만 관련 있는 가치를 쓰지 못한 경우	2

3 ①

풀이 아버지가 동료를 잃고 뜨거운 눈물을 쏟으며 안타까워하는 행동에서 생명을 존중하고 동료를 사랑한다는 것을 알 수 있습니다.

3-1 예시 답안 동료를 잃고 뜨거운 눈물을 쏟으며 안타까워

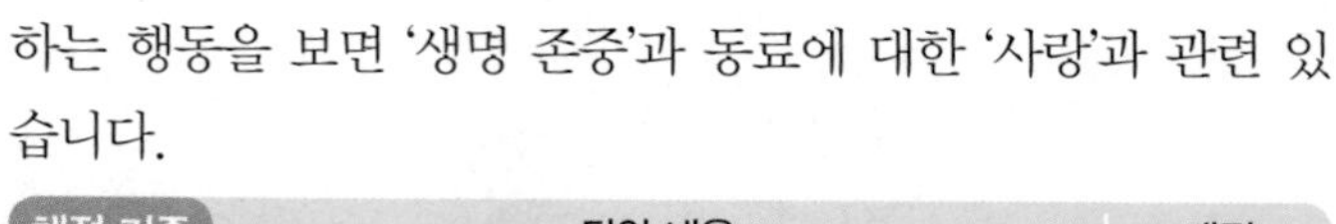

하는 행동을 보면 '생명 존중'과 동료에 대한 '사랑'과 관련 있습니다.

채점 기준 답안 내용	배점
'생명 존중', '사랑'과 같이 아버지의 말과 행동과 관련 있는 가치 낱말을 넣어 쓴 경우	4
아버지의 말과 행동과 관련 있는 가치를 썼지만 ㉠ 부분과 관련 없는 내용을 쓴 경우	2

4 ⑤

풀이 상수리는 자신이 열심히 노력해 왔지만 꿈을 이루는 데 급급한 나머지, 꿈을 꾸는 즐거움을 잊어버렸다는 것을 깨닫게 되어 ㉠과 같이 말했습니다.

4-1 예시 답안 (1) 성실하게 노력하는 삶을 추구합니다.
(2) 상수리가 비록 꿈을 꾸는 즐거움을 잠시 잊기는 했지만, 꿈을 이루려고 계속 노력한 것은 배울 점이라고 생각합니다. 저도 상수리처럼 꿈을 위해 노력하는 삶을 살고 싶습니다.

풀이 인물이 추구하는 삶과 자신의 삶을 비교할 때에는 만약 자신이 인물과 같은 상황에 처한다면 어떻게 행동할지 떠올리고, 인물이 추구하는 삶과 자신의 삶에서 비슷한 점이나 다른 점이 있는지 생각해 봅니다.

채점 기준 답안 내용	배점
(1)에는 '성실하게 노력하는 삶'이라고 쓰고, (2)에는 상수리와 자신의 삶을 비교해 쓴 경우	6
(1)에는 상수리가 추구하는 삶을 바르게 썼지만, (2)에 상수리와 자신의 삶을 비교해 쓰지 못한 경우	3

실전! 서술형 평가 4~5쪽

1 예시 답안 사람들의 마음을 한 덩어리로 모았습니다. / 전에 없던 용기마저 불끈 솟아나게 했습니다.

풀이 「안사람 의병가」는 사람들의 마음을 모으고 용기를 심어 주었습니다.

채점 기준 답안 내용	배점
「안사람 의병가」가 사람들에게 미친 영향을 알맞게 쓴 경우	5
「안사람 의병가」가 사람들에게 미친 영향을 썼지만, 구체적으로 쓰지 못한 경우	3

2 예시 답안 당시는 여자와 남자의 역할이 다르다고 생각하던 때인데, 여자임에도 의병 운동에 적극적으로 나서는 도전하는 삶을 추구했습니다.

풀이 인물이 추구하는 삶은 인물이 살아가면서 겪은 문제와 그것을 해결하는 태도를 알아보면 알 수 있습니다.

채점 기준 답안 내용	배점
윤희순이 추구한 삶을 시대적 배경과 관련지어 쓴 경우	7
윤희순이 추구한 삶을 썼지만, 시대적 배경과 관련지어 쓰지 못한 경우	3

3 예시 답안 허련은 추사 김정희에게 그림을 배우고 싶었으나 추사 김정희가 받아 주지 않았습니다.

풀이 글 가에서 허련은 추사 김정희의 제자가 되고 싶지만 추사 김정희가 허련을 제자로 받아 주지 않았다는 것을 알 수 있습니다.

채점 기준 답안 내용	배점
허련이 추사 김정희를 스승으로 모시고 싶었으나, 추사 김정희가 받아 주지 않았다는 내용을 쓴 경우	5
허련이 처한 상황을 썼지만 맞춤법이 틀린 경우	3

4 예시 답안 허련은 끈기와 열정을 가지고 끊임없이 꿈을 향해 노력하는 삶을 추구합니다.

풀이 허련이 추사 김정희에게 그림을 제대로 배우고 싶은 마음이 강해 월성위궁에 머물며 노력한 것은 '끈기'와 '열정'과 관련 있습니다.

채점 기준 답안 내용	배점
'끈기', '열정', '노력' 등의 가치 낱말과 함께 쓴 경우	5
'끈기', '열정', '노력' 등의 가치 낱말을 썼지만, 문장을 자연스럽게 쓰지 못한 경우	3

5 예시 답안 ❶ 소방관

❷ 화재로 동생을 잃고 소방관이 되어 불을 다스리려는 것을 보면 '도전'과 '열정'과 관련 있습니다.

❸ '나'는 불에 대한 두려움과 부모님의 반대를 이겨 내려고 끈기 있게 노력하고 도전하는 삶을 추구합니다. 인물의 도전 정신을 본받아 저도 어렵다고 포기한 목표에 도전하겠습니다.

풀이 인물의 말과 행동에서 인물이 추구하는 가치를 찾아 그 인물이 추구하는 삶을 파악할 수 있습니다. 인물이 추구하는 삶이 자신의 가치관에 어떤 영향을 주었는지 생각하며 자신의 다짐을 정리해 봅니다.

채점 기준 답안 내용	배점
❶~❸을 모두 알맞게 쓴 경우	10
❶~❸ 중 두 가지만 알맞게 쓴 경우	7
❶~❸ 중 한 가지만 알맞게 쓴 경우	4

6 예시 답안 (1) 자신이 하고 싶은 일을 행복하게 열정적으로 하는 삶을 추구합니다.

(2) 저도 퐁처럼 제가 좋아하고 신이 나서 하는 일을 하고 싶습니다.

풀이 만약 자신이 퐁과 같은 상황에 처한다면 어떻게 행동할지 떠올리고, 인물이 추구하는 삶과 자신의 삶에서 비슷한 점이나 다른 점이 있는지 생각해 봅니다.

채점 기준 답안 내용	배점
(1)에는 퐁이 추구하는 삶을, (2)에는 퐁의 삶과 자신의 삶을 비교해 쓴 경우	7
(1)에 퐁이 추구하는 삶을 썼지만, (2)에 퐁의 삶과 자신의 삶을 비교해 쓰지 못한 경우	3

7 예시 답안 말하는 이는 쓰러지는 법이 없이 계속해서 도전하고 노력하는 삶을 공에 빗대어 표현했습니다.

풀이 이 시에서 말하는 이는 자신이 추구하는 삶의 모습을 공에 빗대어 표현했습니다.

채점 기준 답안 내용	배점
공에 빗대어 계속해서 도전하고 노력하는 삶을 표현했다는 내용을 쓴 경우	5
공에 빗대었다는 내용만 쓰고, 추구하는 삶을 구체적으로 쓰지 못한 경우	3

2. 관용 표현을 활용해요

연습! 서술형 평가 6~7쪽

1 ⑤

풀이 ①은 '눈이 번쩍 뜨인다'의 뜻입니다.

1-1 예시 답안 (1) 말은 비록 발이 없지만 천 리 밖까지도 순식간에 퍼진다는 뜻입니다.

(2) 낮말은 새가 듣고 밤말은 쥐가 듣는다

채점 기준 답안 내용	배점
(1)에는 ㉠ 속담의 뜻을, (2)에는 ㉠ 속담 대신에 쓸 수 있는 표현을 쓴 경우	6
(1)과 (2) 중 한 가지만 알맞게 쓴 경우	3

2 ③

풀이 지현이와 안나가 문구점에서 미술 시간에 필요한 준비물을 사는 상황입니다.

2-1 예시 답안 (1) 손이 크구나

(2) 씀씀이가 후하고 크다는 뜻입니다.

채점 기준 답안 내용	배점
(1)에는 '손이 크다'는 표현을, (2)에는 그 뜻을 알맞게 쓴 경우	6
(1)과 (2) 중 한 가지만 알맞게 쓴 경우	3

3 ⑤

풀이 글에서 활용된 표현의 뜻은 글 앞뒤에 있는 내용을 살펴보거나 표현에 쓰인 낱말이 평소에 어떤 뜻으로 쓰이는지, 그러한 표현을 쓴 의도가 무엇인지 생각해 보면 추론할 수 있습니다.

3-1 예시 답안 사람들의 의견을 하나로 모으자고 설득하려고 합니다. / 열심히 노력해 독립운동의 깃발 아래 뜻을 모으자고 말하기 위해서입니다.

채점 기준 답안 내용	배점
글쓴이가 연설한 의도를 바르게 파악해 쓴 경우	4
글쓴이가 연설한 의도를 썼지만, 구체적으로 쓰지 못한 경우	2

4 ④

풀이 규영이는 관용 표현을 활용하지 않았고, 고운이와 혜선이는 관용 표현인 '가는 말이 고와야 오는 말이 곱다'를 활용했습니다.

4-1 예시 답안 (1) 가는 말이 고와야 오는 말이 곱다
(2) 듣는 사람의 관심을 끌 수 있고, 생각을 효과적으로 정리할 수도 있습니다.

풀이 말을 시작할 때 관용 표현을 활용하면 듣는 사람의 관심을 끌 수 있고, 말을 끝낼 때 관용 표현을 활용하면 생각을 효과적으로 전달할 수 있습니다.

채점 기준 답안 내용	배점
(1)에는 '가는 말이 고와야 오는 말이 곱다'를, (2)에는 관용 표현을 활용하면 좋은 점을 쓴 경우	6
(1)은 바르게 썼지만, (2)를 쓰지 못한 경우	3

실전! 서술형 평가 8~9쪽

1 예시 답안 ❶ 영철이의 말
❷ 영철이의 말입니다. 일반적인 설명이 아니라 함축적인 의미가 담겨 있기 때문입니다. / 영철이의 말이 한 번 더 생각하게 하는 표현이기 때문입니다.
❸ 전하고 싶은 말을 쉽게 표현할 수 있습니다. / 재미있는 표현이어서 듣는 사람의 관심을 불러일으킬 수 있습니다. / 하려는 말을 상대가 쉽게 알아들을 수 있습니다.

풀이 두 친구는 같은 뜻으로 말했지만 관용 표현을 활용하거나 하지 않은 차이점이 있습니다.

채점 기준 답안 내용	배점
❶~❸을 모두 알맞게 쓴 경우	10
❶~❸ 중 두 가지만 알맞게 쓴 경우	6
❶~❸ 중 한 가지만 알맞게 쓴 경우	3

2 예시 답안 꿈을 펼치는 방법을 알려 주려고 합니다.

풀이 "오늘 저는 여러분께 꿈을 펼치는 몇 가지 방법을 말씀드리려고 이 자리에 섰습니다."를 보고 알 수 있습니다.

채점 기준 답안 내용	배점
'꿈을 펼치는 방법을 알려 주려고'라는 내용을 포함해 쓴 경우	5
말하는 사람이 말하려는 내용을 썼지만, 맞춤법이 틀린 경우	2

| 채점 시 유의 사항 | '듣는 사람이 꿈을 펼치고 키워 나가는 데 도움이 되는 말을 해 주기 위해서'와 같이 써도 정답으로 합니다.

3 예시 답안 (1) 기대에 차 있거나 안타까운 마음으로 날짜를 꼽으며 기다리다.
(2) 천하를 얻은 듯
(3) 쇠뿔도 단김에 빼라
(4) 어떤 일이든지 하려고 생각했으며 한창 열이 올랐을 때 망설이지 말고 곧 행동으로 옮겨야 한다.

풀이 둘 이상의 낱말이 합쳐져 그 낱말의 원래 뜻과는 다른 새로운 뜻으로 굳어져 쓰이는 표현을 찾아봅니다.

채점 기준 답안 내용	배점
(1)~(4)를 모두 바르게 쓴 경우	7
(1)~(4) 중 한두 가지를 바르게 쓰지 못한 경우	3

4 예시 답안 물건을 헤프게 쓰거나, 돈 따위를 흥청망청 낭비한다는 뜻입니다.

풀이 '물 쓰듯'이라는 말은 물건을 헤프게 쓰거나 돈 따위를 흥청망청 낭비한다는 뜻입니다.

채점 기준 답안 내용	배점
'물 쓰듯'이라는 말의 뜻을 알맞게 쓴 경우	5
말의 뜻을 알맞게 파악하여 쓰지 못한 경우	1

5 예시 답안 물 쓰듯 쓴다는 것이 아주 헤프게 쓴다는 뜻으로 쓰이지 않도록 물을 아껴 쓰자는 것입니다.

풀이 말하는 사람은 관용 표현을 활용하여 듣는 사람이 자신의 이야기를 귀 기울여 듣고, 이야기에 흥미를 느끼게 하려고 합니다.

채점 기준 답안 내용	배점
'물을 아껴 쓰자'는 내용이 잘 드러나게 쓴 경우	5
물을 쓰는 것에 대해 썼지만, '물을 아껴 쓰자'는 내용으로 쓰지 못한 경우	2

6 예시 답안 (1) 공든 탑이 무너지랴
(2) "공든 탑이 무너지랴."라는 말이 있습니다. 모둠 과제를 열심히 준비했으니 반드시 좋은 결과가 있을 것입니다.

풀이 관용 표현을 활용해 자신의 생각을 말할 때에는 말하는 상황과 말할 내용을 확인해야 합니다.

채점 기준 답안 내용	배점
(1)에는 상황에 어울리는 관용 표현을, (2)에는 그 관용 표현을 활용해 하고 싶은 말을 쓴 경우	7
(1)과 (2)를 모두 썼지만, 맞춤법이 틀린 경우	4

7 예시 답안 "백지장도 맞들면 낫다."라는 말이 있습니다. 친구와 협동합시다.

채점 기준 답안 내용	배점
관용 표현을 활용해 '행복한 우리 반을 위한 약속'을 홍보할 수 있는 내용을 쓴 경우	5
관용 표현을 활용해 썼지만 '행복한 우리 반을 위한 약속'과 관련이 없는 경우	1

| 채점 시 유의 사항 | '행복한 우리 반을 위한 약속'으로 날마다 친구를 칭찬하기, 친구에게 먼저 반갑게 인사하기, 줄을 설 때 차례를 잘 지키기 등을 관용 표현을 활용해 썼으면 정답으로 합니다.

3. 타당한 근거로 글을 써요

연습! 서술형 평가 10~11쪽

1 ⑤

풀이 어떤 행동이나 일을 할 때 습관적으로 그냥 하는 것이 아니라 내가 '왜' 하는지 생각해 봐야 합니다.

1-1 예시 답안 습관적으로 그냥 살지 말고 자기 안에 물음표를 가지고 살자. / '그냥'이라고 생각하지 말고 '왜' 또는 '어떻게'를 생각하자.

채점 기준 답안 내용	배점
글쓴이의 주장을 바르게 쓴 경우	4
글쓴이의 주장을 썼지만, 맞춤법이 틀린 경우	2

| 채점 시 유의 사항 | 자기 안에 물음표를 가지고 살자는 내용이나 '왜' 또는 '어떻게'를 생각하자는 내용을 포함해 썼으면 정답으로 합니다.

2 ①

풀이 글의 서론 부분인 첫 번째 문단에 글쓴이의 주장이 나타나 있습니다.

2-1 예시 답안 (1) 공정 무역 제품을 사용하자.
(2) 생산자에게 돌아갈 정당한 이익을 지켜 줍니다.

채점 기준 답안 내용	배점
(1)에는 '공정 무역 제품을 사용하자'라는 내용을, (2)에는 '생산자에게 돌아갈 정당한 이익을 지켜 준다'라는 내용을 쓴 경우	6
(1)과 (2) 중 한 가지만 알맞게 쓴 경우	3

3 ④

풀이 자료 가는 나무를 심으면 나무가 이산화 탄소를 흡수해 지구 온난화 예방에 도움이 된다는 것을 알려 줍니다.

3-1 예시 답안 (1) 기사문으로, 나무를 심으면 나무가 이산화 탄소를 흡수해 지구 온난화 예방에 도움이 된다는 것을 알려 줍니다.
(2) 그림으로, 숲에서 벌목한 나무로 우리 생활에 필요한 물건을 만들 수 있다는 것을 알려 줍니다.

채점 기준 답안 내용	배점
(1)과 (2)에 자료의 종류와 알려 주는 것을 모두 알맞게 쓴 경우	6
(1)과 (2) 중 한 가지만 알맞게 쓴 경우	3

| 채점 시 유의 사항 | (1)과 (2)에 자료의 종류에 대한 내용만 쓰거나, 자료가 알려 주는 것에 대한 내용만 쓴 경우에도 부분 점수를 주도록 합니다.

4 ③

풀이 오빠는 누리 소통망에서 그 가게를 이용한 손님이 쓴 글을 읽었다고 했습니다.

4-1 예시 답안 다른 사람이 쓴 정보를 쉽게 접할 수 있습니다. / 다른 의견을 쉽게 제시할 수 있습니다.

채점 기준 답안 내용	배점
가족들의 대화에서 짐작할 수 있는 누리 소통망의 장점을 알맞게 쓴 경우	4
누리 소통망의 장점을 썼지만, 대화의 내용으로 짐작할 수 없는 내용을 쓴 경우	1

| 채점 시 유의 사항 | '빠르게 정보를 얻을 수 있습니다.'와 같이 써도 정답으로 합니다.

실전! 서술형 평가 12~13쪽

1 예시 답안 습관적으로 그냥 살지 말고 자기 안에 물음표를 가지고 살자. / '왜'라고 물으면서 살자. / '그냥'이라고 생각하지 말고 '왜' 또는 '어떻게'를 생각하자.

풀이 글쓴이는 수염 긴 할아버지 일화를 활용해 '그냥'이라고 생각하지 말고 '왜' 또는 '어떻게'를 생각하자는 자신의 주장을 말했습니다.

채점 기준 답안 내용	배점
글쓴이의 주장을 알맞게 쓴 경우	5
글쓴이의 주장을 썼지만, 맞춤법이 틀린 경우	3

2 예시 답안 읽는 사람의 흥미를 불러일으켰습니다. / 감동을 바탕으로 하여 주장하는 내용을 설득했습니다.

풀이 일화를 자료로 활용하면 읽는 사람의 흥미를 불러일으킬 수 있고, 감동을 바탕으로 하여 주장하는 내용을 설득할 수도 있습니다.

채점 기준 답안 내용	배점
일화를 활용하여 얻은 효과를 알맞게 쓴 경우	5
일화를 활용하여 얻은 효과를 썼지만, 맞춤법이 틀린 경우	3

| 채점 시 유의 사항 | '글을 읽는 사람의 관심을 끌 수 있다.', '자신이 주장하려는 내용을 효과적으로 전달할 수 있다.'와 같이 써도 정답으로 합니다.

3 예시 답안 ❶ 공정 무역 제품을 사용하자.
❷ • 생산자에게 돌아갈 정당한 이익을 지켜 줍니다.
• 공정 무역 인증 표시는 국제기구가 생산지에서 공정 무역의 주요 원칙이 잘 지켜졌는지를 점검한 물건들에 붙일 수 있습니다.
❸ 글 나의 근거는 공정 무역 제품을 사용해야 하는 까닭이 아니라 공정 무역 인증 표시에 대한 설명만 하고 있어서 주장을 직접적으로 뒷받침하지 못하기 때문에 타당하지 않습니다.

풀이 근거의 타당성은 근거가 주장과 관련 있는지, 주장을 뒷받침하는지, 근거를 뒷받침하는 자료가 적절한지 판단하면 알 수 있습니다.

채점 기준 답안 내용	배점
❶~❸을 모두 알맞게 쓴 경우	10
❶~❸ 중 두 가지만 알맞게 쓴 경우	6
❶~❸ 중 한 가지만 알맞게 쓴 경우	3

| 채점 시 유의 사항 | ❸에서는 글 나에 제시된 근거가 타당하지 않다고 쓰고, 주장과 관련 없거나 주장을 직접적으로 뒷받침하지 못한다는 까닭을 썼으면 정답으로 합니다.

4 예시 답안 숲을 보호하자. / 숲을 살리자.

풀이 제시된 근거들이 어떤 주장을 뒷받침할 수 있는 내용인지 생각해 봅니다.

채점 기준 답안 내용	배점
제시된 근거에 어울리는 주장을 쓴 경우	5
제시된 근거에 어울리는 주장을 썼지만, 문장이 어색한 경우	2

5 예시 답안 많은 사람이 보게 하려고 글을 썼습니다. / 글을 복사해서 널리 알리려고 썼습니다.

풀이 누리 소통망에 글을 쓰면 많은 사람에게 자신의 생각을 쉽게 전달할 수 있습니다.

채점 기준 답안 내용	배점
글쓴이와 손님이 누리 소통망에 글을 쓴 까닭을 알맞게 쓴 경우	5
글쓴이와 손님이 누리 소통망에 글을 쓴 까닭을 썼지만, 맞춤법이 틀린 경우	2

| 채점 시 유의 사항 | 누리 소통망의 특징과 관련 없이 '자신의 생각을 알리려고', '자신이 겪은 일을 나타내려고'와 같이 썼으면 부분 점수만 주도록 합니다.

6 예시 답안 개인 정보가 쉽게 유출되기 쉽습니다. / 잘못된 정보가 쉽게 퍼질 수 있습니다. / 중독되어 시간을 낭비할 수 있습니다.

풀이 근거는 주장과 관련 있으며, 주장을 뒷받침할 수 있어야 합니다.

채점 기준 답안 내용	배점
주장을 뒷받침하는 근거 두 가지를 모두 알맞게 쓴 경우	7
주장을 뒷받침하는 근거 중 한 가지만 알맞게 쓴 경우	3

| 채점 시 유의 사항 | 주장에 대한 근거는 누리 소통망을 사용하면 좋은 점이나 좋지 않은 점을 바탕으로 하여 주장을 뒷받침하는 내용으로 써야 합니다.

7 예시 답안 (1) 밤늦게 아파트 공원에서 시끄럽게 하지 맙시다. (2) 집 안에서 휴식을 취하는 사람들에게 방해가 됩니다.

풀이 더 좋은 동네가 되려면 바꿔야 할 우리 동네의 문제점을 생각해 봅니다.

채점 기준 답안 내용	배점
더 좋은 동네를 만들기 위해 우리가 실천할 수 있는 일에 대하여 (1)에는 주장을, (2)에는 (1)의 주장을 뒷받침하는 근거를 쓴 경우	7
(1)과 (2) 중 한 가지만 알맞게 쓴 경우	3

4. 효과적으로 발표해요

연습! 서술형 평가 14~15쪽

1 ④

풀이 말하는 사람은 주요 농산물 주산지 이동 변화가 나타난 그림지도를 활용했습니다.

1-1 예시 답안 (1) 그림지도
(2) 주요 농산물이 주로 생산되는 지역이 바뀌고 있다는 것을 쉽게 보여 줄 수 있기 때문입니다.

풀이 발표 내용과 발표를 듣는 대상의 특성, 발표 상황에 맞는 매체 자료를 알맞게 활용하면 발표 효과를 높일 수 있습니다.

채점 기준 답안 내용	배점
(1)에는 '그림지도'라고 쓰고, (2)에는 그림지도를 활용한 까닭을 알맞게 쓴 경우	6
(1)과 (2) 중 한 가지만 알맞게 쓴 경우	3

2 ③, ④

풀이 영상 자료를 제작하고 발표하는 과정은 '발표 상황 파악하기 → 주제 정하기 → 내용 및 장면 정하기 → 촬영 계획 세우기 → 촬영하기 → 편집하기 → 발표하기' 순입니다.

2-1 예시 답안 발표를 듣는 사람들이 흥미를 가질 만한 주제를 정합니다. / 친구들과 토의해서 다양한 의견을 나눕니다. / 발표 상황과 관련한 자료를 더 찾아봅니다.

채점 기준 답안 내용	배점
주제를 정할 때 고려할 점을 알맞게 쓴 경우	4
주제를 정할 때 고려할 점을 썼지만, 맞춤법이 틀린 경우	2

| 채점 시 유의 사항 | '발표 상황과 관련 있는 창의적인 주제를 정합니다.'와 같은 답도 정답으로 합니다.

3 ③

풀이 발표하는 사람은 모둠 친구들 중 한 명일 것입니다.

3-1 예시 답안 6학년 친구들이 관심 있어 할 사람을 정합니다. / 발표 시간이 5분인 것을 고려해 촬영 분량을 정합니다.

채점 기준 답안 내용	배점
제시된 발표 상황에서 고려할 점을 알맞게 쓴 경우	4
발표 상황에서 고려할 점이나 제시된 그림 상황과 관련이 적은 내용을 쓴 경우	1

4 ①

풀이 특이한 요리 재료에 대한 내용은 나타나지 않습니다.

4-1 예시 답안 전하려는 주제를 파악하며 듣습니다. / 촬영이나 편집에서 효과적인 부분을 찾으며 듣습니다.

풀이 발표를 듣는 상황 중 특히 영상 자료를 활용한 발표를 들을 때 주의할 점을 생각해 봅니다.

정답과 풀이
국어

채점 기준 답안 내용	배점
영상 자료 발표를 들을 때에 주의할 점을 알맞게 쓴 경우	4
영상 자료 발표가 아닌 다른 사람의 말을 들을 때에 주의할 점을 쓴 경우	1

| 채점 시 유의 사항 | 영상 자료를 발표할 때 주의할 점이나 영상 자료에 대한 의견을 나눌 때 주의할 점을 쓴 경우에는 점수를 주지 않도록 합니다.

실전! 서술형 평가

16~17쪽

1 예시 답안 학습 발표회에서 할 독도의 날 기념 율동을 말합니다.

풀이 세미는 친구에게 학습 발표회에서 독도의 날 기념 율동을 하면 어떨지 묻고 있습니다.

채점 기준 답안 내용	배점
'학습 발표회에서 할 독도의 날 기념 율동'이라고 쓴 경우	5
'학습 발표회'나 '독도의 날 기념 율동'처럼 간단히 쓴 경우	3

2 예시 답안 대화 ❶은 사진을 보여 주며 설명하고 대화 ❷는 영상을 보여 주며 설명합니다. / 듣는 사람은 대화 ❶보다 대화 ❷에서 율동 동작을 더욱 생생하게 잘 알 수 있습니다.

풀이 어떤 사실이나 정보, 의견을 담아서 듣는 사람에게 전하려고 매체 자료를 활용합니다.

채점 기준 답안 내용	배점
사진과 영상 매체 자료의 차이점을 바탕으로 하여 서로 다른 점을 쓴 경우	7
두 대화의 차이점을 썼지만, 매체 자료와 관련지어 쓰지 못한 경우	3

| 채점 시 유의 사항 | '대화 ❶에서는 사진 자료를 활용했고, 대화 ❷에서는 영상 자료를 활용했다.', '세미가 대화 ❶보다 대화 ❷에서 말하려는 내용을 듣는 사람에게 효과적으로 전달했다.'와 같이 써도 정답으로 합니다.

3 예시 답안 ❶ 도표

❷ 걸을 때나 운전할 때 휴대 전화를 사용하면 위험합니다.

❸ (1) 스마트폰 과몰입을 예방하자.

(2) 도표, 도표로 정리하면 한눈에 실태를 파악할 수 있기 때문입니다.

채점 기준 답안 내용	배점
❶~❸을 모두 알맞게 쓴 경우	10
❶~❸ 중 두 가지만 알맞게 쓴 경우	6
❶~❸ 중 한 가지만 알맞게 쓴 경우	3

| 채점 시 유의 사항 | 휴대 전화 사용 습관에 대해 알맞은 주제를 쓰고, 그 주제를 잘 나타낼 수 있는 자료와 그 까닭을 썼으면 정답으로 합니다.

4 예시 답안 (1) 주제 정하기

(2) 발표하기

풀이 발표 상황을 파악한 뒤에는 주제를 정하고, 편집한 뒤에는 발표를 합니다.

채점 기준 답안 내용	배점
(1)에는 '주제 정하기', (2)에는 '발표하기'라고 쓴 경우	5
(1)과 (2) 중 한 가지만 알맞게 쓴 경우	2
(1)과 (2)를 모두 잘못 쓴 경우	0

5 예시 답안 영상에 나오는 사람의 동의를 얻습니다. / 영상에 매체 자료를 넣을 때에는 자료의 출처를 밝힙니다.

풀이 영상 자료를 만들어서 인터넷에 올릴 때에는 비속어, 은어 같은 격식에 맞지 않는 언어를 사용하지 않도록 해야 합니다.

채점 기준 답안 내용	배점
영상 자료를 인터넷에 올릴 때 주의할 점을 알맞게 쓴 경우	5
자료를 인터넷에 올릴 때 주의할 점을 썼지만, 영상 자료와 관련이 적은 경우	2

6 예시 답안 친구가 날마다 두 시간 이상씩 연주 연습을 꾸준히 한다는 것입니다. / 구체적인 꿈이나 노력하는 과정 등에 대해 친구를 면담한 내용입니다. / 친구가 여러 가지 연주회에서 연주하는 모습을 담은 사진을 보여 줍니다. / 친구가 최근 연습하는 곡을 면담자에게 직접 들려주는 모습입니다.

풀이 꿈을 가지고 재능을 꾸준히 키우는 친구의 모습을 담은 영상 내용을 씁니다.

채점 기준 답안 내용	배점
주제에 알맞은 내용을 쓴 경우	5
주제에 알맞은 내용이지만, 영상으로 담기에 어려운 내용인 경우	2

| 채점 시 유의 사항 | 친구에 대한 내용이지만 주제와 관련 없는 경우에는 점수를 주지 않고, 주제와 관련 있지만 친구에 대한 내용이 아닌 경우에는 부분 점수를 줍니다.

7 예시 답안 (1) 소개할 인물에 대한 다섯 고개 문제를 내서 듣는 사람의 관심을 불러일으킵니다. / 한두 문장으로 간단히 인물을 소개합니다.

(2) 영상에서 가장 인상 깊은 장면이 무엇인지 물어봅니다. / 영상을 촬영하면서 겪은 일을 이야기해 봅니다.

풀이 영상을 보여 주기 전에는 배경지식을 활성화하는 활동을, 보여 준 뒤에는 영상의 내용을 되돌아볼 수 있는 활동을 생각해 봅니다.

채점 기준 답안 내용	배점
(1)에는 영상을 보여 주기 전에 소개할 내용을, (2)에는 영상을 보여 준 뒤에 할 수 있는 활동을 알맞게 쓴 경우	7
(1)과 (2) 중 한 가지만 알맞게 쓴 경우	3
(1)과 (2)를 모두 잘못 쓴 경우	0

5. 글에 담긴 생각과 비교해요

연습! 서술형 평가 18~19쪽

1 ④

풀이 글쓴이는 세계에서 가장 아름다운 나라가 되기를 원한다고 했습니다.

1-1 예시 답안 (1) 내가 원하는 나라 / 가장 아름다운 나라
(2) 글쓴이의 생각을 잘 드러낼 수 있기 때문입니다. / 글의 내용을 잘 설명할 수 있기 때문입니다.

풀이 제목은 글쓴이의 생각을 잘 드러낼 수 있어야 하므로, 글쓴이가 이 글을 쓴 까닭이 무엇인지 생각해 보는 것이 좋습니다.

채점 기준 답안 내용	배점
(1)에는 자신이 정한 글의 제목을, (2)에는 그렇게 정한 까닭을 알맞게 쓴 경우	6
(1)과 (2)를 모두 썼지만, 글의 내용과 어울리지 않는 경우	2

2 ⑤

풀이 글의 내용으로 보아, 글쓴이는 로봇 산업 발전을 더디게 하는 로봇세 도입을 늦추어야 한다고 생각한다는 것을 짐작할 수 있습니다.

2-1 예시 답안 로봇세 도입은 로봇 산업 발전에 걸림돌이 될 수 있으므로 로봇세 도입을 늦추어야 합니다.

풀이 '부담', '걸림돌'과 같은 낱말에서 글쓴이의 생각을 짐작할 수 있습니다.

채점 기준 답안 내용	배점
글쓴이의 생각을 바르게 짐작해 쓴 경우	4
글쓴이의 생각을 짐작해 썼지만, 맞춤법이 틀린 경우	2

| 채점 시 유의 사항 | 로봇세는 로봇 산업 발전에 부정적인 영향을 준다는 내용으로 간단히 쓴 경우에는 부분 점수로 주고, 로봇세를 부과하지 말자는 내용으로 쓴 경우에는 점수를 주지 않도록 합니다.

3 ④, ⑤

풀이 글쓴이가 사물을 바라보는 태도나 방향 또는 처지를 드러내는 표현을 찾아봅니다.

3-1 예시 답안 조선 시대 사람들에게 신분 제도, 사물의 가치 따위에 대해 다른 관점으로도 생각할 수 있게 하려고 이 글을 썼을 것 같습니다.

채점 기준 답안 내용	배점
글쓴이가 이 글을 쓴 의도와 목적을 파악해 알맞게 쓴 경우	4
글쓴이가 이 글을 쓴 의도와 목적을 썼지만, 글쓴이의 생각이 담긴 표현과 관련이 적은 경우	2

4 ③

풀이 이 영상은 '착한 사마리아인의 법'에 대해 다룹니다.

4-1 예시 답안 '착한 사마리아인의 법'을 법으로 정하지 않아도 됩니다. 도덕까지 법으로 규제하는 것은 강압에 가깝습니다. / '착한 사마리아인의 법'을 법으로 정해야 합니다. 사람들에게 경각심을 심어 주어 위험한 사람을 도와주는 일이 당연한 일이 되는 사회를 만들어야 합니다.

채점 기준 답안 내용	배점
보기와 같이 영상을 보고 든 자신의 생각을 알맞게 쓴 경우	4
자신의 생각을 썼지만 그 까닭을 쓰지 못한 경우	2

실전! 서술형 평가 20~21쪽

1 예시 답안 국어보다 영어에 익숙해졌기 때문입니다.

풀이 관점에 따라 같은 사물이나 현상도 다르게 보일 수 있습니다.

채점 기준 답안 내용	배점
광고의 내용을 바탕으로 하여 그 까닭을 쓴 경우	5
광고의 내용을 바탕으로 하여 그 까닭을 썼지만, 맞춤법이 틀린 경우	2

| 채점 시 유의 사항 | 사물이나 현상을 관찰할 때 그 사람이 바라보는 태도나 방향 또는 처지를 뜻하는 것이 관점으로, 관점에 따라 같은 사물이나 현상도 다르게 보일 수 있다는 것을 기억해 둡니다.

2 예시 답안 "우리말을 사랑합시다."인 것 같습니다. / 관점에 따라 사물이나 현상이 다르게 보일 수 있다고 말하는 것 같습니다.

풀이 알파벳 'E'나 우리말 'ㅌ'은 다른 것이나 관점에 따라 다르게 해석할 수 있다는 것이 나타나 있는 광고입니다.

채점 기준 답안 내용	배점
광고를 만든 사람이 하고 싶은 말을 짐작해 쓴 경우	5
광고를 만든 사람이 하고 싶은 말을 짐작해 썼지만, 어색한 부분이 있는 경우	3

| 채점 시 유의 사항 | 아이들이 우리말보다 알파벳을 먼저 배우는 현실이 안타깝다는 내용을 써도 정답으로 합니다.

3 예시 답안 ❶ 로봇세
❷ 글 가는 로봇세를 도입하면 일자리를 잃은 사람들이 재교육을 받고 새로운 일자리를 찾는 데 도움을 줄 수 있다는 생각이고, 글 나는 로봇세 도입은 로봇 산업 발전에 걸림돌이 될 수 있으므로 로봇세 도입을 늦추어야 한다는 생각입니다.

❸ 글쓴이의 생각이 드러나는 제목, 낱말이나 문장 같은 표현을 살펴봅니다. / 글 내용과 관련해 글쓴이가 예상하는 독자, 글쓴이가 글을 쓴 의도와 목적 따위를 생각합니다.

채점 기준 답안 내용	배점
❶~❸을 모두 알맞게 쓴 경우	10
❶~❸ 중 두 가지만 알맞게 쓴 경우	7
❶~❸ 중 한 가지만 알맞게 쓴 경우	4

| **채점 시 유의 사항** | ❸에는 이 외에도 글에 포함한 사진이나 그림을 살펴보거나 글의 내용 파악으로 글쓴이가 알려 주고 싶은 생각을 찾는다는 내용을 써도 정답으로 합니다.

4 예시 답안 중국을 오랑캐의 나라로 여겼습니다.
풀이 글 가에 변발을 한 중국 사람들에 대한 당시 사람들의 생각이 나타나 있습니다.

채점 기준 답안 내용	배점
중국을 오랑캐의 나라로 여겼다는 내용을 쓴 경우	5
중국을 오랑캐의 나라로 여겼다는 내용을 썼지만, 맞춤법이 틀린 경우	3

5 예시 답안 (1) "깨진 기와 조각도 알뜰하게 사용했기에 천하의 고운 빛깔을 다 낼 수 있었던 것이다."
(2) 다른 사람의 도움을 받으려고 하지 말고 스스로 자신이 할 수 있는 일을 찾아야 한다는 것입니다.
풀이 글쓴이는 조선 시대 사람들에게 신분 제도, 사물의 가치 따위에 대해 다른 관점으로도 생각할 수 있게 하려고 이 글을 썼습니다.

채점 기준 답안 내용	배점
(1)과 (2)를 모두 알맞게 쓴 경우	7
(1)은 썼지만, (2)를 쓰지 못한 경우	3

6 예시 답안 착한 사마리아인의 법을 법으로 정해야 한다는 생각과 법으로 정하면 안 된다는 생각입니다. / 도덕적 의무를 따르지 않으면 처벌해야 한다는 생각과 도덕까지 법으로 규제하는 것은 강압이라는 생각입니다.
풀이 '착한 사마리아인의 법'에 대해 여자아이와 남자아이는 서로 다른 생각을 말했습니다.

채점 기준 답안 내용	배점
친구들의 의견에 대해 바르게 쓴 경우	5
친구들의 의견에 대해 썼지만, 맞춤법이 틀린 경우	2

7 예시 답안 책에 등장하는 주요 인물의 성격입니다. / 글쓴이의 관점과 생각입니다.
풀이 글쓴이와 대화하기 위해 선택한 책을 읽고 떠오르는 생각을 써 봅니다.

채점 기준 답안 내용	배점
떠오르는 생각 중 한 가지를 알맞게 쓴 경우	5
떠오르는 생각 중 한 가지를 썼지만, 맞춤법이 틀린 경우	1

6. 정보와 표현 판단하기

연습! 서술형 평가 22~23쪽

1 ⑤
풀이 기후 협약이란 지구 온난화를 막으려고 여러 나라가 체결한 협약입니다.

1-1 예시 답안 사람들에게 새로운 정보를 알려 줍니다. / 어떤 일을 긍정적이거나 비판적인 시각으로 보게 합니다. / 여러 사람의 생각에 영향을 주어 여론을 형성하게 합니다.

채점 기준 답안 내용	배점
뉴스의 영향을 두 가지 이상 바르게 쓴 경우	4
뉴스의 영향을 한 가지만 바르게 쓴 경우	2
뉴스의 영향을 한 가지 썼으나, 문장이 어색한 경우	1

2 ①, ③
풀이 광고 내용을 비판적으로 바라보려면 과장하거나 감추는 내용이 무엇인지 살펴봐야 합니다.

2-1 예시 답안 '소비자 만족도 1위'라는 문구는 언제, 어떤 조사에서 소비자 만족도가 1위였는지에 대한 정보를 감추고 있습니다. / '기분 최고, 건강 최고, 기술력 최고! 신바람 자전거가 선사합니다.'라는 문구는 기분, 건강, 기술력에 각각 '최고'라는 표현이 과장되었습니다.

채점 기준 답안 내용	배점
과장하거나 감추는 내용을 모두 찾아서 바르게 쓴 경우	6
과장하거나 감추는 내용 중 한 가지만 찾아서 바르게 쓴 경우	4
과장하거나 감추는 내용을 포함한 문구만 쓰고 구체적으로 어떤 표현이 문제인지 밝히지 못한 경우	2

| **채점 시 유의 사항** | 이 광고에서 과장하거나 감추는 내용 중 한 가지만 찾아 쓴 경우에는 높은 점수를 주지 않습니다. 과장한 내용과 감추고 있는 내용을 모두 찾아 쓴 경우에 높은 점수를 줍니다.

3 ②, ③
풀이 진행자의 도입에는 뉴스에서 보도할 내용을 유도하거나 전체를 요약해 안내하는 내용을 씁니다.

3-1 예시 답안 진행자는 뉴스의 핵심 내용을 요약해 안내하고 기자는 취재한 내용을 뉴스로 보도합니다.

채점 기준 답안 내용	배점
진행자와 기자의 역할을 모두 바르게 쓴 경우	6
진행자와 기자의 역할 중 한 가지만 바르게 쓴 경우	3
진행자와 기자의 역할 중 한 가지를 바르게 썼으나, 문장이 어색한 경우	1

4 ②
풀이 이 뉴스는 올바른 손 씻기 방법에 대해 보도하고 있습니다.

4-1 예시 답안 감염병을 예방할 수 있는 올바른 손 씻기 방법을 알려 주어서 가치 있고 중요한 뉴스라고 생각합니다.

채점 기준 답안 내용	배점
이 뉴스가 가치 있고 중요한 뉴스인지 살펴서 그렇게 생각한 까닭과 함께 쓴 경우	6
이 뉴스가 가치 있고 중요한 뉴스인지 바르게 판단하여 썼지만 그렇게 생각한 까닭은 쓰지 않은 경우	3
명확한 의견을 쓰지 않고, '중요한 것 같다.'와 같이 간단하게 답한 경우	1

| 채점 시 유의 사항 | 이 뉴스가 가치 있고 중요한 뉴스인지를 판단할 때, 반드시 '가치 있고 중요하다'고 판단해야 높은 점수를 받을 수 있는 것은 아닙니다. '중요하지 않다'고 판단했더라도 자신이 판단한 내용에 대한 근거가 타당하고 설득력이 있으면 높은 점수를 주도록 합니다.

실전! 서술형 평가

24~25쪽

1 예시 답안 ❶ 깃털 책가방

❷ "이보다 가벼울 수는 없다!"라는 광고 문구는 더 가벼운 책가방이 있을 수 있기 때문에 과장된 표현입니다. / "교과서를 모두 넣어도 찢어질 염려 없는"은 교과서를 모두 넣을 때, 무거우면 찢어질 수도 있기 때문에 과장되었습니다. / "해외로 수출하는 우수 제품입니다."는 어떤 나라로 수출하는지와 관련 있는 자세한 정보가 감추어져 있습니다.

❸ 비판하지 않고 광고를 보면 그 내용을 모두 사실이라고 믿을 수 있기 때문에 위험합니다. / 광고 내용을 모두 믿고 제품을 구입하면 피해를 입을 수 있습니다.

채점 기준 답안 내용	배점
❶~❸을 모두 알맞은 내용으로 쓴 경우	10
❶~❸ 중 두 가지만 알맞은 내용으로 쓴 경우	6
❶~❸ 중 한 가지만 알맞은 내용으로 쓴 경우	3

| 채점 시 유의 사항 | ❷단계에서는 광고 문구가 과장하거나 감추는 내용 중 한 가지만 써도 정답으로 인정합니다.

2 예시 답안 사람들의 이해를 돕고 뉴스 내용을 일목요연하게 보여 줄 수 있기 때문입니다. / 뉴스 내용을 체계적으로 보여 줄 수 있기 때문입니다.

채점 기준 답안 내용	배점
뉴스에서 면담이나 통계 자료를 보여 주는 까닭을 명확하게 쓴 경우	5
뉴스에서 면담이나 통계 자료를 보여 주는 까닭을 썼으나 문장이 어색한 경우	3
뉴스에서 면담이나 통계 자료를 보여 주는 까닭이 아니라, 단순하게 면담과 통계 자료의 좋은 점을 간단히 쓴 경우	1

3 예시 답안 가치 있고 중요한 뉴스인지 살핍니다. / 뉴스 관점과 보도 내용이 서로 관련 있는지 살핍니다. / 활용한 자료들이 뉴스 관점을 뒷받침하는지 살핍니다. / 자료의 출처가 명확한지 살핍니다.

채점 기준 답안 내용	배점
이 뉴스의 타당성을 판단할 수 있는 방법을 두 가지 이상 바르게 쓴 경우	7
이 뉴스의 타당성을 판단할 수 있는 방법을 한 가지만 바르게 쓴 경우	3
이 뉴스의 타당성을 판단할 수 있는 방법 한 가지를 썼으나, 문장이 어색한 경우	1

| 채점 시 유의 사항 | 제시된 예시 답안 외에 '다른 사람의 명예를 훼손하는 내용은 없는지 살핍니다.', '공공의 이익에 부합하는지 판단합니다.'와 같이 써도 정답으로 합니다.

4 예시 답안 뉴스를 만드는 과정을 나타낸 것입니다.

채점 기준 답안 내용	배점
'뉴스를 만드는 과정'이라는 말을 포함해 답을 정확히 쓴 경우	5
'뉴스를 만드는 과정'이라는 말을 썼으나, 문장이 어색하거나 맞춤법이 틀린 경우	3

5 예시 답안 '뉴스 원고를 쓴다.'입니다.

풀이 뉴스를 만들 때 알리려는 내용을 취재한 다음에는 뉴스 원고를 씁니다.

채점 기준 답안 내용	배점
'뉴스 원고를 쓴다'는 내용을 포함해 답을 쓴 경우	5
'뉴스 원고를 쓴다'는 내용을 포함했지만, 맞춤법이 틀린 경우	3
'취재한 내용을 정리한다'와 같이 쓰고, 원고를 쓴다는 내용을 밝히지 않은 경우	1

6 예시 답안 갈수록 늘어나는 음식물 쓰레기 문제의 심각성을 알리는 뉴스를 만들고 싶어 합니다.

채점 기준 답안 내용	배점
남자아이가 어떤 뉴스를 만들고 싶어 하는지 남자아이의 말에서 찾아 바르게 쓴 경우	5
남자아이가 어떤 뉴스를 만들고 싶어 하는지를 썼으나, 남자아이의 말과 관련성이 적은 경우	2

7 예시 답안 사람들이 쉽고 분명하게 그 내용을 느낄 수 있도록 정확한 표현을 사용합니다. / 짧고 간결한 표현을 사용합니다. / 타당한 정보를 제시합니다.

채점 기준 답안 내용	배점
뉴스 원고를 쓸 때 주의할 점을 두 가지 이상 바르게 쓴 경우	7
뉴스 원고를 쓸 때 주의할 점을 한 가지만 바르게 쓴 경우	3
뉴스 원고를 쓸 때 주의할 점을 한 가지 썼으나, 문장이 어색한 경우	2

| 채점 시 유의 사항 | 뉴스 원고를 쓸 때 주의할 점이 아니라 뉴스 주제를 정하거나 뉴스를 편집할 때 주의할 점을 쓴 경우에는 점수를 주지 않거나, 낮은 점수를 주도록 합니다.

7. 글 고쳐 쓰기

연습! 서술형 평가 26~27쪽

1 ④

풀이 그림 ④에서 도현이는 불량 식품을 먹지 말자는 주장을 글로 쓰고 싶다고 생각했습니다.

1-1 예시 답안 글을 쓰기 전에는 주제, 읽는 사람, 쓸 내용을 생각해야 합니다.

채점 기준 답안 내용	배점
글을 쓰기 전에 고려할 점을 두 가지 이상 쓴 경우	4
글을 쓰기 전에 고려할 점을 한 가지만 쓴 경우	2
글을 쓰기 전에 고려할 점 한 가지를 썼으나, 맞춤법이 틀린 경우	1

2 ①

풀이 문장과 낱말 수준에서 알맞은 낱말이 쓰였는지 점검하고 바른 낱말로 고쳐 써야 합니다.

2-1 예시 답안 '투쟁'은 어떤 대상을 극복하려고 싸우거나 집단 간에 싸우는 일을 일컫는 말이므로 '투쟁'을 '싸움'으로 바꾸는 것이 더 자연스럽습니다.

채점 기준 답안 내용	배점
'싸움'으로 고치고, 그 까닭을 바르게 쓴 경우	6
'싸움'으로 고쳤으나, 그 까닭을 쓰지 않은 경우	3
'투쟁'이 적절하지 않은 까닭만 쓰고, 어떤 낱말로 고치면 좋을지 쓰지 못한 경우	1

| 채점 시 유의 사항 | '투쟁'을 어떤 낱말로 바꿀지 쓰고, 그에 대한 까닭을 어울리게 썼을 때에 높은 점수를 줍니다. 단순히 어떻게 바꿀지만 쓰거나, 까닭을 어울리지 않게 썼을 때에는 낮은 점수를 줍니다.

3 ②

풀이 이 글에는 '동물 실험'에 대한 글쓴이의 생각이 나타나 있습니다.

3-1 예시 답안 이 글의 글쓴이는 동물 실험을 해야 한다는 생각을 가지고 있습니다.

채점 기준 답안 내용	배점
'동물 실험'에 대한 글쓴이의 생각을 바르게 파악해 쓴 경우	4
'동물 실험'에 대한 글쓴이의 생각을 썼으나, 문장이 어색한 경우	3
'동물 실험'을 해야 한다는 글쓴이의 생각이 아닌 부수적인 생각을 쓴 경우	1

4 ①

풀이 글을 반드시 재미있게 고쳐야 하는 것은 아닙니다. 고쳐 쓴 글을 확인할 때에는 처음에 쓴 글과 고쳐 쓴 글을 비교하고, 글, 문단, 문장, 낱말 수준에서 어떤 부분을 고쳐 썼는지 살펴봅니다. 또한 고쳐 써서 나아진 점을 생각해 봅니다.

4-1 예시 답안 글, 문단, 문장과 낱말 수준에서 무엇을 고쳤는지 확인하고, 고쳐 써서 나아진 점을 생각합니다.

채점 기준 답안 내용	배점
고쳐 쓴 글을 살펴볼 때 확인할 점을 두 가지 이상 쓴 경우	4
고쳐 쓴 글을 살펴볼 때 확인할 점을 한 가지만 쓴 경우	2
고쳐 쓴 글을 살펴볼 때 확인할 점 한 가지를 썼으나, 맞춤법이 틀린 경우	1

| 채점 시 유의 사항 | 글, 문단, 문장과 낱말 수준에서 어떤 점을 확인해야 하는지 구체적으로 쓴 경우에 높은 점수를 주도록 합니다.

실전! 서술형 평가 28~29쪽

1 예시 답안 ❶ 고쳐쓰기

❷ • 제목을 바꾸었습니다.

• 내용을 삭제한 부분이 있습니다.

❸ • 주제를 잘 드러내는 제목이 아니어서 제목을 바꾸었습니다.

• 주장과 관련이 없는 내용이기 때문입니다.

채점 기준 답안 내용	배점
❶~❸을 모두 알맞은 내용으로 쓴 경우	10
❶~❸ 중 두 가지만 알맞은 내용으로 쓴 경우	6
❶~❸ 중 한 가지만 알맞은 내용으로 쓴 경우	3

2 예시 답안 '요즘'은 현재를 나타내는 말이고 '사용했다'는 과거를 나타내는 말이어서 서로 어울리지 않기 때문입니다.

풀이 '요즘'은 현재를 나타내는 말과 호응하는데, ㉠에서는 '사용했다'와 같이 과거를 나타내는 말을 쓰고 있으므로 바르게 고쳐야 합니다.

채점 기준 답안 내용	배점
고친 까닭을 구체적으로 바르게 쓴 경우	5
고친 까닭을 썼으나, 맞춤법이 틀린 경우	3
'어색하기 때문이다'와 같이 미흡하게 쓴 경우	1

3 예시 답안 만약 학생 열 명이 있다면 적어도 아홉 명은 비속어를 사용한 적이 있는 것이다.

풀이 '만약'은 '~면'과 호응하는 말인데, '~때문에'를 써서 호응이 이루어지지 않은 문장입니다. 문장의 호응에 맞게 고쳐 쓰도록 합니다.

채점 기준 답안 내용	배점
문장의 호응 관계를 고려하여 바르게 고쳐 쓴 경우	7
문장의 호응 관계를 고려하여 바르게 고쳐 썼으나, 맞춤법이 틀린 경우	5
문장의 호응 관계를 고려하여 고쳐 썼으나, 고친 문장이 어색한 경우	1

| 채점 시 유의 사항 | '만약'과 호응하는 말을 찾아 문장을 바꾼 답안 외에, '이는 열 명의 학생 중 적어도 아홉 명은 비속어를 사용한 적이 있다는 의미이다.'와 같이 '만약'을 사용하지는 않았으나 의미가 통하는 바른 문장으로 고친 경우에도 점수를 주도록 합니다.

4 예시 답안 동물 실험을 해서는 안 됩니다.
풀이 '동물 실험'에 대해 글쓴이가 어떤 생각을 가지고 있는지 파악해 씁니다.

채점 기준 답안 내용	배점
글쓴이의 주장을 바르게 파악하여 쓴 경우	5
글쓴이의 주장을 바르게 파악했으나 맞춤법이 틀린 경우	4
글쓴이의 중심 주장을 쓴 것이 아니라 부수적인 생각을 찾아 쓴 경우	2

5 예시 답안 실험에는 수많은 동물이 사용됩니다. / 실험 때문에 수많은 동물이 고통을 받고 희생됩니다. / 동물 실험을 통과한 약도 효과가 없거나 사람에게 부작용을 일으킬 수 있습니다. / 동물 실험을 대체할 수 있는 방법도 있습니다.

채점 기준 답안 내용	배점
이 글에서 알 수 있는 사실을 두 가지 이상 쓴 경우	7
이 글에서 알 수 있는 사실을 한 가지만 쓴 경우	4
이 글에서 알 수 있는 사실을 한 가지 썼으나, 사실의 중심 내용을 쓰지 못하고 부수적인 내용을 쓴 경우	1

| 채점 시 유의 사항 | 글쓴이의 주장과 관련 있더라도 글에서 확인할 수 없는 내용을 쓴 경우에는 점수를 주지 않도록 합니다.

6 예시 답안 (1) 글 수준에서 점검하고 있습니다.
(2) 문단 수준에서 점검하고 있습니다.
풀이 글, 문단, 문장과 낱말 수준 중 어떤 수준에서 자신이 쓴 글을 점검한 것인지 파악합니다.

채점 기준 답안 내용	배점
(1)과 (2)를 두 가지 모두 바르게 쓴 경우	5
(1)과 (2) 중 한 가지만 바르게 쓴 경우	3
(1)과 (2) 중 한 가지를 썼으나, 맞춤법이 틀린 경우	1

7 예시 답안 문장 호응이 잘 이루어지는가? / 분명하지 않거나 지나치게 단정적인 표현이 있는가? / 알맞은 낱말을 사용했는가?

채점 기준 답안 내용	배점
문장과 낱말 수준에서 점검할 내용을 두 가지 이상 바르게 정리해 쓴 경우	7
문장과 낱말 수준에서 점검할 내용을 한 가지만 바르게 정리해 쓴 경우	4
문장과 낱말 수준에서 점검할 내용을 썼으나, 맞춤법이 틀렸거나 문장이 어색한 경우	1

| 채점 시 유의 사항 | 문장과 낱말 수준에서 점검할 내용이 아니라 글이나 문단 수준에서 점검할 내용을 쓴 경우에는 낮은 점수를 주거나 점수를 주지 않습니다.

8. 작품으로 경험하기

연습! 서술형 평가 30~31쪽

1 ①
풀이 여행 가고 싶은 곳을 정할 때에는 정말 가고 싶은 곳인지 생각해 보아야 합니다.

1-1 예시 답안 도서관에 있는 책, 누리집에 있는 사진 자료와 동영상 자료, 지역 소개 자료 따위에서 정보를 얻을 수 있습니다.

채점 기준 답안 내용	배점
'도서관', '누리집' 따위에서 얻을 수 있는 자료를 구체적으로 답한 경우	4
'인터넷을 본다'와 같이 단순하게 답한 경우	2
정보를 얻기 어려운 곳을 답으로 쓴 경우	1

2 ①
풀이 이 글은 영화를 보고 쓴 영화 감상문입니다. 첫 번째 문단에는 영화의 제목이, 두 번째 문단에는 영화의 줄거리가, 세 번째 문단에는 영화에서 인상 깊은 내용이 나타나 있습니다.

2-1 예시 답안 영화의 줄거리나 인상 깊은 내용을 씁니다.

채점 기준 답안 내용	배점
'줄거리', '인상 깊은 내용', '영화 본 느낌' 등을 포함하여 답을 쓴 경우	4
'줄거리', '인상 깊은 내용', '영화 본 느낌' 등 한 가지만 답을 쓴 경우	2
'줄거리', '인상 깊은 내용', '영화 본 느낌' 등 한 가지를 썼으나, 맞춤법이 틀린 경우	1

| 채점 시 유의 사항 | 이 글에서 알 수 없는 내용을 썼을지라도, 영화 감상문을 쓰는 방법을 알맞게 쓴 경우에는 틀린 것으로 채점하지 말고 낮은 수준의 점수를 주도록 합니다.

3 ①
풀이 이 글의 이야기 구조를 확인하는 질문을 골라 봅니다. ②와 ④는 친구들의 생각을 알고 싶은 질문이고, ③과 ⑤는 이야기의 내용을 추론하는 질문입니다.

3-1 예시 답안 이야기는 어떻게 시작하나요? / 어느 부분에서 긴장감이 도나요?

채점 기준 답안 내용	배점
이야기 구조를 확인하는 질문을 두 가지 이상 쓴 경우	6
이야기 구조를 확인하는 질문을 한 가지만 쓴 경우	3
이야기 구조를 확인하는 질문을 썼으나, 문장이 어색한 경우	2

| 채점 시 유의 사항 | 이야기 구조를 확인하는 질문이 아니라, 이야기 내용을 추론하는 질문이나 친구들의 생각을 알고 싶은 질문을 답으로 썼을 경우 낮은 점수를 주거나 점수를 주지 않습니다.

4 ③
풀이 경험한 내용을 영화로 만들 때에는 제일 먼저 주제를 정해야 합니다.

4-1 예시 답안 정한 주제에 맞는 사진이나 그림, 영상을 수집해 영화 장면의 차례대로 나열한다.

채점 기준 답안 내용	배점
사진이나 그림, 영상을 수집해 차례대로 나열한다는 내용을 명확하게 쓴 경우	4
사진이나 그림, 영상을 수집한다는 내용과 차례대로 나열한다는 내용 중 한 가지만 쓴 경우	3
해야 하는 일을 구체적으로 쓰지 않고 '자료를 수집한다'와 같이 미흡하게 쓴 경우	1

실전! 서술형 평가 32~33쪽

1 예시 답안 다른 문화를 존중하고 서로 배려하는 공정한 여행, 다시 돌아온 삶의 자리에서 오래도록 힘이 되어 주는 여행을 해야 한다고 했습니다.

풀이 장면 ⑤와 장면 ⑥에 어떤 여행을 해야 하는지에 대한 내용이 나타나 있습니다.

채점 기준 답안 내용	배점
영상의 내용을 바탕으로 하여 어떤 여행을 해야 한다고 했는지 바르게 쓴 경우	5
'배려하는 여행을 해야 한다'와 같이 부분적인 내용에 대해서만 단순하게 답한 경우	2
어떤 여행을 해야 하는지 썼지만, 영상에서 말한 내용과는 다소 거리가 있는 경우	1

| 채점 시 유의 사항 | 제시된 답 외에도 '단순하게 장소를 이동하는 것이 아니라, 자신이 쌓아 온 생각의 성을 벗어나는 여행을 해야 한다.'와 같이 여행의 의미에 대한 내용을 정리해 쓴 경우에도 답으로 인정할 수 있습니다. 단, 제시된 답을 썼을 때보다는 낮은 점수를 줍니다.

2 예시 답안 이 영상에서는 존중하고 배려하는 여행을 해야 한다고 했지만, 나는 여행을 가서 무엇을 먹고 무엇을 할 것인지에만 관심을 기울였던 것 같습니다.

채점 기준 답안 내용	배점
영상 내용과 자신이 여행했던 경험을 비교해 쓴 경우	5
영상에 나오는 여행에 대해서는 쓰지 않고 자신의 경험만을 쓴 경우	3
자신의 경험을 쓰지 않고 영상에 나오는 여행에 대해서만 정리한 경우	1

| 채점 시 유의 사항 | 자신이 했던 여행이 영상 내용과 비슷하다고 답한 경우에는 어떤 점이 비슷한지에 중점을 두고 쓴 경우 높은 점수를 줍니다. 또한 자신이 했던 여행이 영상 내용과 다르다고 쓴 경우, 다른 점을 대조해서 쓴 경우 높은 점수를 줍니다.

3 예시 답안 영화를 본 뒤의 전체적인 느낌이나 주제를 썼습니다.

풀이 이 글은 영화를 보고 난 뒤에 쓴 영화 감상문으로, 마지막 문단에는 영화를 본 뒤의 느낌과 글의 주제가 드러나 있습니다.

채점 기준 답안 내용	배점
영화 감상문에 들어갈 내용 중 '영화를 본 뒤의 전체적인 느낌이나 주제'를 썼다는 것을 모두 정확히 밝힌 경우	5
'영화를 본 뒤의 전체적인 느낌'과 '주제' 중 한 가지만 쓴 경우	3
'자신의 생각을 썼다'와 같이 미흡하게 쓴 경우	1

4 예시 답안 영화를 본 느낌이나 감상이 잘 드러났는지 살펴봅니다. / 문단에 중심 문장이 잘 담겨 있는지 살펴봅니다. / 문장 호응이 잘 이루어졌는지 살펴봅니다.

채점 기준 답안 내용	배점
이 글을 읽고 살펴볼 내용을 두 가지 이상 바르게 쓴 경우	7
이 글을 읽고 살펴볼 내용을 한 가지만 쓴 경우	3
이 글을 읽고 살펴볼 내용을 한 가지 썼으나, 문장이 어색한 경우	2

| 채점 시 유의 사항 | 글을 읽고 고쳐 쓸 부분을 확인할 때 살펴볼 내용이 아니라, 글을 쓸 때 어떤 점에 주의해야 하는지를 쓴 경우에는 낮은 점수를 주거나 점수를 주지 않습니다.

5 예시 답안 ❶ 장안
❷ 매우 불안하지만 뭔가 희망이 보이는 듯한 느낌일 것 같습니다.
❸ 자신감을 가지고 장사를 잘할 수 있을 것이라는 격려를 해 주고 싶습니다.

채점 기준 답안 내용	배점
❶~❸을 모두 알맞은 내용으로 쓴 경우	10
❶~❸ 중 두 가지만 알맞은 내용으로 쓴 경우	6
❶~❸ 중 한 가지만 알맞은 내용으로 쓴 경우	3

6 예시 답안 경험한 내용을 영화로 만드는 방법을 나타낸 것입니다.

채점 기준 답안 내용	배점
'경험한 내용을 영화로 만드는 방법'이라는 말이 들어가게 답을 쓴 경우	5
'경험한 내용을 영화로 만드는 방법'이라는 말이 들어가게 썼으나, 맞춤법이 틀린 경우	3
'영화'라는 말을 쓰지 않고 '영상'을 만드는 방법이라고 답한 경우	1

7 예시 답안 마, 바, 가, 다, 라, 나의 차례로 만듭니다.

풀이 경험한 내용을 영화로 만드는 방법에 맞게 차례대로 나열합니다.

채점 기준 답안 내용	배점
여섯 가지 방법을 모두 차례대로 바르게 쓴 경우	7
여섯 가지 방법 중 처음과 마지막의 순서는 맞고 가운데 1~2가지의 순서가 바뀐 경우	4
여섯 가지 방법 중 3~4가지의 순서가 바뀐 경우	1

1. 분수의 나눗셈

연습! 서술형 평가 34~35쪽

1 8, 2, 8, 4

1-1 예시 답안 ㉠은 $\frac{1}{9}$이 8개이므로 $\frac{8}{9}$이고, ㉡은 $\frac{1}{9}$이 2개이므로 $\frac{2}{9}$입니다.

따라서 $\frac{8}{9}\div\frac{2}{9}=8\div2=4$이므로 ㉠은 ㉡의 4배입니다. /4배

채점 기준	답안 내용	배점
	㉠과 ㉡이 나타내는 수를 각각 구하여 답을 바르게 구한 경우	4
	㉠과 ㉡이 나타내는 수는 각각 구하였으나 답을 잘못 구한 경우	2

2 3

풀이 $\frac{1}{3}\div\frac{1}{9}=\frac{3}{9}\div\frac{1}{9}=3\div1=3$

2-1 예시 답안 전체 리본의 길이 $\frac{1}{3}$ m를 $\frac{1}{9}$ m씩 나누어야 하므로 $\frac{1}{3}\div\frac{1}{9}$을 계산해야 합니다.

따라서 $\frac{1}{3}\div\frac{1}{9}=\frac{3}{9}\div\frac{1}{9}=3\div1=3$이므로 리본은 3도막이 됩니다. / 3도막

채점 기준	답안 내용	배점
	문제에 알맞은 나눗셈식을 세워 답을 바르게 구한 경우	4
	문제에 알맞은 나눗셈식은 세웠으나 답을 잘못 구한 경우	2

3 $1\frac{1}{9}$

풀이 $\frac{5}{6}\div\frac{3}{4}=\frac{10}{12}\div\frac{9}{12}=10\div9=\frac{10}{9}=1\frac{1}{9}$

3-1 예시 답안 철근 1 m의 무게를 구하려면 철근의 무게를 길이로 나누어야 하므로 $\frac{5}{6}\div\frac{3}{4}$을 계산해야 합니다.

따라서 $\frac{5}{6}\div\frac{3}{4}=\frac{10}{12}\div\frac{9}{12}=10\div9=\frac{10}{9}=1\frac{1}{9}$이므로 철근 1 m의 무게는 $1\frac{1}{9}$ kg입니다. / $1\frac{1}{9}$ kg

채점 기준	답안 내용	배점
	문제에 알맞은 나눗셈식을 세워 답을 바르게 구한 경우	6
	문제에 알맞은 나눗셈식은 세웠으나 답을 잘못 구한 경우	3

| 채점 시 유의 사항 | 나눗셈을 곱셈으로 나타내고 나누는 분수의 분모와 분자를 바꾸어 계산할 수도 있습니다.

➡ $\frac{5}{6}\div\frac{3}{4}=\frac{5}{\overset{}{\underset{3}{\cancel{6}}}}\times\frac{\overset{2}{\cancel{4}}}{3}=\frac{10}{9}=1\frac{1}{9}$

4 3, 5, 10

4-1 예시 답안 호박 $\frac{3}{5}$통의 무게가 6 kg이므로 $\frac{1}{5}$통의 무게는 $6\div3=2$ (kg)입니다.

따라서 호박 한 통의 무게는 $2\times5=10$ (kg)입니다. / 10 kg

채점 기준	답안 내용	배점
	호박 $\frac{1}{5}$통의 무게를 구하여 답을 바르게 구한 경우	6
	호박 $\frac{1}{5}$통의 무게는 구하였으나 답을 잘못 구한 경우	3

| 채점 시 유의 사항 | 문제에 알맞은 나눗셈식을 세워 계산할 수도 있습니다. ➡ $6\div\frac{3}{5}=(6\div3)\times5=10$

5 $\frac{1}{4}\div\frac{3}{5}=\frac{1}{4}\times\frac{5}{3}=\frac{5}{12}$

5-1 예시 답안 나눗셈을 곱셈으로 나타낸 후 나누는 분수의 분모와 분자를 바꾸어야 하는데 바꾸지 않고 계산하여 잘못되었습니다. / $\frac{1}{4}\div\frac{3}{5}=\frac{1}{4}\times\frac{5}{3}=\frac{5}{12}$

채점 기준	답안 내용	배점
	잘못된 이유를 알맞게 쓰고 바르게 계산한 경우	4
	잘못된 이유만 알맞게 썼거나 바르게 계산만 한 경우	2

6 $2\frac{1}{10}$

6-1 예시 답안 $\square\times1\frac{5}{7}=3\frac{3}{5}$에서

$\square=3\frac{3}{5}\div1\frac{5}{7}=\frac{18}{5}\div\frac{12}{7}=\frac{\overset{3}{\cancel{18}}}{5}\times\frac{7}{\underset{2}{\cancel{12}}}=\frac{21}{10}=2\frac{1}{10}$입니다.

/ $2\frac{1}{10}$

채점 기준	답안 내용	배점
	곱셈과 나눗셈의 관계를 이용하여 답을 바르게 구한 경우	6
	곱셈과 나눗셈의 관계는 이용하였으나 답을 잘못 구한 경우	2

실전! 서술형 평가 36~37쪽

1 예시 답안 피자 4판을 한 사람이 한 판의 $\frac{2}{3}$씩 먹으므로 $4\div\frac{2}{3}$를 계산해야 합니다.

따라서 $4\div\frac{2}{3}=(4\div2)\times3=6$이므로 모두 6명이 먹을 수 있습니다. / 6명

채점 기준	답안 내용	배점
	문제에 알맞은 나눗셈식을 세워 답을 바르게 구한 경우	5
	문제에 알맞은 나눗셈식은 세웠으나 답을 잘못 구한 경우	2

2 예시 답안 사용하지 않은 도화지는 전체의 $1-\frac{9}{14}=\frac{5}{14}$입니다. 따라서 사용한 도화지는 사용하지 않은 도화지의 $\frac{9}{14}\div\frac{5}{14}=9\div5=\frac{9}{5}=1\frac{4}{5}$(배)입니다. / $1\frac{4}{5}$배

채점 기준 답안 내용	배점
사용하지 않은 도화지가 전체의 얼마인지 알고 답을 바르게 구한 경우	5
사용하지 않은 도화지가 전체의 얼마인지 알았으나 답을 잘못 구한 경우	2

3 ① $8\frac{2}{5}$ ② $2\frac{5}{8}$

③ 예시 답안 분모를 통분하여 계산하면

$8\frac{2}{5}\div2\frac{5}{8}=\frac{42}{5}\div\frac{21}{8}=\frac{336}{40}\div\frac{105}{40}=\frac{\overset{16}{\cancel{336}}}{\underset{5}{\cancel{105}}}=\frac{16}{5}=3\frac{1}{5}$입니다. / 분수의 나눗셈을 분수의 곱셈으로 나타내어 계산하면

$8\frac{2}{5}\div2\frac{5}{8}=\frac{42}{5}\div\frac{21}{8}=\frac{\overset{2}{\cancel{42}}}{5}\times\frac{8}{\underset{1}{\cancel{21}}}=\frac{16}{5}=3\frac{1}{5}$입니다.

채점 기준 답안 내용	배점
가장 큰 대분수와 가장 작은 대분수를 만들어 답을 바르게 구한 경우	7
가장 큰 대분수와 가장 작은 대분수는 만들었으나 답을 잘못 구한 경우	4
가장 큰 대분수 또는 가장 작은 대분수만 만든 경우	2

풀이 ① 가장 큰 대분수는 가장 큰 수를 자연수 부분에 놓고, 나머지 2장의 카드로 분수 부분을 만듭니다.
② 가장 작은 대분수는 가장 작은 수를 자연수 부분에 놓고, 나머지 2장의 카드로 분수 부분을 만듭니다.

4 예시 답안 $\frac{5}{9}=\frac{20}{36}$, $\frac{7}{12}=\frac{21}{36}$이므로 $\frac{5}{9}<\frac{7}{12}$입니다.
따라서 큰 수를 작은 수로 나눈 몫은

$\frac{7}{12}\div\frac{5}{9}=\frac{7}{\underset{4}{\cancel{12}}}\times\frac{\overset{3}{\cancel{9}}}{5}=\frac{21}{20}=1\frac{1}{20}$입니다. / $1\frac{1}{20}$

채점 기준 답안 내용	배점
큰 수와 작은 수로 구분하여 답을 바르게 구한 경우	7
큰 수와 작은 수로 구분하였으나 답을 잘못 구한 경우	3

5 예시 답안 50분은 $\frac{50}{60}$시간$=\frac{5}{6}$시간입니다. 따라서 자전거는 1시간 동안 $16\frac{2}{3}\div\frac{5}{6}=\frac{50}{3}\div\frac{5}{6}=\frac{\overset{10}{\cancel{50}}}{\underset{1}{\cancel{3}}}\times\frac{\overset{2}{\cancel{6}}}{\underset{1}{\cancel{5}}}=20$ (km)를 갈 수 있습니다. / 20 km

채점 기준 답안 내용	배점
50분을 시간 단위로 나타내어 답을 바르게 구한 경우	7
50분을 시간 단위로 나타내었으나 답을 잘못 구한 경우	2

6 예시 답안 직사각형의 넓이는

$3\frac{3}{4}\times2\frac{4}{5}=\frac{\overset{3}{\cancel{15}}}{\underset{2}{\cancel{4}}}\times\frac{\overset{7}{\cancel{14}}}{\underset{1}{\cancel{5}}}=\frac{21}{2}=10\frac{1}{2}$ (cm²)입니다.

따라서 삼각형의 높이를 □ cm라고 하면 $4\frac{2}{7}\times$□$\div2=10\frac{1}{2}$이므로 □$=10\frac{1}{2}\times2\div4\frac{2}{7}=\frac{21}{\underset{1}{\cancel{2}}}\times\overset{1}{\cancel{2}}\div\frac{30}{7}$

$=\overset{7}{\cancel{21}}\times\frac{7}{\underset{10}{\cancel{30}}}=\frac{49}{10}=4\frac{9}{10}$입니다. / $4\frac{9}{10}$ cm

채점 기준 답안 내용	배점
직사각형의 넓이를 구하여 답을 바르게 구한 경우	10
직사각형의 넓이는 구하였으나 답을 잘못 구한 경우	4

7 예시 답안 $\frac{3}{7}\div\frac{□}{14}=\frac{6}{14}\div\frac{□}{14}=6\div$□이므로 □ 안에는 6의 약수가 들어가야 합니다.
따라서 6의 약수는 1, 2, 3, 6이므로 □ 안에 들어갈 수 있는 자연수는 모두 4개입니다. / 4개

채점 기준 답안 내용	배점
주어진 식을 간단히 하여 답을 바르게 구한 경우	10
주어진 식을 간단히 하였으나 답을 잘못 구한 경우	4

2. 소수의 나눗셈

연습! 서술형 평가 38~39쪽

1 13

1-1 예시 답안 전체 물의 양을 물통 한 개에 담는 물의 양으로 나눈 몫을 구하면 되므로 9.1÷0.7을 계산해야 합니다.
따라서 9.1÷0.7=91÷7=13이므로 필요한 물통은 모두 13개입니다. / 13개

채점 기준 답안 내용	배점
문제에 알맞은 나눗셈식을 세워 답을 바르게 구한 경우	4
문제에 알맞은 나눗셈식은 세웠으나 답을 잘못 구한 경우	2

2 ③

2-1

```
         1 5
0.1 5)2.2 5
      1 5
        7 5
        7 5
          0
```

/ 예시 답안 소수점을 옮겨서 계산한 경우, 몫의 소수점은 옮긴 위치에 찍어야 합니다.

채점 기준	답안 내용	배점
	바르게 계산하고 계산이 잘못된 이유를 알맞게 쓴 경우	6
	바르게 계산만 한 경우	3

3 1.4

풀이 $2.6 < 3.64$이므로 $3.64 \div 2.6 = 36.4 \div 26 = 1.4$입니다.

3-1 예시 답안 세 수의 크기를 비교하면 $3.64 > 2.9 > 2.6$이므로 가장 큰 수는 3.64이고, 가장 작은 수는 2.6입니다.
따라서 가장 큰 수를 가장 작은 수로 나눈 몫은
$3.64 \div 2.6 = 36.4 \div 26 = 1.4$입니다. / 1.4

채점 기준	답안 내용	배점
	가장 큰 수와 가장 작은 수를 각각 구하여 답을 바르게 구한 경우	4
	가장 큰 수와 가장 작은 수는 각각 구하였으나 답을 잘못 구한 경우	2

4 <

풀이

$$\begin{array}{r} 15 \\ 3.6\overline{)54.0} \\ 36 \\ \hline 180 \\ 180 \\ \hline 0 \end{array} \qquad \begin{array}{r} 16 \\ 1.75\overline{)28.00} \\ 175 \\ \hline 1050 \\ 1050 \\ \hline 0 \end{array}$$

➡ $15 < 16$

4-1 예시 답안 정우가 쓴 나눗셈식의 몫은 $54 \div 3.6 = 15$이고, 은채가 쓴 나눗셈식의 몫은 $28 \div 1.75 = 16$입니다.
따라서 $15 < 16$이므로 몫이 더 큰 나눗셈식을 쓴 사람은 은채입니다. / 은채

채점 기준	답안 내용	배점
	두 사람이 쓴 나눗셈식의 몫을 각각 구하여 답을 바르게 구한 경우	6
	두 사람이 쓴 나눗셈식의 몫은 각각 구하였으나 답을 잘못 구한 경우	4
	한 사람이 쓴 나눗셈식의 몫만 구한 경우	2

5 7.7, 7.67

풀이 $53.7 \div 7 = 7.671\cdots\cdots$

- 몫을 반올림하여 소수 첫째 자리까지 나타낸 수:
  $7.67\cdots\cdots$ ➡ 7.7
  └올림합니다.
- 몫을 반올림하여 소수 둘째 자리까지 나타낸 수:
  $7.671\cdots\cdots$ ➡ 7.67
  └버림합니다.

5-1 예시 답안 $53.7 \div 7 = 7.671\cdots\cdots$이므로 몫을 반올림하여 소수 첫째 자리까지 나타낸 수는 7.7이고, 몫을 반올림하여 소수 둘째 자리까지 나타낸 수는 7.67입니다. 따라서 반올림한 두 수의 차는 $7.7 - 7.67 = 0.03$입니다. / 0.03

채점 기준	답안 내용	배점
	몫을 반올림하여 나타낸 수를 각각 구하여 답을 바르게 구한 경우	6
	몫을 반올림하여 나타낸 수는 각각 구하였으나 답을 잘못 구한 경우	4
	몫을 반올림하여 나타낸 수를 한 가지만 구한 경우	2

6 1.9

6-1 예시 답안 13.9 m의 철사를 한 사람에 2 m씩 나누어 주므로 $13.9 \div 2$의 몫을 자연수까지 구해야 합니다.
따라서 $13.9 \div 2 = 6 \cdots 1.9$이므로 6명에게 나누어 줄 수 있고, 철사 1.9 m가 남습니다. / 6명, 1.9 m

채점 기준	답안 내용	배점
	문제에 알맞은 나눗셈식을 세워 답을 바르게 구한 경우	6
	문제에 알맞은 나눗셈식은 세웠으나 답을 잘못 구한 경우	2

실전! 서술형 평가

40~41쪽

1 예시 답안 (직사각형의 넓이)=(가로)×(세로)이므로
(가로)=(직사각형의 넓이)÷(세로)$=48.6 \div 5.4$를 계산해야 합니다. 따라서 직사각형의 가로는
$48.6 \div 5.4 = 486 \div 54 = 9$ (cm)입니다. / 9 cm

채점 기준	답안 내용	배점
	가로를 구하는 나눗셈식을 세워 답을 바르게 구한 경우	5
	가로를 구하는 나눗셈식은 세웠으나 답을 잘못 구한 경우	2

2 예시 답안 $28.6 \div 3 = 9 \cdots 1.6$이므로 3 L씩 9개의 병에 담으면 1.6 L가 남습니다. 따라서 남는 1.6 L도 담아야 하므로 병은 적어도 $9 + 1 = 10$(개) 필요합니다. / 10개

채점 기준	답안 내용	배점
	나눗셈의 몫을 자연수까지 구하여 답을 바르게 구한 경우	5
	나눗셈의 몫을 자연수까지 구하였으나 답을 잘못 구한 경우	2

3 예시 답안 (지하철역~도서관)÷(지하철역~학교)
$= 4.95 \div 1.4 = 3.535\cdots\cdots$에서 몫의 소수 셋째 자리 수가 5이므로 반올림하여 소수 둘째 자리까지 나타낸 수는 3.54입니다.
따라서 지하철역에서 도서관까지의 거리는 지하철역에서 학교까지의 거리의 3.54배입니다. / 3.54배

채점 기준	답안 내용	배점
	나눗셈의 몫을 반올림하여 답을 바르게 구한 경우	5
	나눗셈의 몫은 반올림하였으나 답을 잘못 구한 경우	2

4 예시 답안 하루에 4.32 m씩 뚫으면 $90.72 \div 4.32 = 21$(일)이 걸리고, 하루에 7.56 m씩 뚫으면 $90.72 \div 7.56 = 12$(일)이 걸립니다. 따라서 하루에 4.32 m씩 뚫으면 하루에 7.56 m씩 뚫을 때보다 $21 - 12 = 9$(일)이 더 걸립니다. / 9일

채점 기준	답안 내용	배점
	두 나눗셈식의 몫을 구하여 답을 바르게 구한 경우	7
	두 나눗셈식의 몫은 구하였으나 답을 잘못 구한 경우	4
	한 나눗셈식의 몫만 구한 경우	2

5 예시 답안 세영이네 학교 전체 학생 수를 □명이라 하면 □×0.45=324에서 □=324÷0.45=720입니다.
따라서 세영이네 학교 학생은 모두 720명입니다. / 720명

채점 기준 답안 내용	배점
곱셈과 나눗셈의 관계를 이용하여 답을 바르게 구한 경우	7
곱셈과 나눗셈의 관계는 이용하였으나 답을 잘못 구한 경우	3

6 예시 답안 몫이 가장 작게 되도록 나눗셈식을 완성하려면 수 카드 3장 중에서 2장으로 가장 작은 두 자리 수를 만들어 나누어지는 수 자리에 쓰고, 남은 수 카드 1장으로 나누는 수를 가장 크게 만들어 쓰면 23÷0.5입니다.
따라서 몫은 23÷0.5=46입니다. / 46

채점 기준 답안 내용	배점
몫이 가장 작게 되도록 나눗셈식을 완성하고 답을 바르게 구한 경우	10
몫이 가장 작게 되도록 나눗셈식은 완성하였으나 답을 잘못 구한 경우	5

7 ❶ 20.8×□=54.08 ❷ 2.6 ❸ 8
❹ 예시 답안 어떤 수를 □라 하면 20.8×□=54.08에서 □=54.08÷20.8=2.6이므로 바르게 계산하면 20.8÷2.6=8입니다.
따라서 잘못 계산한 값 54.08을 바르게 계산한 값 8로 나눈 몫은 54.08÷8=6.76입니다. / 6.76

채점 기준 답안 내용	배점
바르게 계산한 값을 구하여 답을 바르게 구한 경우	10
바르게 계산한 값은 구하였으나 답을 잘못 구한 경우	5

3. 공간과 입체

연습! 서술형 평가 42~43쪽

1 가

1-1 나 / 예시 답안 가는 옆에서 찍은 사진이고, 다는 위에서 찍은 사진이지만 나는 어느 방향에서도 찍을 수 없는 사진입니다.

채점 기준 답안 내용	배점
찍을 수 없는 사진을 찾고, 이유를 알맞게 쓴 경우	4
찍을 수 없는 사진만 찾거나 이유만 쓴 경우	2

2 5개
풀이 1층에 3개, 2층에 2개이므로 쌓기나무가 3+2=5(개) 필요합니다.

2-1 예시 답안 1층에 4개, 2층에 2개를 쌓았으므로 쌓은 쌓기나무는 4+2=6(개)입니다. / 6개

채점 기준 답안 내용	배점
위에서 본 모양을 이용하여 답을 바르게 구한 경우	4
위에서 본 모양은 이용하였으나 답을 잘못 구한 경우	2

3 위 앞 옆

3-1 예시 답안 앞에서 본 모양은 (앞) 입니다.
따라서 앞에서 보았을 때 보이는 면은 5개입니다. / 5개

채점 기준 답안 내용	배점
앞에서 본 모양을 이용하여 답을 바르게 구한 경우	6
앞에서 본 모양은 이용하였으나 답을 잘못 구한 경우	3

4

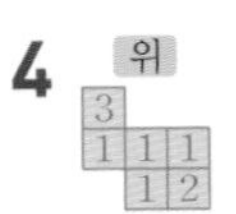

4-1 예시 답안 앞과 옆에서 본 모양을 보고 위에서 본 모양의 각 자리에 쌓인 쌓기나무의 수를 쓰면 (위) 입니다.
따라서 필요한 쌓기나무는 모두 3+1+1+1+1+2=9(개)입니다. / 9개

채점 기준 답안 내용	배점
각 자리에 쌓인 쌓기나무의 수를 이용하여 답을 바르게 구한 경우	6
각 자리에 쌓인 쌓기나무의 수는 이용하였으나 답을 잘못 구한 경우	3

5 ③
풀이 쌓기나무를 1층에 4개, 2층에 2개, 3층에 1개 쌓았으므로 쌓은 쌓기나무는 모두 4+2+1=7(개)입니다.

5-1 예시 답안 1층에 쌓은 쌓기나무는 4개이고, 2층에 쌓은 쌓기나무는 2개입니다.
따라서 1층에 쌓은 쌓기나무는 2층에 쌓은 쌓기나무보다 4−2=2(개) 더 많습니다. / 2개

채점 기준 답안 내용	배점
1층과 2층에 쌓은 쌓기나무의 수를 구하여 답을 바르게 구한 경우	6
1층과 2층에 쌓은 쌓기나무의 수는 구하였으나 답을 잘못 구한 경우	3

6 (○)(   )

6-1 다릅니다. / 예시 답안 왼쪽 쌓기나무로 만든 모양을 뒤집거나 돌려도 오른쪽 쌓기나무로 만든 모양이 나올 수 없기 때문입니다.

채점 기준 답안 내용	배점
두 쌓기나무로 만든 모양이 다르다고 답하고 이유를 알맞게 쓴 경우	4
두 쌓기나무로 만든 모양이 다르다고만 쓴 경우	2

실전! 서술형 평가 44~45쪽

1 예시 답안 1층에 쌓인 쌓기나무의 수는 위에서 본 모양에서 색칠된 사각형의 수와 같습니다.
따라서 1층에 쌓인 쌓기나무는 6개입니다. / 6개

채점 기준	답안 내용	배점
	위에서 본 모양을 이용하여 답을 바르게 구한 경우	5
	위에서 본 모양은 이용하였으나 답을 잘못 구한 경우	2

2 희진 / 예시 답안 ①번 자리에 쌓인 쌓기나무는 2개야.

채점 기준	답안 내용	배점
	잘못 설명한 학생을 찾고 바르게 고친 경우	5
	잘못 설명한 학생은 찾았으나 바르게 고치지 못한 경우	2

3 예시 답안 주어진 쌓기나무로 쌓은 모양을 위와 앞에서 본 모양은 이고, 옆에서 본 모양은 이므로 모양이 다른 하나는 옆에서 본 모양입니다. / 옆

채점 기준	답안 내용	배점
	위, 앞, 옆에서 본 모양을 이용하여 답을 바르게 구한 경우	7
	위, 앞, 옆에서 본 모양은 이용하였으나 답을 잘못 구한 경우	3

4 ❶ 5개 ❷ 3개 ❸ 1개 ❹ 9개

채점 기준	답안 내용	배점
	네 문제의 답을 모두 바르게 구한 경우	7
	세 문제의 답만 바르게 구한 경우	5
	한 문제 또는 두 문제의 답만 바르게 구한 경우	2

5 예시 답안 주어진 모양에서 쌓기나무는 1층에 6개, 2층에 3개, 3층에 1개이므로 모두 6+3+1=10(개)입니다.
따라서 쌓고 남은 쌓기나무는 12−10=2(개)입니다. / 2개

채점 기준	답안 내용	배점
	주어진 모양의 쌓기나무의 수를 구하여 답을 바르게 구한 경우	7
	주어진 모양의 쌓기나무의 수는 구하였으나 답을 잘못 구한 경우	3

6 예시 답안 주어진 모양에 쌓기나무 1개를 더 붙여서 만들 수 있는 모양은 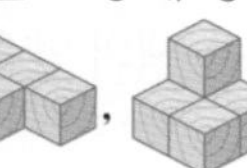 으로 모두 2가지입니다.
/ 2가지

채점 기준	답안 내용	배점
	쌓기나무 1개를 더 붙여서 만든 모양을 찾아 답을 바르게 구한 경우	7
	쌓기나무 1개를 더 붙여서 만든 모양은 찾았으나 답을 잘못 구한 경우	4

7 예시 답안 쌓기나무로 쌓은 모양을 옆에서 본 모양은 (옆) 이고, 옆에서 보았을 때 보이지 않는 쌓기나무의 수는 전체 쌓기나무의 수에서 보이는 쌓기나무의 수를 빼면 되므로 11−7=4(개)입니다. / 4개

채점 기준	답안 내용	배점
	옆에서 본 모양을 이용하여 답을 바르게 구한 경우	10
	옆에서 본 모양은 이용하였으나 답을 잘못 구한 경우	5

8 예시 답안 쌓기나무의 수가 가장 적을 때 위에서 본 모양의 각 자리에 쌓인 쌓기나무의 수를 쓰면 (위: 2, 3 / 1, 1, 1 / 1, 2, 1) 또는 (위: 1, 3 / 1, 1, 1 / 2, 2, 1)입니다. 따라서 필요한 쌓기나무의 수가 가장 적을 때 쌓기나무는 2+3+1+1+1+1+2+1=12(개)입니다. / 12개

채점 기준	답안 내용	배점
	각 자리에 쌓인 쌓기나무의 수를 이용하여 답을 바르게 구한 경우	10
	각 자리에 쌓인 쌓기나무의 수는 이용하였으나 답을 잘못 구한 경우	5

4. 비례식과 비례배분

연습! 서술형 평가 46~47쪽

1 ④

1-1 예시 답안 전항이 5이고 후항은 전항보다 2 더 크므로 7입니다. 따라서 구하는 비는 5 : 7입니다. / 5 : 7

채점 기준	답안 내용	배점
	후항을 구하여 답을 바르게 구한 경우	4
	후항은 구하였으나 답을 잘못 구한 경우	2

2 10

풀이 2 : 6 ➡ (2×5) : (6×5) ➡ 10 : 30

2-1 예시 답안 2 : 6의 전항과 후항에 5를 곱하면 10 : 30이므로 직사각형의 가로가 30 cm일 때 세로는 10 cm입니다.
/ 10 cm

채점 기준	답안 내용	배점
	비의 성질을 이용하여 답을 바르게 구한 경우	6
	비의 성질은 이용하였으나 답을 잘못 구한 경우	3

3 ④

풀이 3과 4의 최소공배수인 12를 전항과 후항에 곱하면
$\frac{2}{3} : \frac{1}{4}$ ➡ $\left(\frac{2}{3}\times 12\right) : \left(\frac{1}{4}\times 12\right)$ ➡ 8 : 3입니다.

3-1 예시 답안 $\frac{2}{3} : \frac{1}{4}$ ➡ $\left(\frac{2}{3}\times 12\right) : \left(\frac{1}{4}\times 12\right)$ ➡ 8 : 3이므로 지수와 효주가 마신 우유 양의 비를 간단한 자연수의 비로 나타내면 8 : 3입니다. / 8 : 3

채점 기준	답안 내용	배점
	두 분모의 공배수를 이용하여 답을 바르게 구한 경우	4
	두 분모의 공배수는 이용하였으나 답을 잘못 구한 경우	2

4 ㉠ 3 : 7=12 : 28

4-1 예시 답안 비율을 비로 나타낼 때에는 분자를 전항에, 분모를 후항에 써야 하는데 분모인 28을 전항에, 분자인 12를 후항에 써서 잘못되었습니다. / 3 : 7=12 : 28

채점 기준 답안 내용	배점
잘못 나타낸 이유를 쓰고 바르게 고쳐 나타낸 경우	6
잘못 나타낸 이유만 쓰거나 바르게 고쳐 나타내기만 한 경우	3

5 45, 30 / 90, 90 / (×) (○)

풀이 외항의 곱과 내항의 곱을 각각 구하여 곱이 같은 식을 찾습니다.

5-1 비례식이 아닙니다.
/ 예시 답안 외항의 곱은 $15\times3=45$이고, 내항의 곱은 $6\times5=30$입니다.
따라서 외항의 곱과 내항의 곱이 다르므로 비례식이 아닙니다.

채점 기준 답안 내용	배점
비례식이 아니라고 쓰고 그 이유를 알맞게 쓴 경우	6
비례식이 아니라고만 쓴 경우	3

6 66, 42

풀이 $108\times\frac{11}{11+7}=66$, $108\times\frac{7}{11+7}=42$

6-1 윤주와 진호가 11 : 7로 클립 108개를 나누어 가지므로 진호는 $108\times\frac{7}{11+7}=108\times\frac{7}{18}=42$(개)를 갖게 됩니다.
/ 42개

채점 기준 답안 내용	배점
비례배분을 이용하여 답을 바르게 구한 경우	4
비례배분은 이용하였으나 답을 잘못 구한 경우	2

실전! 서술형 평가 48~49쪽

1 예시 답안 주어진 비의 비율을 각각 구하면 3 : 4는 $\frac{3}{4}$, 4 : 5는 $\frac{4}{5}$, 6 : 8은 $\frac{6}{8}=\frac{3}{4}$, 8 : 9는 $\frac{8}{9}$입니다.
따라서 비율이 같은 두 비를 비례식으로 나타내면 3 : 4=6 : 8입니다. / 3 : 4=6 : 8

채점 기준 답안 내용	배점
주어진 비의 비율을 구하여 답을 바르게 구한 경우	5
주어진 비의 비율은 구하였으나 답을 잘못 구한 경우	3

2 예시 답안 $0.6=\frac{6}{10}=\frac{3}{5}$이므로 비로 나타내면 3 : 5입니다. 따라서 전항이 21이면 $3\times7=21$이므로 후항은 $5\times7=35$입니다. / 35

채점 기준 답안 내용	배점
비율을 비로 나타내어 답을 바르게 구한 경우	5
비율은 비로 나타내었으나 답을 잘못 구한 경우	3

3 예시 답안 과수원에서 수확한 포도가 320개이므로 참외는 $420-320=100$(개)입니다. 따라서 수확한 포도 수와 참외 수의 비를 간단한 자연수의 비로 나타내면
320 : 100 ➡ (320÷20) : (100÷20) ➡ 16 : 5입니다.
/ 16 : 5

채점 기준 답안 내용	배점
참외 수를 구하여 답을 바르게 구한 경우	7
참외 수는 구하였으나 답을 잘못 구한 경우	3

4 ❶ 5 cm ❷ 225 cm^2, 25 cm^2 ❸ ㉠ 9 : 1

채점 기준 답안 내용	배점
세 문제의 답을 모두 바르게 구한 경우	7
두 문제의 답만 바르게 구한 경우	5
한 문제의 답만 바르게 구한 경우	2

풀이 ❶ 3 : 1 ➡ (3×5) : (1×5) ➡ 15 : 5
❷ (가의 넓이)$=15\times15=225$ (cm^2)
(나의 넓이)$=5\times5=25$ (cm^2)
❸ (225÷25) : (25÷25) ➡ 9 : 1

5 예시 답안 남학생 수와 여학생 수의 비가 9 : 8이므로 남학생은 $255\times\frac{9}{9+8}=255\times\frac{9}{17}=135$(명), 여학생은 $255\times\frac{8}{9+8}=255\times\frac{8}{17}=120$(명)입니다.
따라서 여학생은 남학생보다 $135-120=15$(명) 더 적습니다.
/ 15명

채점 기준 답안 내용	배점
비례배분을 이용하여 답을 바르게 구한 경우	7
비례배분은 이용하였으나 답을 잘못 구한 경우	3

6 예시 답안 같은 책을 모두 읽는 데 상희는 5시간, 윤수는 2시간 걸렸으므로 1시간 동안 읽은 책의 양은 상희가 전체의 $\frac{1}{5}$, 윤수가 전체의 $\frac{1}{2}$입니다. 따라서 간단한 자연수의 비로 나타내면 $\frac{1}{5}:\frac{1}{2}$ ➡ $\left(\frac{1}{5}\times10\right):\left(\frac{1}{2}\times10\right)$ ➡ 2 : 5입니다. / 2 : 5

채점 기준 답안 내용	배점
1시간 동안 읽은 책의 양을 구하여 답을 바르게 구한 경우	10
1시간 동안 읽은 책의 양은 구하였으나 답을 잘못 구한 경우	5

7 예시 답안 물통의 들이를 □L라 하고 비례식을 세우면 0.8 : 1.4=120 : □입니다.
0.8×□=1.4×120, 0.8×□=168, □=168÷0.8=210이므로 물통의 들이는 210 L입니다. / 210 L

채점 기준	답안 내용	배점
	비례식을 세워 답을 바르게 구한 경우	10
	비례식은 세웠으나 답을 잘못 구한 경우	4

8 예시 답안 두 삼각형의 높이가 같으므로 삼각형 가와 삼각형 나의 넓이는 전체 삼각형의 넓이 119 cm^2를 밑변의 길이의 비 10 : 7로 나누어 구할 수 있습니다.

삼각형 가의 넓이는 $119\times\frac{10}{10+7}=119\times\frac{10}{17}=70\ (cm^2)$,

삼각형 나의 넓이는 $119\times\frac{7}{10+7}=119\times\frac{7}{17}=49\ (cm^2)$입니다. / 70 cm^2, 49 cm^2

채점 기준	답안 내용	배점
	비례배분을 이용하여 답을 바르게 구한 경우	10
	비례배분은 이용하였으나 답을 잘못 구한 경우	5

5. 원의 넓이

연습! 서술형 평가 50~51쪽

1 ③

1-1 윤수 / 예시 답안 원의 크기에 관계없이 원주율은 일정해.

채점 기준	답안 내용	배점
	잘못 설명한 사람을 찾고 바르게 고친 경우	4
	잘못 설명한 사람은 찾았으나 바르게 고치지 못한 경우	2

| **채점 시 유의 사항** | 원이 작아져도 원주율은 변하지 않는다고 답할 수도 있습니다.

2 84 cm

풀이 $28\times3=84\ (cm)$

2-1 예시 답안 굴렁쇠가 앞으로 한 바퀴 굴러간 거리는 굴렁쇠의 둘레와 같습니다. 따라서 굴렁쇠가 앞으로 한 바퀴 굴러간 거리는 $28\times3=84\ (cm)$입니다. / 84 cm

채점 기준	답안 내용	배점
	굴렁쇠가 앞으로 한 바퀴 굴러간 거리는 굴렁쇠의 둘레와 같음을 알고 답을 바르게 구한 경우	4
	굴렁쇠가 앞으로 한 바퀴 굴러간 거리는 굴렁쇠의 둘레와 같음은 알았으나 답을 잘못 구한 경우	2

3 2.4 cm

풀이 $7.44\div3.1=2.4\ (cm)$

3-1 예시 답안 100원짜리 동전을 넣을 수 있도록 구멍을 내려면 구멍의 길이가 동전의 지름보다 길어야 합니다.
따라서 동전의 지름은 $7.44\div3.1=2.4\ (cm)$이므로 구멍의 길이는 2.4 cm보다 길어야 합니다. / 2.4 cm

채점 기준	답안 내용	배점
	구멍의 길이가 동전의 지름보다 길어야 함을 알고 답을 바르게 구한 경우	6
	구멍의 길이가 동전의 지름보다 길어야 함은 알았으나 답을 잘못 구한 경우	2

4 원주, 반지름

4-1 예시 답안 직사각형의 가로는 (원주)$\times\frac{1}{2}$이므로 $4\times2\times3.14\times\frac{1}{2}=12.56\ (cm)$이고, 직사각형의 세로는 원의 반지름과 같으므로 4 cm입니다. / 12.56 cm, 4 cm

채점 기준	답안 내용	배점
	원으로 만든 직사각형의 가로와 세로를 알고 답을 바르게 구한 경우	4
	원으로 만든 직사각형의 가로와 세로는 알았으나 답을 잘못 구한 경우	2

5 314 cm^2

5-1 예시 답안 정사각형 안에 그릴 수 있는 가장 큰 원의 지름은 20 cm이므로 반지름은 10 cm입니다.
따라서 정사각형 안에 그릴 수 있는 가장 큰 원의 넓이는 $10\times10\times3.14=314\ (cm^2)$입니다. / 314 cm^2

채점 기준	답안 내용	배점
	정사각형 안에 그릴 수 있는 가장 큰 원의 반지름을 알고 답을 바르게 구한 경우	6
	정사각형 안에 그릴 수 있는 가장 큰 원의 반지름은 알았으나 답을 잘못 구한 경우	3

6 6

풀이 $\square\times\square=108\div3=36$, $6\times6=36$, $\square=6$

6-1 예시 답안 컴퍼스를 벌린 길이는 그린 원의 반지름과 같습니다. 따라서 (반지름)$\times$(반지름)$=108\div3=36$이고 $6\times6=36$이므로 (반지름)$=6$ cm입니다. / 6 cm

채점 기준	답안 내용	배점
	컴퍼스를 벌린 길이가 원의 반지름과 같음을 알고 답을 바르게 구한 경우	6
	컴퍼스를 벌린 길이가 원의 반지름과 같음은 알았으나 답을 잘못 구한 경우	2

실전! 서술형 평가 52~53쪽

1 예시 답안 길이가 3 m인 밧줄을 사용하여 그릴 수 있는 가장 큰 원의 반지름은 3 m입니다.
따라서 원의 넓이는 $3\times3\times3=27\ (m^2)$입니다. / 27 m^2

채점 기준	답안 내용	배점
	밧줄의 길이가 원의 반지름임을 알고 답을 바르게 구한 경우	5
	밧줄의 길이가 원의 반지름임은 알았으나 답을 잘못 구한 경우	2

2 예시 답안 왼쪽 접시의 (원주)÷(지름)$=43.4\div14=3.1$이고, 오른쪽 접시의 (원주)÷(지름)$=21.7\div7=3.1$입니다.
따라서 두 접시의 크기가 달라도 (원주)÷(지름)은 같습니다.

채점 기준 답안 내용	배점
두 접시의 (원주)÷(지름)을 바르게 구하여 비교한 경우	5
한 접시의 (원주)÷(지름)만 바르게 구한 경우	2

3 ① $800\ cm^2$ ② $1600\ cm^2$
③ 예시 답안 원의 넓이는 원 안에 있는 정사각형의 넓이인 $800\ cm^2$보다 넓고, 원 밖에 있는 정사각형의 넓이인 $1600\ cm^2$보다 좁습니다.
따라서 $1200\ cm^2$로 어림할 수 있습니다. / 예 $1200\ cm^2$

채점 기준 답안 내용	배점
원 안과 밖에 있는 정사각형의 넓이 사이의 값으로 원의 넓이를 바르게 어림한 경우	5
원 안과 밖에 있는 정사각형의 넓이만 바르게 구한 경우	3
원 안과 밖에 있는 정사각형의 넓이 중 하나만 바르게 구한 경우	1

풀이 ① $40\times40\div2=800\ (cm^2)$
② $40\times40=1600\ (cm^2)$
| 채점 시 유의 사항 | 원의 넓이를 $800\ cm^2$와 $1600\ cm^2$ 사이로 어림하였으면 모두 정답으로 인정합니다.

4 예시 답안 큰 원의 반지름은 $74.4\div3.1\div2=12$ (cm)이고, 작은 원의 지름은 큰 원의 반지름과 같으므로 작은 원의 반지름은 $12\div2=6$ (cm)입니다.
따라서 두 원의 반지름의 합은 $12+6=18$ (cm)입니다.
/ 18 cm

채점 기준 답안 내용	배점
두 원의 반지름을 구하여 답을 바르게 구한 경우	7
한 원의 반지름만 바르게 구한 경우	3

5 예시 답안 큰 원의 반지름이 8 cm이므로 큰 원의 넓이는 $8\times8\times3.14=200.96\ (cm^2)$입니다.
작은 원의 반지름은 $14-8=6$ (cm)이므로 작은 원의 넓이는 $6\times6\times3.14=113.04\ (cm^2)$입니다.
따라서 두 원의 넓이의 합은 $200.96+113.04=314\ (cm^2)$입니다. / $314\ cm^2$

채점 기준 답안 내용	배점
두 원의 넓이를 각각 구하여 답을 바르게 구한 경우	7
한 원의 넓이만 바르게 구한 경우	4

6 예시 답안 원의 둘레가 90 m이므로 (반지름)$\times2\times3=90$에서 (반지름)$=90\div3\div2=30\div2=15$ (m)입니다.
따라서 연못의 넓이는 $15\times15\times3=675\ (m^2)$ / $675\ m^2$

채점 기준 답안 내용	배점
연못의 반지름을 구하여 답을 바르게 구한 경우	10
연못의 반지름은 구하였으나 답을 잘못 구한 경우	4

7 예시 답안 색칠한 부분의 넓이는 반지름이 20 cm인 원의 넓이의 $\frac{1}{4}$에서 지름이 20 cm인 원의 넓이의 $\frac{1}{2}$을 빼면 됩니다.
따라서 색칠한 부분의 넓이는
$20\times20\times3.14\times\frac{1}{4}-10\times10\times3.14\times\frac{1}{2}$
$=314-157=157\ (cm^2)$입니다. / $157\ cm^2$

채점 기준 답안 내용	배점
색칠한 부분의 넓이를 구하는 방법을 알고 답을 바르게 구한 경우	10
색칠한 부분의 넓이를 구하는 방법은 알았으나 답을 잘못 구한 경우	4

6. 원기둥, 원뿔, 구

연습! 서술형 평가 54~55쪽

1 ②, ④
1-1 나, 라 / 예시 답안 원기둥의 두 밑면은 원이고 서로 평행하며, 옆면은 굽은 면이고 굴리면 잘 굴러갑니다.

채점 기준 답안 내용	배점
원기둥을 모두 찾고 특징을 알맞게 쓴 경우	4
원기둥은 모두 찾았으나 특징을 알맞게 쓰지 못한 경우	2

2 ④
풀이 옆면의 모양이 직사각형인 것은 ②, ④, ⑤입니다. 이 중 ②는 두 밑면이 합동이 아니고, ⑤는 두 밑면이 옆면을 사이에 두고 마주 보고 있지 않으므로 ②와 ⑤는 원기둥의 전개도가 아닙니다.
2-1 예시 답안 옆면의 모양이 직사각형이 아니고, 밑면이 옆면을 사이에 두고 마주 보고 있지 않으므로 원기둥의 전개도가 아닙니다.

채점 기준 답안 내용	배점
원기둥의 전개도가 아닌 이유를 바르게 쓴 경우	6

3 13 cm, 30 cm
풀이 (선분 ㄱㄴ)=(원기둥의 높이)=13 cm
(선분 ㄱㄹ)=(밑면의 둘레)$=5\times2\times3=30$ (cm)
3-1 예시 답안 원기둥의 전개도에서 옆면의 가로는 밑면의 둘레와 같으므로 $5\times2\times3=30$ (cm)이고, 옆면의 세로는 원기둥의 높이와 같으므로 13 cm입니다.
따라서 직사각형의 가로와 세로의 길이의 차는
$30-13=17$ (cm)입니다. / 17 cm

채점 기준 답안 내용	배점
직사각형의 가로와 세로를 각각 구하여 답을 바르게 구한 경우	4
직사각형의 가로와 세로는 각각 구하였으나 답을 잘못 구한 경우	2
직사각형의 가로와 세로 중 하나만 구한 경우	1

4 가, 다 / 나, 라

4-1 예시 답안 밑면의 모양은 원이고, 옆면은 굽은 면입니다. / 원뿔에는 원뿔의 꼭짓점이 있지만 원기둥에는 없습니다.

채점 기준 답안 내용	배점
원기둥과 원뿔의 공통점과 차이점을 모두 알맞게 쓴 경우	6
원기둥과 원뿔의 공통점과 차이점 중 하나만 알맞게 쓴 경우	3

| 채점 시 유의 사항 | 원기둥은 밑면이 2개, 원뿔은 밑면이 1개이므로 차이점으로 밑면의 수가 다르다고 답해도 정답입니다.

5 선분 ㄱㄹ

5-1 예시 답안 모선의 길이는 17 cm이고, 높이는 15 cm입니다. 따라서 모선의 길이와 높이의 차는 $17-15=2$ (cm)입니다. / 2 cm

채점 기준 답안 내용	배점
모선의 길이와 높이를 각각 구하여 답을 바르게 구한 경우	6
모선의 길이와 높이는 각각 구하였으나 답을 잘못 구한 경우	4

6 구의 반지름, 구의 중심

6-1 원희 / 예시 답안 구의 중심은 구의 가장 안쪽에 있는 점으로 한 개야.

채점 기준 답안 내용	배점
잘못 설명한 학생을 찾고 바르게 고친 경우	4
잘못 설명한 학생은 찾았으나 바르게 고치지 못한 경우	2

실전! 서술형 평가 56~57쪽

1 ㉡ / 예시 답안 두 밑면이 원이 아닙니다.

채점 기준 답안 내용	배점
원기둥이 아닌 것을 찾고 이유를 알맞게 쓴 경우	5
원기둥이 아닌 것은 찾았으나 이유를 알맞게 쓰지 못한 경우	2

2 예시 답안 원기둥의 높이는 15 cm이고, 원뿔의 높이는 12 cm입니다. 따라서 원기둥의 높이가 $15-12=3$ (cm) 더 높습니다. / 원기둥, 3 cm

채점 기준 답안 내용	배점
원기둥과 원뿔의 높이를 각각 구하여 답을 바르게 구한 경우	5
원기둥과 원뿔의 높이는 각각 구하였으나 답을 잘못 구한 경우	3
원기둥과 원뿔 중 하나의 높이만 구한 경우	2

3 나영 / 예시 답안 원뿔은 옆면이 굽은 면이고, 각뿔은 옆면이 평평한 면이야.

채점 기준 답안 내용	배점
잘못 설명한 학생을 찾고 바르게 고친 경우	5
잘못 설명한 학생은 찾았으나 바르게 고치지 못한 경우	2

4 예시 답안 원기둥과 구는 뾰족한 부분이 없는데, 원뿔은 뾰족한 부분인 원뿔의 꼭짓점이 있습니다.
따라서 입체도형을 분류한 기준은 원뿔의 꼭짓점의 유무입니다.
/ 원뿔의 꼭짓점의 유무

채점 기준 답안 내용	배점
입체도형의 공통점과 차이점을 알고 답을 바르게 구한 경우	7
입체도형의 공통점과 차이점은 알았으나 답을 잘못 구한 경우	4
입체도형의 공통점과 차이점 중 하나만 알고 있는 경우	2

5 ❶ 30 cm ❷ 18 cm
❸ 예시 답안 원뿔의 밑면의 반지름이 5 cm이므로 밑면의 둘레는 $5\times2\times3=30$ (cm)이고, 원기둥의 한 밑면의 지름이 6 cm이므로 한 밑면의 둘레는 $6\times3=18$ (cm)입니다.
따라서 원뿔의 밑면의 둘레와 원기둥의 한 밑면의 둘레의 합은 $30+18=48$ (cm)입니다. / 48 cm

채점 기준 답안 내용	배점
두 입체도형의 밑면의 둘레를 각각 구하여 답을 바르게 구한 경우	7
두 입체도형의 밑면의 둘레는 각각 구하였으나 답을 잘못 구한 경우	5
두 입체도형의 밑면의 둘레 중 하나만 구한 경우	2

6 예시 답안 직사각형 모양의 종이를 한 변을 기준으로 한 바퀴 돌려 만든 입체도형은 한 밑면의 반지름이 10 cm인 원기둥입니다.
따라서 한 밑면의 넓이는 $10\times10\times3.14=314$ (cm^2)입니다.
/ 314 cm^2

채점 기준 답안 내용	배점
만든 입체도형의 한 밑면의 반지름을 구하여 답을 바르게 구한 경우	7
만든 입체도형의 한 밑면의 반지름은 구하였으나 답을 잘못 구한 경우	3

7 예시 답안 원기둥을 앞에서 본 모양은 가로가 14 cm, 세로가 16 cm인 직사각형이므로 넓이는 $14\times16=224$ (cm^2)이고, 위에서 본 모양은 반지름이 $14\div2=7$ (cm)인 원이므로 넓이는 $7\times7\times3.1=151.9$ (cm^2)입니다.
따라서 두 넓이의 차는 $224-151.9=72.1$ (cm^2)입니다.
/ 72.1 cm^2

채점 기준 답안 내용	배점
원기둥을 앞에서 본 모양과 위에서 본 모양의 넓이를 각각 구하여 답을 바르게 구한 경우	10
원기둥을 앞에서 본 모양과 위에서 본 모양의 넓이는 각각 구하였으나 답을 잘못 구한 경우	7
원기둥을 앞에서 본 모양과 위에서 본 모양의 넓이 중 하나만 바르게 구한 경우	3

사회 1. 세계 여러 나라의 자연과 문화

연습! 서술형 평가 58~59쪽

1 ④

풀이 세계 지도를 통해 여러 개의 가로선과 세로선, 세계 여러 나라의 모습과 각 나라와 바다의 이름을 살펴볼 수 있습니다.

1-1 예시 답안 위선(가로선)과 경선(세로선)을 볼 수 있습니다.

풀이 세계 지도에는 위치를 쉽게 나타내기 위해 위선(가로선)과 경선(세로선)이 그려져 있습니다. 위선과 경선에는 숫자가 쓰여 있는데 이를 위도와 경도라고 합니다.

채점 기준 답안 내용	배점
'위선(가로선)과 경선(세로선)을 볼 수 있다.' 등 세계 지도에서 찾을 수 있는 지리 정보를 알맞게 쓴 경우	4
세계 지도에서 찾을 수 있는 지리 정보를 썼으나 미흡하게 쓴 경우	2

2 ㉡

풀이 아시아는 우리나라가 속해 있는 대륙입니다.

2-1 예시 답안 아시아는 대륙 중에서 가장 크며 세계 육지 면적의 약 30%를 차지합니다.

풀이 우리나라가 속한 대륙은 아시아입니다.

채점 기준 답안 내용	배점
'아시아는 대륙 중에서 가장 크며 세계 육지 면적의 약 30%를 차지한다.' 등 우리나라가 속해 있는 대륙의 특징을 알맞게 쓴 경우	4
우리나라가 속해 있는 대륙의 특징을 썼으나 미흡하게 쓴 경우	2

3 (1) × (2) ○

풀이 (1) 태양의 열을 많이 받는 적도 부근은 열대 기후가 나타나고, 태양열을 적게 받는 극지방 부근은 한대 기후가 나타납니다.

3-1 예시 답안 세계의 기후는 열대 기후, 건조 기후, 온대 기후, 냉대 기후, 한대 기후, (고산 기후) 등으로 분류할 수 있습니다.

풀이 기후란 일정한 지역에서 여러 해에 걸쳐 나타나는 평균적인 날씨입니다. 세계의 기후는 적도 지방에서 극지방으로 갈수록 기온이 점차 낮아지는데, 이는 기후 형성에 큰 영향을 미칩니다.

채점 기준 답안 내용	배점
'세계의 기후는 열대 기후, 건조 기후, 온대 기후, 냉대 기후, 한대 기후, (고산 기후) 등으로 분류할 수 있다.'라고 세계의 기후는 크게 어떻게 분류되는지 알맞게 쓴 경우	4
세계의 기후는 크게 어떻게 분류되는지 썼으나 미흡하게 쓴 경우	2

4 ④

풀이 힌두교를 믿는 인도 사람들은 소고기를 먹지 않습니다. 힌두교에서는 소를 성스러운 동물로 여기기 때문에 소를 죽이거나 먹을 수 없다고 합니다.

4-1 예시 답안 이누이트족은 가장 쉽게 구할 수 있는 재료인 동물의 가죽과 털로 옷을 만드는데, 이 옷은 추위와 바람을 효과적으로 막을 수 있습니다.

풀이 이누이트족이 가장 쉽게 구할 수 있는 옷의 재료는 동물의 가죽과 털입니다. 동물의 가죽과 털로 만든 옷은 추위와 바람을 막을 때도 효과적입니다.

채점 기준 답안 내용	배점
'이누이트족은 가장 쉽게 구할 수 있는 재료인 동물의 가죽과 털로 옷을 만드는데, 이 옷은 추위와 바람을 효과적으로 막을 수 있다.'라고 환경이 이누이트족의 의생활 모습에 미치는 영향을 알맞게 쓴 경우	6
환경이 이누이트족의 의생활 모습에 미치는 영향을 썼으나 미흡하게 쓴 경우	3

5 중국

풀이 고비 사막은 중국과 몽골에 걸쳐 있으며, 시짱(티베트) 고원은 세계의 지붕이라고 불리는 중국의 고원입니다.

5-1 예시 답안 서쪽에는 고원과 산지가, 동쪽 해안가에는 평야가 발달했습니다.

풀이 중국은 영토가 넓고 지역마다 다양한 지형과 기후가 나타납니다. 또한 서쪽에서 동쪽으로 갈수록 지형이 낮아집니다.

채점 기준 답안 내용	배점
'서쪽에는 고원과 산지가, 동쪽 해안가에는 평야가 발달했다.' 등 중국의 자연환경을 알맞게 쓴 경우	6
중국의 자연환경을 썼으나 미흡하게 쓴 경우	3

6 교류

풀이 우리나라와 이웃 나라는 다양한 분야에서 교류가 활발하게 이루어집니다.

6-1 예시 답안 우리나라와 이웃 나라는 교류하며 여러 문제를 해결하려고 함께 노력하기도 합니다.

풀이 미세 먼지 증가와 같은 환경 문제를 해결하기 위해 각국이 정치적으로 교류하며 함께 노력하고 있습니다. 미세 먼지가 이웃 나라와 함께 노력해야 할 문제인 이유는 원인이 되는 오염 물질이 바람을 타고 이동해 이웃 나라에 서로 영향을 주기 때문입니다.

채점 기준 답안 내용	배점
'우리나라와 이웃 나라는 교류하며 여러 문제를 해결하려고 함께 노력하기도 한다.'라고 제시된 신문 기사를 통해 알 수 있는 우리나라와 이웃 나라의 교류 모습을 알맞게 쓴 경우	6
제시된 신문 기사를 통해 알 수 있는 우리나라와 이웃 나라의 교류 모습을 썼으나 미흡하게 쓴 경우	3

실전! 서술형 평가

60~61쪽

1 예시 답안 세계 지도나 지구본에서 찾기 어려운 다양한 정보를 얻을 수 있습니다. /
확대와 축소가 자유롭고, 다양한 정보가 연결되어 있습니다.

풀이 디지털 영상 지도는 위성 영상이나 항공 사진 등을 바탕으로 다양한 기기에서 이용할 수 있도록 디지털 정보로 표현된 지도입니다.

채점 기준 답안 내용	배점
'세계 지도나 지구본에서 찾기 어려운 다양한 정보를 얻을 수 있다.' 등 세계 지도, 지구본과 비교했을 때 디지털 영상 지도가 가진 특징을 알맞게 쓴 경우	7
세계 지도, 지구본과 비교했을 때 디지털 영상 지도가 가진 특징을 썼으나 미흡하게 쓴 경우	4

2 예시 답안 아시아, 오세아니아, 북아메리카, 남아메리카 대륙 사이에 있는 가장 큰 바다로 우리나라와 인접해 있는 대양입니다.

풀이 태평양은 아시아, 오세아니아, 아메리카 등의 대륙 사이에 있습니다.

채점 기준 답안 내용	배점
'아시아, 오세아니아, 북아메리카, 남아메리카 대륙 사이에 있는 가장 큰 바다로 우리나라와 인접해 있는 대양이다.'라고 태평양의 특징을 알맞게 쓴 경우	5
태평양의 특징을 썼으나 미흡하게 쓴 경우	2

3 예시 답안 남북으로 길게 뻗은 모양입니다.

풀이 아르헨티나의 영토 모양은 세로로 긴 모습입니다.

채점 기준 답안 내용	배점
'남북으로 길게 뻗은 모양이다.'라고 아르헨티나의 영토 모양을 알맞게 쓴 경우	5
아르헨티나의 영토 모양을 썼으나 미흡하게 쓴 경우	2

| 채점 시 유의 사항 | 아르헨티나의 영토 모양이 세로로 긴 모습이라는 내용도 정답으로 인정합니다.

4 예시 답안 전통적으로 화전 농업 방식을 활용해 얌, 카사바 등을 재배했습니다. /
요즘에는 바나나, 기름야자, 커피를 대규모로 재배합니다.

풀이 최근에는 사파리 관광 산업과 같은 여러 생태 관광 산업도 발달하고 있습니다.

▲ 화전 농업

▲ 사파리 관광 산업

채점 기준 답안 내용	배점
'전통적으로 화전 농업 방식을 이용해 얌, 카사바 등을 재배했다.' 등 열대 기후 지역에서 볼 수 있는 사람들의 생활 모습을 알맞게 쓴 경우	7
열대 기후 지역에서 볼 수 있는 사람들의 생활 모습을 썼으나 미흡하게 쓴 경우	4

5 예시 답안 지역의 기후와 같은 자연환경이 나라마다 다르기 때문입니다. /
지역의 풍습과 같은 인문 환경이 나라마다 다르기 때문입니다.

풀이 사람들은 살아가는 지역의 기후와 같은 자연환경뿐만 아니라 인문 환경에 따른 옷, 음식, 집을 만들어 생활합니다.

채점 기준 답안 내용	배점
'지역의 기후와 같은 자연환경이 나라마다 다르기 때문이다.' 등 집을 짓는 재료나 집의 모양이 나라마다 다른 까닭을 알맞게 쓴 경우	7
집을 짓는 재료나 집의 모양이 나라마다 다른 까닭을 썼으나 미흡하게 쓴 경우	4

6 예시 답안 지리적으로 가까이 위치해 오래전부터 활발하게 교류했기 때문입니다.

풀이 우리나라, 중국, 일본은 한자의 영향을 받은 공통적인 문화가 있습니다.

채점 기준 답안 내용	배점
'지리적으로 가까이 위치해 오래전부터 활발하게 교류했기 때문이다.'라고 우리나라, 중국, 일본이 공통적으로 한자 문화의 영향을 받은 까닭을 알맞게 쓴 경우	7
우리나라, 중국, 일본이 공통적으로 한자 문화의 영향을 받은 까닭을 썼으나 미흡하게 쓴 경우	4

7 ❶ 서남아시아

풀이 우리나라는 산업, 교통 등에 필수 에너지 자원인 원유의 대부분을 외국에서 수입하고 있습니다.

❷ 교류

풀이 우리나라는 이웃 나라뿐만 아니라 지리적으로 멀리 떨어진 나라들과도 활발하게 교류를 하고 있습니다.

❸ 예시 답안 나라마다 환경이 달라 서로 필요한 도움을 주고받을 수 있기 때문입니다.

풀이 우리나라는 세계 여러 나라와 정치, 경제, 문화적 상호 의존 관계에 있습니다.

채점 기준 답안 내용	배점
'나라마다 환경이 달라 서로 필요한 도움을 주고받을 수 있기 때문이다.'라고 우리나라가 세계 여러 나라와 교류를 하고 있는 까닭을 알맞게 쓴 경우	6
우리나라가 세계 여러 나라와 교류를 하고 있는 까닭을 썼으나 미흡하게 쓴 경우	3

2. 통일 한국의 미래와 지구촌의 평화

연습! 서술형 평가 62~63쪽

1 ④

풀이 독도에서 울릉도까지 거리는 87.4km이고, 독도에서 일본의 오키섬까지 거리는 157.5km입니다. 따라서 독도는 일본의 오키섬보다 우리나라의 울릉도에 훨씬 더 가까이 있습니다.

1-1 예시 답안 예부터 독도는 우리나라 땅이라고 우리 조상들이나 일본 사람들 모두 생각하고 있었습니다.

풀이 「팔도총도」(1531년)는 현존하는 우리나라 옛 지도 중 우산도(지금의 독도)가 표기된 가장 오래된 지도입니다. 「대일본전도」(1877년)는 일본이 공식적으로 자국의 영토 전체를 표기해 만든 지도입니다. 주변 섬들을 포함해 일본 영토를 자세히 그려 놓았지만, 독도는 어디에도 없습니다.

채점 기준 답안 내용	배점
'예부터 독도는 우리나라 땅이라고 우리 조상들이나 일본 사람들 모두 생각하고 있었다.'라고 제시된 두 지도를 보고, 옛날 사람들의 독도에 대한 생각을 알맞게 쓴 경우	6
제시된 두 지도를 보고, 옛날 사람들의 독도에 대한 생각을 썼으나 미흡하게 쓴 경우	3

2 (1) ○ (2) ○ (3) ×

풀이 (3) 북한의 경제 상황이 좋지 않아 많은 사람이 인간다운 생활을 하지 못해 고통을 겪고 있습니다.

2-1 예시 답안 남과 북이 서로 분단되어 있기 때문입니다.

풀이 분단으로 우리나라는 전쟁에 대한 공포, 이산가족의 아픔, 남북 간의 언어와 문화 차이 등을 겪고 있습니다.

채점 기준 답안 내용	배점
'남과 북이 서로 분단되어 있기 때문이다.'라고 제시된 문제가 발생하는 공통적인 원인을 알맞게 쓴 경우	4
제시된 문제가 발생하는 공통적인 원인을 썼으나 미흡하게 쓴 경우	2

3 ㉣

풀이 지구촌 갈등은 영토, 자원, 종교, 언어, 인종, 역사, 민족, 정치 등의 다양한 원인이 복합적으로 얽혀서 나타나고 있습니다.

3-1 예시 답안 나라들이 서로 밀접하게 연결되어 있기 때문입니다.

풀이 전 세계가 연결되어 있기 때문에 다른 곳에서의 갈등이 우리 생활과도 밀접하게 연결되어 있습니다.

채점 기준 답안 내용	배점
'나라들이 서로 밀접하게 연결되어 있기 때문이다.' 등 내전이나 일부 지역의 충돌이 지구촌 전체에 영향을 미치는 까닭을 알맞게 쓴 경우	6
내전이나 일부 지역의 충돌이 지구촌 전체에 영향을 미치는 까닭을 썼으나 미흡하게 쓴 경우	3

4 국제 연합(UN)

풀이 1945년 설립된 국제 연합(UN)은 지구촌의 평화 유지, 전쟁 방지, 국제 협력 활동을 하는 단체입니다.

4-1 예시 답안 세계 여러 나라가 서로 협력해 지구촌 평화를 지키기 위해서입니다.

풀이 국제기구란 국가들이 모여서 지구촌 문제를 함께 해결하려고 만든 조직입니다. 국제 연합(UN)에는 다양한 전문 기구들이 설립되어 있으며, 세계 여러 나라가 서로 협력해 지구촌 갈등을 해결하려고 노력하고 있습니다.

채점 기준 답안 내용	배점
'세계 여러 나라가 서로 협력해 지구촌 평화를 지키기 위해서이다.'라고 국제 연합(UN)의 설립 목적을 알맞게 쓴 경우	6
국제 연합(UN)의 설립 목적을 썼으나 미흡하게 쓴 경우	3

5 ③

풀이 우리가 일상생활에서 사용하고 버리는 플라스틱 쓰레기가 바다로 흘러들어 가면서 해양 동물과 생태계에 나쁜 영향을 미치고 있습니다.

5-1 예시 답안 사람들의 필요에 따라 개발이 무분별하게 이루어지고 있기 때문입니다.

풀이 경제 성장, 개발, 사람들의 필요 등에 의해 열대 우림이 파괴되고 있습니다.

채점 기준 답안 내용	배점
'사람들의 필요에 따라 개발이 무분별하게 이루어지고 있기 때문이다.' 등 지구촌에서 환경 문제가 일어나는 까닭을 알맞게 쓴 경우	4
지구촌에서 환경 문제가 일어나는 까닭을 썼으나 미흡하게 쓴 경우	2

| 채점 시 유의 사항 | 경제적 이익, 편리함 등을 생각하며 환경을 생각하지 않고 개발을 하고 있기 때문이라는 내용도 정답으로 인정합니다.

6 편견

풀이 세계 곳곳에서는 문화가 다르다는 까닭으로 편견에 상처받거나 차별을 받는 경우가 있습니다.

6-1 예시 답안 우리와 다른 문화를 이상하다고 생각할 것이 아니라 차이를 존중하는 태도를 길러야 합니다.

풀이 문화적 편견과 차별로 힘들어하는 친구가 있으면 함께 공감하고 도움을 주고자 노력해야 합니다.

채점 기준 답안 내용	배점
'우리와 다른 문화를 이상하다고 생각할 것이 아니라 차이를 존중하는 태도를 길러야 한다.' 등 문화적 편견과 차별 문제를 해결하기 위해 우리가 갖추어야 할 태도를 알맞게 쓴 경우	4
문화적 편견과 차별 문제를 해결하기 위해 우리가 갖추어야 할 태도를 썼으나 미흡하게 쓴 경우	2

실전! 서술형 평가

64~65쪽

1 예시 답안 우리나라에서 가장 오래된 화산섬이기 때문입니다.

풀이 우리나라는 독도를 천연기념물 제336호로 지정해 보호하고 있습니다.

채점 기준 답안 내용	배점
'우리나라에서 가장 오래된 화산섬이기 때문이다.' 등 우리 땅 독도를 천연기념물로 지정한 까닭을 알맞게 쓴 경우	5
우리 땅 독도를 천연기념물로 지정한 까닭을 썼으나 미흡하게 쓴 경우	2

| 채점 시 유의 사항 | 독도에는 다양한 동식물이 서식하고 있기 때문이다, 독도는 독특한 지형과 자연 경관을 가지고 있기 때문이다, 독도가 매우 아름답기 때문이다 등의 내용도 정답으로 인정합니다.

2 예시 답안 남한의 자본과 기술력에 북한의 노동력이 결합한 개성 공단이 활발하게 운영되었던 적이 있었어.

풀이 남북통일을 위해 남과 북이 도로와 철도를 연결하기도 했습니다. 그동안 정부와 민간단체를 중심으로 남북한은 정치, 경제, 사회 · 문화 분야에서 교류하고 협력하는 노력을 다양하게 기울여 왔습니다.

▲ 개성 공단 가동(2005년)

▲ 경의선 · 동해선 연결, 현대화 착공식(2018년)

채점 기준 답안 내용	배점
'남한의 자본과 기술력에 북한의 노동력이 결합한 개성 공단이 활발하게 운영되었던 적이 있었다.' 등 남북한이 평화 통일을 위해 경제적으로 노력한 일을 알맞게 쓴 경우	7
남북한이 평화 통일을 위해 경제적으로 노력한 일을 썼으나 미흡하게 쓴 경우	4

3 예시 답안 전쟁이 일어나면 폭격으로 건물이 무너지고 어린이들이 목숨을 잃거나 부모를 잃고 고아가 되기도 합니다.

풀이 전쟁이 일어나면 먹을 것과 깨끗한 물이 부족해 질병에 걸리고 집을 잃어 헤매거나 학교도 갈 수 없게 됩니다.

▲ 폐허가 된 도시의 모습

▲ 다친 사람들의 모습

채점 기준 답안 내용	배점
'전쟁이 일어나면 폭격으로 건물이 무너지고 어린이들이 목숨을 잃거나 부모를 잃고 고아가 되기도 한다.' 등 내전으로 인해 어린이들이 겪을 수 있는 어려움을 알맞게 쓴 경우	7
내전으로 인해 어린이들이 겪을 수 있는 어려움을 썼으나 미흡하게 쓴 경우	4

| 채점 시 유의 사항 | 폭격으로 엄청난 소음과 공포 속에서 지낼 수 있다는 내용도 정답으로 인정합니다.

4 예시 답안 지구촌의 평화를 이루기 위해서입니다.

풀이 우리나라는 지구촌 평화를 위해 어려움을 겪고 있는 나라에 봉사 활동을 하거나 군대, 구조대를 보내 줍니다.

채점 기준 답안 내용	배점
'지구촌의 평화를 이루기 위해서이다.'라고 우리나라가 제시된 사진과 같은 활동을 하는 까닭을 알맞게 쓴 경우	5
우리나라가 제시된 사진과 같은 활동을 하는 까닭을 썼으나 미흡하게 쓴 경우	2

5 ❶ 비정부 기구(NGO)

풀이 비정부 기구는 처음에는 개인이 시작했는데 뜻이 맞는 사람들이 함께 모여 단체를 만든 경우가 많습니다.

❷ 예시 답안 지구 환경과 평화를 지키려고 핵 실험 반대, 자연 보호 운동을 합니다.

풀이 그린피스는 반핵 단체를 토대로 같은 의견을 가진 사람들이 모여 만든 비정부 기구입니다.

채점 기준 답안 내용	배점
'지구 환경과 평화를 지키려고 핵 실험 반대, 자연 보호 운동을 한다.' 등 그린피스에서 주로 하는 활동을 알맞게 쓴 경우	4
그린피스에서 주로 하는 활동을 썼으나 미흡하게 쓴 경우	2

❸ 예시 답안 비정부 기구(NGO)는 정부나 국가와 상관이 없어서 국가 이익과 관계없이 활동할 수 있습니다.

풀이 각 나라 정부들이 모인 국제기구와 달리 비정부 기구는 특정 분야에 관심 있는 사람들이 스스로 모여서 국경을 넘어 문제를 해결하려고 노력하고 있습니다.

채점 기준 답안 내용	배점
'비정부 기구(NGO)는 정부나 국가와 상관이 없어서 국가 이익과 관계없이 활동할 수 있다.'라고 비정부 기구(NGO)가 국제기구와 다른 점을 알맞게 쓴 경우	4
비정부 기구(NGO)가 국제기구와 다른 점을 썼으나 미흡하게 쓴 경우	2

6 예시 답안 환경 문제에 관심을 가지고 환경 캠페인에 적극적으로 참여합니다.

풀이 지구촌 환경 문제 해결을 위해 개인은 환경 캠페인 참여하기, 일회용품 줄이기, 친환경 제품 사용하기, 에너지 절약하기 등과 같은 일을 실천할 수 있습니다.

채점 기준 답안 내용	배점
'환경 문제에 관심을 가지고 환경 캠페인에 적극적으로 참여한다.' 등 지구촌 환경 문제를 해결하기 위해 개인이 할 수 있는 노력을 알맞게 쓴 경우	7
지구촌 환경 문제를 해결하기 위해 개인이 할 수 있는 노력을 썼으나 미흡하게 쓴 경우	4

7 예시 답안 자원을 절약하고 환경 오염을 줄임으로써 지속 가능한 미래를 이룰 수 있습니다.

풀이 자원의 소비량을 줄이고, 환경과 조화를 추구하는 생산과 소비 활동으로 환경에 미치는 영향을 최소화함으로써 우리의 건강과 환경을 지킬 수 있습니다.

채점 기준 답안 내용	배점
'자원을 절약하고 환경 오염을 줄임으로써 지속 가능한 미래를 이룰 수 있다.'라고 환경을 생각하는 생산과 소비 활동의 좋은 점을 알맞게 쓴 경우	7
환경을 생각하는 생산과 소비 활동의 좋은 점을 썼으나 미흡하게 쓴 경우	4

과학 1. 전기의 이용

연습! 서술형 평가 66~67쪽

1 예시 답안 (2) ○ (3) ○

1-1 예시 답안 전지, 전선, 전구가 끊기지 않게 연결합니다. 전구는 전지의 (+)극과 전지의 (−)극에 각각 연결합니다. 전기 부품의 전기가 잘 흐르는 부분끼리 연결합니다.

채점 기준 답안 내용	배점
전기 회로의 전구에 불이 켜지는 조건 세 가지를 모두 옳게 쓴 경우	6
전기 회로의 전구에 불이 켜지는 조건을 두 가지만 옳게 쓴 경우	4

2 (1) ○

풀이 전지 두 개를 연결할 때 전구의 밝기를 밝게 하려면 한 전지의 (+)극을 다른 전지의 (−)극에 연결해야 합니다.

2-1 ㉡, 예시 답안 전지 두 개를 연결하면 전지 한 개를 연결할 때보다 전구의 밝기가 더 밝습니다.

채점 기준 답안 내용	배점
㉡이라고 쓰고, 전지 두 개를 연결하면 전지 한 개를 연결할 때보다 전구의 밝기가 더 밝다고 쓴 경우	8
㉡이라고만 쓴 경우	4

3 ㉡

3-1 예시 답안 전구를 직렬연결한 것입니다. 전구를 직렬연결한 전기 회로의 전구는 밝기가 어둡습니다.

채점 기준 답안 내용	배점
전구를 직렬연결한 것이라고 쓰고, 전구의 밝기가 어둡다고 쓴 경우	6

4 (1) ○ (4) ○

풀이 에어컨을 켤 때는 문을 닫고, 플러그를 뽑을 때는 플러그의 머리 부분을 잡고 뽑습니다.

4-1 ㉡, 예시 답안 물기가 있는 손으로 전기 제품을 만지지 않습니다.

채점 기준 답안 내용	배점
㉡이라고 쓰고, 물기가 있는 손으로 전기 제품을 만지지 않는다고 쓴 경우	6
㉡이라고만 쓴 경우	2

5 ㉠ → ㉢ → ㉡

5-1 예시 답안 전기가 흐르는 전선 주위에 자석의 성질이 나타나는 것을 이용해 만든 자석입니다.

채점 기준 답안 내용	배점
전기가 흐르는 전선 주위에 자석의 성질이 나타나는 것을 이용해 만든 자석이라고 쓴 경우	8
전기가 흐를 때만 자석의 성질이 나타나는 자석이라고 쓴 경우	3

6 ⑤

6-1 예시 답안 전기가 흐를 때만 자석의 성질이 나타납니다. 전지의 방향이 바뀌면 전자석의 극도 바뀝니다. 일렬로 연결된 전지의 개수를 다르게 하여 전자석의 세기를 조절할 수 있습니다.

채점 기준 답안 내용	배점
전자석의 성질 세 가지를 모두 옳게 쓴 경우	8
전자석의 성질을 두 가지만 옳게 쓴 경우	5

실전! 서술형 평가 68~69쪽

1 (1) ㉡, ㉣

(2) 예시 답안 전지, 전선, 전구가 끊기지 않게 연결합니다. 전구는 전지의 (+)극과 전지의 (−)극에 각각 연결합니다. 전기 부품의 전기가 잘 흐르는 부분끼리 연결합니다.

채점 기준 답안 내용	배점
(1)과 (2)를 모두 옳게 쓴 경우	7
(2)만 옳게 쓴 경우	4

2 예시 답안 ㉠ 전기 회로의 전구의 밝기가 ㉡ 전기 회로의 전구의 밝기보다 밝습니다.

채점 기준 답안 내용	배점
㉠ 전기 회로의 전구의 밝기가 ㉡ 전기 회로의 전구의 밝기보다 밝다고 쓴 경우	5

3 ㉠, ㉡, 예시 답안 전구 두 개가 한 줄로 연결되어(전구 두 개가 직렬로 연결되어) 있습니다.

채점 기준 답안 내용	배점
㉠, ㉡이라고 쓰고, 전구 두 개가 한 줄로 연결되어(전구 두 개가 직렬로 연결되어) 있다고 쓴 경우	5

4 예시 답안 전구 두 개를 병렬로 연결합니다.

채점 기준 답안 내용	배점
전구를 병렬로 연결한다고 쓴 경우	7
전구의 연결 방법을 바꾼다고 쓴 경우	4

5 (1) 예시 답안 전선을 잡아당겨 플러그를 뽑습니다. 냉장고 문을 열어 놓고 물을 마십니다.

(2) 예시 답안 플러그의 머리 부분을 잡아 플러그를 뽑습니다. 냉장고를 사용하지 않을 때는 냉장고 문을 닫습니다.

채점 기준	답안 내용	배점
	(1)과 (2)를 모두 옳게 쓴 경우	7
	(1)과 (2) 중 한 가지만 옳게 쓴 경우	4

6 예시 답안 전자석이 전기가 흐를 때 자석의 성질을 나타내는 성질을 이용해 무거운 철제품을 전자석에 붙여 다른 장소로 옮깁니다.

채점 기준	답안 내용	배점
	전자석의 성질을 이용해 무거운 철제품을 전자석에 붙여 옮긴다고 쓴 경우	7

7 ❶ 예시 답안 나침반 바늘이 움직입니다.

채점 기준	답안 내용	배점
	나침반 바늘이 움직인다고 쓴 경우	2

❷ 예시 답안 전기가 흐르면 전자석에 자석의 성질이 나타나 N극과 S극이 생기기 때문입니다.

채점 기준	답안 내용	배점
	전기가 흐르면 전자석에 자석의 성질이 나타나 N극과 S극이 생기기 때문이라고 쓴 경우	4
	전기가 흐르면 자석의 성질이 나타나기 때문이라고만 쓴 경우	2

❸ 예시 답안 전지의 극을 반대로 하면 나침반 바늘이 가리키는 방향이 반대가 됩니다.

채점 기준	답안 내용	배점
	나침반 바늘이 가리키는 방향이 반대가 된다고 쓴 경우	4
	나침반 바늘이 가리키는 방향이 달라진다고 쓴 경우	2

2. 계절의 변화

연습! 서술형 평가 70~71쪽

1 (3) ○

1-1 ㉠, 예시 답안 태양 고도란 태양이 지표면과 이루는 각입니다.

채점 기준	답안 내용	배점
	㉠이라고 쓰고, 태양 고도란 태양이 지표면과 이루는 각이라고 쓴 경우	6
	기호는 옳지 않게 썼지만, 태양 고도란 태양이 지표면과 이루는 각이라고 쓴 경우	3

2 (1) ○ (4) ○

2-1 예시 답안 태양 고도가 높아지면 그림자 길이는 짧아지고, 기온은 높아집니다.

채점 기준	답안 내용	배점
	그림자 길이는 짧아지고, 기온은 높아진다고 쓴 경우	6

3 ④

3-1 예시 답안 태양 고도가 가장 높은 때와 기온이 가장 높은 때는 시간 차이가 있습니다. 태양 고도가 높아질수록 지표면은 더 많이 데워지는데, 지표면이 데워져 공기의 온도가 높아지는 데에는 시간이 더 걸리기 때문입니다.

채점 기준	답안 내용	배점
	태양 고도가 가장 높은 때와 기온이 가장 높은 때는 시간 차이가 있다고 쓰고, 그 까닭을 옳게 쓴 경우	8

4 ㉡, ㉢

4-1 예시 답안 태양의 남중 고도가 높은 여름에는 낮의 길이가 길고, 태양의 남중 고도가 낮은 겨울에는 낮의 길이가 짧습니다.

채점 기준	답안 내용	배점
	태양의 남중 고도가 높은 여름에는 낮의 길이가 길고, 태양의 남중 고도가 낮은 겨울에는 낮의 길이가 짧다고 쓴 경우	8
	태양의 남중 고도가 높으면 낮의 길이가 길고, 태양의 남중 고도가 낮으면 낮의 길이가 짧다고 쓴 경우	4

5 (1) ○ (3) ○

5-1 예시 답안 여름에는 태양의 남중 고도가 높아 일정한 면적의 지표면에 도달하는 태양 에너지양이 많아지므로 지표면이 더 많이 데워져 기온이 높습니다.

채점 기준	답안 내용	배점
	주어진 말을 모두 포함해 여름에 기온이 높은 까닭을 옳게 쓴 경우	8
	태양의 남중 고도가 높아 기온이 높다고만 쓴 경우	2

6 경미

풀이 지구의 자전축이 기울어진 채 태양 주위를 공전해서 지구의 위치에 따라 태양의 남중 고도가 달라져 계절이 변합니다.

6-1 (1) 예시 답안 계절이 변합니다.
(2) 예시 답안 계절이 변하지 않습니다.

채점 기준	답안 내용	배점
	(1)과 (2)를 모두 옳게 쓴 경우	6

실전! 서술형 평가 72~73쪽

1 (1) 60
(2) 예시 답안 막대기가 휘어지지 않도록 실을 세게 잡아당기지 않습니다. 바닥이 편평한 곳에서 태양 고도를 측정합니다.

채점 기준	답안 내용	배점
	(1)과 (2)를 모두 옳게 쓴 경우	7
	(2)만 옳게 쓴 경우	4

2 예시 답안 태양 고도가 높아지면 그림자 길이는 짧아지고 기온은 높아집니다. 하지만 태양 고도가 가장 높은 때와 기온이 가장 높은 때는 시간 차이가 있습니다.

채점 기준 답안 내용	배점
태양 고도, 그림자 길이, 기온의 관계를 모두 옳게 쓴 경우	7
태양 고도와 기온의 관계만 옳게 쓴 경우	3

3 예시 답안 태양의 남중 고도는 여름에 가장 높고 겨울에 가장 낮으며, 봄과 가을의 태양의 남중 고도는 여름과 겨울의 중간 정도입니다.

채점 기준 답안 내용	배점
여름에 가장 높고 겨울에 가장 낮으며 봄과 가을은 여름과 겨울의 중간 정도라고 쓴 경우	7

4 예시 답안 태양의 남중 고도가 높아지면 낮의 길이도 길어지고, 태양의 남중 고도가 낮아지면 낮의 길이도 짧아집니다.

채점 기준 답안 내용	배점
태양의 남중 고도가 높아지면 낮의 길이도 길어지고, 태양의 남중 고도가 낮아지면 낮의 길이도 짧아진다고 쓴 경우	5

5 ❶ 태양의 남중 고도

❷ 예시 답안 ㉠ 소리 발생기에서는 크고 분명한 소리가 나고, ㉡ 소리 발생기에서는 작고 희미한 소리가 납니다.

채점 기준 답안 내용	배점
㉡ 소리 발생기보다 ㉠ 소리 발생기에서 더 크고 분명한 소리가 난다고 쓴 경우	4

❸ 예시 답안 태양의 남중 고도가 높으면 일정한 면적의 지표면에 도달하는 태양 에너지양이 많아지므로 지표면이 더 많이 데워져 기온이 높아집니다.

채점 기준 답안 내용	배점
태양의 남중 고도가 높으면 일정한 면적의 지표면에 도달하는 태양 에너지양이 많아지므로 지표면이 더 많이 데워져 기온이 높아진다고 쓴 경우	4
태양의 남중 고도가 높으면 지표면이 더 많이 데워져 기온이 높아진다고만 쓴 경우	2

6 예시 답안 지구의의 위치에 따라 태양의 남중 고도가 변하지 않습니다.

채점 기준 답안 내용	배점
지구의의 위치에 따라 태양의 남중 고도가 변하지 않는다고 쓴 경우	5

7 예시 답안 태양의 남중 고도가 높아지고, 계절이 봄에서 여름으로 변합니다.

채점 기준 답안 내용	배점
태양의 남중 고도가 높아지고, 계절이 봄에서 여름으로 변한다고 쓴 경우	7
태양의 남중 고도가 높아진다고만 쓴 경우	4

풀이 지구가 ㉡ 위치에 있을 때 북반구에 위치한 우리나라는 태양의 남중 고도가 높아 계절이 여름이 됩니다.

3. 연소와 소화

연습! 서술형 평가 74~75쪽

1 ③

1-1 예시 답안 빛과 열을 내면서 탑니다. 물질의 양이 변합니다.

채점 기준 답안 내용	배점
초와 알코올이 탈 때 볼 수 있는 공통적인 현상 두 가지를 모두 옳게 쓴 경우	6

2 ②

2-1 예시 답안 초가 타기 전보다 타고 난 후의 산소 비율이 줄었으므로 물질이 탈 때 산소가 필요하다는 것을 알 수 있습니다.

채점 기준 답안 내용	배점
물질이 탈 때 산소가 필요하다는 내용을 쓴 경우	8

3 ④

3-1 예시 답안 어떤 물질이 불에 직접 닿지 않아도 타기 시작하는 온도를 말합니다.

채점 기준 답안 내용	배점
어떤 물질이 불에 직접 닿지 않아도 타기 시작하는 온도를 말한다고 쓴 경우	6

4 ㉡

4-1 예시 답안 푸른색 염화 코발트 종이가 붉게 변했으므로 초가 연소한 후에 물이 생겼다는 것을 알 수 있습니다.

채점 기준 답안 내용	배점
푸른색 염화 코발트 종이가 붉게 변했으므로 초가 연소한 후에 물이 생겼다는 것을 알 수 있다고 쓴 경우	6

5 ㉡

5-1 (1) 예시 답안 산소가 공급되지 않기 때문에 촛불이 꺼집니다.

(2) 예시 답안 산소가 공급되지 않고, 발화점 미만으로 온도가 낮아져서 촛불이 꺼집니다.

채점 기준 답안 내용	배점
(1)과 (2)를 모두 옳게 쓴 경우	8
(1)과 (2) 중 한 가지만 옳게 쓴 경우	4

6 현호

풀이 계단으로 대피하고, 나무는 타기 쉬운 물질이므로 나무로 된 책상 밑에 들어가지 않습니다. 문손잡이가 뜨거우면 문을 열지 않습니다.

6-1 ㉢, 예시 답안 나무로 된 책상 밑에 들어가지 않습니다.

정답과 풀이

과학

채점 기준	답안 내용	배점
ⓒ이라고 쓰고, 나무로 된 책상 밑에 들어가지 않는다고 쓴 경우		8
ⓒ이라고만 쓴 경우		2

실전! 서술형 평가

76~77쪽

1 예시 답안 빛과 열이 발생합니다. 물질의 양이 변합니다.

채점 기준	답안 내용	배점
물질이 탈 때 나타나는 공통적인 현상을 두 가지 옳게 쓴 경우		5
물질이 탈 때 나타나는 공통적인 현상을 한 가지만 옳게 쓴 경우		2

2 ㉠, 예시 답안 초가 타기 위해서는 산소가 필요한데, 큰 아크릴 통 속 산소의 양이 작은 아크릴 통 속 산소의 양보다 많아서 초가 더 오래 탑니다.

채점 기준	답안 내용	배점
㉠이라고 쓰고, 초가 타기 위해서는 산소가 필요한데 큰 아크릴 통 속 산소의 양이 작은 아크릴 통 속 산소의 양보다 많아서 초가 더 오래 탄다고 쓴 경우		7

3 예시 답안 철판이 뜨거워지면서 성냥의 머리 부분이 뜨거워져 발화점에 도달했기 때문입니다.

채점 기준	답안 내용	배점
철판이 뜨거워지면서 성냥의 머리 부분이 뜨거워져 발화점에 도달했기 때문이라고 쓴 경우		5
성냥의 머리 부분이 뜨거워졌기 때문이라고만 쓴 경우		2

4 (1) 예시 답안 물질이 산소와 빠르게 반응하여 빛과 열을 내는 현상을 말합니다.
(2) 예시 답안 탈 물질과 산소가 있어야 하고, 온도가 발화점 이상이 되어야 합니다.

채점 기준	답안 내용	배점
(1)과 (2)를 모두 옳게 쓴 경우		7
(1)과 (2) 중 한 가지만 옳게 쓴 경우		4

5 ❶ 예시 답안 푸른색 염화 코발트 종이가 붉게 변합니다.

채점 기준	답안 내용	배점
푸른색 염화 코발트 종이가 붉게 변한다고 쓴 경우		3

❷ 예시 답안 무색투명한 석회수가 뿌옇게 흐려집니다.

채점 기준	답안 내용	배점
석회수가 뿌옇게 흐려진다고 쓴 경우		3

❸ 예시 답안 초가 연소한 후에 물과 이산화 탄소가 생깁니다.

채점 기준	답안 내용	배점
물과 이산화 탄소가 생긴다고 쓴 경우		4

풀이 푸른색 염화 코발트 종이가 붉게 변하는 것을 통해 물이 생긴다는 것을 알 수 있고, 석회수가 뿌옇게 흐려지는 것을 통해 이산화 탄소가 생긴다는 것을 알 수 있습니다.

6 예시 답안 ㉠은 입으로 촛불을 불어 탈 물질을 날아가게 해서 불을 끄는 것입니다. ㉡은 집기병으로 촛불을 덮어 산소 공급을 막아 불을 끄는 것입니다.

채점 기준	답안 내용	배점
㉠은 탈 물질을 없애서 불을 끄고, ㉡은 산소 공급을 막아 불을 끈다고 쓴 경우		7
㉠에 대해서만 옳게 쓰거나, ㉡에 대해서만 옳게 쓴 경우		4

7 ㉣, 예시 답안 아래층에서 불이 나면 옥상이나 높은 곳으로 올라가 구조를 요청합니다.

채점 기준	답안 내용	배점
㉣이라고 쓰고, 아래층에서 불이 나면 옥상이나 높은 곳으로 올라가 구조를 요청한다고 쓴 경우		7

4. 우리 몸의 구조와 기능

연습! 서술형 평가

78~79쪽

1 ㉢

1-1 예시 답안 뼈에 연결된 근육의 길이가 줄어들거나 늘어나면서 뼈를 움직이게 하기 때문에 몸을 움직일 수 있습니다.

채점 기준	답안 내용	배점
근육의 길이가 줄어들거나 늘어나면서 뼈를 움직이게 한다는 말을 쓴 경우		6

2 상훈

2-1 예시 답안 주머니 모양의 위는 소화를 돕는 액체가 나와 음식물과 섞고 음식물을 더 잘게 쪼갭니다.

채점 기준	답안 내용	배점
위의 생김새와 하는 일을 모두 옳게 쓴 경우		8
위가 하는 일만 옳게 쓴 경우		6

3 ㉣

3-1 예시 답안 나뭇가지처럼 생겼으며, 기관과 폐를 이어 주는 관으로 공기가 이동하는 통로입니다.

채점 기준	답안 내용	배점
기관지의 생김새와 하는 일을 모두 옳게 쓴 경우		8
기관지의 생김새만 옳게 쓰거나 하는 일만 옳게 쓴 경우		4

4 ㉡, ㉢
풀이 순환 기관에는 심장과 혈관이 있습니다.

4-1 예시 답안 혈액의 이동에 관여하는 심장과 혈관을 순환 기관이라고 합니다. 심장은 펌프 작용으로 혈액을 순환시키는 일을 하고, 혈관은 혈액이 이동하는 통로 역할을 합니다.

채점 기준 답안 내용	배점
순환 기관이 무엇인지 옳게 쓰고, 심장과 혈관이 하는 일을 모두 옳게 쓴 경우	8
순환 기관이 무엇인지만 옳게 쓰거나 심장과 혈관이 하는 일만 옳게 쓴 경우	4

5 ㉠

5-1 예시 답안 ㉠은 혈액에 있는 노폐물을 걸러 내는 역할을 하고, ㉡은 콩팥에서 걸러 낸 노폐물을 모아 두었다가 몸 밖으로 내보내는 역할을 합니다.

채점 기준 답안 내용	배점
㉠과 ㉡이 하는 일을 모두 옳게 쓴 경우	6

6 ㉡, ㉤, ㉢, ㉣, ㉠

6-1 예시 답안 춤을 추라는 명령을 전달합니다.

채점 기준 답안 내용	배점
춤을 추라는 명령을 전달한다고 쓴 경우	6

실전! 서술형 평가 80~81쪽

1 예시 답안 뼈와 근육 모형에 바람을 불어 넣으면 비닐봉지의 길이가 줄어들어 납작한 빨대가 구부러지는 것처럼, 뼈에 붙어 있는 팔 안쪽 근육의 길이가 줄어들면서 뼈가 따라 올라와 팔을 구부릴 수 있습니다.

채점 기준 답안 내용	배점
뼈와 근육 모형에 바람을 불어 넣으면 비닐봉지의 길이가 줄어들어 납작한 빨대가 구부러지는 것처럼, 뼈에 붙어 있는 팔 안쪽 근육의 길이가 줄어들면서 뼈가 따라 올라와 팔을 구부릴 수 있다고 쓴 경우	7

2 예시 답안 몸속에 들어온 빵은 입과 식도, 위를 지나 작은창자를 거쳐 큰창자로 이동하고 이 과정에서 빵은 점차 분해되어 영양소와 수분이 몸속으로 흡수되며, 나머지는 항문을 통하여 배출됩니다.

채점 기준 답안 내용	배점
빵이 입, 식도, 위, 작은창자, 큰창자를 거치면서 분해되어 영양소와 수분이 흡수되고, 나머지는 항문으로 배출된다고 쓴 경우	7

| 채점 시 유의 사항 | 입, 식도, 위, 작은창자, 큰창자, 항문이 하는 일을 모두 쓴 경우에도 정답으로 합니다.

3 ❶ ㉠ 코 ㉡ 기관 ㉢ 기관지 ㉣ 폐
❷ ㉣
❸ 예시 답안 숨을 내쉴 때 몸속의 공기는 폐, 기관지, 기관, 코를 거쳐 몸 밖으로 나갑니다.

채점 기준 답안 내용	배점
폐, 기관지, 기관, 코를 거쳐 몸 밖으로 나간다고 쓴 경우	6

4 예시 답안 주입기의 펌프가 관을 통하여 붉은 색소 물을 순환시키는 것처럼 심장은 펌프 작용을 통하여 혈액을 온몸으로 순환시키고, 혈관은 혈액의 이동 통로 역할을 합니다.

채점 기준 답안 내용	배점
주입기의 펌프가 관을 통하여 붉은 색소 물을 순환시키는 것처럼 심장은 펌프 작용을 통하여 혈액을 온몸으로 순환시키고, 혈관은 혈액의 이동 통로 역할을 한다고 쓴 경우	7
심장은 펌프 작용을, 혈관은 혈액의 이동 통로 역할을 한다고만 쓴 경우	4

5 예시 답안 온몸을 돌아 노폐물이 쌓인 혈액이 콩팥(㉠)으로 운반되면 콩팥은 혈액에 있는 노폐물을 걸러 냅니다. 노폐물을 걸러 낸 혈액은 다시 혈관을 통해 순환하고, 노폐물은 오줌이 되어 방광(㉡)에 저장되었다가 관을 통해 몸 밖으로 나갑니다.

채점 기준 답안 내용	배점
㉠과 ㉡의 이름을 모두 포함해 배설 과정을 옳게 쓴 경우	7

6 예시 답안 공을 잡으라는 명령을 운동 기관에 전달합니다.

채점 기준 답안 내용	배점
공을 잡으라는 명령을 운동 기관에 전달한다고 쓴 경우	5

풀이 명령을 전달하는 신경계가 하는 일이므로 공을 잡으라는 명령을 운동 기관에 전달합니다.

7 예시 답안 맥박 수가 증가하고 호흡이 빨라집니다. 또 체온이 올라가고 땀이 납니다.

채점 기준 답안 내용	배점
운동을 할 때 나타나는 몸의 변화를 옳게 쓴 경우	5

5. 에너지와 생활

연습! 서술형 평가 82~83쪽

1 정인

1-1 예시 답안 밥을 먹고 소화하여 에너지를 얻습니다.

채점 기준 답안 내용	배점
사람이 에너지를 얻는 방법을 한 가지 옳게 쓴 경우	6

2 ㉡

2-1 예시 답안 햇빛을 받아 광합성으로 스스로 양분을 만들어 냄으로써 에너지를 얻습니다.

채점 기준 답안 내용	배점
햇빛을 받아 광합성으로 스스로 양분을 만들어 냄으로써 에너지를 얻는다고 쓴 경우	6
광합성을 하여 에너지를 얻는다고만 쓴 경우	3

3 (4) ○

3-1 예시 답안 전등은 전기 에너지, 빛에너지를 가지고 있습니다. 화분의 식물은 화학 에너지를 가지고 있습니다. 게시판에 달린 게시물은 위치 에너지를 가지고 있습니다.

채점 기준	답안 내용	배점
	물체 세 가지를 골라 에너지의 형태를 모두 옳게 쓴 경우	8
	물체를 두 가지만 골라 에너지의 형태를 모두 옳게 쓴 경우	5

4 ⑤

4-1 (1) 예시 답안 에너지의 형태가 바뀌는 것을 말합니다.
(2) 예시 답안 전기 에너지가 운동 에너지로 전환됩니다.

채점 기준	답안 내용	배점
	(1), (2)를 모두 옳게 쓴 경우	8
	(1)과 (2) 중 한 가지만 옳게 쓴 경우	4

5 ㉡

5-1 예시 답안 이중창을 설치해 건물 안의 열에너지가 빠져나가지 않도록 합니다. 단열재로 바깥 온도의 영향을 차단하여 집 안의 열이 빠져나가지 않도록 막습니다.

채점 기준	답안 내용	배점
	에너지를 효율적으로 이용하는 예를 두 가지 옳게 쓴 경우	8

| 채점 시 유의 사항 | '단열 유리를 사용한 창문을 설치합니다.', '태양열을 난방에 이용합니다.' 등을 쓴 것도 정답으로 합니다.

6 ㉠

6-1 예시 답안 북극곰은 털과 지방이 있어 추운 날씨에 열에너지가 밖으로 빠져나가는 것을 줄여 에너지를 효율적으로 이용합니다.

채점 기준	답안 내용	배점
	열에너지가 밖으로 빠져나가는 것을 줄인다는 말을 쓴 경우	6

실전! 서술형 평가

84~85쪽

1 (1) 예시 답안 햇빛을 받아 광합성으로 스스로 양분을 만들어 냄으로써 에너지를 얻습니다.
(2) 예시 답안 주유소에서 연료를 넣어 에너지를 얻습니다.

채점 기준	답안 내용	배점
	(1), (2)를 모두 옳게 쓴 경우	7

2 (1) 예시 답안 햇빛을 받아 광합성으로 스스로 양분을 만들어 냄으로써 에너지를 얻습니다.
(2) 예시 답안 다른 생물을 먹어 얻은 양분으로 에너지를 얻습니다.

채점 기준	답안 내용	배점
	(1), (2)를 모두 옳게 쓴 경우	5
	(1)과 (2) 중 한 가지만 옳게 쓴 경우	3

3 예시 답안 다리미는 열에너지, 뛰어다니는 강아지는 운동 에너지, 화분의 식물은 화학 에너지, 콘센트는 전기 에너지, 전등의 불빛은 빛에너지를 가지고 있습니다.

채점 기준	답안 내용	배점
	그림에서 볼 수 있는 에너지의 형태를 다섯 가지 옳게 쓴 경우	7
	그림에서 볼 수 있는 에너지의 형태를 네 가지만 옳게 쓴 경우	5

4 예시 답안 전등의 불빛처럼 어두운 곳을 밝게 비춰 주는 에너지는 빛에너지, 화분의 식물이 가지고 있는 에너지는 화학 에너지, 뛰어다니는 강아지와 같이 움직이는 물체가 가지는 에너지는 운동 에너지입니다.

채점 기준	답안 내용	배점
	전등의 불빛, 화분의 식물, 뛰어다니는 강아지와 관련 있는 에너지의 형태를 모두 옳게 쓴 경우	5

5 ❶ ㉢
풀이 움직이는 범퍼카는 전기 에너지가 운동 에너지로, 광합성을 하는 나무는 빛에너지가 화학 에너지로 형태가 바뀝니다.
❷ 예시 답안 위치 에너지가 운동 에너지로 변합니다.

채점 기준	답안 내용	배점
	위치 에너지가 운동 에너지로 변한다고 쓴 경우	4

❸ 예시 답안 화학 에너지가 열에너지로, 열에너지가 운동 에너지, 위치 에너지로 변합니다.

채점 기준	답안 내용	배점
	화학 에너지가 열에너지로, 열에너지가 운동 에너지, 위치 에너지로 변한다고 쓴 경우	4

6 예시 답안 에너지의 형태가 바뀌는 것을 에너지 전환이라고 합니다. 우리가 생활에서 사용하는 에너지는 태양으로부터 공급된 에너지에서 시작되었습니다.

채점 기준	답안 내용	배점
	에너지 전환에 대해 옳게 쓰고, 에너지가 태양으로부터 공급되었다고 쓴 경우	7
	에너지 전환에 대해서만 옳게 쓴 경우	4

7 예시 답안 에너지 효율이 가장 높은 등은 발광 다이오드[LED]등입니다. 전등에서 전기 에너지는 의도한 빛에너지 외에 열에너지로도 전환되는데, 의도하지 않은 방향으로 전환된 에너지의 비율이 가장 낮은 발광 다이오드[LED]등이 가장 에너지 효율이 높습니다.

채점 기준	답안 내용	배점
	발광 다이오드[LED]등이라고 쓰고, 그 까닭을 옳게 쓴 경우	7
	발광 다이오드[LED]등이라고만 쓴 경우	2

MEMO

MEMO